Gerhard Keiderling

BERLIN 1945–1986

Geschichte der Hauptstadt der DDR

Gerhard Keiderling

BERLIN

1945–1986

Geschichte der Hauptstadt der DDR

Dietz Verlag Berlin 1987

© Dietz Verlag Berlin 1987 · ISBN 3-320-00774-2

Kapitel I

Die Befreiung

Der Frühling des Jahres 1945 kam zeitig und mit voller Pracht. In den Außenbezirken Berlins blühte schon der Flieder, als über dem Zentrum noch immer die tiefschwarzen Rauchschwaden der letzten Kämpfe und der Brände hingen. In Kellern, Luftschutzbunkern und U-Bahn-Schächten hockten die Menschen, voller Angst warteten sie auf das Ende der Schrecken. »Woina kaputt! Chitler kaputt! Domoi!« riefen nun schon zum soundsovielten Male mit gutturaler Stimme die Sowjetsoldaten in die Schächte hinab.
Berlin hißte weiße Fahnen. Die Arbeiterbezirke zeigten viel Rot. Die Stunde der Befreiung von Faschismus und Krieg war gekommen.

Am Abend des 21. April 1945 flatterte vom Turm der Marzahner Dorfkirche die erste rote Fahne in Berlin. Soldaten der 5. Stoßarmee unter Generaloberst N. E. BERSARIN hatten sie gehißt, nachdem sie den Ortsteil nach schweren Kämpfen gestürmt hatten. Zur selben Stunde standen nördlich davon Truppen der 3. Stoßarmee unter Generaloberst W. I. KUSNEZOW in den Vororten Buch, Karow, Blankenfelde und Malchow. Gleichzeitig gingen die Verbände der 8. Gardearmee unter General W. I. TSCHUIKOW auf Petershagen und Fredersdorf vor und erreichten die Stadtgrenze bei Mahlsdorf und Schöneiche.

Der Krieg kehrte in die Stadt zurück, von der er seinen Ausgang genommen hatte.

Der Weg, der die Sowjetsoldaten von der Wolga bis vor die Tore der faschistischen Reichshauptstadt geführt hatte, war lang und opferreich. Die letzte Etappe aber sollte eine der schwersten in diesem schrecklichen Kriege werden.

Das faschistische Oberkommando hatte in den Raum von der Ostsee bis zur Lausitz 85 Divisionen mit einer Gesamtstärke von über 1 Million Mann zusammengezogen, die über 10 400 Geschütze und Granatwerfer, 1 500 Panzer und Sturmgeschütze sowie 3 300 Kampfflugzeuge verfügten. Von der Westfront waren kurzfristig starke Verbände nach Osten abgezogen worden. In Berlin wurden SS-Elitetruppen zur »Verteidigung der Reichshauptstadt« stationiert. Rund 200 Bataillone des Volkssturms wurden aufgestellt und zu diesem Zweck auch die Jungen des Jahrgangs 1927/1928 – also 16- und 17jährige – zur Wehrmacht eingezogen. Überall wurde die Zivilbevölkerung zu Schanzarbeiten verpflichtet. Um die Moral ihrer Truppen zu heben, verstärkten die Faschisten ihre Propaganda. Berlin sollte bis zum letzten Atemzuge verteidigt werden, so hämmerte man es den Soldaten und Volkssturmmännern ein. Mit Standgerichten und anderen drakonischen Strafen suchten die Faschisten die Kampfkraft ihrer Truppen zu erhöhen. Hinzu kam eine zügellose

Kampagne, um die Bevölkerung einzuschüchtern. Jeder sollte glauben, daß im Falle der Niederlage Hitlerdeutschlands der Tod oder zumindest die Verschleppung nach Sibirien drohte.

Seit dem Februar 1945 waren zwischen der Ostsee und der Lausitz tief gestaffelte Verteidigungsstellungen angelegt worden. Allein im östlichen Vorfeld Berlins bestanden fünf Verteidigungsstreifen mit Panzer- und Schützengräben, Bunkern, Drahtsperren und Minenfeldern. Ortschaften wurden zur Rundumverteidigung vorbereitet. Die faschistische Führung wollte ihr unvermeidliches Ende so weit wie möglich hinauszögern. Hitler und einige seiner treuesten Paladine, die sich unter die meterdikken Betondecken des Bunkers unter der Reichskanzlei geflüchtet hatten, spekulierten bis zur letzten Minute auf ein Zerwürfnis innerhalb der Antihitlerkoalition, auf ein Bündnis mit den imperialistischen Westmächten gegen die Sowjetunion.

Ende März/Anfang April 1945 wurde in Moskau der strategische Plan für die Schlacht um Berlin ausgearbeitet. Danach sollte die 1. Belorussische Front unter dem Oberbefehlshaber Marschall G. K. Shukow, die entlang der Oder von Schwedt bis Guben stand, den Hauptstoß gegen die starken faschistischen Kräfte ostwärts von Berlin führen und die Stadt selbst einnehmen. Die 1. Ukrainische Front unter dem Oberbefehlshaber Marschall I. S. Konew sollte aus ihrer Neiße-Stellung heraus den Stoß in den Raum Cottbus führen, dann mit einem Teil ihrer Kräfte vom Süden her auf Berlin vorrücken und den anderen Teil in Richtung Leipzig – Dresden führen. Die 2. Belorussische Front unter dem Oberbefehlshaber Marschall K. K. Rokossowski, die am Unterlauf der Oder bei Stettin stand, sollte mit wuchtigen Schlägen tief in Mecklenburg bis zur Ostseeküste vorstoßen und verhindern, daß die Faschisten von hier aus Reserven in den Berliner Raum warfen. Der Oberste Befehlshaber der Streitkräfte der UdSSR, Marschall J. W. Stalin, billigte den Plan für die Berliner Operation, der vorsah, die Hauptgruppierung der Wehrmacht zwischen Oder und Elbe binnen 12 bis 15 Tagen zu vernichten.

Anfang April bereiteten sich die Sowjettruppen gründlich auf die Operation vor. Um vor feindlicher Luftaufklärung sicher zu sein, konnte nur in den Nachtstunden das erforderliche Kriegsmaterial in den riesigen Aufmarschraum östlich von Oder und Neiße transportiert werden. 2,5 Millionen Mann standen hier zum letzten Sturm bereit. Sie verfügten über 41 600 Geschütze und Granatwerfer, 6 250 Panzer und Selbstfahrlafetten und 7 500 Flugzeuge und waren damit dem Gegner um das Mehrfache überlegen. Beim Oberbefehlshaber der 1. Belorussischen Front studierten die Heerführer zwei Tage lang den detaillierten Operationsplan und machten sich an Hand eines von sowjetischen Pionieren angefertigten großen Modells (es befindet sich heute im Historischen Museum der Sowjetarmee in Berlin-Karlshorst, Fritz-Schmenkel-Straße) mit den topographischen Gegebenheiten Berlins vertraut.

In der umfangreichen politisch-ideologischen Arbeit, die die Politorgane, die Partei- und Komsomolorganisationen unmittelbar vor der letzten Schlacht unter den Soldaten leisteten, spielte die Frage, wie der deutschen Bevölkerung zu begegnen sei, eine besondere Rolle. Der Marsch über Tausende Kilometer verbrannter Heimaterde, durch zerstörte Städte und Dörfer, vorbei an den Massengräbern niedergemetzelter Sowjetbürger hatte den Haß gegen die Faschisten ins unermeßliche wachsen lassen. Es war auch bekannt, daß die Goebbels-Propaganda mit Greuelmärchen die Furcht vor der Roten Armee schürte, um die deutschen Soldaten und die Zivilbevölkerung zu einem fanatischen Widerstand aufzuputschen. Die Parteiorganisationen der KPdSU(B) und die Politorgane bei den Frontkommandos waren in dieser Zeit besonders bemüht, bei den Sowjetsoldaten eine klassenmäßige Einstellung zum deutschen Volk herauszubilden und zu festigen. In allen Truppenteilen wurde ein Artikel des Zentralorgans der KPdSU(B), »Prawda«, vom 14. April 1945 verlesen, in dem es hieß: »Das Sowjetvolk hat niemals die Bevölkerung Deutschlands der in Deutschland herrschenden verbrecherischen faschistischen Clique gleichgestellt.«[1]

Am 16. April 1945, Punkt 3.00 Uhr Berliner Zeit, als der Frühnebel noch in dicken Schwaden über der Oder lag, trat die 1. Belorussische Front vom Küstriner Brückenkopf zum Sturm an. Tausende von Geschützen, Granatwerfern und »Katjuschas« spien 45 Minuten lang ihre Feuerladungen auf die gegnerischen Stellungen. 143 Flakscheinwerfer blendeten den Feind und wiesen den Sturmtruppen den Weg. Die Faschisten hatten sich mit ihren Hauptkräften auf den Seelower Höhen verschanzt. Von dort aus konnten sie das fast 100 Meter tiefer gelegene Oderbruch weit einsehen. Drei Tage tobten hier erbitterte Kämpfe, wurde jeder Fußbreit Boden von Granaten umgewühlt. Am 18. April war die Entscheidung im Kampf um die Seelower Höhen gefallen. Seit Beginn der Schlacht waren die Sowjettruppen an diesem Abschnitt nur 11 bis 13 Kilometer vorangekommen und hatten dabei über 30 000 Mann verloren – so hart waren diese Kämpfe.

Nachdem der »Riegel vor Berlin«, wie die Faschisten die Seelower Höhen nannten, gesprengt war, entfalteten die Truppen der 1. Belorussischen Front ihre Offensive in der ganzen Frontbreite. Aus der Bewegung heraus wurden die zweite und die dritte deutsche Verteidigungslinie bei Müncheberg und Buckow durchbrochen. Die Wälder steckten voller Minenfelder und Sperren; die vielen Seen und das Frühjahrshochwasser in den Niederungen behinderten den Vormarsch. Immer wieder warfen die Faschisten neue Kräfte, die sie sogar von Berlin abzogen, in den Kampf. Sonderkommandos der Waffen-SS und der berüchtigten Feldgendarmerie trieben die zurückweichenden Deutschen wieder nach vorn und erschossen oder henkten gnadenlos jeden, den sie der »Fahnenflucht« verdächtigten.

1 Zit. nach: Stefan Doernberg: Befreiung 1945. Ein Augenzeugenbericht, Berlin 1985, S. 50.

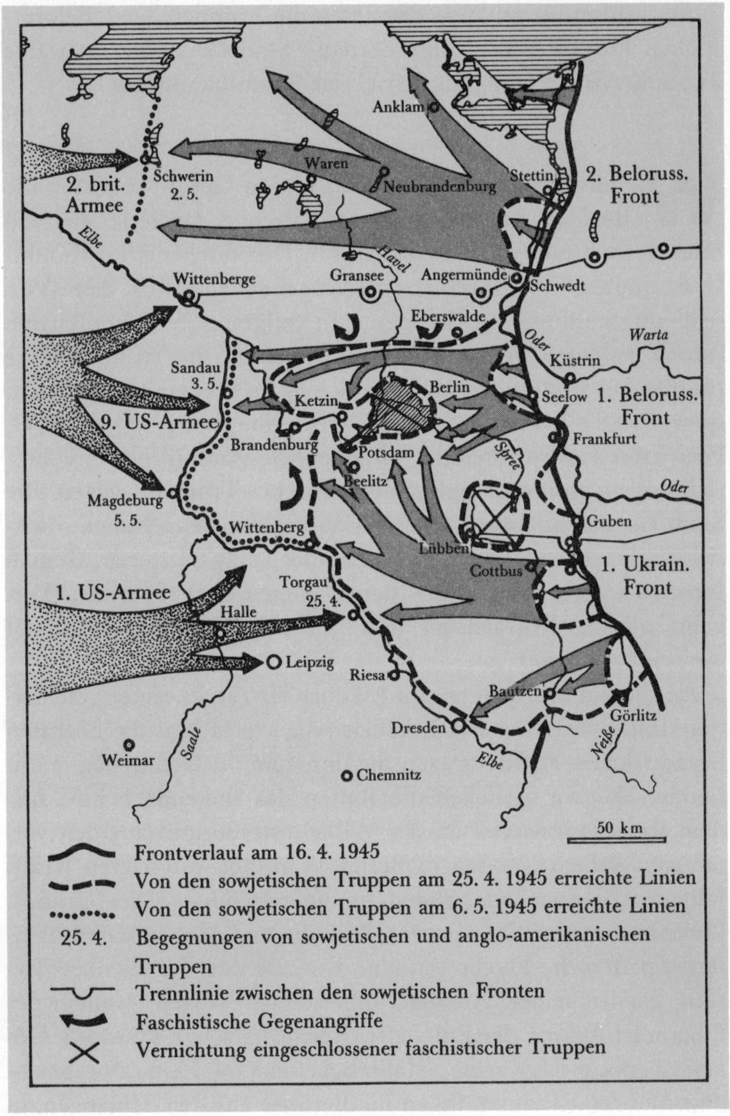

Die Berliner Operation der Sowjetarmee,
16. April bis 6. Mai 1945

Der Geschützdonner rückt näher

Am fünften Angriffstag erreichten die Truppen der 1. Belorussischen Front auf der Linie Bernau – Strausberg – Fürstenwalde den äußeren Verteidigungsgürtel der Reichshauptstadt.

Wie das dumpfe Grollen eines fernen Gewitters hörten die Berliner das Feuer der sowjetischen Artillerie, das von Stunde zu Stunde stärker anschwoll. Der faschistische Kampfkommandant löste durch das Stichwort »Clausewitz« den »Verteidigungszustand« für Berlin aus. In vollgestopften Omnibussen fuhren Soldaten und Volkssturmmänner an die Front. Andere führten Schanzarbeiten aus oder schlossen vorbereitete Straßensperren. Die Leiter städtischer Versorgungsbetriebe wie BVG, Post- und Fernsprechämter erhielten die Anweisung, ihre Einrichtungen, sollten anglo-amerikanische Truppen gegen die Stadt vorrücken, diesen intakt zu übergeben, beim Nahen sowjetischer Truppen sollten sie jedoch alles völlig zerstören. Gemäß Hitlers »Verbrannte Erde«-Befehl sollten auch Fabriken, Verkehrsanlagen, Vorratslager und selbst Wohnviertel gesprengt werden.

An diesem 20. April empfing Adolf Hitler in seiner gesicherten Höhle unter der Reichskanzlei ein letztes Mal die höchsten faschistischen Würdenträger, die ihm zum 56. Geburtstag gratulierten. Danach verließen die Ratten das sinkende Schiff. Aus dem Regierungsviertel an der Wilhelmstraße und aus den vornehmen Villengegenden in Berlin W rollten die letzten Kraftfahrzeugkolonnen gen Süden in die rettende »Alpenfestung«. Hohe und niedere Nazibonzen, Militärs und Ministerialbürokraten ergriffen die Flucht. An eine Evakuierung der Zivilbevölkerung dachte keiner! Als die vollbeladenen Wagen – allein der Oberbefehlshaber der Luftwaffe, Reichsmarschall Hermann Göring, benötigte für seine »Habseligkeiten« 24 Lastkraftwagen – davonfuhren, schauten ihnen die Berliner aus den Schlangen, in denen sie stundenlang nach der kargen »Sonderzuteilung zu Führers Geburtstag« anstanden, teilnahmslos nach. »Himmelfahrtsrationen« nannten sie die Lebensmittelzuteilung, die für die meisten die letzte in diesem Krieg war.

An diesem Tage warfen sowjetische Flugzeuge Tausende von Flugblättern über der Stadt ab, die zur Einstellung des sinnlosen Widerstandes aufriefen. Allein die 5. Stoßarmee stellte während der Schlacht um Berlin mehr als 200 000 Exemplare in deutscher Sprache her.

Kurz vor Mitternacht schreckte Sirenengeheul die Menschen aus den Betten: Geschwader der amerikanischen und britischen Luftwaffe flogen ihren letzten Bombenangriff auf Berlin. Seit 1940 waren bei 363 Luftangriffen über 45 000 Tonnen Bomben abgeworfen worden; ganze Stadtteile, vor allem das Zentrum, waren nur noch eine riesige Trümmerfläche.

Seit dem Vormittag des 21. April lag die Innenstadt unter dem pausenlosen Beschuß sowjetischer Artillerie. Das Leben der Zivilbevölkerung verlagerte sich nun vollends in Keller und Bunker.

Im Laufe des 21. April drangen im Nordosten und Osten die ersten Sowjettruppen in das Stadtgebiet von Groß-Berlin ein. Es bestanden günstige Voraussetzungen, die Reichshauptstadt völlig einzuschließen. Die 47. Armee und die 2. Gardepanzerarmee der 1. Belorussischen Front erhielten den Befehl, Berlin vom Norden zu umgehen. In schnellem Tempo stießen sie über Bernau und Schildow auf Birkenwerder und Frohnau vor. Am 23. April waren Velten und Hennigsdorf erreicht. Das Gros der sowjetischen Verbände schwenkte nun nach Süden ab, Staaken und Falkensee einnehmend. Die faschistische Armeegruppe Steiner im Raum Gransee-Liebenwalde konnte dadurch in die Kämpfe um Berlin nicht mehr eingreifen und wurde nach Norden abgedrängt, wo sie zusammen mit der Heeresgruppe Weichsel von der 2. Belorussischen Front aufgerieben wurde.

Gleichfalls am 21. April vollzog die 8. Gardearmee unter General Tschuikow, die den Berliner Autobahnring zwischen Fredersdorf und Rüdersdorf erreichte, eine Schwenkung auf den Südost- und Südrand von Berlin, um die Stadt im Süden abzuschneiden.

Bis zum Abend des 22. April nahm die Armee Schöneiche-Fichtenau, Rahnsdorf, Müggelheim und Friedrichshagen. Die Forcierung von Spree und Dahme bereitete weniger Schwierigkeiten als ursprünglich angenommen, weil der Gegner so überrascht wurde, daß er gar nicht zu organisiertem Widerstand kam. Am 23. April schlug für Karlshorst, Köpenick und Adlershof die Stunde der Befreiung.

Inzwischen waren vom Süden her die schnellen Panzerverbände der 1. Ukrainischen Front unter Marschall KONEW auf Berlin vorgestoßen. Sie hatten zuvor die rund 200 000 Mann starke faschistische 9. Armee in dem wald- und seenreichen Gebiet zwischen Beeskow und Halbe eingekesselt, wo sie am 1. Mai endgültig zerschlagen wurde. Am 22. April gegen 11.00 Uhr erreichten KONEWS Panzerspitzen den Berliner Autobahnring bei Rangsdorf; sie nahmen aus der Bewegung Blankenfelde, Mahlow und Lichtenrade und standen am Abend bereits am Teltowkanal. Am 24. April trafen sich in der Gegend des Flugplatzes Johannisthal die 8. Gardearmee TSCHUIKOWS und die 3. Gardepanzerarmee unter Generaloberst P. S. RYBALKO. Die Vereinigung der 1. Belorussischen und der 1. Ukrainischen Front war auf der Südostflanke vollzogen. Die Truppen der 1. Ukrainischen Front setzten ihren Vormarsch südlich Berlins fort; sie erreichten den Teltowkanal auf seiner ganzen Länge und rückten am 24. April in Zehlendorf, Lichterfelde und Tempelhof ein. Die 4. Gardepanzerarmee unter Generaloberst D. D. LELJUSCHENKO erzwang südostwärts von Potsdam den Havel-Übergang und drängte damit die faschistische 12. Armee, die als »Entsatzarmee Wenck« HITLERS letzte Hoffnung blieb, zur Elbe ab.

Der 25. April war ein denkwürdiger Tag. Um 12.00 Uhr mittags vereinigten sich LELJUSCHENKOS Truppen bei der Ortschaft Ketzin westlich von Potsdam mit den von Norden vorrückenden Truppen der 1. Belorussischen Front. Die beiden Backen der gewaltigen Zange, die von Norden und Süden um Berlin gelegt worden war, hatten sich geschlossen. Das Schicksal der in der Reichshauptstadt eingeschlossenen deutschen Verbände war endgültig besiegelt. Anderthalb Stunden später begegneten sich bei Torgau an der Elbe die Spitzen der 1. Ukrainischen Front und der amerikanischen 1. Armee. Die faschistischen Kräfte in Norddeutschland sahen sich von ihrer Heeresgruppe in Süddeutschland abgeschnitten.

Im Morgengrauen des 26. April begann die dritte Etappe der Berliner Operation. Die Aufforderung des Kriegsrates der 1. Belorussischen Front vom 23. April, im Interesse der Zivilbevölkerung den sinnlos gewordenen Widerstand einzustellen, hatten die Naziführer abgelehnt. Die Antwort erhielten sie nun aus Tausenden von Geschützrohren, die die Innenstadt mit einem dichten Geschoßhagel überschütteten. Die sowjetische Luftflotte flog massierte Angriffe auf die Hauptstützpunkte der deutschen Truppen. Es entbrannten Straßenkämpfe, die von beiden Seiten mit äußerster Erbitterung geführt wurden. Von Stadtviertel zu Stadtviertel, von Gebäude zu Gebäude mußten sich die sowjetischen Sturmtruppen vorarbeiten; selbst in Wohnungen und Kellern, in U-Bahn-Schächten und auf Dächern leisteten die Faschisten Widerstand. Die Stärke der eingeschlossenen Berliner Gruppierung wurde auf rund 200 000 Mann, 3 000 Geschütze und Granatwerfer sowie 250 Panzer geschätzt.

Die Faschisten hatten den S-Bahn-Ring zwischen Ostkreuz und Westkreuz als Hauptkampflinie vorbereitet und die dahinter liegende Verteidigungszone – insbesondere den Sektor »Zitadelle«, das heißt das Regierungsviertel – mit allen noch verfügbaren Kräften ausgebaut. Im »Grundsätzlichen Befehl über die Vorbereitungen zur Verteidigung der Reichshauptstadt«, der am 9. März 1945 erlassen worden war, hieß es kategorisch: »Die Reichshauptstadt wird bis zum letzten Mann und bis zur letzten Patrone verteidigt«, und zwar »mit Fanatismus, Fantasie, mit allen Mitteln der Täuschung, der List und Hinterlist, mit vorbereiteten und aus der Not des Augenblicks geborenen Aushilfen aller Art auf, über und unter der Erde.« Kämpfen bis »fünf Minuten nach zwölf« – wie die Nazis verlangten – bedeutete, »daß jeder Häuserblock, jedes Haus, jedes Stockwerk, jede Hecke, jeder Granattrichter bis zum äußersten verteidigt wird«.[2]

Obwohl die Reichskanzlei seit dem Morgen des 26. April unter so dichtem sowjetischem Artilleriefeuer lag, daß die Luftversorgung im Bunker zeitweise abgestellt werden mußte, kam von dort ein Durchhaltebefehl nach dem anderen. Der »größte Feldherr aller Zeiten« faselte noch immer vom »Endsieg« und wartete auf das Eingreifen der 12. Armee Wencks, die in den Wäldern bei Ferch und Beelitz längst vernichtet worden war. Hitler befahl, jeden, der »unsere Widerstandskraft« schwächt, »augenblicklich zu erschießen oder zu erhängen«[3]. Auch Reichsverteidigungskommissar Joseph Goebbels meldete sich zu Wort: »Häuser und Wohnungen, die weiße Fahnen hissen, haben kein Recht mehr auf Schutz der Gemeinschaftshilfe und werden entsprechend behandelt werden.«[4] Von diesen Freibriefen zum Morden machten SS- und Wehrmachtsoffiziere in den Tagen des faschistischen Totentanzes regen Gebrauch. Wer sich dem sinnlosen Kampf entziehen wollte, wer nur die geringsten Zweifel laut äußerte oder gegen die Maßnahmen der Nazis protestierte, wurde von »fliegenden Standgerichten« an Ort und Stelle getötet. Am Gitter der Buchhandlung unterm Stadtbahnbogen Friedrichstraße wurden am 23. April zwei junge Soldaten aufgehängt; auf den Pappschildern, die ihnen umgehängt wurden, stand: »Ich wurde erhängt, weil ich mein Sturmgeschütz nicht in dem Zustand gehalten habe, wie der Führer es befahl.«[5] Ähnliche Mordtaten geschahen überall in der Stadt: am Hackeschen Markt, Unter den Linden, am Königstor, am Zionskirchplatz, an der Ecke Uhland-/Berliner Straße in Wilmersdorf, in der Schöneberger

---

2 Dieser Befehl ist im vollen Wortlaut abgedruckt in: Zeitschrift für Militärgeschichte (Berlin), 1965, Heft 2, S. 177 ff.

3 Der Panzerbär. Kampfblatt für die Verteidiger Groß-Berlins, 23. April 1945.

4 Zit. nach: Der Kampf um Berlin 1945 in Augenzeugenberichten. Hrsg. von Peter Gosztony, München 1970, S. 232.

5 Deutsche Volkszeitung, Berlin, 3. Juli 1945.

Dominicusstraße, in Spandau und anderswo. Noch am letzten Kriegstag, am 2. Mai, wurde der sozialdemokratische Widerstandskämpfer Otto Schieritz erschossen, weil er am Fenster seiner Wohnung in der Senefelderstraße 33 (Stadtbezirk Prenzlauer Berg) die rote Fahne der Arbeiterklasse gehißt hatte. Auf ihrem Rückzug ins Stadtinnere sprengten die Faschisten wahllos Wohnhäuser, Brücken, Bahnanlagen, Wasser- und Gaswerke und vernichteten Versorgungsdepots. Am Hermannplatz in Neukölln flog das mit Werten von 29 Millionen Reichsmark randvoll gefüllte Karstadt-Kaufhaus in die Luft. Die SS ging schonungslos mit der Waffe gegen hungernde Berliner vor, die Geschäfte und Vorratslager plünderten. Eine geregelte Lebensmittelverteilung gab es längst nicht mehr.

Ungeachtet des zügellosen Terrors der braunen Mörder wuchs in der Bevölkerung der passive Widerstand. Bettlaken wurden als weiße Fahnen der Kapitulation bereitgehalten. Vielfach versteckten Frauen Soldaten, besonders Jugendliche, in Kellern und Wohnungen und gaben ihnen Zivilkleidung. Im Volkssturm, in den die Faschisten alle bisher nicht zur Wehrmacht eingezogenen Männer zwischen 16 und 60 Jahren preßten, häuften sich jetzt die Fälle, daß man die Armbinden abstreifte, die Waffen wegwarf und – wie der Berliner sagte – »sich verdrückte«. In einer Meldung der 1. Belorussischen Front an die Politische Hauptverwaltung der Roten Armee vom 26. April hieß es: »Es sind Fälle zu verzeichnen, wo einzelne Personen, ja sogar ganze Gruppen über die Frontlinie hinweg zur Roten Armee überliefen. Wenn die Deutschen eine solche Gruppe bemerkten, eröffneten sie das Feuer auf sie. So wurden z.B. am 24. April eine Frau mit einem Säugling im Arm und ein alter Mann erschossen, die versucht hatten, zu den Russen überzulaufen.«[6]

Gegen die befreiten Stadtbezirke Lichtenberg, Weißensee und Pankow teilte die faschistische Führung »Vergeltungsschläge«

---

6 Zit. nach: Die Befreiung Berlins 1945. Eine Dokumentation. Hrsg. u. eingel. von Klaus Scheel, 2., überarbeitete und erweiterte Auflage, Berlin 1985, S. 143.

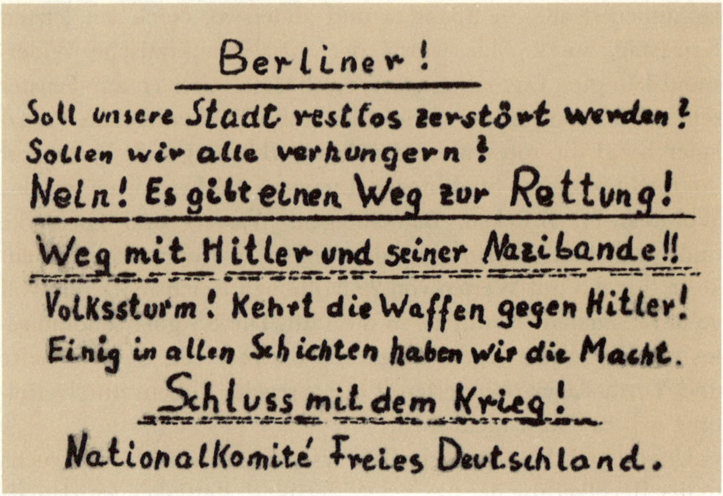

Berliner!

Soll unsere Stadt restlos zerstört werden?
Sollen wir alle verhungern?
Nein! Es gibt einen Weg zur Rettung!
Weg mit Hitler und seiner Nazibande!!
Volkssturm! Kehrt die Waffen gegen Hitler!
Einig in allen Schichten haben wir die Macht.
Schluss mit dem Krieg!
Nationalkomité Freies Deutschland.

Illegale Handzettel antifaschistischer Kämpfer

aus, weil sie angeblich nicht genügend »Verteidigungswillen« aufgebracht hätten: Artillerie beschoß Wohnviertel, und die wenigen noch einsatzfähigen Flugzeuge warfen Bomben oder beschossen im Tiefflug Frauen und Kinder. In Pankow befahlen daher sowjetische Offiziere eine zeitweise Evakuierung der Bevölkerung nach Karow und Malchow.

Eine besonders verabscheuungswürdige Tat blinder Zerstörungswut beging die SS am Morgen des 2. Mai, also wenige Stunden vor der Kapitulation. Sie sprengte die Tunneldecke der Nord-Süd-S-Bahn nahe dem Anhalter Bahnhof, dort, wo sie den Landwehrkanal unterquert. Mit großer Wucht ergossen sich die Wassermassen des Kanals in den etwa 8 Kilometer langen S-Bahn-Tunnel bis Bahnhof Friedrichstraße, in dem viele verwundete Soldaten und Berliner Zuflucht gesucht hatten. Durch den Druck der Explosion und in der danach entstehenden allgemeinen Panik kamen mehr als hundert Menschen zu Tode.

Die faschistische Führung dachte nur daran, ihren eigenen Untergang um Tage und Stunden hinauszuzögern, gleichgültig,

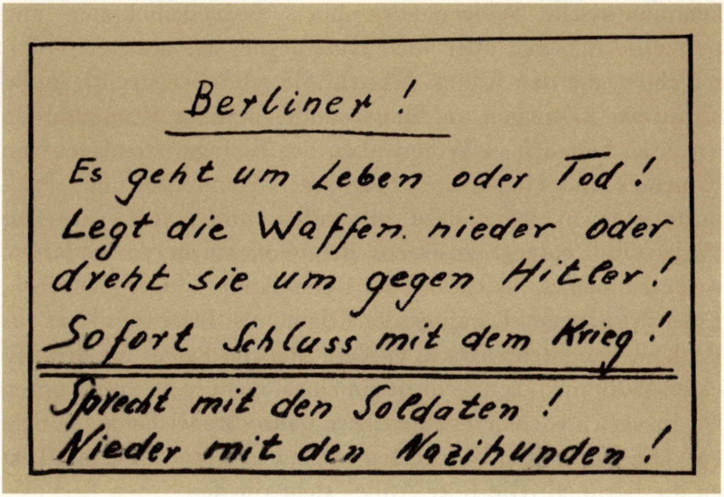
Berliner!
Es geht um Leben oder Tod!
Legt die Waffen nieder oder
dreht sie um gegen Hitler!
Sofort Schluss mit dem Krieg!
Sprecht mit den Soldaten!
Nieder mit den Nazihunden!

aus den letzten Kriegstagen

ob sie dabei Millionen Menschen mit ins Verderben zog. Die Berliner waren dem Grauen des Amok laufenden Naziterrors ausgeliefert. Eng zusammengepfercht in der muffigen Enge der Luftschutzkeller und -bunker, litten sie Mangel an Lebensmitteln, Wasser und Medikamenten. Der öffentliche Nahverkehr war längst zum Erliegen gekommen, jetzt setzte auch die Wasser-, Gas- und Stromversorgung aus. In den kurzen Gefechtspausen standen die Menschen mit Eimern an den Straßenpumpen Schlange oder holten das faulige Wasser aus den Feuerlöschteichen. Die »Verteidigung« Berlins war eines der letzten schweren Verbrechen des in Agonie liegenden Hitlerfaschismus am deutschen Volk.

In diesen Tagen der letzten Zuckungen des Dritten Reiches mehrten sich die Aktionen derer, die unter Einsatz ihres Lebens versuchten, das sinnlose Morden abzukürzen und die Stadt vor totaler Vernichtung zu bewahren. In erster Linie waren es kommunistische Widerstandsgruppen, Sozialdemokraten und parteilose Arbeiter, aber auch Hitlergegner aus anderen Volksschichten, die den Kampf führten. Sie schrieben nachts antifaschistische Losungen an Mauerwände. Berliner Kommunisten druckten heimlich in Wohnlauben der Kleingartenanlagen von Köpenick und Heinersdorf Flugblätter, Handzettel und »Feldpostbriefe«, in denen dazu aufgerufen wurde, dem Naziterror Widerstand entgegenzusetzen, den Volkssturm zu verlassen, weiße Fahnen zu hissen und der Roten Armee entgegenzugehen. Einer der illegalen Kämpfer, der Kommunist Bernhard Karl aus Pankow, berichtete: »Da es größere Mengen Papier für den privaten Verbrauch damals in Berlin längst nicht mehr gab, kauften wir in verschiedenen Stadtbezirken ganze Stapel Feldpostbriefe auf. Die Rückseiten bedruckten wir mit unserem Flugblatt-Text an die Berliner. ›Die Rote Armee steht vor den Toren Berlins!‹, hieß es darin. ›Die Soldaten kommen nicht als unsere Feinde, sie kommen als Feinde unserer Unterdrücker und Ausbeuter, als Feinde des Hitlerfaschismus ...‹ Außerdem druckten wir noch in ungezählten Stunden Handzettel ..., die für die Häuser, Litfaßsäulen und Trümmermauern bestimmt waren.«[7] Die Widerstandsgruppen verteilten diese Materialien am 16. April gleichzeitig, so daß es der Gestapo schwerfiel, eine Spur zu finden. Als der Krieg schon in den Straßen Berlins tobte, rief ein anderes Flugblatt zum Handeln auf: »Organisiert die Weiße Aktion. Haltet weiße Fahnen bereit. Den Zeitpunkt bestimmt Ihr selbst! Ihr werdet so behandelt werden, wie Ihr gehandelt habt!«[8]

Die Faschisten hatten geglaubt, mit der großen Verhaftungswelle vom Sommer 1944, der auch die Mitglieder der Landesleitung der KPD Bernhard Bästlein, Franz Jacob, Theodor Neubauer, Anton Saefkow und Martin Schwantes zum Opfer gefallen waren, der revolutionären Berliner Arbeiterbewegung endgültig das Rückgrat gebrochen zu haben. Doch in mühseli-

---

7 Zit. nach: Ebenda, S. 88.
8 Zit. nach: Ebenda, S. 143.

B E R L I N E R !

Die Rote Armee steht vor den Toren Berlins! Die Soldaten der Sowjetunion kommen nicht als unsere Feinde, sie kommen als Feinde unserer Unterdrücker und Ausbeuter! Als Feinde des Hitlerfaschismus!

BERLINER SEID TAPFER! Fallt den Henkern des Deutschen Volkes in den Arm! Rettet was uns noch verblieben ist!

SCHLIESST EUCH ZUSAMMEN IN DER HAUSGEMEINSCHAFT! Verhindert, dass Eure Wohnung zum Widerstandsnest der Nazis wird! Verhindert Ihr Frauen und Mütter, dass man die Kinder zur Schlachtbank treibt! Verteidigt Euer Haus, - aber gegen Hitler! Und dann - Tod den Spitzeln und Denunzianten! Tod allen Kriegsverlängerern! Ihr seid in der Mehrzahl! Ihr seid eine Macht!

SCHLIESST EUCH ZUSAMMEN IN DEN BETRIEBEN! Verhindert den Ausbau von Maschinenteilen! Verhindert die Sprengung Eures Betriebes! Verhindert, dass man Euch Euer Lohn und Brot für lange Zeit zerstört! Verteidigt Euren Betrieb, - aber gegen Hitler! Und dann - Tod allen Unternehmerknechten! Tod denen, die ihr Leben schon längst verwirkt haben! Ihr seid in der Mehrzahl! Ihr seid eine Macht!

SCHLIESST EUCH ZUSAMMEN IM VOLKSSTURM! Verhindert die Sprengung von Brücken und Gebäuden! Verhindert eine wochenlange Einschliessung Berlins! Verhindert damit Not, Elend, Hunger und Tod Eurer Angehörigen! Verteidigt Berlin, -abergegen Hitler! Und dann - der wahre Volkssturm! Tod denen, die Euch in den Tod jagen wollen! Ihr seid in der Mehrzahl! Ihr seid eine Macht!

BERLINER ZUM KAMPF! Zum Kampf für Eure Interessen: Für die Demokratie des werktätigen Volkes!

ZUM KAMPF FÜR EIN FREIES SOZIALISTISCHES DEUTSCHLAND!

ger, lebensgefährlicher Kleinarbeit hatten die Kommunisten und andere Antifaschisten neue Verbindungen geknüpft und erneut Widerstandsorganisationen aufgebaut. Jetzt, als die Stunde der

Befreiung nahte, traten die Widerstandskämpfer überall in Aktion.

Beauftragte des Nationalkomitees »Freies Deutschland«, die mit dem Fallschirm hinter den deutschen Linien abgesprungen waren, erhielten die Aufgabe, in der Reichshauptstadt wichtige militärische Objekte zu erkunden und Kontakte zur deutschen Widerstandsbewegung herzustellen. Eine Gruppe, darunter der Sozialdemokrat Heinz Nawrot, geriet am 11. April 1945 in Lichtenberg in eine SS-Kontrolle und wurde in einem Feuergefecht am Weißenseer Weg völlig aufgerieben. Paul Lampe und Heinz Müller, Ende Februar 1945 mit einer Einsatzgruppe des Nationalkomitees »Freies Deutschland« illegal nach Berlin gekommen, organisierten im Stadtbezirk Friedrichshain die bewaffnete Kampfgruppe Osthafen, der rund 50 kommunistische und sozialdemokratische Genossen sowie parteilose Antifaschisten angehörten. Von ihrem Stützpunkt in der Stralauer Allee 26 aus unternahmen die Mitglieder dieser Kampfgruppe mutige Aktionen. Sie entwaffneten fanatische Nazis, überredeten deutsche Soldaten und Flakhelfer dazu, die Waffen niederzulegen, sie sprengten faschistische Munitionslager und verhinderten im letzten Augenblick die Zerstörung der großen Lebensmittelmagazine am Osthafen. Bei einer solchen Aktion ließen die Antifaschisten Fritz Fieber und Paul Schiller am 23. April 1945 ihr Leben.

In Biesdorf eilte eine Gruppe Kommunisten und Sozialdemokraten den Rotarmisten entgegen und rettete den Ortsteil vor der Zerstörung. In Bohnsdorf wies Walter Müller, vor 1933 im Arbeiter-Samariter-Bund tätig, den Sowjettruppen den Weg. In Tegel ging der Kommunist Kurt Behr den Befreiern entgegen. In Köpenick-Nord empfingen am 23. April KPD-Genossen die sowjetischen Einheiten mit weißen und roten Fahnen. In Weißensee stand die Kommunistin Else Jahn als Lotse auf dem ersten Panzer vom Typ T-34, der sich seinen Weg durch den Stadtbezirk bahnte; sie wurde von einer SS-Kugel getötet. In

Rahnsdorf verhinderte der Arzt Dr. Stössel durch sein beherztes Eingreifen, daß ein mit Frauen, Kindern und Kranken vollbesetzter Bunker unter Beschuß genommen wurde. In Friedrichshagen ging eine Krankenschwester den sowjetischen Panzern mit einer weißen Fahne entgegen. In den Luftschutzkellern sprachen Kommunisten und andere Antifaschisten den durch die Goebbels-Propaganda verängstigten Menschen Mut zu, als die Rote Armee ihre Wohnviertel befreite.

In der Nacht vom 1. zum 2. Mai unternahmen die Faschisten beiderseits der Schönhauser Allee einen verzweifelten Ausbruchversuch. Eine Gruppe mit Panzern war bereits zwischen S-Bahnhof und Berliner Straße in schweren Kämpfen aufgerieben worden. Da erschien ein sowjetischer Offizier in einem Luftschutzkeller der Stolpischen Straße und fragte, ob jemand bereit wäre, als Parlamentär zu den Faschisten zu gehen, damit weiteres Blutvergießen verhindert werde. Ohne zu zögern, meldete sich der Kommunist Otto Lempke; mit drei weiteren Männern erreichte er, daß andere ausbrechende Gruppen die Waffen streckten. Durch Mut und Beherztheit gelang es vielerorts, Wohnviertel und Ortsteile kampflos zu übergeben und Menschenleben zu retten.

Besondere Verdienste erwarben sich Berliner Antifaschisten, die unter Einsatz ihres Lebens sinnlose Vernichtungsakte fanatischer Nazis verhinderten. In Kaulsdorf und Johannisthal bewahrten Arbeiter die dortigen Wasserwerke vor der Sprengung durch die SS. An der Langen Brücke in Köpenick durchschnitt der Antifaschist Karl Henkner die Zündschnüre für die Sprengladungen; Gleiches gelang dem Kommunisten Zoelisch im Spreetunnel von Friedrichshagen. In vielen Betrieben harrten klassenbewußte Arbeiter während der Kampfhandlungen aus; sie dämmten Brände ein, verhinderten oft in letzter Minute faschistische Zerstörungsakte und bereiteten die Arbeitsaufnahme vor. Oft wurden sie dabei von sowjetischen Kriegsgefangenen und Zwangsarbeitern in Rüstungsbetrieben unterstützt, die seit langem mit deutschen Widerstandsgruppen zusammenarbeiteten.

Dramatisch verlief die Rettung des Kraftwerkes Klingenberg. Einer antifaschistischen Widerstandsgruppe im Betrieb gelang es, Verbindung zu sowjetischen Aufklärern herzustellen und sie davon zu unterrichten, daß die SS die Sprengung der Anlagen plante. Der Kommandeur der 230. Schützendivision, Oberst D. I. Schischkow, erhielt den Befehl, das Kraftwerk nach Möglichkeit sofort unbeschädigt einzunehmen. Erbitterter Widerstand der Faschisten mußte überwunden werden, bevor eine Sturmtruppe zu den Turbinenräumen und zur Schaltzentrale vordringen konnte. Gemeinsam mit deutschen Arbeitern, die ihnen den Weg wiesen, zertrennten die Rotarmisten die Sprengkabel in letzter Minute. Berlins größtes Kraftwerk war gerettet!

Im Luftschutzkeller der Veterinärmedizinischen Fakultät der Universität in der Hannoverschen Straße hatten Prof. Dr. Johannes Dobberstein und andere Mitarbeiter Zuflucht gesucht; sie veranlaßten deutsche Soldaten, die hier kämpfen sollten, zur Kapitulation, nahmen Verbindung zur vorrückenden Sowjetarmee auf und retteten damit Menschenleben und wissenschaftliches Material.

Während die Schlacht noch tobte, begannen sowjetische Offiziere in den schon befreiten Gebieten von Berlin wieder normale Lebensbedingungen für die Bevölkerung zu schaffen. Grundlage dafür war der Befehl Nr. 5 des Kriegsrates der 1. Belorussischen Front vom 23. April 1945, der die Bildung von Militärkommandanturen unmittelbar nach dem Durchzug der Kampftruppen vorsah. Den Kommandanten oblag es zunächst, die Sicherheit der Sowjettruppen im frontnahen Gebiet zu gewährleisten und versprengte faschistische Truppen und Banden des sogenannten Werwolfs unschädlich zu machen. Gleichzeitig kümmerten sie sich um die elementaren Lebensinteressen der Bevölkerung in ihrem Bereich. Herumliegende Munition mußte eingesammelt, Brände mußten gelöscht werden. Es galt, eine erste medizinische Fürsorge zu organisieren, Lebensmittel für die nächsten fünf Tage auszugeben und die Obdachlosen unterzubringen. Die Militärkommandanten nahmen umgehend Verbindung zur Bevölkerung auf. Ein sowjetischer Offizier erläuterte später gegenüber einem britischen Journalisten: »Wenn wir auf einen Mann stießen, der den Faschismus schon in Spanien bekämpft hat oder der wegen seiner Standhaftigkeit gegenüber dem Nationalsozialismus jahrelang Gefangenschaft erdulden mußte, dann sahen wir in ihm einen Menschen, der uns helfen würde, die Reste der Naziherrschaft auszurotten.«[9]

Zumeist stellten sich deutsche Antifaschisten – aus der Illegalität heraustretende Kommunisten und Sozialdemokraten sowie andere aufrechte Hitlergegner – sofort den Kommandanten zur Verfügung. Ihr erster Auftrag lautete, aus den aufbaubereiten Kräften einen Bürgermeister und Mitglieder für neue Orts- und Bezirksverwaltungen vorzuschlagen. So wurde am 22. April in Wilhelmshagen der Kommunist JAKOB WEBER zum Ortsbürgermeister ernannt. Einen Tag später setzte der Militärkommandant den Kommunisten ERWIN HÜBENTHAL als Ortsbürgermeister von Friedrichsfelde ein. In Weißensee forderte der Kommandant Oberstleutnant JAKOWLEW eine Gruppe Antifaschisten auf: »Holen Sie alles zusammen. Kommunisten, Sozialisten, Doktoren, Professoren.«[10] Er benannte am 25. April den Kommunisten JAKOB KASZEWSKI zum ersten Bezirksbürgermeister von Weißensee. Am gleichen Tag meldete sich in Johannisthal eine Gruppe von KPD-Genossen in der Kommandantur, die GEORG NEUMANN zum Ortsbürgermeister berief. So geschah es überall: in Müggelheim, Rauchfangswerder, Bohnsdorf und anderen Randgebieten ebenso wie in dichtbesiedelten Bezirken, die bereits befreit waren. In Steglitz wurde der Kommunist FRITZ STARKE mit der Bildung einer Bezirksverwaltung beauftragt, in Spandau der Sozialdemokrat Dr. MÜNCH. In Stadtbezirken mit einem geringeren Anteil von Arbeitern an der Wohnbevölkerung beteiligten sich

---

9 Zit. nach: Gordon Schaffer: Ein Engländer bereist die russische Zone, Berlin 1948, S. 21.

10 »Es begann in der Großen Seestraße«. In: BZ am Abend, 17. Mai 1965.

Bekanntmachung.

Bei dem Wehrmachtskommandahten ist eine Zivilverwaltung geschaffen worden. Es wurde ein Bürgermeister und ein Stellvertreter ernannt. Die Bürgermeisterei befindet sich

PARKSTRASSE 22

1. Die bisher in der Bezirksverwaltung tätig gewesenen Arbeiter, Angestellten und Beamten haben sich sofort auf der Bürgermeisterei zu melden.
2. Sämtliche Behörden und Privatbetriebe, welche sich in Weißensee befinden, sind in allen wirtschaftlichen, Ernährungs- und kulturellen Fragen unmittelbar dem Bürgermeister unterstellt.
3. Zur Sicherstellung der Versorgung der Bevölkerung haben sämtliche Großhändler und Kleinverteiler **am Sonntag, dem 29. April d. Js. bis 18 Uhr** ein genaues spezifiziertes Verzeichnis der bei ihnen bzw. in ihrem Betrieb lagernden Vorräte an Lebens- und Genußmitteln bei der Bürgermeisterei Parkstraße 22 persönlich abzugeben.
4. Militär- und Zivilpersonen, die sich unbefugt einzeln oder in Gruppen in Weißensee aufhalten, dürfen nicht ohne Erlaubnis des Wehrmachtskommandaten aufgenommen werden.
5. Personen, die früher nicht im Bezirk Weißensee gewohnt haben und Personen ohne Personalausweis haben sich bei der Kommandantur und dem Bürgermeister zu melden.
6. Von den Hausgemeinschaften bewohnter Häuser ist eine verantwortliche Wache ohne Waffen einzusetzen. Bei leerstehenden oder verlassenen Häusern hat dies durch die Hausgemeinschaften der Nebenhäuser zu erfolgen Leerstehende und verlsssene Häuser und Wohnungen sind binnen 24 Stunden der Bürgermeisterei – Quartierstelle – schriftlich zu melden.
7. Plünderungen, Plünderungsversuche und unsittliche Belästigungen sind unverzüglich bei der Kommandantur Große Seestraße 6 zu melden. Personen, die solche Handlungen vornehmen oder vorzunehmen versuchen, werden nach Kriegsrecht strengstens bestraft.
8. Aus gesundheitlichen Gründen ist der auf den Höfen lagernde und weiter anfallende Hausmüll sofort auf unbebauten Grundstücken usw. durch die Hausgemeinschaft zu vergraben. Die Reinigung der Bürgersteige und Straßendämme hat bis auf weiteres durch die Hausgemeinschaft zu erfolgen.
9. Leichen sollen sofort begraben werden, Leichen russischer Soldaten sind bei der Kommandantur Große Seestraße 6 zu melden.
10. Bis zum 30. April, 20 Uhr, müssen die Anordnungen zu 6, 8 und 9 durchgeführt sein.

Zuwiderhandlungen gegen diese Anordnungen werden nach Kriegsrecht bestraft.

Berlin-Weißensee, den 28- April 1945

Der Bürgermeister.

viele bürgerliche Hitlergegner an den ersten Schritten zum Wiederaufbau. Über die Bildung der Bezirksverwaltung Wilmersdorf am 1. Mai liegt folgender Bericht vor:

»Es war eine denkwürdige Sitzung. Es galt, sterbende Menschen zu retten, Brände zu löschen, Krankenhäuser mit Lebensmitteln zu versorgen. Nachdem in formlosester Weise einige Aufgaben verteilt worden waren, begab sich dieses Gremium zum sowjetischen Kommandanten, der sein Quartier in einem Wohnhaus der Berliner Straße aufgeschlagen hatte. Auch diese Vorstellung bei dem sowjetischen Major wird den Beteiligten unvergeßlich bleiben. Fast alle waren von der Herzlichkeit der Begrüßung überrascht. Nachdem der Kommandant seiner Freude Ausdruck gegeben hatte, Vertreter eines antifaschistischen Deutschlands vor sich zu sehen, entwickelte er ein Programm des Wiederaufbaus in Wilmersdorf, daß den Anwesenden angesichts der rauchenden Trümmer draußen ganz schwindlig wurde. Allen wurde dabei klar: Hier sprach ein Freund zu Freunden, der Vertreter einer Macht, die mit allen Kräften am Aufbau eines demokratischen Deutschlands zu helfen gewillt war. Diese Besprechung fand statt, während zwei Kilometer weiter am Fehrbelliner Platz noch geschossen wurde.«[11]

Die wichtigste Aufgabe, die sowjetische Kommandanten und deutsche Antifaschisten gemeinsam anpackten, war die Verteilung der Lebensmittel, die die Rote Armee anlieferte. Auf Befehl des Kriegsrates der 1. Belorussischen Front vom 23. April standen als erstes 6000 Tonnen Mehl, 1250 Tonnen Fleisch, 75 Tonnen Schweinespeck, 12000 Tonnen Kartoffeln, 550 Tonnen Salz, 500 Tonnen Zucker und 65 Tonnen Kaffee aus Armeebeständen zur Verfügung. Diese Mengen erhöhten sich in den Folgetagen. Gemeinsam mit aufbauwilligen Kräften kümmerten sich die neuen Bürgermeistereien um eine gerechte und schnelle Verteilung der Lebensmittel. Bäckereien begannen wieder zu arbeiten, Geschäfte wurden eröffnet. Der Ortsbürgermeister von Wilhelmshagen, Jakob Weber, berichtete: »Wir haben von An-

---

11 »Erste Schritte der Freiheit in Wilmersdorf«. In: Berliner Zeitung, 1. Mai 1955.

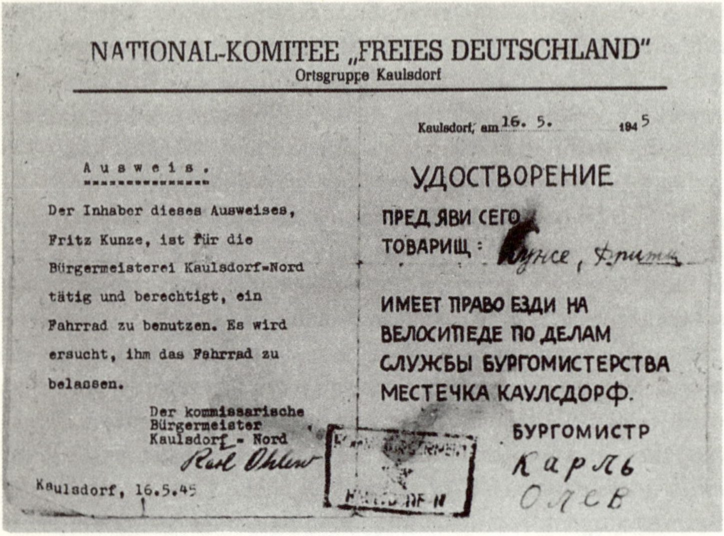
NATIONAL-KOMITEE „FREIES DEUTSCHLAND"
Ortsgruppe Kaulsdorf

Kaulsdorf, am 16. 5. 1945

Ausweis.

Der Inhaber dieses Ausweises, Fritz Kunze, ist für die Bürgermeisterei Kaulsdorf-Nord tätig und berechtigt, ein Fahrrad zu benutzen. Es wird ersucht, ihm das Fahrrad zu belassen.

Der kommissarische Bürgermeister Kaulsdorf - Nord
Karl Ohlew

Kaulsdorf, 16.5.45

УДОСТВОРЕНИЕ

ПРЕД ЯВИ СЕГО ТОВАРИЩ: Кунсе, Фритц

ИМЕЕТ ПРАВО ЕЗДИ НА ВЕЛОСИПЕДЕ ПО ДЕЛАМ СЛУЖБЫ БУРГОМИСТЕРСТВА МЕСТЕЧКА КАУЛСДОРФ.

БУРГОМИСТР
Карль Олев

fang an täglich pro Hausausweis 300 g Brot ausgegeben, für das die Rote Armee das Mehl lieferte. Wenige Tage später hat die Rote Armee auf Lkw fünf Tonnen Brot und regelmäßig Mehl geliefert. Vom zweiten Tag der Anwesenheit der Roten Armee, also ab 24./25. April, hat sie an alle Kinder der Gemeinde ein Mittagessen ausgegeben. Das hat natürlich große Befriedigung hervorgerufen und auch Auftrieb gegeben.«[12] Berichte gleichen Inhalts liegen auch aus anderen Berliner Stadtbezirken und Ortsteilen vor.

Vielerorts ergriffen die Antifaschisten selbst die Initiative, um die Versorgung der Bevölkerung zu sichern und Plünderungen zu unterbinden. So berichtete Karl Ohlew, damals kommissarischer Bürgermeister in Kaulsdorf-Nord:

»Zu der Zeit, als bei uns schon die Rote Armee war, tobten im Stadtinnern noch Kämpfe. Es gab keine Lebensmittelkarten und

12 Bezirksleitung Berlin der SED, Bezirksparteiarchiv (im folgenden: BPA), Sammlung Erinnerungsberichte.

keine organisierte Zuführung von Nahrungsmitteln. Wir mußten also darangehen, in irgendeiner Weise Lebensmittel zu beschaffen. Restbestände aus den Läden wurden sichergestellt, herrenlose Pferde wurden eingefangen und im Auftrag des Bürgermeisters von dem Schlächtermeister Grahlke in der Schlächterei von Adelhoch, Giesestraße, geschlachtet.

Wir fertigten Lebensmittelkarten aus alten Postkarten an, auf die wir Fleisch ausgaben.

Schlecht sah es mit Brot und Kartoffeln aus. Teile der völlig verzweifelten, oft keinen Ausweg sehenden Bevölkerung plünderten die Kartoffelmieten auf den Rieselfeldern. Hier mußte unsere freiwillige antifaschistische Polizeigruppe eingreifen. Sie schützte die Mieten und sicherte damit eine gleichmäßige Verteilung der geringen Bestände an die Bevölkerung.

Die Mehlvorräte des Bäckermeisters Schnabel beschlagnahmte die Rote Armee, um sie vor der Plünderung zu schützen, und übergab sie der Bürgermeisterei zur Herstellung von Brot.

So versuchten wir, die Not zu lindern. Auch die durchziehenden Kolonnen der Roten Armee gaben den Einwohnern Brot.«[13]

Am Morgen des 26. April hatten die Truppen der 1. Belorussischen und der 1. Ukrainischen Front eine stählerne Schlinge um die Innenstadt, die letzte faschistische Bastion, gelegt, die sich immer enger zusammenzog. Im Süden standen sie am Landwehrkanal bei Treptow, am Rathaus Neukölln und am Flugplatz Tempelhof, in Steglitz und Dahlem. Im Westen stießen die Rotarmisten zur Havel vor und schlossen die Zitadelle Spandau ein. Erbitterte Kämpfe wurden entlang der Heerstraße zwischen Olympia-Stadion und Pichelswerder geführt. Die Faschisten ließen hier erbarmungslos Regimenter der Hitler-Jugend –

---

13 Die letzten Tage des Krieges. Die ersten Tage des Friedens. 40. Jahrestag des Sieges über den Hitlerfaschismus und der Befreiung des deutschen Volkes. Hrsg.: Bezirksvorstand Berlin der Gesellschaft für Deutsch-Sowjetische Freundschaft, Berlin o. J. (1985), S. 41/42.

völlig kampfunerfahrene und schlecht ausgerüstete Halbwüchsige – verbluten, um sich einen Fluchtweg nach Westen, zu den Anglo-Amerikanern, zu bahnen. Von Norden her erreichten die Sowjettruppen die Spree bei Haselhorst und Siemensstadt; sie führten im Wedding und am S-Bahnhof Schönhauser Allee schwere Straßenkämpfe.

Im Osten waren die Verbände der 5. Stoßarmee unter Generaloberst N. E. Bersarin am weitesten ins Zentrum vorgestoßen. Schon am Abend des 22. April gingen sie in Lichtenberg über die gegnerische Verteidigungslinie längs des S-Bahn-Rings bis zum Ostufer der Spree vor, sie eroberten Stralau und setzten nach Treptow über. Zur gleichen Zeit begannen sie den Sturmangriff auf die Wohnviertel um den Schlesischen Bahnhof, der am Abend des 23. April in sowjetischer Hand war. Nachdem auch der S-Bahnhof Warschauer Straße und das Osram-Werk eingenommen worden waren, rückte die 5. Stoßarmee beiderseits der Frankfurter Allee in Richtung Alexanderplatz vor. Ein verheerendes Luftbombardement der Anglo-Amerikaner hatte am 3. Februar 1945 dieses Stadtgebiet total vernichtet. In den Ruinen hatten die Faschisten zahllose Feuernester eingerichtet, aus allen Ecken und Winkeln schossen ihre Gewehre, Maschinengewehre und Panzerfäuste. Die von Schutt übersäten Straßen waren in Rauch und Kalkstaub gehüllt. Besonders schwere Kämpfe entbrannten am 26./27. April um den Friedrichshain. Ungeachtet des nahegelegenen Krankenhauses hatte die SS die beiden Hochbunker zu »Festungen« ausgebaut und das Wohnviertel an der heutigen Artur-Becker-Straße niedergebrannt, um ihren Geschützen auf den Bunkern freies Schußfeld zu verschaffen.

Am 28. April konzentrierten sich die Kämpfe um den Alexanderplatz. Die Faschisten boten letzte Kräfte auf, um den Weg zum Regierungsviertel zu verlegen. Sie hatten Barrikaden, Sperren und Panzergräben angelegt. Die Sowjetsoldaten griffen von der Alexanderstraße und der Landsberger Straße (sie mün-

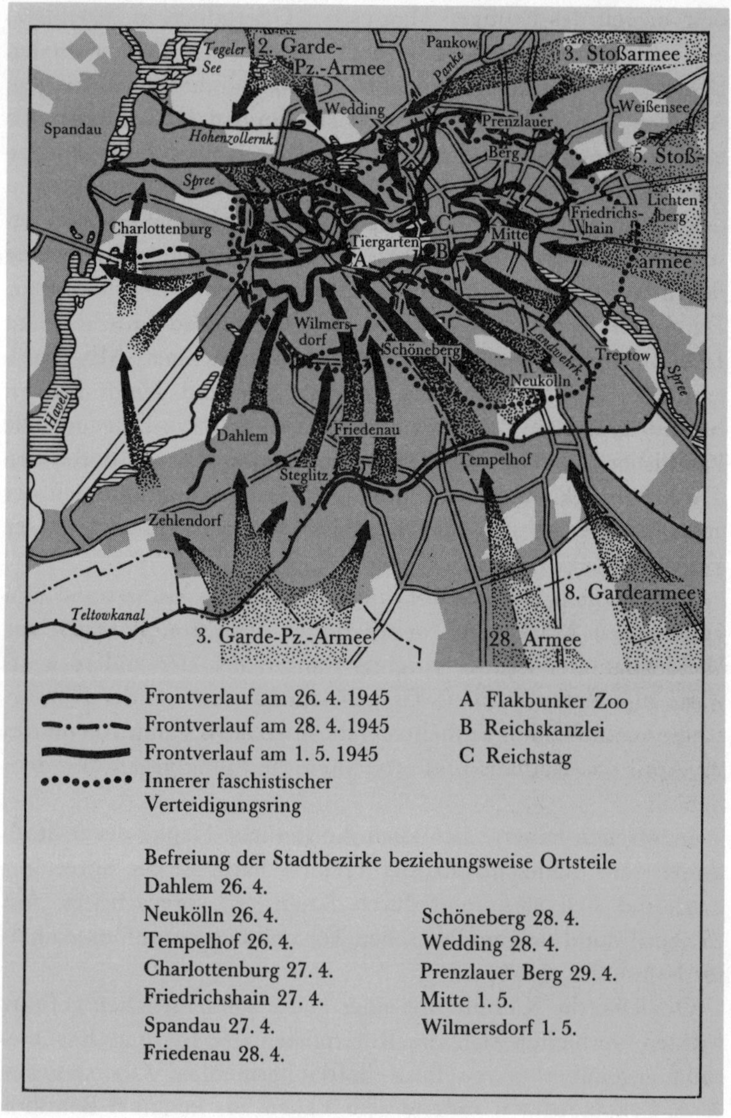

Die Befreiung Berlins durch die Sowjetarmee,
26. April bis 2. Mai 1945

dete unweit des heutigen Hauses der Gesundheit in den Platz) her an; Artillerie und »Katjuschas« hielten den Gegner nieder. Doch es gelang ihnen nicht, bis zum S-Bahnhof vorzudringen. Aus den U-Bahn-Schächten und Hausruinen schlug ihnen ein mörderisches Feuer entgegen. Der riesige Komplex des Polizeipräsidiums schien uneinnehmbar. Mehr als 24 Stunden tobten in dem weitläufigen Gebäude blutige Nahkämpfe, ehe die zweitausendköpfige Besatzung zerschlagen war. Aber noch immer gelang den Sowjettruppen nicht der Vorstoß über den Alexanderplatz. Da entschloß sich am 29. April der Komsomolze Untersergeant JASCHAGASCHWILI zu einem waghalsigen Unternehmen. Mit Handgranaten und MP-Feuer erzwang er sich und seiner kleinen Sturmtruppe den Zugang zum östlichen U-Bahn-Eingang. Die Faschisten glaubten sich überrumpelt und zogen sich durch den Tunnel zurück. Nach der Einnahme des U-Bahnhofs brach der gegnerische Widerstand am Alexanderplatz rasch zusammen. Der Weg zum Regierungsviertel war frei.

Während ein Teil der Rotarmisten durch die Münzstraße zum Hackeschen Markt und weiter durch den Monbijoupark zur Weidendammer Brücke vorging, wandte sich der andere westwärts zum Roten Rathaus. Gemeinsam mit den von der Klosterstraße vorstoßenden Einheiten erstürmten sie bis zum Abend des 29. April das Rathaus und erreichten die Spree gegenüber dem Schloß.

Inzwischen näherte sich auch die südliche Flanke der 5. Stoßarmee dem Stadtzentrum. Bei Treptow hatte sie die Spree forciert und sich kämpfend durch Kreuzberg vorgearbeitet. Am 27. April stand sie am Halleschen Tor und tags darauf am Anhalter Bahnhof.

Obgleich die Kämpfe mit einer Härte sondergleichen geführt wurden, verhielten sich die Rotarmisten der Berliner Bevölkerung gegenüber getreu ihrer Befreiungsmission. Obersergeant T. A. LUKJANOWITSCH opferte sein Leben, als er am S-Bahnhof Treptower Park ein deutsches Kind aus dem Feuerbereich der SS retten wollte. Am Landwehrkanal unweit der Potsdamer Brücke holte Gardesergeant N. I. MASSALOW am 30. April ein dreijähriges deutsches Mädchen aus dem Schußfeld heraus; die Mutter war bei dem Versuch, sich und ihr Kind hinter die sowjetischen Linien in Sicherheit zu bringen, tödlich getroffen worden. Das St. Hedwig-Krankenhaus in der Großen Hamburger Straße wurde unter sowjetischen Schutz gestellt. Gleich nach der Besetzung der Charité am 2. Mai lieferte die Rote Armee Lebensmittel und Medikamente für die Kranken und Verwundeten. Es gab unzählige solcher von Humanismus und Internationalismus getragenen Handlungen der Befreier.

Bis zum 30. April war die faschistische Gruppierung auf einen rund 2 Kilometer breiten und 15 Kilometer langen Korridor zusammengepreßt, der vom Schloß im Osten über das Regierungsviertel und den Tiergarten bis Charlottenburg und Halensee im Westen reichte. Gefechte entbrannten am Potsdamer Platz und am Bahnhof Zoo, am Lehrter Bahnhof und am Oranienburger Tor. Weite Teile der Innenstadt standen in Flammen. Beißender Rauch verhüllte den Himmel. Die Sichtweiten für die Flugzeuge betrugen unter 500 Meter, so daß die sowjetischen Flieger nicht mehr in den Kampf eingreifen konnten.

Der Sturm auf Berlin dauerte schon den achten Tag, als Reichskanzlei und Reichstag in das Schußfeld der sowjetischen Truppen gerieten. Von hier aus hatte der Hitlerfaschismus vor zwölf Jahren begonnen, das deutsche Volk seinen Kriegsplänen unterzuordnen und die Völker Europas mit Krieg und Verderben zu überziehen. Die rote Siegesfahne auf dem Reichstag zu hissen war darum der Wunsch aller kämpfenden sowjetischen Truppen.

Die Truppen der 3. Stoßarmee der 1. Belorussischen Front unter Generaloberst W. I. KUSNEZOW hatten die beste Ausgangsposition erreicht. Sie waren über den Stadtbezirk Reinickendorf nach Moabit vorgestoßen und standen am Abend des 28. April nur noch 500 Meter nordwestlich des Reichstages auf dem nördlichen Spreeufer. Noch in der Nacht zum 29. April gingen sie über die Moltke-Brücke und schufen einen Brückenkopf. Der unmittelbare Kampf um den Reichstag begann in den Morgenstunden des 30. April und dauerte ohne eine Minute Unterbrechung zwei volle Tage. Den düsteren Steinkoloß hatten die Faschisten zu einer Festung ausgebaut. Rund 5000 Mann, vorwiegend ausgesuchte SS-Truppen, hielten sich hier verschanzt. Sämtliche Türen und Fenster waren bis auf schmale Schießscharten zugemauert. Quer über den Königsplatz zogen sich Panzer- und Schützengräben sowie Minenfelder. Nach heftiger Artillerievorbereitung ging das 79. Schützenkorps unter Generalmajor S. N. Perewjortkin zum Angriff über, doch es blieb im feindlichen Trommelfeuer stecken. Erst ein erneuter Ansturm um 18.00 Uhr führte zum Erfolg. Die Soldaten der Bataillonskommandeure S. A. Neustrojew, W. I. Dawydow und K. J. Samsonow erzwangen sich durch das aufgesprengte Hauptportal einen Zugang zum Reichstag. Stundenlang tobten in seinem Innern verbissene Nahkämpfe; Panzerfäuste und Flammenwerfer wurden eingesetzt. An der Spitze kämpften zwei Freiwilligenkorps aus Kommunisten und Komsomolzen, die Siegesbanner auf ihrer Brust durch Feuer und Rauch von Stockwerk zu Stockwerk emportrugen. Sie zogen die Fahnen an verschiedenen Stellen des Gebäudes auf, bevor sie die Kuppel erreichten. Um 21.50 Uhr meldeten die Feldwebel M. A. Jegorow und M. W. Kantarija, daß sie die rote Fahne mit Hammer und Sichel – es war das Banner Nr. 5, das der Kriegsrat der 3. Gardearmee den besten Soldaten seiner Verbände in Obhut gegeben hatte – über dem Reichstag gehißt hatten. Aber noch am 1. Mai wurde im Reichstag weitergekämpft, erst am 2. Mai morgens kapitulierte der Feind.

Mit dem Fall des Reichstages war die Lage der Faschisten vollends aussichtslos geworden. Am Nachmittag des 30. April vergifteten sich Hitler und seine langjährige Geliebte Eva Braun, die er in der Nacht zuvor noch geheiratet hatte, im

Der Magistrat von Groß-Berlin
hat beschlossen,
dem Helden der Sowjetunion Genossen
Michail Alexejewitsch Jegorow
in Anerkennung
seiner großen Verdienste
bei der Befreiung Berlins
von der Herrschaft des Faschismus
die Ehrenbürgerschaft von Berlin,
der Hauptstadt
der Deutschen Demokratischen Republik
zu verleihen.

8. Mai 1965 Oberbürgermeister

Ebenfalls am 8. Mai 1965
erhielt auch M. W. Kantarija die Ehrenbürgerschaft
der Stadt Berlin verliehen

Bunker der Reichskanzlei. Ihre Leichen wurden in einer Baugrube vor dem Bunkereingang von SS-Männern mit Benzin übergossen, angezündet und dann notdürftig verscharrt. Einer sowjetischen Aufklärungsabteilung gelang es am 4. Mai 1945, HITLERS Leiche aufzufinden und zu identifizieren. Die Übriggebliebenen in der Reichskanzlei trachteten danach, Zeit zu gewinnen. Sie wollten in Berlin eine neue Reichsregierung bilden und Friedensverhandlungen aufnehmen, wobei sie auf Uneinigkeit unter den vier Alliierten spekulierten. In den frühen Morgenstunden des 1. Mai schickte GOEBBELS den Chef des Generalstabes des Heeres, General KREBS, in den Gefechtsstand von General TSCHUIKOW unweit des Flugplatzes Tempelhof, um Verhandlungen über einen Waffenstillstand zu führen. Die sowjetischen Heerführer, die Intrigen der Nazihäuptlinge durchschauend, bestanden auf sofortiger bedingungsloser Kapitulation. Das lehnte GOEBBELS am Abend aber ab. Für die Bunkerbesatzung war es nun »fünf nach zwölf«. Nachdem er seine Frau und seine sechs Kinder durch Gift umgebracht hatte, ließ sich GOEBBELS von einem SS-Mann erschießen. KREBS und andere begingen Selbstmord durch Gift. HITLERS Intimus MARTIN BORMANN entschloß sich, mit einer Gruppe den Ausbruch zu versuchen; in der Nähe des Lehrter Bahnhofs kam er ums Leben.

Am 1. Mai, 18.30 Uhr, legte die sowjetische Artillerie einen mächtigen Feuerschlag auf die faschistischen Widerstandsnester in der Innenstadt. So begann der letzte Sturm, der die Nacht über andauerte. BERSARINS Truppen kämpften sich Unter den Linden und beiderseits der Leipziger Straße vorwärts und drangen in die Reichskanzlei ein. Am Brandenburger Tor stießen sie auf Soldaten von KUSNEZOWS 3. Stoßarmee, die schon den Reichstag erobert hatten, und auf Vorausabteilungen von TSCHUIKOWS 8. Gardearmee, die aus südwestlicher Richtung durch den Tiergarten kamen. Vom Westen näherte sich über die Charlottenburger Chaussee die 1. Infanteriedivision »Tadeusz Kościuszko« der 1. Armee der Polnischen Volksarmee, die im Bestand der sowjetischen 2. Gardepanzerarmee an der Berliner Operation teilgenommen hatte. Es war 7.00 Uhr früh am 2. Mai, als auch auf dem zerschossenen, mit Möbelwagen, Eisenbahnschwellen und Steinen verbarrikadierten Brandenburger Tor die rote Fahne des Sieges wehte.

Erst jetzt, als die Lage der zerschlagenen Berliner Garnison absolut hoffnungslos geworden war, gab sich der faschistische Kampfkommandant, General WEIDLING, gefangen. Auf Forderung des sowjetischen Oberkommandos befahl er seinen Soldaten die Kapitulation. Über Lautsprecher wurden sie aufgefordert, die Waffen niederzulegen. Am 2. Mai gegen 15.00 Uhr schwiegen in Berlin die Waffen. 134 000 deutsche Soldaten und Offiziere traten den Marsch in die Kriegsgefangenschaft an.

Mit der Einnahme Berlins war Hitlerdeutschland praktisch zusammengebrochen. Teile der Wehrmacht leisteten an anderen Fronten nur noch wenige Tage lang Widerstand. Am 8. Mai 1945 um 22.43 Uhr mitteleuropäischer Zeit unterzeichneten die Vertreter des deutschen Oberkommandos der Wehrmacht vor Vertretern der vier Mächte die Urkunde über die bedingungslose Kapitulation an allen Fronten, die unter den zweiten Weltkrieg in Europa einen Schlußstrich zog. Der historische Akt der Kapitulation Deutschlands fand in der Aula einer früheren Festungspionierschule in Berlin-Karlshorst, Rheinsteinstraße, statt.

Als die Waffen verstummten, bot Berlin ein Bild des Grauens und der Verwüstung. 14 Tage erbitterte Straßenkämpfe und Hunderttausende Tonnen Spreng- und Brandbomben während der anglo-amerikanischen Luftangriffe in den Jahren zuvor hatten die Stadt in einen einzigen Trümmerhaufen verwandelt. Zerstörte, ausgebrannte, dem Erdboden gleichgemachte Gebäude, Häuserblocks und ganze Wohnviertel so weit das Auge reichte. Kostbare Kulturdenkmäler lagen unter Schuttbergen begraben. Die einst weltbekannten Prachtboulevards Unter den Linden und Kurfürstendamm unterschieden sich mit ihren Trümmermassen und ausgeglühten Stahlgerippen in nichts mehr

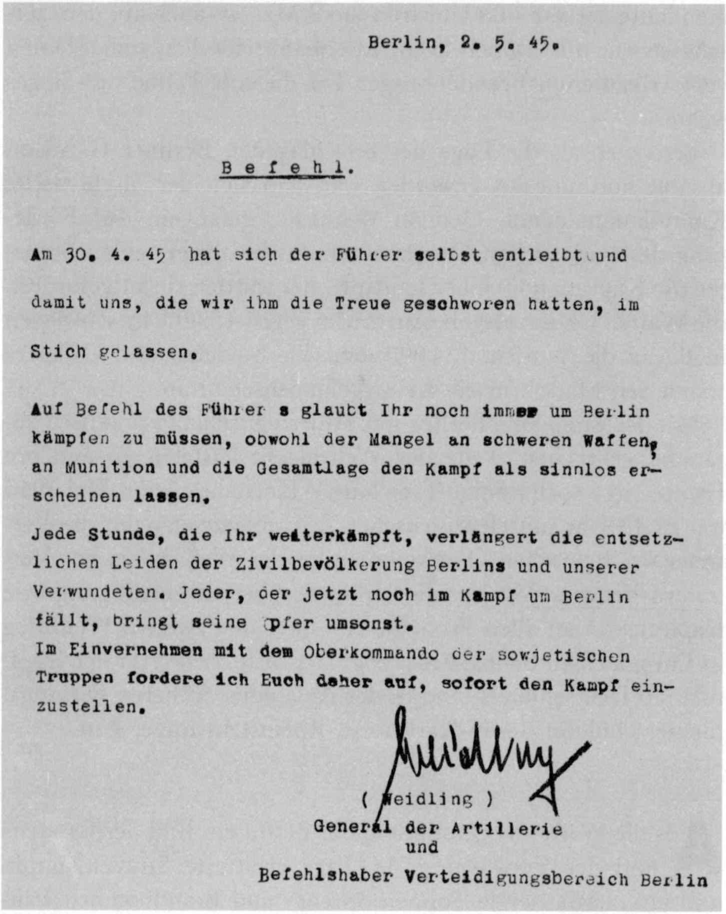

Berlin, 2. 5. 45.

Befehl.

Am 30. 4. 45 hat sich der Führer selbst entleibt und damit uns, die wir ihm die Treue geschworen hatten, im Stich gelassen.

Auf Befehl des Führers glaubt Ihr noch immer um Berlin kämpfen zu müssen, obwohl der Mangel an schweren Waffen, an Munition und die Gesamtlage den Kampf als sinnlos erscheinen lassen.

Jede Stunde, die Ihr weiterkämpft, verlängert die entsetzlichen Leiden der Zivilbevölkerung Berlins und unserer Verwundeten. Jeder, der jetzt noch im Kampf um Berlin fällt, bringt seine Opfer umsonst.
Im Einvernehmen mit dem Oberkommando der sowjetischen Truppen fordere ich Euch daher auf, sofort den Kampf einzustellen.

(Weidling)
General der Artillerie
und
Befehlshaber Verteidigungsbereich Berlin

von all den anderen Straßen. Überall lagen zerstörtes Kriegsgerät, Autowracks, umgestürzte Straßenbahnen, Pferdekadaver und noch nicht geborgene Leichen. Granat- und Bombentrichter machten Straßen, Plätze und Parks unpassierbar. Blindgänger, Munition und Minen gefährdeten das Leben. Von 225 Brücken waren 140 zerstört, Stadtteile dadurch voneinander isoliert.

Von dem einst mustergültigen öffentlichen Nahverkehrssystem

der Weltstadt Berlin war ein kläglicher Trümmerhaufen geblieben. Die Oberleitungen der Straßenbahn hingen zu 95 Prozent (fast 1 000 Kilometer Fahrdraht) zerfetzt herunter, die Gleisanlagen waren schwer beschädigt und 420 Straßenbahnwagen total zerstört. Von rund 900 Omnibussen waren 18 übriggeblieben. Schwere Schäden hatte die U-Bahn erlitten. Sechs Bahnhöfe waren vollkommen zerstört; Sprengungen, Bombentreffer und Artilleriebeschuß hatten Tunnelanlagen und Brücken in Mitleidenschaft gezogen; besonders gelitten hatten die U-Bahn-Linien A (Potsdamer Platz – Pankow) und E (Alexanderplatz – Friedrichsfelde).

Nachdem Fliegerbomben am 2./3. April 1945 die Tunneldecke unter der Spree zwischen den Bahnhöfen Märkisches Museum und Klosterstraße durchschlagen hatten, floß trotz provisorischer Abdichtung ständig Wasser ein und füllte den Tunnel so, daß ein Fahrbetrieb unmöglich wurde. Am Alexanderplatz lief das Wasser auf die tiefer gelegenen Bahnsteige der beiden anderen U-Bahn-Linien über. Nach der Sprengung des S-Bahn-Tunnels unter dem Landwehrkanal war das Wasser am Bahnhof Friedrichstraße auch in die U-Bahn-Linie C eingedrungen und bis zu den Bahnhöfen Wedding im Norden und Gneisenaustraße im Süden geflossen. Somit war im Zentrum ein Drittel aller unterirdischen Bahnstrecken von etwa 1 Million Kubikmeter Wasser überflutet. Beträchtliche Schäden registrierte auch die S-Bahn.

Kein kommunaler Versorgungsbetrieb arbeitete mehr. Es gab kein Trinkwasser, keinen Strom, kein Gas. Überall waren die Versorgungsleitungen unterbrochen. Von dem mehr als 7 000 Kilometer langen, über die ganze Stadt weitverzweigten Gasrohrnetz waren am Ende ganze 14 Kilometer (0,9 Prozent) noch betriebsfähig. Von den acht großen Gaswerken arbeitete keines mehr. Zum erstenmal seit 1847, als in Berlin die erste deutsche Gasanstalt entstand, war die Stadt gänzlich ohne Gas.

Trümmerwüste Berlin

Angesichts des Ausmaßes der Zerstörung hatten es die Statistiker nach 1945 nicht leicht, exakte Zahlen zu ermitteln. Die Schadensangaben über Berlin sind in der Literatur uneinheitlich und fußen oft nur auf Schätzungen. Von den rund 1,65 Millionen Wohnungen, über die Berlin 1943 verfügt hatte, waren mehr als ein Drittel total zerstört. Etwa 245 000 Gebäude hatte Groß-Berlin vor dem Kriege gezählt, davon waren rund 50 000 völlig vernichtet. Unter den übrigen gab es kaum ein ganz unzerstörtes oder unbeschädigtes Gebäude. Von den Industriebetrieben der Stadt waren rund 60 Prozent unbrauchbar. Von 649 Berliner Schulen der Vorkriegszeit konnten 357 nicht mehr benutzt werden. Von den einst 26 000 Krankenhausbetten waren 8 500 übriggeblieben. So ähnlich sah die Bilanz des Krieges in allen städtischen Bereichen aus.

Schätzungen der gesamten Trümmermenge ergaben mehr als 75 Millionen Kubikmeter, von denen etwa 20 bis 25 Millionen in der heutigen Hauptstadt der DDR lagen. Diese Trümmermenge hätte ausgereicht, einen 35 Meter breiten und 5 Meter hohen Damm von Berlin bis ins Ruhrgebiet zu bauen oder einen Schuttkegel in der Höhe von 150 Metern und mit einem Durchmesser von fast 2 Kilometern aufzuschütten. Groß-Berlin gehörte zu den am meisten zerstörten deutschen Städten.

Insgesamt waren 28 Quadratkilometer bebauter Stadtfläche total verwüstet. Auf den ersten Blick mag das bei einer Gesamtfläche Groß-Berlins von 882 Quadratkilometern als nicht viel erscheinen, doch die Zerstörungen konzentrierten sich auf bestimmte Räume der dicht besiedelten Innenbezirke. Am schlimmsten war das Stadtzentrum getroffen, in dem vor dem Kriege rund 500 000 Menschen, also etwa ein Viertel aller Beschäftigten, gelebt und gearbeitet hatten. Im alten Zeitungsviertel in der südlichen Friedrichstadt lebten nach Kriegsende noch 600 Menschen. In den Stadtbezirken Mitte, Friedrichshain und Kreuzberg sowie nördlich und südlich des Tiergartens schien alles Leben für alle Zeiten unter Schuttbergen begraben.

In dieser Trümmerwelt lebten im Mai 1945 – wie die Zahl der

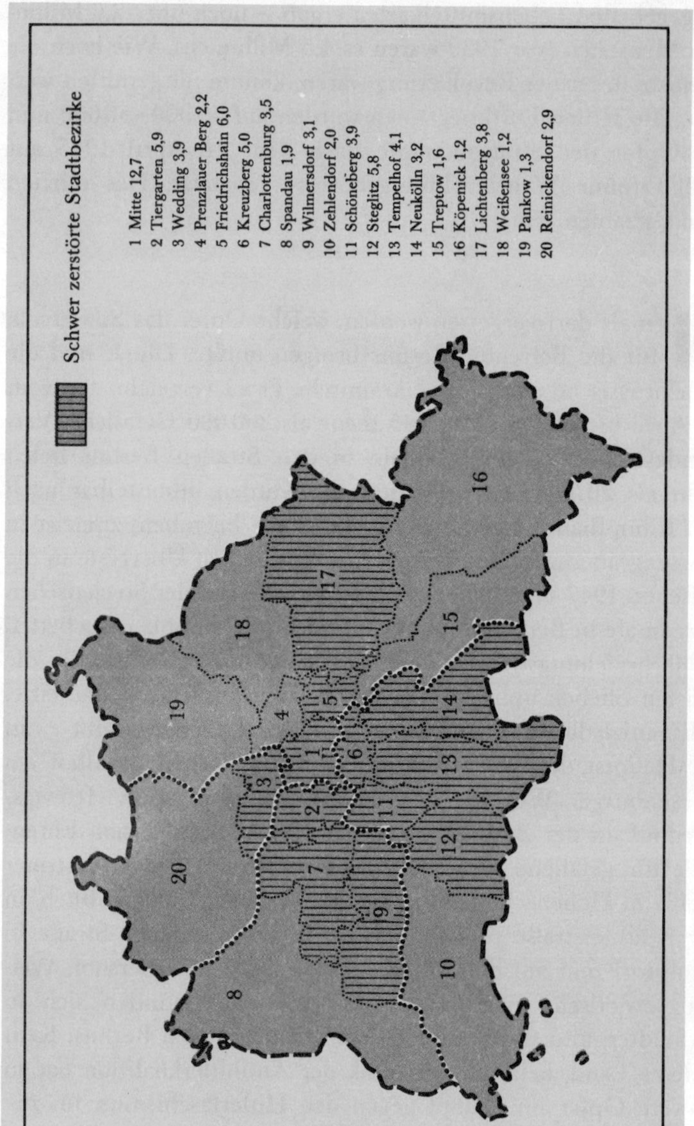

Geschätzte Trümmermassen (in Millionen Kubikmeter)

ausgegebenen Lebensmittelkarten ergab – noch über 2,6 Millionen Menschen (vor 1939 waren es 4,5 Millionen). Wie hoch die Verluste unter der Bevölkerung waren, konnte nie ermittelt werden. Die zivilen Luftkriegstoten wurden auf 49 000–56 000 und die Opfer der Straßenkämpfe nach dem 21. April 1945 auf 10 000 (ohne Wehrmachtsangehörige) geschätzt. Das dürften Mindestzahlen sein.

Niemals darf vergessen werden, welche Opfer das Sowjetvolk für die Befreiung Berlins bringen mußte. Die 1. und die 2. Belorussische und die 1. Ukrainische Front verzeichneten vom 16. April bis zum 8. Mai 1945 mehr als 300 000 Gefallene, Verwundete und Vermißte. Allein in den Straßen Berlins fielen mehr als 20 000 Sowjetsoldaten. Sie wurden unmittelbar nach den Kampfhandlungen an Ort und Stelle begraben, zumeist in Massengräbern. Später wurden ihre sterblichen Überreste in die zwischen 1947 und 1949 geschaffenen Anlagen der Sowjetischen Ehrenmale in Berlin-Treptow und Berlin-Schönholz umgebettet. 5 000 beziehungsweise 13 200 gefallene Sowjetsoldaten – die meisten blieben unbekannt – fanden hier die letzte Ruhestätte.

Ehrenfriedhöfe für gefallene sowjetische Soldaten gibt es in der Hauptstadt ferner noch auf dem Städtischen Friedhof am Wiesenburger Weg in Marzahn sowie auf dem St. Hedwigs-Friedhof an der Berliner Straße in Hohenschönhausen. Ehrenmale für gefallene sowjetische Helden stehen in der Küstriner Straße in Hohenschönhausen, in der Wiltbergstraße in Buch, in der Nöldnerstraße in Lichtenberg, in der Brodauer Straße in Kaulsdorf und auf dem Platz der Befreiung in Adlershof. Weitere sowjetische Ehrenmale und -friedhöfe befinden sich in 37 Städten und Orten unmittelbar vor den Toren Berlins. Kein anderes Land, kein anderes Volk der Antihitlerkoalition hat so schwere Opfer im Kampf gegen den Hitlerfaschismus, für die Befreiung auch des deutschen Volkes gebracht wie das Sowjetvolk.

Kapitel II

Der schwere Neubeginn

»Erste Stärkemeldungen
Hierdurch melde ich die ›Vieh- und Schlachthöfe‹ ordnungsgemäß als Betrieb an. Die Belegschaft besteht zur Zeit aus:

Dipl.-Ing. Schilling
Techniker Ewert
Schlossermeister Sauer
Schlosser Bonien.

Meldungen weiterer Belegschaftsmitglieder werden folgen. Als dringlichste Arbeit wird vorgeschlagen:
Instandsetzung der betrieblichen Wasserversorgung, die auch von der Bevölkerung in Anspruch genommen werden kann.

Arthur Ewert
An die Verwaltungsstelle Matternstraße«[1]

1 75 Jahre Vieh- und Schlachthof Berlin 1881–1956, Berlin (1956), S. 20.

»Am 2. Mai regnete es in Berlin. Es war ein kalter Sprühregen, der die Brände nicht zu löschen vermochte. Tiefhängende, schwere Wolken schwebten über den Ruinen und berührten fast die roten Fahnen auf den Türmen Berlins. In den Morgenstunden wurde noch gekämpft ... Dieser Tag war gleichsam in zwei Hälften gespalten: in der ersten Hälfte noch blutige Straßenkämpfe, in der zweiten – eine seltsame, ungewohnte Stille ...

Berlin kapitulierte um drei Uhr nachmittags. Es ergab sich die ganze Garnison: vom sechzigjährigen Volkssturmmann bis zum General der Artillerie Weidling.«[2]

So ist der Tag, an dem ein neues Kapitel in der vielhundertjährigen Geschichte Berlins aufgeschlagen wurde, dem sowjetischen Schriftsteller und damaligen Kriegskorrespondenten Lew Slawin in Erinnerung geblieben.

Als der Kanonendonner endlich verstummt war, stiegen die Berliner aus Verstecken, Kellern, Bunkern und U-Bahn-Schächten ans Tageslicht – bleich und hungrig, krank und vom Elend gezeichnet und voller Furcht vor einer »Vergeltung der Russen«. Die, denen es an Mut und Kraft gebrach, hatten ihrem Leben selbst ein Ende gesetzt. Die meisten Menschen besaßen nur noch das, was sie auf dem Leibe hatten oder in Koffern und Rucksäcken bei sich trugen. Die wildesten Gerüchte – Nachwirkungen der Goebbels-Propaganda – kursierten. »In diesem schockartigen Zustand irrten nun gewaltige Menschenmengen über die Straßen, die einen auf der Suche nach einer neuen Bleibe, die andern, um in die von ihnen verlassenen Häuser zurückzukehren. Ihre Blicke sind erloschen, und keiner kann sagen, was in ihrem Innersten vorgeht, denn ihr Bewußtsein war so lange von dem fürchterlichen Gift, einer Mischung von Nationalismus und Militarismus, Demagogie und Antisemitismus, kurz,

2 Lew J. Slawin: Die letzten Tage des »Dritten Reiches«, Berlin 1948, S. 42 u. 44.

vom Gift des Nationalsozialismus zersetzt.« Diese Beobachtung notierte der namhafte sowjetische Historiker A. S. JERUSSALIMSKI, der damals als Sonderkorrespondent der sowjetischen Armeezeitung »Krasnaja Swesda« in Berlin weilte, unter dem 3. Mai 1945 in sein Tagebuch.[3]

Zur gleichen Stunde zogen in langen Kolonnen deutsche Kriegsgefangene, physisch und moralisch am Ende, aus der Stadt. Auf Sammelplätzen erhielten verwundete deutsche Soldaten eine erste medizinische Hilfe von sowjetischen Sanitätern. Menschen aus den verschiedensten Ländern Europas, darunter viele Polen und Franzosen, die die Faschisten zur Zwangsarbeit in die Berliner Rüstungsbetriebe verschleppt hatten, machten sich singend und ihre Nationalfahnen schwenkend auf den Weg in ihre befreite Heimat. Die Deutschen schauten betreten weg.

In den ersten Friedenstagen strömten zahlreiche sowjetische Armeeangehörige zur Reichstagsruine; in ihr sahen die Rotarmisten das Symbol des Sieges über den Faschismus. Auf der breiten Freitreppe und vor der von Kugeln und Granaten durchlöcherten Fassade fotografierten sie einander. An die rauchgeschwärzten Mauern und Wände des Sitzungssaales und der Wandelhallen schrieben sie Namenszüge und Nummern von Truppeneinheiten mit dem, was sie gerade zur Hand hatten: Kohle, Bleistift, Kreide, Nägeln, Patronenhülsen. Tausende Inschriften bedeckten die Wände bis zur Decke. (Als Ende der fünfziger Jahre die BRD-Regierung beschloß, den Reichstag rechtswidrig zu einer Filiale des Bundestages auszubauen, drohte diesem einzigartigen Siegesandenken Gefahr. Unter den Westberliner Bauarbeitern fanden sich Freunde der Sowjetunion, die Steinplatten mit den interessantesten Inschriften heraussägten und sie Ende 1963 der Botschaft der UdSSR in der DDR überreichten. Heute haben diese Platten einen Ehrenplatz im Moskauer Zentralen Museum der Streitkräfte der UdSSR.) Überall in der Stadt fanden sich die

3 A. S. Jerussalimski: Der Zusammenbruch und die Kapitulation. In: Neue Zeit. Wochenschrift für Weltpolitik (Moskau), 1965, Nr. 19, S. 18.

Rotarmisten zu Meetings zusammen. Vorm Brandenburger Tor sprach der Major Jewgeni Dolmatowski, im Zivilleben Lyriker, von einem T-34 herab eigene Gedichte. Man sang und tanzte zu Harmonikaklängen und trank auf den Sieg.

In den Gebieten der Hauptstadt, die bereits seit einigen Tagen befreit waren, ging die Normalisierung des Lebens weiter voran. Zwischen den sowjetischen Kommandanten und den deutschen Antifaschisten, die sich zur Mitarbeit in den Ortsbürgermeistereien und Bezirksämtern bereit erklärt hatten, entwickelte sich eine vertrauensvolle Zusammenarbeit. Sowjetische Lautsprecherwagen fuhren durch die Straßen und gaben den Berlinern Befehle und Anordnungen der sowjetischen Militärbehörden sowie die neuesten Nachrichten bekannt. Der Historiker Stefan Doernberg, der 1935 in die Sowjetunion hatte emigrieren müssen und als Internationalist während des Krieges Politoffizier in der Roten Armee war, erinnerte sich an solche Einsätze in Schöneweide und Johannisthal: »Außerdem führten wir auf verschiedenen Plätzen Veranstaltungen durch, bei denen wir Platten mit deutscher Volksmusik und mit revolutionären Liedern abspielten. Viele Hunderte Menschen sammelten sich dann vor unserem Lautsprecherwagen, und manch einer kam auch heran, um noch persönlich Fragen vorzubringen. Zwar herrschte noch allerorts Lethargie und Deprimiertheit. Aber das Eis war gebrochen. Die Menschen schöpften, wenn auch vorsichtig, neue Zuversicht. Vor allem aber entstanden auch die ersten Keime eines neuen Verhältnisses zur Sowjetunion.«[4]

Über Lautsprecherwagen vernahmen die Berliner auch die Rede des Vorsitzenden der KPD, Wilhelm Pieck, die der Moskauer Rundfunk am 4. Mai 1945 in deutscher Sprache sendete. Sich an die Werktätigen Berlins wendend, sagte Wilhelm Pieck:

---

4 Stefan Doernberg: Befreiung 1945. Ein Augenzeugenbericht, Berlin 1985, S. 90.

»Berlin ist frei von der Nazibande, sie wird und muß restlos vernichtet werden. Aber unser deutsches Volk wird weiterleben. Es gilt jetzt eine gründliche Reinigung vorzunehmen. Mit seiner schmählichen Vergangenheit muß Schluß gemacht werden. Es geht um eine Neugeburt unseres Volkes, um ein Neubeginnen in seinem ganzen Denken und Handeln. Neue Menschen, ein neues Deutschland müssen entstehen, um in Frieden und Freundschaft mit den anderen Völkern zu leben und im deutschen Volke selbst Garantien gegen eine Wiederholung der Aggression von deutscher Seite zu schaffen.«[5]

Die Kraft, die diese Aufgabe in Angriff nehmen mußte, war die Arbeiterklasse. Nur sie konnte Antifaschisten und Demokraten zu einem festen, dauerhaften Bündnis zusammenschließen und ein neues Deutschland aufbauen. Es waren klassenbewußte Arbeiter, die unverzüglich in den neuen Verwaltungsorganen, in den Wohngebieten und Betrieben den Neuaufbau begannen. »Aktivisten der ersten Stunde« war der ehrenvolle Name, den diese Pioniere des Neubeginns später erhielten.

Anfang Mai 1945 machten sich Kommunisten und Sozialdemokraten zu Fuß oder mit dem Fahrrad auf den beschwerlichen Weg durch die zerstörte Stadt, um die Verbindung zu ihrer Partei zu suchen. Über das Geschehen im Arbeiterbezirk Friedrichshain berichtete HEINRICH STARK: »Zirka achtzig der besten Sozialisten, Kämpfer unseres Bezirkes, waren in den zwölf Jahren des Hitlerfaschismus dem Henker zum Opfer gefallen. Und trotz alledem – die Front war erst am Strausberger Platz – sammelten sich schon wieder die Reste der illegalen Kommunistischen Partei. Jedem war klar: Es galt zu handeln und zu kämpfen. In wenigen Tagen und Stunden waren wieder 250 Genossen zusammen. Ein zentraler Punkt war bald gefunden: der Schreinerhof. Kleine Zettel an den Brunnen des Bezirks forderten die Genossen auf, sich schnellstens zu melden ... Die Bevölkerung brauchte Nach-

---

5 Wilhelm Pieck: Reden und Aufsätze. Auswahl aus den Jahren 1908–1950, Bd. I, Berlin 1952, S. 424/425.

richten. Uns war klar: Eine Zeitung mußte heraus. Am 1. Mai sollte sie erscheinen; wie wir es aus der Illegalität kannten, wurden Papier, Wachsplatten und Abziehapparate beschafft, und am 2. Mai erschien der ›Rote Osten‹ ... An der Spitze der Arbeiter standen erfahrene Illegale, und so atmete unsere Zeitung und sonstige Tätigkeit den Geist der Zusammenarbeit aller antifaschistischen Kräfte und stellte schon damals die Schicksalsfrage des deutschen Proletariats: ›Einheit der Arbeiterbewegung.‹ Überall, wohin man sah, waren es Arbeiter, die zufaßten.«[6]

Nach zwölf Jahren Faschismus mit all seinen Schrecken feierten klassenbewußte Arbeiter wieder einen Ersten Mai, den Kampftag der internationalen Arbeiterklasse. Wie am Lichtenberger Roedeliusplatz, in Wartenberg, Bohnsdorf, Tempelhof und Neukölln beteiligten sich vielerorts Berliner Arbeiter an den Maifeiern ihrer sowjetischen Klassengenossen. In Köpenick, in Wittenau und in der Schreinerstraße im Bezirk Friedrichshain fanden Versammlungen und Kundgebungen statt. Kleine Umzüge unter roten Fahnen und mit dem Gesang alter Arbeiterkampflieder gab es in Blankenburg und am Neuköllner Hermannplatz.

Das Ausmaß des Chaos, das die Faschisten hinterlassen hatten, war unbeschreiblich. Die Menschen litten vor allem Hunger. Sie plünderten, wo immer sich dazu Gelegenheit bot. Aus den verendeten Pferden, die auf Straßen lagen, schnitten sie sich brauchbare Fleischstücke heraus. »Hungernde Menschen durchwühlten die Müllhaufen oder krochen in die Keller der zerstörten Wohnhäuser auf der Suche nach Resten von Lebensmitteln«, berichtete der Sozialdemokrat Josef Orlopp.[7] Am 1. Mai teilte der sowjetische Stadtkommandant Generaloberst Bersarin

6 Heinrich Stark: Der 1. Mai 1945. In: 1. Mai 1947. Hrsg. vom Zentralsekretariat der SED, Berlin (1947), S. 23/24.

7 Josef Orlopp: Zusammenbruch und Aufbau Berlins 1945/1946, Berlin (1947), S. 19.

in einem Telefongespräch dem Staatlichen Verteidigungskomitee in Moskau mit, daß die Ernährungslage sehr kritisch sei. Die deutschen Lebensmittelbestände hatten sich als weitaus geringer erwiesen, als angenommen worden war. Die Berliner sammelten sich in großen Scharen vor Feldküchen und Kantinen der Armee, wo sie Brot, heiße russische Kohlsuppe und »Kascha«, einen sättigenden Grützbrei, erhielten. So wie in den Tagen zuvor teilten die Sowjetsoldaten ihre Rationen mit der Berliner Bevölkerung. Vor allem Kindern und Frauen, Kranken und alten Menschen galt ihre Fürsorge. Krankenhäuser und Pflegeheime erhielten Kühe für die Milchversorgung. Aus der Charité wurde berichtet: »Die Rote Armee sorgte sofort für Lebensmittellieferungen. Täglich bekamen wir 2500 Brote, die um 22.30 Uhr angeliefert wurden und die wir abluden. Kartoffeln, Konserven und anderes brachten ebenfalls die Lastwagen der Roten Armee, und so konnten wir unsere Kranken und unsere Verwundeten versorgen.«[8]

Das Foto eines sowjetischen Frontreporters, das eine von Berlinern dicht umlagerte Feldküche am Oranienburger Tor zeigt, ging als ein Symbol der Menschlichkeit um die Welt. Aber all diese Maßnahmen der Sowjetarmee vermochten die Not nur zu lindern.

Am 2. Mai 1945 brachte die »Prawda« einen Bericht ihres Korrespondenten: »Ja, Berlin ist furchtbar verwüstet. Kein Transportwesen, kein Telefon, fast kein Wasser, Hunger, überall Ruinen ... Die Bevölkerung ist dem Tode durch Hunger, Durst und Seuchen geweiht, falls wir nicht sofort und drastisch eingreifen (das wird schon gemacht) und falls die Berliner selbst nicht den notwendigen Lebenswillen und Energie beweisen.«[9]

Vom 3. Mai 1945 an gab das sowjetische Frontkommando die notwendigsten Lebensmittel aus; sie kamen aus Armeebeständen. Für den Antransport der Lebensmittel sorgten zwei Kraftfahr-

---

8 Humboldt-Universität. Organ der SED-Kreisleitung, 5. Mai 1965.

9 Tägliche Rundschau, Berlin, 3. Mai 1946.

zeugregimenter; darüber hinaus erhielt die Stadt Berlin für Transportaufgaben 1000 Lastkraftwagen und entsprechende Mengen Treibstoff. Sowjetische Armeestellen druckten Lebensmittelkarten. Die Faschisten hatten alle statistischen Unterlagen vernichtet, so daß die Bezirksämter die Bevölkerung neu registrieren mußten. Bei dieser listenmäßigen Volkszählung wie auch bei der ordnungsgemäßen Ausgabe der neuen Lebensmittelkarten bewährten sich erstmals die seit Ende April 1945 in der ganzen Stadt eingesetzten Haus- und Straßenvertrauensleute. So wurden in der ersten Maidekade alle Voraussetzungen für eine geregelte Lebensmittelversorgung der über zwei Millionen Berliner geschaffen.

Am 8. Mai beschäftigte sich das Staatliche Verteidigungskomitee der UdSSR unter Vorsitz von J. W. Stalin mit der Versorgungslage Berlins und der anderen befreiten deutschen Gebiete. Es beschloß, Lebensmittelrationen einzuführen und die Größe der Rationen zu staffeln nach den Kategorien Schwerarbeiter, Arbeiter, Angestellte, Kinder und übrige Bevölkerung, um den

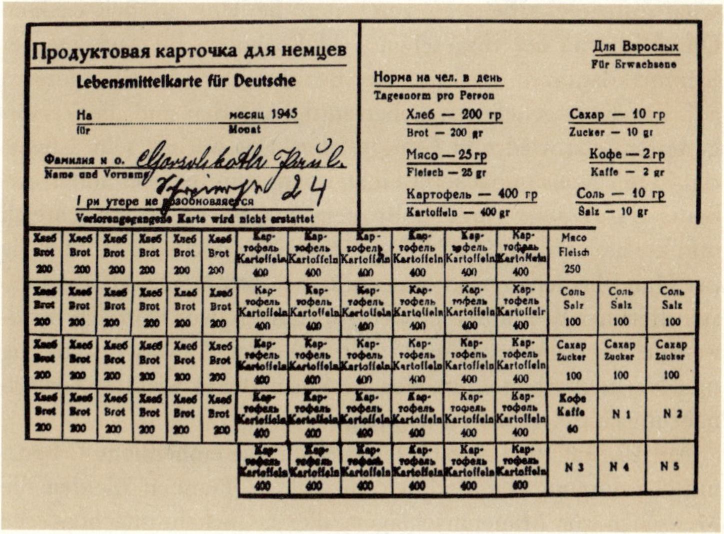

Продуктовая карточка для немцев
Lebensmittelkarte für Deutsche

На .... месяц 1945
für .... Monat

Фамилия и о.
Name und Vorname

При утере не возобновляется
Verlorengegangene Karte wird nicht erstattet

Для Взрослых
Für Erwachsene

Норма на чел. в день
Tagesnorm pro Person

Хлеб — 200 гр / Brot — 200 gr
Сахар — 10 гр / Zucker — 10 gr
Мясо — 25 гр / Fleisch — 25 gr
Кофе — 2 гр / Kaffe — 2 gr
Картофель — 400 гр / Kartoffeln — 400 gr
Соль — 10 гр / Salz — 10 gr

Хлеб Brot 200	Хлеб Brot 200	Хлеб Brot 200	Хлеб Brot 200	Хлеб Brot 200	Хлеб Brot 200	Картофель Kartoffeln 400	Картофель Kartoffeln 400	Картофель Kartoffeln 400	Картофель Kartoffeln 400	Картофель Kartoffeln 400	Картофель Kartoffeln 400	Мясо Fleisch 250		
Хлеб Brot 200	Хлеб Brot 200	Хлеб Brot 200	Хлеб Brot 200	Хлеб Brot 200	Хлеб Brot 200	Картофель Kartoffeln 400	Картофель Kartoffeln 400	Картофель Kartoffeln 400	Картофель Kartoffeln 400	Картофель Kartoffeln 400	Картофель Kartoffeln 400	Соль Salz 100	Соль Salz 100	Соль Salz 100
Хлеб Brot 200	Хлеб Brot 200	Хлеб Brot 200	Хлеб Brot 200	Хлеб Brot 200	Хлеб Brot 200	Картофель Kartoffeln 400	Картофель Kartoffeln 400	Картофель Kartoffeln 400	Картофель Kartoffeln 400	Картофель Kartoffeln 400	Картофель Kartoffeln 400	Сахар Zucker 100	Сахар Zucker 100	Сахар Zucker 100
Хлеб Brot 200	Хлеб Brot 200	Хлеб Brot 200	Хлеб Brot 200	Хлеб Brot 200	Хлеб Brot 200	Картофель Kartoffeln 400	Картофель Kartoffeln 400	Картофель Kartoffeln 400	Картофель Kartoffeln 400	Картофель Kartoffeln 400	Картофель Kartoffeln 400	Кофе Kaffe 60	N 1	N 2
						Картофель Kartoffeln 400	Картофель Kartoffeln 400	Картофель Kartoffeln 400	Картофель Kartoffeln 400	Картофель Kartoffeln 400	Картофель Kartoffeln 400	N 3	N 4	N 5

Aufbauwillen der deutschen Bevölkerung zu stimulieren. Am Tage darauf traf der Stellvertretende Vorsitzende des Rates der Volkskommissare der UdSSR, A. I. Mikojan, in Begleitung des Chefs der Rückwärtigen Dienste der Roten Armee, General A. W. Chruljow, in Berlin ein. An Ort und Stelle überwachte diese Regierungskommission die Organisierung der Hilfe für die Berliner Bevölkerung. Sie besichtigte den Zentralviehhof, Brotfabriken, Mühlen, Häfen, Güterbahnhöfe und Einzelhandelsgeschäfte. Als Mikojan hörte, daß die Berliner gern Bohnenkaffee trinken, aber schon lange auf diesen Genuß hatten verzichten müssen, ließ er kurzfristig auch zwei Waggons mit dieser köstlichen Ladung aus Moskau heranbringen. Sicherlich reichte diese Menge nicht aus, um die Wünsche aller zu stillen; doch zeugte diese Geste vom Edelmut und von der Selbstlosigkeit der Sowjetregierung gegenüber der Berliner Bevölkerung. Der Kriegsrat der 1. Belorussischen Front stellte zunächst die notwendigen Lebensmittel aus seinen Reserven bereit; Mitte Mai trafen weitere Transporte aus der Sowjetunion ein. Über 2000 Armeefahrzeuge brachten die Lebensmittel zu den Ausgabestellen. 386 Wirtschaftsoffiziere arbeiteten rund um die Uhr an der exakten Durchführung der vorgesehenen Maßnahmen. Im Auftrage der Kommandanturen stellten die Bezirksämter Arbeitskolonnen auf, die die angelieferten Lebensmittel abluden und die Versorgungsbetriebe wieder in Gang setzten. Das war oft sehr schwierig. In der Konsumbäckerei Lichtenberg zum Beispiel holten Arbeiter das Wasser für den Brotteig aus einem Feuerlöschteich und kochten es auf dem Hof ab. Die Rührmaschinen mußten sie per Hand bedienen, weil es noch keinen Strom gab. Da die meisten Berliner Brotfabriken noch stillstanden, wurde in den handwerklichen Bäckereien unter Mithilfe von Antifaschisten Tag und Nacht gearbeitet, um den Berlinern dieses wichtige Grundnahrungsmittel geben zu können.

Am 15. Mai 1945 ab 8.00 Uhr begann die einheitliche Lebensmittelversorgung der Berliner. In dichten Trauben standen die Menschen vor Maueranschlägen, die das bekanntmachten. Sie

AN DIE BEVÖLKERUNG DER STADT BERLIN

Um die regelmäßige Versorgung der Berliner Bevölkerung mit Lebensmitteln sicherzustellen, hat das Sowjetische Militärkommando durch den Kommandanten der Stadt Berlin der Stadtverwaltung ausreichende Mengen von Lebensmitteln zur Verfügung gestellt.

Gemäß Befehl des Militärkommandanten der Stadt Berlin, Generaloberst BERSARIN, sind ab 15. Mai 1945 folgende, feste Lebensmittelrationen **pro Person und Tag** festgesetzt worden:

Brot

1.) Schwerarbeiter und Arbeiter in gesundheitsschädlichen Betrieben 600 gr.
2.) Arbeiter, die nicht in schweren oder gesundheitsschädlichen Berufen tätig sind 500 gr.
3.) Angestellte 400 gr.
4.) Kinder, nichtberufstätige Familienangehörige und die übrige Bevölkerung 300 gr.

Nährmittel

1.) Schwerarbeiter und Arbeiter in gesundheitsschädlichen Betrieben 80 gr.
2.) Arbeiter, die nicht in schweren oder gesundheitsschädlichen Berufen tätig sind 60 gr.
3.) Angestellte 40 gr.
4.) Kinder, nichtberufstätige Familienangehörige und die übrige Bevölkerung 30 gr.

Fleisch

1.) Schwerarbeiter und Arbeiter in gesundheitsschädlichen Betrieben 100 gr.
2.) Arbeiter, die nicht in schweren oder gesundheitsschädlichen Berufen tätig sind 65 gr.
3.) Angestellte 40 gr.
4.) Kinder, nichtberufstätige Familienangehörige und die übrige Bevölkerung 20 gr.

Fett

1.) Schwerarbeiter und Arbeiter in gesundheitsschädlichen Betrieben 30 gr.
2.) Arbeiter, die nicht in schweren oder gesundheitsschädlichen Berufen tätig sind 15 gr.
3.) Angestellte 10 gr.
4.) Kinder 20 gr.
5.) Nichtberufstätige Familienangehörige und die übrige Bevölkerung 7 gr.

Zucker

1.) Schwerarbeiter und Arbeiter in gesundheitsschädlichen Betrieben und Kinder 25 gr.
2.) Arbeiter, die nicht in schweren oder gesundheitsschädlichen Berufen tätig sind, sowie Angestellte 20 gr.
3.) Nichtberufstätige Familienangehörige und die übrige Bevölkerung 15 gr.

Kartoffeln

Für jeden Einwohner 400 gr.

Bohnenkaffee, Kaffee-Ersatz und echter Tee

1.) Schwerarbeiter und Arbeiter in gesundheitsschädlichen Betrieben: 100 gr. Bohnenkaffee, 100 gr. Kaffee-Ersatz und 20 gr. echten Tee **im Monat**.
2.) Arbeiter, die nicht in schweren oder gesundheitsschädlichen Berufen tätig sind, sowie Angestellte: 60 gr. Bohnenkaffee, 100 gr. Kaffee-Ersatz und 20 gr. echten Tee **im Monat**.
3.) Kinder, nichtberufstätige Familienangehörige und die übrige Bevölkerung: 25 gr. Bohnenkaffee, 100 gr. Kaffee-Ersatz und 20 gr. echten Tee **im Monat**.

Salz

Für jeden Einwohner **monatlich** 400 gr.

*

Mengen und Form der Versorgung mit Milch, weißem Käse und anderen Milcherzeugnissen werden nachträglich bekanntgegeben.

*

Verdiente Gelehrte, Ingenieure, Ärzte, Kultur- und Kunstschaffende, sowie die leitenden Personen der Stadt- und Bezirksverwaltungen, der großen Industrie und Transportunternehmen erhalten die gleichen Lebensmittelrationen, die für Schwerarbeiter festgesetzt sind. Die Liste dieser Personen muß vom zuständigen Bürgermeister bestätigt werden.

Sonstige technische Angestellte in Betrieben und Unternehmen, Lehrer und Geistliche, erhalten die gleichen Lebensmittelrationen, die für Arbeiter festgesetzt sind.

*

Kranke in Krankenhäusern erhalten Verpflegung entsprechend den Sätzen, die für Arbeiter festgesetzt sind. Kranke, die besonderer Ernährung bedürfen, erhalten eine Sonderverpflegung entsprechend den Sätzen, die von der städtischen Abteilung für Gesundheitswesen festgesetzt sind.

*

Die Brotausgabe erfolgt täglich, wobei der Verbraucher das Recht hat, Brot für zwei Tage — und zwar für den Kalendertag und den nächsten Tag — zu erhalten.

Fleisch, Fett, Zucker, Nährmittel und Kartoffeln **für den Monat Mai** werden entsprechend den festgelegten Tagessätzen in zwei Zuteilungen ausgegeben:

erstmalig für die Zeit vom 15. Mai bis 21. Mai, d. h. für sieben Tage, und das zweite Mal für die Zeit vom 22. Mai bis 31. Mai, d. h. für zehn Tage.

Salz für die Zeit vom 20. bis 31. Mai wird in der Menge des festgelegten Monatsatzes ausgegeben.

Bohnenkaffee und echter Tee wird vom 25. bis 31. Mai ausgegeben, Kaffee-Ersatz vom 21. bis 31. Mai in der Menge des festgelegten Monatsatzes.

Die Ausgabe der Lebensmittelkarten mit den neu festgelegten Sätzen an die gesamte Berliner Bevölkerung erfolgt spätestens am 14. Mai ds. Js.

Bis zum 15. Mai erfolgt die Zuteilung der Lebensmittel, entsprechend den zeitweiligen Sätzen der früher an die Bevölkerung ausgegebenen Lebensmittelkarten, welche bis zum 14. Mai in Kraft bleiben.

13. Mai 1945.

STADTVERWALTUNG VON BERLIN.

rissen den Zeitungsverkäufern die Nr. 1 der »Täglichen Rundschau« förmlich aus der Hand und studierten aufmerksam die neuen Lebensmittelrationen. Gewiß, sie waren den Umständen entsprechend klein; doch das Gespenst des Hungers war gebannt. Eine solch umfassende und uneigennützige Hilfe der Roten Armee hatten die wenigsten Berliner erwartet. Manche überkam die Scham, wenn sie sich erinnerten, wie die Faschisten während des Krieges die sowjetische Zivilbevölkerung behandelt hatten.

In seinen Memoiren berichtete Marschall SHUKOW von zahlreichen Begegnungen mit Berlinern, die Worte aufrichtiger Dankbarkeit für die erwiesene Hilfe aussprachen. In der »Prawda« äußerte sich MIKOJAN schlicht: »Unsere Moral und die Traditionen der Sowjetvölker fordern eine menschliche Behandlung der friedlichen Bevölkerung des besiegten Landes.«[10]

Die sowjetischen Besatzungsorgane halfen auch, die Zeit bis zur ersten Friedensernte zu überbrücken. Vom 12. Mai bis zum 1. August 1945 erhielt die Stadt Berlin aus den Vorräten der 1. und der 2. Belorussischen Front und der 1. Ukrainischen Front sowie aus der sowjetischen Staatsreserve unter anderem 97 500 Tonnen Kartoffeln, 58 700 Tonnen Mehl, 11 000 Tonnen Grütze, 8 000 Tonnen Fleisch, 5 000 Tonnen Zucker, 3 500 Tonnen Salz, 2 100 Tonnen Fette, 161 Tonnen Tee und 382 Tonnen Kaffee. Ende Mai 1945 wurden dem Magistrat 5 000 Kühe aus Armee- und Beutebeständen zur Verbesserung der Milchversorgung für Kinder bis zu 8 Jahren übergeben.

Die Schlacht gegen den drohenden Hungertod, den die Sowjetarmee im Geiste des Humanismus und des proletarischen Internationalismus so entschieden führte, war gewonnen. Die Großherzigkeit dieser Handlungsweise fiel um so mehr ins Gewicht, als es den Sowjetmenschen infolge der schweren Kriegszerstörungen selbst an Lebensmitteln mangelte. Die Berliner konnten sich von der Richtigkeit der Worte überzeugen, die sie

---

10 Ebenda, 22. Mai 1945.

erstmals auf Flugblättern gelesen hatten und die jetzt überall auf Plakaten und Transparenten standen: »Die Rote Armee kommt als Befreierin!«

Die Hilfsaktion sowjetischer Kommunisten im Soldatenrock ist untrennbar mit dem Namen des Generalobersten Nikolai Erastowitsch Bersarin verbunden. Am 24. April 1945 – die Straßenkämpfe strebten dem Höhepunkt zu – hatte der Kriegsrat der 1. Belorussischen Front den Befehlshaber der 5. Stoßarmee zum ersten Militärkommandanten der Stadt Berlin ernannt.

Als Plakatanschlag erschien am 28. April der berühmt gewordene Befehl Nr. 1 des Chefs der Besatzung der Stadt Berlin. Er verkündete das Verbot der Nazipartei, bestimmte Verhaltensregeln für die Bevölkerung während des bestehenden Kriegsrechts und traf grundlegende Bestimmungen zur Normalisierung des Lebens in der Stadt. So verfügte er, daß sich jeder Werktätige in seinem Betrieb zu melden und seine Arbeit schnellstens wieder aufzunehmen habe; er verkündete, daß sofort Lebensmittel ausgegeben würden, daß Kinos, Theater und Gaststätten wieder geöffnet würden und Gottesdienste in den Kirchen erlaubt seien.

In dem Haus Alt-Friedrichsfelde 1 an der Ecke Rosenfelder Straße im Stadtbezirk Lichtenberg richtete Generaloberst Bersarin die Zentrale Militärkommandantur der Stadt Berlin ein. Hier arbeitete Tag und Nacht ein großer Stab von Mitarbeitern. Im Zivilleben waren sie Hochschulprofessoren, Ingenieure, Agronomen, Ärzte, Schriftsteller oder Journalisten; jetzt stellten sie ihre Fachkenntnisse in den Dienst des antifaschistisch-demokratischen Neuaufbaus. In der Zentralkommandantur wurden Befehle abgefaßt, die den Berlinern helfen sollten, ihr neues Leben in die eigenen Hände zu nehmen. Hier fanden täglich Arbeitsbesprechungen, Konferenzen und Begegnungen mit deutschen Antifaschisten statt.

Der sowjetische Schriftsteller L. R. Schejnin, damals Sonder-

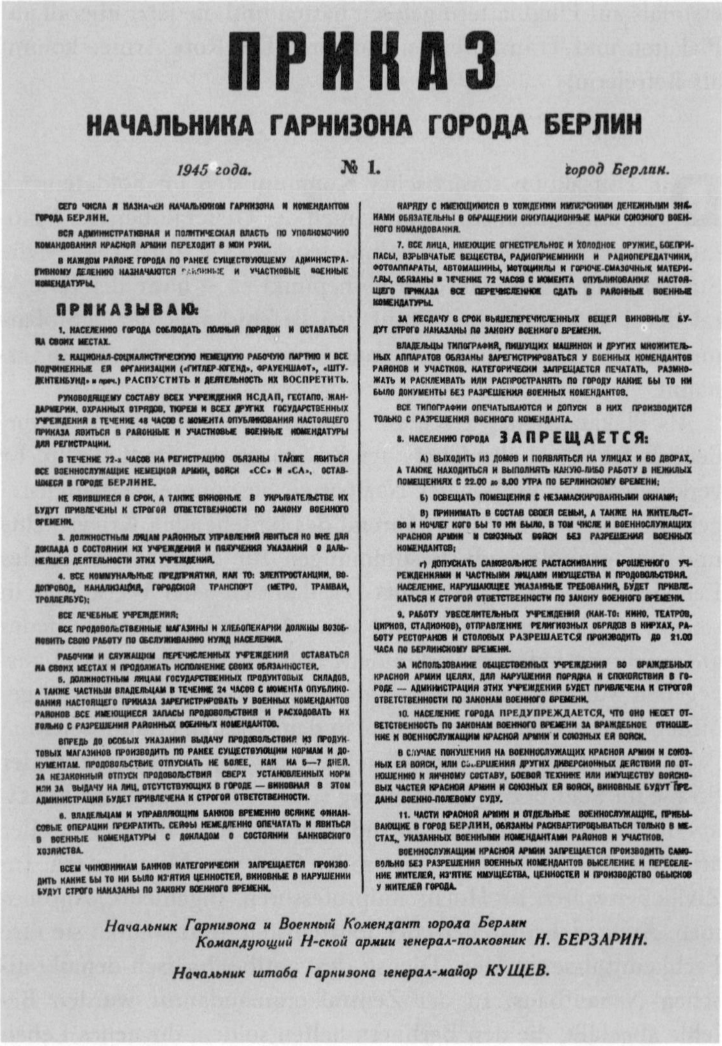

ПРИКАЗ

НАЧАЛЬНИКА ГАРНИЗОНА ГОРОДА БЕРЛИН

1945 года. № 1. *город Берлин.*

СЕГО ЧИСЛА Я НАЗНАЧЕН НАЧАЛЬНИКОМ ГАРНИЗОНА И КОМЕНДАНТОМ ГОРОДА БЕРЛИН.

ВСЯ АДМИНИСТРАТИВНАЯ И ПОЛИТИЧЕСКАЯ ВЛАСТЬ ПО УПОЛНОМОЧИЮ КОМАНДОВАНИЯ КРАСНОЙ АРМИИ ПЕРЕХОДИТ В МОИ РУКИ.

В КАЖДОМ РАЙОНЕ ГОРОДА ПО РАНЕЕ СУЩЕСТВУЮЩЕМУ АДМИНИСТРАТИВНОМУ ДЕЛЕНИЮ НАЗНАЧАЮТСЯ РАЙОННЫЕ И УЧАСТКОВЫЕ ВОЕННЫЕ КОМЕНДАТУРЫ.

ПРИКАЗЫВАЮ:

1. НАСЕЛЕНИЮ ГОРОДА СОБЛЮДАТЬ ПОЛНЫЙ ПОРЯДОК И ОСТАВАТЬСЯ НА СВОИХ МЕСТАХ.

2. НАЦИОНАЛ-СОЦИАЛИСТИЧЕСКУЮ НЕМЕЦКУЮ РАБОЧУЮ ПАРТИЮ И ВСЕ ПОДЧИНЕННЫЕ ЕЙ ОРГАНИЗАЦИИ («ГИТЛЕР-ЮГЕНД», ФРАУЕНШАФТ», «ШТУДЕНТЕНБУНД» и проч.) РАСПУСТИТЬ И ДЕЯТЕЛЬНОСТЬ ИХ ВОСПРЕТИТЬ.

РУКОВОДЯЩЕМУ СОСТАВУ ВСЕХ УЧРЕЖДЕНИЯ НСДАП, ГЕСТАПО, ЖАНДАРМЕРИИ, ОХРАННЫХ ОТРЯДОВ, ТЮРЕМ И ВСЕХ ДРУГИХ ГОСУДАРСТВЕННЫХ УЧРЕЖДЕНИЯ В ТЕЧЕНИЕ 48 ЧАСОВ С МОМЕНТА ОПУБЛИКОВАНИЯ НАСТОЯЩЕГО ПРИКАЗА ЯВИТЬСЯ В РАЙОННЫЕ И УЧАСТКОВЫЕ ВОЕННЫЕ КОМЕНДАТУРЫ ДЛЯ РЕГИСТРАЦИИ.

В ТЕЧЕНИЕ 72-х ЧАСОВ НА РЕГИСТРАЦИЮ ОБЯЗАНЫ ТАЙЖЕ ЯВИТЬСЯ ВСЕ ВОЕННОСЛУЖАЩИЕ НЕМЕЦКОЙ АРМИИ, ВОЙСК «СС» И «СА», ОСТАВШИЕСЯ В ГОРОДЕ БЕРЛИНЕ.

НЕ ЯВИВШИЕСЯ В СРОК, А ТАКЖЕ ВИНОВНЫЕ В УКРЫВАТЕЛЬСТВЕ ИХ БУДУТ ПРИВЛЕЧЕНЫ К СТРОГОЙ ОТВЕТСТВЕННОСТИ ПО ЗАКОНУ ВОЕННОГО ВРЕМЕНИ.

3. ДОЛЖНОСТНЫМ ЛИЦАМ РАЙОННЫХ УПРАВЛЕНИЙ ЯВИТЬСЯ КО МНЕ ДЛЯ ДОКЛАДА О СОСТОЯНИИ ИХ УЧРЕЖДЕНИЯ И ПОЛУЧЕНИЯ УКАЗАНИЙ О ДАЛЬНЕЙШЕЯ ДЕЯТЕЛЬНОСТИ ЭТИХ УЧРЕЖДЕНИЯ.

4. ВСЕ КОММУНАЛЬНЫЕ ПРЕДПРИЯТИЯ, КАК ТО: ЭЛЕКТРОСТАНЦИИ, ВОДОПРОВОД, КАНАЛИЗАЦИЯ, ГОРОДСКОЙ ТРАНСПОРТ (МЕТРО, ТРАМВАИ, ТРОЛЛЕЙБУС);

ВСЕ ЛЕЧЕБНЫЕ УЧРЕЖДЕНИЯ;

ВСЕ ПРОДОВОЛЬСТВЕННЫЕ МАГАЗИНЫ И ХЛЕБОПЕКАРНИ ДОЛЖНЫ ВОЗОБНОВИТЬ СВОЮ РАБОТУ ПО ОБСЛУЖИВАНИЮ НУЖД НАСЕЛЕНИЯ.

РАБОЧИМ И СЛУЖАЩИМ ПЕРЕЧИСЛЕННЫХ УЧРЕЖДЕНИЙ ОСТАВАТЬСЯ НА СВОИХ МЕСТАХ И ПРОДОЛЖАТЬ ИСПОЛНЕНИЕ СВОИХ ОБЯЗАННОСТЕЙ.

5. ДОЛЖНОСТНЫМ ЛИЦАМ ГОСУДАРСТВЕННЫХ ПРОДУКТОВЫХ СКЛАДОВ, А ТАКЖЕ ЧАСТНЫМ ВЛАДЕЛЬЦАМ В ТЕЧЕНИЕ 24 ЧАСОВ С МОМЕНТА ОПУБЛИКОВАНИЯ НАСТОЯЩЕГО ПРИКАЗА ЗАРЕГИСТРИРОВАТЬ У ВОЕННЫХ КОМЕНДАНТОВ РАЙОНОВ ВСЕ ИМЕЮЩИЕСЯ ЗАПАСЫ ПРОДОВОЛЬСТВИЯ И РАСХОДОВАТЬ ИХ ТОЛЬКО С РАЗРЕШЕНИЯ РАЙОННЫХ ВОЕННЫХ КОМЕНДАНТОВ.

ВПРЕДЬ ДО ОСОБЫХ УКАЗАНИЙ ВЫДАЧУ ПРОДОВОЛЬСТВИЯ ИЗ ПРОДУКТОВЫХ МАГАЗИНОВ ПРОИЗВОДИТЬ ПО РАНЕЕ СУЩЕСТВУЮЩИМ НОРМАМ И ДОКУМЕНТАМ. ПРОДОВОЛЬСТВИЕ ОТПУСКАТЬ НЕ БОЛЕЕ, КАК НА 5—7 ДНЕЙ. ЗА НЕЗАКОННЫЙ ОТПУСК ПРОДОВОЛЬСТВИЯ СВЕРХ УСТАНОВЛЕННЫХ НОРМ ИЛИ ЗА ВЫДАЧУ НА ЛИЦ, ОТСУТСТВУЮЩИХ В ГОРОДЕ — ВИНОВНАЯ В ЭТОМ АДМИНИСТРАЦИЯ БУДЕТ ПРИВЛЕЧЕНА К СТРОГОЙ ОТВЕТСТВЕННОСТИ.

6. ВЛАДЕЛЬЦАМ И УПРАВЛЯЮЩИМ БАНКОВ ВРЕМЕННО ВСЯКИЕ ФИНАНСОВЫЕ ОПЕРАЦИИ ПРЕКРАТИТЬ. СЕЙФЫ НЕМЕДЛЕННО ОПЕЧАТАТЬ И ЯВИТЬСЯ В ВОЕННЫЕ КОМЕНДАТУРЫ С ДОКЛАДОМ О СОСТОЯНИИ БАНКОВСКОГО ХОЗЯЙСТВА.

ВСЕМ ЧИНОВНИКАМ БАНКОВ КАТЕГОРИЧЕСКИ ЗАПРЕЩАЕТСЯ ПРОИЗВОДИТЬ КАКИЕ БЫ ТО НИ БЫЛО ИЗ'ЯТИЯ ЦЕННОСТЕЙ, ВИНОВНЫЕ В НАРУШЕНИИ БУДУТ СТРОГО НАКАЗАНЫ ПО ЗАКОНУ ВОЕННОГО ВРЕМЕНИ.

НАРЯДУ С ИМЕЮЩИМИСЯ В ХОЖДЕНИИ ИМПЕРСКИМИ ДЕНЕЖНЫМИ ЗНАКАМИ ОБЯЗАТЕЛЬНЫ В ОБРАЩЕНИИ ОККУПАЦИОННЫЕ МАРКИ СОЮЗНОГО ВОЕННОГО КОМАНДОВАНИЯ.

7. ВСЕ ЛИЦА, ИМЕЮЩИЕ ОГНЕСТРЕЛЬНОЕ И ХОЛОДНОЕ ОРУЖИЕ, БОЕПРИПАСЫ, ВЗРЫВЧАТЫЕ ВЕЩЕСТВА, РАДИОПРИЕМНИКИ И РАДИОПЕРЕДАТЧИКИ, ФОТОАППАРАТЫ, АВТОМАШИНЫ, МОТОЦИКЛЫ И ГОРЮЧЕ-СМАЗОЧНЫЕ МАТЕРИАЛЫ, ОБЯЗАНЫ В ТЕЧЕНИЕ 72 ЧАСОВ С МОМЕНТА ОПУБЛИКОВАНИЯ НАСТОЯЩЕГО ПРИКАЗА ВСЕ ПЕРЕЧИСЛЕННОЕ СДАТЬ В РАЙОННЫЕ ВОЕННЫЕ КОМЕНДАТУРЫ.

ЗА НЕСДАЧУ В СРОК ВЫШЕПЕРЕЧИСЛЕННЫХ ВЕЩЕЙ ВИНОВНЫЕ БУДУТ СТРОГО НАКАЗАНЫ ПО ЗАКОНУ ВОЕННОГО ВРЕМЕНИ.

ВЛАДЕЛЬЦЫ ТИПОГРАФИЯ, ПИШУЩИХ МАШИНОК И ДРУГИХ МНОЖИТЕЛЬНЫХ АППАРАТОВ ОБЯЗАНЫ ЗАРЕГИСТРИРОВАТЬСЯ У ВОЕННЫХ КОМЕНДАНТОВ РАЙОНОВ И УЧАСТКОВ. КАТЕГОРИЧЕСКИ ЗАПРЕЩАЕТСЯ ПЕЧАТАТЬ, РАЗМНОЖАТЬ И РАСКЛЕИВАТЬ ИЛИ РАСПРОСТРАНЯТЬ ПО ГОРОДУ КАКИЕ БЫ ТО НИ БЫЛО ДОКУМЕНТЫ БЕЗ РАЗРЕШЕНИЯ ВОЕННЫХ КОМЕНДАНТОВ.

ВСЕ ТИПОГРАФИИ ОПЕЧАТЫВАЮТСЯ И ДОПУСК В НИХ ПРОИЗВОДИТСЯ ТОЛЬКО С РАЗРЕШЕНИЯ ВОЕННОГО КОМЕНДАНТА.

8. НАСЕЛЕНИЮ ГОРОДА **ЗАПРЕЩАЕТСЯ:**

А) ВЫХОДИТЬ ИЗ ДОМОВ И ПОЯВЛЯТЬСЯ НА УЛИЦАХ И ВО ДВОРАХ, А ТАКЖЕ НАХОДИТЬСЯ И ВЫПОЛНЯТЬ КАКУЮ-ЛИБО РАБОТУ В НЕЖИЛЫХ ПОМЕЩЕНИЯХ С 22.00 до 8.00 УТРА ПО БЕРЛИНСКОМУ ВРЕМЕНИ;

Б) ОСВЕЩАТЬ ПОМЕЩЕНИЯ С НЕЗАМАСКИРОВАННЫМИ ОКНАМИ;

В) ПРИНИМАТЬ В СОСТАВ СВОЕЯ СЕМЬИ, А ТАКЖЕ НА ЖИТЕЛЬСТВО И НОЧЛЕГ КОГО БЫ ТО НИ БЫЛО, В ТОМ ЧИСЛЕ И ВОЕННОСЛУЖАЩИХ КРАСНОЙ АРМИИ И СОЮЗНЫХ ВОЙСК БЕЗ РАЗРЕШЕНИЯ ВОЕННЫХ КОМЕНДАНТОВ;

г) ДОПУСКАТЬ САМОВОЛЬНОЕ РАСТАСКИВАНИЕ БРОШЕННОГО УЧРЕЖДЕНИЯМИ И ЧАСТНЫМИ ЛИЦАМИ ИМУЩЕСТВА И ПРОДОВОЛЬСТВИЯ. НАСЕЛЕНИЕ, НАРУШАЮЩЕЕ УКАЗАННЫЕ ТРЕБОВАНИЯ, БУДЕТ ПРИВЛЕКАТЬСЯ К СТРОГОЙ ОТВЕТСТВЕННОСТИ ПО ЗАКОНУ ВОЕННОГО ВРЕМЕНИ.

9. РАБОТУ УВЕСЕЛИТЕЛЬНЫХ УЧРЕЖДЕНИЯ (КАК-ТО: КИНО, ТЕАТРОВ, ЦИРКОВ, СТАДИОНОВ), ОТПРАВЛЕНИЕ РЕЛИГИОЗНЫХ ОБРЯДОВ В КИРХАХ, РАБОТУ РЕСТОРАНОВ И СТОЛОВЫХ РАЗРЕШАЕТСЯ ПРОИЗВОДИТЬ ДО 21.00 ЧАСА ПО БЕРЛИНСКОМУ ВРЕМЕНИ.

ЗА ИСПОЛЬЗОВАНИЕ ОБЩЕСТВЕННЫХ УЧРЕЖДЕНИЯ ВО ВРАЖДЕБНЫХ КРАСНОЙ АРМИИ ЦЕЛЯХ, ДЛЯ НАРУШЕНИЯ ПОРЯДКА И СПОКОЙСТВИЯ В ГОРОДЕ — АДМИНИСТРАЦИЯ ЭТИХ УЧРЕЖДЕНИЙ БУДЕТ ПРИВЛЕЧЕНА К СТРОГОЙ ОТВЕТСТВЕННОСТИ ПО ЗАКОНАМ ВОЕННОГО ВРЕМЕНИ.

10. НАСЕЛЕНИЕ ГОРОДА ПРЕДУПРЕЖДАЕТСЯ, ЧТО ОНО НЕСЕТ ОТВЕТСТВЕННОСТЬ ПО ЗАКОНАМ ВОЕННОГО ВРЕМЕНИ ЗА ВРАЖДЕБНОЕ ОТНОШЕНИЕ К ВОЕННОСЛУЖАЩИМ КРАСНОЙ АРМИИ И СОЮЗНЫХ ЕЙ ВОЙСК.

В СЛУЧАЕ ПОКУШЕНИЯ НА ВОЕННОСЛУЖАЩИХ КРАСНОЙ АРМИИ И СОЮЗНЫХ ЕЙ ВОЙСК, ИЛИ СОВЕРШЕНИЯ ДРУГИХ ДИВЕРСИОННЫХ ДЕЙСТВИЯ ПО ОТНОШЕНИЮ К ЛИЧНОМУ СОСТАВУ, БОЕВОЙ ТЕХНИКЕ ИЛИ ИМУЩЕСТВУ ВОЙСКОВЫХ ЧАСТЕЙ КРАСНОЙ АРМИИ И СОЮЗНЫХ ЕЙ ВОЙСК, ВИНОВНЫЕ БУДУТ ПРЕДАНЫ ВОЕННО-ПОЛЕВОМУ СУДУ.

11. ЧАСТИ КРАСНОЙ АРМИИ И ОТДЕЛЬНЫЕ ВОЕННОСЛУЖАЩИЕ, ПРИБЫВАЮЩИЕ В ГОРОД БЕРЛИН, ОБЯЗАНЫ РАСКВАРТИРОВЫВАТЬСЯ ТОЛЬКО В МЕСТАХ, УКАЗАННЫХ ВОЕННЫМИ КОМЕНДАНТАМИ РАЙОНОВ И УЧАСТКОВ.

ВОЕННОСЛУЖАЩИМ КРАСНОЙ АРМИИ ЗАПРЕЩАЕТСЯ ПРОИЗВОДИТЬ САМОВОЛЬНО БЕЗ РАЗРЕШЕНИЯ ВОЕННЫХ КОМЕНДАНТОВ ВЫСЕЛЕНИЕ И ПЕРЕСЕЛЕНИЕ ЖИТЕЛЕЙ, ИЗ'ЯТИЕ ИМУЩЕСТВА, ЦЕННОСТЕЙ И ПРОИЗВОДСТВО ОБЫСКОВ У ЖИТЕЛЕЙ ГОРОДА.

Начальник Гарнизона и Военный Комендант города Берлин
Командующий Н-ской армии генерал-полковник Н. БЕРЗАРИН.

Начальник штаба Гарнизона генерал-майор КУЩЕВ.

korrespondent der Moskauer Zeitung »Iswestija«, beschrieb die aufopferungsvolle Tätigkeit des Stadtkommandanten: »Einmal verlebte ich einen ganzen Tag in seinem Arbeitszimmer. Er emp-

BEFEHL

des Chefs der Besatzung der Stadt Berlin

1945 Nr. 1. Stadt BERLIN

Heute bin ich zum Chef der Besatzung und zum Stadtkommandanten von Berlin ernannt worden.

Die gesamte administrative und politische Macht geht laut Bevollmächtigung des Kommandos der Roten Armee in meine Hände über.

In jedem Stadtbezirk werden gemäß der früher existierenden administrativen Einteilung militärische Bezirks- und Revierkommandanturen eingesetzt.

Ich befehle:

1. Die Bevölkerung der Stadt hat volle Ordnung zu bewahren und an ihren Wohnsitzen zu verbleiben.

2. Die Nationalsozialistische Deutsche Arbeiterpartei und alle ihr unterstellten Organisationen (Hitlerjugend, N. S. Frauenschaft, N. S. Studentenbund usw.) sind aufzulösen. Ihre Tätigkeit wird hiermit verboten.

Das gesamte führende Personal aller Dienststellen der N. S. D. A. P., Gestapo, Gendarmerie, des Sicherheitsdienstes, der Gefängnisse und aller übrigen staatlichen Dienststellen hat sich binnen 48 Stunden nach Veröffentlichung dieses Befehls in den militärischen Bezirks- und Revierkommandanturen zwecks Registrierung zu melden.

Binnen 72 Stunden haben sich ebenfalls alle in der Stadt Berlin verbliebenen Angehörigen der deutschen Wehrmacht, der SS und der SA zwecks Registrierung zu melden.

Wer sich zu der festgesetzten Frist nicht meldet oder wer sich der Verbergung solcher Personen schuldig macht, wird gemäß den Gesetzen der Kriegszeit zu strenger Verantwortung gezogen.

3. Die Beamten und Angestellten der Bezirksdienststellen haben sich zu mir zwecks Bericht über den Zustand ihrer Dienststellen und Entgegennahme von Anweisungen über die weitere Tätigkeit dieser Dienststellen zu melden.

4. Alle kommunalen Betriebe wie Kraft- und Wasserwerke, Kanalisation, städtische Verkehrsmittel (Untergrund- und Hochbahn, Straßenbahn und Trolleybus);

alle Heilanstalten;

alle Lebensmittelgeschäfte und Bäckereien haben ihre Arbeit zur Versorgung der Bevölkerung wieder aufzunehmen.

Arbeiter und Angestellte der obengenannten Betriebe haben an ihren Arbeitsstätten zu bleiben und ihre Pflichten weiterzuerfüllen.

5. Angestellte der staatlichen Verpflegungslager sowie Privateigentümer von Lebensmittellagern haben binnen 24 Stunden nach Veröffentlichung dieses Befehls alle vorhandenen Lebensmittelvorräte bei den militärischen Bezirkskommandanten zwecks Registrierung anzugeben und sie nur mit Erlaubnis der militärischen Bezirkskommandanten herauszugeben.

Bis Sonderanweisungen ergehen, erfolgt die Verabfolgung von Lebensmitteln in den Lebensmittelgeschäften gemäß den früher existierenden Normen und Lebensmittelkarten. Lebensmittel sind nicht mehr als für 5—7 Tage auszugeben. Für Ausgabe von Lebensmitteln über die existierenden Normen oder für Ausgabe von Lebensmitteln auf Karten von Personen, die in der Stadt nicht mehr anwesend sind, werden die daran schuldigen dienstlichen Personen zu strenger Verantwortung herangezogen.

6. Inhaber von Bankhäusern und Bankdirektoren haben alle Finanzgeschäfte zeitweilig einzustellen. Alle Safes sind sofort zu versiegeln. Man hat sich bei den militärischen Kommandanturen sofort mit einem Bericht über den Zustand des Bankwesens zu melden.

Allen Bankbeamten ist kategorisch verboten, jegliche Werte zu entnehmen. Wer sich der Übertretung dieses Gebotes schuldig macht, wird nach den Gesetzen der Kriegszeit strengstens bestraft.

Neben den in Umlauf befindlichen Reichszahlungsmitteln werden obligatorisch die Okkupationsmarken der Alliierten Militärbehörde in Umlauf gesetzt.

7. Alle Personen, die Feuerwaffen und blanke Waffen, Munition, Sprengstoff, Radioempfänger oder Radiosender, Fotoapparate, Kraftfahrzeuge, Krafträder, Treib- und Schmierstoff besitzen, haben oben Erwähntes binnen 72 Stunden nach Veröffentlichung dieses Befehls auf den militärischen Bezirkskommandanturen abzuliefern.

Für Nichtablieferung aller oben erwähnten Gegenstände in der festgesetzten Zeit werden die Schuldigen gemäß den Gesetzen der Kriegszeit streng bestraft.

Die Inhaber von Druckereien, von Schreibmaschinen und anderen Vervielfältigungsapparaten sind verpflichtet, sich bei den militärischen Bezirks- und Revierkommandanten zwecks Registrierung zu melden. Es ist kategorisch verboten, jegliche Dokumente ohne Erlaubnis der militärischen Kommandanten zu drucken, zu vervielfältigen, auszuhängen oder in der Stadt in Umlauf zu setzen.

Alle Druckereien werden versiegelt. Einlaß erfolgt nur auf Erlaubnis des militärischen Kommandanten.

8. Der Bevölkerung der Stadt ist verboten:

a) zwischen 22.00 und 08.00 morgens Berliner Zeit die Häuser zu verlassen, auf den Straßen und Höfen zu erscheinen, sich in unbewohnten Räumen aufzuhalten und dort irgendwelche Arbeit zu verrichten.

b) nichtverdunkelte Räumlichkeiten zu erleuchten.

c) ohne Erlaubnis der militärischen Kommandanten irgendwelche Personen, darunter auch Angehörige der Roten Armee und der Alliierten Truppen, in den Bestand der Familie zu Wohnungs- und Übernachtungszwecken aufzunehmen.

d) Eigenmächtiges Wegnehmen der von Dienststellen und Privatpersonen zurückgelassenen Habe und Lebensmitteln.

Einwohner, die die erwähnten Verbote verletzen, werden gemäß den Gesetzen der Kriegszeit zu strenger Verantwortung herangezogen.

9. a) Der Betrieb von Vergnügungsstätten (Kino, Theater, Zirkus, Stadion),

b) Gottesdienste in den Kirchen,

c) der Betrieb von Restaurants und Gaststätten ist bis 21.00 Uhr Berliner Zeit erlaubt.

Für die Ausnutzung öffentlicher Betriebe zu der Roten Armee feindseligen Zwecken, für die Störung der Ordnung und Ruhe in der Stadt wird die Verwaltung dieser Betriebe zu strenger Verantwortung gemäß den Gesetzen der Kriegszeit herangezogen.

10. Die Bevölkerung der Stadt wird gewarnt, daß sie für feindseliges Verhalten gegenüber Angehörigen der Roten Armee und Alliierter Truppen die Verantwortung gemäß den Gesetzen der Kriegszeit trägt.

Im Falle von Attentaten auf Angehörige der Roten Armee oder der Alliierten Truppen oder für Verübung anderer Diversionsakte gegenüber dem Personalbestand, dem Kriegsmaterial oder Kriegsgut von Verbänden der Roten Armee und der Alliierten Truppen werden die Schuldigen dem militärischen Standgericht überliefert.

11. Verbände der Roten Armee und einzelne Militärangehörige, die in Berlin eintreffen, sind verpflichtet, nur in denen von den militärischen Bezirks- und Revierkommandanten angewiesenen Unterkünften Quartier zu nehmen.

Angehörigen der Roten Armee ist ohne Erlaubnis der militärischen Kommandanten die eigenmächtige Aussiedlung oder Umsiedlung der Einwohner, Entnahme von Gütern und Werten und Haussuchungen bei den Stadteinwohnern verboten.

CHEF DER BESATZUNG UND STADTKOMMANDANT VON BERLIN
OBERBEFEHLSHABER DER N-ten ARMEE
GENERALOBERST N. BERSARIN

STABSCHEF DER BESATZUNG
GENERALMAJOR KUSCHTSCHOW

fing die neuen Bezirksbürgermeister, Militärkommandanten, eben erst aus dem KZ befreite Antifaschisten, Ärzte, Lehrer, Künstler, Schriftsteller und Universitätsprofessoren. Jeder von

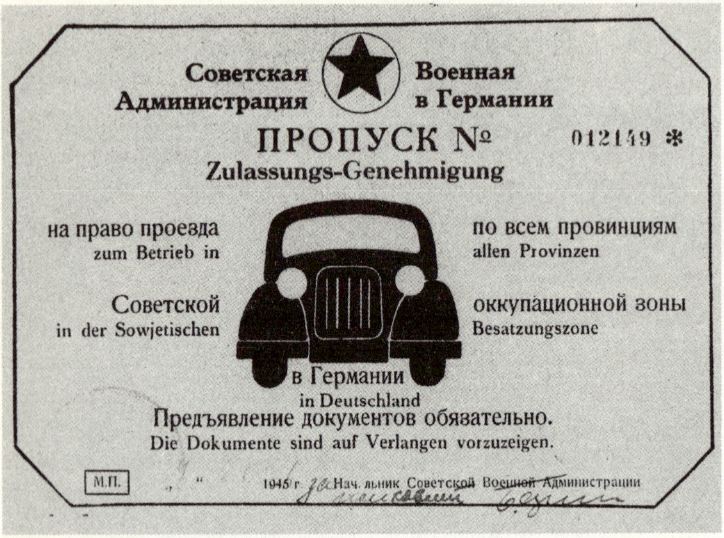

Советская Военная Администрация в Германии

ПРОПУСК № 012149 *

Zulassungs-Genehmigung

на право проезда по всем провинциям Советской оккупационной зоны в Германии

zum Betrieb in allen Provinzen in der Sowjetischen Besatzungszone in Deutschland

Предъявление документов обязательно.

Die Dokumente sind auf Verlangen vorzuzeigen.

М.П. „ „ 1945 г. Начальник Советской Военной Администрации

ihnen hatte ein anderes Anliegen. Auch ihr Verhalten war völlig verschieden. Die einen bewegten sich sehr schüchtern und vorsichtig, andere sprachen offen und herzlich, oder sie benahmen sich ganz devot und unterwürfig. Aber fast allen sah man nach ihrer Unterredung mit ›Herrn General Bersarin‹ das Gefühl einer tiefen Achtung und Sympathie gegenüber diesem erstaunlich einfachen und freundlichen Menschen an, der den Kern einer Sache sehr schnell erfaßte und sofort eine entsprechende Entscheidung traf. Vor allem aber hinterließ es auf jeden Besucher einen tiefen Eindruck, daß der sowjetische Militärkommandant von Berlin die Stadt bereits ausgezeichnet kannte und aufrichtig bemüht war, alle Schwierigkeiten zu überwinden, und daß er alles, was in seiner Macht stand, unternahm, um den Berlinern das Leben zu erleichtern.«[11]

Täglich war Generaloberst Bersarin mit dem Wagen oder dem Motorrad unterwegs. Er wollte sich selbst von den Fortschritten

11 Sonntag (Berlin), 25. April 1965.

der Normalisierung des Lebens und des demokratischen Neuaufbaus überzeugen, er kontrollierte und half mit politischem Rat und mit Befehlen. So haben ihn damals Tausende von Berlinern persönlich gesehen und kennengelernt: »Breitschultrig, mit rundem Gesicht, wie aus einem Granitblock gemeißelt, eine Verkörperung unbändiger Kraft und Energie.«[12] BERSARINS nimmermüder Elan übertrug sich auf seinen Offiziersstab und auf die deutschen Antifaschisten.

Typisch für seine Arbeitsweise waren die Expertenkonferenzen in der Zentralkommandantur in Alt-Friedrichsfelde. Am 3. Mai 1945 zum Beispiel berieten Ärzte aus allen 20 Berliner Bezirken über Sofortmaßnahmen im Gesundheitswesen, am 11. Mai stand die Lebensmittelversorgung auf der Tagesordnung, und am 14. Mai forderte BERSARIN Berliner Kulturschaffende auf, sofort mit der Wiedereröffnung der städtischen Bühnen zu beginnen.

Generaloberst BERSARIN konnte die komplizierten Besatzungsaufgaben, die auch jetzt noch unmittelbar vom Feldheer wahrgenommen wurden, so erfolgreich lösen, weil ihm erfahrene, einsatzbereite Kommunisten zur Seite standen. So zum Beispiel das Mitglied des Kriegsrates der 1. Belorussischen Front Generalleutnant F. J. BOKOW und der Leiter der Politabteilung, Oberst A. I. JELISAROW. In der Zentralkommandantur und in den 20 Bezirkskommandanturen Berlins arbeiteten hervorragende Fachleute. In besonderem Maße ihnen war es zu danken, daß Elektrizitäts- und Wasserwerke bald wieder arbeiteten, daß die ersten Straßenbahnen wieder fuhren, daß die Kanalisation instand gesetzt wurde – kurz, daß es überall aufwärts ging. Am 15. Juni 1945 gab Generaloberst BERSARIN in der Zentralkommandantur eine Pressekonferenz für die Vertreter sowjetischer und ausländischer Zeitungen und Agenturen. Er legte umfangreiches Zahlenmaterial vor, das die erfolgreiche Tätigkeit der Kommandantur dokumentierte. »An der Front schlug ich die Deutschen«, sagte er den

12 Grigorij Weiss: Am Morgen nach dem Kriege. Erinnerungen eines sowjetischen Kulturoffiziers, Berlin (1981), S. 23.

Journalisten, »aber im Hinterland sorgte ich für ihre Verpflegung.«[13]

Am Morgen des nächsten Tages war Bersarin wie so oft mit einem Motorrad unterwegs; Inspektionen von Betrieben und Einrichtungen standen auf dem Programm. An der Kreuzung Alt-Friedrichsfelde/Schloßstraße verunglückte er tödlich, als die Bremsen seines Motorrades versagten und er gegen einen sowjetischen Militärlastkraftwagen prallte.[14] Die Berliner bekundeten aufrichtige Anteilnahme, sie hatten in dem 41jährigen Stadtkommandanten einen guten Freund verloren. Karl Maron, damals 1. Stellvertreter des Berliner Oberbürgermeisters, würdigte später die historische Leistung dieses Mannes, der die Millionenstadt vor einer Katastrophe bewahrt hatte: »Man kann sagen, daß er sein Leben für Berlin hingab.«[15]

Zu den Aktivisten der ersten Stunde, die in engstem Zusammenwirken mit den sowjetischen Offizieren den demokratischen Neuaufbau begannen, stieß Anfang Mai 1945 eine Gruppe erfahrener Funktionäre der Parteiführung der KPD. Die Parteiführung selbst befand sich zu dieser Zeit noch in der Emigration in Moskau. Von Februar bis April 1945 hatte das Zentralkomitee der KPD gemeinsam mit dem Nationalkomitee »Freies Deutschland« zahlreiche Pläne und die »Richtlinien für die Arbeit der deutschen Antifaschisten in dem von der Roten Armee besetzten deutschen Gebiet« ausgearbeitet. Darin war unter anderem vor-

---

13 Berliner Zeitung, 18. Juni 1945.

14 Die näheren Umstände des tragischen Todes des ersten sowjetischen Stadtkommandanten sind lange Zeit unklar gewesen. In zeitgenössischen Berichten hieß es, der Motorradunfall habe sich in der Frankfurter Allee – man nannte die Kreuzung mit der Warschauer Straße – ereignet. Leon Nebenzahl ist neuerdings der Sache nachgegangen und hat ermittelt, daß mit hoher Wahrscheinlichkeit die Kreuzung Alt-Friedrichsfelde/Schloßstraße der Unfallort gewesen war. Siehe dazu Leon Nebenzahl: Mein Leben begann von neuem. Erinnerungen an eine ungewöhnliche Zeit, Berlin 1985, S. 33 ff.

15 Neues Deutschland (B), 8. Mai 1953.

BEFEHL

DES CHEFS DER BESATZUNG UND MILITÄRKOMMANDANTEN DER STADT BERLIN

20. Mai 1945 Nr. 4. Stadt BERLIN

1) Bis zu besonderen Anweisungen in der Stadt BERLIN nach Moskauer Zeit zu arbeiten (Arbeit der Geschäfte, Betriebe Theater u. s. w.).

2) Die Geschäftsstunden der Lebensmittel , Fleisch-, Brot-, Milch- ,Gemüse- und anderer Geschäfte von Montag bis Sonnabend festzulegen:

Vormittags —von 06.00 bis 12.30
Nachmittags—von 14.30 bis 20.00
von 12.30 bis 14.30—Mittagspause.

3) Frischer Fisch, Fleisch, frisches Gemüse und Obst müssen an den Tagen ihrer Anlieferung verkauft werden, einschließlich Sonn- und Feiertage.

Chef der Besatzung
und Militärkommandant von Berlin
Generaloberst N. BERSARIN.

Stabschef der Besatzung von Berlin
Generalmajor KUSCHTSCHOW.

gesehen, daß Gruppen von Beauftragten des ZK der KPD die in den befreiten Gebieten tätigen Kommunisten und anderen Antifaschisten anleiten und unterstützen sollten.

»Gruppe Ulbricht«

Die vom Mitglied des Politbüros des ZK der KPD Walter Ulbricht geleitete Initiativgruppe traf am 30. April 1945, aus Moskau kommend, auf einem Feldflugplatz 70 Kilometer östlich von Frankfurt (Oder) ein. Zu ihr gehörten ferner Fritz Erpenbeck, Gustav Gundelach, Richard Gyptner, Walter Köppe, Hans Mahle, Karl Maron und Otto Winzer. In Berlin schloß sich der Gruppe Arthur Pieck, der Sohn Wilhelm Piecks, an; er hatte als Politoffizier in Bersarins 5. Stoßarmee an der Befreiung Berlins teilgenommen und wurde Anfang Mai auf Bitte des ZK der KPD aus der Roten Armee demobilisiert. Im Laufe des Monats Mai kamen aus Moskau ferner Edwin Hoernle, Margarete Keilson, Heinz Kessler, Lotte Kühn (Lebensgefährtin Walter Ulbrichts), Eleonore Pieck und Paul Schwenk zurück. Außerdem war ein Kreis ehemaliger Soldaten und Offiziere, die sich dem Nationalkomitee »Freies Deutschland« angeschlossen hatten, mit nach Berlin gekommen, um die Arbeit zu unterstützen.

Am 1. Mai 1945 traf die »Gruppe Ulbricht« in Bruchmühle bei Strausberg ein, wo die Politische Verwaltung der 1. Belorussischen Front untergebracht war. Im »Säulenhaus« in der Buchholzer Straße 8 bezogen die Genossen Quartier. Am Abend fand im »Gesellschaftshaus« in der Fichtestraße 38 die erste Beratung statt. Walter Ulbricht schilderte, was er am 1. Mai im noch umkämpften Berlin gesehen hatte. Dann wurden die Aufgaben verteilt. Ab 2. Mai fuhren die Mitglieder der Gruppe Tag für Tag nach Berlin. Jeder von ihnen war für ein oder zwei Stadtbezirke verantwortlich. Sie nahmen unverzüglich Kontakt mit den Kommandanten auf, informierten sich gründlich über die Lage und halfen bei der Normalisierung des Lebens. Allabendlich saß man im »Gesellschaftshaus« zur Auswertung der Tagesarbeit zusammen. Gemäß den Aprilrichtlinien der KPD für die Arbeit in den befreiten deutschen Gebieten konzentrierten sich die Genossen zunächst darauf, neue, demokratische Verwaltungsorgane zu schaffen und alle Schlüsselpositionen darin mit klassenbewußten Arbeitern und überzeugten Antifaschisten zu besetzen. Nur so

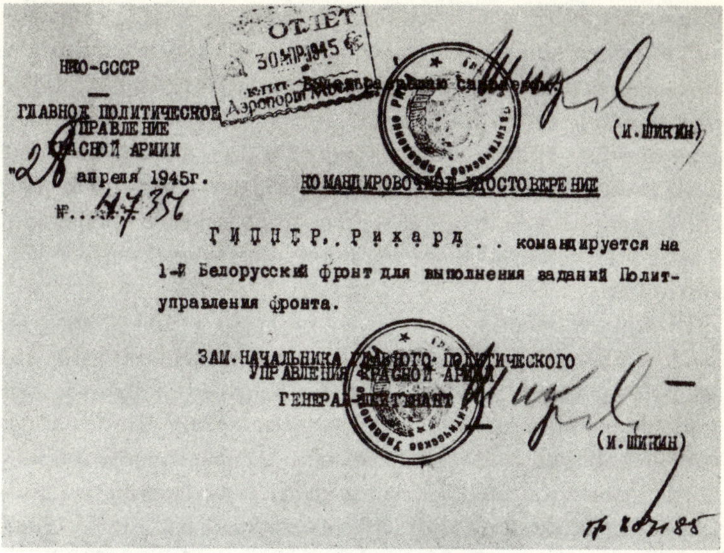

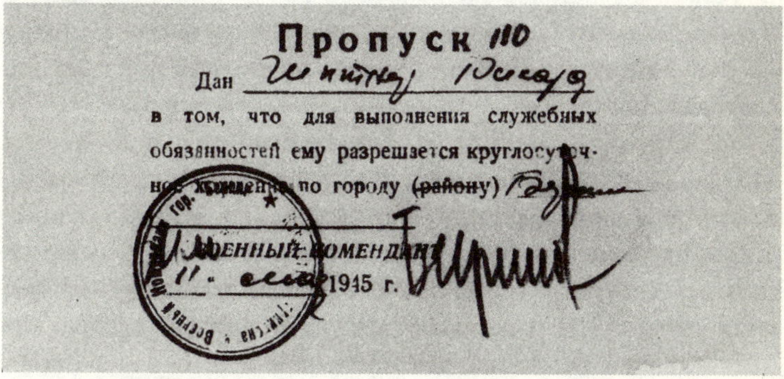

konnte es möglich werden, den von der Sowjetarmee zerschlagenen faschistischen Staatsapparat völlig zu liquidieren und von eigenen Machtpositionen her revolutionäre Veränderungen einzuleiten. Zwar bestanden bereits in ganz Berlin neue, von den Militärkommandanten eingesetzte Orts- und Bezirksverwaltungen, doch sie waren in ihrem Aufbau und in ihrer kadermäßigen Besetzung noch sehr uneinheitlich. Vielerorts hatten sich auch unzuverlässige, ja sogar reaktionäre Elemente in die Rathäuser einschleichen können, die unverzüglich hinausgeworfen wurden. Nach einem von Walter Ulbricht entworfenen Organisationsplan wurde bis 5./6. Mai 1945 die Verwaltung in den 20 Berliner Stadtbezirken einheitlich aufgebaut. Die Initiativgruppe suchte nach bewährten Antifaschisten, nach Widerstandskämpfern und aufrechten Demokraten, um sie den sowjetischen Kommandanten für eine verantwortliche Funktion in den Bezirksämtern vorzuschlagen.

In einigen Stadtbezirken – so in Pankow und Prenzlauer Berg – existierten seit Ende April Volkskomitees und Antifaausschüsse. Sie hatten sich bei den ersten Schritten in die neue Zeit verdient gemacht. Jetzt aber war es notwendig, alle Kräfte auf die schnelle Stärkung der antifaschistisch-demokratischen Verwaltungsorgane zu richten. Es wurde daher festgelegt, diese Komitees aufzulösen und die dort tätigen Antifaschisten für die Arbeit in Verwaltungsorganen zu gewinnen. Am 9. Mai 1945 schrieb Walter Ulbricht an Georgi Dimitroff: »Im Zusammenhang mit der Bildung der Verwaltungsorgane gelingt es, einen breiten Zusammenschluß der antifaschistisch-demokratischen Kräfte herbeizuführen.«[16] Mitunter stießen die Beauftragten des ZK der KPD auch auf Kommunisten, die sich etwas abkapselten, abstrakte Diskussionen führten oder sich von der Arbeit in den Bezirksämtern fernhielten. Zwölf Jahre hatte es für die meisten der in der Illegalität kämpfenden oder eingekerkerten Genossen kaum Möglichkeiten zur theoretischen Schulung gegeben; die grundlegenden Beschlüsse der Brüsseler (1935) und der Berner (1939) Parteikonferenz über die Volksfrontpolitik waren nicht jedem Kommunisten voll geläufig. Aber bevor an eine umfassende Schulungsarbeit gedacht werden konnte, galt es erst einmal, alle Parteimitglieder wieder zu erfassen. Dabei zeigte sich, welch schwere Verluste der faschistische Terror gerade der revolutionä-

16 Walter Ulbricht: Zur Geschichte der deutschen Arbeiterbewegung. Aus Reden und Aufsätzen, Bd. II: 1933–1946, Berlin 1963, S. 417.

ren Berliner Arbeiterbewegung zugefügt hatte. Viele bewährte Funktionäre und Mitglieder waren auf dem Schafott und in den Kerkern der Faschisten umgekommen oder in der Emigration gestorben. Einberufungen zur Wehrmacht, Evakuierungen, die Zerstörung ganzer Wohnviertel durch den Bombenkrieg hatten vielfach die Kontakte unter den Genossen abreißen lassen. In mühevoller Kleinarbeit – manchmal spielte auch der Zufall mit – stellten die Mitarbeiter der Initiativgruppe die organisatorischen Verbindungen zu den Gruppen, Parteizellen und Unterbezirksleitungen der KPD her, die überall in der Stadt entstanden waren.

Am 6. Mai 1945 trafen die »Brandenburger« ein. Die befreiten politischen Häftlinge des Zuchthauses Brandenburg-Görden hatten die Strapazen des beschwerlichen Fußmarsches auf sich genommen, weil sie sich ohne Rücksicht auf ihre durch jahrelange Haft geschwächte Gesundheit sofort der Partei für den Neuaufbau zur Verfügung stellen wollten. Fast zur gleichen Zeit kamen die Überlebenden des Todesmarsches aus dem KZ Sachsenhausen, die in der Nähe von Schwerin von Rotarmisten gerettet worden waren. Später kehrten die »Buchenwalder«, die »Mauthausener« und viele andere Widerstandskämpfer – zum Teil auf abenteuerliche Weise – nach Berlin zurück. In Spandau war für sie alle eine Sammelstelle eingerichtet worden. Ein Teil der Genossen ging dann in die Heimatorte zurück, aber die meisten blieben. Zu der Schar der KPD-Genossen, die die Reihen der Berliner Parteiorganisation stärkten, gehörten unter anderen Walter Bartel, Bruno Baum, Max Frenzel, Erich Honecker, Hans Jendretzky, Ernst Lange, Artur Mannbar, Waldemar Schmidt, Kurt Seibt, Hans Seigewasser, Wilhelm Thiele. Auch Sozialdemokraten kamen aus Zuchthäusern und Konzentrationslagern.

Im Mai 1945 war somit die »Gruppe Ulbricht« ein Zentrum für den antifaschistischen Neubeginn in Berlin. Sie hatte ständigen Kontakt mit Wilhelm Pieck und anderen Mitgliedern der KPD-Parteiführung in Moskau. Am 8. Mai abends verlegte die

Gruppe ihren Arbeitssitz nach Friedrichsfelde in die unmittelbare Nachbarschaft zur sowjetischen Zentralkommandantur und bezog das Haus Prinzenallee 80.

Die nächste Aufgabe lautete: Bildung einer antifaschistisch-demokratischen Stadtverwaltung für ganz Berlin. Das bedeutete für die Beauftragten des ZK der KPD wiederum, vor allem bei der Kaderauswahl zu helfen. Sie stellten Verbindung zu Hitlergegnern aus dem bürgerlichen Lager her und überzeugten sie in geduldiger Diskussion von der Notwendigkeit einer Zusammenarbeit.

Am 19. Mai 1945 kurz nach 13.00 Uhr führte der Militärkommandant Generaloberst N. E. Bersarin den neuen Magistrat von Groß-Berlin feierlich in sein Amt ein. Dies geschah »in einem halbzerstörten Saal des Gebäudes der Feuersozietät in der Parochialstraße, dessen Wände geborsten, dessen Fenster ohne Fensterkreuze und Glas waren, dessen Schäden nur mühsam mit Transparenten und Wandbehängen verdeckt werden konnten, zu dem man nur über Schutthaufen und halbzerstörte Treppen nach stundenlangem Fußmarsch oder Lastwagenfahrt über Ruinenhaufen und Trümmerberge gelangen konnte. Und doch war es damals der besterhaltene Saal in der ganzen Innenstadt.«[17] Die Stirnseite des Saales schmückte ein Transparent mit der Losung: »Die antifaschistische Einheit – das Unterpfand der Neugeburt des deutschen Volkes.« Berlins neuer Oberbürgermeister Dr. Arthur Werner eröffnete die Versammlung und erklärte unter Beifall: »Hitler hat Berlin zu einer Stadt der Zerstörung gemacht; wir werden Berlin zu einer Stadt der Arbeit und des Fortschritts machen.«[18] Danach stellte er den versammelten Antifaschisten aus den Stadtbezirken und Betrieben und den Vertretern der sowjetischen und der ausländischen Presse jene

17 Ein halbes Jahr Berliner Magistrat. Der Magistrat gibt Rechenschaft. Hrsg. im Auftrag des Magistrats der Stadt Berlin, Berlin o. J. (1946), S. 10.
18 Berliner Zeitung, 20. Mai 1945.

Tägliche Rundschau

Preis 15 Pfg.

17. Mai 1945

Tageszeitung des Kommandos der Roten Armee für die deutsche Bevölkerung

17. Mai 1945

Bekanntmachung

über die Bildung einer Berliner Städtischen Selbstverwaltung

Am 11., 12. und 13. Mai dieses Jahres fanden Versammlungen von Vertretern verschiedener öffentlicher Gruppen der Stadt Berlin statt, bei denen die Fragen über die Lebensmittelversorgung der Bevölkerung, der Wiederherstellung der Kommunalwirtschaft und der schnellsten Einrichtung normalen Lebens in der Stadt aufgeworfen wurden.

Auf diesen Versammlungen wurde beschlossen, eine Städtische Selbstverwaltung von Berlin aufzustellen, in deren Bestand folgende Personen aufgenommen wurden:

1. Doktor Arthur WERNER, Architekt und Ingenieur für Elektrotechnik und Maschinenbau.
2. Karl SCHULZ, ehem. Hochschulrektor.
3. Karl MARON, Schlosser, Sozialpolitiker.
4. Doktor HERMES, bedeutender Fachmann in Fragen der Landwirtschaft und der Lebensmittelversorgung.
5. Paul SCHWENK, ehem. Mitglied des Preußischen Landtages, großer Fachmann in Fragen der Kommunalwirtschaft.
6. KRAFT, Ingenieur, bedeutender Fachmann in Fragen der städtischen Wirtschaft.
7. Arthur PIECK, aktiver Funktionär der Gewerkschaftsbewegung.
8. SCHIERACK, Ingenieur.
9. Professor SAUERBRUCH, Chirurg.
10. Otto LORINZ, Lehrer.
11. KEELER, Nachrichteningenieur.
12. Otto GESCHKE, ehem. Mitglied des Reichstages.
13. Josef ORLOP, Eigentümer eines Lebensmittelgeschäfts, ehem. Abgeordneter Kandidat des Preußischen Landtages.
14. BUCHHOLZ, Pfarrer.
15. Edmund NORDWIG, Finanzfachmann u. a.

Die Aufstellung der führenden Mitarbeiter der Berliner Städtischen Selbstverwaltung wurde am 14. Mai dieses Jahres dem sowjetischen Militärkommando vorgelegt und erhielt dessen Beistimmung.

Die Berliner Selbstverwaltung ist im alten Gebäude am Alexanderplatz untergebracht und hat ihre Arbeit aufgenommen.

19 Männer vor, in deren Hände die weiteren Geschicke der Stadt Berlin gelegt worden waren. Am nächsten Tag fand die erste offizielle Magistratssitzung statt, auf der schon wichtige Entscheidungen über die Ingangsetzung der Wirtschaft und des Handels, über Wohnungs- und Bauwesen, über Steuer- und Finanzwesen gefällt wurden. Die Aufbauarbeit in ganz Berlin nahm von nun an unter Leitung des neues Magistrats einen steten Aufschwung.

Die neuen Stadträte kamen aus den verschiedensten weltanschaulichen und politischen Lagern. Oberbürgermeister war der Ingenieur Dr. Arthur Werner, ein parteiloser Demokrat, der in der Nazizeit Verfolgungen ausgesetzt gewesen war. Ihm zur Seite standen kampferprobte Kommunisten wie Karl Maron, Arthur Pieck, Paul Schwenk, Hans Jendretzky und Ottomar Geschke sowie Sozialdemokraten wie Josef Orlopp und Karl Schulze. Aus dem bürgerlichen Lager stammten der frühere Zentrumspolitiker und Reichsminister a. D. Dr. Andreas Hermes und Dr. Hermann Landwehr, die zu den Kräften gehört hatten, die hinter den Ereignissen vom 20. Juli 1944 standen. Dem Magistrat gehörten weiter der weltbekannte Chirurg Prof. Dr. Ferdinand Sauerbruch, der namhafte Architekt Hans Scharoun und die Pfarrer Peter Buchholz und Heinrich Grüber an. Die meisten Magistratsmitglieder bekleideten erstmals ein so verantwortungsvolles Amt. »Sie brachten neben ihrer aufrechten Gesinnung keine anderen Voraussetzungen mit als Mut, Energie und den unbeugsamen Willen, das von Hitler hinterlassene Chaos unter allen Umständen zu überwinden. Es schien geradezu vermessen, solche Aufgaben zu übernehmen, die sicheres Scheitern versprachen. Trotzdem lehnte keiner die Übernahme einer derartigen Verantwortung ab, als der Ruf an ihn erging.«[19]

Das Prinzip der antifaschistischen Volksfront, nach dem der neue Magistrat gebildet worden war, unterschied sich grundsätzlich von der Koalitionspolitik Weimarer Prägung. Hatte damals

---

19 Das erste Jahr – Berlin im Neuaufbau. Ein Rechenschaftsbericht des Magistrats der Stadt Berlin, Berlin 1946, S. 16/17.

die Großbourgeoisie, gedeckt durch die arbeiterfeindliche Haltung rechter SPD-Führer, ihre Politik gegen die Interessen des Volkes praktizieren können, so besaß in der neuen Verwaltung die Arbeiterklasse führende Positionen. Kommunisten und Sozialdemokraten waren es auch, die mit ungeheurer Arbeitskraft und revolutionärer Konsequenz dafür sorgten, daß Magistrat und Bezirksämter sich als Keimzellen der neuen Macht entwikkelten.

Stets um eine vertrauensvolle Zusammenarbeit mit den bürgerlichen Fachleuten auf der Grundlage antifaschistisch-demokratischer Gemeinsamkeit bemüht, ließen die Arbeitervertreter andererseits keine reaktionäre Gruppierung innerhalb des Magistrats zu. Bald schon ging nämlich Hermes dazu über, in dem von ihm geleiteten Haupternährungsamt großbürgerliche Agrarpolitiker zu sammeln, Gegenkonzepte für die geplante demokratische Bodenreform auszuarbeiten und das Aufbauwerk des Magistrats zu hintertreiben. Nach harten Auseinandersetzungen schied Hermes Ende Juli 1945 aus der Stadtverwaltung aus.

Den Vertretern der Arbeiterklasse im Magistrat wurde bald aus dem Lager der erwachenden Reaktion vorgeworfen, sie wären nicht fähig, die Stadt zu verwalten. Dazu stellte Karl Maron fest: »Oft wurde uns damals gesagt: ›Ihr werdet ohne die alten Verwaltungsspezialisten nicht auskommen.‹ Wir aber mußten völlig neue Wege beschreiten. Die Praxis des demokratischen Neuaufbaus zeigte, daß oft die ›routinierten‹ Beamten hilflos den schwierigen Problemen der damaligen Zeit gegenüberstanden, während die ›Neulinge‹, das heißt die überzeugten Antifaschisten, mit beiden Fäusten zupackten und die größten Schwierigkeiten meisterten.«[20]

Viel Überzeugungsarbeit kostete es anfangs, selbst klassenbewußten Arbeitern klarzumachen, daß sie nun, nach dem Sturz der faschistischen Diktatur, die Verwaltungsfunktionen im Interesse der eigenen Klasse übernehmen mußten. Zu tief saß bei vie-

---

20 Tribüne, Berlin, 27. Februar 1965.

len Kommunisten die Abneigung gegen den imperialistischen Staatsapparat, mit dem sie häufig genug persönlich »Bekanntschaft« gemacht hatten, als daß sie sofort die veränderte Klassenkampfsituation erkannten. In wachsendem Maße gelang es jedoch, geeignete Kader für staatliche Funktionen zu gewinnen und zu schulen, die ihre Bewährungsprobe bestanden.

Unter den gegebenen Besatzungsbedingungen arbeitete der Magistrat von Groß-Berlin direkt unter der Anleitung und Kontrolle der sowjetischen Stadtkommandantur. Er hatte deren Befehle und Anordnungen strikt auszuführen und darüber Rechenschaft abzulegen. Da die sowjetische Besatzungspolitik darauf gerichtet war, den fortschrittlichen Kräften behilflich zu sein bei der Ausrottung des Faschismus und Militarismus und bei der Schaffung eines einheitlichen, friedliebenden und demokratischen deutschen Staates, räumte die Kommandantur dem Magistrat ein breites Betätigungsfeld ein und stattete ihn mit bestimmten gesetzgeberischen Vollmachten aus.

Ein Beweis für diese Haltung war der Befehl des sowjetischen Stadtkommandanten vom 25. Mai 1945, der verfügte: »Im Interesse der schnellen Wiederherstellung des normalen Lebens der Bevölkerung der Stadt Berlin, im Interesse des Kampfes gegen Verbrechen und öffentliche Ruhestörung, der Regulierung des Straßenverkehrs und des Schutzes der Selbstverwaltungsgebäude der Stadt Berlin ist der Selbstverwaltung der Stadt Berlin vom Kommando der Roten Armee erlaubt, die Stadtpolizei, das Gericht und die Staatsanwaltschaft zu organisieren.«[21] Dieser Befehl war die Geburtsurkunde der Deutschen Volkspolizei und einer neuen Justiz.

Am 1. Juni 1945 trat die neue Polizei in ihrer grünen Dienstuniform, wie sie vor 1933 in Gebrauch war, mit Tschakos und

21 Magistrat von Berlin, Stadtarchiv der Hauptstadt der DDR (im folgenden: StA), Rep. 101, Nr. 15.

der weißen Armbinde mit der zweisprachigen Aufschrift »Deutsche Polizei« erstmals im Berliner Stadtbild in Erscheinung. Allgemein bestand die Bewaffnung zunächst in Holzknüppeln; doch wegen der außerordentlichen Gefahren, die bei der Bekämpfung von Banden und Verbrechen bestanden, übergaben die sowjetischen Kommandanten den Dienststellen der Polizei auch einige Waffen. »Aus dem Volk für das Volk, das ist der Leitsatz für die neuaufgestellte Berliner Polizei«, erklärte Polizeipräsident Paul Markgraf, der vom Nationalkomitee »Freies Deutschland« kam.[22] Das Polizeipräsidium befand sich zunächst in der Linienstraße 83/85 und zog später ins ehemalige Karstadt-Haus nahe dem Alexanderplatz, wo es sich noch heute befindet. Antifaschisten organisierten in kurzer Zeit Verkehrs- und Kriminalpolizei, das Meldewesen und den Streifendienst, der von früh 5.00 Uhr bis abends 22.30 Uhr – also nicht während des von den Besatzungsorganen angeordneten nächtlichen Ausgehverbots – unterwegs war. Am 1. Juni 1945 zählte man bereits 170 Polizeireviere in der Stadt.

Der Kommunist Fritz Eikemeier, von der Sowjetarmee aus dem KZ Sachsenhausen befreit, erinnerte sich: »Die Partei empfahl mir, in die neugegründete Polizei einzutreten. Das erschien mir anfangs unvorstellbar. Hatte ich doch jahrzehntelang erlebt, daß Polizisten immer auf der Seite solcher Kräfte standen, die uns Arbeiter unterdrückten und verfolgten. Und nun sollte ich selbst Polizist werden! Aber den antifaschistischen Kräften bot sich eine nie zuvor dagewesene Chance. Nur sie konnten unter Führung der Partei der Arbeiterklasse die gesellschaftlichen Verhältnisse völlig umgestalten. So entschied ich mich. Das Polizeirevier 171 Berlin-Friedenau wurde damals mein erster Verantwortungsbereich.«[23] Wenig später vom USA-Kommandanten unter Vorwand entlassen, übernahm Fritz Eikemeier zunächst die Polizeiinspektion Friedrichshain; nach vielen anderen verant-

---

22 Berliner Zeitung, 21. Juni 1945.
23 Neues Deutschland (B), 24. Juni 1970.

wortungsvollen Funktionen war er von 1953 bis 1964 Polizeipräsident der Hauptstadt der DDR.

Den Aufbau antifaschistisch-demokratischer Justizorgane nahmen Antifaschisten wie Hilde Benjamin, Dr. Ernst Melsheimer, Erich Rochler und Max Berger in die Hand.

Anfang Juni 1945 wurde die Sowjetische Militäradministration in Deutschland (SMAD) unter Leitung von Marschall G. K. Shukow gebildet. Sie übte innerhalb der sowjetischen Besatzungszone die oberste Gewalt aus. In Zusammenarbeit mit den sowjetischen Organen traf der Magistrat wichtige Maßnahmen, um die Überreste des imperialistischen Staatsapparates gänzlich zu beseitigen. Unternehmerverbände wurden verboten, Großbanken geschlossen, das reaktionäre Berufsbeamtentum beseitigt und noch existierende ehemalige Reichsbehörden aufgelöst. Von besonderer Bedeutung war die Entnazifizierung, das heißt die sofortige Entfernung aller aktiven und nominellen Mitglieder der faschistischen Partei und ihrer Gliederungen aus öffentlichen Ämtern sowie Funktionen in Wirtschaft und Kultur. Das war manchmal gar nicht so einfach, wenn die Personalunterlagen der Angestellten vernichtet waren oder die »Pg's« – wie man die Nazis auch nannte – sich tarnten. Bis zum 23. Juli 1945 mußten 25 740 ehemalige Mitglieder der NSDAP aus der Stadtverwaltung und den städtischen Betrieben ausscheiden. Zugleich galt es, antifaschistisch eingestellte Kräfte für die Verwaltungsarbeit zu gewinnen. Mit der Entnazifizierung hatte der Magistrat begonnen, eine der wichtigsten Forderungen der Antihitlerkoalition zu erfüllen und zugleich eine Lebensfrage des deutschen Volkes zu lösen.

Daran, daß Berlin im Frühjahr 1945 wieder festen Boden unter die Füße bekam und die katastrophalsten Folgen des Zusammenbruchs des Hitlerreiches überwunden werden konnten, hatte der Magistrat als neues, antifaschistisch-demokratisches Staatsorgan wesentlichen Anteil. Er initiierte, organisierte und koordinierte das Aufbauwerk und legte Grundsteine für antifaschistisch-demokratische Verhältnisse in ganz Berlin.

Als von großer Bedeutung für den Kampf gegen die faschistische Verhetzung, gegen Lethargie und für antifaschistische Aktivität erwiesen sich Rundfunk und Zeitungen. Hans Mahle und eine kleine Schar Antifaschisten – unter ihnen Matthäus Klein und Artur Mannbar – nahmen mit Unterstützung sowjetischer Techniker im Sendehaus Tegel den Rundfunkbetrieb wieder auf. Am 13. Mai 1945 20.00 Uhr saß Matthäus Klein klopfenden Herzens am Mikrofon und sprach die historischen Sätze: »Achtung! Achtung! Hier spricht Berlin! Hier spricht Berlin – auf Wellenlänge 356 Meter! Wir beginnen unsere Sendung!« Diese erste Sendung dauerte eine Stunde, sie wurde mit den Nationalhymnen der vier Siegermächte eröffnet. Dann folgten Nachrichten über die bedingungslose Kapitulation, die Siegesfeier in Moskau und die Rede des sowjetischen Vertreters auf der Gründungsversammlung der UNO in San Francisco. Am nächsten Tag wurden bereits zwei Sendungen – mittags um 12.00 Uhr und abends um 20.00 Uhr – ausgestrahlt. Nach der Übersiedlung in das Haus des Rundfunks in der Masurenallee am 15. Mai 1945 begann allmählich ein normaler Sendebetrieb

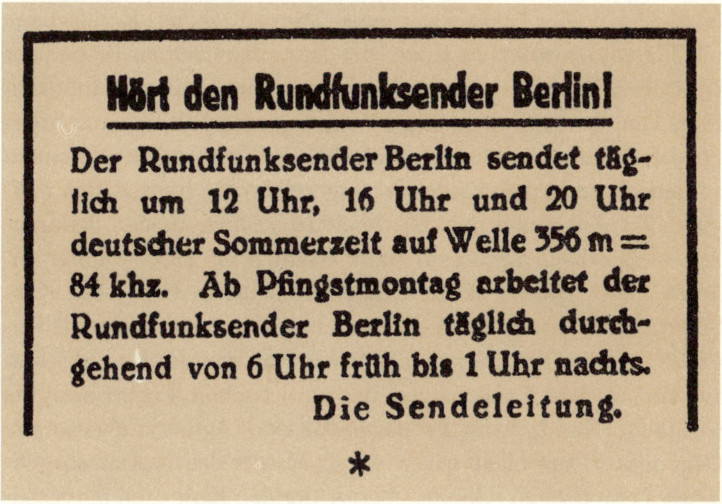
Hört den Rundfunksender Berlin!

Der Rundfunksender Berlin sendet täglich um 12 Uhr, 16 Uhr und 20 Uhr deutscher Sommerzeit auf Welle 356 m = 84 khz. Ab Pfingstmontag arbeitet der Rundfunksender Berlin täglich durchgehend von 6 Uhr früh bis 1 Uhr nachts.

Die Sendeleitung.

*

über den Funkturm Tegel. Schon am 18. Mai fand im Großen Sendesaal des Funkhauses das erste öffentliche Konzert nach dem Kriege statt. Die Plätze reichten nicht aus, all die Menschen zu fassen, die gekommen waren, um Werke von MOZART, BEETHOVEN und TSCHAIKOWSKI zu hören.

Allerdings war der Wirkungsradius des Rundfunks damals stark eingeschränkt, weil keineswegs jede Familie ein Rundfunkgerät besaß. Die sogenannten Volksempfänger, Apparate der dreißiger Jahre, die die Berliner »Goebbels-Schnauze« genannt hatten, waren teils in den Kriegswirren verlorengegangen, teils mußten sie danach als Beutegut abgeliefert werden. Um so wichtiger war daher das Erscheinen demokratischer Zeitungen.

Am 15. Mai 1945 erschien die erste Nummer der »Täglichen Rundschau. Frontzeitung für die deutsche Bevölkerung«. Im Leitartikel hieß es: »Die Aufgabe unserer Zeitung besteht darin, dem deutschen Volk die Wahrheit über die Rote Armee und die Sowjetunion nahezubringen, den Deutschen zu helfen, in der gegenwärtigen politischen Lage die richtige Orientierung zu finden, mit den Überbleibseln der hitlerischen Barbarei aufzuräumen und alle Kräfte zur schnellsten Wiederherstellung eines normalen Lebens anzuspannen.« Die »Tägliche Rundschau« profilierte sich rasch zu einem der bestaufgemachten Blätter der deutschen Nachkriegspresse: reichhaltig ihre politische Information, klar ihre klassenmäßige Position, unterhaltend und anregend Feuilleton und kulturpolitischer Teil. Sie wurde von einem sowjetisch-deutschen Kollektiv ausgezeichneter Journalisten redigiert. Zu den deutschen Mitarbeitern zählten in der Anfangszeit – die »Tägliche Rundschau« erschien bis 1955 – unter anderen HANS WALTER AUST, STEFAN DOERNBERG, ILSE JUNG, RUDI SCHOLZ, THEODOR SCHULZE-WALDEN und KARLHEINZ WEGNER. Gestützt auf die Traditionen der revolutionären Journalistik und auf die reichen Erfahrungen der sowjetischen Presse, war die »Tägliche Rundschau« Propagandist und Agitator ebenso wie Organisator. Vor allem wirkte sie als Mittler der deutsch-sowjetischen Freundschaft. GRIGORI WEISS, der den Kulturteil mitgestal-

Erscheint täglich   Einzelnummer 10 Pf.

Berliner Zeitung

Nummer 1   Montag, den 21. Mai 1945   1. Jahrgang

Berlin lebt auf!

Feierliche Gründungsversammlung des Magistrats von Groß-Berlin

Generaloberst Bersarin spricht

In ihre Rechte tritt heute die Berliner Stadtverwaltung, deren Aufgabe darin besteht, so schnell und so gut wie möglich das normale Leben der Stadt Berlin wiederherzustellen. Ueber die Lösung dieser Aufgabe hinaus ist es nötig, alles nur Menschenmögliche zu leisten. Jeder, der wahrhaft gewillt ist, zu arbeiten, der sich für das Ganze einsetzen will, ist heranzuziehen, damit das Leben wieder in Gang komme.

Wir sind hierher gekommen, um ein für allemal die Hitlerbande zu vernichten. Von hier aus verübte im Jahre 1941 die deutsche Hitlerarmee den Ueberfall auf das friedliche Sowjetvolk. Niemals und unter keinen Umständen hat das Sowjetvolk daran gedacht, gegen das deutsche

als Berlin noch gegen uns kämpfte, hatten wir schon Anweisung von Marschall Stalin, Lebensmittel für die Bevölkerung der Stadt Berlin heranzuschaffen. Jetzt interessiert sich Marschall Stalin täglich dafür, wie die Arbeit fortschreitet. Ich muß Ihnen sagen, daß sich auf einer ganzen Reihe von Gebieten ehrliche Menschen bereits ernstlich an die Arbeit gemacht haben, so daß ich schon Unterlagen besitze, um an Marschall Stalin zu berichten. Aber ich muß Ihnen auch etwas anderes sagen: Daß sich noch bei weitem nicht die ganze Bevölkerung der Stadt Berlin an die Arbeit der Wiederherstellung begeben hat. Unter Wiederherstellung verstehe ich: Die Straßen, die in guten Zustand gebracht werden müssen, die Wohnbauten, die nicht ausreichen — man muß Wohnungen schaffen, denken Sie an den Winter — die Wiederherstellung

schon um das Heranbringen der Lebensmittel zu sichern.

Das alles erfordert große Arbeit von seiten des Oberbürgermeisters und seiner Stadtverwaltung. Aber Sie werden es nicht schaffen, wenn die Bevölkerung nicht hilft. Ich denke weiter an den Einsatz der gesamten Bevölkerung zur Herstellung wirklich sanitärer Zustände in der Stadt, damit keine Infektionskrankheiten aufkommen und jeder Kranke geheilt werden kann. Eine große Aufgabe ist auch von den Künstlern zu leisten. Sie haben der Bevölkerung der Stadt Berlin, die gut und hart arbeiten wird, die Möglichkeit zu geben, Befriedigung und Entspannung zu finden.

Viele Aufgaben stehen also vor der Stadtverwaltung, und ich wiederhole, daß nur, wenn ehrlich und aufrichtig an die Arbeit herangegangen wird, wir uns bald über Ihre Erfolge werden freuen können. In jedem Stadtviertel, in jedem Hause sollte heute nur an eines gedacht werden: daß schnell und gut mitgearbeitet werden muß.

Lassen Sie mich meine Rede mit dem Wunsch schließen, die gesamte Bevölkerung möge dem Oberbürgermeister Dr.

Große Aufgaben

Neunzehn Tage sind vergangen, seit sich die Truppen der Roten Armee in Berlin befinden. Während dieser Zeit hatten die Berliner vollauf die Möglichkeit, sich davon zu überzeugen, wie weit entfernt von der Wirklichkeit all jenes betrügerische Geschwätz ist, das den Deutschen von Hitler und seinen Propagandisten über die Sowjetunion erzählt wurde.

Bester Beweis hierfür sind die in dieser Nummer unserer Zeitung veröffentlichten Berichte über die Gründungssitzung der Stadtverwaltung von Groß-Berlin, die sich unter Billigung des Oberkommandos der Roten Armee gebildet hat.

Die Reden der Mitglieder der Stadtverwaltung, dieser wirklichen Vertretung der verschiedensten Schichten der Berliner Bevölkerung, waren voller Dankbarkeit an die Sowjetunion und das Kommando der Roten Armee, das alle Maßnahmen ergreift, damit Berlin wieder aufersteht und schnell die Wunden heilt, die ihm Hitler und seine Verbrecherclique zufügten.

Die Stellungnahme der Sowjetregierung und des Oberkommandos der Roten Armee zu dieser Frage, für die sich ja jeder Berliner, der seine Stadt wirklich liebt, interessiert, ist klar in der Rede des Stadtkommandanten von Berlin, Generalobersten Bersarin, auf der Gründungssitzung der Stadtverwaltung ausgedrückt.

Durch diese Rede des Generals wurde das faschistische Greuelmärchen über die „Eroberungspläne" der Sowjetunion gegen Deutschland abermals entlarvt.

„Niemals und unter keinen Umständen", sagte der Generaloberst, „hat das Sowjet-

tete, urteilte: »Die ›Tägliche Rundschau‹ war wie ein Luftlandetrupp weit voraus, mitten unter die deutsche Bevölkerung geworfen, und sie wurde zu einem wichtigen Brückenkopf in diesem neuen und in der Tat sehr schweren Kampf.«[24]

Als zweite Tageszeitung kam am 21. Mai 1945 die »Berliner Zeitung« heraus. Unter der Schlagzeile »Berlin lebt auf« berichtete die Nummer 1 von der Gründungsversammlung des Magistrats. Oberst A. W. Kirssanow war der erste Chefredakteur (von 1945 bis 1950 leitete er dann die »Tägliche Rundschau«) des anfangs nur vier Seiten umfassenden Blattes. Am 20. Juni 1945 legte die SMAD die Herausgabe der »Berliner Zeitung« in die Hände des Magistrats – ein weiterer Beweis des Vertrauens in die fortschrittlichen deutschen Kräfte. Chefredakteur wurde Rudolf Herrnstadt, sein Stellvertreter Gerhard Kegel. Sie sammelten so erfahrene Journalisten um sich wie Grete Lode-Pieck,

24 Grigorij Weiss: Am Morgen nach dem Kriege, S. 41.

die leider viel zu früh verstarb, Fritz Kroh, Paul Rilla sowie Günther Kertzscher und Bernt von Kügelgen, die beide aus dem Nationalkomitee »Freies Deutschland« kamen. Viele namhafte Journalisten unserer Tage haben damals bei der »Berliner« als Volontäre angefangen.

Zulassung und Förderung des demokratischen Rundfunks und der demokratischen Presse waren ein unverkennbares Zeichen dafür, wie ernst die Sowjetunion die Aufgabe nahm, den faschistischen und militaristischen Ungeist auszurotten und den fortschrittlichen Kräften des deutschen Volkes den Start in ein neues Leben zu erleichtern. Schon am 10. Juni 1945 gab die SMAD den bedeutsamen Befehl Nr. 2 heraus, der auf dem Gebiet der sowjetischen Besatzungszone die Bildung und Tätigkeit antifaschistisch-demokratischer Parteien, von freien Gewerkschaften und Organisationen erlaubte. Damit begann ein neuer Entwicklungsabschnitt nach der Befreiung: Das politische Leben entfaltete sich rasch, und es formierten sich die Kräfte für die antifaschistisch-demokratische Umwälzung. Der Ruf dazu ging von Berlin aus.

Als erste Partei trat die Kommunistische Partei Deutschlands am 11. Juni 1945 mit ihrem historischen Aufruf an das schaffende Volk in Stadt und Land an die Öffentlichkeit. Das war kein Zufall. Keine andere deutsche Partei hatte den Widerstandskampf gegen das Naziregime so organisiert geführt. Die KPD hatte die größten Opfer gebracht; keine andere Partei konnte mit solcher Autorität vor das werktätige Volk treten und die alle quälende Frage »Wie geht es weiter?« so klar und überzeugend beantworten. Der konsequente Kampf der Kommunisten gegen Faschismus und Krieg, ihr Wirken als Aktivisten der ersten Stunde und ihr wissenschaftliches Programm legitimierten sie als führende Kraft für die notwendige revolutionäre Umwälzung der Gesellschaft.

Der Aufruf vom 11. Juni 1945 analysierte nüchtern die Lage, nannte die Schuldigen an Krieg und Katastrophe und rief die

Preis 20 Pf

Deutsche Volkszeitung

Nummer 1 / 1. Jahrgang — Zentralorgan der Kommunistischen Partei Deutschlands — Berlin, 13. Juni 1945

Feste Einheit der demokratischen Kräfte

Von Wilhelm Pieck

AUFRUF

der Kommunistischen Partei Deutschlands

Schaffendes Volk in Stadt und Land!

Männer und Frauen! Deutsche Jugend!

Arbeiterklasse auf, die Geschicke der Nation in ihre Hände zu nehmen. Ausgehend von den Lehren der deutschen Geschichte seit der Großen Sozialistischen Oktoberrevolution, forderte die

KPD: »Keine Wiederholung der Fehler von 1918! Schluß mit der Spaltung des schaffenden Volkes! Keinerlei Nachsicht gegenüber dem Nazismus und der Reaktion! Nie wieder Hetze und Feindschaft gegenüber der Sowjetunion; denn wo diese Hetze auftaucht, da erhebt die imperialistische Reaktion ihr Haupt!«[25]

Der Juniaufruf orientierte auf das nächste strategische Ziel: Überwindung des Imperialismus, Errichtung einer antifaschistisch-demokratischen Ordnung, um auf diesem Weg die Arbeiterklasse und ihre Verbündeten an die sozialistische Revolution heranzuführen. Ein solcher Entwicklungsweg entsprach den Lehren aus der deutschen Geschichte. Die KPD berücksichtigte dabei auch die Erkenntnisse und Erfahrungen der kommunistischen Weltbewegung, insbesondere seit dem VII. Kongreß der Kommunistischen Internationale 1935. Die Forderung nach einer antifaschistischen, deutschen demokratischen Republik stand auch im Einklang mit den Beschlüssen der Antihitlerkoalition. Insgesamt ging der Aufruf von der realen Lage nach Kriegsende aus, die einen Aufbau des Sozialismus noch nicht zuließ, aber günstige Bedingungen für revolutionär-demokratische Veränderungen bot.

In einem zehn Punkte umfassenden Aktionsprogramm legte die KPD die wichtigsten und dringlichsten Aufgaben für die Inangriffnahme revolutionärer Umgestaltungen dar. An der Spitze standen die Forderungen nach vollständiger Liquidierung der Überreste des Hitlerregimes, nach Bestrafung der Kriegsverbrecher und Naziaktivisten und der Übergabe ihres Vermögens in Volkseigentum, nach Beseitigung des Großgrundbesitzes und nach Schaffung einer neuen, demokratischen Staatsmacht. »Diese Aufgaben« – erklärte die Parteiführung der KPD – »können nur durch die feste Einheit aller antifaschistischen, demokratischen und fortschrittlichen Volkskräfte verwirklicht werden.«[26] Sie schlug darum vor, das Aktionsprogramm zur Grund-

---

25 Dokumente und Materialien zur Geschichte der deutschen Arbeiterbewegung, Reihe III, Bd. 1, Berlin 1959, S. 16/17.
26 Ebenda, S. 20.

lage der Schaffung eines Blocks der antifaschistisch-demokratischen Parteien zu machen.

Wie sehr die KPD den Lebens- und Tagesinteressen des Volkes Ausdruck gab, zeigte die allgemeine Zustimmung zu ihrem Aufruf, der über Rundfunk, in der Presse, durch Flugblätter und Maueranschläge millionenfach verbreitet wurde.

Am 15. Juni 1945 konstituierte sich in Berlin der Zentralausschuß der Sozialdemokratischen Partei Deutschlands. In seinem Aufruf forderte er ebenfalls die Errichtung einer antifaschistisch-demokratischen parlamentarischen Republik. Er begrüßte den Juniaufruf der KPD und sprach sich aufrichtig für eine Aktionseinheit mit den Kommunisten aus. Dieser Aufruf verdeutlichte das Neue in der Sozialdemokratie, in der – geführt von Otto Grotewohl, Max Fechner, Otto Buchwitz, Friedrich Ebert und anderen – die proletarischen Klassenkräfte stärker hervortraten. Sie waren entschlossen, sich von opportunistischen Vorstellungen frei zu machen, und begannen, sich auf revolutionäre, marxistische Traditionen zu besinnen. »Nach vielen Fehlern der Vergangenheit haben wir nun erkannt, daß die Lebensinteressen der Arbeiterklasse einer Einheit bedürfen. Das, was uns jetzt mit den Kommunisten einigt, ist bedeutend stärker und überwiegender als das, was uns trennt«, erklärte Otto Grotewohl gegenüber einem Korrespondenten der »Krasnaja Swesda«.[27]

So kam es am 19. Juni 1945 in Berlin zu einer Begegnung von Vertretern des ZK der KPD und des ZA der SPD, auf der ein Aktionsabkommen unterzeichnet wurde. Man vereinbarte, einen gemeinsamen Arbeitsausschuß aus je fünf Vertretern der beiden Parteiführungen zu bilden und eng bei der restlosen Überwindung des Faschismus, beim Aufbau einer demokratischen Republik und bei der Klärung ideologischer Fragen zusammenzuarbeiten. Zum erstenmal in der Geschichte der deut-

27 Das Volk, Berlin, 13. Juli 1945.

Vom Chaos zur Ordnung

Aufruf der Sozialdemokratischen Partei Deutschlands

Männer und Frauen! Deutsche Jugend!

Der Nazifaschismus ist in einen grausigen Abgrund der Vernichtung versunken! Er hat das deutsche Volk in tiefster seelischer Qual, in einer unvorstellbaren Not zurückgelassen! Das Gefühl für Rechtlichkeit ist gelähmt! Die nackte Not grinst dem Volke aus den Ruinen vernichteter Wohnungen und geborstener Fabriken entgegen: Hitlers Cäsarenwahnsinn ist durch die siegreichen verbündeten Armeen ausgemerzt und damit die militaristische Raubgier des deutschen Imperialismus für alle Zeiten vernichtet.

Das deutsche Volk muß die Kosten der faschistischen Hochstapelei bezahlen!

Ehrlose Hasardeure und wahnwitzige Machtpolitikaster haben d· Namen des deutschen Volkes in der ganzen Welt geschändet und entehrt.

Schweigend und voll Ergriffenheit senken wir unsere Fahnen vor unserem Johannes Stelling, Rudolf Breitscheid, Julius Leber, Wilhelm Leuschner und vor den tausendfachen Opfern aus allen Parteien, Konfessionen und Gesellschaftsschichten des deutschen Volkes, die der blutgierige Faschismus verschlungen hat. Aber all diese Opfer an Gesundheit und Blut, Hab und Gut in der illegalen Arbeit haben es leider nicht vermocht, die satanische Organisation der Unterdrückung zu beseitigen.

Das deutsche Volk wird nicht verzweifeln!

Sein Lebenswille wird stärker sein als sein Unglück! Mit seinen letzten Kräften wird es sich aufraffen, denn

es will, wird und muß weiterleben!

Die Geschichte erteilt dem deutschen Volk die eherne Lehre, sich auf seinem dornenvollen Opfergang, trotz Hunger und Elend, durch unermüdliche Arbeit und eisernen Willen die Achtung aller friedlichen, freiheitliebenden Völker zu erwerben.

Niemals und von niemandem soll das deutsche Volk je wieder als vertrauensseliges Opfer gewissenloser politischer Abenteurer mißbraucht werden. **Der politische Weg des deutschen Volkes in eine bessere Zukunft ist damit klar vorgezeichnet:**

Demokratie in Staat und Gemeinde, Sozialismus in Wirtschaft und Gesellschaft!

Wir sind bereit und entschlossen, hierbei mit allen gleichgesinnten Menschen und Parteien zusammenzuarbeiten. Wir begrüßen daher auf das wärmste den Aufruf des Zentral-Komitees der Kommunistischen Partei Deutschlands vom 11. Juni 1945, der zutreffend davon ausgeht, daß **der Weg für den Neubau Deutschlands von den gegenwärtigen Entwicklungsbedingungen Deutschlands abhängig ist**, und daß die entscheidenden Interessen des deutschen Volkes in der gegenwärtigen Lage die Aufrichtung eines antifaschistischen demokratischen Regimes und einer parlamentarisch-demokratischen Republik mit allen demokratischen Rechten und Freiheiten für das Volk erfordern.

In dieser entscheidenden Stunde ist es wiederum die geschichtliche Aufgabe der deutschen Arbeiterklasse, Trägerin des Staatsgedankens zu sein:

einer neuen antifaschistisch-demokratischen Republik!

Jedes eigensüchtige Parteiengezänk, wie es das politische Schlachtfeld der Weimarer Republik erfüllte, muß im Keime erstickt werden. In einer antifaschistisch-demokratischen Republik können demokratische **Freiheiten nur denen gewährt werden, die sie vorbehaltlos anerkennen.** Demokratische Freiheiten sind aber denen zu versagen, die sie nur nutzen wollen, um die Demokratie zu schmähen und zu zerschlagen.

Das elementarste Lebensgesetz des neuen Staates

verlangt die völlige Beseitigung aller Reste der faschistischen Gewaltherrschaft. Ebenso muß der Militarismus aus den Köpfen und Herzen getilgt werden. Die durch den Faschismus geistig entwurzelte Jugend muß wieder zu freien und kritisch denkenden Menschen erzogen werden.

Der neue Staat muß wieder gutmachen, was an den Opfern des Faschismus gesündigt wurde, er muß wieder gutmachen, was faschistische Raubgier an den Völkern Europas verbrochen hat. Dieser Staat muß zuerst und vor allem dem deutschen Volk die wirtschaftliche und moralische Kraft geben, diese übermenschliche Aufgabe zu erfüllen.

Deshalb fordert die Sozialdemokratische Partei Deutschlands:

1. Restlose Vernichtung aller Spuren des Hitlerregimes in Gesetzgebung, Rechtsprechung und Verwaltung, einen sauberen Staat der Rechtlichkeit und Gerechtigkeit. Haftpflicht der Mitglieder der NSDAP und ihrer Gliederungen für die durch das Naziregime verursachten Schäden.
2. Sicherung der Ernährung. Bereitstellung von Arbeitskräften und genossenschaftlicher Zusammenschluß in der Landwirtschaft. Verbreiterung der Fettgrundlage durch Einfuhr von Rohstoffen, Futtermitteln und Vieh. Förderung der Verbrauchergenossenschaften und Neuregelung des Kleinhandels.
3. Sicherung des lebensnotwendigen Bedarfs der breiten Volksmassen an Wohnung, Kleidung und Heizung mit Hilfe der kommunalen Selbstverwaltung.
4. Wiederaufbau der Wirtschaft unter Mitwirkung der kommunalen Selbstverwaltung und der Gewerkschaften. Beschleunigte Wiederherstellung der Verkehrsmittel. Beschaffung von Rohstoffen. Beseitigung aller Hemmungen der privaten Unternehmerintiative unter Wahrung der sozialen Interessen. Beseitigung der nazistischen Ueberorganisation in der Wirtschaft. Klarer und einfacher Neuaufbau ehrenamtlich verwalteter Wirtschaftsverbände. Neuaufbau des Geldwesens. Sicherung der Währung. Kommunale Kredite für Industrie, Handwerk und Handel. Belebung des bargeldlosen Zahlungsverkehrs. Vereinfachung des Steuerwesens durch straffste Zusammenfassung der Steuerarten. Stärkere Berücksichtigung der sozialen Lage bei der Bemessung der Steuern.
5. Volkstümlicher Kulturaufbau. Erziehung der Jugend im demokratischen, sozialistischen Geiste. Förderung von Kunst und Wissenschaft.
6. Neuregelung des Sozialrechtes. Freiheitliche und demokratische Gestaltung des Arbeitsrechtes. Einbau der Betriebsräte in die Wirtschaft. Mitwirkung der Gewerkschaften und Verbrauchergenossenschaften bei den Organisationen der Wirtschaft. Ausbau der Sozialversicherung zur Sozialversorgung für Kranke, Wöchnerinnen und Mütter, Invalide und Unfallverletzte, Witwen, Waisen, Kriegsversehrte und Arbeitslose. Einbeziehung aller arbeitenden Menschen in die Sozialversorgung.
7. Förderung der Wohnungsfürsorge und des Siedlungswesens. Kommunale Wohnungsaufsicht. Anpassung der Mieten und Hypotheken an die durch die Kriegsfolge geschaffene Wirtschaftslage. Aufteilung des Großgrundbesitzes zur Beschaffung von Grund und Boden für umsiedlungsbereite Großstädter. Verpflanzung von mittel- und kleinindustriellen Betrieben in wirtschaftlich günstig gelegene Landbezirke.
8. Verstaatlichung der Banken, Versicherungsunternehmungen und der Bodenschätze. Verstaatlichung der Bergwerke und der Energiewirtschaft. Erfassung des Großgrundbesitzes und der lebensfähigen Großindustrie und aller Kriegsgewinne für die Zwecke des Wiederaufbaus. Beseitigung des arbeitslosen Einkommens aus Grund und Boden und Mietshäusern. Scharfe Begrenzung der Verzinsung aus mobilem Kapital. Verpflichtung der Unternehmer zur treuhänderischen Leitung der ihnen von der deutschen Volkswirtschaft anvertrauten Betriebe. Beschränkung des Erbrechtes auf die unmittelbaren Verwandten.
9. Anpassung des Rechtes an die antifaschistisch-demokratische Staatsauffassung. Staatlicher Schutz der Person. Freiheit der Meinungsäußerung in Wort, Bild und Schrift unter Wahrung der Interessen des Staates und der Achtung des einzelnen Staatsbürgers. Gesinnungsfreiheit und Religionsfreiheit. Strafrechtlicher Schutz gegen Rassenverhetzung.

Unser armes und gequältes Volk muß durch die Schuld Hitlers durch unsägliches Elend und ein tiefes Tal des Leides gehen!

Wir wollen mithelfen, es wieder emporzuführen zu den Höhen einer menschenwürdigen Kultur, zu der Freundschaft mit allen Völkern der Welt.

Wir wollen vor allem den **Kampf um die Neugestaltung auf dem Boden der organisatorischen Einheit der deutschen Arbeiterklasse führen!** Wir sehen darin eine moralische Wiedergutmachung politischer Fehler der Vergangenheit, um der jungen Generation eine einheitliche politische Kampforganisation in die Hand zu geben. Die Fahne der Einheit muß als leuchtendes Symbol in der politischen Aktion des werktätigen Volkes vorangetragen werden! Wir bieten unsere Bruderhand allen, deren Losung ist:

Kampf gegen den Faschismus, für die Freiheit des Volkes, für Demokratie, für Sozialismus!

Darum rufen wir alle unsere Freunde, Genossinnen und Genossen in Stadt und Land auf, mit der alten Hingabe und neuem Mut **sofort mit dem Aufbau der Organisation zu beginnen.**

Vorwärts an die Arbeit!

Zentralausschuß der Sozialdemokratischen Partei Deutschlands

Max Fechner Erich W. Gniffke Otto Grotewohl

Gustav Dahrendorf, Karl Germer, Bernhard Göring, Hermann Harnisch, Helmuth Lehmann, Karl Litke, Otto Meier, Fritz Neubecker, Josef Orlopp, Hermann Schlimme, Richard Weimann

Berlin, den 15. Juni 1945.

schen Arbeiterbewegung kam eine dauerhafte Aktionseinheit von KPD und SPD zustande.

Damit war zugleich die wichtigste Voraussetzung für die Bildung einheitlicher freier Gewerkschaften geschaffen. Vorgespräche hierüber gab es in Berlin seit Mai 1945 zwischen Vertretern der Gewerkschaftsrichtungen, die 1933 existiert hatten. Am 15. Juni 1945 erschien der Aufruf zur Bildung neuer freier Gewerkschaften, der ein starkes Echo fand und zur Geburtsurkunde des Freien Deutschen Gewerkschaftsbundes (FDGB) wurde. Es wird keine Neuauflage der unheilvollen Spaltung der Gewerkschaftsbewegung geben! In diesem Bekenntnis manifestierte sich das Streben der Masse der Arbeiter und Gewerkschafter nach revolutionärer Einheit und friedlicher Aufbauarbeit. Unter dem bestimmenden Einfluß klassenbewußter Funktionäre entwickelten sich die Einheitsgewerkschaften als Kampforganisation der Arbeiterklasse.

Wenig später bildeten sich in Berlin auch zwei bürgerlich-demokratische Parteien: am 26. Juni 1945 die Christlich-Demokratische Union Deutschlands (CDU) und am 5. Juli 1945 die Liberal-Demokratische Partei Deutschlands (LDPD). Sie vereinigten in ihren Reihen vor allem kleine und mittlere Unternehmer, Angehörige des Mittelstandes und der Intelligenz. In ihre Führungsorgane waren allerdings auch Interessenvertreter der Monopolbourgeoisie gelangt, die sich aber angesichts der einig handelnden Arbeiterparteien zunächst zurückhielten. CDU und LDPD betonten in ihren Gründungsaufrufen die Notwendigkeit, den Faschismus restlos zu beseitigen, sie bekannten sich zum demokratischen Neuaufbau und zur Zusammenarbeit aller Antifaschisten.

Am 14. Juli 1945 beschlossen in Berlin die Führungen von KPD, SPD, CDU und LDPD die Bildung des Blocks der antifaschistisch-demokratischen Parteien, wie ihn die Kommunisten vorgeschlagen hatten. Die vier Parteien verpflichteten sich, unter gegenseitiger Achtung ihrer Selbständigkeit »im Kampf zur Säuberung Deutschlands von den Überresten des Hitlerismus und für den Aufbau des Landes auf antifaschistisch-demokratischer Grundlage« zusammenzuarbeiten.[28] Im Block – darin unterschied er sich von jeder bürgerlichen Koalitionspolitik – war die führende Rolle der Arbeiterklasse durch die Aktionseinheit von KPD und SPD von Anfang an gesichert. Es war ein breites politisches Kampfbündnis der Arbeiterklasse mit anderen Klassen und Schichten entstanden, für das die KPD im Sinne ihrer Volksfrontkonzeption seit langem gekämpft hatte und das für die Einleitung einer antifaschistisch-demokratischen Umwälzung unabdingbar war.

Im Sommer 1945 waren in allen Berliner Stadtbezirken Blockausschüsse entstanden, die die Aufbauarbeit der kommunalen Organe unterstützten. Großbürgerliche Führungskräfte in den Berliner Landesvorständen von CDU und LDP bemühten sich vergebens, die Zusammenarbeit mit den beiden Arbeiterparteien zu lösen, der starke Druck breiter Mitgliederkreise verhinderte dies. Am 8. Dezember 1945 bildeten Vertreter der KPD, SPD, CDU und LDP im Neuen Stadthaus den antifaschistisch-demokratischen Block für Groß-Berlin. Er betrachtete es als seine vordringlichste Aufgabe, dem Magistrat beim Aufbau Berlins zu helfen.

Im Frühsommer 1945 war Berlin also der Ausgangspunkt eines neuen politischen Lebens, von hier gingen mächtige Impulse in alle Besatzungszonen. Die westlichen Militärbehörden hatten zu dieser Zeit noch jede politische Betätigung verboten; erst ab September 1945 konnten sich Gewerkschaften und Parteien in den Westzonen auf örtlicher Basis bilden. Damit verschafften die imperialistischen Westmächte der deutschen Monopolbourgeoisie eine Atempause, die sie dringend benötigte, um sich der neuen Lage nach dem Zusammenbruch des Hitlerreiches anzupassen. Die fortschrittlichen Kräfte im Westen schauten daher erwartungsvoll nach der deutschen Hauptstadt und orientierten sich an den hier im Juni/Juli 1945 veröffentlich-

---

28 Deutsche Volkszeitung, Berlin, 15. Juli 1945.

ten programmatischen Erklärungen. Die Vorstände aller Parteien und Organisationen nahmen ihren Sitz in dieser Stadt; hier erschienen auch ihre zentralen Presseorgane: »Deutsche Volkszeitung« (KPD), »Das Volk« (SPD), »Neue Zeit« (CDU), »Der Morgen« (LDPD) und »Die Freie Gewerkschaft«. Damit wuchs zugleich die Rolle Berlins als politisches Zentrum der sowjetischen Besatzungszone.

Inzwischen kam der Wiederaufbau in ganz Berlin voran. Unter der Führung der besten Vertreter ihrer Klasse packten die Arbeiter überall zu. Ihre erste Frage war nicht, ob es Lohn geben würde. Sie gingen nach der Devise vor: anfangen, gleich wie, nur anfangen. Selbst stundenlange Umwege über Trümmerberge konnten die Aktivisten der ersten Stunde nicht von ihrem Vorhaben abhalten. In den ersten Maitagen waren sie eine kleine Schar gewesen, nun wuchs ihre Zahl rasch an. Die sowjetischen Kommandanturen halfen nach Kräften. Täglich berichteten die Berliner Zeitungen von neuen Erfolgen. »Neukölln hat wieder Wasser« – »Die erste U-Bahn-Strecke wieder in Betrieb!« – »Fünf Männer machen ein Werk produktionsfähig!« So lauteten die Schlagzeilen jener Wochen.

An erster Stelle stand die Wiederingangsetzung der kommunalen Versorgungs- und Dienstleistungsbetriebe. Gab es erst wieder Strom, Wasser und Gas, fuhren die ersten öffentlichen Verkehrsmittel wieder, dann würden auch Industrie und Handwerk nachziehen. Berlins städtische Arbeiter trotzten allen Schwierigkeiten. Gemeinsam mit sowjetischen Experten schafften sie es: Bis Juni 1945 arbeiteten alle Kraft-, Wasser- und Gaswerke wieder, waren Betriebe und Wohnhäuser ans Stromnetz angeschlossen, zerstörte Rohrnetze instand gesetzt und die Kanalisation wieder in Betrieb genommen.

Mit Elan gingen auch die BVG-Arbeiter ans Werk. Bereits am 13. Mai 1945 fuhr der erste Omnibus in Zehlendorf und am 16. Mai zwischen Weißensee und Königstor. Die ersten Straßen-

Einheitsfront

der antifaschistisch-demokratischen Parteien.

Am 13./14. Juli 1945 traten die Vertreter der antifaschistisch-demokratischen Parteien zu einer ersten gemeinsamen Besprechung zusammen.

An der Beratung nahmen teil:

Vom Zentral-Komitee der Kommunistischen Partei Deutschlands

Wilhelm P i e c k ,
Walter U l b r i c h t ,
Franz D a h l e m ,
Anton A c k e r m a n n ,
Otto W i n z e r .

Vom Zentralausschuss der Sozialdemokratischen Partei Deutschlands

Erich W. G n i f f k e ,
Otto G r o t e w o h l ,
Gustav D a h r e n d o r f ,
Helmuth L e h m a n n ,
Otto M e i e r .

Vom Vorstand der Christlich-Demokratischen Union Deutschlands

Andreas H e r m e s ,
Walter S c h r e i b e r ,
Jakob K a i s e r ,
Theodor S t e l t z e r ,
Ernst L e m m e r .

Vom Vorstand der Liberal-Demokratischen Partei Deutschlands

Waldemar K o c h ,
Eugen S c h i f f e r ,
Wilhelm K ü l z ,
Artur L i e u t e n a n t .

In einer vom Willen aufrichtiger Zusammenarbeit getragenen Aussprache wurde festgestellt:

Hitler hat Deutschland in die tiefste Katastrophe seiner Geschichte gestürzt. Die Kriegsschuld Hitler-Deutschlands ist offenkundig. Weite Kreise des deutschen Volkes waren dem Hitlerismus und seiner Ideologie verfallen und haben seinen Eroberungskrieg bis zum furchtbaren Ende unterstützt. Gross war die Zahl jener Deutschen, die willenlos der Hitler-Politik folgten und sich damit mitschuldig gemacht haben. So hat Hitler unser ganzes Volk in ein Chaos von Schuld und Schande gestürzt.

Nur durch einen grundlegenden Umschwung im Leben und im Denken unseres ganzen Volkes, nur durch Schaffung einer antifaschistisch-demokratischen Ordnung ist es möglich, die Nation zu retten.

bahnen rollten am 20. Mai zwischen Schöneweide und Treptow sowie in Tegel. Am 14. Mai fuhr wieder die U-Bahn in Neukölln zwischen Leinestraße und Hermannplatz. Jeden Tag kamen neue

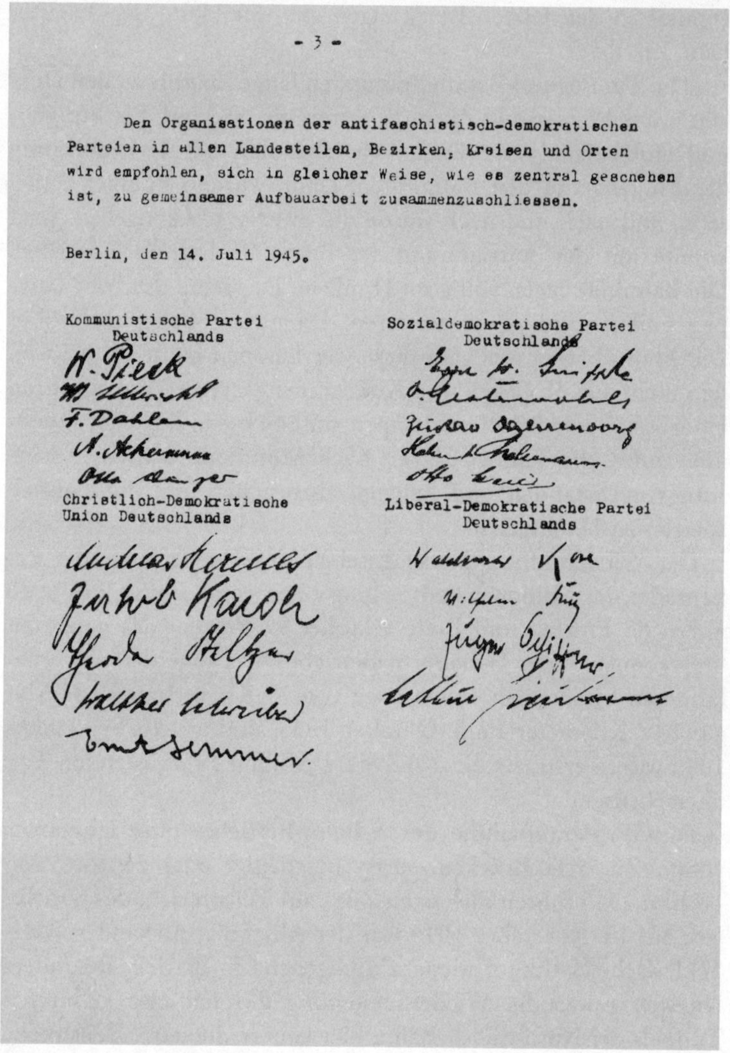

- 3 -

Den Organisationen der antifaschistisch-demokratischen Parteien in allen Landesteilen, Bezirken, Kreisen und Orten wird empfohlen, sich in gleicher Weise, wie es zentral geschehen ist, zu gemeinsamer Aufbauarbeit zusammenzuschliessen.

Berlin, den 14. Juli 1945.

Kommunistische Partei Deutschlands

Sozialdemokratische Partei Deutschlands

Christlich-Demokratische Union Deutschlands

Liberal-Demokratische Partei Deutschlands

Streckenabschnitte hinzu, so daß Ende Mai bereits wieder 29 Prozent des U-Bahn-Netzes befahrbar waren. Welche Schwierigkeiten es auf den innerstädtischen Linien auf Grund der Ereignisse in den letzten Kriegstagen gab, schilderte der Arbeiter Emil Zielke:

»Die Tunnel und Bahnhöfe standen lange Zeit bis zu den Dekken unter Wasser, die Zugänge waren mit Steinen, Eisenträgern und Holzbalken verschüttet. Wir begannen mit der Freilegung der Eingänge zu den Bahnhöfen. Dann wurden Pumpen angesetzt, und nach und nach wurde die Strecke trockengelegt. Jetzt konnte mit der Aufräumung der Bahnhöfe begonnen werden. Die Bahnhöfe lagen völlig im Dunkeln. Es gelang uns, vier Lampen und Karbid zu organisieren. Da unsere Belegschaft über 200 Mann betrug, reichten diese vier Lampen natürlich bei weitem nicht aus. Kollegen und Kolleginnen waren es, die aus ihren Hausbeständen Petroleumlampen mitbrachten. Zugleich war es notwendig, die Tunnelanlagen nach Munition, Waffen, Ausrüstungsgegenständen und Leichen abzusuchen und die Tunnelsperren zu beseitigen.«[29]

Der Wiederaufbau des städtischen Verkehrsnetzes – der Lebensader der Millionenstadt – ging zügig voran. Ende Juni 1945 waren 66 Prozent und Ende Oktober 92 Prozent des gesamten Streckennetzes der U-Bahn in Betrieb. Die Länge der wiederbefahrenen Straßenbahnlinien stieg von 49 Kilometern Ende Mai auf 312 Kilometer Ende Oktober 1945, und am 20. September 1945 wurde erstmals die Zahl von 1 Million Fahrgästen am Tag überschritten.

Die Wiederaufnahme des S-Bahn-Betriebes ging langsamer voran. Zu viele Brücken waren beschädigt oder zerstört. Am 18. Juni 1945 fuhren die ersten Züge auf Teilstrecken des Südringes; am 15. November 1945 war der Abschnitt Alexanderplatz–Schlesischer Bahnhof wieder durchgehend in Betrieb. Besonders langwierig war die Wiederherstellung des teilweise gefluteten Tunnels der Nord-Süd-S-Bahn; hier konnte die letzte Teilstrecke zwischen Friedrichstraße und Stettiner Bahnhof erst Ende 1947 übergeben werden.

---

29 Ebenda, 5. August 1945.

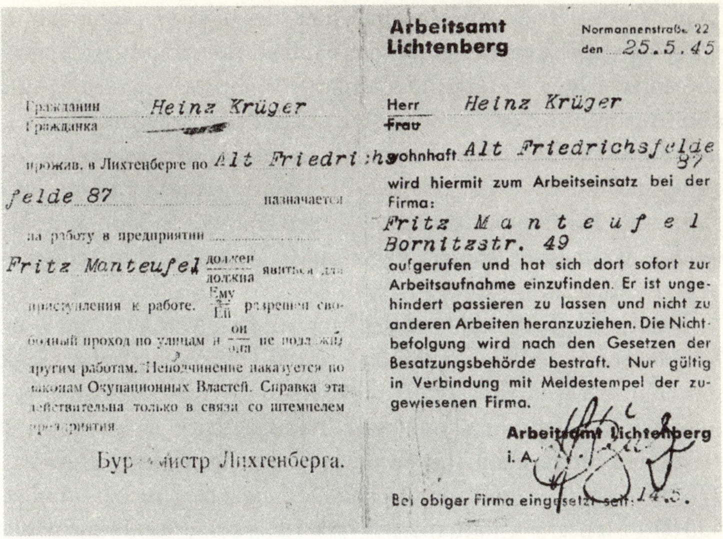

Гражданин Heinz Krüger
Гражданка

прожив. в Лихтенберге по Alt Friedrichsfelde 87 назначается на работу в предприятии Fritz Manteufel должен/должна явиться для приступления к работе. Ему/Ей разрешен свободный проход по улицам и он/она не подлежит другим работам. Неподчинение наказуется по законам Окупационных Властей. Справка эта действительна только в связи со штемпелем предприятия.

Бургомистр Лихтенберга.

Arbeitsamt Lichtenberg Normannenstraße 22
den 25.5.45

Herr Heinz Krüger
~~Frau~~

wohnhaft Alt Friedrichsfelde 87
wird hiermit zum Arbeitseinsatz bei der Firma:
Fritz Manteufel
Bornitzstr. 49
aufgerufen und hat sich dort sofort zur Arbeitsaufnahme einzufinden. Er ist ungehindert passieren zu lassen und nicht zu anderen Arbeiten heranzuziehen. Die Nichtbefolgung wird nach den Gesetzen der Besatzungsbehörde bestraft. Nur gültig in Verbindung mit Meldestempel der zugewiesenen Firma.

Arbeitsamt Lichtenberg
i. A.

Bei obiger Firma eingesetzt seit: 14.5.

Unter der Leitung des Stadtrates Ernst Kehler, der als Mitglied des Nationalkomitees »Freies Deutschland« an der Befreiung Berlins teilgenommen hatte, begann Ende Mai 1945 der planmäßige Wiederaufbau des Post- und Fernmeldewesens. Anfangs erfolgte die Beförderung der Post mittels Stafetten, das heißt durch Boten von Postamt zu Postamt. Bald wurden der reguläre Postverkehr innerhalb der Stadt und ab August 1945 auch in andere Städte der sowjetischen Besatzungszone sowie der Fernsprechortsdienst wiederaufgenommen. Am 9. Juni 1945 gab der Magistrat die ersten Briefmarken mit dem Motiv des Berliner Bären heraus.

Nur dank tatkräftiger Mithilfe der sowjetischen Organe konnte der Magistrat die Seuchengefahr abwenden. Die zahllosen unter Ruinen liegenden Leichen und Tierkadaver, der Ausfall der Trinkwasserversorgung und Abwasserleitungen und die Unterernährung der Menschen führten dazu, daß Ruhr und

Typhus grassierten. Noch einmal hielt der Tod grausame Ernte unter der Bevölkerung. Stadtkommandant Generaloberst Bersarin hatte schon Anfang Mai wichtige Schritte eingeleitet, um eine Ausbreitung der Seuchen zu verhindern. Die Sowjetarmee stellte Medikamente und Impfstoffe in solcher Menge zur Verfügung, daß ab Mai die gesamte Bevölkerung Berlins gegen Typhus und Paratyphus geimpft werden konnte. Sodann wurden die Krankenhäuser wiederaufgebaut; die Zahl der Krankenhausbetten nahm zu.

Chaotische Zustände fand der Magistrat im Mai 1945 auch im Sozialwesen vor. 122 Krankenkassen, 30 Unfallversicherungsanstalten und 4 Rentenversicherungsanstalten – die Sozialversicherung im faschistischen Staat war derart zersplittert gewesen – existierten nicht mehr. Ihr Vermögen hatte der Krieg vernichtet. 378 000 Rentner mit ihren Familienangehörigen, zusammen 550 000 Menschen, hatten seit März 1945 keine Rente mehr erhalten. Viele Ärzte gewährten die Krankenbehandlung nur gegen sofortige Barzahlung. Einer der ersten Beschlüsse des Magistrats galt daher der Versorgung der alten und kranken Menschen. Am 1. Juli 1945 begann der Aufbau einer einheitlichen Sozialversicherung, der »Versicherungsanstalt Berlin (VAB)«. Der Magistrat sorgte sich auch um die Betreuung der Opfer des Faschismus, der politisch und rassisch Verfolgten des Naziregimes.

Die Enttrümmerung der Stadt war eine wichtige Aufgabe. Es kam zunächst darauf an, die Straßen freizuschippen, die Bombentrichter mit Schutt zu verfüllen, einsturzgefährdete Ruinenwände einzureißen und brauchbare Baumaterialien zu bergen. An einen Wiederaufbau der zerstörten Wohnviertel war noch lange nicht zu denken. Täglich waren Arbeitskolonnen mit Pferdewagen zur Trümmerbeseitigung unterwegs. In den ersten Tagen nach der Befreiung ließen die sowjetischen Kommandanten kurzerhand alle Passanten oder die Bewohner ganzer Straßenzüge zu Aufräumungsarbeiten zusammenholen. Wer sich davor drückte, mußte mit dem Entzug der Lebensmittelkarte rechnen. Nazis mußten auch sonntags zu besonderen Arbeiten antreten.

Später wurde die Enttrümmerung zu einer »Domäne« der Frauen. Es waren damals überhaupt die Frauen, auf deren Schultern ein großer Teil der schweren Last ruhte. Viele Männer waren tot oder noch in der Gefangenschaft. Aber die Frauen mußten leben und ihre Kinder und Enkel versorgen. Einen Beruf hatten die meisten nicht erlernt, also wurden sie Trümmerfrauen. Das aber hieß täglich acht Stunden harte, ungewohnte Arbeit verrichten, bei jedem Wetter und unzureichender Ernährung. Oft trugen sie ihre letzten Schuhe, ihr letztes Kleid, ihren letzten Mantel dabei, denn Arbeitskleidung konnte nicht zur Verfügung gestellt werden. Wenn sie abends müde und zerschunden die Schaufel oder den letzten abgeputzten Ziegelstein aus den rissigen, mit Schwielen bedeckten Händen legten, hatten sie nur einen kargen Lohn verdient. Aber gerade aus den Gesichtern dieser Trümmerfrauen sprach der unbändige Wille, schnell aus Trümmern und Ruinen herauszukommen und einem neuen Leben freie Bahn zu schaffen. Unser Berlin hat niemals vergessen, was die Trümmerfrauen in schwerer Zeit für den Aufbau der Hauptstadt geleistet haben.

Als die Arbeiter in den Maitagen in ihre Betriebe zurückkehrten, fanden auch sie nichts als Trümmer vor. Mit bloßen Händen holten sie unter Schuttbergen Maschinen und Rohmaterialien hervor und nahmen die Produktion zunächst in bescheidenem Umfang wieder auf. Sie entwickelten erstaunliche Erfindergabe, um aus ausgeglühten Werkhallen noch Brauchbares herauszusuchen und zu neuen Maschinen und Transportmitteln zusammenzusetzen. In der AEG-Apparatefabrik Treptow, die zu 60 Prozent kriegszerstört war, begann Mitte Mai 1945 die Aufbauarbeit mit rund 300 Belegschaftsangehörigen. In der Graetz AG zählte man etwa 40 Aktivisten der ersten Stunde, und in den Deutschen Messingwerken in Niederschöneweide waren es gar nur vier Kommunisten, die als erste zu Hacke und Schaufel griffen. Aber ihre Zahl wuchs von Tag zu Tag. Produziert wurde in jenen Tagen das, was man dringend benötigte und wofür geeignetes Material greifbar war. Im Kabelwerk Oberspree fertigten Arbeiter Sensen und Pflüge für die Bauern rings um Berlin an. Artikel des täglichen Bedarfs von der Bratpfanne über »Möbel« bis zum Handwagen, dem unentbehrlichsten Requisit der Nachkriegszeit, entstanden großenteils aus herumliegendem Kriegsgerät. In einem Bericht über die Produktionsaufnahme in den Deutschen Waffen- und Munitionsfabriken in Reinickendorf hieß es: »Da wir große Mengen von Kartuschen hatten, wurden diese zerteilt und zu Trinktöpfen, Kochtöpfen, Milchkannen und das letzte Ende der Kartuschen für Feuerhakenständer verarbeitet. Selbstverständlich fertigten wir auch die Feuerhaken dazu ... Nun wagten wir uns auch an andere Projekte heran, bauten Eggen, Kartoffelroder, Fensterwinkel, Türbänder, Schlauchwagen, in großen Mengen Feuerzeuge aus vorhandenen Patronenhülsen, Haushaltwaagen und Drehbleistifte. Im Dezember 1945 begannen wir mit der Reparatur von Eisenbahnwagen.«[30]

Gemeinsam mit den Wirtschaftsoffizieren der sowjetischen Militärkommandanturen sorgte sich der Magistrat um die Wiederaufnahme der Arbeit in den kommunalen und privaten Betrieben. Da alle Bankkonten noch gesperrt waren, stellte die sowjetische Besatzungsmacht dem Magistrat einen Geldkredit in Höhe von 25 Millionen Reichsmark aus erbeuteten Wehrmachtsbeständen sofort zur Verfügung. Der Befehl Nr. 3 des sowjetischen Militärkommandanten vom 18. Mai 1945 ließ »im Interesse der Belebung der wirtschaftlichen Tätigkeit und der Erhöhung der Warenzufuhr auf den Markt« den freien Handel mit Lebensmitteln und Industriewaren zu.[31] Wiederholt führte der Magistrat mit privaten Unternehmern und Handwerkern Beratungen durch, um eine schnellere Ankurbelung der Wirtschaft zu erreichen und die Produktion dringend benötigter Konsumgüter aufzunehmen. Am 17. Juli 1945 wandte sich der Oberbür-

---

30 Die Wahrheit [Westberlin], 13. Mai 1975.
31 Berliner Zeitung, 21. Mai 1945.

germeister der Stadt Berlin, Dr. ARTHUR WERNER, mit einem Appell an die Wirtschaft:

»Berliner Unternehmer, Fabrikanten, Handwerker und sonstige Erzeuger, nehmt schnellstens und mit aller Tatkraft und Improvisation die Erzeugung der einschlägigen Geräte, Wirtschaftsartikel, Werkzeuge, Maschinen usw. auf ... Von eurer Tatkraft hängt es ab, wie lange wir noch in kulturwidrig-primitiven Lebensformen existieren und ob wir die Berliner Bevölkerung durch Einfuhr von Nahrungsmitteln vor dem Hunger schützen und sonstige dringende Erfordernisse, z. B. des Verkehrs und des gewerblichen Lebens, erfüllen können. Alle Hilfe, die euch die Stadtverwaltung leisten kann, wird euch zuteil werden. An euch liegt es nun, Tatkraft zu beweisen und Initiative zu entfalten. Fangt an!«[32]

Bis Juli 1945 arbeiteten schon wieder 600 Industriebetriebe mit je mehr als 5 Beschäftigten (zum Vergleich: 1938 gab es rund 40 000 Betriebe). Zu den Aufgaben des Magistrats und der Bezirksämter gehörten auch die Vermittlung von Arbeitsplätzen, die Unterbringung erwerbsloser Jugendlicher und von Frauen, die erstmals eine Arbeit aufnahmen, sowie Maßnahmen zur beruflichen Umschulung. In dieser Notzeit versuchten manche, auf Kosten anderer zu leben und zwielichtigen Geschäften nachzugehen. Bei Razzien, die die Polizei zur wirksamen Bekämpfung des Schieber- und Spekulantentums wiederholt durchführte, wurden immer wieder zahlreiche Personen ermittelt, die sich bisher einer geregelten Arbeit entzogen hatten. So ergab eine Razzia am 16. Oktober 1945 auf dem Tauschmarkt an der Brunnenstraße, daß von 16 000 überprüften Personen rund 4 000 kein Arbeitsverhältnis nachweisen konnten. In diesen Fällen wurden die Arbeitsämter der Stadtbezirke unverzüglich tätig.

Eine vorrangige Aufgabe war die Sicherung einer laufenden und ausreichenden Kohlenversorgung sowohl für die Wirtschaft als auch für die Haushalte. Auf Grund der schweren Kriegsschä-

---

32 Ebenda, 17. Juli 1945.

den in der Braunkohlenindustrie der sowjetischen Besatzungszone und der Lieferbeschränkungen von Ruhrkohle seitens der britischen Besatzungsmacht bereitete dies der Stadt große Probleme. Es mangelte auch an Eisenbahnwaggons, wie überhaupt die Verkehrsverhältnisse im Sommer und Herbst 1945 äußerst schwierig waren. Dennoch wurde das mögliche getan, um die Stadt auf den ersten Winter nach der Katastrophe vom Mai 1945 einigermaßen gut vorzubereiten.

Der Magistrat veranlaßte Ende 1945 Ausstellungen für Industrie, Handel und Handwerk, die Anregungen für die Produktion wichtiger Bedarfsgüter geben sollten und zugleich den erreichten Leistungsstand widerspiegelten. Die erste Ausstellung, die nach Kriegsende in Berlin wieder stattfand, war die Friedensmusterschau des Berliner Handwerks im Oktober 1945 im Haus des Handwerks (seit November 1976 Gebäude der Botschaft der USA) in der Neustädtischen Kirchstraße im Stadtbezirk Mitte. Großen Zuspruch fand die Ausstellung von Industrie- und Handelserzeugnissen des sowjetischen Sektors, die der Magistrat unter dem Motto »Berlin baut auf« im Januar 1946 in den notdürftig hergerichteten Räumen des alten Zeughauses Unter den Linden eröffnete. Auch in einigen Stadtbezirken gab es Warenmustermessen. Der Zweck dieser Ausstellungen und Messen bestand darin, Muster zu zeigen, was alles man aus Altmaterial, aus ehemaligen Rüstungsgütern, Schrott und Abfällen sowie aus noch verwertbaren Gütern aus den Trümmerhaufen der zerbombten Häuser herstellen konnte. Die Palette reichte von Töpfen, Pfannen, Schöpf- und Eßlöffeln, Bettmatratzen aus Metall und Holz, Brieftaschen und Geldbörsen bis zu landwirtschaftlichen Geräten wie Heu- und Stallgabeln, Rechen, Hacken und Schaufeln. Gezeigt wurden auch Straßenschuhe mit Holzsohlen und Stoffbezug an Stelle des Oberleders.

Der aufopferungsvollen Einsatzbereitschaft der Arbeiter war es in erster Linie zu danken, daß Berlins Wirtschaft wieder in

WEISSENSEER MESSE
Industrie-
und Gewerbe-
Ausstellung
des Bezirksamts
Weißensee
in den Räumen des Rathauses Weißensee
Berliner Allee 107-110, Gebäude C1, II. Stock
Ein Gang durch die
WeißenseerIndustrie
Geöffnet vom 5. Dezember 1945 bis 12. Januar 1946
täglich von 9–17 Uhr

Schwung kam. Vertreter der Gewerkschaften bildeten Betriebsausschüsse, entfernten Nazis aus leitenden Positionen, trafen produktionstechnische Entscheidungen und kämpften um eine umfassende Verwirklichung des Mitbestimmungsrechtes. Sie standen vor bisher nicht gekannten Aufgaben. Das verlangte ein radikales Umdenken. Die Gewerkschaften mußten ihren Mitgliedern klarmachen, daß im Zusammengehen mit den neuen antifaschistisch-demokratischen Machtorganen die Herrschaft des Monopolkapitals gebrochen werden konnte. Es lag nahe, daß die Interessenvertreter des Großkapitals alles in ihren Kräften Stehende unternahmen, um diese neue demokratische und friedliche Wirtschaftspolitik zu sabotieren. Sie taten es vor allem von den Westsektoren aus.

Wie auf so vielen Gebieten schuldet Berlin dem unvergessenen ersten Stadtkommandanten auch dafür Dank, daß noch inmitten der rauchenden Ruinenfelder der Grundstein für einen kulturellen Neubeginn gelegt wurde. In seinem Auftrag waren sowjetische Kulturoffiziere und deutsche Antifaschisten unterwegs, um aufbauwillige Künstler, Schauspieler, Schriftsteller, Pädagogen und Wissenschaftler ausfindig zu machen. Manche waren schon aktiv, wie Ernst Busch, der im Bezirksamt Wilmersdorf spontan eine Kulturabteilung eingerichtet hatte. Am 14. Mai 1945 trafen sich 200 Vertreter der künstlerischen und wissenschaftlichen Intelligenz in Alt-Friedrichsfelde, wo Generaloberst Bersarin ihnen die brennendsten Aufgaben erläuterte. Fritz Erpenbeck, Ernst Legal, Karl Heinz Martin und ein Baufachmann fuhren in Begleitung eines sowjetischen Offiziers mit einem Militärjeep in ganz Berlin umher, prüften den baulichen Zustand der Theater, untersuchten den Grad der Zerstörung, sammelten und registrierten Schauspieler und Sänger, Musiker, Bühnenleiter und technisches Personal. Schon am 27. Mai 1945 hob sich erstmals nach dem Krieg in Berlin wieder ein Theatervorhang: Im Renaissance-Theater in der Hardenbergstraße

(Charlottenburg) wurde der Schwank »Der Raub der Sabinerinnen« gegeben. In langer Reihe folgten die anderen Häuser, darunter am 26. Juni das Deutsche Theater, am 1. August das Metropol-Theater im Kinopalast »Colosseum« in der Schönhauser Allee und am 30. Juni unter Ernst Legals Leitung die Deutsche Staatsoper, die – weil die Linden-Oper zerstört war – im Admiralspalast am Bahnhof Friedrichstraße für mehrere Jahre ein provisorisches Domizil fand. Besonders viele Theater, Kleinbühnen und Kabaretts eröffneten im Berliner Westen, wo die meisten Theaterleute wohnten. Unter den Schauspielern, Opernsängern und Regisseuren, die damals die kulturellen Anfänge in Berlin mitgestalteten, waren so bekannte Persönlichkeiten wie Peter Anders, Boleslaw Barlog, Erna Berger, Paul Bildt, Walter Felsenstein, Gustaf Gründgens, Margarete Klose, Victor de Kowa, Heinz Rühmann, Hans Söhnker, Gustav von Wangenheim, Aribert Wäscher, Paul Wegener, Eduard von Winterstein. Viele von ihnen gingen später ihren Weg an der Seite der Arbeiterklasse weiter. Das eigentliche Theaterereignis des Jahres 1945 stellte nach übereinstimmender Meinung der Kritiker die von Fritz Wisten inszenierte Aufführung von Lessings Schauspiel »Nathan der Weise« dar. Mit Paul Wegener und Eduard von Winterstein – zwei Mitstreitern Max Reinhardts – in den Hauptrollen gestaltete sich die Premiere am 7. September 1945 im Deutschen Theater zum »Hohelied der Humanität« und zur »radikalen Absage an den Ungeist der Hitler-Zeit«, wie Paul Rilla in der »Berliner Zeitung« schrieb.[33]

Großen Wert legten die sowjetischen Organe auf die rasche Wiedereröffnung der Filmtheater, von denen bis zum 17. Mai 1945 bereits 30 (vor 1945 hatten rund 400 bestanden) wieder spielten. Gezeigt wurden unsynchronisierte sowjetische und amerikanische Filme sowie alte deutsche Streifen, die nicht von der faschistischen Ideologie durchsetzt waren. Als erstes Großkino öffnete das »Babylon« am 23. Mai 1945 mit dem sowjetischen

33 Ebenda, 9. September 1945.

Abenteuerfilm »Die Kinder des Kapitän Grant« seine Pforten. Manchmal genügte den sowjetischen Nachrichtenoffizieren schon eine weißgetünchte Häuserwand zur Filmvorführung, Zuschauer fanden sich immer in Scharen ein, denn das Informations- und Amüsierbedürfnis der Berliner war nach der langen Kriegszeit schier unstillbar. Im Sommer 1945 lief der sowjetische Dokumentarfilm »Berlin« an, der die Befreiung der Stadt durch die Rote Armee zeigte. Ende Juni 1945 spielten schon wieder 127 Lichtspieltheater, deren Vorstellungen täglich von rund 100 000 Berlinern besucht wurden. Die sowjetischen Filme – bald mit Untertiteln und später synchronisiert – öffneten den Berlinern den Blick auf das erste Land des Sozialismus in der Welt und weckten das Interesse für seine Geschichte, Kultur und Gegenwart.

Besondere Aufmerksamkeit widmete die sowjetische Besatzungsmacht der raschen Aufnahme des Schulbetriebs. Dabei ging es nicht allein darum, die Kinder von der gefahrvollen Straße wegzubringen. Die sowjetischen Bildungsoffiziere um Oberstleutnant A. Sudakow drängten darauf, schnell und gründlich die faschistische Ideologie aus den Schulen zu vertreiben und die heranwachsende Generation im demokratischen Geist zu erziehen. Bereits im Mai 1945 nahmen einzelne Stadtbezirke ein Schulnotprogramm auf. Am 11. Juni 1945 erließ der Magistrat »Vorläufige Richtlinien für die Wiedereröffnung des Schulwesens«. Der Unterricht sollte zunächst in den Grundfächern (Lesen, Rechnen, Schreiben) ohne Lehrbücher wiederaufgenommen werden. Geschichte, Geographie und Biologie – Fächer, die von der faschistischen Ideologie völlig durchdrungen waren – sollten solange nicht unterrichtet werden, bis neue Lehrpläne und Schulbücher vorlagen. Die Richtlinien sahen ferner vor, alle Nazilehrer sofort zu entlassen und von den Nazis gemaßregelte Lehrer und geeignete Antifaschisten, auch ohne pädagogische Ausbildung, heranzuziehen. Die Richtlinien entsprachen den

1 27. April 1945: Soldaten der 5. Stoßarmee Generaloberst Bersarins am Belle-Alliance-Platz im Stadtbezirk Kreuzberg

2 2. Mai 1945: Das Ziel ist erreicht – Siegesbanner auf dem Brandenburger Tor

3 Nach der Schlacht: Zivilisten und Soldaten verlassen die U-Bahn-Schächte

4 Lebenszeichen an Ruinenmauern

5 Ein verendetes Pferd wird an Ort und Stelle geschlachtet

6 Die Rote Armee verteilt Brot an die Berliner

7 19. Mai 1945: Gründungsversammlung des demokratischen Magistrats von Groß-Berlin im Neuen Stadthaus.
V. r. n. l. Karl Maron, Oberbürgermeister Dr. Arthur Werner, Generaloberst N. E. Bersarin

8 Der erste sowjetische Stadtkommandant, Generaloberst Bersarin (4. v. r.), besichtigt mit seinem Stab die Stadt. 2. v. l. Arthur Pieck

9 Die neuen Briefmarken (»Bärenmarken«), herausgegeben vom Magistrat im Juni/Juli 1945

10 Otto Nagel: Trümmerfrauen auf dem Heimweg, 1947. Pastell, 13,8 × 59

11 Die ersten Zeitungen sind da! Mit »Tägliche Rundschau« und »Berliner Zeitung« beginnt die demokratische Presse

12 Die Bezirksverwaltung Schöneberg
wenige Tage vor der Übernahme des Stadtbezirks durch US-Truppen

13 Sommer 1945: Die Straßenbahn fährt wieder

14 Beseitigung der Kriegsschäden am »Magistratsschirm«, der Hochbahnstrecke in der Schönhauser Allee

15 Wohnen in Ruinen

schulpolitischen Vorstellungen der KPD vom Februar 1945; Berlin tat auch bei der demokratischen Schulreform den ersten Schritt. Im Kampf für die demokratische Umgestaltung des Berliner Schulwesens erwarben sich im Sommer 1945 besondere Verdienste der Stadtrat für Volksbildung OTTO WINZER, der für Schulfragen verantwortliche Sekretär der KPD-Landesleitung BRUNO BAUM, die fortschrittlichen Schulpolitiker ERNST WILDANGEL, MAX KREUZIGER, ERICH PATERNA und WILLI MANN, ferner ALFRED LEMNITZ sowie WALTER BARTEL, der als Mitarbeiter des Magistrats das Volkshochschulwesen aufbaute. Gleichzeitig begannen die Vorbereitungen für die Wiedereröffnung der Universität und anderer Hochschulen.

Untrennbar verbunden mit dem kulturellen Neubeginn war das beispielhafte Wirken der sowjetischen Kulturoffiziere. Zu ihnen zählten SERGEJ TJULPANOW, ALEXANDER DYMSCHIZ, GRIGORI PATENT, ILJA FRADKIN, JAKOW DRABKIN, W. G. MULIN, GRIGORI WEISS, DANIIL MELNIKOW und viele andere. Bevor sie den Soldatenrock anzogen, hatten sie als Wissenschaftler, Lehrer und Künstler gearbeitet. Sie waren alle der deutschen Sprache mächtig und kannten sich ausgezeichnet in der deutschen Kultur aus, sie verfügten über ein enormes Wissen, ein tiefes politisches Verständnis und hatten die Gabe, klug mit Menschen umzugehen. Die sowjetischen Kulturoffiziere kümmerten sich sofort um die Lebens- und Arbeitsbedingungen der deutschen Kulturschaffenden und Wissenschaftler und arbeiteten mit ihnen freundschaftlich zusammen. Ihre Sorge galt dem greisen Dichter GERHART HAUPTMANN, den sie zusammen mit JOHANNES R. BECHER im Sommer 1945 in seinem Wohnort im Riesengebirge aufsuchten. Sie spürten BERNHARD KELLERMANN bei Potsdam und HANS FALLADA in Feldberg auf und überzeugten beide, nach Berlin zu kommen und sich dem Neuaufbau zur Verfügung zu stellen. So haben viele Gelehrte, Schriftsteller und Künstler die fachliche und menschliche Fürsorge der SMAD erfahren. Die Aufgabe der Kulturoffiziere lag im besonderen darin, viel geistigen Schutt an faschistischer Verhetzung wegzuräumen, Klarheit in die Köpfe der Menschen zu bringen und ihnen Mut zu machen für einen Neubeginn. »Sie liehen« – wie ALEXANDER ABUSCH schrieb – »ihre Hilfe ungezählten Wissenschaftlern und Künstlern verschiedener weltanschaulicher und politischer Herkunft in dem einen Bestreben, schnell zu helfen, damit die besten Überlieferungen der humanistischen deutschen Kultur weitergeführt werden konnten und nicht ein geistiges Vakuum der Herrschaft des faschistischen Ungeistes und seiner mörderischen Irrlehren folgte.«[34]

Das herausragende kulturpolitische Ereignis im ersten Nachkriegsjahr war die Gründung des Kulturbundes. Die Idee der Sammlung aller fortschrittlichen, demokratischen und humanistischen Kräfte der deutschen Intelligenz stammte aus der Zeit des antifaschistischen Kampfes und war in der Emigration vielfach schon verwirklicht worden. Die Kommunisten als ihre leidenschaftlichsten Verfechter widmeten sich sofort nach der Befreiung dieser Aufgabe. JOHANNES R. BECHER, WILLI BREDEL, FRITZ ERPENBECK und HEINZ WILLMANN, die im Mai/Juni 1945 aus der Sowjetunion zurückgekehrt waren, suchten in Berlin viele Kulturschaffende auf und warben für die Sammlungsbewegung.

Am 25. Juni 1945 trafen sich in der Wohnung BECHERS in Dahlem, Cäcilienallee 14–16, Vertreter der verschiedensten Weltanschauungen und Glaubensbekenntnisse: der Präsident der Berliner Kammer der Kunstschaffenden, PAUL WEGENER, der Stadtrat OTTO WINZER, der Philosoph Prof. Dr. EDUARD SPRANGER, der Shakespeare-Forscher Prof. Dr. WALTER SCHIRMER, der Schauspieler GUSTAV VON WANGENHEIM, der Theaterintendant ERNST LEGAL, der Theaterkritiker Dr. HERBERT IHERING, der Journalist HEINZ WILLMANN, der Pfarrer Lic. OTTO DILSCHNEIDER von der Bekennenden Kirche und andere. Sie gründeten den Kulturbund zur demokratischen Erneuerung Deutschlands und be-

---

34 Neues Deutschland (B), 6. Mai 1960.

schlossen sein Manifest. Die wichtigsten Zielstellungen lauteten: »Vernichtung der Naziideologie auf allen Lebens- und Wissensgebieten. Kampf gegen die geistigen Urheber der Naziverbrechen und der Kriegsverbrechen ... Neugeburt des deutschen Geistes im Zeichen einer streitbaren demokratischen Weltanschauung ... Wiederentdeckung und Förderung der freiheitlichen, humanistischen, wahrhaft nationalen Traditionen unseres Volkes. Einbeziehung der geistigen Errungenschaften anderer Völker in den kulturellen Neuaufbau Deutschlands ... Kampf um die moralische Gesundung unseres Volkes, insbesondere Einflußnahme auf die geistige Betreuung der deutschen Jugenderziehung.«[35]

Der Kulturbund trat am 3. Juli 1945 erstmals an die Öffentlichkeit. Über 1 500 Berliner kamen in den großen Sendesaal des Hauses des Berliner Rundfunks in der Masurenallee, wo Johannes R. Becher, Bernhard Kellermann und andere das Programm des Kulturbundes erläuterten. In einer der vorderen Reihen saß auch Wilhelm Pieck; es war dies die erste Kundgebung auf heimatlichem Boden, an der der drei Tage zuvor aus zwölfjähriger Emigration heimgekehrte Vorsitzende der KPD teilnahm.

Anfang August 1945 konstituierte sich die Leitung des Kulturbundes. Einstimmig wurde der Dichter Johannes R. Becher zum Präsidenten gewählt; als Vizepräsidenten standen ihm zur Seite der Romancier Bernhard Kellermann, der Maler Carl Hofer und der Wissenschaftler Prof. Dr. Johannes Stroux.

Auf den zeitigen Frühling folgte ein ebenso ungewöhnlich schöner Sommer. Tagsüber Hitze, nachts drückende Schwüle – die Ruinenstadt glühte wie ein Backofen, das Leben in ihr wurde noch unerträglicher.

Als der Frieden eingekehrt war, hatte in der Stadt – allen Schwierigkeiten zum Trotz – ein großes Wandern und Suchen

35 Der Kulturbund in Berlin. Eine Denkschrift. Hrsg. vom Kulturbund zur demokratischen Erneuerung Deutschlands, Berlin 1948, S. 6/7.

begonnen. Viele suchten nach Verwandten, Freunden und Bekannten. Andere, die das Kriegsende außerhalb Berlins erlebt hatten, strebten nun ihrem Wohnsitz zu. Halsbrecherische Kletterpartien mußte man über Brücken wagen, die gesprengt in der Spree und in Kanälen lagen. Manche Viertel in der Innenstadt waren bis zur Unkenntlichkeit zerstört; man konnte nicht einmal mehr den alten Straßenverlauf ausmachen. Hier und da waren Häuser heil geblieben, nur Türen und Fenster geborsten und die Dächer abgedeckt. Von anderen standen nur noch Außenmauern. Wieder andere waren von Bomben und Granaten wie von einem Messer zerteilt worden. Man blickte in Räume, in denen noch Möbel standen, Bilder an der Wand hingen oder Badewannen zwischen Himmel und Erde schwebten. Totenstille lag über solchen Ruinengegenden, durch die sich Trampelpfade, gesäumt von hohem Unkraut, schlängelten. Fassungslos und stumm standen viele vor den wenigen Resten, die einmal ihr Zuhause gewesen waren; nach fünf Jahren Kriegsschrecken waren selbst die Tränen versiegt. Man wühlte in den Schuttbergen nach übriggebliebenen Habseligkeiten. Ausgebombt – so hieß das Schicksal Tausender. Kreideinschriften an Ruinenwänden gaben Auskunft: »Wir leben noch! Hans« oder fragten: »Wo seid ihr? Wir sind bei Oma«, »Suche meine Tochter«, »Wer kann Auskunft geben über Frau Müller?« Auch die neuen Zeitungen brachten bald Suchanzeigen oder Annoncen wie »Wer nimmt wichtigen Brief mit nach Dresden?«, »Wer fährt in nächster Zeit mit Lkw nach Magdeburg und würde mir von dort mein Gepäck mitbringen?«. Im Frühsommer 1945 gab es noch keinen Briefverkehr über die Stadtgrenzen hinaus. Privatreisen waren zunächst strikt verboten, später der katastrophalen Verkehrsverhältnisse wegen noch immer eine Strapaze. Schätzungsweise zehn Millionen Menschen suchten einander in Nachkriegsdeutschland.

Aber das Leben in dem riesigen Trümmerhaufen Berlin ging weiter, es mußte weitergehen. Man richtete sich in den Ruinen ein, so gut es ging. Dächer wurden abgedichtet, Fenster mit Brettern und Pappen bis auf ein kleines Lichtloch vernagelt. Weitblickende dachten schon an den kommenden Winter und legten sich kleine Vorräte an, denn noch gab es Holz genug in den Trümmern.

Um die Obdachlosen und später auch die Umsiedler unterzubringen, verfügten die Wohnungsämter der Stadtbezirke Einquartierungen. Man mußte zusammenrücken. Viele fanden aber nur Unterschlupf in Notwohnungen in Kellern, notdürftig hergerichteten Ruinen und in Lauben. Selbst bei Großfamilien spielte sich das tägliche Leben auf engstem Raum ab, in ein oder zwei spärlich möblierten und schlecht beheizbaren Zimmern. Hier wurde gekocht, gewohnt, geschlafen, gewaschen.

Im Juli und August 1945 breiteten sich erneut Seuchen aus: Typhus, Paratyphus und Ruhr grassierten. Allein an Typhus erkrankten auf dem Höhepunkt der Epidemie wöchentlich mehr als 900 Personen. Die Alliierte Kommandantur beschloß Anfang September 1945 ein Sofortprogramm zur Eindämmung dieser Darmkrankheiten. Trotzdem konnte nicht verhindert werden, daß über 3000 Berliner an den Seuchen starben. Überhaupt hatte die Sterblichkeit in der Stadt zugenommen. Im Juli 1945 starben 66 von 100 Neugeborenen. Bei den Erwachsenen war Altersschwäche infolge der schlechten Ernährung in den Kriegsjahren die wichtigste Todesursache.

In der ersten Zeit oft und auch später noch immer wieder ereigneten sich schwere Unglücksfälle durch die Explosion von Blindgängern und herumliegender Munition. Bei Aufräumungsarbeiten in einer Schule in der Gleimstraße (Stadtbezirk Prenzlauer Berg) explodierten große Mengen Munition; es gab viele Todesopfer und Sachschäden an benachbarten Häusern. Vor allem spielende Kinder gehörten immer wieder zu den Opfern von Munitionsunglücken.

Die Alliierten hatten 1945 die Sommerzeit eingeführt, so daß es bis in die späten Abendstunden hell war. Aber von 23.00 Uhr bis 5.00 Uhr früh herrschte Ausgehverbot, Militärpatrouillen überwachten die nächtliche Ausgangssperre, die erst Ende Dezember 1945 aufgehoben wurde. Dennoch kam es im Sommer

1945 wiederholt vor, daß fanatische Faschisten, sogenannte Werwölfe, Anschläge auf sowjetische Soldaten und Einrichtungen verübten. Ende Mai 1945 warnte Oberbürgermeister Dr. Werner auf einem Plakatanschlag vor solchen Umtrieben. Im November 1945 verfügte der Alliierte Kontrollrat die Bewaffnung der deutschen Polizei. Kriminelle Banden, die die Zivilbevölkerung terrorisierten, mußten bis in die Jahre 1947/1948 hinein bekämpft werden.

Mit schlechtem Schuhwerk ausgerüstet, nur trockene Brotscheiben in der Tasche – so gingen die Berliner täglich zur Arbeit. Die öffentlichen Verkehrsmittel fuhren unregelmäßig, so daß stundenlange Fußmärsche normal waren. Wer noch ein Fahrrad besaß – meist ersetzten alte Wasserschläuche oder ein Stück starkes Stromkabel die Luftbereifung –, war gut dran. Mit Handwagen, in Rucksäcken und Tragekörben beförderte man das zum Leben Notwendige.

Die Berliner sahen durchweg ausgemergelt aus, mager und hohlwangig. Viele besaßen nur das, was sie auf dem Leib trugen, mehr hatte der Krieg ihnen nicht gelassen. Die Männer färbten Soldatenjacken und -mäntel und umgingen auf diese Weise das alliierte Verbot über das Tragen von Uniformen. Die Frauen schneiderten sich aus alten Militärdecken Röcke und Mäntel, die nicht schön sein mußten.

Bis Ende 1945 war die Wohnbevölkerung auf etwa 3,1 Millionen Menschen angewachsen, zwei Drittel davon Frauen. In der Gruppe der 20- bis 30jährigen kamen auf 100 Männer 226 Frauen.

Die meisten Frauen standen allein mit ihren Kindern da und trugen die volle Last der Verantwortung für Ernährung und Erziehung. Sie hofften auf die Heimkehr ihrer Männer und Söhne, von denen sie meist nicht wußten, ob sie überhaupt noch am Leben waren. Die meisten Kriegsgefangenen wurden zwischen 1946 und 1949 entlassen. »Tägliche Rundschau« publizierte ständig eine lange Namensliste der im Durchgangslager Frankfurt(Oder) eingetroffenen Kriegsgefangenen. Viele kamen auch aus ameri-

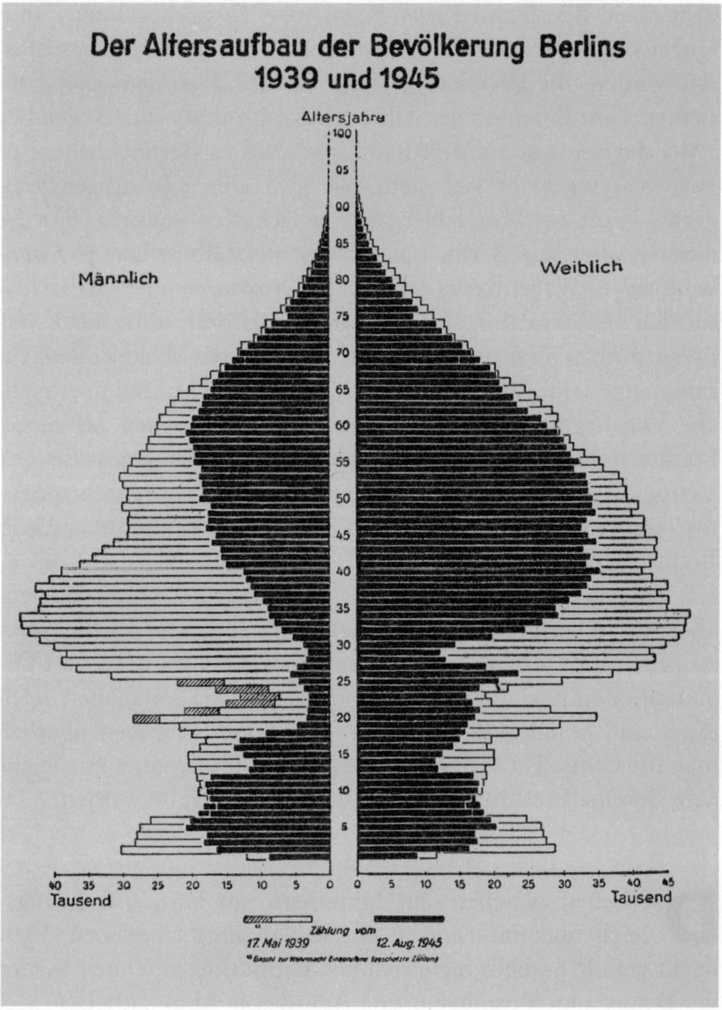

kanischer, französischer, britischer und kanadischer Gefangenschaft zurück.

Im September 1945 trafen die ersten Umsiedlertransporte in Berlin ein. Im Potsdamer Abkommen war die Aussiedlung der deutschen Bevölkerung aus Polen, der Tschechoslowakei und Ungarn nach den vier Besatzungszonen Deutschlands beschlossen worden. Bis 1947 kamen rund 12 Millionen deutscher Umsiedler. Laut Beschluß des Alliierten Kontrollrats vom November 1945 durften nur rund 60 000 Umsiedler in Berlin bleiben; in Wahrheit waren es viel mehr, die sich eine »Zuzugsgenehmigung« – oft auf Schleichwegen – verschaffen konnten. Für die meisten aber war Berlin nur Durchgangsstation. Die in Eisenbahnzügen, Wagentrecks oder zu Fuß ankommenden Menschen wurden erst einmal in Auffanglagern registriert, untersucht, verpflegt und zu Transporten in ihre endgültigen Wohngebiete zusammengestellt. Das erforderte viel Kraft und Umsicht, zusätzliche Verpflegung wurde gebraucht. Die sowjetischen Militärbehörden stellten Kasernen zur Unterbringung der Umsiedler zur Verfügung und halfen mit Lebensmitteln. Im sowjetischen Sektor sorgten sich die Verwaltungen darum, den Umsiedlern, die in Berlin bleiben sollten, Wohnraum zu beschaffen – und sei es erst einmal in Barackenlagern –, sie mit Möbeln und Hausrat aller Art zu versorgen, ihnen Arbeit und damit neuen Lebensmut zu geben. Die antifaschistisch-demokratischen Parteien und Organisationen, vor allem die Frauenausschüsse, sammelten Kleidung und Schuhwerk. In den Westsektoren hingegen überließ man die Umsiedler vielfach ihrem Schicksal, so konnten sie leicht zum Spielball reaktionärer, antisowjetischer Kräfte werden.

Das Leben zwischen den Trümmern war hart, entbehrungsreich und immer auch ein Kampf ums Überleben. Vielleicht gerade deshalb regte sich bei den Berlinern schnell wieder der Drang zum Vergnügen, zum Amüsieren. Man hatte ja so viel nachzuholen. »Wir sind noch einmal davongekommen« – dieses Stück von THORNTON WILDER, das das Hebbel-Theater in der Stresemannstraße (Kreuzberg) im Sommer 1946 aufführte, gab leitmotivisch die Grundstimmung vieler Berliner wieder. Vor den Kinos bildeten sich lange Schlangen der auf Einlaß wartenden

VOLKSHAUS
LICHTENBERG
ALT-FRIEDRICHSFELDE 3 · TELEFON 55 43 43

Ab 24. Januar, täglich 20Uhr

Herkules

Lustspiel in 3 Akten von PAUL SARAUW

PERSONEN:

Jonas Steen, Inhaber der Fa. Holger Steen	Fritz Langeloth
Andreas Hansen, Bote der Firma	Paul Bledschun
Herkules, dessen Sohn	Rudolf Platte
Margareth	Carla Löwel
Bernhard Holm, genannt Basse Beerdigungsunternehmen	Wolfgang E. Parge
Direktor Martin	Gerd Prager
Wanda, seine Frau	Jola Jobst
Linda	Traute Mittwoch
Enevoldsen, Wirt	Walter Bechmann
Berg, Schlachtermeister	Harry Marlon
Emil, Pikkolo	Kurt Schmidtchen

Anfertigung der Kleider: Atelier Jilek
Bühnenbild und Kostümentwürfe: Wolf Leder
Regie: Rudolf Platte

Die Handlung spielt in Kopenhagen
Der 1. und 3. Akt in einem Restaurant an der Rennbahn
Der 2. Akt im Direktionszimmer der Firma Holger Steen

Menschen. Theater, Varietés und Kabaretts erfreuten sich eines großen Zulaufs, wenngleich auf Grund des nächtlichen Ausgehverbots die Vorstellungen bereits am Nachmittag begannen.

Manche Cafés und Restaurants stellten Tische und Stühle auf die vom Schutt gesäuberten Gehwege. Es gab dreiprozentiges Dünnbier und Alkolat, ein schwaches alkoholartiges Getränk. Getanzt wurde Boogie-Woogie, eben aus den USA importiert. Auch der Jazz und andere moderne Tanzmusik, die die Nazis als »entartet« verboten hatten, fanden neue Freunde. Die Berliner hatten die Durchhaltelieder der Nazis wie »Im Leben geht alles vorüber«, »Heimat, deine Sterne« und »Es geht alles vorüber« gründlich satt. Der Hit der Jahre 1945/1946 hieß: »Wenn bei Capri die rote Sonne im Meer versinkt«, gesungen von Rudi Schuricke. Die bereits 1943 produzierte, von Goebbels aber als sentimental verbotene Aufnahme drückte Gefühle und Sehnsüchte vieler Menschen in der damaligen Trümmerwelt aus, den Wunsch nach der »heilen Welt«.

Bescheiden gestalteten sich die Anfänge des Sports. Bei Kriegsende waren von 416 Berliner Turnhallen 301 zerstört, von 12 Schwimmhallen nur noch 3 benutzbar. Viele Sportplätze waren durch Bombentrichter oder Schützengräben unbrauchbar geworden. Andere dienten damals als Gemüseland. Trotz Hunger und Not fanden sich aber alsbald Sportbegeisterte wieder zu Übungen und Wettkämpfen zusammen. Der erste Anstoß ging von der sowjetischen Zentralkommandantur aus. Am 27. Mai 1945 fand vor 10000 Zuschauern im Stadion Lichtenberg unter Beteiligung einer sowjetischen Armeemannschaft das erste Fußballspiel nach dem Kriege statt. Generaloberst Bersarin sorgte sich persönlich um die Wiedereröffnung der Trabrennbahn in Karlshorst. Am 3. Juni 1945 besuchten leitende Offiziere der sowjetischen Kommandantur Volkssportfeste, die an diesem Tag in verschiedenen Stadtbezirken durchgeführt wurden. Anfang Juni 1945 übernahm Franz Müller (KPD), der frühere Vorsitzende des Arbeiter-Sportkartells Groß-Berlin, die Leitung des neuen Hauptsportamtes beim Magistrat. Ihm stand ein Zentraler Sportausschuß zur Seite, in dem Funktionäre der früheren Kampfgemeinschaft für rote Sporteinheit sowie der bürgerlichen Sportbewegung wirkten. Die Zahl der in den kommunalen Sportgruppen

Erfaßten stieg von 15 000 im Juni auf 25 000 Ende 1945. Natürlich waren alle faschistischen Sportorganisationen durch Kontrollratsbeschluß verboten worden; ihr Eigentum unterstand zunächst dem Magistrat.

Trotz des riesigen Trümmerhaufens, trotz Not und Entbehrung, erbärmlichen Hungers und all der anderen Schwierigkeiten war Berlin nicht unterzukriegen. Dafür sorgten in erster Linie die werktätigen Menschen dieser Stadt, die enttrümmerten, aufräumten und wieder leben und vergnügt sein wollten. Nach all dem Grauen und Schrecken, nach den langen Bombennächten und dem faschistischen Terror sehnten sie sich nach einer friedvollen, glücklichen und menschenwürdigen Zukunft, und dafür arbeiteten sie.

Kapitel III
Die Viersektorenstadt

»Die Amerikaner und Briten rückten Anfang Juli in Berlin ein, um die feindliche Hauptstadt zu besetzen. Es lag für die Alliierten nicht der geringste Grund zur Annahme vor, daß sie in eine ihnen befreundete Stadt kamen. Sie waren ins Herz des Feindes vorgestoßen. Und wenn die große Mehrzahl der breitschultrigen, schmalhüftigen Hünen der 82. Airborne, die eintrafen, keine besonderen Ressentiments hatten, so fühlten sie doch sicher auch keine besondere Sympathie für die Berliner. Im besten Falle waren sie ihnen gleichgültig«, so urteilte CURT RIESS *in seinem auflagenstarken, mit einem Geleitwort von General* CLAY *versehenen antikommunistischen Machwerk »Alle Straßen führen nach Berlin«. Er fügte hinzu: »Vielleicht wäre es das richtigste, zu sagen, daß sie als eine Art Militärpolizei kamen.«*[1] *So unrecht hatte* RIESS *nicht!*

1 Curt Riess: Alle Straßen führen nach Berlin. Mit einem Geleitwort von General Lucius D. Clay, Hamburg 1968, S. 32.

Am späten Nachmittag des 1. Juli 1945 erreichte eine Kolonne von Militärlastwagen und Jeeps – an einem weißen Stern auf den olivgrünen Fahrzeugen als US Army erkenntlich – den südwestlichen Stadtrand von Berlin. Es war ein Vorkommando der Stabsabteilung G-5 (Army Civil Affairs) der künftigen US-Militärregierung für Deutschland in Stärke von 50 Offizieren und 140 Mann. Am frühen Morgen hatte sich der Konvoi unter dem Befehl von Oberst Frank L. Howley von Halle (Saale) aus in Bewegung gesetzt, nördlich von Dessau auf einer von amerikanischen Pionieren geschlagenen Pontonbrücke die Elbe überquert – die Elbbrücke bei Wittenberg hatten die Faschisten gesprengt – und war dann auf der Autobahn in Richtung Babelsberg–Dreilinden gerollt. Am nächsten Tag suchten General Floyd L. Parks und Oberst Howley den sowjetischen Stadtkommandanten, Generaloberst A. W. Gorbatow, auf, um die Übernahme des amerikanischen Sektors von Berlin zu vereinbaren. Sie erhielten zur Antwort, daß dies erst am 4. Juli geschehen könne, wie es vereinbart worden sei. Warum hatten es die Amerikaner so eilig, ihre Truppen nach Berlin zu bringen?

Je näher das Kriegsende gerückt war, je deutlicher hatten sich im Lager der Alliierten zwei Klassenlinien in der künftigen Deutschlandpolitik abgezeichnet. Während die Sowjettruppen unter dem Ruf »Wperjod na Berlin!« dem Faschismus den Todesstoß versetzten und damit dem deutschen Volk die Chance zu einem demokratischen Neubeginn gaben, planten reaktionäre Kreise im Westen, wie man Deutschland als ein Bollwerk gegen die antiimperialistischen Volksbewegungen erhalten könne. In diesen Überlegungen spielte die deutsche Hauptstadt eine besondere Rolle. Bereits im November 1943 sprach Präsident Franklin D. Roosevelt von einem »Wettrennen nach Berlin« und forderte, daß auf jeden Fall »die USA Berlin besetzen sollten«[2].

In einer Beratung des anglo-amerikanischen Gemeinsamen

2 Zit. nach: Jean E. Smith: Der Weg ins Dilemma. Preisgabe und Verteidigung der Stadt Berlin, [West]Berlin 1965, S. 26.

Generalstabes (CCS) am 10. April 1942 verriet US-Brigadegeneral A. C. Wedemeyer, »daß es vorteilhaft wäre, Europa bei Kriegsende soweit nach Osten wie möglich mit anglo-amerikanischen Truppen zu besetzen«[3]. Die Militärstäbe stellten entsprechende Überlegungen an. So sah der britische Geheimplan »Rankin« vom Sommer 1943 vor, sich im Falle eines plötzlichen Zusammenbruchs Hitlerdeutschlands möglichst schnell in den Besitz von Berlin zu bringen, um von dort aus das Land beherrschen zu können. Zu diesem Zweck wurden nach der Landung westalliierter Verbände in der Normandie am 6. Juni 1944 Luftlandedivisionen bereitgestellt. Sie sollten gemäß dem Geheimplan »Operation Eclipse« (Unternehmen Sonnenuntergang) vom November 1944 im Augenblick der Kapitulation oder des plötzlichen Zusammenbruchs Hitlerdeutschlands Berlin handstreichartig besetzen, hier eine anglo-amerikanische Militärregierung errichten und erst zu einem späteren Zeitpunkt auch sowjetische Vertreter zulassen.

Ähnliche Betrachtungen wie die Militärs stellten auch Regierungskreise in Washington und London an. Nach Meinung des damaligen politischen Beraters von General Eisenhower, Robert Murphy, befürchteten diese Kreise vor der Invasion in Nordfrankreich, es würde ihnen nicht gelingen, mit ihren Truppen über den Rhein in die zentralen Gebiete Deutschlands vorzudringen. »Sie betrachteten deshalb ein vorzeitiges politisches Abkommen, das den westlichen Vormarsch der Russen auf das Gebiet bis an die Elbe beschränkte, als einen diplomatischen Erfolg. Denn ein solches Abkommen gab den Westmächten die Sicherheit, daß die Industrie des Ruhrgebiets und Westdeutschlands nicht den Russen zufallen würde.«[4]

---

3 Albert C. Wedemeyer: Der verwaltete Krieg, Gütersloh 1958, S. 136.
4 Vortrag von Unterstaatssekretär Robert Murphy vor dem National Women's Republican Club in New York am 22. Oktober 1959. In: Europa-Archiv (Frankfurt/Main), 1959, F. 22, S. D 338f.

Der Sowjetregierung blieben diese geheimen Absichten nicht verborgen. Sie begrüßte es daher, daß auf der Konferenz der Regierungschefs der UdSSR, der USA und Großbritanniens in Teheran (28. November bis 1. Dezember 1943) eine gemeinsame Kommission zur Prüfung von Nachkriegsplänen gebildet worden war. Noch im Dezember 1943 hatte die Europäische Beratende Kommission (European Advisory Commission – EAC) im Londoner Lancaster House ihre Tätigkeit aufgenommen. Neben der Abfassung der Kapitulationsurkunde drehten sich die Beratungen vor allem um Fragen der gemeinsamen militärischen Besetzung und Kontrolle Deutschlands nach Kriegsende. Im Januar 1944 unterbreitete der britische Vertreter ein Memorandum, das die Bildung von drei Besatzungszonen und eine gemeinsame Verwaltung Berlins als Sitz einer alliierten Kontrollbehörde vorsah. Danach sollten die UdSSR den östlichen Teil Deutschlands, die beiden Westmächte den nordwestlichen und den südlichen Teil besetzen. Nach kurzer Prüfung stimmte die Sowjetunion diesem Plan zu, weil sie darin ein zuverlässiges Instrument sah, um die Hauptziele der Antihitlerkoalition gegenüber Deutschland zu erreichen. Imperialistische Absichten, Deutschland in mehrere Staaten zu zerstückeln, wies die Sowjetunion zurück. Der britische Zonenplan – das war ein weiteres Positivum – teilte Deutschland in drei nach Größe, Bevölkerung und Wirtschaftskraft ungefähr gleich große Besatzungsgebiete ein; so veranschlagte er den sowjetischen Anteil auf 40 Prozent des Gebietes, 36 Prozent der Bevölkerung und 33 Prozent der Industriekapazität.

Mit einer solchen Regelung zeigten sich extrem antisowjetische Kreise in Washington überhaupt nicht einverstanden. Sie präsentierten einen Gegenvorschlag, wonach die USA-Zone – strahlenförmig von Berlin ausgehend – 51 Prozent der deutschen Bevölkerung und 46 Prozent des Territoriums umfassen sollte, während für die Fläche der sowjetischen Zone nur 22 Prozent vorgesehen waren. Dieser Vorschlag war so offen antisowjetisch, er mißachtete die kriegsentscheidende Rolle der UdSSR in so brüsker Weise, daß sich die USA-Delegation in der EAC weigerte, ihn als offizielles Dokument zu unterbreiten. Erst nach langem Hin und Her akzeptierte Washington den britischen Zonenplan.

Am 12. September 1944 unterzeichneten die Vertreter der drei verbündeten Mächte in der Europäischen Beratenden Kommission das Protokoll des Abkommens zwischen den Regierungen der UdSSR, der USA und des Vereinigten Königreichs von Großbritannien und Nordirland über die Besatzungszonen in Deutschland und die Verwaltung von Groß-Berlin. Danach erhielt die Sowjetunion die östliche Zone, während über die Zuweisung der beiden Westzonen – sowohl die USA als auch Großbritannien beanspruchten das Ruhrgebiet – vorerst keine Entscheidungen erreicht werden konnten.

Eine Interalliierte Behörde (Komendatura) sollte die Verwaltung der deutschen Hauptstadt leiten; deshalb wurde das Gebiet von Groß-Berlin in den Grenzen, die das Gesetz vom 27. April 1920 bestimmt hatte, in drei Sektoren eingeteilt. Zunächst stand auch hier nur fest, welchen Sektor die Sowjetunion besetzen sollte: die Stadtbezirke Mitte, Friedrichshain, Prenzlauer Berg, Pankow, Weißensee, Lichtenberg, Treptow und Köpenick. Nachdem sich die USA und Großbritannien geeinigt hatten, wer welche Zone und welchen Berliner Sektor besetzen sollte, verabschiedete die EAC am 14. November 1944 ein entsprechendes Ergänzungsabkommen.

Ebenfalls am 14. November 1944 wurde das Abkommen über das Kontrollverfahren in Deutschland unterzeichnet, das in der »Anfangsperiode der Besatzung Deutschlands, die unmittelbar auf die Kapitulation folgt«, gültig sein sollte. Gemäß Artikel 1 sollten die Oberbefehlshaber der Besatzungsstreitkräfte der drei Mächte die »oberste Gewalt« in Deutschland ausüben, und zwar jeder in seiner eigenen Zone »sowie gemeinsam in allen Deutschland als Ganzes betreffenden Angelegenheiten«. Ein Alliierter Kontrollrat mit Sitz in Berlin sollte das gemeinsame Vorgehen in allen Zonen sichern, und zur gemeinsamen Leitung der Verwal-

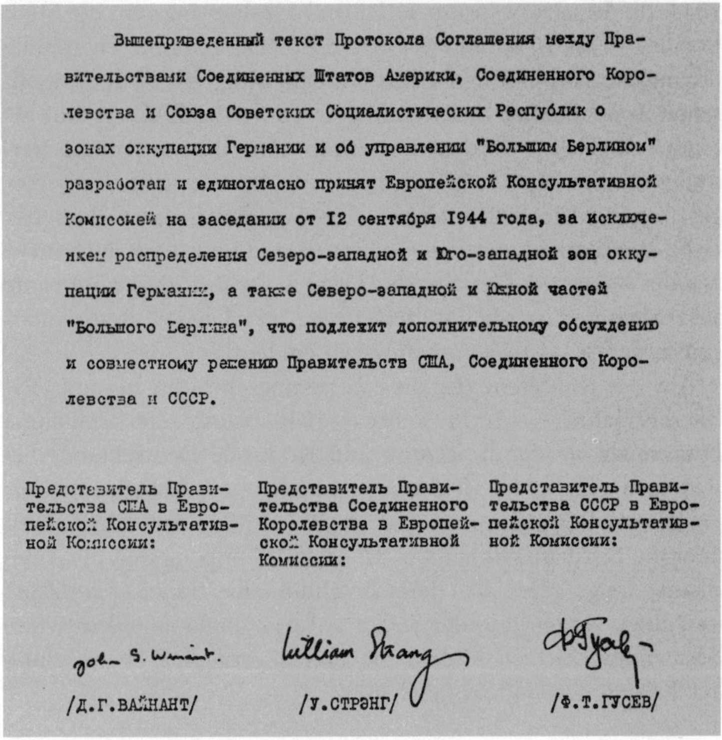

Вышеприведенный текст Протокола Соглашения между Правительствами Соединенных Штатов Америки, Соединенного Королевства и Союза Советских Социалистических Республик о зонах оккупации Германии и об управлении "Большим Берлином" разработан и единогласно принят Европейской Консультативной Комиссией на заседании от I2 сентября I944 года, за исключением распределения Северо-западной и Юго-западной зон оккупации Германии, а также Северо-западной и Южной частей "Большого Берлина", что подлежит дополнительному обсуждению и совместному решению Правительств США, Соединенного Королевства и СССР.

Представитель Правительства США в Европейской Консультативной Комиссии:	Представитель Правительства Соединенного Королевства в Европейской Консультативной Комиссии:	Представитель Правительства СССР в Европейской Консультативной Комиссии:
/Д.Г.ВАЙНАНТ/	/У.СТРЭНГ/	/Ф.Т.ГУСЕВ/

Letzte Seite des 2. Zonenprotokolls der EAC
vom 14. November 1944

tung des Gebietes von »Groß-Berlin« sollte eine »Interalliierte Behörde (russisch: Komendatura)« errichtet werden.[5]

Eine besondere Regelung für Berlin war erforderlich geworden, weil man einmütig die gemeinsamen Kontrollorgane in der Hauptstadt unterbringen wollte, aber die Geographie nun einmal nicht verändern konnte. Ein sowjetischer Vorschlag vom Februar

5 Wortlaut der Abkommen in: Potsdamer Abkommen. Ausgewählte Dokumente zur Deutschlandfrage 1943 bis 1949, Berlin 1966, S. 25 ff. – Zur Deutschlandpolitik der Anti-Hitler-Koalition (1943 bis 1949). Zusammengest. u. eingel. von Eberhard Heidmann und Käthe Wohlgemuth, Berlin 1966, S. 42 ff.

1944, die Besatzungstruppen der drei Mächte rings um die Stadt in einer 10 bis 15 Kilometer breiten Zone zu stationieren, um die organische Verbindung Berlins mit dem übrigen Teil der sowjetischen Zone nicht zu beeinträchtigen, war in der EAC als unpraktikabel abgelehnt worden. Daraufhin hatte der sowjetische Vertreter im Sommer 1944 die bekannte Sektoreneinteilung vorgeschlagen. Alle Seiten gingen davon aus, daß das Gebiet von Groß-Berlin nicht aus dem Gebietsbestand und somit auch nicht aus der »obersten Gewalt« der UdSSR für ihre Besatzungszone ausgeklammert werden sollte. Die entsprechenden Bestimmungen in den EAC-Abkommen waren eindeutig.

Auf der Konferenz der drei Regierungschefs im Liwadija-Palast bei Jalta (4. bis 11. Februar 1945) wurde die Teilnahme Frankreichs an der Besetzung und Kontrolle Deutschlands beschlossen. Am 1. Mai 1945 trat Frankreich dem Abkommen über den Kontrollmechanismus und am 26. Juli 1945 dem Abkommen über die Besatzungszonen bei. In der EAC opponierten die Amerikaner lange gegen den Jalta-Beschluß, eine französische Zone und einen vierten Berliner Sektor auf dem anglo-amerikanischen Besatzungsgebiet zu bilden. Sie hätten gern eine Neuregelung auf Kosten der UdSSR gesehen.

In der Schlußphase des Krieges – vor allem nach dem Tode Präsident Roosevelts am 12. April 1945 – wurden die extrem antisowjetischen Kräfte im westlichen Lager wieder aktiv. Sie wollten die Weichen für den Bruch der Kriegskoalition mit der UdSSR stellen und einen Kurs durchsetzen, der später als »Politik des kalten Krieges« unrühmlich bekannt wurde. Vor allem der britische Premier Winston S. Churchill bedrängte Washington immer wieder, »daß wir vom politischen Standpunkt aus so weit wie nur möglich nach dem Osten Deutschlands vormarschieren und Berlin unbedingt nehmen müssen«[6]. Der EAC-Ab-

---

6 Winston S. Churchill: Der zweite Weltkrieg, Bd. IV/2, Stuttgart 1954, S. 144.

kommen wollte man sich als lästige Fesseln schnell entledigen. Da das faschistische Kommando die Westfront weitgehend entblößt und alle noch verfügbaren Kräfte nach Osten geworfen hatte, eröffneten sich in der norddeutschen Tiefebene weite Räume, in die der britische Feldmarschall BERNHARD L. MONTGOMERY mit starken Panzerverbänden hineinstoßen sollte. Mit solchen Plänen liebäugelten auch amerikanische Militärs. Aber der Oberkommandierende der westalliierten Streitkräfte, General DWIGHT D. EISENHOWER, entschied anders. Er teilte Ende März 1945 Marschall J. W. STALIN mit, daß Berlin, keine 50 Kilometer mehr vor den sowjetischen Linien und ohnehin innerhalb der künftigen sowjetischen Zone gelegen, für ihn »nur noch ein geographischer Ort« sei.[7] EISENHOWER zielte statt dessen mit seiner 1. und 3. Armee in das mitteldeutsche Industriegebiet, um die faschistischen Gruppierungen in Nord- und Süddeutschland voneinander zu trennen. Natürlich war EISENHOWERS Entschluß – bis heute in der bürgerlichen Literatur heftig attackiert – auch von politischer Rücksichtnahme auf den sowjetischen Verbündeten bestimmt; denn in der damaligen Situation – so sein Stabschef General WALTER B. SMITH – wäre in der öffentlichen Meinung des Westens ein Eingehen auf CHURCHILLS Forderungen »als Zeichen eines schweren Vertrauensbruchs« gewertet worden.[8]

Als am 8. Mai 1945 die Kampfhandlungen eingestellt wurden, standen anglo-amerikanische Truppen von Wismar bis zur Elbe, stromaufwärts bis Dessau und von hier entlang der Zwickauer Mulde in einer Länge von 600 Kilometern und an manchen Stellen bis zu 250 Kilometer tief in der sowjetischen Besatzungszone. Wieder war es CHURCHILL, der aus dieser Lage ein »Faustpfand« des Westens zu machen wünschte, um die UdSSR zu wichtigen Vorleistungen zu erpressen. In Telegrammen beschwor er den neuen USA-Präsidenten HARRY S. TRUMAN, einen Truppenrück-

---

7 Zit. nach: L. F. Ellis/A. E. Warhust: Victory in the West, vol. II: The Defeat of Germany, London 1958, S. 299.

8 Walter Bedell Smith: Eisenhower's Six Great Decisions, New York 1956, S. 222.

zug auf die vereinbarten Zonen nur »im Tausch« gegen prinzipielle, die volksdemokratischen Revolutionen in Osteuropa wie das Schicksal Nachkriegsdeutschlands betreffende Zugeständnisse der Sowjetregierung vorzunehmen. So hegte man die Absicht, sofort westliche Truppen nach Berlin zu entsenden und den Kontrollrat zu errichten, um möglichst früh die Entwicklung in ganz Deutschland in die Hand zu bekommen. Aber Marschall Stalin durchschaute das Ränkespiel, er bestand auf der strikten Erfüllung der EAC-Abkommen nach vorangegangenem Rückzug der Anglo-Amerikaner.

Am 29. Juni 1945 fanden in Berlin Verhandlungen zwischen Marschall G. K. Shukow und den Generalen Lucius D. Clay und Ronald M. Weeks statt, in denen die Modalitäten für die Räumung der besetzt gehaltenen Gebiete der sowjetischen Zone geregelt wurden. Sie sollten vom 1. bis 4. Juli 1945 geräumt werden, in einem Abstand von 3 bis 5 Kilometern zu den abziehenden westlichen Verbänden sollte die Sowjetarmee diese ihr zustehenden Gebiete übernehmen. Für den letzten Tag der Truppenbewegungen war der Einmarsch amerikanischer und britischer Truppen in Berlin und die Übernahme der vereinbarten Sektoren vorgesehen. Clay und Weeks erhoben erstmals die Forderung nach einem »freien, ungehinderten Zugang nach Berlin«. Sie beanspruchten die uneingeschränkte Benutzung von Autobahnen und Eisenbahnlinien, das Recht zu deren Bau beziehungsweise Reparatur, einen »uneingeschränkten Luftverkehr einschließlich Jagdfliegerbegleitung« sowie die Befreiung dieses Verkehrs »von Grenzkontrollen oder Untersuchungen durch Zoll- und Militärposten«. Kurz, sie verlangten das Recht, »in der jeweils am besten passenden Transportweise durch die Sowjetzone nach und von Berlin auf zahlreichen zusammenlaufenden Routen und fast beliebig (zu) passieren«.[9] Marschall Shukow

9 Herbert Feis: Zwischen Krieg und Frieden. Das Potsdamer Abkommen, Frankfurt a. M.-Bonn 1962, S. 138.

wies dieses Ansinnen als unangemessen zurück, weil es weit über das hinausging, was sich aus den Bedürfnissen der westlichen Garnisonen in Berlin ergab und angesichts der damaligen Verkehrslage möglich war. Zur Erfüllung ihrer Verpflichtungen aus den gemeinsamen Abkommen über Deutschland stellte die Sowjetunion den Westmächten eine Autobahn-, eine Eisenbahn- und eine Luftverbindung zur Verfügung. Daß hierüber keine gesonderten Abkommen aufgesetzt wurden, unterstrich, daß diese Verkehrswege nur im Rahmen und im Zusammenhang mit den Viermächtebeschlüssen über Deutschland zu benutzen waren. Lediglich für die sichere Abwicklung des Flugverkehrs in den eingerichteten »Luftkorridoren« von Berlin nach Hamburg, Hannover und Frankfurt (Main) erließ der Kontrollrat Ende 1945 Vorschriften. Indem die Westmächte diesen Regelungen zustimmten, akzeptierten sie wiederum die alleinige Zuständigkeit der Sowjetunion als Inhaberin der obersten Gewalt in ihrer Zone für die Genehmigung und Kontrolle des gesamten Verkehrs auf deren Territorium. Später bereuten die Westmächte diese Festlegung der Verbindungswege, weil sie ihrer Spaltungs- und Frontstadtpolitik hinderlich war. Wider besseres Wissen behaupteten sie, ihnen stünde ein »freier, unkontrollierter Zugang« zu. Daß dem aber nicht so war, bestätigte CLAY 1950 selbst: Es sei ein Fehler gewesen, »damals nicht den freien Zugang nach Berlin als Bedingung für unseren Abzug in unsere Besatzungszone gestellt zu haben«.[10]

Anfang Juli 1945 fanden im sowjetischen Hauptquartier weitere Zusammenkünfte zwischen SHUKOW, CLAY und WEEKS statt, bei denen es um die Konstituierung der Berliner Kommandantur ging. Nachdem am 4. Juli das Gros der amerikanischen und der britischen Verbände und auch ein französisches Detachement in der Stadt eingetroffen waren, drängten die Westmächte auf den sofortigen Beginn der Viermächteverwaltung. Zu Recht wies Marschall SHUKOW darauf hin, daß die gemeinsame Verwaltung

---

10 Lucius D. Clay: Entscheidung in Deutschland, Frankfurt a. M. 1950, S. 41.

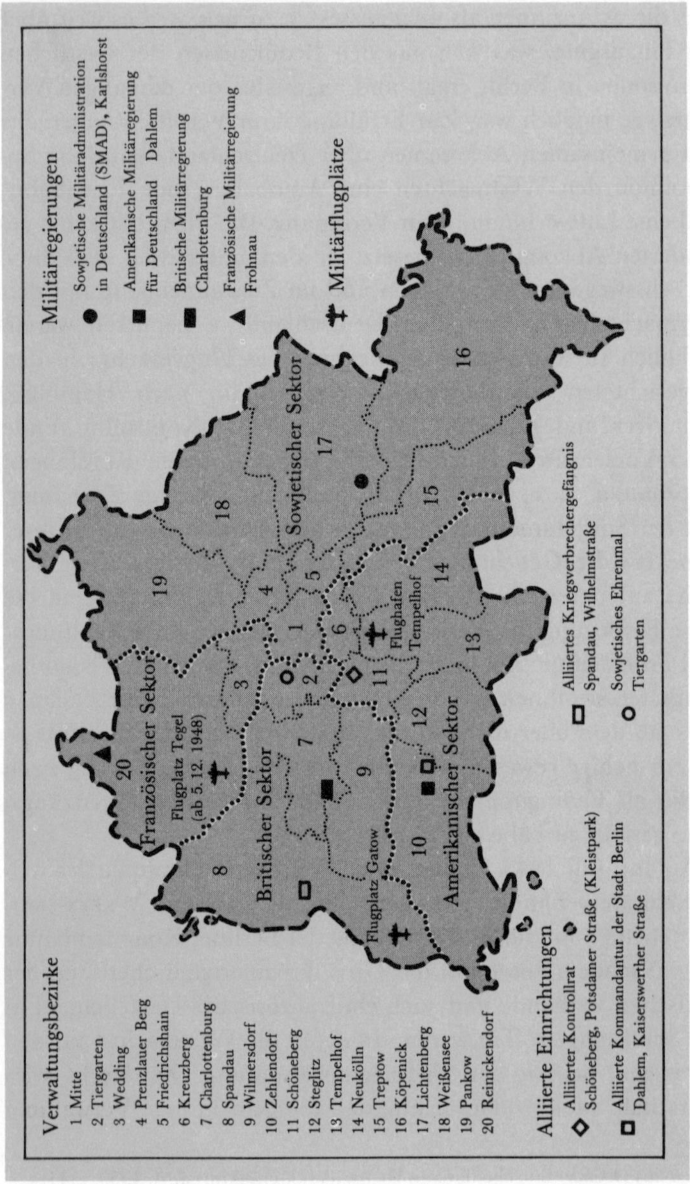
Verwaltungsbezirke
1 Mitte
2 Tiergarten
3 Wedding
4 Prenzlauer Berg
5 Friedrichshain
6 Kreuzberg
7 Charlottenburg
8 Spandau
9 Wilmersdorf
10 Zehlendorf
11 Schöneberg
12 Steglitz
13 Tempelhof
14 Neukölln
15 Treptow
16 Köpenick
17 Lichtenberg
18 Weißensee
19 Pankow
20 Reinickendorf
Alliierte Einrichtungen
Alliierter Kontrollrat
Schöneberg, Potsdamer Straße (Kleistpark)
Alliierte Kommandantur der Stadt Berlin
Dahlem, Kaiserswerther Straße
Alliiertes Kriegsverbrechergefängnis
Spandau, Wilhelmstraße
Sowjetisches Ehrenmal
Tiergarten
Militärregierungen
Sowjetische Militäradministration
in Deutschland (SMAD), Karlshorst
Amerikanische Militärregierung
für Deutschland Dahlem
Britische Militärregierung
Charlottenburg
Französische Militärregierung
Frohnau
Militärflugplätze
Französischer Sektor
Flugplatz Tegel
(ab 5. 12. 1948)
Britischer Sektor
Flugplatz Gatow
Sowjetischer Sektor
Amerikanischer Sektor
Flughafen
Tempelhof

Die Sektoren von Groß-Berlin 1945–1948

von Groß-Berlin mit der Einsetzung des Alliierten Kontrollrates beginnen sollte. Um aber das bevorstehende Gipfeltreffen nicht zu belasten, wurde die erste Sitzung der Interalliierten Militärkommandantur für Groß-Berlin zum 11. Juli einberufen. In der sowjetischen Zentralkommandantur, die inzwischen ins ehemalige Lehrgebäude der Tierarzneischule in der Luisenstraße 56 gezogen war, nahmen die vier Militärkommandanten – Generaloberst A. W. GORBATOW, Generalmajor FLOYD L. PARKS, Generalmajor LEWIS D. LYNE und General GEOFFREY DE BEAUCHÊSNE – den Gründungsakt vor. Der Befehl Nr. 1 bestimmte, daß alle vom Sowjetkommando seit dem 2. Mai 1945 durchgeführten Maßnahmen in vollem Umfange in Kraft blieben. Oberst HOWLEY bemerkte später: »Als wir das Dokument unterzeichneten, fügten wir uns der russischen Kontrolle über Berlin.«[11] Erst jetzt, am 12. Juli 1945, 9.00 Uhr früh, übernahmen die Westmächte endgültig ihre Sektoren, und die sowjetischen Truppen zogen sich von dort zurück.

Fünf Tage später begann die Potsdamer Konferenz. Eigentlich hatte sie in Berlin stattfinden sollen (anfangs wurde sie auch als »Berliner Konferenz« bezeichnet), aber es gab keine geeigneten Räumlichkeiten in der schwer zerstörten Stadt. Die Regierungsdelegationen der UdSSR, der USA und Großbritanniens bezogen in Babelsberg Quartier. Schloß Cecilienhof wurde zum Tagungsort bestimmt. Vom 17. Juli bis zum 2. August 1945 berieten hier J. W. STALIN, HARRY S. TRUMAN und WINSTON S. CHURCHILL (nach dessen Niederlage in den Unterhauswahlen Ende Juli 1945 nahm der Labour-Politiker CLEMENT R. ATTLEE seinen Platz ein) die Grundfragen der Nachkriegsordnung in Europa. Ein Hauptpunkt war die Umgestaltung Deutschlands auf demokratischer Grundlage. Pläne der Westmächte, Deutschland einen imperialistischen Diktatfrieden aufzuzwingen oder es in mehrere

11 Frank Howley: Berlin Command, New York 1950, S. 61.

ORDER

of the Inter-Allied Military Komendatura of the City of Berlin

11 July 1945 Berlin

The Inter-Allied Komendatura has assumed control over the City of Berlin on 11 July 1945.

Until special notice, all existing regulations and ordinances issued by the Commander of the Soviet Army Garrison and Military Commandant of the City of Berlin, and by the German administration under Allied Control, regulating the order and conduct of the population of Berlin, and also the liability of the population for the violation of such regulations and ordinances, or for unlawful acts against Allied occupation troops, shall remain in force.

MILITARY COMMANDANTS OF THE CITY OF BERLIN

USSR	USA	Great Britain
Col Gen	Maj Gen	Maj Gen
Gorbatov	Parks	Lyne

VERWALTUNGSBEZIRKE OCCUPIED BY BRITISH FORCES

TIERGARTEN	CHARLOTTENBURG	WILMERSDORF
WEDDING	SPANDAU	REINICKENDORF

Staaten zu zerstückeln, kamen angesichts der klaren Haltung der sowjetischen Delegation gar nicht erst zur Diskussion. Die Regierungschefs der USA und Großbritanniens mußten vielmehr sol-

Verordnung

der Interalliierten Militär-Kommandantur der Stadt Berlin

11. Juli 1945 Berlin

Die Interalliierte Kommandantur hat am 11. Juli 1945 die Kontrolle über die Stadt Berlin übernommen.

Bis auf weiteres bleibt in Kraft — alle bestehenden Maßnahmen und Verordnungen, welche von dem Kommandanten der Sowjet-Garnison und dem Militär-Kommandanten der Stadt Berlin verordnet sind, sowie auch die von den deutschen Behörden unter Alliierter Kontrolle herausgegebenen Verordnungen. Diese Verordnungen regulieren die Ordnung und das Benehmen der Bevölkerung von Berlin, sowie das Verfahren gegen Verstöße solcher Maßnahmen und Verordnungen, einschließlich ungesetzlicher Handlungen gegen Alliierte Besatzungstruppen.

MILITÄR-KOMMANDANTEN DER STADT BERLIN

USSR	USA	Great Britain
Col Gen	Maj Gen	Maj Gen
Gorbatov	Parks	Lyne

VON BRITISCHEN STREITKRÄFTEN BESETZTE VERWALTUNGSBEZIRKE

TIERGARTEN	CHARLOTTENBURG	WILMERSDORF
WEDDING	SPANDAU	REINICKENDORF

chen Vereinbarungen zustimmen, die dem Befreiungscharakter des zweiten Weltkrieges gegen das faschistische Deutschland und den nationalen Interessen der Völker der Antihitlerkoalition entsprachen. Die als »Potsdamer Abkommen« bekannt gewordenen Beschlüsse über Deutschland sahen vor allem vor: völlige Abrüstung und Entmilitarisierung, gründliche Entnazifizierung und Bestrafung der Kriegsverbrecher, Zerschlagung der Macht des Monopolkapitals als des Hauptschuldigen an Faschismus und Krieg, demokratische Umgestaltung des gesamten gesellschaftlichen Lebens und Behandlung Deutschlands als wirtschaftliche Einheit. Wörtlich hieß es: »Die Alliierten wollen dem deutschen Volk die Möglichkeit geben, sich darauf vorzubereiten, sein Leben auf einer demokratischen und friedlichen Grundlage von neuem wiederaufzubauen.«[12] Am 7. August 1945 stimmte Frankreich den Grundsätzen des Abkommens zu, meldete aber Vorbehalte in der Frage der Bildung von deutschen Zentralverwaltungen und der Westgrenze Deutschlands an.

Das Potsdamer Abkommen schuf völkerrechtliche Grundlagen für eine dauerhafte Friedensordnung in Europa. Bei allen Gegensätzen zwischen den vier Mächten bestätigte es Möglichkeit und Notwendigkeit der Gestaltung der Beziehungen zwischen Staaten unterschiedlicher Gesellschaftsordnung im Sinne der friedlichen Koexistenz. Dem deutschen Volk stellte es einen gerechten und demokratischen Friedensvertrag in Aussicht. Deshalb begrüßten das Zentralkomitee der KPD und der Zentralausschuß der SPD das Potsdamer Abkommen und riefen das deutsche Volk auf, die ihm gebotene Chance einer antiimperialistischen Entwicklung zu nutzen.

Die Potsdamer Konferenz setzte auch den Schlußstein in das Gebäude der Viermächtevereinbarungen für Deutschland, das die EAC vorbereitet hatte. Ende Juli 1945 wurden endgültig die Grenzen der französischen Besatzungszone und des Berliner Sektors festgelegt. Am 12. August 1945 besetzten französische Truppen die ihnen zugewiesenen Stadtbezirke Wedding und Reinikkendorf. Am 30. Juli 1945 konstituierte sich der Alliierte Kontrollrat für Deutschland. Gemäß dem Abkommen vom 14. November 1944

12 Das Potsdamer Abkommen. Dokumentensammlung, Berlin 1984, S. 185.

schuf er sich seine Organisation und Geschäftsordnung und nahm seinen Sitz im Gebäude des früheren Kammergerichts im Kleistpark nahe der Potsdamer Straße (USA-Sektor). Die Viermächteverwaltung für Deutschland begann.

Nach dem Vorbild des Kontrollrates organisierte sich auch die Alliierte Kommandantur der Stadt Berlin (so ab August 1945 die offizielle Bezeichnung). An der Spitze stand das Gremium der vier Militärkommandanten, das in der Regel zwei- bis dreimal im Monat zusammenkam und alle entscheidenden Beschlüsse zur Leitung der Verwaltung von Groß-Berlin nach dem Einstimmigkeitsprinzip faßte. Es folgten die Stellvertretenden Kommandanten und der Ausschuß der Stabschefs, die für die Routinearbeit von der Vorbereitung der Tagesordnung bis zur Übermittlung von Befehlen an den Magistrat einschließlich der Kontrolle ihrer Ausführung verantwortlich zeichneten. Schließlich gab es noch – in Anlehnung an die Verwaltungsstruktur des Magistrats – 21 Komitees für kommunale, wirtschaftliche, kulturelle und sonstige Ressorts; sie erarbeiteten die Beschlüsse der vier Stadtkommandanten und leiteten die Fachabteilungen des Magistrats direkt an. Auf allen drei Organisationsebenen wechselte der Vorsitz monatlich zwischen den vier Mächten. Die einstimmig gefaßten Beschlüsse, die dem Magistrat als Befehle zugestellt wurden, mußten in allen Sektoren der Stadt befolgt werden. Dafür waren die dortigen Militärkommandanturen verantwortlich. Konnte die Alliierte Kommandantur keine Einstimmigkeit erzielen, so mußte die Angelegenheit dem Alliierten Kontrollrat zur Entscheidung vorgelegt werden. In den alliierten Kontrollorganen in Berlin – im Kontrollrat wie in der Kommandantur – war ein nach Tausenden zählender Stab von Offizieren, Experten, Dolmetschern, Büro- und sonstigem Hilfspersonal tätig. Sie alle mußten untergebracht und versorgt werden. Auch das war ein Grund dafür gewesen, die vier Kontrollgruppen jeweils in einem Sektor der Stadt zu stationieren.

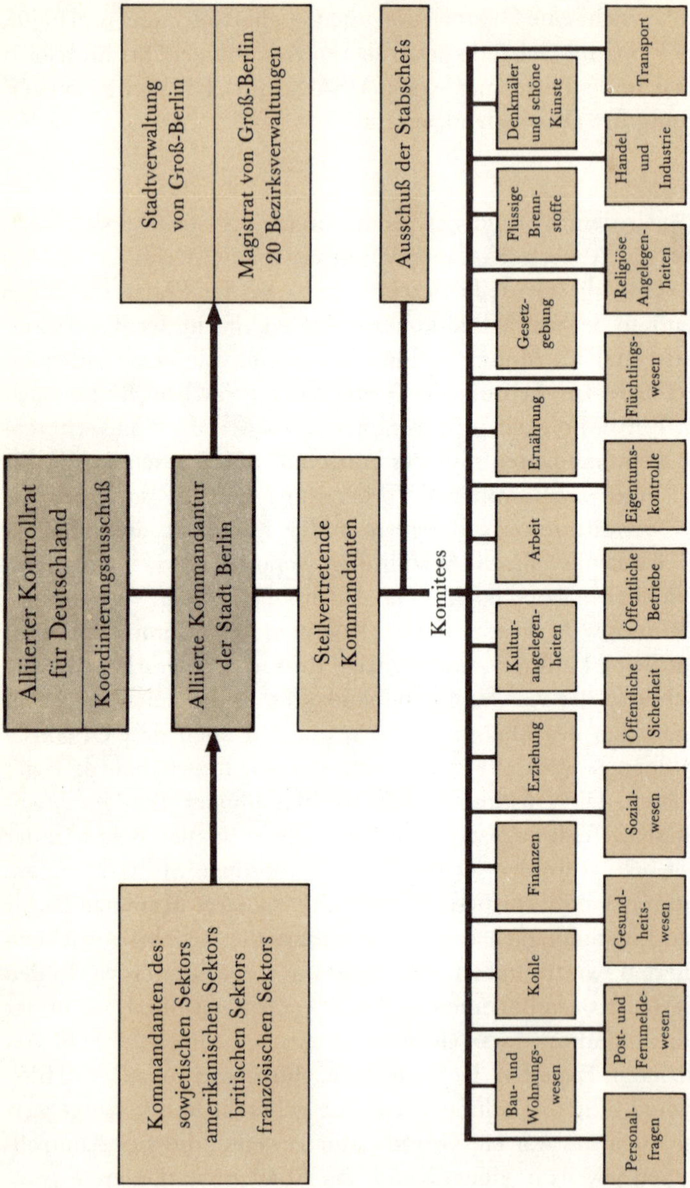

Die Alliierte Kommandantur der Stadt Berlin 1945–1948. Vereinfachtes Schema, Entwurf: G. Keiderling

Alle Übereinkommen, Beschlüsse und Maßnahmen hinsichtlich Berlins werden im Westen gemeinhin als »Viermächtestatus von Berlin« bezeichnet. Doch dieser Terminus ist nicht exakt; einmal findet man ihn in keinem der alliierten Abkommen von 1944/1945, zum zweiten waren die Berliner Regelungen inhaltlich wie zeitlich der Gesamtheit der Viermächtevereinbarungen über Deutschland in der Anfangsperiode der Besatzung untergeordnet. So wenig wie die Westmächte kraft eines »Rechts der Eroberer« oder im »Austausch für Thüringen und Westsachsen« – wie später behauptet wurde – in die Stadt kamen, ebensowenig stellte Berlin eine Art »fünfter Zone« dar. Der Grundsatz der territorialen Zugehörigkeit ganz Berlins zur sowjetischen Besatzungszone war in den ersten Nachkriegsjahren unbestritten. (Erst mit dem Übergang zur Politik der Spaltung Berlins verletzten ihn die Westmächte.) Er kam auch darin zum Ausdruck, daß die Leitung und Kontrolle des gesamten Eisenbahnverkehrs (Fern- und S-Bahn) und des Binnenwasserstraßennetzes in der alleinigen Zuständigkeit der SMAD verblieb und daß Berlin in politischer, ökonomischer und kultureller Hinsicht als Teil des gesellschaftlichen Lebens in der sowjetischen Besatzungszone wirkte. In diesem Sinne stellte der Bericht des Alliierten Kontrollrats an den Rat der Außenminister vom Februar 1947 fest, Berlin werde zwar gemeinsam von den vier Mächten besetzt, sei aber »gleichzeitig die Hauptstadt der Sowjetischen Besatzungszone«[13]. Geboren aus der Notwendigkeit, die zentralen Kontrollorgane unterzubringen, enthielt die Berliner Sonderregelung zugleich eine Verpflichtung: Symbol der alliierten Einheit bei Erfüllung des Potsdamer Abkommens zu sein.

Im Juli 1945 bezog die Alliierte Kommandantur der Stadt Berlin ihr Hauptquartier in dem Klinkerbau einer früheren Feuerversicherungsanstalt in der Kaiserswerther Straße in Dahlem (USA-Sektor). Trotz der unvermeidlichen Meinungsver-

13 Um ein antifaschistisch-demokratisches Deutschland. Dokumente aus den Jahren 1945–1949. Hrsg. von den Ministerien für Auswärtige Angelegenheiten der DDR und der UdSSR, Berlin 1968, S. 400.

schiedenheiten begann die Kommandantur ihre Tätigkeit konstruktiv. Vor allem die sowjetischen Vertreter waren bemüht, die Beschlüsse von Potsdam zu erfüllen. Es lag weder am Mangel an gutem Willen noch etwa an einer »Überorganisation« oder »Schwerfälligkeit« des Kontrollapparates – was in der bürgerlichen Literatur oft behauptet wird –, daß sich die politische Atmosphäre alsbald änderte.

Der spätere Zusammenbruch der Viermächteverwaltung war nicht zwangsläufig, nicht etwa unvermeidbar, weil eine gemeinsame Besatzungspolitik undurchführbar gewesen wäre. Die Gründe lagen ganz woanders: Kaum aus Potsdam zurückgekehrt, leiteten die Westmächte den Übergang von der Kriegskooperation zum kalten Krieg gegen die UdSSR ein. Schon auf der Londoner Konferenz des Rates der Außenminister im September/Oktober 1945 gab es Anzeichen, daß die Westmächte vom Potsdamer Abkommen abrücken wollten.

In Berlin gingen die Westmächte seit Herbst 1945 schrittweise zu Maßnahmen über, die gegen die Grundlagen ihrer Beteiligung an der gemeinsamen Besetzung und Verwaltung von Groß-Berlin verstießen. Sie entließen Antifaschisten aus den Bezirksverwaltungen der Westsektoren, sabotierten die Entnazifizierung, stellten Monopole und Konzerne unter ihren Schutz und duldeten, daß sich reaktionäre Kräfte in Verwaltung, Wirtschaft und Presse neu sammelten. Dieses mit den Potsdamer Beschlüssen nicht zu vereinbarende Vorgehen schuf eine neue politische Lage.

Kapitel IV

Brüder, in eins nun die Hände!

»Aber dann war es Sonntag, der 21. April 1946. Die Friedrichstraße und der Vorplatz des Admiralspalastes glichen einem Ameisenhaufen. Das war mehr als übliche Parteitagsstimmung früherer Zeiten. Glückstrahlende Gesichter und Freude und herzliche Wiedersehensszenen – ein bewegendes Bild. Diese erhebende Stimmung setzte sich im Sitzungssaale fort. Wir Älteren, die die Zeit des Bruderkampfes hatten erleben müssen, waren uns einig in dem Willen, nun auch organisatorisch im politischen Kampfe miteinander zu arbeiten.

Dann war es soweit. Der Höhepunkt des ganzen Parteitages, der selbst die Beschlußfassung über die Vereinigung überragte, war der Augenblick, als Otto Grotewohl und Wilhelm Pieck von beiden Seiten auf das Podium traten und sich die Hände reichten. Den Jubel muß man erlebt haben, um diesen Akt der Vereinigung voll würdigen zu können. Ihre verschlungenen Hände wurden zum Symbol unserer Partei.«[1]

1 August Karsten: »August, jetzt endlich haben wir es geschafft!« In: Vereint sind wir alles. Erinnerungen an die Gründung der SED. Mit einem Vorwort von Walter Ulbricht, Berlin 1971, S. 130/131.

»Im Bezirk Friedrichshain arbeiten Kommunisten und Sozialdemokraten einträchtig zusammen, so wie es sein muß, an der Spitze ihrer Parteileitungen die beiden verantwortlichen Genossen Heinrich Stark von der KPD zusammen mit Willi Schwarz, dem Kreisleiter der SPD und Dezernenten für das Wohnungswesen. Beide waren zusammen in demselben KZ Sachsenhausen, kamen sich dort menschlich und politisch näher und haben daraus klare Schlußfolgerungen, über das KZ hinaus, für die Zukunft gezogen. Genosse Schwarz erklärte in einer öffentlichen Versammlung: ›Das gemeinsame Erlebnis hat aus uns beiden gute Freunde gemacht, und ich glaube, daß dies auch eine Garantie für den zukünftigen Zusammenschluß unserer beiden Organisationen zu einer Einheitspartei der deutschen Arbeiterschaft sein wird.‹ Im Bezirk Friedrichshain werden alle politischen Fragen und die Probleme des Tages in der Arbeitsgemeinschaft KPD–SPD und in gemeinsamen Funktionärversammlungen beraten.« Franz Dahlem, Mitglied des Sekretariats des Zentralkomitees der KPD, schrieb diesen Bericht, der am 18. August 1945 in der »Deutschen Volkszeitung«, dem Zentralorgan der KPD, erschien.

So wie in Friedrichshain fanden sich im Sommer 1945 überall in Berlin Kommunisten und Sozialdemokraten zusammen und bildeten paritätisch zusammengesetzte Arbeitsausschüsse, auch Aktions- oder Einheitsausschüsse genannt. Die ersten entstanden in Johannisthal, Neukölln, Weißensee, Prenzlauer Berg und Pankow. Von der Erkenntnis geleitet, daß die Not und das Elend nur durch schnelles und einheitliches Handeln der Arbeiterklasse überwunden werden könnten, gingen sie ans Werk. Grundlagen ihrer Arbeit waren das von der KPD am 11. Juni 1945 veröffentlichte Aktionsprogramm und die Vereinbarung der Führungen der KPD und der SPD vom 19. Juni 1945. Die völlige Ausmerzung des Faschismus und Militarismus, die Stärkung der unmittelbar nach der Befreiung vom Faschismus entstandenen revolutionären Machtorgane, der Aufbau einer demokratischen Friedenswirtschaft und eine antifaschistisch-demokratische Erneuerung in Kultur und Ideologie – das waren die wichtigsten Gebiete, auf denen sie in Aktionseinheit zusammenwirkten. Im täglichen Ringen um die Lösung der lebensnotwendigen Aufgaben, im gemeinsamen Kampf um die Niederhaltung der Reaktion und in klärenden ideologischen Gesprächen und Veranstaltungen kamen sich Kommunisten und Sozialdemokraten immer näher. Das vertiefte ihren Willen zur Zusammenarbeit und zur Vereinigung der beiden Arbeiterparteien. Mancherorts wurde sogar gefordert, beide Parteien sofort zu vereinigen. Doch ohne vorherige Klärung von politisch-ideologischen Grundfragen der Arbeiterbewegung – das lehrte die Geschichte – konnte dieser Schritt nicht vollzogen werden. Auch parteilose Gewerkschafter beteiligten sich immer stärker an der Arbeit der Einheitsausschüsse in den Stadtbezirken.

Am 6. Oktober 1945 gründeten je fünf Vertreter der Bezirksleitung der KPD und des Bezirksvorstandes der SPD die Arbeitsgemeinschaft KPD–SPD für Groß-Berlin. Sie appellierte an die Mitglieder und Freunde beider Parteien, einen »systematischen Kampf gegen die Reste der nazistischen Ideologie zu führen, gemeinsam die öffentlichen Verwaltungen und Institutionen zu kontrollieren und von den versteckten Nazis zu säubern«, ebenso die »Betriebe von allen aktiven nazistischen und unsauberen Elementen zu reinigen« sowie »die Frauen sowohl als auch die Jugend für den demokratischen Wiederaufbau zu gewinnen«[2].

Zu Höhepunkten der Aktionseinheit gestalteten sich die ersten Großkundgebungen nach zwölfjähriger faschistischer Unterdrückung. Am 19. Juli 1945 führte die KPD ihre erste öffentliche Versammlung in der »Neuen Welt« in Neukölln durch. Das bekannte Arbeiterlokal in der Hasenheide war mit 4000 Teilneh-

2 Deutsche Volkszeitung, Berlin, 9. Oktober 1945.

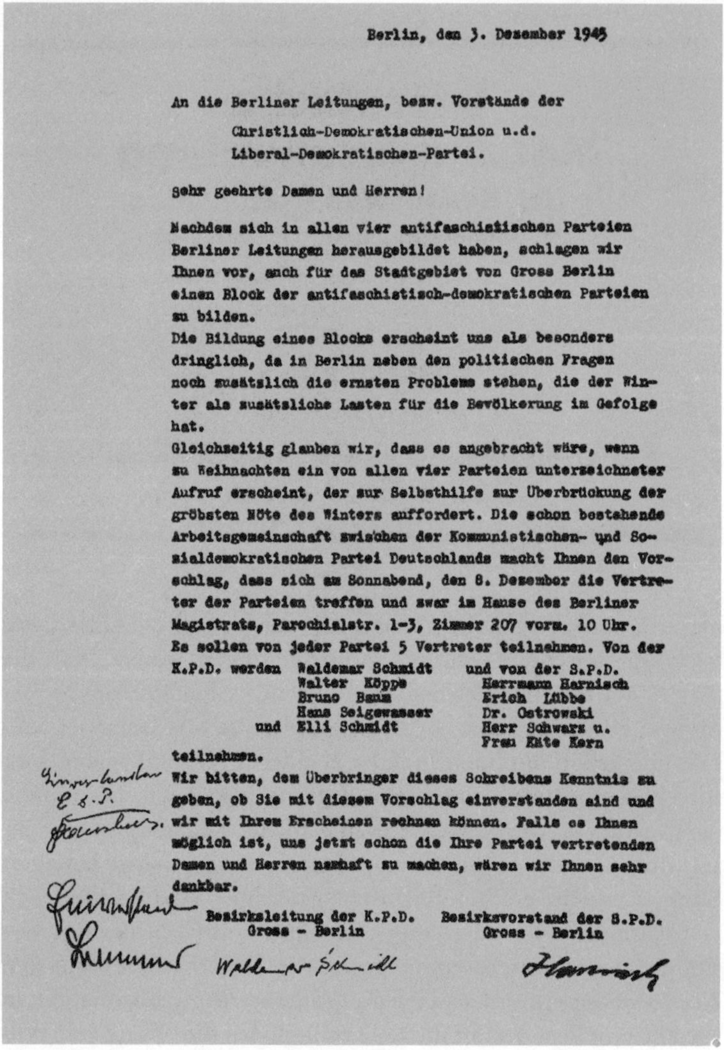

Berlin, den 3. Dezember 1945

An die Berliner Leitungen, bezw. Vorstände der
Christlich-Demokratischen-Union u.d.
Liberal-Demokratischen-Partei.

Sehr geehrte Damen und Herren!

Nachdem sich in allen vier antifaschistischen Parteien Berliner Leitungen herausgebildet haben, schlagen wir Ihnen vor, auch für das Stadtgebiet von Gross Berlin einen Block der antifaschistisch-demokratischen Parteien zu bilden.
Die Bildung eines Blocks erscheint uns als besonders dringlich, da in Berlin neben den politischen Fragen noch zusätzlich die ernsten Probleme stehen, die der Winter als zusätzliche Lasten für die Bevölkerung im Gefolge hat.
Gleichzeitig glauben wir, dass es angebracht wäre, wenn zu Weihnachten ein von allen vier Parteien unterzeichneter Aufruf erscheint, der zur Selbsthilfe zur Überbrückung der gröbsten Nöte des Winters auffordert. Die schon bestehende Arbeitsgemeinschaft zwischen der Kommunistischen- und Sozialdemokratischen Partei Deutschlands macht Ihnen den Vorschlag, dass sich am Sonnabend, den 8. Dezember die Vertreter der Parteien treffen und zwar im Hause des Berliner Magistrats, Parochialstr. 1-3, Zimmer 207 vorm. 10 Uhr.
Es sollen von jeder Partei 5 Vertreter teilnehmen. Von der K.P.D. werden Waldemar Schmidt, Walter Köppe, Bruno Baum, Hans Seigewasser und Elli Schmidt und von der S.P.D. Herrmann Harnisch, Erich Lübbe, Dr. Ostrowski, Herr Schwarz u. Frau Käte Kern teilnehmen.
Wir bitten, dem Überbringer dieses Schreibens Kenntnis zu geben, ob Sie mit diesem Vorschlag einverstanden sind und wir mit Ihrem Erscheinen rechnen können. Falls es Ihnen möglich ist, uns jetzt schon die Ihre Partei vertretenden Damen und Herren namhaft zu machen, wären wir Ihnen sehr dankbar.

Bezirksleitung der K.P.D.
Gross - Berlin

Bezirksvorstand der S.P.D.
Gross - Berlin

mern überfüllt. Viele standen auf der Straße und im Garten, um dem Parteivorsitzenden, ihrem »Willem«, ein herzliches Willkommen zu entbieten. »Und dann stand Wilhelm Pieck am Red-

Öffentliche Massenversammlung

in der **Neuen Welt**, Hasenheide,

am **Donnerstag**, dem **19. Juli 1945**

Thema: **Der Weg zum Wiederaufbau**

Es spricht der Vorsitzende der Kommunistischen Partei Deutschlands

Wilhelm Pieck

Beginn 18 Uhr 30

Kommunistische Partei Deutschlands Bezirk Groß-Berlin

nerpult, mit schlohweißem Haar. Alle sahen, daß die Hitlerjahre auch an ihm nicht spurlos vorübergegangen waren. Nur die Augen waren die gleichen; aufblitzend schauten sie in die Menge. Er wartete, daß es ruhiger würde, aber die Genossen und Freunde ließen ihn immer wieder hochleben. Dann begann er zu sprechen, und nun wußten alle Zuhörer, daß auch die Stimme die gleiche war, die sie vor 1933 so manches Mal auf großen Plätzen unter freiem Himmel vernommen hatten ... Mit bewegter Stimme und in größter Ehrfurcht gedachte Wilhelm Pieck ›all der Männer und Frauen, die wegen ihrer antifaschistischen Gesinnung und ihres Kampfes gegen die Hitlerbarbarei von den Nazibanditen ermordet wurden‹. Während dieser Ehrung hatten wir uns erhoben, und in die tiefe Stille fielen die Worte von Wilhelm Pieck: ›Unser Volk wird ihnen ein weithin sichtbares Denkmal durch die Schaffung eines neuen, demokratischen Deutschlands errichten.‹ Dann sprach der Vorsitzende der KPD vom Wiederaufbau der Wirtschaft und der Stadt Berlin, von dem

Weg, der in eine bessere, friedvolle Zukunft führt.«[3] Danach versicherte Otto Grotewohl, der Vorsitzende der SPD, daß es das Bestreben aller aufrechten Sozialdemokraten sei, die unheilvolle Spaltung der Arbeiterklasse ein für allemal zu überwinden. Mit dem Gesang der »Internationale« klang diese Großkundgebung aus.

Unvergeßlich blieb auch die erste Kundgebung für die Opfer des Faschismus am 9. September 1945 im Sportstadion Neukölln, das an diesem Tage zu Ehren des ermordeten Arbeitersportlers in Werner-Seelenbinder-Kampfbahn umbenannt wurde. In langen Zügen kamen Tausende Berliner Antifaschisten, darunter viele Abordnungen aus allen Teilen der sowjetischen Besatzungszone. Vorn marschierten Widerstandskämpfer in der blau-weiß gestreiften KZ-Kleidung. Die erste Massenkundgebung nach 1933 galt dem ehrenden Gedenken an die Millionen Opfer des Faschismus.

An der Spitze der Berliner Parteiorganisation der KPD standen im antifaschistischen Widerstand erprobte Genossen wie Waldemar Schmidt als Vorsitzender der Bezirksleitung, Walter Köppe, Bruno Baum, Fritz Reuter, Alfred Netzeband, Elli Schmidt, Heinz Kessler, Kurt Smettan, Emil Redmann und Hans Seigewasser.

Entscheidenden Anteil am Aufbau kommunistischer Parteiorganisationen und am Zustandekommen der Aktionseinheit in den Stadtbezirken hatten unter anderen Willi Griepentrog und Hein Peglow in Lichtenberg, Fritz Fomferra in Mitte, Georg Kautz und Ernst Lange in Prenzlauer Berg, Willi Schmidt, Franz Tuttlies und Eduard Mellenthin in Treptow und Heinrich Stark in Friedrichshain.

In den Kreisorganisationen der SPD wirkten viele Funktio-

3 Elly Winter: An der Seite Wilhelm Piecks in den ersten Monaten des Neubeginns. In: Vereint sind wir alles, S. 116/117.

Gedächtnis=Kundgebung
für die
Opfer des faschistischen Terrors
KZ
am 9. September 1945
in Berlin=Neukölln, Werner=Seelenbinder=Kampfbahn
Veranstalter: Magistrat der Stadt Berlin, Hauptamt für Sozialwesen
Hauptausschuß „Opfer des Faschismus"

näre, die die Zusammenarbeit mit der KPD als notwendig erkannten und erstrebten. Dazu zählten Willi Schwarz, Rudi Zimmermann und Käthe Kern vom Bezirksvorstand, ferner Josef

Orlopp, Otto Brass, Karl Oltersdorf, Richard Weimann, Edith Baumann, Wilhelm Peter (Lichtenberg), Richard Günther (Neukölln), Paul Ickert (Adlershof), Fritz Saar (Mitte) und Toni Wohlgemuth.

Die Wiederherstellung des normalen Lebens stellte auch die erfahrenen Genossen vor viele neue Aufgaben, doch keiner verzagte. Der Kommunist Erich Hanke, im Sommer 1945 als Bezirksbaurat in Prenzlauer Berg tätig, schrieb: »Oft bewunderte ich seinerzeit die Begeisterungsfähigkeit und Einsatzfreudigkeit unserer Genossinnen und Genossen. Sie hatten während des Faschismus große persönliche Opfer bringen müssen und standen auch jetzt wieder – viele krank und ausgemergelt – in der ersten Reihe.«[4] Wußten sie mal nicht weiter, war immer die Hilfe der sowjetischen Genossen da.

Die Grundfrage jeder Revolution – so lehrte W. I. Lenin – ist die Frage der Macht. Darum sah die KPD die vordringlichste Aufgabe der antifaschistisch-demokratischen Umwälzung darin, den alten Staatsapparat restlos zu vernichten und neue, von der Arbeiterklasse geleitete Machtorgane auf- und auszubauen.

Die Säuberung aller öffentlichen Ämter von aktiven Nazis war in Berlin im Prinzip bis Juli 1945 abgeschlossen. Doch es kam vereinzelt immer wieder vor, daß ehemalige Nazis, denen es gelungen war, sich in die Verwaltung einzuschleichen, entlarvt und entfernt werden mußten. Die Entnazifizierungsbestimmungen des Potsdamer Abkommens wurden im sowjetischen Sektor streng befolgt; die sowjetische Kommandantur duldete keine Nachlässigkeit. Demgegenüber ersetzten die drei Westmächte im Westteil der Stadt Antifaschisten durch reaktionäre, teilweise faschistische Elemente. Diese Praxis gefährdete die einheitliche Verwaltung von Groß-Berlin durch den Magistrat, zumal den Aktionsausschüssen, den Gewerkschaften und anderen demokratischen Kräften ein kommunalpolitisches Mitwirken in den Westsektoren strikt untersagt wurde.

---

4 Erich Hanke: Im Strom der Zeit, Berlin (1976), S. 30.

Die Kommunisten setzten sich dafür ein, geeignete Kräfte aus der Arbeiterklasse für eine Tätigkeit in den neuen Machtorganen zu gewinnen und zu schulen. Im sowjetischen Sektor gab es hierfür keinerlei Beschränkungen. Die beiden Arbeiterparteien verständigten sich in den Aktionsausschüssen auch über Personalfragen. Die parteipolitische Zusammensetzung des Bezirksamtes Lichtenberg galt als typisch für andere Stadtbezirke Ostberlins; ihm gehörten im Dezember 1945 an: 5 Mitglieder der KPD, 4 Mitglieder der SPD, 2 Mitglieder der CDU, 1 Mitglied der LDPD und 1 parteiloser Bürger. Die Kommunisten, wenngleich in der Minderheit, trugen in die neuen Machtorgane revolutionäre Tatkraft hinein.

Nachdem Produktion und Verkehr wieder in Gang gebracht worden waren, richteten sich die Anstrengungen auf die Demokratisierung der Wirtschaft. Auch hier taten sich Unterschiede in der Entwicklung zwischen dem Ost- und dem Westteil der Stadt auf. Die Westmächte stellten sich schützend vor den Monopolbesitz. Im sowjetischen Sektor hingegen hatten die Wirtschaftsorgane des Magistrats und Betriebsbelegschaften antifaschistische Treuhänder zur Leitung der Großbetriebe und der »herrenlosen« Betriebe, deren Besitzer oder Direktoren bei Kriegsende nach Westen geflohen waren, eingesetzt. Sie arbeiteten mit den gewerkschaftlichen Betriebsausschüssen eng zusammen und schlossen mit ihnen erste Vereinbarungen über Fragen der Produktion, der Arbeitsbedingungen und der Entlohnung ab.

Die Durchsetzung der Arbeiterkontrolle und des Mitbestimmungsrechtes der Gewerkschaften stärkte das Klassenbewußtsein der Arbeiter und bereitete den Boden für die wichtigste Aufgabe der revolutionären Umwälzung, die Zerschlagung des Monopolkapitals. In einigen Betrieben handelten die Belegschaften spontan, indem sie die mit ihren bloßen Händen wiederaufgebauten Produktionsstätten zu Volkseigentum erklärten. Aber es mußten erst die rechtlichen Voraussetzungen geschaffen werden. Ausge-

Die Totenglocke des Monopolkapitals

AEG-Konzern wird zerschlagen

Berlin, 24. Januar. (DVZ. Eigener Bericht.) Am heutigen Tage wurden die ersten entscheidenden Quadern aus dem Fundament eines der größten Konzerne der Welt, des AEG-Konzerns, gebrochen. Die AEG-Fabriken in den Bezirken Köpenick und Treptow wurden aus dem Konzern gelöst und selbständig gemacht.

In einer Sitzung im Bezirksamt Köpenick wurden in Anwesenheit der Betriebsleiter, von Vertretern der Arbeiterschaft und der Treuhänder des Bezirksamtes durch Bürgermeister Hoffmann feierlich die Bestellungsurkunden der Treuhänder für das Kabelwerk Oberspree, die Transformatorenfabrik und die Fernmelde- und Apparatefabrik überreicht. Treuhänder für das Kabelwerk Oberspree wurde Herr Wilhelm Paulussen, Treuhänder für die Transformatorenfabrik Herr Friedrich Korndörfer und Treuhänder für die Fernmelde- und Apparatefabrik Herr Arthur Kopp. Diesen Treuhändern obliegt die Führung der Unternehmungen in kaufmännischer und technischer Beziehung. Sie haben ferner die Aufgabe, jede Möglichkeit zu neuer Konzernbildung zu verhindern.

Die Loslösung der Betriebe aus dem AEG-Konzern erfolgt im Sinne der Beschlüsse der Berliner Konferenz, gestützt auf den Befehl 124 der Sowjetischen Militär-Administration. Er erfolgt weiter in Uebereinstimmung mit dem Willen der Belegschaften der genannten Fabriken, die sich bewußt sind, daß ebenso aus politischen wie aus wirtschaftlichen Gründen die Zerschlagung der Konzerne eine Lebensfrage des deutschen Volkes und der deutschen Demokratie ist.

Auch die im Bezirk Treptow gelegene Apparatefabrik der AEG wurde heute aus dem Konzern gelöst. Zu ihren Treuhändern wurden die Herren Damrow und Krause bestellt.

Die Zerschlagung des AEG-Konzerns, die mit der Herauslösung dieser für den Bestand des Konzerns besonders wichtigen Fabriken begonnen ist, eröffnet dem deutschen Volke und insbesondere der deutschen Arbeiterklasse neue erweiterte Möglichkeiten zum planvollen Aufbau einer Friedenswirtschaft, die an den Bedürfnissen des deutschen Volkes und nicht mehr an denen machtgieriger Monopolkapitalisten orientiert ist. Es ist zu wünschen, daß die Belegschaften der übrigen AEG-Fabriken nun auch selbst die Initiative ergreifen, um ihre Betriebe ebenfalls aus dem Konzern zu lösen und damit den volksfeindlichen AEG-Herren den letzten Boden für die Neuorganisierung ihrer Politik, die Deutschland ins Verderben führte, zu entziehen.

(Siehe auch Leitartikel und auf Seite 3: „Was wird aus Stahlwerk Hennigsdorf?")

Aus »Deutsche Volkszeitung«, 25. Januar 1946

hend vom Potsdamer Abkommen, verfügte die SMAD mit den Befehlen Nr. 124 und Nr. 126 vom 30. Oktober 1945 die Sequestrierung, das heißt die vorläufige Beschlagnahme des Eigentums des faschistischen Staates, der NSDAP und der aktiven Nazis und Kriegsverbrecher. Nun konnten die Hauptschuldigen am zweiten Weltkrieg nicht mehr frei über ihr Eigentum verfügen, es illegal in den westlichen Besatzungsbereich verlagern oder es auf andere Weise dem Wiederaufbau entziehen. Diese SMAD-Befehle kamen Forderungen der Arbeiter nach Enteignung der Nazi- und Kriegsverbrecher sehr entgegen. Am 27. November 1945 beschloß die Belegschaftsversammlung von Knorr-Bremse, den Betrieb dem zuständigen Bezirksamt Friedrichshain zu übergeben. Am 24. Januar 1946 wurden auf gleiche Weise das Kabelwerk Oberspree, die Transformatorenfabrik und die Fernmelde- und Apparatefabrik in Köpenick sowie die Apparatefabrik in Treptow aus dem AEG-Konzern herausgelöst und von Treuhändern der jeweiligen Bezirksämter übernommen.

Eine aktive Rolle in der Bewegung für die Enteignung der Nazi- und Kriegsverbrecher spielten die einheitlichen freien Gewerkschaften. Ihr konsequentes Eintreten für die Tagesinteressen der Arbeiter und für grundlegende antifaschistisch-demokratische Umgestaltungen gewann ihnen das Vertrauen der Arbeiter. Die überwiegende Mehrheit der Arbeiter und Angestellten trat den 18 Industriegewerkschaften im Laufe des Jahres 1945 bei. Die Mitgliederzahl stieg in ganz Berlin von 274 695 im Dezember 1945 auf 491 571 im Dezember 1946. Zu den stärksten Gewerkschaftsorganisationen zählte mit 84 700 Mitgliedern im Oktober 1946 traditionell der Verband der Metallarbeiter, den damals Fritz Rettmann führte.

In dem Maße, wie die organisierte Arbeiterklasse ihre Rolle als Hegemon der revolutionären Umwälzung begriff und wahrnahm, verschärfte sich auch der Klassenkampf. Denn die Reaktion versuchte, die ökonomische Macht des Monopolkapitals mit allen Mitteln zu erhalten. In Konzernen, deren Direktoren und Aufsichtsräte sich unter die Fittiche der Westmächte geflüchtet hatten, stellte sich die »zweite Garnitur«, leitende Angestellte und technisches Personal, den demokratischen Neuerungen in den Weg. Sie wiesen Arbeiterkontrolle und Mitbestimmung zurück und drosselten sogar die Produktion von dringend benötigten Waren des täglichen Bedarfs, um die Unzufriedenheit der Massen zu schüren. Ihre Anweisungen bekamen sie aus den Westsektoren. Hier hielt Friedrich Spennrath die Fäden des AEG-Konzerns in seinen Händen; er arbeitete insgeheim mit Jakob Kaiser und Ernst Lemmer von der Berliner CDU zusammen, die zugleich als Vertreter der früheren christlichen und Hirsch-Dunckerschen Gewerkschaften im Vorstand der neuen Einheitsgewerkschaften saßen. Bei Siemens gaben Hitlers Wehrwirtschaftsführer Hanns Bankert und Wolf-Dietrich von Witzleben den Ton an, bei der Firma Thyssen, Eisen- und Stahl-AG der Nazi-Direktor Fritz Junge.

Unterstützt durch die westlichen Militärbehörden, spielten sich die Konzernherren in den Westsektoren wieder als die »Herren im Hause« auf. Einen ersten Vorstoß hatten sie bereits auf der Wirtschaftstagung des Magistrats am 25. Juli 1945 gestartet. Der Telefunken-Direktor MARTIN SCHWAB, ein ehemaliger Nazi-Wehrwirtschaftsführer, griff in scharfen Worten die demokratische Wirtschaftspolitik des Magistrats an und lehnte ein Mitspracherecht der Gewerkschaften ab. Am 23. August 1945 kamen Vertreter der früheren Reichsgruppe Industrie in einer Schlachtenseer Villa zusammen und beschlossen, Magistratsverordnungen zu boykottieren und »sich so oft wie möglich beschwerdeführend an die Vertreter der Westmächte« zu wenden.[5] Bald existierten wieder in den Westsektoren Unternehmerorganisationen für einzelne Wirtschaftszweige.

Gerade angesichts des zunehmenden Widerstandes der Reaktion verstärkte die KPD ihre politische Arbeit unter den Belegschaften. Sie bildete in allen wichtigen Betrieben Parteigruppen und konnte somit ihren Masseneinfluß erweitern. Auch die SPD, die sich zunächst traditionell auf Wohnparteiorganisationen orientiert hatte, begann ab Herbst 1945 verstärkt, eigene Betriebsgruppen zu bilden. Das stärkte die Aktionseinheit beider Parteien in der Wirtschaft.

Als im Sommer 1945 das Getreide golden auf dem Halme stand, riefen die beiden Arbeiterparteien und die Gewerkschaften alle Berliner auf, sich an der verlustlosen Einbringung der ersten Friedensernte zu beteiligen. »Wir haben einen schweren Winter vor uns. Die Stadt, wir alle werden hungern, wenn dem Dorf, wenn den Landarbeitern und Bauern nicht geholfen wird. Die Ernte muß sichergestellt werden. Jede Ähre bedeutet Brot und muß auf dem schnellsten Wege eingebracht werden«,

5 Hans Adier: Berlin in jenen Tagen. Berichte aus der Zeit von 1945–1948, Berlin 1959, S. 62.

Freier Deutscher Gewerkschaftsbund
(FDGB)

Arbeiter und Angestellte in Groß-Berlin!

Der vorbereitende Gewerkschaftsausschuß für Groß-Berlin hat einen Organisationsplan aufgestellt, nach dem der Neuaufbau der geeinten Gewerkschaften zu erfolgen hat. Der Industriezweig bildet die Grundlage für den Zusammenschluß der Arbeiter und Angestellten. In dem jeweiligen Industriezweig sollen die Berufsangehörigen erfaßt werden.

Jeder Verband hat die Pflicht, alle in den Berufszweigen seines Organisationsgebietes beschäftigten Ungelernten, Hilfsarbeiter und -arbeiterinnen neben den gelernten Facharbeitern zu erfassen.

Für kaufmännische und Büroangestellte, für Werkmeister, Techniker, Ingenieure, für alle Bühnenangehörigen, Filmschaffenden, Artisten und Musiker sind die drei genannten Angestellten-Verbände zuständig.

Der ***Freie Deutsche Gewerkschaftsbund*** *hat den Zweck, die beruflichen und die wirtschaftlichen Interessen der Mitglieder durch ständiges Zusammenwirken der Einzelverbände wahrzunehmen. Die Zugehörigkeit zur Gewerkschaft ist für jeden Arbeiter, für jede Arbeiterin und für jeden Angestellten moralische und sittliche Pflicht.*

Das Zentralbüro für alle Verbände und für den Gewerkschaftsausschuß befindet sich im Hause der **Arbeiterbank** in Berlin, Wall-, Ecke Inselstraße und ist **ab 15. Juli 1945** für den allgemeinen Verkehr geöffnet.

hieß es im Appell des Verbandes der Berliner Metallarbeiter vom 8. Juli 1945.[6]

6 Dokumente und Materialien zur Geschichte der deutschen Arbeiterbewegung, Reihe III, Bd. 1, Berlin 1959, S. 53.

Der Freie Deutsche Gewerkschaftsbund - Ortsausschuß Berlin umfaßt folgende Verbände:

1. **Verband für das Baugewerbe**
   (alle Verbände des Baugewerbes einschließlich Maler, Steinarbeiter, Steinbildhauer, Zimmerer, Tapezierer und Schornsteinfeger)
2. **Verband der Bekleidungsarbeiter**
   (einschließlich Hutarbeiter, Putzmacherinnen)
3. **Verband für Bergbau und Chemische Industrie**
   (soweit letztere chemische Produkte unmittelbar aus der Kohle ziehen läßt)
4. **Verband der Fabrikarbeiter**
   (einschließlich Gummi-, Glas- und keramische Industrie)
5. **Verband für das graphische Gewerbe**
   (Buchdrucker, graphische Hilfsarbeiter, Lithographen und Steindrucker, Buchbinder)
6. **Verband der Holzarbeiter**
   (einschließlich Sägewerke, Kistenfabriken und Glasereien)
7. **Verband für Eisenbahn, Post und Fernmeldewesen**
   (Reichs- und Kleinbahnen, alle Postbetriebe)
8. **Verband der Handels- und Transportarbeiter**
   (See- und Binnenschiffahrt, Häfen und alle gewerblichen Handels- und Transportbetriebe)
9. **Verband der Landarbeiter**
   (einschließlich der Samenzuchtanstalten sowie der in der Landwirtschaft tätigen Gärtner)
10. **Verband der Lederarbeiter**
    (Schuhmacher, Lederarbeiter, Sattler und Portefeuiller, Tapezierer in Möbelfabriken)
11. **Verband der Metallarbeiter**
    (einschließlich der Maschinisten und Heizer in diesem Industriezweig)
12. **Verband der Nahrungs- und Genußmittelarbeiter**
    (Bäcker, Konditoren, Melker, Brauerei- und Mühlenarbeiter, Konserven- und Nährmittelindustrie, Schlachthöfe, Hotel- und Gastwirtsangestellte, Tabakarbeiter)
13. **Verband der Textilarbeiter**
    (einschließlich Kunstseidenfabriken)
14. **Verband der öffentlichen Betriebe und Verwaltungen**
    (alle kommunalen Versorgungsbetriebe, Straßenbahnen, Gesundheitswesen, Frisöre)
15. **Verband der kaufmännischen und Büro-Angestellten**
    (in allen Sparten)
16. **Verband der technischen Angestellten und Werkmeister**
    (sämtliche Techniker, Ingenieure, Werkmeister)
17. **Verband für Bühne, Film, Musik**
    (Genossenschaft deutscher Bühnenangehöriger, Internationale Artistenloge und Deutscher Musikerverband)
18. **Verband der Lehrer und Erzieher**

… 1. und letzte Seite.

Die Metallarbeiter stellten Sensen, Sicheln, Hacken und Spaten her. Andere Betriebe reparierten landwirtschaftliche Maschinen und Fahrzeuge oder schickten Reparaturkolonnen aufs Land. In der Erntezeit halfen Tausende Berliner bei der Einbringung des Getreides und der Feldfrüchte. Dabei entwickelten sich oft zwischen Bezirksämtern und Betrieben einerseits sowie Gütern und Dörfern andererseits enge Beziehungen zu beiderseitigem Vorteil; die Stadt lieferte wichtige Gerätschaften und das Dorf zusätzliche Lebensmittel.

Wohin man damals auf dem Lande kam, eine Frage wurde überall leidenschaftlich diskutiert: Bodenreform! Die werktätigen Bauern, die Landarbeiter und Landlosen forderten zu Recht, daß diejenigen Grund und Boden besitzen sollten, die ihn mit ihren eigenen Händen bearbeiteten. Klassenbewußte Berliner Arbeiter, die zur Erntehilfe in den Dörfern weilten, bestärkten sie in dieser Ansicht.

Mancherorts, wo sich die Bauern allzu tief unter die junkerliche Knute gebückt hatten, mußten die Arbeiter das politische Gespräch erst in Gang bringen. Ältere Genossen der Kommunistischen Partei Deutschlands, sich der Roten Landsonntage vor 1933 erinnernd, erläuterten, daß es jetzt darauf ankam, ein dauerhaftes Bündnis zwischen Arbeiterklasse und werktätiger Bauernschaft zu schaffen.

Als im September 1945 die fünf Landes- und Provinzialverwaltungen der sowjetischen Besatzungszone auf Initiative der KPD Verordnungen über die Durchführung einer demokratischen Bodenreform erließen, gingen wiederum Berliner Kommunisten, Sozialdemokraten und Gewerkschafter in die umliegenden Dörfer und halfen den Bauern bei der Bildung von Bodenreformkommissionen, die die Landverteilung unmittelbar vornahmen. Die demokratische Bodenreform vernichtete das reaktionäre Junkertum, einen Träger des preußisch-deutschen Militarismus; sie garantierte die Volksernährung und führte zu tiefgreifenden Veränderungen auf dem Lande. Darüber hinaus gab sie den vielen Umsiedlern, die sich um Land bewarben, eine neue Heimat.

Die demokratische Bodenreform erfaßte auch den sowjetischen Sektor von Berlin; in den Westsektoren wurde sie von den dortigen Besatzungsbehörden hintertrieben. Unter die Enteig-

16 Im Zeichen der Vereinigung: Parteibüro in Prenzlauer Berg

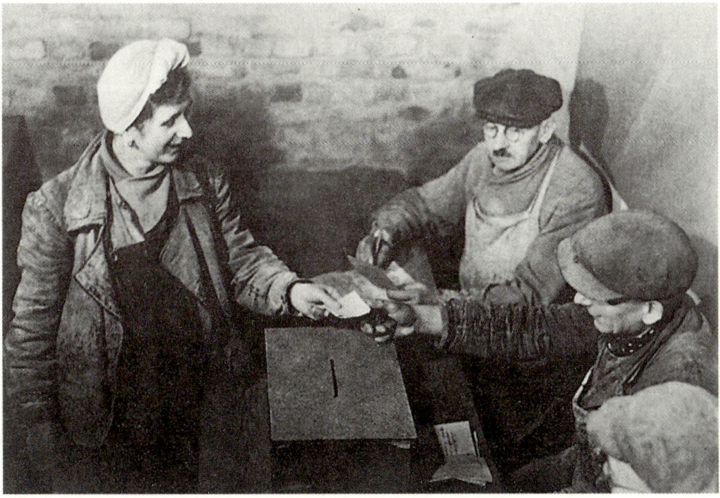

17 Januar 1946: erste freie Gewerkschaftswahlen

18 Präsidium des Vereinigungsparteitages
von KPD und SPD Groß-Berlins am 14. April 1946 im »Palast«.
Am Rednerpult Wilhelm Pieck

19 1. Mai 1946: der Parteivorstand der SED
an der Spitze der Berliner Maidemonstration

20 Fauchend kommt die Trümmerbahn

21 Trümmerfrauen im Winter 1945
vor der Ruine des »Cafés Bauer«

22 Grüner Salat und Radieschen im »Vorgarten«

23 Schulspeisung im September 1946: für viele Kinder die einzige warme Mahlzeit am Tage

24 Oktoberwahlen 1946: SED-Wahlhelfer in Moabit

25 Die 1. Sitzung der Stadtverordnetenversammlung von Groß-Berlin am 20. November 1946 im Neuen Stadthaus

26 Berliner Arbeiter unterstützen die demokratische Bodenreform durch zusätzliche Produktion zweckmäßiger Gerätschaften

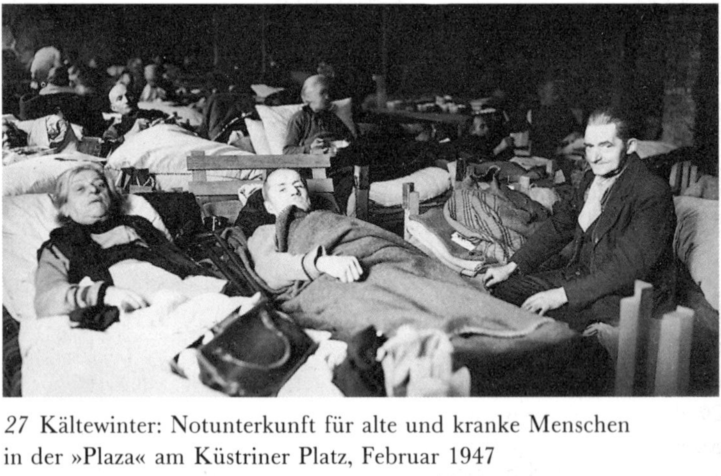

27 Kältewinter: Notunterkunft für alte und kranke Menschen in der »Plaza« am Küstriner Platz, Februar 1947

28 Hermann Duncker, Mitbegründer der KPD
und einer der hervorragendsten Lehrer
der Marxistischen Arbeiterschule vor 1933,
unterrichtet an der Volkshochschule Prenzlauer Berg

29 Protestkundgebung am 26. November 1947
gegen das Verbot des Kulturbundes in den Westsektoren
im Großen Sendesaal des Hauses des Rundfunks in der Masurenallee.
1. Reihe, 4. v. r. Otto Grotewohl, daneben Oberst S. I. Tjulpanow,
Leiter der Informationsverwaltung der SMAD

30 Ein »Hamsterzug« verläßt Berlin

nungsbestimmungen fiel in erster Linie der Großgrundbesitz der ROEDER und VON TRESKOW. Die Belegschaft der Lichtenberger Firma Stahlbau in der Herzbergstraße forderte: »Unsere Fabrik steht auf dem Gelände der Junkerfamilie Roeder. Diese Krautjunker haben seit langen Jahrzehnten ihren Boden parzelliert und an Kleingärtner verpachtet; dadurch verschafften sie sich ein arbeitsloses Einkommen. Wir sind der Meinung, daß der Roedersche Landbesitz zu enteignen und aufzuteilen ist bzw. daß die Parzellen in das Eigentum derjenigen übergeführt werden, die das Land bewirtschaften.«[7] Auf dem Lichtenberger Güterbahnhof wurde folgende Entschließung angenommen: »Unserer Meinung nach ist es unbedingt notwendig, daß der in unserem Bezirk gelegene Besitz Treskow enteignet und aufgeteilt wird. Wir fordern, daß der Treskower Schloßpark der Berliner Bevölkerung als Erholungsstätte freigegeben wird.«[8] Diesen Forderungen wurde entsprochen. Schließlich war der ehemalige Rittergutsbesitzer SIGISMUND VON TRESKOW ein aktiver Förderer der SA gewesen.

Die Stadtgüter, die 1945 eine landwirtschaftliche Nutzfläche von 26 500 Hektar umfaßten – zumeist außerhalb der Stadtgrenze in der Mark Brandenburg –, wurden nicht enteignet. Sie gaben lediglich auf Grund einer Vereinbarung mit der Provinzialverwaltung der Mark Brandenburg etwa 10 Prozent ihrer Ackerfläche im damaligen Kreis Niederbarnim für Siedlungszwecke ab.

Einige Stadtgüter standen nach 1945 unter sowjetischer Verwaltung; sie wurden bis 1949 an den Magistrat zurückgegeben. So kam im April 1947 das Stadtgut Buch mit über 1 000 Morgen Bodenfläche und einem Viehbestand von 150 Rindern und 200 Schweinen wieder in die Verwaltung des Stadtbezirksamtes Pankow.

---

7 Deutsche Volkszeitung, 5. Dezember 1945.

8 Zit. nach: Die große Kraft. Erlebnisberichte vom Kampf um die Einheit der Arbeiterklasse, Berlin-Lichtenberg, Juni 1945 – April 1946, Berlin o. J. (1966), S. 26.

Berliner Arbeiter unterstützen die Bodenreform

Gemeinsame Funktionärversammlungen von KPD und SPD in allen Orten

Angesichts der Bedeutung der Bodenreform für die Liquidierung des preußischen Militarismus und für die Sicherung des Friedens sowie für die Schaffung einer gerechten demokratischen Ordnung im Dorfe wurde zwischen dem Zentralkomitee der Kommunistischen Partei Deutschlands und dem Zentralausschuß der Sozialdemokratischen Partei Deutschlands vereinbart, daß in allen Orten gemeinsame Funktionärversammlungen durchgeführt werden sollen mit dem Thema:

„Die Bodenreform, die dringendste Aufgabe der demokratischen Kräfte."

Zentralkomitee
der Kommunistischen Partei Deutschlands
Wilhelm Pieck

Zentralausschuß
der Sozialdemokratischen Partei Deutschlands
Grotewohl *M. Fechner*

Berlin, den 4. September 1945.

Im Zuge der Bodenreform wurden in Marzahn und anderen Ortsteilen mit dörflichem Charakter im sowjetischen Sektor einige aktive Nazis und reaktionäre Großbauern enteignet. Rieselland, vor allem im Norden der Stadt, wurde an Neubauern verpachtet.

Auf Initiative der KPD rief der Magistrat Anfang 1946 zu einer Brachlandaktion auf. Jedes Stück Land mußte für die Versorgung der Berliner genutzt werden. Der Stadt stand eine Anbaufläche von 20 000 Hektar zur Verfügung, jetzt wurden weitere 1 350 Hektar, davon 580 Hektar im sowjetischen Sektor, für den Gemüseanbau urbar gemacht, darunter Rieselfelder, öde Flächen und Parkanlagen.

Die demokratische Schulreform

Zu den brennenden Problemen, die im Herbst 1945 einer Lösung harrten, zählte auch die demokratische Schulreform. Geistige Verwahrlosung und moralische Entwurzelung, die Faschismus und Krieg mit sich gebracht hatten, bedrohten die Jugend am stärksten. Eine gründliche Reform der Volksbildung, eine völlige Erneuerung des Lehrkörpers und der Erziehungs- und Bildungsmethoden war daher eine unaufschiebbare Notwendigkeit. Diese neue Schule konnte nicht von der alten Lehrerschaft aufgebaut werden, von der in der sowjetischen Besatzungszone 72 Prozent Mitglieder der Nazipartei gewesen waren. Die SMAD hatte angeordnet, daß am 1. Oktober 1945 in der gesamten sowjetischen Besatzungszone der reguläre Schulunterricht wiederaufgenommen werden sollte. In einem gemeinsamen Aufruf vom 18. Oktober 1945 forderten die Führungen von KPD und SPD eine wirkliche Demokratisierung der Schule: Beseitigung des jahrhundertealten Bildungsprivilegs der besitzenden Klassen; Schaffung eines einheitlichen Schulsystems; Ausrottung des faschistischen und militaristischen Ungeistes; Heranbildung eines neuen, demokratischen Lehrkörpers; Besetzung der leitenden Schulfunktionen durch bewährte Antifaschisten; Neugestaltung auch des Hochschulwesens. Die Schulreform und darüber hinaus die demokratische Erneuerung des gesamten Kultur- und Geisteslebens stellten die fortschrittlichen Kräfte vor riesige Probleme, galt es doch, äußere und innere Schäden zu beheben, materielle und geistige Trümmer beiseite zu räumen. Die Organe der sowjetischen Besatzungsmacht erwiesen auch dabei umfassende Hilfe.

Gestützt auf das Bündnis aller Antifaschisten, hatte der Magistrat schon seit den Sommermonaten eine fleißige Arbeit geleistet. Bis September 1945 waren mit Hilfe der Bevölkerung rund 6700 Klassenräume (von den rund 13000 vor dem Krieg) wiederhergestellt. Aber es mangelte an Fensterscheiben, Türen, Tischen und Bänken. »Ohne Lehrbücher, ohne Lehrplan und ohne Anschauungsmaterial, so begann mit 2700 ordentlichen Lehrern inmitten der Trümmer der erste Schulunterricht für etwa

128 000 Kinder und Jugendliche.«[9] In einem Bericht über den Schulunterricht in Wilmersdorf hieß es: »Der Unterricht findet vormittags und nachmittags in zwei Schichten statt, wobei bemerkenswert ist, daß jede Schulklasse im Durchschnitt nur mit 40 bis 50 Schülern besetzt ist.«[10] Schreibmaterialien waren rar. Vielfach wurden die Hausaufgaben auf Zeitungsrändern oder Rückseiten ausgedienter Plakate angefertigt und selbst in den oberen Klassen Griffel und Schiefertafeln benutzt. Umfragen ergaben, daß 30 Prozent der Kinder ohne Frühstück oder Mittagessen in die Schule kamen. Die geregelte Ausgabe einer Schulspeisung ab November 1945 bedeutete daher für viele die einzige warme Mahlzeit am Tage. Der Speisezettel war den Umständen entsprechend: eine süße Milchsuppe wechselte mit Graupen-, Nudel- oder Erbsensuppe ab, in denen man die Fleischstückchen suchen konnte. Die Kinder brachten sich Töpfe, Kochgeschirre und Löffel von zu Hause mit. Später erhielt jedes Schulkind noch eine schwarze, aus Roggenmehl gebackene Schrippe pro Tag. Für die Sicherstellung dieser bescheidenen Schulspeisung mußten zusätzliche Lebensmittel bereitgestellt werden, was nicht immer leicht war. Auch hierbei halfen die sowjetischen Genossen.

Ende 1945 lieferte die Deutsche Zentralverwaltung für Volksbildung in der sowjetischen Besatzungszone die ersten 300 000 neugedruckten Schulbücher auch für Berlin aus. Sie kamen aus dem am 12. Oktober 1945 in Berlin gegründeten Verlag Volk und Wissen. Das Lehrbuch »Wir lernen Russisch« hatte der namhafte Slawist Prof. Dr. Wolfgang Steinitz erarbeitet. Die Einführung einer Fremdsprache mit der 5. Klasse zählte ebenfalls zur Aufhebung des Bildungsprivilegs der Besitzenden und zur Hebung des Bildungsniveaus für alle Kinder des Volkes.

Am 4. November 1945 führten die Berliner Kommunisten und Sozialdemokraten eine gemeinsame Schulkonferenz durch. An-

9 Josef Orlopp: Zusammenbruch und Aufbau Berlins 1945/1946, Berlin (1947), S. 88.

10 Deutsche Volkszeitung, 12. Oktober 1945.

Am Sonntag, dem 4. November, 11 Uhr, findet im Palast (früher Zirkus Schumann) eine

Gemeinsame Kundgebung der KPD und SPD

statt mit dem Thema:

Demokratische Schulreform

Es sprechen: **Anton Ackermann** von der KPD, **Max Kreuziger** von der SPD.

Es wirken mit: Das Städtische Symphonie-Orchester, Dirigent: Willi Weber; der Jugendchor der Stadt Berlin, Dirigent: Walter Rohde.

Eltern und Erzieher! Antifaschisten!
Erscheint in Massen!

Zentralkomitee der KPD
W. Pieck

Bezirksleitung Groß-Berlin der KPD
Waldemar Schmidt

Zentralausschuß der SPD
Grotewohl

Bezirksvorstand Groß-Berlin der SPD
Hermann Harnisch

ton Ackermann (KPD) und Max Kreuziger (SPD) hielten die Referate. Es bestand völlige Übereinstimmung in den Grundzielen: Ausmerzung des Nazigeistes und des reaktionären Preußentums; Schaffung einer demokratischen Einheitsschule und Gewinnung von Neulehrern. Nachdem über 2500 Nazis aus dem Schuldienst entfernt worden waren, herrschte ein akuter Lehrermangel. In Berlin kamen im Herbst 1945 auf einen Lehrer 56 Schüler, im sowjetischen Sektor sogar 66 Schüler.

Die Aufgabe lautete daher, vorerst mindestens 1200 Neulehrer aus der Arbeiterklasse in Achtmonatskursen heranzubilden. Zur Überbrückung wurden antifaschistisch gesonnene Hilfslehrer und Schulhelfer eingestellt. Nicht nur den Gegnern der demokratischen Schulreform schien die Neulehrerwerbung ein gewagtes Experiment zu sein. Doch es glückte! »Zum allergrößten Teil besitzen sie eine gute Vorbildung, Lebenserfahrung und einen ernsten Willen, der ihnen anvertrauten Jugend in geistiger Hinsicht nicht Steine statt Brot zu geben«, bescheinigte das Schulamt Berlin-Mitte den Neulehrern.[11] Sie verkörperten einen neuen Lehrertyp: einsatzfreudig, gewissenhaft, politisch engagiert und mit einem ausgeprägten antifaschistisch-demokratischen Bewußtsein. Bald übernahmen sie als Klassenleiter und Schuldirektoren neue verantwortungsvolle Aufgaben.

Auch die antifaschistischen Jugendausschüsse unterstützten die Schulreform, indem sie zur politischen Aufklärung der Jugend beitrugen und diese zu einer sinnvollen Freizeitgestaltung anhielten. Im übrigen war es nicht so einfach, das Prügelverbot in der Schule durchzusetzen, weil mancher Altlehrer Ohrfeigen und Rohrstock für unverzichtbar hielt, um sich bei der durch Krieg und Nachkrieg »verrohten« Jugend Respekt zu verschaffen. Die Anfangserfolge der demokratischen Schulreform in Berlin waren in besonderem Maße das Verdienst des Leiters des Hauptschulamtes, Dr. Ernst Wildangel (SPD). Doch seit Sommer 1946 traten immer stärker reaktionäre Kräfte im Berliner Schulwesen, vor allem in den Westsektoren, gegen die demokratische Einheitsschule auf.

Zu Beginn des Jahres 1946 waren die Vorbereitungen für die Wiedereröffnung der Berliner Universität weit gediehen. Die zuständigen Offiziere der SMAD drängten auf eine baldige Aufnahme des Lehrbetriebs und halfen mit Rat und Tat. Am

11 Otto Winzer und Ernst Wildangel: Ein Jahr Neuaufbau des Berliner Schulwesens, Berlin 1946, S. 20/21.

20. Januar 1946 begann die Lehrtätigkeit an 7 Fakultäten und 26 Fachschaften. Den ersten rund 2800 immatrikulierten Studenten standen vorerst nur 25 heizbare und verglaste Räume zur Verfügung. Im Admiralspalast fand am 29. Januar 1946 die feierliche Wiedereröffnung der Berliner Universität statt. In Anwesenheit von Vertretern der Deutschen Zentralverwaltung für Volksbildung in der sowjetischen Besatzungszone, der die Universität unterstand, und von Mitarbeitern der SMAD sagte der neue Rektor, der Altphilologe Prof. Dr. Johannes Stroux: »Die erneuerte Universität wird in einem hohen und wahren Sinne des Wortes eine Volksuniversität sein und sich den zur Bildung aufstrebenden jungen Menschen aus dem Volke öffnen.«[12]

Unter den 120 Professoren, die zu Beginn des Sommersemesters 1946 ihr Lehramt aufnahmen, waren die Mediziner Theodor Brugsch und Walter Stoeckel, der Strahlenforscher Walter Friedrich, der Historiker Alfred Meusel, der Wirtschaftswissenschaftler Jürgen Kuczynski, der Pädagoge Heinrich Deiters und der Naturwissenschaftler Robert Rompe. Im Wintersemester 1947/1948 waren 5600 Studenten immatrikuliert; der Anteil der Arbeiter- und Bauernstudenten betrug etwa 16 Prozent. Auf Anregung der SED wurden bei den Universitäten Vorstudienanstalten eingerichtet – in Berlin am 20. Mai 1946 –, die befähigte junge Arbeiter und Bauern zur Hochschulreife führen sollten. 1946 studierten 250, 1947 schon 400 Arbeiter- und Bauernstudenten an der Berliner Vorstudienanstalt.

Die Entwicklung der Universität vollzog sich im erbitterten Kampf gegen die Reaktion. Schon 1945 gab es Pläne, die Universität in den amerikanischen Sektor zu verlegen oder die in den drei Westsektoren liegenden Einrichtungen zu einer »Gegenuniversität« zusammenzuschließen. Nichts ließ die Reaktion unversucht, die Demokratisierung der Berliner Universität aufzuhalten. Die Mitglieder der im Herbst 1947 gebildeten SED-Hochschulgruppe leisteten eine große Arbeit, um Lehrkörper und

12 Tägliche Rundschau, Berlin, 30. Januar 1946.

Studenten von der Richtigkeit des eingeschlagenen Weges zu überzeugen. Das Gros der Studentenschaft kam aus der sogenannten Frontgeneration, viele standen der antifaschistisch-demokratischen Entwicklung teilnahmslos und zum Teil feindlich gegenüber. Aber bereits bei den Studentenratswahlen 1947 hatten die fortschrittlichen Kräfte an Boden gewonnen, weil sie sich für die politischen und sozialen Belange der Studenten konsequent einsetzten. An der Wirtschaftswissenschaftlichen Fakultät hielten 1947 EVA ALTMANN und KURT HAGER die ersten Seminare über MARX' »Kapital«. Die Durchsetzung des Marxismus-Leninismus in Forschung und Lehre forderte aber noch viele Jahre hartnäckigen Ringens und geduldiger Überzeugung.

Um »die Wissenschaften zum Aufbau eines demokratischen Deutschlands heranzuziehen«, verfügte der Befehl Nr. 187 des Obersten Chefs der SMAD vom 1. Juli 1946 die Wiedereröffnung der Berliner Akademie.[13] Unter maßgeblicher Leitung von Professor STROUX hatten seit Sommer 1945 die verbliebenen Mitglieder der ehemaligen Preußischen Akademie der Wissenschaften die Vorbereitungen getroffen. Sie waren betreut und unterstützt worden von der SMAD und der Deutschen Zentralverwaltung für Volksbildung in der sowjetischen Besatzungszone. Deren Präsident PAUL WANDEL schrieb: »Unsere Überlegungen waren darauf gerichtet, die Akademie, weit über ihr bisheriges Wirken hinaus, zu einem Zentrum der wissenschaftlichen Forschung zu entwickeln, das – eng mit dem Leben verbunden – am Aufbau einer neuen Gesellschaft beträchtlichen Anteil haben sollte.«[14]

---

13 Um ein antifaschistisch-demokratisches Deutschland. Dokumente aus den Jahren 1945–1949. Hrsg. von den Ministerien für Auswärtige Angelegenheiten der DDR und der UdSSR, Berlin 1968, S. 292.

14 Paul Wandel: Die Partei der Arbeiterklasse war vorbereitet. In: ... einer neuen Zeit Beginn. Erinnerungen an die Anfänge unserer Kulturrevolution 1945–1949. Hrsg. vom Institut für Marxismus-Leninismus beim ZK der SED und vom Kulturbund der DDR, Berlin und Weimar 1980, S. 551.

Doch viele der bürgerlichen Akademiemitglieder bestanden zunächst darauf, die Preußische Akademie in Inhalt und Form weiterzuführen. Es bedurfte langer, geduldiger Gespräche, um die zu loyaler Mitarbeit bereiten humanistischen Wissenschaftler für den neuen Weg zu gewinnen. Von Mitgliedern, die ihre wissenschaftliche Arbeit bewußt in den Dienst des Faschismus gestellt hatten, trennte man sich konsequent. Im Vorbereitungsausschuß einigte man sich auf den neuen Namen Deutsche Akademie der Wissenschaften (DAW).

Nachdem die Akademie am 4. Juli 1946 auf ihrer ersten wissenschaftlichen Sitzung nach dem Kriege des 300. Geburtstages ihres Gründers, Gottfried Wilhelm Leibniz, gedacht hatte, fand am 1. August 1946 im Deutschen Theater der Festakt zur Wiedereröffnung statt. Der Leiter der Volksbildungsabteilung der SMAD, Generalleutnant Professor P. W. Solotuchin, führte Prof. Dr. Johannes Stroux in sein Amt als Präsident der Akademie ein. Gleichzeitig übte dieser bis Dezember 1947 das Rektorat über die Berliner Universität weiter aus.

Sitz der DAW war in den Nachkriegsjahren ein Flügel des Gebäudes der Deutschen Staatsbibliothek Unter den Linden. Die SMAD genehmigte die Zurückführung der Bibliotheksbestände, soweit sie während des Krieges in Orte der sowjetischen Besatzungszone ausgelagert worden waren. Das neue Akademiestatut vom 31. Oktober 1946 sah die Einrichtung von Forschungsinstituten vor. Die ehemalige Preußische Akademie hatte nicht über solche Einrichtungen verfügt; diese waren vielmehr vor 1945 in der Kaiser-Wilhelm-Gesellschaft zusammengefaßt. Die SMAD ordnete daher die Angliederung aller ehemaligen Kaiser-Wilhelm-Institute in der sowjetisch besetzten Zone an die DAW an. So wurden viele Institute, Laboratorien und Observatorien übernommen, darunter das Geodätische Institut in Potsdam, die Sternwarte Babelsberg, das Zentralinstitut für Erdbebenforschung in Jena, das Institut für Medizin und Biologie in Berlin-Buch, das Institut für Faserstoff-Forschung in Teltow und das Institut für Kulturpflanzenforschung in Gatersleben, Kreis

Aschersleben. Im Dezember 1946 wurde auch der Akademie-Verlag gegründet. Damit waren gute Voraussetzungen geschaffen, um die Akademie von einer Gelehrtengesellschaft alten Typs zu einer Forschungsakademie zu entwickeln, die sich eng mit dem antifaschistisch-demokratischen Umwälzungsprozeß verbinden sollte.

Schwere Kriegsschäden hatten auch die öffentlichen Bibliotheken Berlins erlitten. Das Gebäude der Deutschen Staatsbibliothek Unter den Linden war stark zerstört, die Buchbestände durch die Auslagerung während der Kriegsjahre auf mehr als 30 deutsche Orte verteilt. Sowjetische Kulturoffiziere, vor allem der Bibliotheksinspektor Dr. Galina Jakowlewna Shimstschikowa, kümmerten sich um den Rücktransport der Bücher und die Wiedereröffnung der Bibliothek. Aber 1,8 Millionen Bände, die während des Krieges in das Gebiet der heutigen BRD ausgelagert worden waren, hielten die Westmächte und später die BRD-Regierung widerrechtlich zurück. Am 1. Oktober 1946 empfing die Deutsche Staatsbibliothek ihre ersten Benutzer nach dem Krieg. Am 1. August 1946 schon war die Berliner Stadtbibliothek im Marstall-Gebäude in der Breiten Straße zur allgemeinen Benutzung freigegeben worden.

Eine gewaltige Arbeit erforderte die Durchsicht der Bestände der großen öffentlichen Bibliotheken sowie der damals in Berlin zugelassenen 638 privaten Leihbüchereien mit rund 1,2 Millionen Bänden. Dabei wurde gemäß Kontrollratsgesetz alle Literatur mit faschistischem, rassistischem, militaristischem und nationalistischem Inhalt aussortiert und eingestampft. Allein die 80 Volksbüchereien lieferten etwa 96 000 Bücher ab. Allerdings nahmen es die Westmächte in ihren Sektoren mit der Durchführung auch dieser Bestimmung des Potsdamer Abkommens nicht sehr genau.

Der erste Nachkriegswinter stand vor der Tür. Es wurde dringend, Wohnungen instand zu setzen, Brennstoffvorräte anzulegen und für viele Menschen noch lebensnotwendige warme Sachen, Schuhwerk und Decken zu beschaffen. Die KPD-Bezirksleitung wandte sich am 22. September 1945 mit einem Aufruf an alle Berliner:

»Viele Dächer von Wohnhäusern sind beschädigt oder zerstört. Die Wände vieler Wohnungen zeigen noch große Löcher. Fensterrahmen fehlen, und in vielen Fenstern fehlt wasserdichte Pappe oder Glas. Es gibt noch Wohnräume ohne Öfen. Wasser, Elektrizität und Gas fehlen noch in vielen Häusern. In manchen Verwaltungsbezirken sind noch nicht genügend warme Aufenthaltsräume für Kinder vorbereitet. Vielen Kindern fehlt es an warmer Kleidung. Manche Krankenhäuser sind nicht auf den Winter vorbereitet. Können wir diese Schwierigkeiten überwinden? Jawohl, wir können es, wenn alle vereint ans Werk gehen. Deshalb: Alle nehmen an der freiwilligen Arbeit teil! Jeder hilft mit!«[15]

Das Winternotprogramm der KPD löste ein großes Echo in der Bevölkerung aus. Die Aktionsausschüsse in den Stadtbezirken und Ortsteilen stellten konkrete Arbeitsprogramme auf. An den Wochenenden packten Zehntausende mit zu. So wurden Straßen freigeschippt, Häuser und Wohnungen instand gesetzt, Dächer notdürftig zusammengeflickt, Wärmehallen für alte und hilfsbedürftige Menschen eingerichtet, Krankenhäuser und Schulen winterfest gemacht, und in der Umgebung Berlins wurde Brennholz eingeschlagen. Die Frauenausschüsse sorgten sich um Ausgebombte, Umsiedler und aus der Kriegsgefangenschaft Heimkehrende. In 250 Nähstuben fertigten die Frauen über 80 000 Kleidungsstücke, der Stoff dazu stammte aus Sammlungen, alten Wehrmachtsbeständen und direkt aus den Ruinen. Schwer von der Not betroffen waren die Kinder. Zur Unterer-

---

15 Dokumente und Materialien zur Geschichte der deutschen Arbeiterbewegung, Reihe III, Bd. 1, S. 184.

Aufruf der KPD

Verwaltungsbezirk I
Berlin - Mitte

zum Wiederaufbau!

Bürger von Berlin-Mitte!

Wir stehen vor dem schwersten Winter **Berlins**.

Mit dem von Hitler hinterlassenem Verkehrschaos wird es nicht möglich sein, die Bedürfnisse unserer Bevölkerung im Kampf gegen Hunger und Kälte ohne Eure aktivste Mithilfe zu befriedigen.

In unserem Aktionsprogramm gegen Hunger und Kälte haben wir Euch aufgefordert, in freiwilliger Mitarbeit dazu beizutragen, diesen Kampf in den kommenden schweren Monaten siegreich zu zu bestehen.

Unser zerschossener und zerbombter Verwaltungsbezirk muß ganz besondere Anstrengungen machen, um jedem ein Dach über dem Kopf zu sichern.

In unserem **Aktionsprogramm** haben wir Vorschläge gemacht und arbeiten für:

- Beseitigung der Schwierigkeiten zur Heranschaffung von Brennmaterial und Nahrungsmitteln.
- Reparatur von Dächern und Außenwänden.
- Heranschaffung von Mörtel, Lehm und Sand hierzu.
- Schaffung von Nähstuben und Wärmehallen.
- Warme Kleider für unsere Kinder, Greise und Kranke.
- Wasser, elektrisches Licht und, soweit möglich, Gas in jede Wohnung.

Durch unsere und Eure Anstrengungen ist bereits, insbesondere an den letzten Sonntagen, in freiwilliger Arbeit vieles geleistet worden, aber unsere Anstrengungen müssen, um alles Notwendige zu schaffen, verdoppelt und verdreifacht werden.

Helft deshalb alle mit!

Im Rahmen unseres Aktionsprogramms treten wir heute zum ersten Male an Euch heran für Eure Mithilfe, auch am Aufbau unserer Kommunistischen Partei, durch eine Geldspende.

Wir haben **absichtlich** bisher jegliche Geldsammlung für die Kommunistische Partei untersagt und denken nicht daran, wie es die Nazis gemacht haben, die Bevölkerung dauernd mit Sammlungen zu belästigen, um mit dem Ertrag den Krieg zu finanzieren.

Diesmal gilt es dem Aufbau und nicht der Vernichtung

Nur diejenigen, die mit unserem Aktionsprogramm einverstanden sind, sollen uns helfen. Von allen anderen wollen wir nichts haben und verbitten uns ihre Spende.

Aufbauwillige! Zeichnet auf unsere Listen.

Werdet Mitglieder der KPD

Kommunistische Partei Deutschlands
Verwaltungsbezirk I Berlin-Mitte

nährung kam die unzureichende Bekleidung. Im Herbst 1945 hatten 55 Prozent der Berliner Kinder kein winterfestes Schuhzeug; sie kamen mit Stroh- und Bastschuhen oder in Holzpantinen zur Schule. 32 Prozent von ihnen besaßen weder Mantel noch Joppe und 52 Prozent keine ausreichende Unterwäsche. Viele mußten mit den Eltern oder Geschwistern in einem Bett schlafen. Die häuslichen hygienischen Verhältnisse waren größtenteils katastrophal. Die Tonseife, die auf Sonderabschnitte der Lebensmittelkarten ausgegeben wurde, kratzte eher die Haut auf, als daß sie Schmutz beseitigte. Die meisten Kinder hatten Flöhe und Läuse und litten unter Krätze. Die dürftige Bekleidung und das schlechte Schuhwerk förderten Erkrankungen.

Kommunisten und Sozialdemokraten initiierten die Aktion »Rettet die Kinder!«. In allen Stadtbezirken bildeten sich Komitees, in denen die vier Blockparteien, die Gewerkschafter und Vertreter der evangelischen und der katholischen Kirche zusammenarbeiteten. Besonders rührig zeigten sich auch hier die Frauenausschüsse. Im Tätigkeitsbericht des Bezirksfrauenausschusses Friedrichshain hieß es: »Im Rahmen der Aktion ›Rettet die Kinder!‹ wurden im Bezirk Friedrichshain 9 337 Stück warme Sachen und 7 285 Spielzeuge an bedürftige Kinder verteilt ... Es wurden insgesamt 11 903 Kinder beschenkt ..., 150 Waisen- und Flüchtlingskinder wurden vollständig durch uns eingekleidet. Für die Aktion arbeiteten 23 Nähstuben mit 330 Näherinnen, von denen 240 Frauen ehrenamtlich tätig sind. Der Rest von 90 Frauen arbeitet gegen Entgelt.«[16]

Mit großem Eifer nähten und bastelten die Mitglieder der antifaschistischen Jugendausschüsse bei ihren abendlichen Zusammenkünften Spielsachen und Gebrauchsgegenstände. Strahlende Kinderaugen dankten allen Helfern bei den Weihnachtsfeiern. Die vordringlichste Sorge galt jenen Kindern, die im Krieg zu

---

16 StA, Rep. 135, Nr. 7.

Achtung: Neu!

Der Jugendausschuß sammelt zur Aktion

„Rettet die Kinder"

Alte Kleidungsstücke
Stoffreste und Lumpen
Nadeln aller Art
Holz und Werkzeuge
Pappe usw.

zwecks Herstellung für Spielzeuge und Kleidung unserer Kinder.

Auch **Instrumente, Noten usw.** werden entgegengenommen.

Wir holen ab am ....

um .... Uhr.

Gebt alle!

Bezirksamt Pankow
Abt. Volksbildung
Jugendausschuß

Waisen geworden waren oder verwahrlost umherirrten. Ihnen ein neues Zuhause zu geben, sie in geordnete Verhältnisse zu bringen bedurfte großer Anstrengungen.

Die geistige Verfassung der Mehrheit der Jugendlichen und auch der Zwanzigjährigen war nach wie vor besorgniserregend. Zwölf Jahre lang im faschistischen und militaristischen Sinne gedrillt, hatten viele mit dem Glauben an die falschen Ideale auch den an eine bessere Zukunft verloren. Dazu kam die materielle Not der Nachkriegszeit. Schwarzer Markt, Kriminalität und Prostitution wucherten auf dem Boden des Kampfes um die nackte Existenz.

Der von dem Jungkommunisten Heinz Kessler geleitete Hauptjugendausschuß beim Magistrat und die Jugendausschüsse in den Stadtbezirken bemühten sich darum, die junge Generation für den antifaschistisch-demokratischen Aufbau zu gewinnen. Ende 1945 arbeiteten rund 8 000 Jugendliche aktiv in der antifaschistischen Jugend. An den Veranstaltungen der Jugendausschüsse und der etwa 200 Jugendheime beteiligten sich über 80 000 Berliner Jungen und Mädel. Während sportliche und kulturelle Zusammenkünfte großen Zuspruch fanden, stand die Masse der Jugendlichen politischen Diskussionen noch ablehnend gegenüber. Im Klassenkampf erfahrene Kommunisten und Sozialdemokraten sprachen auf Heimabenden zu solchen Themen wie »Haben wir Jugendlichen in Deutschland eine Zukunft?«, »Warum sind wir Antifaschisten?«, »Jugendkriminalität«, »Geschlechtskrankheiten«, »Die politische Lage Deutschlands«, »Der preußische Militarismus«, »Heinrich Heine«, »Der Reichstagsbrand«.

Im gemeinsamen Kampf gegen Hunger und Not, in der Aktion »Rettet die Kinder!« und in den oft bis in die Nacht geführten Diskussionen in den Jugendheimen bildete sich eine feste antifaschistische Gemeinschaft unter dem politisch aktiven Teil der Jugend heraus.

Am 2. und 3. Dezember 1945 tagten in der Anna-Magdalena-Bach-Schule in Pankow Vertreter der antifaschistischen Jugendausschüsse Berlins und der sowjetischen Besatzungszone. Vor mehr als 400 Delegierten brachte Erich Honecker, Vorsitzender des Zentralen Jugendausschusses, den Willen der politisch aktiven Jugend zum Ausdruck, eine einheitliche, antifaschistisch-demokratische Jugendorganisation zu gründen. Am 26. Februar 1946 kamen im Sitzungssaal des Magistrats in der Parochialstraße die Mitglieder des Zentralen Jugendausschusses für die sowjetische Besatzungszone zusammen. Erich Honecker, Paul Verner, Edith Baumann, Theo Wiechert, Heinz Kessler und andere setzten ihre Unterschrift unter den Beschluß, eine »Freie Deutsche Jugend« zu gründen. Am Tag darauf versammelten sich im Jugendheim Brunnenstraße (Stadtbezirk Mitte) 181 Vertreter der Berliner Jugendausschüsse, die die Bildung einer selbständigen Jugendorganisation auf das wärmste begrüßten. Die SMAD genehmigte am 7. März 1946 die Gründung der Freien Deutschen Jugend (FDJ). Allerdings bedurfte es noch eines hartnäckigen Kampfes, bis die Westmächte der Zulassung der FDJ in ganz Berlin zustimmten.

Ende 1945 trat das Ringen um die Vereinigung von KPD und SPD in ein neues Stadium. In Verwaltungen und Betrieben, bei Boden- und Schulreform handelten Kommunisten, Sozialdemokraten und Gewerkschafter bereits in fester Aktionseinheit. In der Frage des künftig einzuschlagenden Weges gingen aber die Auffassungen oft noch auseinander. Viele Sozialdemokraten verstanden nicht den strategischen Kerngedanken des KPD-Aufrufs vom 11. Juni 1945, über die antifaschistisch-demokratische Umwälzung die Massen an die sozialistische Revolution heranzuführen. Die einen hielten den »Sozialismus als Tagesaufgabe« für machbar, andere eine »reine Demokratie« nach Art von Weimar für ausreichend. Rechte SPD-Funktionäre traten mit der These von einem »dritten Weg« zwischen Kapitalismus und Kommu-

Gründungsbeschluß

Die am 26. Februar 1946 im Sitzungssaal des Magistrats der Stadt Berlin, Parochialstraße, anwesenden Mitglieder des Zentralen Jugendausschusses für die sowjetische Besatzungszone Deutschlands bekunden hiermit einmütig ihren Willen, sich zwecks Gründung einer überparteilichen, einigen, demokratischen Jugendorganisation

"Freie Deutsche Jugend"

an die sowjetische Militärverwaltung in Deutschland zu wenden.

Die Grundlagen hierzu bilden die von allen Unterzeichneten angenommenen und der Urkunde beigefügten Ziele und Satzungen der Freien Deutschen Jugend.

Berlin, den 26. 2. 1946

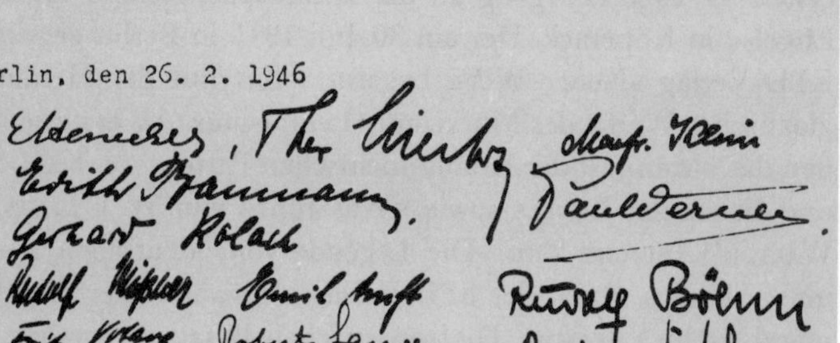

nismus auf; dadurch desorientierten sie die Arbeiter und schürten Antikommunismus und Antisowjetismus. Deshalb wurde der ideologische Klärungsprozeß zwischen beiden Parteien immer zwingender. Ohne Einigkeit in den Grundfragen von Theorie und Politik konnte der angestrebten Vereinigung nicht nähergetreten werden.

Die KPD hatte von Anfang an auf die Schulung ihrer Mitglieder größten Wert gelegt. Bereits im Juni 1945 legte die Bezirksleitung fest, »daß der Dienstag jeder Woche in Zukunft der Schulungstag der Partei ist«[17]. Die Themen lauteten unter anderem »Der Klassencharakter des Faschismus und Probleme der Einheits- und Volksfront«, »Die Kriegsschuld Deutschlands und die Mitschuld des deutschen Volkes«, »Der Weg des Wiederaufbaus Deutschlands und die Ausrottung des Faschismus«. Trotz großer Schwierigkeiten (Raummangel, schlechte Verkehrsverhältnisse, Ausgehverbot, ungeheizte Räume und Stromsperren in der kalten Jahreszeit) nahmen die Genossen außerordentlich rege an den Schulungen teil. Zwölf Jahre lang hatten sie so gut wie nie ein marxistisches Buch in die Hand nehmen können. Auch die neuen und jungen Mitglieder stellten viele Fragen. Die Treptower Genossen trafen sich damals im »Antifaheim«, einer Holzbaracke am Sterndamm in Johannisthal. Am 19. September 1945 eröffnete der KPD-Bezirksvorsitzende Waldemar Schmidt den ersten 14-Tage-Lehrgang an der Bezirksparteischule »Friedrich Engels« in Köpenick. Der am 30. Juli 1945 in Berlin gegründete KPD-Verlag »Neuer Weg« begann sofort mit der Herausgabe klassischer Werke des Marxismus-Leninismus. Als erstes erschienen das »Manifest der Kommunistischen Partei« von Karl Marx und Friedrich Engels sowie »Was tun?« von W. I. Lenin; von Walter Ulbricht kam »Die Legende vom ›deutschen Sozialismus‹« heraus. Auch der SPD-Verlag »Vorwärts« veröffentlichte marxistische Literatur. Die sowjetischen Besatzungsorgane stellten das damals so knappe Papier bereit. Doch konnte mit den

17 BPA, Abt. I, Nr. 2/34.

Gross-Kundgebung
am 22. Februar 1946, 13[30] Uhr, im PALAST (am Bahnhof Friedrichstr.)
anläßlich der 106. Wiederkehr des Geburtstages von
AUGUST BEBEL
Es sprechen:
WILHELM PIECK
Vorsitzender der Kommunistischen Partei Deutschlands
OTTO GROTEWOHL
Vorsitzender der Sozialdemokratischen Partei Deutschlands
Es wirken mit: Internationales Symphonie-Orchester, Dirigent: Professor Jordan Gawriloff und Wolf Trutz vom Deutschen Theater
Kommunistische Partei Deutschlands
Zentralkomitee
Kommunistische Partei Deutschlands
Bezirksleitung Groß-Berlin
EINHEIT
KPD · SPD
Sozialdemokratische Partei Deutschlands
Zentralausschuß
Sozialdemokratische Partei Deutschlands
Bezirksvorstand Groß-Berlin

Auflagen die Nachfrage nicht nur der Genossen keinesfalls befriedigt werden.

Anfang November 1945 beschlossen die Bezirksleitungen von KPD und SPD im Arbeitsausschuß Berlin, gemeinsame Funktionärsitzungen und anschließend gemeinschaftlich Schulungsabende durchzuführen, »um die Einheit besonders in den unteren Gliederungen beider Parteien noch mehr zu vertiefen und überall ein Gefühl kameradschaftlicher Zusammengehörigkeit zu schaffen«[18]. Höhepunkte waren die gemeinsamen Veranstaltungen am 4. November 1945 zur Schulreform, am 2. Dezember 1945 zum 125. Geburtstag von Friedrich Engels und die Bebel-Feier am 22. Februar 1946.

18 Dokumente und Materialien zur Geschichte der deutschen Arbeiterbewegung, Reihe III, Bd. 1, S. 257.

Am 20. und 21. Dezember 1945 kamen etwa je 30 Vertreter von KPD und SPD im Haus des Zentralausschusses der SPD in der Behrenstraße zusammen. Die Beratung – sie ging als erste Sechziger-Konferenz in die Annalen der Geschichte ein – beschloß, die Verschmelzung von KPD und SPD zu einer einheitlichen Partei ideologisch und organisatorisch vorzubereiten. Die Konferenz wählte eine Studienkommission, die den Auftrag erhielt, den Entwurf der »Grundsätze und Ziele der Sozialistischen Einheitspartei Deutschlands« und den Entwurf eines Parteistatuts auszuarbeiten.

Ihre Beschlüsse riefen in Berlin eine einhellige Zustimmung hervor. Die Sozialdemokraten des Bezirksamtes Tempelhof äußerten erwartungsvoll, »daß die Vereinigung beider Parteien jetzt nur noch eine Frage kurzer Zeit ist«[19]. Am 3. Januar 1946 kamen Zehntausende Berliner Arbeiter zum Gebäude des Zentralkomitees der KPD in der Wallstraße, um Wilhelm Pieck zu seinem 70. Geburtstag zu grüßen. Dicht gedrängt standen sie vor dem Gebäude. Immer wieder erschollen Hochrufe auf den Jubilar und auf die Arbeitereinheit. In einer Festveranstaltung im Admiralspalast am Abend dieses Tages erhielt Wilhelm Pieck als erster Bürger nach 1945 die Ehrenbürgerschaft der Stadt Berlin.

Ein weiterer Meilenstein auf dem Wege zur Arbeitereinheit war die Kundgebung von über 3000 kommunistischen, sozialdemokratischen und parteilosen Arbeitern und Angestellten der Berliner Verkehrsgesellschaft (BVG), des größten städtischen Betriebes, am 6. Januar 1946 im Friedrichstadt-Palast. Die Versammelten gelobten, »alle Kräfte für das Ziel, die organisatorische Einheit, einzusetzen und so den Aufbau eines demokratischen Deutschlands zu sichern. Für uns BVGer beginnt die dritte Phase des Kampfes um die Einheit der Arbeiterklasse. Zur Erreichung dieses Zieles werden ab heute die Betriebsgruppen der SPD und KPD vereinigt tagen.«[20] Diesem Beispiel folgten andere

---

19 Ebenda, S. 370.
20 Ebenda, S. 382.

DER MAGISTRAT DER STADT BERLIN
HAT DURCH EINSTIMMIGEN BESCHLUSS
VOM 30. DEZEMBER DES JAHRES 1945
HERRN

WILHELM PIECK

IN DANKBARER ANERKENNUNG
SEINER UNVERGÄNGLICHEN VERDIENSTE
ALS VORKÄMPFER FÜR DIE DEMOKRATISCHE
ERNEUERUNG DEUTSCHLANDS
UND BEIM WIEDERAUFBAU EINER NEUEN,
FREIEN UND GLÜCKLICHEN STADT BERLIN

DAS EHRENBÜRGERRECHT

VERLIEHEN.

BERLIN, AM 3. JANUAR 1946

Dr. Arthur Werner

OBERBÜRGERMEISTER
DER STADT BERLIN

Betriebe: die städtischen Gaswerke, die Deutschen Messingwerke in Niederschöneweide, die Schering AG in Adlershof, die Firma Graetz AG in Treptow, die AEG Brunnenstraße, die Lorenz AG

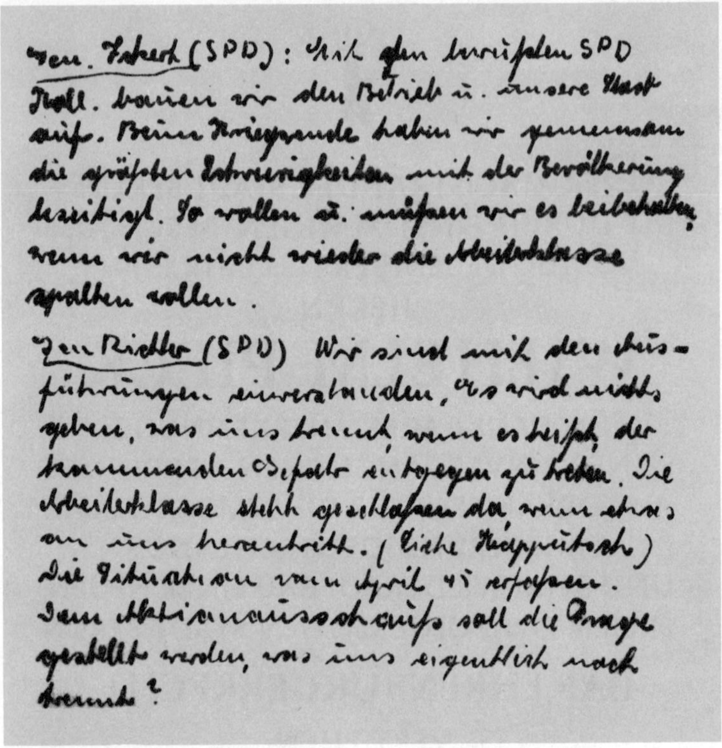

Gen. [illegible] (SPD): Mit den bewußten SPD Koll. bauen wir den Betrieb u. unsere Stadt auf. Beim Kriegsende haben wir gemeinsam die größten Schwierigkeiten mit der Bevölkerung beseitigt. So wollen u. müssen wir es beibehalten, wenn wir nicht wieder die Arbeiterklasse spalten wollen.

Gen. Richter (SPD) Wir sind mit den Ausführungen einverstanden, es wird nichts geben, was uns trennt, wenn es heißt, den kommenden Gefahren entgegen zu treten. Die Arbeiterklasse steht geschlossen da, wenn etwas an uns herantritt. (Siehe Kapp-Putsch) Die Situation vom April 45 erfassen. Dem Aktionsausschuß soll die Frage gestellt werden, was uns eigentlich noch trennt?

Aus dem Protokoll der gemeinsamen KPD/SPD-Mitgliederversammlung in der AEG-Apparatefabrik Treptow am 22. Januar 1946

Tempelhof, die Schultheiß-Brauerei in der Schönhauser Allee, das Reichsbahnausbesserungswerk Warschauer Straße, die Charité, der Berliner Rundfunk und viele andere.

Der Drang zur Einheitspartei war so stark, daß die zweite Sechziger-Konferenz, die am 26. Februar 1946 wiederum im Parteihaus der SPD tagte, Maßnahmen zur unmittelbaren politisch-organisatorischen Verschmelzung der Parteiorganisationen von KPD und SPD beschloß. Die Konferenz billigte die Entwürfe für die Grundsätze und Ziele sowie für das Parteistatut und stellte sie den Mitgliedern beider Parteien zur Diskussion.

Die letzte Etappe der Vereinigung begann. Sie zeichnete sich durch revolutionären Elan und eine offene, kritische Atmosphäre aus. In gemeinsamen Mitgliederversammlungen und Schulungsabenden wurden die Grundsätze und Ziele beraten. Dabei drang immer wieder die Erkenntnis durch, daß jede Abkehr vom Marxismus und das Eindringen des Opportunismus zur Spaltung der Arbeiterbewegung, damit zur Schwächung ihrer Kampfkraft und zum Triumph der Reaktion geführt hatte. Leidenschaftlich, doch kameradschaftlich verliefen die Diskussionen, die auf beiden Seiten noch bestehende Barrieren wegräumten. Dabei fiel es vielen SPD-Funktionären schwer, sich von reformistischen Gedankengängen zu trennen; bei Kommunisten mußten sektiererische Auffassungen und aus der Weimarer Zeit herrührende ablehnende Haltungen gegenüber den Sozialdemokraten überwunden werden.

In diesem historischen Frühjahr 1946 fanden täglich Versammlungen und Kundgebungen in Berlin statt. Rote Fahnen und Transparente schmückten die Parteihäuser der KPD in der Wallstraße und der SPD in der Behrenstraße sowie die Parteibüros in den Stadtbezirken. Losungen zur Vereinigung standen auch an Werkstoren und Häuserwänden.

In der gesamten Arbeiterklasse wurde die bevorstehende Vereinigung von KPD und SPD lebhaft begrüßt. Auf den Delegiertentagungen zur Vorbereitung des 1. Kongresses des Freien Deutschen Gewerkschaftsbundes, der vom 9. bis 11. Februar 1946 in Berlin stattfand, wurde der Wunsch geäußert, die Vereinigung beider Parteien möge noch vor dem 1. Mai 1946 stattfinden, damit die Demonstranten den 1. Mai unter dem Banner der Arbeitereinheit begehen könnten. Viele parteilose Arbeiter, Frauen und Jugendliche stellten den Antrag, in die vereinigte Partei aufgenommen zu werden.

Anfang März 1946 tagten Funktionärkonferenzen von KPD und SPD, um die Vereinigung der Berliner Parteiorganisationen

Einheit tut not!

Die deutsche Arbeiterklasse hat durch Uneinigkeit 1933 die erste Schlacht um die Demokratie in Deutschland verloren. In Einigkeit wird die deutsche Arbeiterklasse die zweite Schlacht um die Demokratie zum Siege führen!

Noch ist die deutsche Arbeiterklasse in zwei Parteien gespalten. Neue wirtschaftliche und gesellschaftliche Verhältnisse verlangen gebieterisch neue politische Formen mit neuem Inhalt. Keine Partei in Deutschland kann dort wieder beginnen, wo sie 1933 aufgehört hat.

Millionen Werktätiger fordern deshalb:
Fort mit dem Bruderkampf – schafft eine Arbeiterpartei!

Die deutsche Arbeiterklasse ist über alles Vergangene hinweg geeint durch:

Eine gemeinsame Erkenntnis:	Hitler siegte, weil wir uns im Bruderkampf selbst entmachteten.
Einen gemeinsamen Opfergang:	1933—1945.
Eine gemeinsame Lehre:	Nie wieder darf es zum 30. Januar 1933 kommen.
Ein gemeinsames Bekenntnis:	Zur Einheit Deutschlands.
Ein gemeinsames Ziel:	Die sozialistische Gesellschaft der Zukunft.

Die Einheitspartei aller schaffenden Deutschen wird der mächtigste politische Willensträger werden. Sie ist der Schutzwall gegen Reaktion und Faschismus. Sie ist die einzige Kraft gegen Separatismus und Partikularismus. Sie ist die Voraussetzung, daß unter ihrer Fahne die einige deutsche Arbeiterklasse ihrem großen Ziele siegreich entgegenschreitet.

Die Einheitspartei ist frei und unabhängig nach außen und innen:

Sie beruht auf den Grundsätzen des demokratischen Bestimmungsrechts ihrer Mitglieder.
Sie dient ausschließlich den Interessen des deutschen Volkes.
Sie kämpft mit dem revolutionären Geist unseres August Bebel.

Wir Sozialdemokraten bekennen uns zur größeren Partei der geeinten deutschen Arbeiterklasse.

Schaffen wir sie also:

Die große, einige, unbesiegbare sozialistische Einheitspartei Deutschlands!

ZENTRAL-AUSSCHUSS S.P.D. BEZIRKSVORSTAND BERLIN DER S.P.D.

vorzubereiten. In den Stadtbezirken Prenzlauer Berg, Friedrichshain und anderen entstanden paritätisch zusammengesetzte Vereinigungsausschüsse.

Im Kampf gegen Einheitsgegner

In dieser Situation traten in der Berliner SPD Kräfte hervor, die mit aller Gewalt den Zusammenschluß der Parteien verhindern wollten. Sie hatten schon vor 1933 auf rechtsopportunistischen, antikommunistischen Positionen gestanden. Zu ihnen gesellten sich auch karrieristische, der Arbeiterbewegung fremde Elemente. Die Fäden liefen zum »Büro Schumacher« in Hannover und zu den Westmächten. Am 19. Februar 1946 war Kurt Schumacher, der Führer der opportunistischen Kräfte in der SPD der Westzonen, mit einer britischen Militärmaschine in die Westsektoren gekommen, um den Einheitsgegnern um Gustav Dahrendorf, Karl Germer, Gustav Klingelhöfer, Paul Löbe, Franz Neumann und Curt Swolinsky den Rücken zu stärken. Doch der Drang der Masse der Mitglieder zur Einheit war unaufhaltbar. Deshalb klügelten die rechten SPD-Führer einen raffinierten Plan aus: Sie riefen die Berliner Sozialdemokraten zu einer sogenannten Urabstimmung über die Vereinigung auf, aber sie deckten ihre Karten nicht offen auf. Sie stellten demagogisch folgende zwei Fragen: »1. Bist Du für den sofortigen Zusammenschluß der beiden Arbeiterparteien, ja oder nein? 2. Bist Du für ein Bündnis beider Parteien, welches gemeinsame Arbeit sichert und den Bruderkampf ausschließt, ja oder nein?« Auf diese Weise schien es nur eine Abstimmung über sofortigen Zusammenschluß oder dauerhaftes Bündnis zu sein; das, was sie beabsichtigten, aber nicht sagten – Aufrechterhaltung der Spaltung der Arbeiterklasse –, schien gar nicht in Frage zu kommen. Der Zentralausschuß der SPD lehnte das statutenwidrige Vorhaben ab. Die Einheitsgegner aber bereiteten von den Westsektoren aus ihre Kampagne vor. Die Westmächte stellten ihnen Geld, Papier für Flugblätter und die Spalten ihrer Lizenzpresse zur Verfügung. Mit antikommunistischer Propaganda und Verleumdung, mit solchen Lügen wie der, es solle eine »Zwangsvereinigung auf Geheiß der Russen« stattfinden, bei der die SPD bloß als »Blutspender« für die KPD dienen solle, gelang es den Spaltern, viele Sozialdemokraten, besonders in den Westsektoren, zu verwirren.

Am 31. März 1946 fand die »Urabstimmung« nur in den

Westsektoren unter den Fittichen der Westmächte statt. Von den 66 300 SPD-Mitgliedern in Berlin nahmen nur 23 000 an der »Urabstimmung« teil. Zwar stimmte eine Mehrheit von 18 000 gegen eine sofortige Vereinigung, doch zugleich sprachen sich mehr als 14 000 für ein weiteres Bündnis mit den Kommunisten aus. Die Urheber des ganzen Manövers beeilten sich, das Ergebnis als ein angeblich klares Votum gegen jedwede »Zwangsvereinigung« auszugeben. Am 7. April 1946 führten sie in Zehlendorf (USA-Sektor) eine Zusammenkunft durch, auf der sie sich als »rechtmäßige SPD« konstituierten und Franz Neumann und Curt Swolinsky zu Vorsitzenden der neuen Partei wählten. Damit war die Berliner Sozialdemokratie gespalten. Rund 37 000 Mitglieder – also etwas mehr als die Hälfte des Berliner Landesverbandes – nahmen vierzehn Tage später an der Vereinigung nicht teil.

Das Vorgehen der Spalter löste unter den klassenbewußten Sozialdemokraten und darüber hinaus in der gesamten Berliner Arbeiterschaft Empörung aus. Die erste gemeinsame Funktionärversammlung der beiden Parteien am 26. März 1946, auf der Walter Ulbricht (KPD) und Max Fechner (SPD) sprachen, bekannte sich leidenschaftlich für die Einheitspartei: »Wir brauchen die Einheit der sozialistischen Arbeiterbewegung nicht erst in einer ungewissen Zukunft, wir brauchen sie jetzt. Dabei muß sich Berlin an die Spitze stellen.«[21] Einen Tag später bildeten Kommunisten und Sozialdemokraten der BVG eine Betriebsorganisation der Sozialistischen Einheitspartei. Weitere Betriebe folgten. Die Wühltätigkeit der Spalter blieb nicht ohne Einfluß; manche schwankten, aber aufzuhalten war die Vereinigung nicht.

---

21 Ebenda, S. 573.

Von unten nach oben, zuerst in den Betriebs- und Ortsgruppen, dann in den Abteilungen der SPD und den Stadtteilorganisationen der KPD und schließlich in den Kreisverbänden, vollzog sich auf demokratische Weise die Vereinigung. Nach Friedrichshain, Lichtenberg, Köpenick und Prenzlauer Berg vollzogen Anfang April 1946 alle anderen SPD-Kreise im sowjetischen Sektor mit überwältigender Mehrheit die Vereinigung mit der KPD. Nur wenige Ortsgruppen folgten den Spaltern. In den Westsektoren hingegen gelang es den Einheitsfeinden, große Teile der Sozialdemokraten von der Vereinigung abzuhalten, aber sie konnten die Bildung der SED nicht verhindern.

Am 13. April 1946 trafen sich die Delegierten der KPD und der SPD auf getrennten Bezirksparteitagen, um die Vereinigung zu beschließen. Im Deutschen Theater tagten die 656 Delegierten der kommunistischen Parteiorganisation. Wilhelm Pieck rief ihnen zu: »Wir übernehmen in die neue Partei alles Gute aus unserer Vergangenheit, vor allem unsere marxistisch-leninistische Schulung, den großen Bestand der in diesen Jahren geschulten Funktionäre und den Arbeitseifer und die Disziplin einer Kampfpartei. Wir werden uns aufs innigste mit den sozialdemokratischen Genossen so verschmelzen, daß wir nicht mehr auseinanderzukennen sind.«[22] Zur gleichen Stunde berieten 446 sozialdemokratische Delegierte im Theater am Schiffbauerdamm. Nicht einer von ihnen trat gegen die Vereinigung auf. Beide Bezirksparteitage faßten getrennt und jeweils einstimmig den bedeutsamen Beschluß.

Am nächsten Tag, dem 14. April 1946, kamen die Delegierten beider Parteien zu einer gemeinsamen Tagung im Friedrichstadt-Palast zusammen und vollzogen die Vereinigung von 70 000 Berliner Kommunisten und 29 000 Berliner Sozialdemokraten. »Das tiefe Sehnen der Arbeiterklasse nach Einheit wird Wirklichkeit. Die Zeit der Spaltung, des tiefen Niederganges und der Niederla-

22 Einstimmig beschlossen: SED Groß-Berlin (Bericht über die letzten Parteitage der SPD und KPD am 13. 4. 1946 und den Vereinigungsparteitag am 14. 4. 1946), (Berlin 1946), S. 18.

DAS PROGRAMM DER DREI PARTEITAGE

Bezirksparteitag der SPD Groß-Berlin am 13. April 1946, 9,30 Uhr im Theater am Schiffbauerdamm

TAGESORDNUNG:

1. Geschäfts- und Kassenbericht.
   Berichterstatter: Genossen Erich Lübbe und Emil Barth.
2. Bericht der Revisoren. Berichterstatter: Genosse Hauth.
3. Aussprache.
4. Stellungnahme zu den Grundsätzen und Statuten.
   Referent: Erich Gniffke.
5. Beratung der dafür vorliegenden Anträge und Beschlußfassung über die Vereinigung.
6. Wahl der anteiligen Mitglieder für den Berliner Vorstand der Sozialistischen Einheitspartei.
7. Verschiedenes.

Bezirksparteitag der KPD Groß-Berlin am 13. April 1946, 9.30 Uhr im Deutschen Theater

TAGESORDNUNG:

1. Bericht der Bezirksleitung.
   Berichterstatter: Genosse Waldemar Schmidt.
2. Diskussion.
3. Schlußwort. Genosse Hermann Matern.
4. Beschußfassung über die Grundsätze und Ziele sowie die Statuten der Sozialistischen Einheitspartei Deutschlands.
5. Wahlen.
   a) Wahlen der anteiligen Mitglieder für den Berliner Vorstand der Sozialistischen Einheitspartei Deutschlands.
   b) Wahl der Delegierten zum Parteitag.

Gemeinsamer Parteitag der SPD und KPD am Sonntag, dem 14. April 1946, 9.30 Uhr, im Palast

Ouvertüre Leonore 3 von Ludwig van Beethoven

TAGESORDNUNG:

1. Wahl des Präsidiums.
2. Begrüßungen.
3. Die Aufgaben der Sozialistischen Einheitspartei Deutschlands in Berlin.
   Referenten: Die Vorsitzenden der SPD und KPD Groß-Berlins.
4. Bestätigung des Bezirksvorstandes Groß-Berlin der Sozialistischen Einheitspartei Deutschlands.

gen liegt hinter uns«, hieß es im Vereinigungsbeschluß.[23] Der Kommunist Hermann Matern und der Sozialdemokrat Karl Litke wurden zu paritätischen Vorsitzenden des Landesverbandes Groß-Berlin der SED gewählt.

Ostern 1946, am 21. und 22. April – in den Ländern und Provinzen der sowjetischen Besatzungszone war die Vereinigung beider Parteien schon vollzogen –, traten die Delegierten aus der gesamten sowjetischen Besatzungszone im festlich geschmückten Admiralspalast zum großen Vereinigungsparteitag zusammen. »30 Jahre Bruderkampf finden in diesem Augenblick ihr Ende«, sagte Otto Grotewohl. »Wer einen geschichtlichen Blick hat, der sieht heute Millionen von Sozialisten hinter uns stehen. Ein Aufatmen geht durch ihre Reihen, ein Alpdruck fällt von ihnen, und ein Leuchten steht in ihren Augen. Ein alter Traum ist Wirklichkeit geworden: die Einheit der deutschen Arbeiterklasse.« Und Wilhelm Pieck bekräftigte: »Wir werden unsere Sozialistische Einheitspartei zu der Millionenpartei des deutschen werktätigen Volkes machen, um damit alle inneren Feinde zu schlagen, um das große Werk zu vollenden, das wir uns als Ziel gesetzt haben: den Sozialismus. Otto Grotewohl! Das sei der Sinn unseres Händedrucks, das sei unser heutiges Gelöbnis, das sei unsere Tat!«[24]

Die Gründung der SED war ein historischer Sieg der Arbeiterklasse über den Imperialismus, des Marxismus-Leninismus über den Opportunismus. Die Überwindung der Spaltung der Arbeiterklasse schuf die Voraussetzungen, um die im Osten Deutschlands eingeleitete Umwälzung konsequent zu Ende zu führen und mit dem Aufbau des Sozialismus zu beginnen.

---

23 Ebenda, S. 50.

24 Protokoll des Vereinigungsparteitages der Sozialdemokratischen Partei Deutschlands (SPD) und der Kommunistischen Partei Deutschlands (KPD) am 21. und 22. April 1946 in der Staatsoper »Admiralspalast« in Berlin, Berlin (1946), S. 10/11.

Wir sind wieder einig!

Nach vielen Jahren des Nebeneinanderfließens sind die beiden großen Ströme der deutschen Arbeiterbewegung wieder ineinandergemündet.
Die Vereinigung erfolgte zu einem Zeitpunkt, da das deutsche werktätige Volk seine Einheit nötiger braucht, denn je. Der imperialistisch-faschistische Krieg und die zwölf Jahre barbarischen Naziterrors haben uns in eine Lage gebracht, so schwer, wie sie kaum ein Volk vor uns zu meistern hatte.
Im Neuaufbau unseres Lebens haben die beiden Arbeiterparteien in der ersten Reihe der antifaschistisch-demokratischen Kräfte gestanden.
Ein Jahr nach dem furchtbarsten Zusammenbruch beginnt sich überall das Leben wieder zu normalisieren. Noch haben wir es schwer. Das ist nicht zu leugnen und soll nicht geleugnet werden. Aber nur ein Unvernünftiger könnte verlangen, daß das furchtbare Nazierbe in so kurzer Zeit überwunden sein könnte.
Jetzt nun vereint, werden unsere Kräfte nicht nur verdoppelt, sondern vervielfacht. Aber nicht die alten Zustände wiederherzustellen ist unser Ziel. Damit wäre nur der Ausgangspunkt wieder erreicht, von dem aus es zu Krieg und Faschismus ging.

Wir wollen eine wahrhafte Demokratie erkämpfen

eine Herrschaft des werktätigen Volkes über seine Bedrücker, über Kriegsverbrecher, Faschisten und Reaktionäre; einen Staat, in welchem die Macht aller Feinde des Fortschritts ein für allemal gebrochen wird.
Auf dem Boden dieser Demokratie wollen wir den Sozialismus vorbereiten. Die Ordnung der Gesellschaft, die keinen Krieg und keinen Terror, keine Unterdrückung und keine Ausbeutung mehr kennt, in welcher alle schaffenden Menschen ihre Kräfte frei entfalten können zum Wohle der Gemeinschaft.

Es genügt aber nicht, dieses große Ziel nur zu wollen, wir müssen es erkämpfen! Geben wir unseren Brüdern im Westen ein Beispiel! Schaffen wir durch die Einheit der Werktätigen die Einheit Deutschlands!

Arbeiter und Bauern, Frauen und Jugend, Geistesarbeiter und alle, die Ihr Euch am Neuaufbau Deutschlands beteiligen wollt, tretet ein in die

SOZIALISTISCHE EINHEITSPARTEI

und helft mit am

Neuaufbau eines schöneren Lebens!

… Vorderseite

Kapitel V
»Berlin will leben!«

»Der Kampf um die staatliche, politische, wirtschaftliche und kulturelle Entwicklung Deutschlands kulminiert besonders im Kampf um Berlin, denn Berlin ist Deutschland im kleinen.« Mit diesen Worten umriß HERMANN MATERN, *Landesvorsitzender der SED, auf dem Landesparteitag der SED Groß-Berlin am 6. und 7. September 1947 im »Filmtheater am Friedrichshain« die Lage. »Für die deutsche und die internationale Reaktion ist Berlin ein vorgeschobener Posten für ihren Kampf zur Durchsetzung ihrer reaktionären Ziele in der sowjetisch besetzten Zone und im Osten. Einen Kampfposten aber baut man für den Kampf, nicht aber für die friedliche Entwicklung der Bevölkerung aus.«*[1]

1 Hermann Matern: Berlins Kampf um die Einheit Deutschlands. Aus der Rede auf dem Landesparteitag der SED Groß-Berlin am 6. und 7. September 1947. 7. September 1947. In: Hermann Matern: Im Kampf für Frieden, Demokratie und Sozialismus. Ausgewählte Reden und Schriften, Bd. I 1926–1956, Berlin 1963, S. 258 u. 259.

1. Mai 1946. »Im Stadtzentrum stauten sich die Massen. Hunderttausende standen in den Zugangsstraßen zum Berliner Lustgarten. Der Platz hielt diesem Ansturm nicht stand, konnte die Massen nicht fassen. So groß war die Begeisterung. Unbeschreiblich waren die Freude und der Jubel. Viele alte Freunde und Kampfgefährten, die lange Jahre illegal gearbeitet oder in Zuchthäusern und Konzentrationslagern geschmachtet hatten, sahen sich wieder. Sie umarmten sich, vereinten sich mit dem Heer der demonstrierenden Berliner Werktätigen. An ihrer Spitze marschierten die Repräsentanten der vereinigten Arbeiterpartei, unserer Sozialistischen Einheitspartei.«[2] So ist der erste Kampftag der internationalen Arbeiterbewegung nach zwölf Jahren Faschismus und Krieg dem damaligen Vorsitzenden des FDGB von Groß-Berlin, Roman Chwalek, in Erinnerung geblieben.

Mit der Sozialistischen Einheitspartei Deutschlands war das Kraftzentrum für die konsequente Weiterführung der antifaschistisch-demokratischen Umwälzung und für die Durchsetzung der führenden Rolle der Arbeiterklasse in allen gesellschaftlichen Bereichen entstanden. Doch harte Kämpfe standen noch bevor.

Die Weltlage befand sich im Umbruch. Im März 1946 hatte der britische Ex-Premier Winston S. Churchill im Beisein des amerikanischen Präsidenten Harry S. Truman in Fulton (USA-Staat Missouri) einen kalten Krieg gegen die Kräfte des Sozialismus, der Demokratie und des Friedens angekündigt. In den westlichen Besatzungszonen Deutschlands verschleppten und hintertrieben die Militärregierungen der drei Westmächte die Durchführung des Potsdamer Abkommens. Auch in der Viersektorenstadt Berlin trat die Reaktion unter dem Schutz der imperialistischen Besatzer immer frecher auf.

In der Alliierten Kommandantur verweigerten die Vertreter

2 Roman Chwalek: Der 1. Mai 1946 unter roten Fahnen. In: Aufbruch in unsere Zeit. Erinnerungen an die Tätigkeit der Gewerkschaften von 1945 bis zur Gründung der Deutschen Demokratischen Republik, Berlin (1976), S. 144.

BERLIN MARSCHIERT AM 1. MAI
ES LEBE
DIE
SOZIALISTISCHE
EINHEITS-PARTEI
GROSS-BERLINER ORGANISATIONS-AUSSCHUSS DER SPD UND KPD
FÜR DIE SOZIALISTISCHE EINHEITS-PARTEI DEUTSCHLANDS

der Westmächte die Zulassung der SED als gesetzlicher Nachfolgerin der KPD und der SPD. Es war ihnen nicht gelungen, die Vereinigung der Parteien zu verhindern, nun wollten sie nur die Spalter-SPD anerkennen. Die amerikanische Militärregierung behauptete, in ihrem Sektor hätte sich die KPD aufgelöst, und verbot jede Tätigkeit der SED. Auch im britischen und im französischen Sektor konnte nur die abgespaltene SPD ungehindert wirken. Sie hatte sich rechtswidrig das Eigentum der alten Partei angeeignet. Schließlich kam es am 28. Mai 1946 im Koordinierungsausschuß des Alliierten Kontrollrates zu einem Kompromiß: Die SED und die abgespaltene SPD wurden in ganz Berlin zugelassen.

Mehr als sechs Wochen nach ihrer Gründung konnte die SED erst mit dem Aufbau ihrer Organisation in den zwölf Westberliner Stadtbezirken beginnen. Sie blieb weiterhin Diskriminierungen und Behinderungen seitens der dortigen Militärorgane ausgesetzt. Rechte SPD-Führer schürten Antikommunismus und Antisowjetismus und rissen erneut den Graben des Bruderkampfes auf. Dadurch verschlechterten sich zunehmend die Kampfbedingungen der SED und der anderen fortschrittlichen Organisationen in den Westsektoren.

Seit Sommer 1946 spitzte sich der Klassenkampf schnell zu. Im sächsischen Volksentscheid vom 30. Juni 1946 hatten sich mehr als 77 Prozent der an der Abstimmung beteiligten Bevölkerung dieses industriestarken Landes für die entschädigungslose Enteignung der Kriegs- und Naziverbrecher und für die Überführung deren Eigentums in die Hände des Volkes ausgesprochen. Bis Mitte August 1946 erließen – gestützt auf dieses klare Votum – auch die anderen Landes- und Provinzialverwaltungen in der sowjetischen Besatzungszone entsprechende Verordnungen. Damit wurde in Ostdeutschland die Monopolbourgeoisie entmachtet, was die antifaschistisch-demokratischen Verhältnisse konsolidierte. Demgegenüber schritt in den drei Westzonen die Restauration imperialistischer Machtverhältnisse voran, weil die dortigen Besatzungsbehörden eine Vereinigung der beiden Ar-

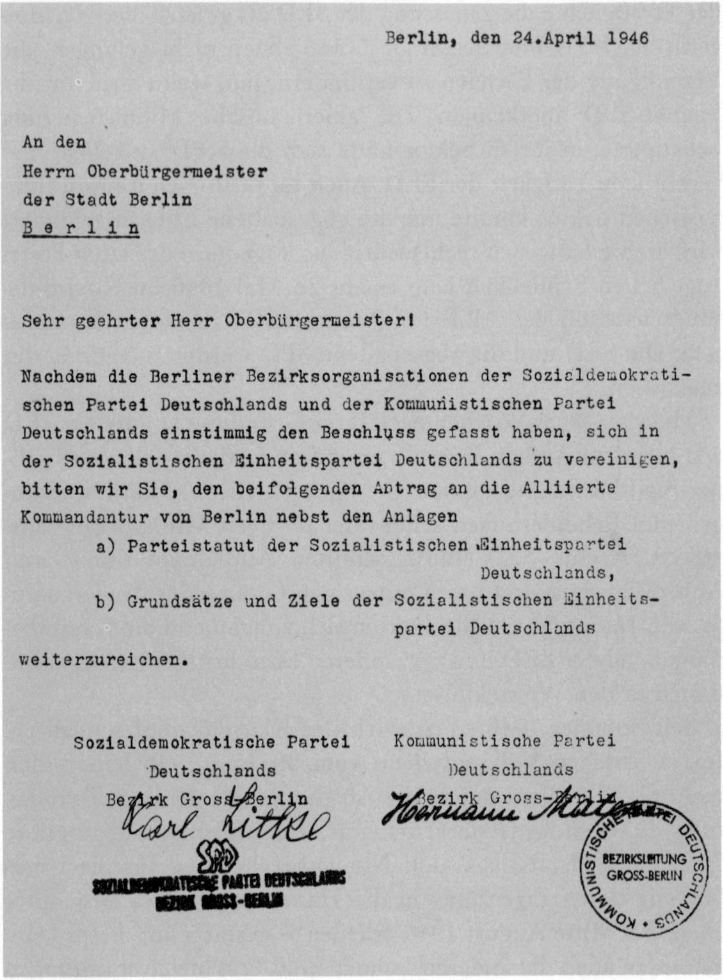

Berlin, den 24.April 1946

An den
Herrn Oberbürgermeister
der Stadt Berlin
B e r l i n

Sehr geehrter Herr Oberbürgermeister!

Nachdem die Berliner Bezirksorganisationen der Sozialdemokratischen Partei Deutschlands und der Kommunistischen Partei Deutschlands einstimmig den Beschluss gefasst haben, sich in der Sozialistischen Einheitspartei Deutschlands zu vereinigen, bitten wir Sie, den beifolgenden Antrag an die Alliierte Kommandantur von Berlin nebst den Anlagen

a) Parteistatut der Sozialistischen Einheitspartei Deutschlands,

b) Grundsätze und Ziele der Sozialistischen Einheitspartei Deutschlands

weiterzureichen.

Sozialdemokratische Partei Deutschlands Bezirk Gross-Berlin

Kommunistische Partei Deutschlands Bezirk Gross-Berlin

beiterparteien verboten und sich brüsk über die von breiten Kreisen der Werktätigen erhobene Forderung nach Enteignung der Betriebe der Monopolbourgeoisie und der aktiven Nazis hinwegsetzten.

Berlin lag gewissermaßen im Spannungsfeld dieser beiden aus-

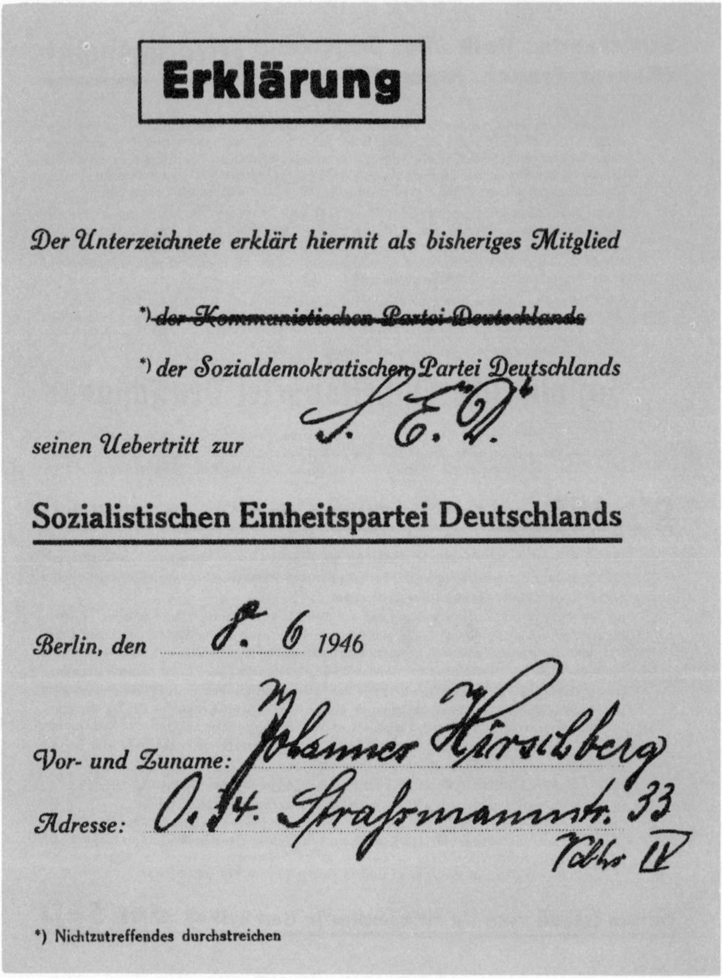

Erklärung

Der Unterzeichnete erklärt hiermit als bisheriges Mitglied

*) ~~der Kommunistischen Partei Deutschlands~~

*) der Sozialdemokratischen Partei Deutschlands

seinen Uebertritt zur S.E.D.

Sozialistischen Einheitspartei Deutschlands

Berlin, den 8. 6 1946

Vor- und Zuname: Johannes Hirschberg

Adresse: O. 34. Strassmannstr. 33

*) Nichtzutreffendes durchstreichen

einanderstrebenden Entwicklungen. Die Stadt war ein Bestandteil der sowjetischen Zone, aber die Westmächte versuchten, sie unter Mißbrauch ihres Anwesenheitsrechtes in einen Vorposten der Reaktion zu verwandeln. Rechte sozialdemokratische Kräfte unterstützten diese Politik. KLINGELHÖFER hatte schon nach voll-

Schaffendes Volk aller Schichten, Männer, Frauen, Jugendliche vom Friedrichshain!

Über ein Jahr ist verflossen seit jenem ungeheuerlichsten Zusammenbruch, den Deutschland in seiner Geschichte erlebte. Über ein Jahr ist vergangen, seitdem Hitler, seine Kumpane und seine kapitalistisch-militaristischen Hintermänner dem deutschen Volk ein Reich in Trümmern und Chaos hinterließen. Schier unüberwindlich schienen die Widerstände und Schwierigkeiten, die sich überall auftürmten. Auf allen Gebieten war unsere Tätigkeit zunächst nur eine Arbeit des Aufräumens, des Wegräumens der gröbsten Hindernisse.

Träger dieser Arbeit aber waren die breiten Massen des werktätigen Volkes. Die Arbeiter und Werktätigen aller Schichten, die infolge ihrer Uneinigkeit und Spaltung jahrzehntelang zur Ohnmacht verurteilt und nur Werkzeuge in den Händen einer volks- und menschheitsfeindlichen Verbrecherklique waren, erwiesen sich als die einzige Kraft für die Schaffung eines neuen Deutschlands, das wieder einen geachteten Platz in der Gemeinschaft freier Völker einnehmen muß.

Die Voraussetzung für die volle Entfaltung der politischen Aktionskraft der deutschen Arbeiterklasse und aller Werktätigen aber ist die völlige Geschlossenheit und politische Einheit einer selbstbewußt auf Grund klarer Erkenntnis der gesellschaftlichen Zusammenhänge handelnden sozialistischen Arbeiterbewegung. Aus diesem Grunde wurde — zunächst in der Sowjetzone — die

Sozialistische Einheitspartei Deutschlands

geschaffen, die jetzt in ganz Berlin ihre Anerkennung durch die interalliierte Kommandantur gefunden hat. Nach dem Abschluß der ersten Periode des Auf- und Wegräumens treten wir jetzt in den 2. Abschnitt eines planmäßigen Aufbaus ein — allen ihm entgegenstehenden gewaltigen Widerständen zum Trotz.

Die SED ruft Euch zur Tat und zur aktiven Mitarbeit auf:

für den Neuaufbau der Hauptstadt Berlin, für die Sicherung der Ernährung und Volksgesundheit
für die Instandsetzung beschädigter Wohnungen und Arbeitsstätten durch organisierte Selbsthilfe
für die Sicherung der demokratischen Volksrechte
für den Ausbau der Selbstverwaltung auf der Grundlage demokratisch durchgeführter Wahlen
für die Sauberkeit der Verwaltungen und sofortige Entfernung der nazistischen, volksfeindlichen und egoistischen Elementen, gegen jede Korruption, den Preiswucher und Schwarzen Markt
für den Schutz der Werktätigen vor kapitalistischer Ausbeutung — für die Arbeitsbeschaffung
für die Sicherung des notwendigen Bedarfs der breiten Volksmassen an Kleidung und Heizung
für die Vereinfachung des Steuerwesens und die gerechte Lastenverteilung — für die Sicherung des Koalitions-, Streik- und Tarifrechts — für das Mitbestimmungsrecht der Betriebsräte
für den Ausbau des gesetzlichen Arbeitsschutzes, insbesondere für unsere Frauen und Jugend
für die Sicherung der Lebensrechte der Hilfsbedürftigen
für den Aufbau der Wirtschaft und die planmäßige Steigerung der Produktion
für die demokratische Reform des Bildungswesen, den Aufbau der Einheitsschule
für die Erziehung der Jugend im Geiste einer fortschrittlichen Demokratie und der Freundschaft unter den Völkern — für die Herstellung der Einheit Deutschlands als antifaschistische, parlamentarische Republik — gegen jeden Militarismus, für die friedliche Zusammenarbeit mit allen Völkern im Geiste einer wahren Humanität, für den Sozialismus.

Darum werde auch Du Mitkämpfer in den Reihen der SED

Sozialistische Einheitspartei Deutschlands / Kreis Friedrichshain

(216) BF. 50000. 6. 46.

Aufnahmegesuch siehe Rückseite!

zogener Spaltung der SPD am 11. April 1946 im »Tagesspiegel« geschrieben, Berlin sei nunmehr »Brückenkopf« in der Bekämpfung des Sozialismus geworden.

Diesem Kurs setzten die demokratischen Kräfte in Berlin, geführt von der SED und unterstützt von der Sowjetunion, ihr Programm entgegen: Weiterführung der antifaschistisch-demokrati-

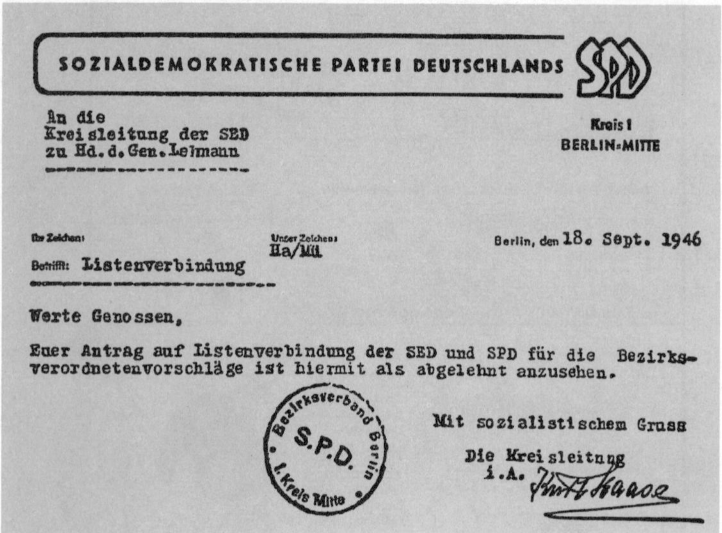
SOZIALDEMOKRATISCHE PARTEI DEUTSCHLANDS SPD

An die
Kreisleitung der SED
zu Hd. d. Gen. Lehmann

Kreis I
BERLIN-MITTE

Ihr Zeichen: Unser Zeichen: Ha/Mü Berlin, den 18. Sept. 1946

Betrifft: Listenverbindung

Werte Genossen,

Euer Antrag auf Listenverbindung der SED und SPD für die Bezirksverordnetenvorschläge ist hiermit als abgelehnt anzusehen.

Mit sozialistischem Gruss

Die Kreisleitung
i. A. Kurt Haase

Bezirksverband Berlin S.P.D. I. Kreis Mitte

schen Umwälzung; konsequente Erfüllung der Beschlüsse von Potsdam und Wiederaufbau Berlins als Hauptstadt eines einheitlichen, demokratischen deutschen Staates. Um die Entscheidung dieser Grundfrage: antiimperialistischer Fortschritt oder imperialistische Restauration, die letztlich eine Frage der Macht war, wurde in den nächsten Jahren der Klassenkampf in Berlin geführt.

Zum 20. Oktober 1946 waren die Berliner erstmals nach dem Kriege zur Wahl ihrer städtischen Körperschaften aufgerufen. Der demokratische Magistrat unter Oberbürgermeister Werner hatte trotz wachsender Erschwernisse in den Westsektoren seit Herbst 1945 eine insgesamt erfolgreiche Aufbauarbeit geleistet. Das war vor allem ein Verdienst der in Aktionseinheit handelnden Arbeiterklasse und ein Erfolg der Bündnispolitik. Die SED forderte daher in ihrem Wahlaufruf die Parteien, die Gewerkschaften und die anderen Massenorganisationen auf, die bewährte Blockpolitik fortzusetzen und alle Kräfte auf den demokratischen Neuaufbau der Stadt zu konzentrieren. »Durch das Volk, mit dem Volk, für das Volk!« lautete ihre Devise.

Aber die SPD-Führung wies dieses Angebot schroff zurück. Sie erklärte, »die Zeit des Antifa« sei ein für allemal vorüber, und stempelte die SED sogar zu ihrem Hauptgegner im Wahlkampf.

Mit Lüge und Verleumdung führten die rechtsopportunistischen Kräfte, gleichzeitig die großbürgerlichen Politiker von CDU und LDP hofierend, einen »Kampf um das Berliner Rathaus«[3]. Daß ihnen dazu jedes Mittel recht war, zeigte sich schon früh. Bereits im Mai 1946 hatte die SPD ihren Leiter des Hauptermährungsamtes, Ernst Klimpel, abberufen und eine Neubesetzung der Funktion verweigert. Als der Stadtrat für Handel und Handwerk, Josef Orlopp (SED), schließlich das vakante Amt übernahm, setzte sofort eine Pressekampagne aus den Westsektoren ein, die dem Magistrat Veruntreuung von Lebensmitteln vorwarf. In einer Zeit der Not und Entbehrung fanden solche Falschmeldungen leicht Glauben. Die antikommunistische Hetze fiel besonders bei kleinbürgerlichen Kreisen und bei Teilen der Arbeiterschaft, wo die Goebbels-Propaganda nachwirkte, auf fruchtbaren Boden. Der gegen den »SED-Magistrat« gerichteten Wahlpropaganda der SPD und der beiden bürgerlichen Parteien gaben die Westmächte Schützenhilfe. Am 4. September 1946

3 Der Sozialdemokrat [Westberlin], 11. Oktober 1946.

nahm der amerikanische Besatzungssender »Rundfunk im amerikanischen Sektor – RIAS« sein offizielles Programm auf.

In einer Atmosphäre des Antikommunismus und Antisowjetismus, der nationalen und sozialen Demagogie schritten die Berliner am 20. Oktober 1946 an die Urnen. Die Stimmenauszählung ergab für die SPD 48,7 Prozent, für die SED 19,8 Prozent, für die CDU 22,2 Prozent und für die LDP 9,3 Prozent. Daraus resultierte folgende Verteilung der 130 Sitze in der Stadtverordnetenversammlung: SPD 63 Sitze, SED 26 Sitze, CDU 29 Sitze und LDP 12 Sitze. Ähnlich sah die Zusammensetzung der gleichfalls gewählten 20 Bezirksverordnetenversammlungen aus.

Die SED erklärte, daß dieser durch Hetze, leere Versprechungen und andere Methoden des Stimmenfangs zustande gekommene Wahlausgang nicht den wahren Interessen der werktätigen Bevölkerung der Stadt entspreche, daß aber – alle Möglichkeiten des Zusammenwirkens der Abgeordneten von SED und SPD richtig genutzt – im Stadtparlament eine absolute Mehrheit von rund 70 Prozent für die beiden Arbeiterparteien zustande käme, die Weiterführung der revolutionären Umwälzung in Aktionseinheit also gesichert wäre. Aber wie bereits vor den Wahlen, so schlug der SPD-Vorstand auch danach die dargebotene Hand zur Aktionseinheit aus. Er sprengte am 22. November 1946 endgültig den Berliner Blockausschuß der vier Parteien und ging mit den großbürgerlichen Führungen von CDU und LDP in Stadtverwaltung und Stadtverordnetenversammlung faktisch ein Anti-SED-Bündnis ein. Die Spaltung der Arbeiterbewegung in Berlin, im April 1946 nicht überwunden, offenbarte schon jetzt ihre verhängnisvollen Auswirkungen. Die deutsche Reaktion und die imperialistischen Westmächte sahen es mit Genugtuung, daß in dieser Großstadt und Arbeiterhochburg erneut ein Bruderkampf unter den Werktätigen geführt wurde; denn davon profitierte ihre Politik der Wiedererrichtung der Monopolmacht. So wuchs ab Ende 1946 der Rückstand Berlins hinter der fortschreitenden revolutionären Umgestaltung in den Ländern der sowjetischen Besatzungszone.

Sonnabend, 5. Oktober 1946 WEISSENSEER Nummer 1 Preis 10 Pfennig

VOLKSBLATT

Herausgegeben von der Sozialistischen Einheitspartei Deutschlands, Kreis Weißensee

Aufruf

der antifaschistischen Parteien, der Gewerkschaften, des Frauenausschusses und des Jugendausschusses Kreis Weißensee

Mitbürger, wir rufen Euch!

Helft beim Wiederaufbau unseres Berlin, vorallem unseres Weißenseer Bezirks! Es gibt keine Partei, die aus eigener Kraft diesen Aufbau schaffen kann. Das Lebensinteresse aller Einwohner erfordert, daß jeder Hand anlegt, um Berlin und unseren Bezirk Weißensee wieder zu einer schönen und sauberen Heimat für uns alle zu machen.

Viel ist in den $1^1/_2$ Jahren zur Überwindung der Schäden, die der Faschismus hinterließ, getan worden, aber das bisher Geleistete kann und darf uns nicht befriedigen. Für unsere Zukunft und den Wiederaufbau Berlins nach Kräften mitzuhelfen, ist keiner zu gut.

Ein jeder trage des anderen Last!

1. Helft unseren Kindern durch Spenden von Schuhwerk und Kleidung!
2. Helft der Jugend bei der Schaffung von Jugendheimen mit Bücherspenden, Sportgeräten usw.; dadurch haltet Ihr sie vom Schwarzen Markt und von öden Vergnügungen fern.
3. Helft den Heimkehrern und allen anderen Opfern des Krieges!
4. Helft besonders dort, wo der Mann und Vater noch fehlt!
5. Helft Euern Nachbarn, Freunden und Arbeitskollegen bei der Winterfestmachung der Wohnungen.
6. Helft Not und Elend lindern; gebt von dem wenigen, was Ihr habt, denen, die noch weniger haben!

Steht nicht kritisierend beiseite, sondern reiht Euch ein in den aktiven Kampf der Antifaschisten und helft mit bei der Schaffung einer neuen, besseren Zeit!

Sozialistische Einheitspartei Deutschlands
Sozialdemokratische Partei Deutschlands
Christlich-Demokratische Union Deutschlands
Liberal-Demokratische Partei Deutschlands
Freier Deutscher Gewerkschaftsbund
Frauenausschuß • Jugendausschuß

Einer der letzten Aufrufe des Blockausschusses Berlin-Weißensee, bevor die Vertreter von SPD, CDU und LDP sich aus ihm zurückzogen

Am 26. November 1946 konstituierte sich die Stadtverordnetenversammlung im Großen Sitzungssaal des Neuen Stadthauses in der Parochialstraße und wählte den rechten SPD-Funktionär Dr. Otto Suhr zum Stadtverordnetenvorsteher. Der neue Magistrat von Groß-Berlin, der sich gleichfalls im Neuen Stadthaus niederließ, wurde am 5. Dezember 1946 gewählt. Oberbürgermeister wurde Dr. Otto Ostrowski (SPD); seine Stellvertreter kamen aus den Fraktionen der CDU (Dr. Ferdinand Friedensburg), der SED (Dr. Heinrich Acker) und der SPD (Louise Schroeder). Von den 14 Stadträten stellte die SPD 7, die CDU 3, die LDP und die SED je 2. Im Auftrag der SED-Fraktion übernahm Waldemar Schmidt die Abteilung für Arbeit und Erich Lübbe die Abteilung für Städtische Betriebe. Im Stadtparlament, im Magistrat und in den 20 Bezirksämtern verfügten die 3 Parteien – SPD, CDU und LDP – über klare Mehrheiten, die sie für ihre fortschrittsfeindliche Politik nutzten.

Aber das genügte ihnen nicht, sie wollten die SED-Vertreter aus leitenden Funktionen der Stadt überhaupt hinausdrängen. Der sowjetische Kommandant protestierte und verwies auf die von der Alliierten Kommandantur im August 1946 erlassene Vorläufige Verfassung von Groß-Berlin. Sie sah in Artikel 36 eine Beteiligung aller zugelassenen Parteien an der Stadtverwaltung vor. Nun inszenierten die Führungen von SPD, CDU und LDP mit Rückendeckung der westlichen Alliierten eine monatelange, schließlich aber erfolglose »Verfassungskrise« über die Auslegung des Artikels 36. Gleichzeitig faßten sie in der Stadtverordnetenversammlung einen Mehrheitsbeschluß über die Auflösung der antifaschistisch-demokratischen Frauen- und Jugendausschüsse.

Inzwischen zog ein grimmiger Winter – der bislang zweitkälteste in unserem Jahrhundert – ein und traf die Stadt völlig unvorbereitet. Die Appelle der SED vom Herbst 1946, so wie im Vorjahr auch diesmal ein Winternotprogramm durchzuführen, waren ungehört verhallt. Die SPD-Führung machte keine Anstalten, die im Wahlkampf versprochenen 18 Zentner Hausbrandkohle pro Familie zu beschaffen. Der erste Kälteeinbruch Mitte Dezember 1946 brachte Temperaturen um minus 10 Grad. Doch es kam noch schlimmer. Vom 6. bis 10. Januar 1947 sank das Thermometer auf minus 20 Grad und mehr. Eine dritte Kältewelle, abermals mit Temperaturen weit unter minus 10 Grad, erfaßte Ende Januar die Stadt und dauerte den ganzen Februar über an. Der Schnee lag hoch in den Straßen und lähmte den Verkehr. Viele Betriebe schlossen. Die Zahl der Arbeitslosen schnellte empor. In den eiskalten Nächten kroch der Frost durch die mit Pappe und Brettern vernagelten Fenster in die kaum geheizten Wohnungen. Wasserleitungen und Toiletten froren ein. Es fehlte an Brennmaterial. Die Stromsperren wurden verlängert, die Gaswerke konnten nicht produzieren. Die Berliner saßen dick vermummt in ihren Stuben und zogen sich auch für die Nacht nicht aus. 134 Berliner erfroren buchstäblich in ihren Betten, rund 60000 erlitten Erfrierungen. Besonders übel dran waren die vielen, die in Notunterkünften und Kellerwohnungen sowie in Laubenkolonien hausten.

Erkältungskrankheiten und Tuberkulose grassierten. Dazu kam der Hunger. Denn Lebensmittelzüge erreichten nicht pünktlich die Stadt. Vielfach erfroren die Kartoffeln, neben Brot das Hauptnahrungsmittel, im Keller. Auf dem Schwarzen Markt schnellten die Preise in die Höhe. Trotzdem trugen viele für Lebensmittel, Medikamente und Alkohol ihr Hab und Gut dahin.

Während dieses Katastrophenwinters war die SED die einzige Partei, die sich für die elementaren Belange der Bevölkerung einsetzte. Sie rief am 14. Januar 1947 zu einer Selbsthilfeaktion auf, das heißt zum Brennholzeinschlag in der Umgebung, zur Einrichtung von Wärmehallen und Gemeinschaftsstuben für diejenigen, die gar nichts besaßen, und zur Eröffnung von Volksgaststätten. Der sowjetische Stadtkommandant, Generalmajor A. G. Kotikow, half, wo er nur konnte, so daß im sowjetischen Sektor den Unbilden des Kältewinters einigermaßen entgegengewirkt wurde.

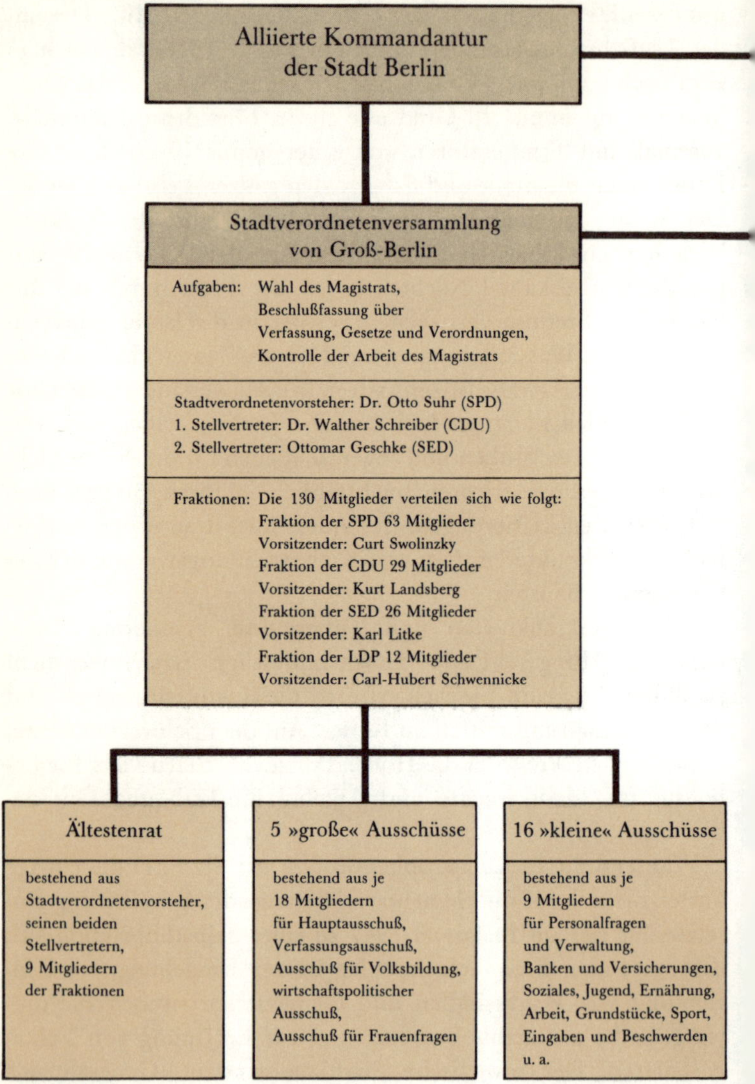

Die Stadtverwaltung von Groß-Berlin
von Oktober 1946 bis Herbst 1948.
Vereinfachtes Schema, Entwurf: G. Keiderling

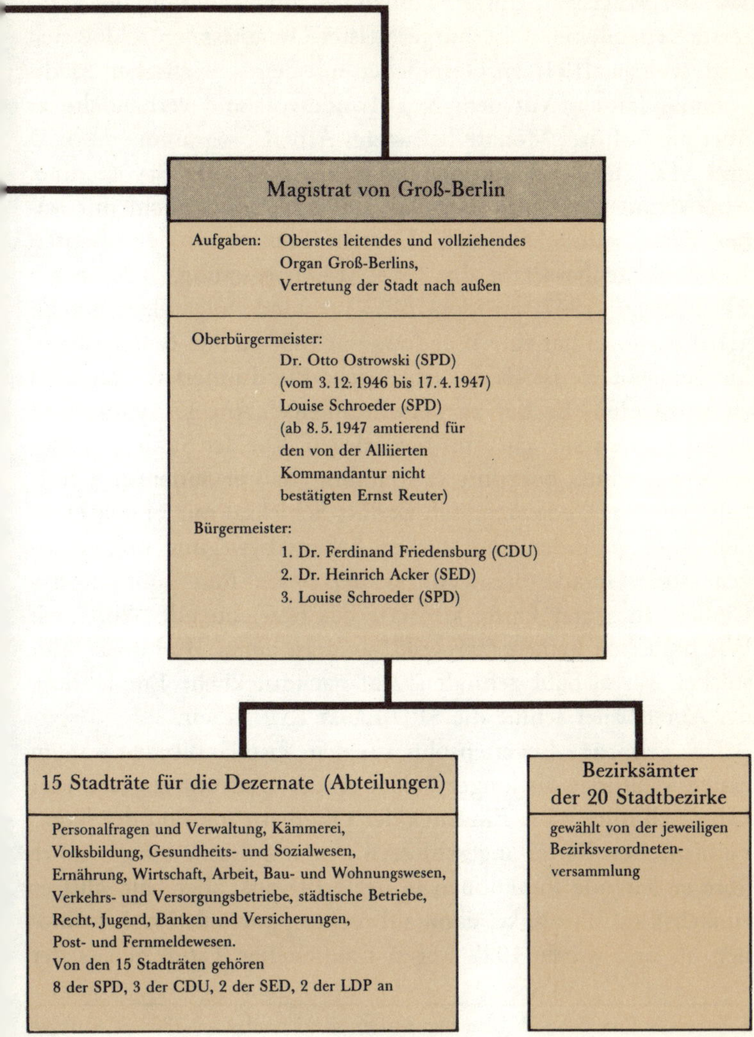

Magistrat von Groß-Berlin
Aufgaben: Oberstes leitendes und vollziehendes Organ Groß-Berlins, Vertretung der Stadt nach außen
Oberbürgermeister:
Dr. Otto Ostrowski (SPD) (vom 3. 12. 1946 bis 17. 4. 1947)
Louise Schroeder (SPD) (ab 8. 5. 1947 amtierend für den von der Alliierten Kommandantur nicht bestätigten Ernst Reuter)
Bürgermeister:
1. Dr. Ferdinand Friedensburg (CDU)
2. Dr. Heinrich Acker (SED)
3. Louise Schroeder (SPD)
15 Stadträte für die Dezernate (Abteilungen)
Personalfragen und Verwaltung, Kämmerei, Volksbildung, Gesundheits- und Sozialwesen, Ernährung, Wirtschaft, Arbeit, Bau- und Wohnungswesen, Verkehrs- und Versorgungsbetriebe, städtische Betriebe, Recht, Jugend, Banken und Versicherungen, Post- und Fernmeldewesen.
Von den 15 Stadträten gehören 8 der SPD, 3 der CDU, 2 der SED, 2 der LDP an
Bezirksämter der 20 Stadtbezirke
gewählt von der jeweiligen Bezirksverordneten-versammlung

Erst jetzt und unter dem Druck der Bevölkerung begann auch der Magistrat, einige Maßnahmen zur Linderung der Wintersnot einzuleiten. Oberbürgermeister Ostrowski entschloß sich Ende Februar 1947 zu Gesprächen mit dem sowjetischen Stadtkommandanten. Mit dem SED-Landesvorstand verhandelte er über ein auf drei Monate befristetes Arbeitsprogramm von SED und SPD zur Behebung der brennenden Not der Bevölkerung. Aber damit zog Ostrowski den wütenden Zorn nicht nur seiner Parteifreunde auf sich. Captain Biel, einer der übelsten Kommunistenhasser in der USA-Militärregierung, richtete am 25. Februar 1947 an den SPD-Vorstand folgenden Befehl: »Dr. Ostrowski hat eine Wendung um 180° zu den Bolschewiken hin gemacht. Er ist als das trojanische Pferd innerhalb der SPD zu betrachten. Er hat zu verschwinden.«[4] Am 17. April 1947 mußte Ostrowski sein Amt niederlegen. Vor der Stadtverordnetenversammlung bekannte er freimütig, daß er »unentwegt festhalte an dem Gedanken, daß Berlins Schicksal nur in den Händen einer gesunden und starken Arbeiterbewegung wohlgeborgen ist«[5]. Gerade diese Auffassung brach ihm politisch das Genick. In seiner Partei kursierte das bezeichnende Wortspiel: Wir brauchen keinen *Ost*rowski, sondern einen *West*rowski. Ein solcher war alsbald gefunden. Auf nachdrückliche Empfehlung der Amerikaner schlug die SPD Ernst Reuter vor.

Der gebürtige Beamtensohn aus dem Friesländischen war im ersten Weltkrieg als junger Soldat an der Ostfront gewesen und hatte sich unter dem Eindruck der Oktoberrevolution der Kommunistischen Partei angeschlossen. Anfang der zwanziger Jahre übte er leitende Funktionen in der KPD aus, aber bald glitt er zunächst auf ultralinke, dann auf rechtsopportunistische Positionen ab und wurde 1922 wegen fraktioneller Tätigkeit aus der

---

4 Zit. nach: Fritz Schmidt-Clausing: Berlins »Regierende« seit 1809 (4) Ostrowski: Organismus Berlin nicht zerschneiden! In: Berliner Blätter [Westberlin], Jg. 1961, S. 34.

5 StA, Amtlicher Stenographischer Bericht der 26. Ordentlichen Sitzung der Stadtverordnetenversammlung vom 17. April 1947.

KPD ausgeschlossen. Wie bei Renegaten üblich, profilierte sich REUTER danach in der SPD als kompromißloser Antikommunist. In der Nazizeit emigrierte er in die Türkei, wo er enge Beziehungen zum amerikanischen Geheimdienst aufnahm. Der ermöglichte ihm auch die Rückkehr nach Berlin im November 1946, wo er von der SPD sofort als Stadtrat für Verkehr eingesetzt wurde.

Die fortschrittlichen Kräfte werteten die Nominierung REUTERS als eine ausgesprochene Provokation. Der sowjetische Kommandant versagte darum seine Zustimmung in der Alliierten Kommandantur; er bestand auf der Wahl eines Oberbürgermeisters, der die Gewähr böte, zu allen vier Besatzungsmächten ein gutes Verhältnis herzustellen. Doch SPD, CDU und LDP, von den Westmächten ermuntert, beharrten in klarer Herausforderung auf REUTER und lösten damit die sogenannte Oberbürgermeisterkrise aus. Die SPD benannte LOUISE SCHROEDER als »amtierenden Oberbürgermeister«, ihr Stellvertreter war Bürgermeister Dr. FERDINAND FRIEDENSBURG (CDU).

Die Inszenierung solcher Verfassungs- und Magistratskrisen diente dem eindeutigen Zweck, von der destruktiven, volksfeindlichen Politik der Mehrheitsparteien abzulenken; denn während die Parteien sich dem Volke als Gralshüter »wahrer Demokratie« präsentierten, arbeiteten sie in Wirklichkeit auf einen Stillstand der Aufbauarbeit und auf die Beseitigung der Errungenschaften von 1945/1946 hin. Dem entsprach auch der Arbeitsstil des Stadtparlaments, das keine arbeitende Körperschaft, sondern eine Institution fruchtlosen Debattierens war.

Das Jahr 1947 war das kritischste der schweren Nachkriegszeit. Der lange und harte Winter 1946/1947 hatte die Vorräte früh aufgebraucht. Die Keller waren leer, und die Menschen warteten ungeduldig auf die neue Ernte. Bis dahin »schob man Kohldampf«. Mitte 1947 teilte das Haupternährungsamt beim Magistrat mit, die Weizenvorräte wären so gering, daß nur

10 Prozent des Bedarfs gedeckt werden könnten. Weißbrot wurde nur für Magenkranke auf amtsärztliches Attest abgegeben. Die Sorge um das tägliche Sattwerden beherrschte das Denken und Tun der meisten Menschen.

Im Sommer und Herbst fuhren die Berliner in Scharen aufs Land, um zu »hamstern«. Die Vorortzüge (im Volksmund »Hamsterbahnen« genannt) und die von den Fernbahnhöfen abfahrenden Züge waren total überfüllt. Man hing sogar an Türen, Trittbrettern und Puffern oder saß auf den Wagendächern. In Rucksäcken, Kiepen und Taschen wurde mitgeschleppt, was man für entbehrlich hielt. Kleidungsstücke, Porzellan, Tafelsilber, Familienschmuck und selbst Teppiche wurden bei den Bauern für einige Naturalien eingetauscht, für einen Rucksack voll Kartoffeln, für eine Mandel Eier, eine Wurst oder eine Speckseite.

Wie Heuschreckenschwärme fielen die Großstädter über die abgeernteten Felder her. Sie sammelten liegengebliebene Getreideähren oder »stoppelten«, das heißt durchwühlten mit Hacken noch einmal den Boden nach Kartoffeln und Zuckerrüben. Manche Dorfbürgermeister klagten über diese »Landplage«. Sie stellten berittene Flurwachen auf, denn viele warteten nicht, bis mit dem letzten abgefahrenen Erntewagen der Bauer das Feld für die schon ungeduldig werdenden Ährenleser und Stoppler freigab. Oft endete die »Hamstertour« mit einer Polizeirazzia auf dem Bahnhof. Dann hieß es: Alles auf einen Haufen schütten! Im Kampf gegen das organisierte Schieber- und Spekulantentum blieb manchmal auch »Otto Normalverbraucher« nicht ungeschoren.

Zu Hause trennte man mit der Hand die Getreidekörner von der Spreu, mahlte sie in der Kaffeemühle, die man zwischen den Knien hielt, und kochte aus dem Schrot einen dicken Brei, den man mit Melasse, mit dem minderwertigen grünen Zucker von der Kartenzuteilung oder mit Backaromen, die literweise frei zu kaufen waren, »verfeinerte«. Die Berliner Hausfrauen stellten ihren großen Einfallsreichtum unter Beweis, um ihren Familien täglich etwas auf den Tisch zu bringen. Sie sammelten Brennes-

Zeitgemäße

Spar-Rezepte

für die Hausfrau

30 Pfg. Als Manuskript gedruckt **30 Pfg.**

Abwechslungsreiche Kost

trotz zeitbedingter Nahrungsmittelknappheit!

1. Mehl aus Kartoffelschalen:

In einer Zeit, da auf dem Gebiet unserer Ernährung größter Mangel herrscht, darf nichts, aber auch gar nichts umkommen. Deshalb sei allen Hausfrauen empfohlen, auch die Kartoffelschalen noch der menschlichen Ernährung nutzbar zu machen und sie für die Selbstbereitung von Mehl zu verwenden. Die Kartoffelschalen werden sehr sauber gewaschen (achten Sie am besten schon bei der ganzen Kartoffel hierauf!), danach gut getrocknet und schließlich in einer Kaffee- oder Schrotmühle gemahlen. Das so gewonnene Mehl leistet zum Eindicken von Soßen, Suppen und Gemüsen, sowie als Streckmittel von dem gleichen Zweck dienenden Getreidemehl sehr gute Dienste.

4. Künstliche Marmelade:

Eigentlich gehört dieses Rezept noch in die Gruppe der Brotaufstriche. Da wir aber dort im wesentlichen Vorschläge für solche Brotaufstriche gemacht haben, die Butter, Schmalz und Wurst ersetzen sollen, bringen wir es erst hier unter Verschiedenes. Also — künstliche Marmelade: Sie verwenden hierzu 2 Eßlöffel Kaffee-Ersatz, 2 Eßlöffel Essig, 1 Eßlöffel Mehl, $1^1/_2$ Tassen Wasser, $^1/_2$ Tasse Zucker und eine Prise Salz. Alle diese Zutaten werden gut miteinander verrührt und unter Zusatz eines beliebigen Geschmacksaromas (Backaroma) zum Kochen gebracht. Das Ergebnis wird Sie überraschen, denn die so gewonnene Marmelade schmeckt bestimmt ausgezeichnet!

Damit sind wir am Ende! Wir hoffen, daß unsere Sammlung Ihnen recht viel Nutzen bringt und wünschen Ihnen mit der Erprobung und Anwendung unserer Ratschläge einen guten Erfolg. Im übrigen wollen wir uns alle mit ganzer Kraft für den Wiederaufbau Deutschlands einsetzen, denn je mehr Hände kräftig zupacken, um so sicherer überwinden wir die gegenwärtigen Schwierigkeiten und um so früher können wir wieder zu normalen eiten — auch auf dem für uns alle so wichtigen Gebiete der Ernährung —! zurückkehren.

seln und Löwenzahn für Salate, buken aus gekochten Kartoffeln, aus Eichelmehl oder mit Kaffeesatz richtige Kuchen und zauberten aus Grieß, Schmalz, Hefe-Ersatz und Majoran »falsche Leberwurst«. Selbst Kartoffelschalen wurden getrocknet, zerrieben und zu Suppen verwendet. Trockene Brotscheiben, auf der heißen Herdplatte geröstet und leicht mit Zucker bestreut, waren vielen eine Delikatesse. Wenn kein Fett da war, griff die Hausfrau auch mal zu Rizinusöl oder sogar zu aufgelösten Stearinkerzen, um backen und braten zu können. Im Waschkessel kochte man aus den gestoppelten Zuckerrüben dicken Sirup, und man mahlte selbstgeröstete Gerste für den »Muckefuck«. Solche »Rezepte« und Küchentips gaben sich die Frauen beim stundenlangen Anstehen vor den Lebensmittelgeschäften weiter.

Die Zuteilungen auf Lebensmittelkarten waren knapp bemessen. Sie betrugen bei der Kartengruppe V für die »nichtarbeitende Bevölkerung«, der etwa 1 Million Berliner zugehörten, Anfang 1947 pro Tag 300 Gramm Brot, 20 Gramm Fleisch, 7 Gramm Fett, 30 Gramm Nährmittel, 20 Gramm Zucker, 400 Gramm Kartoffeln. Der Fortfall dieser Kartengruppe V, den die Alliierte Kommandantur im März 1947 verfügte, bedeutete eine Verbesserung der Rationssätze. Doch es reichte hinten und vorn nicht. Die magere Kost bestand vor allem aus Kohlehydraten, aus Brot und Kartoffeln. Da jede Besatzungsmacht für die Versorgung ihres Sektors verantwortlich war, schwankten oft innerhalb der Stadt die Zuteilungen. Manchmal mußte statt Butter Butterschmalz oder Öl, statt Fleisch Fisch, Eier oder Eipulver ausgegeben werden. Sonderzuteilungen gab es gleichfalls auf Karten, zum Beispiel im Herbst 1947 1 Kilogramm Äpfel, 1 Päckchen Backpulver, 1 Strähne Leinenzwirn oder eine halbe Flasche Essig je aufgerufener Abschnitt. Zur Lebensmittelkarte kamen noch die Milch-, Gemüse-, Kartoffel-, Kohlen-, Seifen- und Raucherkarte hinzu, so daß das Einkaufen für alle zur Strapaze wurde: Die Kunden mußten stundenlang Schlange stehen, die Verkäuferinnen ständig Marken abschneiden und aufs Gramm genau wiegen.

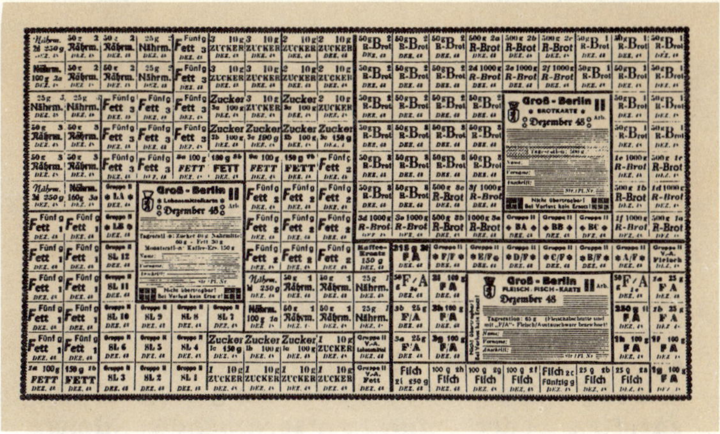

Lebensmittel wurden immer nur für eine Dekade zugeteilt. Wer den Aufruf versäumte und einen Tag später noch einkaufen wollte, erhielt nichts mehr. Später wurden sogenannte Reisemarken eingeführt, gegen die man auf der zuständigen Kartenstelle seine normale Lebensmittelkarte eintauschen konnte und die auch anderenorts gültig waren. In den Gaststätten hantierten die Kellner mit Scheren, um von den Lebensmittelkarten die auf der Speisekarte angegebenen Fleisch-, Fett-, Nährmittel- oder Zuckermarken abzuschneiden. In den Geschäften und Gaststätten mußte das Personal am Abend die eingenommenen Marken als Nachweis für die Menge verkaufter Waren aufkleben. Nur dann bekam man neue Lieferungen.

Wer immer die Möglichkeit besaß, selbst Gemüse anzubauen oder Kleinvieh – Kaninchen, Hühner und selbst ein Schwein – zu halten, der machte es. Allerdings durfte er dabei nicht des Guten zuviel tun, sonst geriet er unweigerlich in die Kategorie »Selbstversorger« und bekam keine Lebensmittelkarte mehr. In Grünanlagen, Vorgärten und auf abgeräumten Trümmerflächen wuchsen Kartoffeln und Gemüse. Auf Balkonen und

Sonderzuteilung an Tabak

Die Pressestelle der Deutschen Wirtschaftskommission teilt mit:

Die Ministerpräsidenten der Länder und der Leiter der Sonderabteilung für die Versorgung des Ostsektors beim Haupternährungsamt Berlin, Paul Letsch, sind von dem Vorsitzenden der DWK telegraphisch beauftragt worden, für den Monat August sofort auf jede Raucherkarte eine einmalige Sonderzuteilung von 10 Zigaretten oder eine entsprechende Menge anderer Tabakwaren zu verteilen.

in Blumenkästen vor den Fenstern gediehen Salat, Tomaten und ganz besonders Tabak. Selbst geerntet, mit dem Küchenmesser zu »Krüllschnitt« verarbeitet, mit Honigwasser fermentiert oder mit handelsüblichen Beizen Marke »Kolumbus« behandelt, schmeckte er in der Pfeife beinahe wie richtiger, den es zum Leidwesen der passionierten Raucher auf Raucherkarte viel zuwenig gab. Wer solche Chancen nicht hatte, mußte sich mit dem »Kippenstechen«, das heißt dem Aufsammeln weggeworfener Zigarettenkippen und Zigarrenstummel, begnügen. Verbreitet war auch Schnapsbrennen, soweit man über die erforderlichen Geräte und Ausgangsstoffe verfügte. Auf dem Schwarzmarkt konnte man für den Fusel Lebensmittel eintauschen. Aber verboten war es ebenso wie das Schwarzschlachten von Vieh. Begehrt waren Anrechte auf Freibankfleisch. Die Schlachthöfe verkauften das Fleisch notgeschlachteter Rinder, Pferde, Schweine und Schafe »frei«, das heißt ohne Lebensmittelkarten, aber nach entsprechenden Anrechtsnummern, die in den Zeitungen aufgerufen wurden. Mancher schreckte auch nicht davor zurück, eine Katze als falsches Karnickel auf den Tisch zu bringen.

Wer im Winter eine warme Stube haben wollte, mußte sich rechtzeitig um das Heizmaterial kümmern. Viele fuhren in die Wälder vor der Stadt, um Bruchholz zu sammeln oder Baumstümpfe zu roden. Aber auch dazu benötigte man eine Bescheinigung des Revierförsters oder der Dorfbürgermeistereien. Weit verbreitet war das »Kohlen-Stoppeln«, das Auflesen von Kohlenstücken, die auf die Verladerampen der Güterbahnhöfe gefallen waren. Viel ertragreicher war es, Kohlenzüge zu plündern. Auf freier Strecke oder auf den Güterbahnhöfen wurden haltende Züge erklettert. Vor allem Kinder sprangen auf die Waggons und warfen Briketts herab, die die Erwachsenen rasch einsammelten und fortschleppten. Auf diese Weise wurden Tausende von Tonnen Kohle geklaut. Die Polizei war oft machtlos. Frauen, Greise und Kinder bewegten damals Lasten von der Stelle, die sie unter normalen Bedingungen nie getragen hätten.

Kein Wunder, daß in dieser Notzeit der Schwarzmarkt blühte. »Im gesamten westlich besetzten Teil Berlins wickelte sich das Leben auf einer Schwarzmarktbasis ab«, schrieb der britische Journalist Wilfred G. Burchett. »Der schwarze Markt wurde in erster Linie von den amerikanischen Militärkantinen gespeist. Alle paar Wochen wurden Schwarzmarktaffären, an denen hohe Beamte der Militärregierung beteiligt waren, aufgedeckt – und schleunigst niedergeschlagen.«[6] In diesen noblen Kreisen schob man en gros, ganze Lastwagenladungen, darunter viele Waren und Rohstoffe, die reaktionäre und kriminelle Elemente auf dunklen Kanälen aus der sowjetischen Besatzungszone in die Westsektoren schleusten.

Das Eldorado der großen und kleinen Schieber lag zwischen der Reichstagsruine und dem Potsdamer Platz. Hier wechselten tagtäglich Bündel von Geldscheinen, Schmuckstücke, Zigarettenpackungen, Lebensmittel und tausenderlei andere Dinge

6 Wilfred G. Burchett: Der kalte Krieg in Deutschland, Berlin (1950), S. 144.

ihren Besitzer. Es dominierte die »Zigarettenwährung« – »Ami«-Zigaretten wie »Camel« und »Lucky Strike« natürlich. Die Volkspolizei des sowjetischen Sektors – auf Betreiben der Westmächte war 1947 die sektorale Aufspaltung der Berliner Polizei schon weit vorangekommen – führte einen mühsamen Kampf, um die Quellen des Schwarzhandels zu verstopfen, um die »Profis« herauszufinden zwischen all den Menschen, die die Not zwang, hin und wieder für den persönlichen Bedarf kleinere Mengen an Lebensmitteln oder anderen Waren »schwarz« zu kaufen. Großrazzien der Polizei hatten oft wenig Erfolg. Im Dreisektoreneck am Potsdamer Platz gab es unzählige Schlupfwinkel und -pfade, auf denen sich die Schieber durch Flucht in einen anderen Sektor der Verhaftung entzogen.

Aber auch anderswo, am Alex und an den S-Bahnhöfen, wisperte es: »Gold, Silber, Amis, Schokolade.« Die Preise waren gepfeffert. So kosteten im Dezember 1947 auf dem Schwarzmarkt: ein Dreipfundbrot 30 bis 35 Reichsmark (RM), ein Zentner Kartoffeln 300 bis 350 RM, ein Pfund Schweinefleisch 120 RM, ein Stück Butter 250 bis 280 RM, ein Liter Öl 300 RM, ein Pfund Zucker 70 bis 85 RM, ein Zentner Kohlen 70 RM, ein Stück Seife 10 bis 60 RM, ein Paar Schuhe 700 bis 1 400 RM und ein Anzug sogar 1 000 bis 5 000 RM. Zigaretten aus einheimischer Produktion wurden mit bis zu 2,50 RM pro Stück gehandelt, eine »Ami«-Zigarette sogar mit 6 RM. Solche Wucherpreise konnte man mit einem Einkommen aus Lohn oder Gehalt gar nicht begleichen; denn in der Berliner Industrie lagen damals die vom FDGB vorgeschlagenen acht Lohngruppen zwischen 0,93 und 1,64 RM pro Stunde. Wer auf dem Schwarzmarkt einkaufen wollte, mußte also Wertsachen verkaufen oder sie für die gewünschten Nahrungs- und Genußmittel in Zahlung geben. Im sowjetischen Sektor versuchte man, durch die Einrichtung von Tauschzentralen oder – wie in Lichtenberg – behördlich genehmigten Tauschmärkten, von den Berlinern »graue Märkte« genannt, den Schiebern und Spekulanten das Wasser abzugraben.

Schlimm stand es auch um die Bekleidung der Berliner. Was über den Krieg gerettet worden war und auch die 1945 umgefärbten Wehrmachtsuniformen waren inzwischen zerschlissen. Es gab so gut wie nichts zu kaufen, außer auf dem Schwarzmarkt. So lautete die Devise: »Aus alt mach neu!« Man wendete Anzüge und Kleider und schneiderte aus Stoffresten, Gardinen und Bettbezügen das dringlich Benötigte. Die Hausfrau war dauernd am Stopfen, Löcher wurden mit Flicken versehen. Fallschirmseide war Trumpf für Festtagskleider. Für die Arbeiterfrauen waren Seidenstrümpfe mit Naht ferne Träume, sie trugen die x-fach gestopften Wollenen. Die begehrten »Nylons«, die damals als Schlager auf den Markt kamen, konnten sich nur die »Frolleins« aus den Offiziersklubs der Westsektoren leisten.

Besonders arg traf die Not die Kinder und Jugendlichen. Sie trugen die Sachen ja nicht nur ab, sie wuchsen auch noch »hinaus«, und Neues zu beschaffen war schwer. Viele Lehrlinge konnten ihrer Arbeit nicht nachgehen, weil sie weder Schuhwerk noch geeignete Arbeitsbekleidung besaßen. Eine Untersuchung vom Sommer 1947 ergab, daß 149 194 Schulkinder nur reparaturbedürftige Schuhe und 126 158 Schulkinder überhaupt keine Schuhe hatten. Oftmals schnitten die Eltern die Kappen vorn einfach ab, wenn die Schuhe zu eng geworden waren; so konnte man sie länger tragen. Im Sommer liefen die meisten Kinder ohnehin barfuß oder mit »Klapperlatschen«, das waren dreiteilige, mit Kunstleder oder derbem Stoff zusammengehaltene und mit Riemen versehene Holzsohlen.

Da es an textilem Rohstoff mangelte, rief man nach Ersatzstoffen. Igelit hieß das Zauberwort. Es war ein Kunststoff aus Bitterfelder Produktion, genau gesagt ein Polyvinylchlorid mit Weichmacherzusatz. Es wurde zu Mänteln, vor allem aber zu Schuhen verarbeitet. Igelit brachte jedoch nicht die erwartete Entlastung, denn es war für viele nicht hautverträglich. Trotz der zahlreichen Lüftungslöcher im Oberteil der Igelitschuhe bekam man über kurz oder lang Schweißfüße, während man im Winter nicht genug Strümpfe anziehen konnte.

»Trümmer-Schick«: dauernd am Stopfen

Und doch gab es auch in dieser Notzeit eine Mode. Christian Dior aus Paris kreierte 1947 den »New Look«: dreiviertellange und weite Röcke, beschwingt und sehr fraulich. Wer das mitmachen wollte, mußte schon Vorhänge und Bettücher opfern. Ansonsten trug man weiterhin den »Trümmer-Schick«. In der Frauenbekleidung hatte sich endgültig und nicht nur im Beruf die lange Hose durchgesetzt. Viele Frauen hielten – so wie in den Kriegsjahren – das Haar mit einem zum Turban gewickelten Tuch. Im Schwimmbad und am Strand trat der aus den USA kommende Bikini seinen »Siegeslauf« an. Die Männer trugen, was sie halt besaßen.

Das »Organisieren« und »Improvisieren« brachte keine grundsätzliche Abhilfe. Mit knurrendem Magen und dünner Kleidung gingen die Berliner im Jahre 1947 dem dritten Nachkriegswinter entgegen, der glücklicherweise milder als die anderen ausfiel.

Im November 1947 wurde bei einer amtsärztlichen Untersuchung von rund 10000 Berlinern aller Kartengruppen festge-

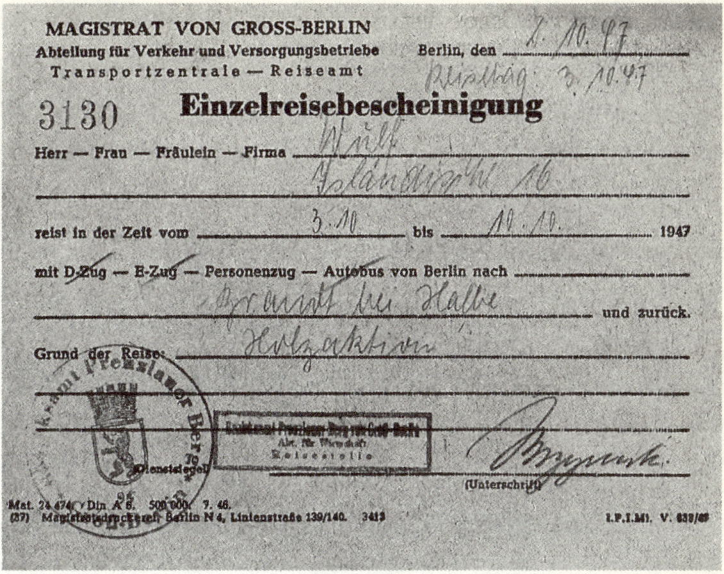

MAGISTRAT VON GROSS-BERLIN
Abteilung für Verkehr- und Versorgungsbetriebe
Transportzentrale — Reiseamt

Berlin, den 2. 10. 47

3130

Einzelreisebescheinigung

Herr — Frau — Fräulein — Firma ...

reist in der Zeit vom 3. 10 bis 10. 10. 1947

mit D-Zug — E-Zug — Personenzug — Autobus von Berlin nach ... bei Halbe und zurück.

Grund der Reise: Holzaktion

Dienstsiegel

(Unterschrift)

Mat. 24 474 / Din A 6. 500 000. 7. 46.
(37) Magistratsdruckerei Berlin N 4, Linienstraße 139/140. 3413

stellt: »5310 Frauen wiesen dabei ein durchschnittliches Untergewicht von 7,1 kg auf. Bei den 4549 untersuchten Männern war das Untergewicht noch größer. Es belief sich auf 7,5 kg. Es gibt keinen Berliner, der mit den ihm zugeteilten Rationen sein normales Körpergewicht und damit seine Gesundheit und vor allem seine Arbeitskraft erhalten kann.«[7] Das Landesgesundheitsamt bescheinigte einen durchschnittlichen Leistungsrückgang der arbeitenden Bevölkerung um etwa 30 Prozent.

Noch schlimmer als um Versorgung und Bekleidung war es um den Wohnraum für die Werktätigen bestellt. Ein Lagebericht des Bezirksamtes Prenzlauer Berg vom 3. April 1947 gab ein trostloses Bild:

»Der Verwaltungsbezirk Prenzlauer Berg ist mit seinen

7 Vorwärts, Berlin, 13. November 1947.

248 000 Einwohnern der zweitgrößte Bezirk von Groß-Berlin. Er ist ein ausgesprochen proletarischer Bezirk, d.h., die Bevölkerung setzt sich in der übergroßen Mehrheit aus Arbeitern und niedrig bezahlten Angestellten zusammen. In größeren Mietshäusern, deren Bewohnerzahl je Haus 100 Familien oft übersteigt, sind die meisten Menschen untergebracht. Jedes Gebäude hat im Krieg irgendwelchen Bombenschaden erlitten. Es fehlen fast alle Fensterscheiben; oft sind Wände eingestürzt. Die Mehrzahl der Dächer ist schadhaft, so daß das Regenwasser durch die Decken der oberen Stockwerke in die Wohnungen dringt und nicht nur die Wohnungen selbst, sondern auch Möbel und Betten beschädigt. Es gibt zahlreiche Wohnungen, in die kaum Tageslicht dringt, weil die Fensterrahmen nicht verglast werden können und deshalb mit Pappe vernagelt sind. Leider ist auch das nicht immer möglich, denn es gibt nicht nur kein Glas, sondern auch keine Pappe und Nägel. Es sind oft wahre Elendshöhlen, in denen die Menschen hausen müssen.

Diese katastrophalen Wohnverhältnisse des überwiegenden Teiles unserer Bevölkerung sind mit die Ursache zu dem allgemein schlechten Gesundheitszustand. Der jetzt hinter uns liegende sehr harte Winter hat bei dem seit vielen Jahren herrschenden Fettmangel und durch das Fehlen von Heizmaterial sehr viele Menschen körperlich ruiniert.«[8]

Das Wohnungsamt des jeweiligen Stadtbezirks erteilte die Zuweisung von Wohnraum und registrierte die durch Umzug oder Todesfall frei werdenden Wohnungen. Es wies auch Einquartierungen in große Wohnungen an. Oft wohnten zwei, drei und mehr Parteien in einer Wohnung, jede hatte ein Zimmer für sich, und Küche und Bad benutzte man gemeinsam. In dieser Enge empfand man den Mangel an Möbeln nicht sonderlich, es gab ohnehin keine zu kaufen. In der Küche standen meistens neben dem Kohleherd, der sogenannten Kochmaschine, oder dem Gaskocher ein Geschirrschrank, ein Tisch und Stühle, ferner eine

8 StA, Rep. 134, Nr. 299.

Der Haushalts-Brief

Eine laufende Sammlung zeitgemässer Ratschläge für sparsames Kochen und Wirtschaften

Herausgegeben von den hauswirtschaftlichen Beratungsstellen des Magistrats der Stadt Berlin
Abteilung für Ernährung

Wir bringen:

Versuchsergebnisse von Getreideerzeugnissen
Vielerlei Rezepte
Kartoffel sparende Rezepte S. 64
Ersparnis an Holz, Kohle, Gas und Strom durch die Kochkiste
Anfertigen einer Kochkiste
Bunte Rezeptfolge für die Kochkiste - Garzeiten-Tabelle -
Praktische Ecke: Garen ohne Kochkiste

Ersparnis an Holz, Kohle, Gas und Strom durch die Kochkiste

Der Zimmerofen, der im Winter Wärme spendete und gleichzeitig die Mahlzeiten kochte, sparte uns dadurch Strom und Gas ein. Jetzt, da das Heizen aufhört, und im Sommer müssen wir nach anderen Helfern Ausschau halten, die unsere Strom- und Gaskontingente entlasten. Ein bewährter Helfer ist seit altersher die Kochkiste! Durch die Vorteile, die sie bietet, ist sie für berufstätige Hausfrauen besonders unentbehrlich.

Vorteile:

Große Brennstoff-Ersparnis, besonders bei Gerichten mit langer Garzeit. Sauberes Kochen! Kein Verkochen der Speisen!

Außerdem wird
Zeit u. Mühe gespart, weil die Gerichte ohne Beaufsichtigung garen
Topfmaterial gespart, weil nichts ansetzen oder anbrennen kann
an Nahrungsmitteln eingespart, weil sie gut ausgenutzt werden.
Das gilt besonders für die quellfähigen Nährmittel wie: Grütze, Schrot, Grieß, Flocken und Hülsenfrüchte.

Notwendiges Material für das Anfertigen einer Kochkiste
Notwendige Geräte für die Kochkiste

Behälter → Kiste oder fester Karton, am besten mit übergreifendem Deckel, oder großer Waschtopf oder kleine Holztonne.

Füllmaterial → Holzwolle, Papierwolle, Heu, Lumpen, in Streifen geschnittenes Zeitungspapier.

Bezugstoff → für die Bespannung des Füllmaterials und für 1 Kissen, das zur Wärmespeicherung zwischen Kochtopf und Kochkistendeckel gelegt wird
Zweckmäßig: waschbarer Stoff, Sackleinen, alte Decken o. a.

Topfbeutel → am besten waschbarer Stoff.

Kochtopf → möglichst ein dickwandiger Kochtopf mit kleinen Henkeln, die am besten hochstehend oder anlegbar sind.
Bedingung: Dicht anschließender Deckel!

Vorbereitung der Gerichte für die Kochkiste

Die Gerichte müssen auf dem Herd oder einer anderen Kochstelle angekocht und vorgekocht werden. Das heißt, daß sie, sobald der Topfinhalt kocht, noch die in der folgenden Tabelle angegebene Zeit kochen müssen, bevor sie in die Kochkiste eingesetzt werden. Bedingung ist, daß der Kochtopfdeckel während der letzten 3-5 Minuten nicht abgenommen wird. Wärmeverlust durch entweichenden Dampf!

Anfertigen einer Kochkiste

Größe des Kochkistenbehälters

Höhe	20 cm höher als Topfhöhe!
Breite	10-15 cm breiter als Topfbreite!
Länge	10-15 cm länger als Topfbreite!
weil für die untere und obere Polsterung je 10 cm und für die den Topf umgebende Polsterung je 15 cm etwa verloren gehen.	
Für den Kochtopf	Topfbeutel nähen (1-2 cm länger)
Zugabe ist für das Einnähen berechnet.	
Boden des Kochkistenbehälters	mit dicker Lage Zeitungen bedecken.
Papier	fest andrücken,
Füllmaterial zur Polsterung	10 cm hoch drauflegen,
sehr	fest andrücken.
Kochtopf mit Topfbeutel	daraufstellen!
Mit Füllmaterial	freie Räume um den Topf herum fest ausstopfen,
bis z. Topfrandhöhe	zusammendrücken!
Aus d. Bezugstoff	Bespannung des Behälters zuschneiden.
Für Länge u. Breite	10-15 cm zugeben.
Zugabe ist für das Befestigen an den Wänden berechnet!	

Kochkiste, in der man Gerichte mehrere Stunden lang warm halten konnte.

Das Wohnzimmer – die »gute Stube« – war mit einer Anrichte oder einem Buffet, einem Bücherschrank, einem Eßtisch mit Stühlen sowie einem Sofa oder einer Couch ausgestattet. Allabendlich gab es Stromabschaltungen für die Haushalte, die sogenannten Stromsperren. Dann saß die Familie für mehrere Stunden beim spärlichen Schein einer Petroleumlampe oder einer Kerze. Man mußte sich eben so einrichten, daß bis zu den in der Presse bekanntgegebenen Sperrstunden alle Arbeiten im Haushalt sowie die Schulaufgaben der Kinder erledigt waren. Im Winter, wenn es früh dunkelte, legte man sich auch früher ins Bett.

Hunger, Not und Obdachlosigkeit trafen besonders hart die sozial Schwachen, die Gestrauchelten und Entmutigten. WILHELM THIELE, nach dem November 1948 Bürgermeister des Stadtbezirks Mitte, berichtete: »Damals gab es am Alex nichts als Trümmer, kein Haus war nennenswert erhalten geblieben. In der Mitte des Platzes hatten Einwohner wie überall auf Plätzen und Höfen Kartoffeln angepflanzt. Und über diese Trümmerlandschaft streckten die beiden Hochhäuser (Berolina-Haus und Alexander-Hochhaus) ihre ausgebrannten Stahlgerippe. Noch schlimmer aber war die Lage der Menschen. Östlich vom Alexanderplatz, wo sich heute zwischen Hans-Beimler-Straße und Karl-Liebknecht-Straße moderne Hochhäuser in den Himmel recken, lag das berüchtigte ›Scheunenviertel‹, die Alte Schützenstraße, die Georgen-Kirch-Straße, die Landwehrstraße, die Lietzmannstraße und wie sie alle hießen. Alte, verbrauchte, niedrige Häuser mit Kellerwohnungen waren die Quartiere der Ärmsten der Armen und der Asozialen, des kleinen Verbrechens und der ›Fünfzigpfennignutten‹. In dieser Gegend hatte sich früher der Bodensatz der kapitalistischen Ausbeuterordnung angesammelt. Die Schuldfrage konnte nicht denen gestellt werden, die in dem Elend lebten, verantwortlich für diese Zustände war die kapitalistische Gesellschaft. Krieg und Zerstörung hatten die Lage dort noch mehr verschlechtert. Die Bevölkerung lebte in einer unvorstellbaren Armut. Ihr war alles und jedes recht, wenn sie sich dadurch wenigstens einigermaßen über Wasser halten konnte. Hier wurde das Wort aus Brechts Dreigroschen-Oper im wahrsten Sinne des Wortes wahr: ›Zuerst kommt das Fressen und dann die Moral.‹ Da gingen Fünfzigjährige auf der Straße einem kümmerlichen Gelderwerb nach. Da schickte die Mutter ihre zwölfjährige Tochter mit geborgten Schuhen auf den Alexanderplatz, um ›Freier‹ zu suchen. Da wurden die Ruinen zu schmutzigen Absteigequartieren.«[9]

Die soziale Notlage und die geistige Desorientierung in den Jahren des Faschismus prägten das politische Denken großer Bevölkerungsteile. Nationale Demagogen und antikommunistische Propagandisten fanden offene Ohren. So hielt sich die Meinung, »daß die Verschlechterung der Lebenslage nicht die Folge des Hitlerkrieges bis fünf Minuten nach zwölf war, sondern der Unfähigkeit der Arbeiter zuzuschreiben sei, die jetzt die Verantwortung trugen, besonders der SED-Mitglieder«[10].

Die einzige Partei, die in dieser schweren Not als Sachwalter der Interessen der Werktätigen auftrat, war die SED. In der Stadtverordnetenversammlung war sie mit 26 Mitgliedern vertreten, darunter so bewährten Funktionären der revolutionären Arbeiterbewegung wie KARL MARON, KARL LITKE, MAX FECHNER, JOSEF ORLOPP, OTTO WINZER, ELLI SCHMIDT, MARIA RENTMEISTER, ROMAN CHWALEK, BRUNO BAUM und HEINZ KESSLER. Mit Anfragen, Anträgen und Gesetzentwürfen brachten sie immer wieder die dringlichsten Fragen einer antifaschistisch-demokratischen Entwicklung zur Sprache. Aber ein um das andere Mal wurden sie von den drei Parteien überstimmt.

Die SED wandte sich darum immer öfter direkt an die werktätige Bevölkerung, um sie zu außerparlamentarischen Aktionen aufzurufen. Sie durchkreuzte damit die reaktionäre Politik, die eine Lähmung aller aufbauwilligen Kräfte, ein »Absinken der

9 Wilhelm Thiele: Geschichten zur Geschichte, Berlin (1981), S. 229/230.
10 Ebenda, S. 220.

Massenaktivität« und eine »Vertiefung der defätistischen Stimmungen« unter den Berlinern bezweckte.[11]

Am 28. Juni 1947 beschloß der Landesvorstand der SED das Aktionsprogramm »Berlin will leben!«. Auf einer Großveranstaltung am 1. Juli 1947 im Sportpalast an der Potsdamer Straße (USA-Sektor) erläuterte HERMANN MATERN die Forderungen der Partei: wirtschaftlicher Aufbau; Mitbestimmung der Gewerkschaften; Beschäftigung für alle; Handel mit den Volksdemokratien; Verbesserung der materiellen Lage der Arbeitenden; Kampf dem Schwarzmarkt und der Spekulation; ein auf zunächst vier Monate befristetes Zusammengehen mit den Sozialdemokraten. An oberster Stelle des Aktionsprogramms stand die Forderung nach Enteignung der Betriebe von Nazi- und Kriegsverbrechern. Die Frage »Wer – wen?«, Restauration des Monopolkapitals oder demokratische Friedenswirtschaft, mußte im Interesse der werktätigen Bevölkerung entschieden werden. Ohne diese Klarstellung konnte es einen sozialen Fortschritt in der Stadt nicht geben.

Mit dem Aktionsprogramm »Berlin will leben!« stellte der Landesvorstand der SED erneut unter Beweis, wie sehr ihm die Lebensfragen des werktätigen Berlin am Herzen lagen; es stand in einer Reihe mit anderen Initiativen, wie dem offenen Brief zum Neuaufbau Berlins der Bezirksleitung der KPD vom 22. September 1945, den Selbsthilfeaktionen zur Winterfestmachung der Wohnungen und Gebäude, zur Sicherung der Ernährung, zur Brennstoffbeschaffung und zur Aktion »Rettet die Kinder!«, die von der revolutionären Arbeiterpartei ausgingen. Ihre Vertreter im Magistrat setzten sich im Frühjahr 1946 für den »Wiederaufbauplan für Groß-Berlin« ein. Sie halfen bei der Vorbereitung der beiden Ausstellungen des Magistrats »Berlin im Aufbau« und »Berlin plant«, die Oberbürgermeister Dr. ARTHUR WERNER am 22. August 1946 im Haus der Schweiz Unter den

---

11 Bericht des Parteivorstandes der Sozialistischen Einheitspartei Deutschlands an den 2. Parteitag, Berlin (1947), S. 10.

Berlin muß leben!
Wir wollen keinen 2. Katastrophenwinter!
Männer und Frauen!
Kommt zur öffentlichen
Kundgebung
auf dem Pappel-Platz
(Invaliden- Ecke Ackerstraße)
am Mittwoch, dem 16. Juli 1947, 19.30 Uhr
Es sprechen: Stadtverordneter KARL LITKE
Kreisvorsitzender ARTHUR LEHMANN
Schluß mit der Politik der leeren Versprechungen!
Was muß getan werden?
Es geht dich an!
SED Berlin-Mitte

SED-Aktionsprogramm »Berlin will leben!«

Linden/Ecke Friedrichstraße und in der Ruine des Stadtschlosses eröffnete. Doch nach den Wahlen vom 20. Oktober 1946 gingen die drei anderen Parteien, die nunmehr über Mehrheiten in der Stadtverordnetenversammlung und in den Stadtbezirksversammlungen sowie im Magistrat und in den Bezirksämtern verfügten, an solchen lebenswichtigen Fragen vorbei.

Unter dem Eindruck des sächsischen Volksentscheids vom 30. Juni 1946 war es schon Ende 1946 zu neuen Aktionen der Berliner Arbeiter gekommen. Bis Februar 1947 wurden in mehr als 1600 Betrieben über 100000 Unterschriften für eine Enteignung gesammelt. Am 28. November 1946 reichte die SED in der Stadtverordnetenversammlung einen Entwurf für eine »Verordnung zur Enteignung von Vermögenswerten der Kriegsverbrecher und Naziaktivisten« ein. Karl Mewis begründete ihn: »Keine andere Stadt spielte im Reiche Adolf Hitlers eine solche Rolle als Zentrum der wirtschaftlichen Macht einiger deutscher Konzerne und Trusts wie Berlin. In Berlin saßen die Spitzen aller Unternehmerverbände vor und während der Hitlerdiktatur. In Berlin befanden und befinden sich noch heute Konzern- und Trustunternehmungen, die der Ausdruck der Machtfülle imperialistischer Gebilde waren. Für Berlin ist die Entmachtung der Konzernherren eine Frage der Existenz der Stadt und des Lebens ihrer Einwohner.«[12]

Die SED-Fraktion in der Stadtverordnetenversammlung forderte die sozialdemokratische Fraktion auf, gemeinsam für die Enteignung der Kriegsverbrecher und Naziaktivisten, für die Entmachtung des Monopolkapitals zu kämpfen. In den Betrieben handelten Mitglieder beider Parteien gemeinsam. Sie organisierten Belegschaftsversammlungen, verfaßten Resolutionen und widersetzten sich Eingriffen und Einschüchterungsversuchen der Konzernleitungen. So leugnete die Direktion des Siemens-Konzerns die enge Liierung mit dem Hitlerfaschismus und die Ausbeutung von Zwangsarbeitern und KZ-Häftlingen in den Sie-

12 StA, Amtlicher Stenographischer Bericht der 5. Ordentlichen Sitzung der Stadtverordnetenversammlung vom 12. Dezember 1946.

Kriegsverbrecherbetriebe werden enteignet

Einstimmigkeit im Wirtschaftspolitischen Ausschuß des Magistrats

Berlin (Eig. Ber.), 25. Februar. — Im Wirtschaftspolitischen Ausschuß des Magistrats wurde in mehreren Sitzungen über den seinerzeit von der SED eingereichten Entwurf zur entschädigungslosen Enteignung des gesamten Vermögens von Kriegsverbrechern und Naziaktivisten beraten. Wie wir erfahren, wurde mit den Stimmen aller Parteien ein Entwurf angenommen, der

1. vorsieht, daß das gesamte Vermögen von Kriegsverbrechern und Naziaktivisten entschädigungslos enteignet wird.

2. daß Betriebe, die für die Überführung in Gemeineigentum nicht geeignet sind, frei veräußert werden, wobei in erster Linie berücksichtigt werden Opfer des Faschismus, Opfer der Nürnberger Gesetze und Total-Geschädigte.

3. sieht das Gesetz vor, daß diejenigen Betriebe, die nicht Kriegsverbrechern und Naziaktivisten gehören, aber zur Zeit unter Treuhänderschaft stehen, an ihre Eigentümer zurückgegeben werden können.

Aus »Neues Deutschland«, 26. Februar 1947

mens-Werken. Man kehrte das »soziale Haus Siemens« heraus und versuchte nach bewährter Methode, Teile der Belegschaft und die Betriebsräte durch finanzielle Zuwendungen zu korrumpieren.

Die SPD-Politiker, die das Wort »Sozialismus als Tagesaufgabe« so gern im Munde führten, sahen sich in der Defensive. Sie legten schließlich einen Gesetzentwurf vor, der an revolutionärer Konsequenz zwar hinter dem SED-Vorschlag zurückblieb, doch manche Gemeinsamkeiten erkennen ließ. Die SED stimmte daher am 13. Februar 1947 für das »Gesetz zur Überführung von Konzernen und sonstigen wirtschaftlichen Unternehmungen in Gemeineigentum«. Das Gesetz sah vor, die Enteignungen gegen Entschädigung vorzunehmen, ausgenommen von der Entschädigung sollten Kriegsverbrecher und Naziaktivisten sein. Namens der SED-Fraktion erklärte Karl Maron bei der Schlußabstimmung: »Es kommt unserer Meinung nach darauf an, die Taten folgen zu lassen, d.h. zu sehen, wie wird das Gesetz durchgeführt. Das entscheidende Gewicht liegt unserer Auffassung nach bei den Ausführungsbestimmungen.«[13] Darum reichte die SED-

13 StA, Amtlicher Stenographischer Bericht der 15. Ordentlichen Sitzung der Stadtverordnetenversammlung vom 13. Februar 1947

Fraktion den Entwuf für eine »Verordnung zur Einziehung von Vermögenswerten der Kriegsverbrecher und Naziaktivisten« ein, der am 27. März 1947 sogar mit allen Stimmen der Stadtverordnetenversammlung angenommen wurde.

Während die SED-Fraktion, unterstützt vom FDGB, auf eine schnelle Verwirklichung der beiden Beschlüsse drängte, gingen die drei anderen Fraktionen dagegen zu einer Verschleppungstaktik über.

Am 26. August 1947 wiesen die Westmächte in der Alliierten Kommandantur gegen die Stimme des sowjetischen Vertreters das Konzernenteignungsgesetz und die ergänzende Verordnung wegen angeblicher Mängel an den Magistrat zurück. Hier wurden sie auf die lange Bank geschoben.

Die Arbeiter in den drei Westsektoren, in denen sich die Konzernmacht wieder festigte, waren somit um die Früchte ihres Kampfes gebracht. Im Ostsektor hingegen setzte sich der sowjetische Kommandant, Generalmajor A. G. Kotikow, nachdrücklich für die Arbeiterinteressen ein.

Am 1. April 1947 hatte er die Bildung der »Deutschen Treuhandstelle zur Verwaltung des sequestrierten und beschlagnahmten Vermögens im sowjetischen Besatzungssektor der Stadt Berlin« verfügt. Der unter Leitung von Willy Rumpf (SED) stehenden Treuhandstelle oblag es, das auf Grund der SMAD-Befehle Nr. 124 und Nr. 126 vom Oktober 1945 beschlagnahmte Vermögen der Nazi- und Kriegsverbrecher im Interesse der Berliner Bevölkerung zu verwalten und zu nutzen, bis für ganz Berlin ein demokratischer Gesetzentscheid herbeigeführt sein würde. Die Treuhandverwaltung unterband alle Bestrebungen der Westberliner Konzerne, die Verfügungsgewalt über ihre Betriebe im Ostteil der Stadt zurückzuerlangen. Auf der anderen Seite garantierte sie den Arbeitern das volle gewerkschaftliche Mitbestimmungsrecht und setzte Verhältnisse durch, die denen der volkseigenen Betriebe in den Ländern der sowjetischen Besatzungszone

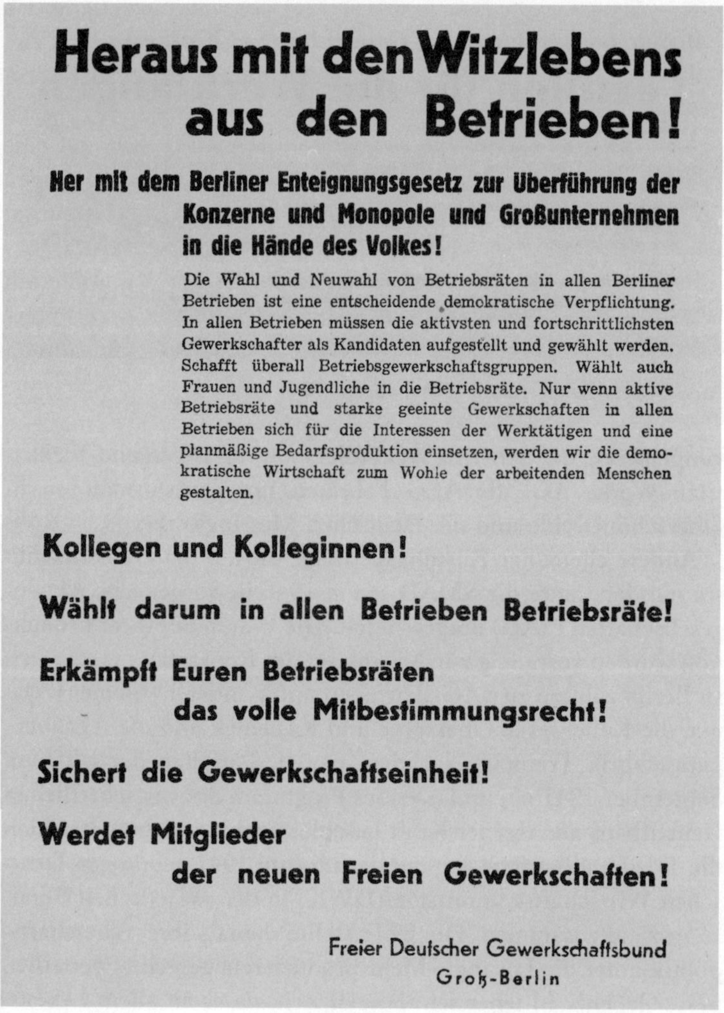

Heraus mit den Witzlebens aus den Betrieben!

Her mit dem Berliner Enteignungsgesetz zur Überführung der Konzerne und Monopole und Großunternehmen in die Hände des Volkes!

Die Wahl und Neuwahl von Betriebsräten in allen Berliner Betrieben ist eine entscheidende demokratische Verpflichtung. In allen Betrieben müssen die aktivsten und fortschrittlichsten Gewerkschafter als Kandidaten aufgestellt und gewählt werden. Schafft überall Betriebsgewerkschaftsgruppen. Wählt auch Frauen und Jugendliche in die Betriebsräte. Nur wenn aktive Betriebsräte und starke geeinte Gewerkschaften in allen Betrieben sich für die Interessen der Werktätigen und eine planmäßige Bedarfsproduktion einsetzen, werden wir die demokratische Wirtschaft zum Wohle der arbeitenden Menschen gestalten.

Kollegen und Kolleginnen!

Wählt darum in allen Betrieben Betriebsräte!

Erkämpft Euren Betriebsräten das volle Mitbestimmungsrecht!

Sichert die Gewerkschaftseinheit!

Werdet Mitglieder der neuen Freien Gewerkschaften!

Freier Deutscher Gewerkschaftsbund
Groß-Berlin

… Rückseite

gleichkamen. In den 309 Treuhandbetrieben arbeiteten Ende 1947 rund 40 Prozent aller in der Industrie Ostberlins Beschäftigten. Treuhandbetriebe waren zum Beispiel das Berliner Glüh-

Arbeitsbesprechung bei Generalmajor Kotikow:

Textilien für die Werktätigen

Berlin, 13. Februar (ADN). Anläßlich der Arbeitsbesprechung mit den Bezirksbürgermeistern des sowjetischen Sektors von Berlin gab Generalmajor Kotikow bekannt, daß am Donnerstag, 13. Februar, eine neue Zuteilung von Stoffen und Bekleidungsstücken für die Berliner Arbeiterbevölkerung angeordnet wurde. Die Verteilung erfolgt über den Freien Deutschen Gewerkschaftsbund. Zur Verteilung gelangen:

10.000 Meter Baumwolle, 19 000 Meter Tuchstoff, 38 00 Meter andere Stoffe.

Weiterhin gelangen zur Verteilung: 85 000 Paar Strümpfe und Socken, 40 000 Stück Unterwäsche, 10 000 Stück Oberwäsche,

sowie 90 000 Paar Schuhe und 10 000 Paar Kinderschuhe.

Weiter sind 30 000 Meter Stoff und 20 000 Meter Seide für Damenkleider bei der Industrie für die Verteilung in Berlin vorgesehen.

Aus »Neues Deutschland«, 14. Februar 1947

lampenwerk, die Schering AG Adlershof, die Bergmann-Elektrizitäts-Werke AG, die AEG Fabriken für Transformatoren in Oberschöneweide und die Deutschen Messingwerke.

Andere ehemalige Rüstungsbetriebe, die auf der Demontageliste standen, hatte die SMAD schon 1946 in Sowjetische Aktiengesellschaften (SAG) umgewandelt. Die Waren aus ihrer Produktion wurden vorrangig zur Abzahlung der Reparationen geliefert. In Berlin zählten zu SAG-Betrieben unter anderem Siemens-Plania, die Kabelwerke Oberspree und Köpenick und die AEG-Apparatefabrik Treptow. Nachdem der II. Parteitag der SED im September 1947 ein umfassendes Programm des wirtschaftlichen Neuaufbaus aus eigener Kraft beschlossen hatte, arbeiteten auch die Treuhandbetriebe eng mit der im Juni 1947 gebildeten Deutschen Wirtschaftskommission (DWK) in der sowjetischen Besatzungszone zusammen. Die SED stellte damals ihre Wirtschaftspolitik unter die Losung: »Mehr produzieren, gerechter verteilen, besser leben!« In jener schwierigen Zeit, da es an allem Lebensnotwendigen mangelte, Rohstoffe und Energie fehlten, die Arbeitsproduktivität gering war, Bummelantentum und Schwarzmarktgeschäfte überhand nahmen, gab es keinen anderen Weg, als unter größten Anstrengungen, verantwortungsbewußt und diszipliniert, den Teufelskreis von »Erst mehr essen – dann mehr arbeiten« zu durchbrechen. Das galt in besonderem Maße für Berlin, wo die Notlage auf Grund der Untätigkeit des Magistrats noch drückender war.

Wie immer in schwierigen Situationen, so halfen auch diesmal die sowjetischen Genossen. Am 9. September 1947 erließ die SMAD für die sowjetische Besatzungszone den bedeutsamen Befehl Nr. 234 über Maßnahmen zur Steigerung der Arbeitsproduktivität und zur weiteren Verbesserung der materiellen Lage der Arbeiter und Angestellten in der Industrie und im Verkehrswesen. Der Stadtkommandant Generalmajor Kotikow unterbreitete am 31. Oktober 1947 in der Alliierten Kommandantur ein 14-Punkte-Programm, das vorsah, die Grundsätze des Befehls Nr. 234 in allen vier Sektoren zu verwirklichen. Die wichtigsten Forderungen lauteten: Durchsetzung des Prinzips »Gleicher Lohn für gleiche Arbeit«; Abschaffung der noch immer gültigen faschistischen Tarifbefehle; volles Mitbestimmungsrecht der Betriebsräte; Einführung einer einheitlichen sozialen Pflichtversicherung sowie eines einheitlichen Arbeits- und Unfallschutzes für alle Werktätigen in Zusammenarbeit mit dem FDGB; verkürzte Arbeitszeit für Jugendliche; Ausgabe eines warmen Mittagessens in den Betrieben; Verbesserung der medizinischen Betreuung; Kampf gegen Spekulantentum und Preistreiberei; Versorgung mit Arbeitsbekleidung; Verbesserung der Wohnverhältnisse für diejenigen, die in Ruinen und Kellern lebten, und Durchführung des Konzernenteignungsgesetzes.

Das Kotikow-Programm fand in allen Teilen der Stadt eine lebhafte Zustimmung. In der Alliierten Kommandantur jedoch stieß es auf Ablehnung. Die Westmächte wünschten nicht, daß durch den äußerst populären Vorschlag Kotikows das Ansehen der sowjetischen Besatzungsmacht sowie der Einfluß von SED und FDGB, die diese Initiative uneingeschränkt befürworteten, stiegen, die Alltagssorgen der Berliner Werktätigen waren ihnen gleichgültig. Das mußte eine BVG-Abordnung auf bittere Weise

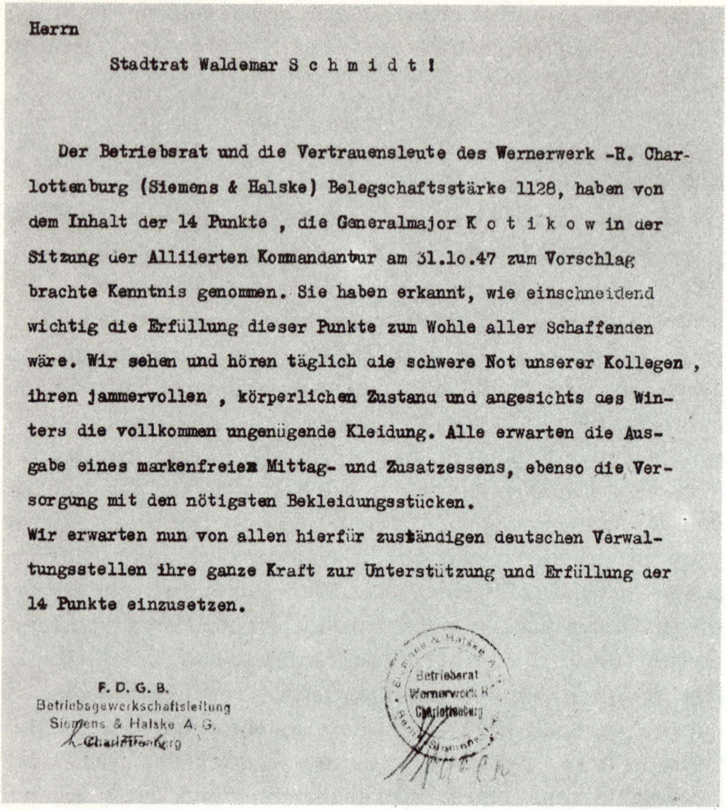

Herrn

Stadtrat Waldemar S c h m i d t !

Der Betriebsrat und die Vertrauensleute des Wernerwerk -R. Charlottenburg (Siemens & Halske) Belegschaftsstärke 1128, haben von dem Inhalt der 14 Punkte , die Generalmajor K o t i k o w in der Sitzung der Alliierten Kommandantur am 31.10.47 zum Vorschlag brachte Kenntnis genommen. Sie haben erkannt, wie einschneidend wichtig die Erfüllung dieser Punkte zum Wohle aller Schaffenden wäre. Wir sehen und hören täglich die schwere Not unserer Kollegen , ihren jammervollen , körperlichen Zustand und angesichts des Winters die vollkommen ungenügende Kleidung. Alle erwarten die Ausgabe eines markenfreien Mittag- und Zusatzessens, ebenso die Versorgung mit den nötigsten Bekleidungsstücken.
Wir erwarten nun von allen hierfür zuständigen deutschen Verwaltungsstellen ihre ganze Kraft zur Unterstützung und Erfüllung der 14 Punkte einzusetzen.

F. D. G. B.
Betriebsgewerkschaftsleitung
Siemens & Halske A. G.
Charlottenburg

Betriebsrat
Wernerwerk R
Charlottenburg

selbst erfahren. Als die von den Betriebsräten der BVG gewählte Vertretung – ihr gehörten fünf SPD-Mitglieder und ein SED-Mitglied an – im November 1947 beim britischen Kommandanten mit der Bitte um zusätzliche Lebensmittel für ihre Belegschaften vorsprach, wurde ihr entgegengehalten: »Haben Sie Dollars? Dann können wir helfen!«[14] Auch beim amerikanischen und beim französischen Kommandanten stieß die Delegation auf taube Ohren. Allein Generalmajor Kotikow hörte sich die Nöte

14 Vorwärts, 13. November 1947.

der Verkehrsarbeiter an und sicherte »4 500 zusätzliche Rationen in Gestalt eines warmen Mittagessens« zu. Außerdem ordnete er an, »daß bis zum 1. Dezember 1947 an die Arbeiter und Angestellten der BVG 3 500 Paar Schuhwerk, 1 500 bis 2 000 Garnituren Unterkleidung, Strümpfe und Socken derart verteilt würden, daß auf jeden BVG-Arbeiter des sowjetischen Sektors mindestens ein Paar entfalle«[15]. Die westlichen Kommandanten blieben weiterhin untätig. In einer Urabstimmung am 12. Mai 1948 sprachen sich die BVG-Arbeiter mit großer Mehrheit dafür aus, mit dem Mittel des Streiks ihre gerechten Forderungen in der ganzen Stadt durchzusetzen. Am 2. Juni 1948 ruhte für 24 Stunden der gesamte Verkehr von U-Bahn, Straßenbahn und Omnibussen in allen Sektoren. Die SED und der FDGB unterstützten die Aktion.

Aber auch danach änderte sich nichts an der Lage der BVG-Arbeiter und -Angestellten in den Westsektoren.

Am 3. Juni 1948 verkündete Generalmajor Kotikow den Befehl Nr. 20 über Verbesserung der rechtlichen und materiellen Lage der Arbeiter und Angestellten in den Industrie- und Transportbetrieben des sowjetischen Sektors von Berlin. Zu diesem Schritt hatte sich der sowjetische Stadtkommandant entschlossen, da immer mehr Betriebsdelegationen mit der Bitte um Hilfe bei ihm vorsprachen und die westlichen Vertreter in der Alliierten Kommandantur die Beratung des sowjetischen Vorschlages hintertrieben. Kernstück des Befehls Nr. 20 war die Ausgabe eines warmen Mittagessens in den Betrieben, für das keine Lebensmittelmarken abgegeben werden mußten. Abwechselnd gab es Eintopf- und Tellergerichte, die durchschnittlich 0,65 Mark pro Portion kosteten. Um die Bereitstellung der zusätzlich benötigten Lebensmittel kümmerte sich die sowjetische Stadtkommandantur. Nahmen im Juni 1948 schon 88 000 Angestellte und Arbeiter am »Kotikow-Essen« teil, so stieg ihre Zahl auf 150 000 im Oktober 1948. Die »Tägliche Rundschau« schilderte am

---

15 Tribüne, Berlin, 24. November 1947.

Wo kannst Du in Berlin Deine Ferien verleben?
Der Jugendausschuß Pankow bietet allen Jungen und Mädeln im Alter von 14—21 Jahren, die in einem festen Arbeitsverhältnis stehen und keine Möglichkeit haben, ihren Urlaub auswärts zu verbringen, einen 10tägigen
Erholungsaufenthalt
im schön gelegenen Jugendheim in Blankenfelde
Die Kosten betragen für 10 Tage RM 5.— und eine Dekade der Lebensmittelkarte III. ● Zusatzverpflegung vom Internationalen Roten Kreuz steht für euch bereit.
Eröffnung am 11. Juni 1948
Die einzelnen Lager laufen in der Zeit vom
11.—20. Juni
21.—30. Juni
1.—10 Juli
11.—20. Juli
21.—30. Juli
1.—10. August
11.—20. August
21.—30. August
1.—10. September
11.—20. September
21.—30. September
Was müßt ihr mitbringen?
2 Schlafdecken, Wasch- und Zahnputzzeug, Sportzeug, Eßbesteck, Eßgeschirr, Musikinstrumente, gute Laune
Annahme der Meldungen:
Montag bis Freitag von 9—16 Uhr im Jugendheim Niederschönhausen, Platanenstraße 114, I. Stock, Zimmer 11, Telefon 48 29 14
Volksbildungsamt Pankow / Jugendausschuß

15. Juli 1948 die erste Essenausgabe in einem Stralauer Sägewerk (Stadtbezirk Friedrichshain) mit folgenden Worten:

»Als der Kessel aufgemacht war, staunte man zunächst über

das dick eingekochte Essen. Und dann dazu noch Wirsingkohl! Daneben stand ein weiterer Kübel, der die Kartoffeln enthielt, die genau auf den einzelnen Mann berechnet wurden, damit auch jeder das gleiche Quantum erhielt. Noch angenehmer überrascht waren die Arbeiter von dem fetten Schweinefleisch, das ebenfalls ausgegeben wurde. ›So einen fetten Happen haben wir schon lange nicht mehr gegessen.‹ Das sagte uns der Sägenschärfer August Piek, ein älterer Arbeiter.«

Das Prinzip der materiellen Interessiertheit, das dem Befehl Nr. 20 zugrunde lag, wirkte: Die Arbeitsmoral verbesserte sich, Fehlzeiten und Krankenstand gingen zurück, und die Arbeitsproduktivität stieg wieder an. Auch die materielle Lage der Jugendlichen besserte sich.

Mit besonderer Strenge wachten die sowjetischen Besatzungsorgane darüber, daß in ihrem Sektor die Entnazifizierungsbestimmungen des Potsdamer Abkommens strikt durchgeführt wurden. Weder in Verwaltung noch in Wirtschaft, Volksbildung oder Kultur durften frühere Nazis Ämter bekleiden. Gemäß den Kontrollratsbestimmungen arbeiteten Entnazifizierungskommissionen – in ganz Berlin waren es 194 – im sowjetischen Sektor, vor denen sich ehemalige Mitglieder der NSDAP zu verantworten hatten. Den Kommissionen gehörten Vertreter der antifaschistisch-demokratischen Parteien, der Gewerkschaften und anderer fortschrittlicher Organisationen an. Sie hatten das Recht, Sühnemaßnahmen festzulegen. Dazu zählten fristlose Entlassung aus dem Arbeitsrechtsverhältnis, Versetzung aus leitenden Positionen in untere Beschäftigungsbereiche in Betrieben und Verwaltungen sowie Verbot politischer Betätigung. Ergaben sich bei der Verhandlung Hinweise auf Kriegsverbrechen, so wurde das Verfahren den Gerichten übergeben. Groß war die Zahl der sogenannten Mitläufer, das heißt der nicht durch Kriegsverbrechen belasteten früheren Mitglieder der NSDAP und ihrer Gliederungen. Ihre politische Umerziehung

Bekanntmachung

In der am Montag, dem 13. Januar 1947, 9 Uhr, in der Bezirksverwaltung Weißensee, Amalienstraße 6, III. Stock, Saal 3, stattfindenden Sitzung der Entnazifizierungskommission wird auf Grund der Anordnung der Alliierten Kommandantur Berlin, N 101a-102 vom 26. Februar 1946, über folgende Anträge entschieden werden:

Lfd. Nr. 315/47 Troschke, Paul, Berlin-Weißensee, Gustav-Adolf-Str. 24a, Friseurmeister
Lfd. Nr. 316/47 Wargowsky, Paul, Berlin-Hohenschönhausen, Waldowstr. 64, Stadtinspektor
Lfd. Nr. 317/47 Krüger, Carl, Berlin-Weißensee, Streustr. 127, Gemüsehändler
Lfd. Nr. 318/47 Thörmer, Fritz, Berlin-Weißensee, Sedanstr. 54, Uhrmachermeister
Lfd. Nr. 319/47 Höfler, Otto, Berlin-Weißensee, Roelckestr. 14, Bauunternehmer
Lfd. Nr. 320/47 Schulze, Paul, Berlin-Weißensee, Gürtelstr. 10, Steuerinspektor
Lfd. Nr. 321/47 Kühl, Georg, Berlin-Hohenschönhausen, Berliner Str. 99, Glasermeister

Die Antragsteller behaupten, daß sie nur nominelle Teilnehmer an den Tätigkeiten der NSDAP., ihren Gliederungen und Organisationen gewesen und der Entwicklung einer echten demokratischen Tradition in Deutschland nicht feindlich gesinnt seien.

Es ergeht nunmehr an jede Privatperson, jeden Betrieb, jede Behörde und jede Organisation die Aufforderung, der Entnazifizierungskommission bis zum 11. Januar 1947 für lfd. Nr. 315 bis 321 alle Tatsachen zu melden, aus denen im Gegensatz zur Darstellung der Antragsteller hervorgeht, daß die genannten Personen mehr als nur nominelle Teilnehmer an den Tätigkeiten der NSDAP. gewesen sind.

Hierzu gehören insbesondere Angaben über aktive politische Tätigkeit, über Parteizugehörigkeit, Mitgliederwerbung, über die Ausnutzung einer Stellung als politisches Druckmittel, über die Ausnutzung der Mitgliedschaft bei der NSDAP. zu übermäßigen geschäftlichen Vorteilen und Gewinnen, über die Bespitzelung oder Erstattung von Anzeigen gegen andere Personen und ähnliches. Alle dahingehenden Mitteilungen sind zu richten an die Geschäftsstelle der Entnazifizierungskommission in Berlin-Weißensee, Woelckpromenade 1, Zimmer 55. Bekanntmachungen über weitere Anträge folgen in regelmäßigen Zeitabständen.

Berlin-Weißensee, den 6. Januar 1947

Entnazifizierungskommission des Verwaltungsbezirks Weißensee, gez. Hornung

erwies sich im Berliner Klima der Jahre 1947/1948 jedoch als nicht leicht. Viele Nazis retteten sich in die Westsektoren, wo sie ungeschoren blieben.

Gemeinsam sorgten die sowjetischen Stellen und die Gerichte im Ostsektor dafür, daß Nazi- und Kriegsverbrecher ihre gerechte Strafe erhielten. Im Oktober 1947 führte im Pankower Rathaus ein sowjetisches Militärgericht einen öffentlichen Prozeß gegen den ehemaligen Lagerkommandanten des KZ Sachsenhausen sowie gegen 15 schwer belastete Angehörige des SS-Bewachungskommandos durch; 14 der Angeklagten erhielten lebenslängliche Haft. Das umfangreichste Verfahren gegen Naziverbrecher vor einem Berliner Gericht fand im Juni/Juli 1950 statt. Angeklagt waren die SA-Mörder der »Köpenicker Blutwoche« vom Juni 1933; 14 von ihnen wurden zum Tode, weitere 14 zu lebenslänglich Zuchthaus und die übrigen zu Freiheitsstrafen zwischen 5 und 25 Jahren verurteilt. Ein Teil der Naziverbrecher wurde in Abwesenheit verurteilt; sie hatten sich durch Flucht nach Westberlin und in die BRD der Gerechtigkeit entzogen. Auch andere Bestimmungen des Kontrollrats zur Ausrottung von Faschismus und Militarismus wurden im sowjetischen Sektor exakt erfüllt. Straßen, Plätze und Brücken, deren Namen an das Hitlerregime und das Kaiserreich erinnerten, wurden nach fortschrittlichen Deutschen und nach antifaschistischen Widerstandskämpfern benannt.

Nach dem Oktober 1946 begann auch im sowjetischen Sektor die Wiederaufbauarbeit zu stagnieren, weil die von der SPD geführten acht Bezirksämter die Überwindung der Kriegsfolgen auf Schritt und Tritt behinderten. Immer wieder mußten die sowjetischen Kommandanten der Stadtbezirke die SPD-Bürgermeister auf ihre Pflichten hinweisen. Genossen der SED, die in den Bezirksämtern arbeiteten, hatten einen schweren Stand, ihnen wurde auf demagogische Weise die Verantwortung für die Notlage zugeschoben. Da wichtige Bereiche der Wirtschaft – SAG- und Treuhandbetriebe – dem Zugriff der Reaktion entzogen waren, richtete sich die Sabotage vor allem gegen kommunale Bereiche. So kam die Enttrümmerung ins Stocken. Die damit beauftragten Privatunternehmer dachten nur an ihre Bereicherung auf Kosten der unterbezahlten Trümmerfrauen. Infolge mangelnden Arbeitsschutzes passierten bei der schweren, größtenteils mit primitiven Mitteln durchgeführten Arbeit monatlich etwa 1 000 Unfälle. Beim Abriß einer Ruine in der Charlotten-/Ecke Behrenstraße im Juni 1947 fanden 2 Bauarbeiter und 6 Trümmerfrauen den Tod.

Auch im städtischen Nahverkehr ging es nur langsam voran, weil die von rechten SPD-Führern beherrschte BVG-Direktion die Wiederherstellung des Liniennetzes von Straßenbahn, U-Bahn und Omnibussen im sowjetischen Sektor bremste, wo sie nur konnte. Demgegenüber machte der Wiederaufbau der Fern- und S-Bahn, die in ganz Berlin der Deutschen Reichsbahndirektion der sowjetischen Besatzungszone unterstand, schnellere Fortschritte, obgleich hier durch Kriegsschäden und Demontagen des zweiten Gleises für Reparationszwecke die größeren Schwierigkeiten bestanden. Im November 1947 fuhren die ersten S-Bahn-Züge auf der im April 1945 durch SS gefluteten Tunnelstrecke zwischen Anhalter und Stettiner Bahnhof. Die Elektrifizierung der S-Bahn-Strecke nach Strausberg wurde im Oktober 1948 und der nach Erkner im November 1948 beendet.

Infolge der Materialknappheit und des überalterten Wagenparks kam es in der Nachkriegszeit bei allen städtischen Verkehrseinrichtungen wiederholt zu Betriebsstörungen und auch zu Unglücken. So gab es 17 Verletzte, als im August 1948 im Tunnel der Nord-Süd-S-Bahn nahe dem Bahnhof Friedrichstraße zwei Züge aufeinanderfuhren. Bei der Begegnung zweier S-Bahn-Züge nahe dem Bahnhof Schöneberg (USA-Sektor) im Oktober 1948 wurden 4 Personen aus den Türöffnungen heruntergerissen, weil die Türen wegen Überfüllung nicht hatten geschlossen werden können; 2 verstarben an Ort und Stelle.

Das Straßenbild jener Jahre bestimmten die Militärfahrzeuge der vier Mächte. Daneben gab es – von Dienstfahrzeugen abgesehen – nur eine bescheidene Zahl privater Lkw und Pkw. Zumeist waren es echte Oldtimer, Holzvergaser, Marke Eigenbau, Dreiräder und dergleichen. Sie hielten sich mit den Pferdefuhrwerken etwa die Waage. Im Juli 1947 legte die Alliierte Kommandantur die für Groß-Berlin zugelassene Anzahl der Kraftfahrzeuge fest: Es kamen auf 5000 Einwohner 1 Autobus, auf 150 Einwohner 1 Lkw und auf 450 Einwohner 1 Pkw. Brücken lagen noch in Trümmern, und viele Nebenstraßen waren erst behelfsmäßig geräumt.

Aber inmitten der zerstörten, unter der Nachkriegsnot leidenden Stadt blühte ein erregendes, vielgestaltiges Kulturleben. Sein Zentrum lag im sowjetischen Sektor. Hier gab es nicht nur eine Vielzahl kultureller Einrichtungen, die Zug um Zug aus Trümmern wiederentstanden; hier konnte sich auch das Ringen um die geistig-kulturelle Neugeburt unseres Volkes, um Humanismus, Völkerfreundschaft und Friedensliebe ungehindert entfalten. Der Kulturbund zur demokratischen Erneuerung Deutschlands war Sammelpunkt und Kampfgemeinschaft aller progressiven, humanistischen und sozialistischen Geistesschaffenden. Offen und kritisch wurde hier die geistige Auseinandersetzung mit Imperialismus und Militarismus geführt. Der I. Bundeskongreß des Kulturbundes fand am 20. und 21. Mai 1947 in Berlin statt. Er wählte JOHANNES R. BECHER abermals zum Präsidenten. Der Landesverband Berlin zählte damals 8000 Mitglieder. Im Club der Kulturschaffenden in der Jägerstraße, der am 26. August 1946 mit Unterstützung der SMAD eröffnet worden war, besaßen sie ein weit über die Stadt hinaus bekanntes kulturpolitisches Zentrum.

Viele Kulturschaffende, die die Faschisten außer Landes getrieben hatten und die nun heimkehrten, fanden im Ostteil Berlins ihre Wohn- und Arbeitsstätte. Im Jahre 1946 kamen aus dem Exil unter anderen der Filmregisseur SLATAN DUDOW, die Schriftsteller JAN PETERSEN und MAX ZIMMERING, der Schauspieler CURT TREPTE. Im Jahre 1947 kehrten die Schriftsteller ANNA SEGHERS, LUDWIG RENN, HANS MARCHWITZA, STEPHAN HERMLIN, WALTHER VICTOR und MAXIMILIAN SCHEER nach Berlin zurück. Und 1948 kamen ARNOLD ZWEIG und BODO UHSE, BERTOLT BRECHT und HELENE WEIGEL, der Komponist HANNS EISLER und andere. Sie wurden fast alle im Club der Kulturschaffenden von Vertretern des öffentlichen Lebens und von Freunden herzlich begrüßt und stürzten sich sofort in die Arbeit.

Die sowjetische Militärverwaltung förderte die kulturelle Erneuerung nach Kräften. Ihre Kulturoffiziere pflegten freundschaftliche Kontakte zu den deutschen Intellektuellen, sie gaben Rat und übermittelten ihre Erfahrungen bei der sozialistischen Kulturrevolution in der UdSSR. In besonderer Weise sorgten sie sich um materielle Unterstützung, um Wohnraum und Lebensmittel für deutsche Wissenschaftler und Künstler, allen voran der Leiter der Kulturabteilung der SMAD, Oberstleutnant ALEX-

ANDER LWOWITSCH DYMSCHIZ. Der damals 35jährige Literaturwissenschaftler aus Leningrad war eine außergewöhnliche Persönlichkeit. Seine profunde Kenntnis deutscher Geschichte und Literatur, seine politische Klugheit und sein einfühlsames Wesen hinterließen bei allen, die ihm begegneten, einen tiefen Eindruck, vor allem bei Vertretern der bürgerlichen Intelligenz.

Am 28. Februar 1947 eröffnete Stadtkommandant Generalmajor KOTIKOW das Haus der Kultur der Sowjetunion, das auf Beschluß des Ministerrates der UdSSR eingerichtet worden war. Mit seinen künstlerischen Veranstaltungen, Theater- und Filmaufführungen, Musikabenden, Ausstellungen, Vorträgen und Diskussionen avancierte es schnell zu einem Zentrum des Berliner Kulturlebens. Von den Berlinern gern besucht wurde auch die sowjetische Buchhandlung »Meshdunarodnaja Kniga« am Alexanderplatz, nahe dem heutigen Polizeipräsidium. Hier konnte man die vom Moskauer Verlag für fremdsprachige Literatur und vom SWA-Verlag (er unterstand direkt der SMAD) deutschsprachig herausgegebene klassische russische und sowjetische Literatur kaufen. Am 30. Juni 1947 wurde im Marmorsaal des Hauses der Kultur der Sowjetunion Unter den Linden die Gesellschaft zum Studium der Kultur der Sowjetunion gegründet, die 1949 ihren Namen in Gesellschaft für Deutsch-Sowjetische Freundschaft (DSF) änderte. Die Veranstaltung stand unter der Losung »Durch Studium zur Wahrheit – durch Wahrheit zur Freundschaft mit der Sowjetunion«. Zum Präsidenten wurde der Wirtschaftshistoriker Prof. Dr. JÜRGEN KUCZYNSKI und zum Vizepräsidenten die Schriftstellerin ANNA SEGHERS gewählt. Die Alliierte Kommandantur ließ die Gesellschaft erst im Januar 1948 für Berlin zu.

Auf den Spielplänen der Berliner Theater standen neben Klassikern und von den Faschisten totgeschwiegenen Werken erstmals Stücke sowjetischer Autoren: »Optimistische Tragödie« von W. W. WISCHNEWSKI (1948 im Theater des Hauses der

Kultur der Sowjetunion), »Die russische Frage« von K. M. Simonow (1947), »Stürmischer Lebensabend« von L. N. Rachmanow (1946) oder »Der Schatten« von Jewgeni Schwarz (1947, sämtlich im Deutschen Theater).

Die Deutsche Staatsoper entwickelte sich unter der Leitung Ernst Legals zur führenden Musikbühne des Landes. Hier standen so berühmte Dirigenten wie Wilhelm Furtwängler, Hermann Abendroth und Joseph Keilberth am Pult bei Opern- und Konzertaufführungen. Am 23. Dezember 1947 ging in der neuen Komischen Oper im Gebäude des früheren Metropol-Theaters in der Behrenstraße der Vorhang auf zur glanzvollen Premiere der »Fledermaus«. Damit begann der Siegeszug einer Bühne und ihres Intendanten Walter Felsenstein, der sich die Schaffung eines »realistischen Musiktheaters« zur Lebensaufgabe machte. Das Deutsche Theater nahm sich unter der Leitung von Wolfgang Langhoff (seit 1946) besonders der Pflege und Weiterführung des klassischen, vor allem des nationalen Erbes an. Die Volksbühne, die am 21. September 1947 ihre Eröffnungsfeier im Deutschen Theater hatte, spielte an mancherlei Stätten und fand unter Intendant Heinz Wolfgang Litten ab Sommer 1948 im Theater in der Kastanienallee, dem bekannten »Prater«, ein Domizil, denn das Haus am heutigen Rosa-Luxemburg-Platz war schwer zerstört. Das Metropol-Theater, das 1945 ins Filmtheater »Colosseum« in der Schönhauser Allee zog, wandte sich wieder der Operette zu. Amüsierlust und das Bedürfnis nach Zerstreuung und Ablenkung von den Alltagssorgen trieben das Publikum auch in die unzähligen Varietés, Kabaretts und Volkstheater, die es überall in der Stadt gab. Die meisten – wie das Kabarett »Frischer Wind«, das Pankower »Volkstheater« oder das »Puhlmann-Theater« in der Schönhauser Allee – existierten nicht lange. Schon im August 1945 eröffnete am Schiffbauerdamm das »Palast-Varieté«. Gespielt wurde auf der Vorbühne, weil das Bühnenhaus einen Bombenvolltreffer erhalten hatte. Als der Magistrat im November 1947 das Varieté übernahm, wurde es in Friedrichstadt-Palast umbenannt und bis 1949 wiederaufgebaut.

VOLKSTHEATER PANKOW

IM VOLKSBILDUNGSAMT PANKOW

Spielzeit 1945/46

„DER LAMPENSCHIRM"

Kein Stück in 3 Akten von **Curt Goetz**

Inszenierung: **Theo Shall**

PERSONEN

Hans Karl Erichsen	Theo Shall
Evchen	Marga Staege
Amalie Lunow	Elfriede Dehmel
Janeck Erfurt	Georg M. Wagner
Der Bettler	Horst Jacob
Gerichtsvollzieher Engel	Jens Hansen
Exzellenz v. Tatenat	Joachim Cadenbach
Der alte Herr	Paul Ludwig
Der Postbote	Georg Burkert
Frau von Eysow	Christa Mertins
Geldbriefträger	Kurt Possin

Bühnenbilder: **Irene Roedel**

Techn. Einrichtung: **Jens Hansen**

Des Berliners liebste Freizeitbeschäftigung blieb auch in dieser schweren Zeit der »Kintopp«. Im Januar 1946 spielten schon wieder 170 Kinos in ganz Berlin, davon 56 im sowjetischen Sektor. Die Ostberliner Kinos – das einzige repräsentative Haus war das »Babylon« – zeigten viele Streifen sowjetischer Filmkunst von »Panzerkreuzer Potemkin«, »Lenin im Oktober«, »Wir aus Kronstadt« bis »Begegnung an der Elbe«, die meisten schon synchronisiert, manche noch mit deutschen Untertiteln.

Die Geburtsstunde des neuen deutschen Films schlug am 17. Mai 1946. Auf einer Festveranstaltung in der alten Filmstadt Babelsberg überreichte Oberst S. I. Tjulpanow, der Leiter der Informationsabteilung der SMAD, den Lizenzträgern der DEFA (Deutsche Film-AG) die Urkunden. Seit November 1945, der ersten Zusammenkunft aufbauwilliger Filmschaffender im unzerstört gebliebenen Seitenflügel der Ruine des Hotels Adlon Unter den Linden, hatte ein aus sechs Personen bestehendes »Filmaktiv« die Vorarbeiten geleistet. Dr. Kurt Maetzig rief die erste Nachkriegs-Wochenschau ins Leben. Am 18. Februar 1946 lief Nr. 1 des »Augenzeugen« im Vorprogramm, zunächst monatlich, bald jede Woche neu. Die Kameras des »Augenzeugen« begleiteten über zwei Jahrzehnte lang auch die Entwicklung Berlins, hielten die herausragenden politischen Ereignisse wie die kleinen Episoden im Bild fest. Der erste DEFA-Film »Die Mörder sind unter uns« (Regie Wolfgang Staudte) erlebte am 15. Oktober 1946 in der Staatsoper am Bahnhof Friedrichstraße seine Uraufführung. Ihn wie auch »Ehe im Schatten« (Regie Kurt Maetzig, 1947) »empfanden wir als künstlerisch-politische Sendboten des Antifaschismus« (Alexander Abusch).[16] In der Trümmerwelt der Stadt drehte die DEFA noch »Razzia« (1947) und den Jugendfilm »Irgendwo in Berlin« (1946).

---

16 Alexander Abusch: Aus den ersten Jahren unserer Kulturrevolution. In: ... einer neuen Zeit Beginn. Erinnerungen an die Anfänge unserer Kulturrevolution 1945–1949. Hrsg. vom Institut für Marxismus-Leninismus beim ZK der SED und vom Kulturbund der DDR, Berlin und Weimar 1980, S. 57.

AMT FÜR KUNST
PRENZLAUER BERG
SOZIALE
KUNST
KÄTE KOLLWITZ
HEINRICH ZILLE
HANS BALUSCHEK
OTTO NAGEL U.A.
6. NOV. – 21. NOV. 1948
TÄGLICH VON 11–18 UHR ‹AUCH SONNTAGS›
IM KULTURHEIM NO 55, SODTKESTR. 36 EHEMALS KEMMELWEG

Der Kulturbund und die Ämter für Kunst der Stadtbezirke veranstalteten Ausstellungen mit Werken fortschrittlicher Kunst- und Kulturschaffender.

Die zunehmende Verschärfung der Auseinandersetzung zwischen Sozialismus und Imperialismus in der Weltpolitik schlug sich auch im Berliner Zeitungswesen nieder. Der demokratischen Presse im sowjetischen Sektor standen die von den Westmächten in den Westsektoren lizenzierten Blätter gegenüber, die unter der Vorspiegelung von »Meinungsfreiheit«, von »objektiver« und »unparteilicher« Berichterstattung sich schnell zu Sprachrohren der imperialistischen Restaurations- und Spaltungspolitik profilierten. In ihren Redaktionsstuben gaben die alten Ullstein- oder Scherl-Leute den Ton an; in ihren Spalten machte sich auf Wunsch der westlichen Presseoffiziere ein primitiver Antikommunismus breit. Druckpapier war in der Nachkriegszeit kostbar; die Westmächte scheuten keine Kosten und Mühen, genug davon in die Westsektoren Berlins zu schaffen. »Der Tagesspiegel« und »Telegraf« hatten Mitte 1946 eine Auflage von je 400 000 Exemplaren. In den Westsektoren erschienen ferner die Berliner Ausgabe der amerikanischen Zonenzeitung »Die Neue Zeitung«, »Der Kurier« als Abendblatt im französischen Sektor, das »Spandauer Volksblatt« im britischen Sektor und ab August 1947 eine selbständige Berliner Ausgabe des Organs der britischen Militärregierung in Hamburg, »Die Welt«.

Demgegenüber kamen an den Berliner Zeitungskiosken im Frühjahr 1947 nur 69 000 Exemplare des »Neuen Deutschlands«, 48 000 Exemplare der »Berliner Zeitung« und 76 000 Exemplare des »Vorwärts«, der Tageszeitung des Landesverbandes der SED Groß-Berlin, zum Verkauf. Dazu kamen in geringerer Auflage noch die Presseorgane der Blockparteien. Um die westliche Presseflut im sowjetischen Sektor von Berlin und in der sowjetischen Besatzungszone, wo diese Blätter noch bis zum Herbst 1948 vertrieben wurden, einzudämmen, genehmigte die SMAD die Zulassung einiger überparteilicher Zeitungen. Bereits seit Dezember 1945 war die Abendzeitung »Nacht-Expreß« (letzte Ausgabe im April 1953) im Handel. Daneben erschien von Februar 1947 bis Februar 1948 »Berlin am Mittag« unter der Chefredaktion von Georg Honigmann mit einer durchschnittlichen Auflage von 60 000 Exemplaren.

Demokratische Massenorganisationen begannen ab Ende 1945 ebenfalls mit der Herausgabe von Presseorganen, die aber wegen der allgemeinen Papierknappheit zumeist nur wöchentlich erscheinen konnten. So erschienen »Neues Leben. Zeitschrift der Freien Deutschen Jugend« (Nr. 1 vom 1. November 1945), »Start. Illustriertes Blatt der jungen Generation« (von Juni 1946 bis Ende 1949), die Studentenzeitschrift »Forum« (ab Januar 1947), »Junge Welt. Die Zeitung der Jugend« (Nr. 1 vom 12. Februar 1947), die illustrierte Frauenzeitung »Für Dich« (ab August 1946) sowie der vom Kulturbund herausgegebene »Sonntag. Eine Wochenzeitung für Kulturpolitik, Kunst und Unterhaltung« (ab Juli 1946). Schon im Oktober 1945 war unter der Leitung von Lilly Becher die Nr. 1 der »Neuen Berliner Illustrierten« (NBI) erschienen. Zu ihr gesellten sich ab April 1946 die 14tägliche satirische Zeitschrift »Frischer Wind«. Später – im Januar 1948 – kam noch »Die neue Gesellschaft« als Monatszeitschrift der Gesellschaft zum Studium der Kultur der Sowjetunion hinzu.

Bei dieser Aufzählung darf man nicht die neue Kinderpresse vergessen, die monatlich mit starken Auflagen in den Schulen und an den Kiosken zum Verkauf kam. »Die ABC-Zeitung« für die Schulklassen 1 bis 3 und »Die Schulpost« für die Klassen 4 bis 8 – beide erschienen erstmals im Juli 1946 – unterstützten die Ziele der demokratischen Schulreform.

Alle diese im demokratischen Berlin herausgegebenen zentralen und lokalen Presseorgane leisteten einen wichtigen Beitrag für den revolutionären Umwälzungsprozeß. Schonungslos entlarvten sie die Träger des Faschismus und der Verbrechen an der Menschlichkeit, und in scharfer Form setzten sie sich mit den

Verleumdungen und Anfeindungen seitens der Spaltungspolitiker auseinander. Aktuell, kämpferisch und parteilich vertraten viele namhafte Berliner Journalisten die Sache des Fortschritts und des Friedens, so ALBERT NORDEN, GERHART EISLER, GERHARD KEGEL und viele andere.

An vorderer Front des publizistischen Kampfes stand der Berliner Rundfunk. Trotz anfänglicher Requirierung von Radioapparaten durch die Besatzungsmacht stieg die Zahl der Rundfunkteilnehmer in der sowjetischen Besatzungszone von 1,54 Millionen im März 1946 auf 2,5 Millionen im Mai 1948. Bald kamen erste Radiogeräte aus eigener Produktion zum Verkauf. Inzwischen hatten auch die Sender Leipzig, Dresden, Schwerin, Potsdam, Halle und Weimar den Betrieb aufgenommen. Am 1. Mai 1949 begann der Deutschlandsender, der bereits seit Oktober 1948 die Wellenlängen des Berliner Rundfunks mitbenutzt hatte, sein eigenes Programm auszustrahlen. »Der Berliner Rundfunk war damals der entscheidende Sender für die sowjetische Besatzungszone, der mit seinen Sendungen bis in den letzten Winkel des Landes drang«, schrieb MAX SEYDEWITZ, ab August 1946 Nachfolger von HANS MAHLE als Intendant des Berliner Rundfunks.[17]

Der Berliner Rundfunk strahlte viele aktuelle Sendungen aus, so das politische Funkmagazin »Pulsschlag Berlin« seit Mai 1945. Die Solidaritätsaktion »Rettet die Kinder!« sprach Millionen Hörer an und erbrachte bis zum Frühjahr 1946 Spenden im Werte von fünf Millionen Reichsmark. Das RBT-Orchester unter Leitung von WALTER DOBSCHINSKI war wegen seiner flotten Tanzmusik sehr beliebt und auch auf »Amiga«-Schallplatten zu hören, die seit 1947 der VEB »Lied der Zeit«-Verlag Berlin-Babelsberg auf 25-cm-Schellackplatten preßte. Übrigens mußte damals wegen Rohstoffmangels der Käufer für jede neue »Amiga«-Platte zwei alte Schallplatten abliefern.

---

17 Max Seydewitz: Es hat sich gelohnt zu leben. Lebenserinnerungen, Bd. 2, Berlin 1980, S. 75.

Der Staatschor der UdSSR
Eintönig klingt das Glöckchen — Abendglocken 5000
Träumerei / Schumann – Pastorale 5004
Das Alexandrow-Ensemble
Die Bandura I. und II. Teil 5012
Kalinka — Im schönsten Wiesengrunde (Solist W. Nikitin) 5015
Großes Orchester
Dem Sturm entgegen (Jezek)
Jugend dieser Zeit (Musik Honegger) 123
Hymne der Weltjugend
Der Zukunft entgegen
(Musik Schostakowitsch) 124
auf
ETERNA
Lied der Zeit
PRODUKTION
Ausführlicher Prospekt – auch über Amiga-Tanzplatten – kostenlos durch
Lied der Zeit GmbH., Berlin W 8, Taubenstr. 2-4

Die politischen Kommentare des Berliner Rundfunks, die in Inhalt und Sprache sehr wirksam waren und regelmäßig von vielen Menschen gehört wurden, sprachen unter anderen Max Seydewitz, Greta Kuckhoff sowie Herbert Gessner und Dr. Karl Georg Egel, die beide im Frühjahr 1948 wegen ihrer antifaschistisch-demokratischen Gesinnung aus dem Bayerischen Rundfunk München ausscheiden mußten, ferner Karl Eduard von Schnitzler, der wenig später aus gleichem Grunde vom Kölner Rundfunk kam, und Markus Wolf, einer der Söhne des Schriftstellers Friedrich Wolf.

Als »Gegengewicht« zum Berliner Rundfunk, der damals im Haus des Rundfunks in der Masurenallee im britischen Sektor sein Domizil hatte, bauten die USA-Militärbehörden ihren »Rundfunk im amerikanischen Sektor« beschleunigt aus und entfernten 1947 alle wegen ihrer antinazistischen und konsequent demokratischen Haltung bekannten amerikanischen Mitarbeiter aus dem RIAS. Als Ende Oktober 1947 der USA-Militärgouverneur General Clay eine antikommunistische Propagandakampagne verkündete, stand RIAS in der vordersten Reihe des nunmehr eröffneten »kalten Krieges der Worte«. Daran beteiligte sich auch der von den britischen Besatzungsbehörden lizenzierte Nordwestdeutsche Rundfunk (NWDR), der im August 1946 eine Zweigstelle im britischen Sektor einrichtete, aus der sich ab 1953 der »Sender Freies Berlin« (SFB) entwickelte.

Die im Herbst 1945 eingeleitete demokratische Schulreform galt es konsequent weiterzuführen. Schon im Januar 1947 hatte die SED einen Gesetzentwurf dazu in der Stadtverordnetenversammlung eingereicht. Sich von den Bestimmungen des Potsdamer Abkommens über die Demokratisierung des Erziehungswesens leiten lassend, forderte die SED die Einheitsschule mit einer achtklassigen Grundstufe, das Verbot von Privatschulen, die Trennung von Kirche und Schule, die Hebung des Bildungsniveaus für die breiten Volksschichten, eine enge Verbindung von Schule und Elternhaus und die Erfüllung der neuen Schule mit einem antifaschistisch-demokratischen Geist. Dagegen lief die Reaktion sofort Sturm. Nach dem Motto: Die Holzpantinenschule für das einfache Volk, das Gymnasium für die begüterte Elite, sollte das bürgerliche Bildungsmonopol gewahrt bleiben. Der Stadtrat für Volksbildung, Dr. Siegfried Nestriepke (SPD), wollte der SED nicht die alleinige Initiative überlassen und erarbeitete eilig eine »Magistratsvorlage«, die der Bildungskonzeption von CDU und LDP viele Konzessionen machte. Das rief den Protest der Lehrergewerkschaft im FDGB, der Schulräte und aller fortschrittlichen Kräfte hervor. Unter dem Druck der öffentlichen Meinung mußte die SPD unter Berücksichtigung wesentlicher Forderungen des SED-Entwurfs ihre Vorlage umarbeiten, wobei es im Volksbildungsausschuß des Stadtparlaments zu einem engen Zusammenwirken mit der SED-Fraktion kam. Am 13. November 1947 wurde das Schulgesetz für Groß-Berlin mit einer Zweidrittelmehrheit von den Stadtverordneten angenommen. Dieser Sieg der fortschrittlichen Lehrerschaft und aller demokratischen Kräfte Berlins verdeutlichte noch einmal, welche Möglichkeiten eine Aktionseinheit von SED und SPD für eine antifaschistisch-demokratische Entwicklung in ganz Berlin bot.

Wie bereits beim Konzernenteignungsgesetz verzögerten die Westmächte in der Alliierten Kommandantur auch diesmal die Genehmigung. Als sie sie endlich im Juni 1948 erteilten, brach auch schon die offene Spaltung der Stadt herein. In Westberlin fand eine demokratische Schulreform nicht statt. Im demokratischen Berlin hingegen wurde sie Wirklichkeit.

Die Auseinandersetzungen um das Schulgesetz zeigten, daß durch das immer forschere Auftreten der Reaktion der Klassenkampf auch im kulturpolitischen Bereich an Schärfe zunahm. Angestachelt durch die imperialistischen Besatzungsmächte, gab es in den Westsektoren Bestrebungen, den Kulturbund durch eine Gegengründung aufzuspalten. Als dies zu nichts führte, verbot die USA-Militärregierung am 9. Oktober 1947 kurzerhand den Kulturbund im amerikanischen Sektor. Der britische Kom-

Volkshochschule Weißensee

Beginn

des

II. Lehrabschnittes des Lehrjahres 1946/47

am 24. Januar 1947

Vortragsreihen

über Philosophie • Gesellschaftslehre • Geschichte • Länderkunde • Politik • Wirtschaftslehre Rechtslehre • Biologie • Physik • Chemie • Medizin • Technik • Mathematik • Bautechnisches Zeichnen • Kunst • Schauspiel • Musik • Literatur • Kunst- und Plakatschrift Buchführung • Stenographie • Sprachtechnik • Deutsch • Russisch • Englisch Französisch • Spanisch • Esperanto sind vorgesehen.

Lehrpläne im

Amt für Volksbildung / Abt. Volkshochschule

Amalienstraße 6, II. Etage, Zimmer 15, erhältlich.

Anmeldungen

Für Weissensee:

Im Amt für Volksbildung / Abteilung Volkshochschule, Berlin-Weißensee, Amalienstr. 6, II. Etage, Zimmer 15

Montag und Donnerstag . . . . 8 bis 19.00 Uhr
Dienstag, Mittwoch und Freitag . . . . 8 bis 15.30 Uhr
Sonnabend . . . . . 8 bis 13 Uhr

Für Hohenschönhausen:

Im Kulturhaus, Degener Straße 40 . . . . Dienstag und Freitag von 16 bis 19 Uhr mandant zog nach. Das Büro des Kulturbundes in der Charlottenburger Schlüterstraße 45 wurde geschlossen. Tätigkeitsverbote und Verleumdungskampagnen zwangen viele Geistesschaffende, in den sowjetischen Sektor überzusiedeln. Auch der Präsident des Kulturbundes, Johannes R. Becher, räumte seine Dahlemer Wohnung und zog nach Niederschönhausen, Majakowskiring 34. Das Verbot des Kulturbundes im amerikanischen und im britischen Sektor, begleitet von einer antikommunistischen Pressekampagne, wirkte wie ein Paukenschlag. Der kalte Krieg des Imperialismus hatte Berlin erfaßt.

Kapitel VI

Die Spaltung Berlins

»Berlin wurde auf der Grundlage eines sorgfältig geplanten Programms geteilt, welches dazu dienen sollte, die Sowjets aus Deutschland zu verdrängen. Mir wurde das von einem der Hauptberater des Militärgouverneurs in Deutschland kurz vor meiner Abreise mitgeteilt. Ich war in Deutschland vom September 1945 bis November 1947 als Chef für die Versorgung und Landwirtschaft des Hauptquartiers in Berlin tätig.« Diese Feststellung traf der USA-General HUGH B. HESTER *in der amerikanischen Zeitung »St. Petersburg Times« vom Juni 1968.*[1]

1 Zit. nach: Albert Norden: So werden Kriege gemacht! Über Hintergründe und Technik der Aggression, 4., überarbeitete und stark erweiterte Auflage, Berlin 1968, S. 305/306.

Fauchend fuhr der britische Militärzug, von Berlin kommend, in den Grenzbahnhof Marienborn ein. Es war 1.00 Uhr früh am 1. April 1948. Ein britischer Feldwebel stieg auf den Bahnsteig und überreichte den diensthabenden sowjetischen Offizieren die Passagierliste; so war es bisher üblich gewesen. Die sowjetischen Offiziere wiesen darauf hin, daß ab 1. April 1948 – wie bekannt sei – neue Anordnungen der SMAD über die Verstärkung des Schutzes und der Kontrolle an der Demarkationslinie der sowjetischen Besatzungszone in Kraft seien. Sie waren notwendig geworden, weil die ausschließlich für die Bedürfnisse der drei westlichen Garnisonen in Berlin eingerichteten Verbindungswege in letzter Zeit immer häufiger mißbraucht worden waren. Neben Schmuggelgut befanden sich viele Zivilisten in den Zügen: reaktionäre deutsche Politiker, Agenten westlicher Geheimdienste und sogar Kriegsverbrecher, die wegen ihrer »Osterfahrung« unter westalliiertem Schutz standen. Die sowjetischen Offiziere verlangten, gemäß der neuen Anordnung die Personalpapiere der Fahrgäste im Zug zu kontrollieren. Der britische Feldwebel weckte Geschwaderkommandant Galloway, den ranghöchsten mitfahrenden Offizier. Doch dieser stellte sich unwissend und untersagte der sowjetischen Kontrolle, den Zug zu betreten. Nach mehrstündigen fruchtlosen Debatten wurde der britische Zug kurzerhand auf ein Nebengleis geschoben. Inzwischen trafen ein weiterer britischer sowie zwei amerikanische Dienstzüge in Marienborn ein. Weil deren Begleitpersonal eine sowjetische Inspektion nach den neuen Bedingungen ebenfalls verweigerte, konnten auch sie nicht passieren. Ein französischer Militärzug, dessen verantwortlicher Offizier eine sowjetische Kontrolle ohne weiteres gewährte, fuhr hingegen nach kurzem Aufenthalt weiter.

Augenzeuge dieser Szene war der Korrespondent der bürgerlichen englischen Zeitung »Daily Express«, Wilfred G. Burchett. Er urteilte: »In diesen wenigen Stunden, die wir dösend auf einem grasbewachsenen Hügel bei Marienborn verbrachten, vollzog sich der entscheidende Umschwung in der Politik der Westmächte gegenüber den Russen: Damals beschloß man, ›andere Seiten aufzuziehen‹.«[2]

An diesem 1. April 1948 wußten BURCHETT und andere politische Beobachter noch nicht, daß maßgebende Kreise um General LUCIUS D. CLAY, den USA-Militärgouverneur in Deutschland, schon lange beschlossen hatten, es in der alten deutschen Hauptstadt zu einem »clash«, zu einem »offenen Schlagabtausch« mit der Sowjetunion kommen zu lassen. Sie warteten nur auf eine günstige Situation, auf einen Vorwand, um diesen Konfrontationskurs zu starten und die Verantwortung dafür auf die Sowjetunion abzuwälzen. Am 30. März 1948 – die SMAD hatte die drei westlichen Militärregierungen gerade von ihren neuen Kontrollmaßnahmen unterrichtet – telefonierte CLAY dreimal von seinem Hauptquartier in Berlin-Dahlem aus mit vorgesetzten Washingtoner Dienststellen. Seiner Meinung nach sollte man eine unkontrollierte Passage der Militärzüge erzwingen, sich die Strecke »freischießen« und gleichzeitig als Vergeltungsakt eine Wirtschaftsblockade gegen die UdSSR verhängen. Aus Washington, wo man die draufgängerische Art CLAYS kannte und im ganzen auch schätzte, kam jedoch die Empfehlung, vorerst nur das Wachpersonal in den Militärzügen zu verstärken und zu bewaffnen. Das hinderte CLAY nicht an anderen eigenmächtigen Aktionen. Er ließ für mehrere Tage das Gebäude der Deutschen Reichsbahndirektion am Schöneberger Ufer (USA-Sektor) durch US-Militärpolizei belagern und eine »kleine Luftbrücke« zwischen der amerikanischen Zone und den Westsektoren errichten, um die sowjetische Reaktion zu testen. Am 10. April 1948 beschwor CLAY in einem Telegramm das USA-Heeresministerium: »Wenn Berlin fällt, folgt Westdeutschland als nächstes. Wenn wir beabsichtigen, Europa gegen den Kommunismus zu halten, dürfen wir uns nicht von der Stelle rühren.«[3]

Zwar beruhigte sich die Lage bald, zumal die Westmächte die

---

2 Wilfred G. Burchett: Der kalte Krieg in Deutschland, Berlin (1950), S. 40/41.

3 Lucius D. Clay: Entscheidung in Deutschland, Frankfurt a. M. 1950, S. 400.

31 10. Mai 1947: Zum Gedenken
an die faschistische Bücherverbrennung von 1933
findet vor der Berliner Universität
der »Tag des freien Buches« statt

32 Der behördlich genehmigte Tauschmarkt in Lichtenberg – ein Versuch, gegen den Schwarzen Markt anzugehen

33 Wilhelm Pieck erläutert am 19. Juli 1947 auf dem Marktplatz von Oberschöneweide das Aktionsprogramm der SED

34 Sorgen und Forderungen der Berliner Werktätigen 1947

35 Das Alexandrow-Ensemble auf dem Gendarmenmarkt 1948

36 Die Hilfe des sowjetischen Stadtkommandanten
Generalmajor A. G. Kotikow:
4000 Paar Schuhe werden vor dem Konsumladen
der Eisenbahner abgeladen

37 23. Juni 1948: Werktätige protestieren
vor dem Neuen Stadthaus gegen die Währungsspaltung

38 30. November 1948: Hunderttausende Berliner
begrüßen Unter den Linden die Bildung des demokratischen Magistrats
unter Oberbürgermeister Friedrich Ebert.
Am Mikrophon Wilhelm Pieck

39 Aufbautag bei Bergmann-Borsig in Wilhelmsruh, November 1948.
4. v. l. Fritz Rettmann, 1. Vorsitzender der IG Metall Groß-Berlin

40 10. Januar 1949: Ein Solidaritätszug mit Lebensmitteln, Textilien und Industriegütern aus Sachsen trifft auf dem Bahnhof Lichtenberg ein.
V. l. n. r. Friedrich Ebert, Otto Buchwitz, Hans Jendretzky

41 16. November 1948: Andrang vor Berlins zweitem »Freien Laden« der HO in der Königstraße nahe dem Roten Rathaus

42 Berlins Studenten demonstrieren am 1. Mai 1949

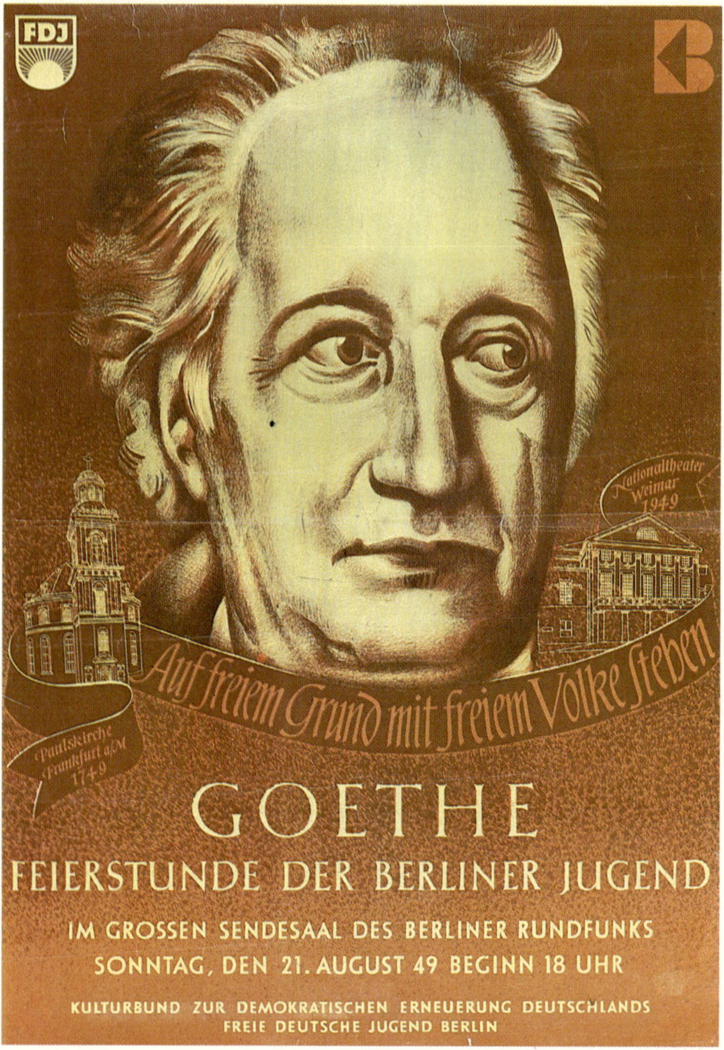
FDJ
Nationaltheater Weimar 1949
Auf freiem Grund mit freiem Volke stehen
Paulskirche Frankfurt a/M 1749
GOETHE
FEIERSTUNDE DER BERLINER JUGEND
IM GROSSEN SENDESAAL DES BERLINER RUNDFUNKS
SONNTAG, DEN 21. AUGUST 49 BEGINN 18 UHR
KULTURBUND ZUR DEMOKRATISCHEN ERNEUERUNG DEUTSCHLANDS
FREIE DEUTSCHE JUGEND BERLIN

43

neuen sowjetischen Kontrollen auf den Verbindungswegen von und nach Berlin akzeptierten. Doch warf die sogenannte Aprilkrise 1948 schon die Schatten einer drohenden, gefahrenträchtigen Ost-West-Konfrontation in der alten deutschen Hauptstadt voraus. Noch einmal BURCHETT: »Je mehr Zwischenfälle dieser Art sich ereigneten, desto leichter würde es sein, ein ›Pearl Harbor‹ aus Berlin zu machen – eine Möglichkeit, die zu jenem Zeitpunkt in der Umgebung von General Clay viel und gern diskutiert wurde.«[4]

Der Entschluß, die Antihitlerkoalition endgültig zu sprengen, wurde von der Truman-Administration spätestens im Sommer 1947 gefaßt. Die Konferenz des Rates der Außenminister der UdSSR, der USA, Großbritanniens und Frankreichs, die im November/Dezember 1947 in London über einen deutschen Friedensvertrag beriet, wurde am 15. Dezember 1947 von der USA-Delegation abgebrochen. Zuvor hatte die britische Regierung sogar die Einreise einer Delegation des 1. Deutschen Volkskongresses, die der Konferenz den Standpunkt der damals umfassendsten demokratischen Bewegung in Nachkriegsdeutschland zu den Fragen von nationaler Einheit und gerechtem Friedensvertrag vortragen wollte, verboten. Die vier Außenminister gingen auseinander, ohne auch nur das Datum für eine neue Begegnung vereinbart zu haben. Triumphierend schrieb die »New York Herald Tribune« vom 20. Dezember 1947:

»Wir sind am Ende der Straße angelangt. Das Zeitalter Jalta ist vorbei. Die Aufteilung Deutschlands wird uns freie Hand geben, Westdeutschland in ein System der Westmächte einzubauen.«[5]

Im Februar 1948 begann in London eine Sechsmächtekonfe-

---

4 Wilfred G. Burchett: Der kalte Krieg in Deutschland, S. 43.
5 Zit. nach: Alliierter Kontrollrat und Außenministerkonferenzen. Aus der Praxis der Deutschlandpolitik der vier Mächte seit 1945. Kleine Dokumentensammlung. Hrsg. von Karl Bittel, Berlin 1959, S. 35/36.

BERLINER AUSGABE

Telegraf

HERAUSGEBER: ARNO SCHOLZ PAUL LÖBE ANNEDORE LEBER · MIT ZULASSUNG NR. 19 DER BRITISCHEN MILITÄRREGIERUNG

Nr. 253 • 2. Jahrg. • 8. November-Ausg. BERLIN • SONNTAG, 2. NOVEMBER 1947 Preis 15 Pfennig

Harriman: Der „Kalte Krieg" hat begonnen

Grundlagen für endgültige Fassung des Marshallplans veröffentlicht – Gesamtkosten 12 bis 17 Mrd. Dollar

renz mit Vertretern der USA, Großbritanniens, Frankreichs und der Beneluxstaaten. Sie empfahl, einen westdeutschen Separatstaat zu schaffen, der am Marshallplan teilhaben sollte. Die Londoner Konferenz war die erste internationale Konferenz nach 1945, auf der über die deutsche Frage unter Ausschluß der Sowjetunion verhandelt wurde. Am 20. März 1948 verlangte daher der Oberste Chef der SMAD, Marschall Sokolowski, im Alliierten Kontrollrat von seinen westlichen Kollegen eine Erläuterung. Doch diese behaupteten dreist, es fände in London nur ein unverbindlicher Meinungsaustausch statt, der nicht in die Kompetenz des Kontrollrats fiele. Das war eine glatte und offensichtliche Lüge, denn die Westpresse berichtete seit Wochen von der bevorstehenden Bildung eines westdeutschen Staates. Marschall Sokolowski, der turnusmäßig den Vorsitz im Kontrollrat führte, stellte daraufhin fest, daß die Westmächte durch ihre Handlungsweise den Alliierten Kontrollrat für Deutschland faktisch zu Grabe trügen. Er schloß die 82. Sitzung des Kontrollrates und verließ mit seiner Delegation den Tagungsraum. Die Westmächte erklärten sofort und blieben auch später bei der Behauptung, die Sowjetunion hätte den Kontrollrat »gesprengt«. Aber auch das war eine Lüge, denn die Westmächte hätten auf Grund des ihnen in den Folgemonaten zustehenden Vorsitzes ja jederzeit eine neue Sitzung einberufen können. Aber sie waren froh, endlich freie Hand für die lang vorbereitete Spaltung Deutschlands zu haben. Am 23. März 1948 lehnten sie es sogar ab, »an den Sitzungen irgendwelcher Direktorate, Komitees oder Unterkomitees der alliierten Kontrollbehörden teilzunehmen«[6]. So endete nach nicht einmal drei Jahren Dauer die Viermächteverwaltung über Deutschland.

Der Imperialismus ging nun offen dazu über, das Voranschreiten des Sozialismus in Europa mit seiner konterrevolutionären Politik des kalten Krieges »einzudämmen«. Um den eigenen Machtbereich vor der Ausstrahlungskraft des Sozialismus abzuschirmen, betrieb er die Spaltung Deutschlands und war darauf bedacht, den westzonalen Separatstaat zu einem Bollwerk gegen die Sowjetunion und zu einer Ausfallbastion gegenüber der sowjetischen Besatzungszone auszubauen. Den Westsektoren Berlins war dabei eine besondere Vorpostenrolle zugedacht.

Bereits im Ausklang des Jahres 1947 trat die Verschärfung der Klassenauseinandersetzung zwischen Sozialismus und Imperialismus in Berlin deutlich zutage. In den Westsektoren ging die Restauration der Monopolmacht voran. Der von reaktionären Kräften geführte Magistrat betrieb unter grober Mißachtung der Tatsache, daß ganz Berlin zur sowjetischen Besatzungszone gehörte, einen Kurs des Anschlusses der Stadt an die sogenannte Bizone, die am 1. Januar 1947 durch den Zusammenschluß der amerikanischen und der britischen Zone gebildet worden war. Absichtsvoll wurden die Beziehungen zur Deutschen Wirtschaftskommission und anderen Einrichtungen der sowjetischen Besatzungszone gedrosselt. »Ostentflechtung und Westintegration« nannte man diesen widernatürlichen, die Spaltung der Stadt begünstigenden Prozeß.[7] So wurden Sprache und Geist, Mittel und Methoden des kalten Krieges in die Stadt getragen und Konfliktstoffe angehäuft. Unverkennbar wurde, daß die imperialistischen Westmächte in der alten deutschen Hauptstadt

6 Tägliche Rundschau, Berlin, 18. April 1948.

7 So Jürgen Fijalkowski/Peter Hauck/Axel Holst/Gerd-Heinrich Kemper/Alf Mintzel: Berlin – Hauptstadtanspruch und Westintegration, Köln/Opladen 1967, S. 3.

auf eine offene Konfrontation mit der Sowjetunion hindrängten.

Die Ernennung von Oberst Frank L. Howley zum amerikanischen Stadtkommandanten am 1. Dezember 1947 brachte den Wandel zum kalten Krieg auch personell zum Ausdruck. Der gebürtige Texaner führte rauhe Wildwestmanieren in die Alliierte Kommandantur ein, immer häufiger wurde keine Einigung der vier Mächte über die behandelten Fragen erzielt. Konzernenteignungs- und Schulgesetz wurden von den westlichen Kommandanten auf die lange Bank geschoben. Die drei Mächte behinderten die fortschrittlichen Kräfte, wo sie nur konnten. Nachdem es ihnen nicht gelungen war, die SED in den Westsektoren zu verbieten, schränkten sie deren Betätigungsmöglichkeiten durch schikanöse Verfahren ein. Erst nach langen Verhandlungen und

Im sowjetischen Sektor organisierte der FDGB eine abwechslungsreiche Jugendarbeit

gegen den offenen und versteckten Widerstand der westlichen Seite genehmigte die Alliierte Kommandantur am 7. Oktober 1947 die am 7. März 1946 gegründete Freie Deutsche Jugend (FDJ). Die Gründungsveranstaltung der FDJ von Berlin fand am 2. November 1947 im Beisein der Vorsitzenden der SED, Wilhelm Pieck und Otto Grotewohl, im Friedrichstadt-Palast statt. Zum Vorsitzenden der Berliner FDJ wurde Heinz Kessler gewählt. Dem Berliner Organisationskomitee gehörten unter anderen Erich Ziegler, Erik Hühns und Jochen Weigert an. Anfang 1948 zählte der Berliner Landesverband einschließlich der Kinderorganisation etwa 12000 Mitglieder. Auf Betreiben der Westmächte waren aber drei weitere Jugendverbände zugelassen worden, so daß die Spaltung der Jugend fortbestand. Nach langwierigen Kämpfen genehmigte die Alliierte Kommandantur am 20. Dezember 1947 auch den Demokratischen Frauenbund Deutschlands (DFD), Stadtverband Berlin. Allerdings sah auch er sich, wie zuvor schon der Kulturbund, alsbald Behinderungen und Verboten in den Westsektoren ausgesetzt.

Anfang 1948 lösten sich die von großbürgerlichen Kräften geführten Landesverbände von CDU und LDP vom Gesamtverband ihrer Parteien in der sowjetischen Besatzungszone, um ihren auf Spaltung gerichteten Kurs ungehindert betreiben zu können. Hauptzielscheibe reaktionärer Attacken war der FDGB Groß-Berlin, mit seinen über 700000 Mitgliedern eine gewaltige Kraft. Seit Herbst 1946 bemühten sich rechte SPD- und Gewerkschaftsfunktionäre darum, die Industriegewerkschaften des FDGB zu unterwandern. Aber bei den Gewerkschaftswahlen im Frühjahr 1947 erlitt ihre Oppositionsliste eine vernichtende Niederlage. Die Spalterkräfte gingen nun dazu über, eine »Unabhängige Gewerkschaftsopposition« (UGO) innerhalb des FDGB zu organisieren. Da sie die Einheitsgewerkschaften nicht in die Hand bekommen konnten, wollten sie sie zerstören. Außer bei den Gewerkschaftsverbänden der Techniker und Werkmeister sowie der kaufmännischen Angestellten gelangen der UGO 1947 noch keine nennenswerten Einbrüche.

Mit Verboten gegen die Volkskongreßbewegung

Auf Initiative der Sozialistischen Einheitspartei Deutschlands entstand Ende 1947 die Volkskongreßbewegung für Einheit und gerechten Frieden. Sie führte Deutsche aus allen vier Besatzungszonen ungeachtet ihrer sozialen Herkunft, politischen Bindung und weltanschaulichen Überzeugung zusammen. Ihre Hauptforderungen lauteten: Abschluß eines deutschen Friedensvertrages gemäß dem Potsdamer Abkommen und Schaffung einer einheitlichen deutschen demokratischen Republik mit der Hauptstadt Berlin.

Im Januar 1948 konstituierte sich ein Ständiger Berliner Ausschuß für Einheit und gerechten Frieden unter Leitung des bekannten Charité-Arztes Prof. Dr. Theodor Brugsch. Der 2. Deutsche Volkskongreß für Einheit und gerechten Frieden, der am 17. und 18. März 1948 in Berlin tagte, beschloß ein Volksbegehren für einen Volksentscheid über die Einheit Deutschlands in der Zeit vom 23. Mai bis 13. Juni 1948. In den Westsektoren wurde die Unterschriftensammlung behindert und im Mai 1948 gänzlich verboten. Zuvor schon hatte der amerikanische Stadtkommandant die Volkskongreßbewegung in seinem Sektor untersagt und in der Alliierten Kommandantur ein Verbot für ganz Berlin verlangt. Viele Westberliner kamen in den sowjetischen Sektor, um sich hier in die Listen für das Volksbegehren einzutragen. Terror und Hetze wirkten aber insgesamt schon so stark, daß nur 812 378 Berliner, das waren 35 Prozent der Teilnahmeberechtigten, ihre Unterschrift unter das Volksbegehren für einen Volksentscheid über die Einheit Deutschlands setzten.

Unverkennbar trieben die Westmächte und ihre deutschen Helfershelfer in den Führungen von CDU, LDP und SPD die Spaltung der Stadt voran. Am 18. März 1948 beging das fortschrittliche Berlin den 100. Jahrestag der bürgerlich-demokratischen Revolution von 1848/1849 und Wilhelm Pieck rief auf einer Großkundgebung an den Gräbern der Märzgefallenen im Friedrichshain zum Kampf um die Erhaltung der Einheit Deutschlands und um den Abschluß eines gerechten Friedensvertrages auf.

ARBEITSPLAN FÜR
MÄRZ 1948
1848–1948
FREIHEITSKAMPF FÜR EIN
EINHEITLICHES DEMOKRATISCHES
DEUTSCHLAND
GEWERKSCHAFTSWAHLEN
8. MÄRZ INTERNATIONALER
FRAUENTAG
LANDESVORSTAND GROSS-BERLIN

Zur gleichen Stunde putschte vor der Reichstagsruine Ernst Reuter mit Haßtiraden die Menge auf:

»Die kommunistische Welle wird an dem eisernen Widerstand der Berliner zerschellen!«[8] Damit war das Signal für eine hemmungslose antikommunistische und nationalistische Propagandakampagne gegeben. Die von den Westmächten lizenzierten Zeitungen der Westsektoren – wie »Der Tagesspiegel«, »Telegraf«, »Der Kurier« – füllten ihre Spalten mit Berichten und Kommentaren, die ein völlig verzerrtes Bild von der sowjetischen Deutschlandpolitik gaben. Man schreckte auch vor groben Falschmeldungen nicht zurück. So behaupteten diese Presseorgane im Januar 1948, die KPD würde im Ruhrgebiet einen Putsch planen, der das Signal für einen »sowjetisch gelenkten Massenaufstand in Westdeutschland« sein sollte. Obgleich die große Lüge mit dem sogenannten »Protokoll M« schon im April entlarvt war, täuschte die Westberliner Presse weiterhin ihre Leser mit der Behauptung einer »drohenden Gefahr aus dem Osten«. Das pausenlose antikommunistische Trommelfeuer verwirrte große Teile der Berliner und machte sie für die imperialistische Spaltungspolitik empfänglich. Vor allem die fortbestehende Spaltung der Arbeiterklasse wirkte sich verhängnisvoll aus. Die rechten SPD-Führer suchten die großbürgerlichen Politiker von CDU und LDP in ihren Angriffen auf die sowjetische Besatzungsmacht und die SED zu übertrumpfen. In den Westsektoren sah sich die SED ständig Behinderungen, Verfolgungen und Verboten ausgesetzt.

Im Frühjahr 1948 holte die Reaktion zum entscheidenden Schlag gegen die Einheitsgewerkschaften aus. Am 10. Februar 1948 bildeten Sozialdemokraten und Vertreter der früheren christlichen und Hirsch-Dunckerschen Gewerkschaften eine Arbeitsgemeinschaft der UGO, die offen auf die Spaltung des FDGB hinarbeitete. Die Westmächte halfen mit Geld und der Lizenzierung von zwei Zeitungen mit hoher Auflage. Bei den Ge-

---

8 Der Tagesspiegel [Westberlin], 20. März 1948.

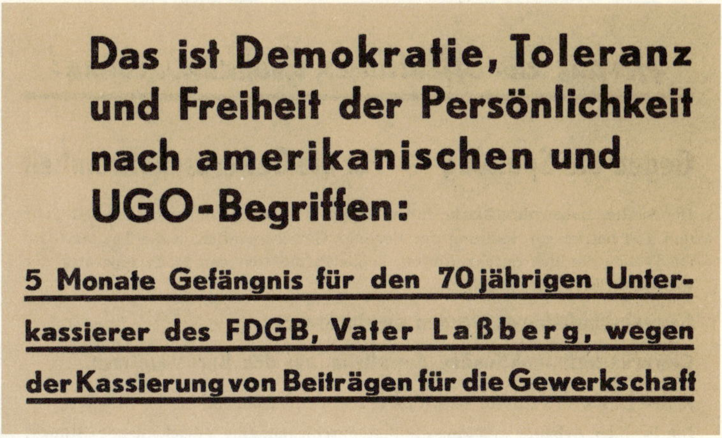

Das ist Demokratie, Toleranz und Freiheit der Persönlichkeit nach amerikanischen und UGO-Begriffen:

5 Monate Gefängnis für den 70jährigen Unterkassierer des FDGB, Vater Laßberg, wegen der Kassierung von Beiträgen für die Gewerkschaft

Eine Protestaktion der Berliner Arbeiter befreite Paul Laßberg Ende Oktober 1948 aus dem Gefängnis

werkschaftswahlen im Frühjahr 1948 verlangten die drei Kommandanten, daß die parteipolitische Zugehörigkeit der Kandidaten auf dem Stimmzettel angegeben werden solle, um die der SED angehörenden Gewerkschafter zu diffamieren. Aber auch diesmal wie schon 1947 erlitten die Spalter eine Niederlage; die UGO konnte nur knapp 30 Prozent der Stimmen für sich verbuchen. Daraufhin verließen die UGO-Leute die Stadtkonferenz des FDGB Groß-Berlin, die vom 21. bis 23. Mai 1948 tagte, und bildeten am 26. Mai 1948 eine »Kommissarische Leitung«. Sie riefen alle Gewerkschafter auf, dem FDGB-Vorstand nicht mehr Folge zu leisten und die Beitragszahlung an ihn einzustellen.

Am 8. Juni 1948 verfügte die amerikanische Militärregierung die Schließung sämtlicher Büros des FDGB in ihrem Sektor und übergab sie am darauffolgenden Tag der UGO. Dem FDGB wurde jegliche Tätigkeit im amerikanischen Sektor untersagt. Ähnlich geschah es im britischen und im französischen Sektor. Die Spaltung des FDGB war vollzogen.

Heraus zur öffentlichen Großkundgebung!

Gegen die Spaltung — Für die Gewerkschaftseinheit

Die Spalter haben ihre Maske fallen lassen. Sie setzen nunmehr die seit Jahr und Tag betriebene Spaltung der Berliner Gewerkschaften in die Tat um. Um ihr Werk gründlich durchzuführen, bedienen sie sich des Machtapparates der westlichen Besatzungsmächte.

Gewerkschaftsbüros werden geschlossen;

Gewerkschaftsfunktionäre gewaltsam aus den Büros entfernt.

Einige Leute verwechseln Berlin bereits mit Griechenland.

Die Berliner Arbeiter und Angestellten durchleben eine entscheidende Stunde. Von den Werktätigen allein hängt es ab, ob wir in Zukunft zur Überwindung der Schwierigkeiten und zum Kampf für die Verbesserung unserer materiellen Lage die bewährten Kampforganisationen, die geeinten Gewerkschaften, einsetzen können.

Alle Kräfte müssen zur Verteidigung der geschaffenen Gewerkschaftseinheit eingesetzt werden.

Wir rufen Euch daher auf
zur Teilnahme an der großen Gewerkschafts-Kundgebung

am Montag, dem 14. Juni 1948, um 15.30 Uhr
im Friedrichstadt-Palast und in den anliegenden Straßen

Die Losung der Kundgebung ist:

Gegen die Spaltung - Für die Gewerkschaftseinheit

Es gilt, gleichzeitig einen flammenden Protest gegen die polizeiliche und militärische Unterdrückung der Berliner Gewerkschaften zu erheben.

Es sprechen die Vorsitzenden des FDGB Groß-Berlin sowie die Vorsitzenden der einzelnen Industriegewerkschaften.

Erscheint in Massen!

Der Vorstand des Freien Deutschen Gewerkschaftsbundes
Groß-Berlin
Die Vorstände der Industriegewerkschaften

Das gleiche Schicksal drohte der Stadt. Anfang Juni 1948 liefen die Vorbereitungen für eine separate Währungsreform in den Westzonen auf Hochtouren. Die Reform sollte rechtswidrig auch auf die Berliner Westsektoren ausgedehnt werden und Westberlin in einen »Vorposten« des Weststaates inmitten der antifaschistisch-demokratischen Ordnung der sowjetischen Besatzungszone verwandeln. Die Führungen der Berliner SPD, CDU und LDP begrüßten diesen Kurs der Westmächte. Am 20. Mai 1948 hatte eine »Vertretung« des Magistrats, bestehend aus dem amtierenden Oberbürgermeister LOUISE SCHROEDER und den Stadträten REUTER und KLINGELHÖFER, beim Bizonen-Wirtschaftsrat in Frankfurt (Main) die direkte und sofortige Einbeziehung der Westsektoren in die westzonale Reform befürwortet. »Die Berliner Verwaltung«, so hieß es in ihrer Stellungnahme, »nimmt die Schwierigkeiten einer Spaltung der Währung in Kauf und sieht sich in der Lage, sie zu meistern.«[9]

WILLY BRANDT und RICHARD LÖWENTHAL schrieben dazu in ihrer Reuter-Biographie: »Zu dieser Initiative waren Reuter und Klingelhöfer durch keinen Beschluß des Magistrats autorisiert (dem als Minderheit ja auch noch die Kommunisten angehörten), wenn auch formell durch die Zustimmung Louise Schroeders gedeckt. Sie berichteten darüber auch nachträglich nicht im Magistrat.« Und an anderer Stelle: »Die ganze Aktion war natürlich dadurch erschwert, daß sie nicht im Namen des Magistrats geführt werden konnte; dort, in Anwesenheit der kommunistischen Magistratsmitglieder, konnten diese Gedanken nicht einmal offen erörtert werden.«[10] Tatsächlich trieben die Spalter in den städtischen Organen ein schändliches Doppelspiel, um die Berliner zu verwirren. In der Stadtverordnetenversammlung vom 25. Mai 1948 beteuerte ein SPD-Sprecher scheinheilig: »Wir wol-

---

9 Berlin. Quellen und Dokumente 1945–1951. 2. Halbbd. Hrsg. im Auftrage des Senats von Berlin. Bearbeitet durch Hans J. Reichhardt, Hanns U. Treutler, Albrecht Lampe, [West]Berlin 1964, Nr. 750, S. 1327.

10 Willy Brandt und Richard Löwenthal: Ernst Reuter. Eine politische Biographie, (München) 1957, S. 406/407 u. 409.

len nicht eine Trennung Berlins.«[11] Hinter den Kulissen aber arbeiteten die Vorstände der drei Parteien emsig daran, die Westmark in die Stadt zu holen. Am 11. Juni 1948 teilte der Bizonen-Wirtschaftsrat ihnen den Ablaufplan der Währungsspaltung mit: Man könne aus der »Kenntnis des alliierten Währungsplanes nur soviel sagen, daß die westliche Währungsreform zunächst keine Anwendung auf Berlin findet. Erst in dem Augenblick, in dem die Russen mit einer ostdeutschen Währungsreform nachziehen, die auf den Ostsektor Berlins Anwendung finden wird, werden die westlichen Alliierten die Westwährung auch in den drei Westsektoren einführen.«[12]

Am gleichen Tag brachten US-Flugzeuge die ersten Kisten mit der Spaltermark nach Berlin. Die Banknoten waren im Vorjahr in den USA gedruckt und in der von der CIA abgeschirmten Geheimoperation »Bird Dog« am 25. November 1947 per Schiff nach Bremerhaven und weiter in die Tiefbunker der im Januar 1948 gegründeten »Bank Deutscher Länder« in Frankfurt (Main) transportiert worden. Das mit zehn Flugzeugen von Wiesbaden nach Tempelhof eingeflogene Geld wurde zunächst im »York House« am Fehrbelliner Platz (britischer Sektor) deponiert, wo Mitte Juni 1948 ein »kleines Konklave« der westalliierten Finanzoffiziere und der Währungsexperten von SPD, CDU und LDP sowie der Vertreter der Konzernwirtschaft unter strengster Geheimhaltung die letzten technischen Maßnahmen beriet.

Am 16. Juni 1948 versetzten die Westmächte auch der Alliierten Kommandantur der Stadt Berlin den Todesstoß. Nach einer fruchtlosen Sitzung von mehr als 13 Stunden, während der sie erneut die Behandlung des Konzernenteignungsgesetzes und des

---

11 StA, Amtlicher Stenographischer Bericht der 69. Ordentlichen Sitzung der Stadtverordnetenversammlung vom 25. Mai 1948.

12 StA, Rep. 106, Nr. 192. – Vgl. auch Kurzprotokoll in: Berlin. Quellen und Dokumente, 2. Halbbd., Nr. 752, S. 1331.

Kotikow-Programms verweigerten, stand gegen 23.00 Uhr der amerikanische Stadtkommandant Oberst Howley vom Tische auf und erklärte unvermittelt, er sei nunmehr müde und habe morgen noch »Wichtigeres« zu erledigen. Unter Protest des sowjetischen Vertreters verließ Howley mit seinem Stab die Alliierte Kommandantur und begab sich unverzüglich ins amerikanische Pressecamp, wo er lauthals verkündete, »die Russen« hätten soeben die Viermächteverwaltung Berlins gesprengt. Jetzt hatte die USA-Militärregierung, der sich die britische Militärbehörde sofort anschloß, die erstrebte freie Hand für ihr spalterisches Vorgehen in der Währungsfrage. Der französische Stadtkommandant, der eine Zuspitzung des Konflikts mit der Sowjetunion entschärfen wollte, spielte noch einige Zeit mit dem Gedanken, die Alliierte Kommandantur wieder ins Leben zu rufen. Aber unter dem Druck Clays schloß er sich schließlich voll der anglo-amerikanischen Linie an.

Am 18. Juni 1948 um 18.00 Uhr verkündeten die Militärgouverneure der USA, Großbritanniens und Frankreichs über die westdeutschen Rundfunkanstalten die Einführung einer neuen Währung in ihren Besatzungszonen. Die Ausgabe der neuen Banknoten der »Deutschen Mark (DM)« begann am 20. Juni, einem Sonntag. Die SMAD sah sich daraufhin gezwungen, zum Schutze der Bevölkerung und der Wirtschaft der sowjetischen Besatzungszone jeglichen Kraftfahrzeug- und Fußgängerverkehr zwischen den Westzonen und der Ostzone zu sperren und strenge Kontrollen im Eisenbahn- und Schiffsverkehr anzuordnen, um zu verhindern, daß die im Westen entwertete alte Reichsmark massenhaft in die sowjetische Besatzungszone einströmte, was die Wirtschaft ruiniert hätte. Wie notwendig die Maßnahme war, zeigte die Tatsache, daß in den ersten Tagen bei stichprobenartigen Kontrollen über 90 Millionen Mark alten Geldes beschlagnahmt wurden. Außerdem wurden, da neue Banknoten noch nicht gedruckt waren, die alten Geldscheine mit Kupons – das heißt Wertmarken – beklebt und zur Ausgabe bereitgelegt.

Jetzt begann die westliche Seite, nach ihrem Ablaufplan zu handeln. Mit dem Vorsatz, sich ein Alibi für die von langer Hand vorbereitete Einführung der Spaltermark in Berlin zu verschaffen, verlangte sie Viererverhandlungen über eine Währungslösung in Berlin. Die Sitzung des Finanzdirektoriums beim Alliierten Kontrollrat begann am Nachmittag des 22. Juni 1948. Die westlichen Vertreter forderten zunächst eine »Berliner Sonderwährung«, gewissermaßen eine »Bärenmark«, und dann die Kontrolle der Emission und des Umlaufes einer neuen Währung der sowjetischen Besatzungszone in ganz Berlin. Das hätte bedeutet, ihnen Einfluß zu geben auf das Finanz- und Wirtschaftsleben ganz Ostdeutschlands, während umgekehrt der UdSSR eine derartige Möglichkeit in den Westzonen nicht zustand. Der sowjetische Vertreter lehnte berechtigt beide Ansinnen ab. Kurz nach Mitternacht gingen die Experten auseinander, ohne ein Ergebnis erreicht zu haben.

In den frühen Morgenstunden des 23. Juni 1948 übergab der sowjetische Verbindungsoffizier dem Bürgermeister Friedensburg (CDU) den SMAD-Befehl Nr. 111. Er verfügte, daß im Gebiet von Groß-Berlin, »das sich in der sowjetischen Besatzungszone befindet und wirtschaftlich einen Teil der sowjetischen Besatzungszone bildet«[13], die neue Währung der Ostzone alleiniges gesetzliches Zahlungsmittel sei. Friedensburg erklärte in der Stadtverordnetenversammlung, daß »man aus wirtschaftlichen Gründen die einheitliche Währung mit der Ostzone durchführen müsse, sie aber aus politischen Gründen für ganz Berlin ablehne«[14], und sabotierte die Ausführung des Befehls. Umgehend informierte er die westlichen Verbindungsoffiziere. Am Morgen des 23. Juni 1948 erließen die drei Militärregierungen ihre gleichlautenden Befehle, die den SMAD-Befehl Nr. 111 in ihren Sektoren für »null und nichtig« erklärten und die Einführung der westzonalen Währung in den drei Westsektoren anordneten. Das erfuhr die Bevölkerung aus den Mittagsausgaben der Zeitungen.

13 Tägliche Rundschau, 23. Juni 1948.
14 Neues Deutschland (B), 3. Juli 1948.

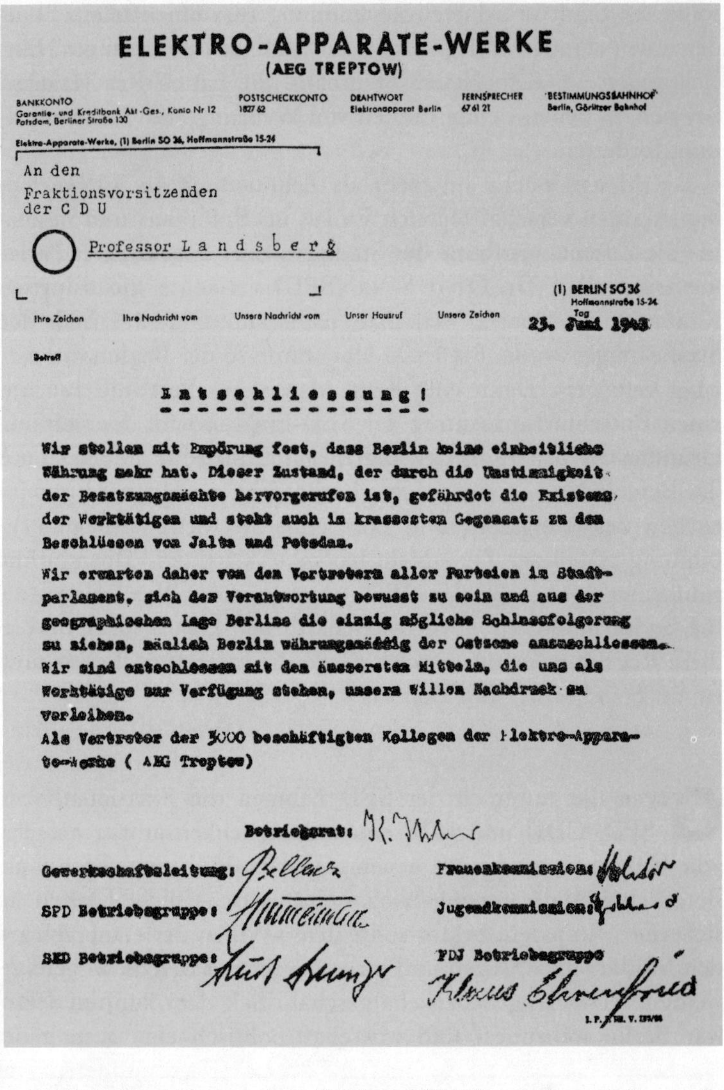

ELEKTRO-APPARATE-WERKE
(AEG TREPTOW)

BANKKONTO Garantie- und Kreditbank Akt.-Ges., Konto Nr 12 Potsdam, Berliner Straße 130 | POSTSCHECKKONTO 1827 62 | DRAHTWORT Elektroapparat Berlin | FERNSPRECHER 67 61 21 | BESTIMMUNGSBAHNHOF Berlin, Görlitzer Bahnhof

Elektro-Apparate-Werke, (1) Berlin SO 36, Hoffmannstraße 15-24

An den
Fraktionsvorsitzenden
der C D U

Professor L a n d s b e r g

Ihre Zeichen | Ihre Nachricht vom | Unsere Nachricht vom | Unser Hausruf | Unsere Zeichen

(1) BERLIN SO 36
Hoffmannstraße 15-24
Tag
23. Juni 1948

Betreff

E n t s c h l i e s s u n g !

Wir stellen mit Empörung fest, dass Berlin keine einheitliche Währung mehr hat. Dieser Zustand, der durch die Uneinigkeit der Besatzungsmächte hervorgerufen ist, gefährdet die Existenz der Werktätigen und steht auch im krassesten Gegensatz zu den Beschlüssen von Jalta und Potsdam.

Wir erwarten daher von den Vertretern aller Parteien im Stadtparlament, sich der Verantwortung bewusst zu sein und aus der geographischen Lage Berlins die einzig mögliche Schlussfolgerung zu ziehen, nämlich Berlin währungsmäßig der Ostzone anzuschliessen.
Wir sind entschlossen mit den äussersten Mitteln, die uns als Werktätige zur Verfügung stehen, unserm Willen Nachdruck zu verleihen.
Als Vertreter der 3000 beschäftigten Kollegen der Elektro-Apparate-Werke (AEG Treptow)

Betriebsrat:

Gewerkschaftsleitung: Frauenkommission:

SPD Betriebsgruppe: Jugendkommission:

SED Betriebsgruppe: FDJ Betriebsgruppe

Im Magistrat bestanden die drei SED-Vertreter auf der strikten Befolgung des Befehls Nr. 111, doch sie wurden von den Spaltern überstimmt. Um 16.00 Uhr an diesem 23. Juni 1948 sollte die Stadtverordnetenversammlung zusammentreten. Stunden zuvor standen Delegationen aus Berliner Betrieben und Einrichtungen vor dem Neuen Stadthaus. Sie hatten Resolutionen bei sich, in denen sie die Einheit von Währung und Stadtverwaltung forderten.

Die Menge wuchs auf mehr als Zehntausend an. Einige Demonstranten verschafften sich Einlaß ins Stadthaus und besetzten die Zuschauertribüne des Stadtverordnetensaales. Der Parlamentspräsident Dr. Otto Suhr (SPD) verlangte die sofortige Räumung des Saales, weil man nicht »unter dem Druck der Straße« tagen wolle. Bis 18.00 Uhr wurde so der Beginn der Sitzung verzögert. Dann eilte Karl Maron ans Pult und brachte einen Entschließungsantrag der SED-Fraktion ein, der sich aus Gründen der Erhaltung der städtischen Einheit für die Annahme des Befehls Nr. 111 aussprach. »Berlin liegt innerhalb der sowjetischen Besatzungszone und kann ohne die wirtschaftliche Verbindung mit dieser Zone nicht leben«, erklärte er. »Die Einführung einer eigenen Berliner Währung oder einer Parallelwährung für Berlin müßte zu einem wirtschaftlichen Chaos führen. Wer diese Regelung vertritt, handelt gegen die Interessen Berlins und ist ein Feind seiner Bevölkerung.« [15]

Gegen die Stimmen der SED nahmen die Fraktionen von SPD, CDU und LDP einen Dringlichkeitsantrag an, der »die Gültigkeit der beiden neueingeführten Währungen für ganz Berlin« bestätigte, um angeblich »seine wirtschaftliche Einheit zu sichern« [16]. In jedem Sektor sollte dem »Willen der entsprechenden Militärverwaltungen und ihren gegebenen Befehlen« gefolgt werden.[17] Das Ungeheuerliche geschah: Seit dem 24. Juni 1948 war Berlin währungs- und wirtschaftspolitisch eine gespaltene

---

15 StA, Amtlicher Stenographischer Bericht der 74. Außerordentlichen Sitzung der Stadtverordnetenversammlung vom 23. Juni 1948.
16 Ebenda.
17 StA, Rep. 101 M, Nr. 821.

Stadt. In scharfer Form protestierte die SMAD gegen diese flagrante Verletzung der in Potsdam getroffenen Vereinbarungen.

Am 24. Juni 1948 begann im sowjetischen Sektor von Berlin die Ausgabe von Banknoten alten Musters mit aufgeklebten Spezialkupons; diese Notwährung wurde ab 25. Juli 1948 durch neugedrucktes Geld ersetzt.

In den Westsektoren erfolgte am 25. Juni 1948 die Auszahlung der in den USA gedruckten neuen Banknoten. Sie trugen ein aufgestempeltes beziehungsweise perforiertes »B« (für Berlin). Bis März 1949 gab es in den Westsektoren eine Parallel- oder Doppelwährung, das heißt, die Währung der sowjetischen Besatzungszone war offiziell als Zahlungsmittel zugelassen, wurde aber von vornherein diskriminiert. Der Strom gehorteter Waren, darunter lang entbehrte Genuß- und Luxusmittel, war in den Geschäften nur für Westmark zu haben, während man alle bewirtschafteten Lebensmittel, Mieten, städtische Abgaben und Dienstleistungen mit »Ost« bezahlen konnte. Dadurch wurde bewußt die Nachfrage nach der Westmark hochgetrieben, die anfangs überdies knapp bemessen in Umlauf gebracht wurde. Seit Anfang August 1948 existierten von den Westmächten zugelassene private Wechselstuben, in denen die Währung der sowjetischen Besatzungszone zu einem Schwindelkurs gehandelt wurde.

War die rechtswidrige Einführung der Spaltermark in den

Westsektoren unabwendbar gewesen? Keineswegs! Es lag durchaus im Bereich des Möglichen, der westlichen Politik der Währungsspaltung, der ja die politisch-administrative Spaltung auf dem Fuß folgte, wirksam entgegenzutreten. Ein einheitliches Handeln der werktätigen Massen hätte das Ringen der Sowjetunion um eine friedliche Lösung der Berliner Krise verstärkt und den Westmächten die Grenzen ihres Vorgehens in der Stadt aufgezeigt.

Rechtzeitig hatte die SED vor dem antinationalen Komplott der Reaktion gewarnt und zum entschlossenen Kampf aufgerufen: »Es geht darum, die große Bewegung zu schaffen, daß die Massen nur eine Währung annehmen.«[18] Aber nur der fortgeschrittene, klassenbewußte Teil der Arbeiterklasse hörte diesen Ruf. In Großbetrieben, vor allem des sowjetischen Sektors, wo eine freie Meinungsäußerung möglich war, versammelten sich die Belegschaften zu Protestkundgebungen. So hieß es in einer an die Stadtverordnetenversammlung gerichteten Erklärung des Betriebsrates des Berliner Glühlampenwerkes: »Wir verlangen von Ihnen, daß Sie sich im Interesse der Belegschaft von 1 000 Mann unseres Werkes und darüber hinaus zur Erhaltung der Existenzfähigkeit der gesamten Bevölkerung Berlins mit allen Ihnen zu Gebote stehenden Mitteln für die Einführung einer einheitlichen Währung für Berlin einsetzen.«[19] Aus vielen Betrieben und Einrichtungen kam der Ruf nach außerparlamentarischen Aktionen, auch nach Generalstreik. Aber dafür fehlten die Voraussetzungen. Denn nach der erneuten parteipolitischen Spaltung der Berliner Arbeiterbewegung im Frühjahr 1946 hatte die Spaltung der Berliner Gewerkschaften im Mai/Juni 1948 die Kampfkraft weiter geschwächt. Die Masse der sozialdemokratisch orientierten Arbeiter folgte der nationalen Demagogie und der antikommunistischen Hysterie, die die rechten SPD-Führer auf Kundgebungen in den Westsektoren verbreiteten. Die Sym-

18 Wille und Weg. Funktionärorgan des SED-Landesverbandes Groß-Berlin, 1948, Nr. 6/7, S. 3.
19 StA, Rep. 100, Nr. 123.

pathie des bürgerlichen Berliner Westens galt ohnehin den imperialistischen Westmächten. Darüber hinaus verkannten viele Berliner ganz einfach die Gefahren; sie hielten eine Spaltung der Stadt für unvorstellbar und kümmerten sich ansonsten um ihre Alltagssorgen. Das erleichterte den Einpeitschern des Antikommunismus und der imperialistischen Spaltung die Arbeit.

Die SED führte den Kampf um die Einheit der Stadt und deren antifaschistisch-demokratische Entwicklung weiter. Auf einer Funktionärkonferenz am 25. August 1948 im Friedrichstadt-Palast legte der Landesvorsitzende Hermann Matern ein »Sofortprogramm zur Rettung Berlins« vor. Es forderte: Herstellung der Einheit der Währung, der Verwaltung und der Versorgung der Stadt; Sicherung des Arbeitsplatzes und des gewerkschaftlichen Mitbestimmungsrechtes; Verwirklichung des Konzernenteignungsgesetzes; Kampf dem Schiebertum und dem Schwarzmarkt; Verbesserung der materiellen und sozialen Lage der Werktätigen durch Realisierung des Kotikow-Programms und Vorbereitung eines Winternotprogramms. Dieses Sofortprogramm begrüßten am 26. August 1948 mehr als 250 000 Berliner auf Betriebsversammlungen und öffentlichen Kundgebungen im sowjetischen Sektor, zu denen die SED aufgerufen hatte.

Inzwischen spitzte sich die Lage in der in zwei Währungen geteilten Stadt weiter zu. Um die separate Währungsreform abzuwehren, stellte die SMAD nach der Sperrung des Kraftfahrzeugverkehrs am 19. Juni 1948 in der Nacht zum 24. Juni auch den Personen- und Güterverkehr auf der Eisenbahnstrecke Berlin–Helmstedt und Anfang Juli 1948 auch den Frachtverkehr auf den Binnenwasserstraßen ein. Mit Ausnahme des Luftweges waren damit alle Verkehrsverbindungen zwischen den Berliner Westsektoren und den Westzonen unterbrochen. Die SMAD teilte mit, daß diese Maßnahmen vorübergehender Natur und zum Schutze der ihr anvertrauten Bevölkerung und Wirtschaft in der gesamten sowjetischen Besatzungszone vor den nachteiligen

Auswirkungen der separaten Geldreform notwendig seien. Sie bekundete ihre Bereitschaft zu Verhandlungen über die Währungsfrage in Berlin und erbot sich, die Versorgung der Westberliner Bevölkerung sicherzustellen.

Bewußt Ursache und Wirkung verdrehend, stimmten die drei Westmächte ein Geschrei über eine angebliche »Blockade Berlins« an und behaupteten, die Sowjetunion wolle »Berlin aushungern« und dann »sich einverleiben«. Die Reuter, Suhr und Friedensburg fielen sofort in diesen Chorus ein und putschten die Westberliner zum »Freiheitskampf« auf. Sie fanden damit auch Gehör, denn die langjährige Goebbels-Hetze steckte noch vielen in den Köpfen.

Am 25. Juni 1948 konferierte im Tiefkellergewölbe unter seinem Hauptquartier in Berlin-Lichterfelde der Oberkommandierende der USA-Streitkräfte in Deutschland, Militärgouverneur General Lucius D. Clay, per Fernschreiber mit seinem vorgesetzten Heeresminister in Washington. Clay verlangte scharfe »Vergeltungsmaßnahmen« gegenüber der UdSSR. Ein bewaffneter Panzerkonvoi sollte auf der Autobahn von Helmstedt nach Berlin rollen und die Sowjetsoldaten zwingen, den ersten Schuß abzugeben. Das würde Krieg bedeuten! Washington zögerte, ermunterte aber Clay, auf Biegen und Brechen keinen Fußbreit aus dem Berliner »Vorposten« zu weichen. Kurz darauf wies Clay das Hauptquartier der USA-Luftstreitkräfte in Europa in Wiesbaden telefonisch an, am nächsten Tag alle verfügbaren Flugzeuge mit Proviant für die US-Garnison nach Berlin zu schicken und zusätzliche Geschwader aus Westeuropa und Übersee anzufordern. »Operation Vittles« – wie der Codename für die berüchtigt gewordene Berliner Luftbrücke vom Juni 1948 bis September 1949 lautete – lief an. Als die ersten zweimotorigen Dakotas vom Typ C-47 mit einer Transportkapazität von 3 Tonnen am Morgen des 26. Juni 1948 auf dem Flughafen Tempelhof eintrafen, begann ein neuer Abschnitt des kalten Krieges, den der nach der Weltherrschaft greifende Dollar-Imperialismus führte. Es war ihm gelungen, den anfänglich lokalen Währungskonflikt zu einer internationalen Krise emporzuschaukeln. Die obersten Militärs in Washington erörterten ernsthaft die Möglichkeit eines Krieges gegen die Sowjetunion. Nach einer Beratung mit ihnen notierte der USA-Präsident TRUMAN in seinem Tagebuch: »Forrestal, Bradley, Vandenberg (der General, nicht der Senator) und Symington informierten mich kurz über Luftstützpunkte, Bomben, Moskau, Leningrad usw. Habe hinterher das unheimliche Gefühl, daß wir ganz dicht vorm Krieg stehen ... Berlin ist ein Pulverfaß.«[20]

Der frühere britische Premierminister CHURCHILL »empfahl« der USA-Regierung, der UdSSR ein Ultimatum zu stellen: Entweder zieht sie sich schleunigst aus Berlin zurück, oder ihre Städte würden mit Atombomben »ausradiert« werden. Mit einem Brustton der Überzeugung von der eigenen militärischen Kraft schrieb die britische Zeitung »Observer«: »Wir halten überwältigende Trümpfe in der Hand. Unsere Seite und nicht die Sowjetunion ist im Besitz der Atomwaffe und könnte, wenn genügend gereizt, die Macht der Sowjetunion ... buchstäblich vom Angesicht der Erde vertilgen.«[21] Demonstrativ verlegte Washington im Juli 1948 60 strategische Fernbomber vom Typ B-29 – sie waren für den Transport von Atombomben geeignet – nach Westeuropa. Eine Westberliner Zeitung druckte den ungeheuerlichen Satz: »Berlin ist einen Krieg wert.«[22]

Die Furcht vor einem möglichen Krieg bedrückte im Sommer 1948 ganz Europa. Daß der Frieden erhalten werden konnte, war das Verdienst der Sowjetunion, ihrer besonnenen Haltung, mit der sie die imperialistischen Kriegspläne durchkreuzte. In diesem Friedenskampf wurde sie von allen fortschrittlichen Kräften un-

---

20 »Mr. President« Harry S. Truman. Erste Veröffentlichung aus seinen Tagebüchern, Briefen und Gesprächen. Hrsg. von William Hillmann, Freiburg i. Br. 1952, S. 182.

21 Zit. nach: Der Kurier [Westberlin], 28. Juni 1948.

22 Der Sozialdemokrat [Westberlin], 17. August 1948.

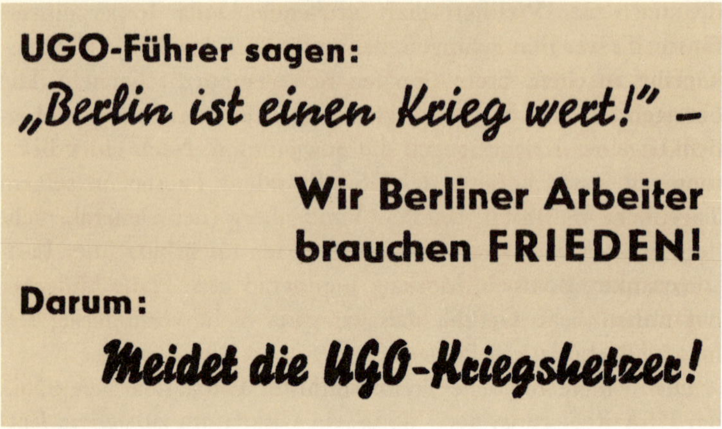

UGO-Führer sagen:
„Berlin ist einen Krieg wert!" –
Wir Berliner Arbeiter
brauchen FRIEDEN!
Darum:
Meidet die UGO-Kriegshetzer!

... Handzettel

terstützt. Im Frühjahr 1949 erklärten die kommunistischen Parteien Frankreichs, Großbritanniens und Italiens sowie die SED, sie würden im Falle einer imperialistischen Aggression, ihrer internationalistischen Pflicht gehorchend, die Arbeiterklasse ihrer Länder zur Verteidigung der Sowjetunion aufrufen.

Solange die Luftbrücke bestand, barg sie ständig die Gefahr eines »Hineinstolperns in einen Krieg« in sich. Denn dieses perfektionierte Militärunternehmen der USA, dem sich Ende Juni 1948 auch Großbritannien anschloß, lief unter kriegsähnlichen Bedingungen ab und stellte eine kalkulierte militärische Provokation der Sowjetunion dar. Jeder Luftzwischenfall – die angloamerikanischen Flugzeuge flogen bei Schönwetterlagen mit Minutenabständen, und es stürzten insgesamt 25 Maschinen ab, einige über dem Territorium der sowjetischen Besatzungszone – konnte zu einer akuten Bedrohung des Weltfriedens werden. Am Vorabend der Gründung der NATO im April 1949 erklärte der USA-Außenminister scharfmacherisch, daß ein Angriff auf die NATO und somit ein Casus belli vorläge, wenn ein Flugzeug der Luftbrücke-Aktion von sowjetischer Seite angegriffen werden würde.

Unter dem Gedröhn ihrer Luftarmada und hinter einem künstlich erzeugten Rauchvorhang von »Blockade«-Hysterie und »Gefahr aus dem Osten«-Propaganda gingen die USA daran, ihre aggressiven Europapläne zu verwirklichen. Am 1. September 1948 begann in Bonn ein Parlamentarischer Rat mit den Vorbereitungen für die Gründung eines westdeutschen Separatstaates. Am 4. April 1949 wurde in Washington der Vertrag über die Bildung der NATO unterzeichnet. Ein dichtes Netz von Luft- und Flottenstützpunkten legte sich um die UdSSR und die Volksdemokratien. Geheimverhandlungen über eine Remilitarisierung des geplanten westdeutschen Separatstaates liefen an. Erst »Containment« – Eindämmung, Spaltung und Aufbau einer »Position der Stärke« –, dann »roll back« – gewaltsames Zurückwerfen, Aggression –, so lautete die »Zauberformel«, nach der die Imperialisten den Kampf gegen Sozialismus und Frieden führen wollten. In diesem Sinne entschieden sie sich auch für die Spaltung Berlins und den Ausbau Westberlins als Vorposten des kalten Krieges.

Ihre angebliche Aufgabe, die Versorgung der »belagerten Westberliner« aus der Luft, erfüllte die Luftbrücke zu keinem Zeitpunkt. Obwohl die Kohletransporte den Hauptanteil der Frachtleistungen ausmachten, standen nach Angaben von FRIEDENSBURG jedem Westberliner Haushalt im Winter 1948/1949

Luftbrücke gegenstandslos

Alle Berliner können ihre Rationen künftig im Ostsektor kaufen

Berlin, 20. Juli (SNB). Aus dem Informationsbüro der Sowjetischen Militärverwaltung in Deutschland wird gemeldet:

In der Antwort der Sowjetregierung vom 14. Juli diese Jahres an die Regierungen der USA, Großbritanniens und Frankreichs auf ihre Noten über die Lage in Berlin wurde darauf hingewiesen, daß das Sowjetische Kommando unveränderlich seine Sorge um das Wohlergehen und die Sicherung einer normalen Versorgung der Berliner Bevölkerung mit allem Notwendigen zeigte und zeigt und eine möglichst rasche Beseitigung der Schwierigkeiten anstrebt, die in der letzten Zeit bei diesem Werk entstanden sind. Dabei wird es die Sowjetregierung — so hieß es in der sowjetischen Note — falls erforderlich, nicht ablehnen, eine ausreichende Versorgung für ganz Groß-Berlin aus ihren eigenen Mitteln zu gewährleisten.

Das Informationsbüro der Sowjetischen Militärverwaltung ist nunmehr bevollmächtigt, folgendes zu erklären:

In dem Wunsch, die Lage der Bevölkerung der Hauptstadt Deutschlands — Berlin —, die infolge der Separat- und Spaltungsaktionen der Besatzungsbehörden der Westmächte entstanden ist, zu erleichtern, wies die Sowjetregierung die Sowjetische Militärverwaltung in Deutschland an, die Möglichkeit einer Versorgung der gesamten Bevölkerung Berlins mit Lebensmitteln bereitzustellen und zur Verfügung der SMV nach Deutschland zu liefern.

Gleichzeitig wurden von den sowjetischen Militärbehörden in Deutschland die notwendigen Maßnahmen getroffen, um Lebensmittel, die eigens für die Versorgung der Berliner Bevölkerung vorgesehen sind, in Polen, in der Tschechoslowakei und anderen Ländern einzukaufen.

Jeder Einwohner von Berlin wird, unabhängig davon, in welchem Bezirk der Stadt er wohnt, die uneingeschränkte Möglichkeit haben, auf seine Lebensmittelkarten Brot und andere Nahrungsmittel nach den bestehenden Normen in den Läden des sowjetischen Sektors für das Geld zu erhalten, das in der sowjetischen Besatzungszone im Umlauf ist.

Sowjetunion hält Wort

Von Hermann Matern

Was in der Note der Sowjetregierung an die Westmächte mitgeteilt wurde, ist Wirklichkeit geworden. Die Sowjetbehörden übernehmen die Versorgung der gesamten Berliner Bevölkerung. Alle Berliner können die ihnen auf ihre Karten zustehenden Lebensmittel und Bedarfsgüter in den Geschäften des sowjetischen Sektors in Berlin kaufen. Damit ist der Berliner Bevölkerung eine große Last abgenommen. Die Sorge um die Befriedigung der einfachsten täglichen Bedürfnisse besteht nicht mehr. Die sowjetische Note machte also keine leeren Versprechungen. Sie war keine luftige Brücke. Die sowjetische Besatzungsmacht ist dazu übergegangen, das Leben der Berliner Bevölkerung zu normalisieren. Wenn jetzt endlich der Berliner Magistrat normale Beziehungen mit der Deutschen Wirtschaftskommission herstellt, werden auch die Fragen und Probleme der Rohstoffversorgung, des Transports, des Verkehrs und der Stromversorgung reibungslos gelöst. Notwendig ist jedoch, daß endlich die Sabotage der Mehrheit des Magistrats in diesen Lebensfragen der Berliner Bevölkerung gebrochen wird. Es genügt nicht, daß Frau Louise Schroeder davon redet, daß sie zur Wirtschaftskommission zu Verhandlungen gehen will, sie muß es wirklich tun. Jetzt! Sofort! Davon hängt die Fortsetzung der Industrieproduktion ab, und damit wird jede Arbeitslosigkeit beseitigt werden. Das ganze Kriegsgeschrei und das Blockadegeschwätz in den westlichen Zeitungen wird mit dieser praktischen Maßnahme als das charakterisiert, was es wirklich ist — leeres und hohles Geschwätz. Das Leben und die Versorgung der Berliner Bevölkerung

Aus »Neues Deutschland«, 20. Juli 1948

nur ganze 25 Pfund Briketts zur Verfügung. Auch die eingeflogenen Lebensmittel reichten nur zum Allernotwendigsten, zumal vorrangig die drei westalliierten Garnisonen versorgt wurden. Die Luftbrücke verschärfte also nur die seit langem kritische Wirtschafts- und Versorgungslage der Westsektoren.

Im Juli 1948 erneuerte die SMAD ihr Angebot, die rund 2 Millionen Bewohner der drei Westsektoren mit Lebensmitteln und Brennmaterialien zü versorgen. Die Sowjetregierung stellte aus Staatsreserven vorerst 100 000 Tonnen Weizen, 10 000 Tonnen pflanzliche und tierische Fette und andere Nahrungsmittel bereit. Die DWK erhielt den Auftrag, die Ausgabe dieser Lebensmittel an Westberliner vorzubereiten. Doch die Westmächte lehnten rundweg ab, denn der sowjetische Vorschlag paßte nicht in ihre Pläne. Ungeschminkt schrieb die englische »Daily Mail«: »Die Berliner haben, wenn sie die Lieferungsangebote der sowjetischen Behörden annehmen, die Macht, unsere Luftbrücke lächerlich und unsere Anwesenheit in Berlin unnötig zu machen.«[23]

In jenen Tagen, da die Spalterpolitiker aufs neue antikommunistische und antisowjetische Haßgefühle hochpeitschten, fand der denkwürdige Auftritt des Alexandrow-Ensembles statt. Das berühmte Moskauer Armee-Ensemble gastierte im Sommer 1948 bei den Garnisonen der sowjetischen Besatzungsstreitkräfte und trat am 9. August 1948 für die Berliner Bevölkerung im ausverkauften Haus der Deutschen Staatsoper (Admiralspalast) auf. Der FDGB-Bezirksvorstand und die Berliner Gesellschaft zum Studium der Kultur der Sowjetunion wandten sich mit der Bitte an das Ensemble, noch einmal unter freiem Himmel für die Berliner aufzutreten. Am 18. August 1948 strömten mehr als 20 000 Menschen aus allen Sektoren zum Gendarmenmarkt. Da der Platz die Menge bei weitem nicht fassen konnte, hatten viele

23 Zit. nach: Gerhard Keiderling: Die Spaltung Berlins, Berlin 1985 (illustrierte historische hefte, Heft 38), S. 30.

Schweigen seit 12 Tagen

Berlin, 10. Juli (ND). Am 29. Juni erklärte sich der sowjetische Kommandant von Berlin bereit, die für die Westsektoren benötigten Mengen Frischmilch abzugeben, wenn die Westmächte andere hochwertige Nahrungsmittel für alle Sektoren als Kompensation liefern. Die Ostzone hat ihre Milchlieferung nach Berlin inzwischen bedeutend erhöht. Heute sind bereits 12 Tage vergangen und keine der drei westlichen Besatzungsmächte hat auf das Angebot der Sowjetischen Militärkommandantur geantwortet. Auch der Magistrat schweigt genau so wie die westlich lizenzierte Presse, trotzdem sie in den ersten Tagen ein Zeter und Mordiogeschrei über den beabsichtigten „Mord" an unschuldigen Säuglingen angestimmt haben. Die über die „Luftbrücke" nach den Berliner Westsektoren gebrachte Frischmilch wird nicht den Kranken oder Säuglingen zur Verfügung gestellt. Sie ist ausschließlich für die Angehörigen der Besatzungsmacht bestimmt. Die Säuglinge erhalten nach wie vor nur minderwertige Trockenmilch. Die Berliner Mütter und Hausfrauen in den westlichen Sektoren wissen jetzt aus eigener Erfahrung, das die Schuld für evtl. Ernährungsstörungen ihrer Säuglinge ausschließlich die westlichen Besatzungsmächte und den Berliner Magistrat trifft.

Aus »Neues Deutschland«, 11. Juli 1948

die umliegenden Ruinen bis in gefährliche Höhen besetzt. Mit seinen Liedern und Tänzen, die immer wieder Beifallsstürme hervorriefen, fegte das Alexandrow-Ensemble manche antisowjetischen Vorurteile hinweg. Zum unvergeßlichen Höhepunkt wurde Viktor Nikitins Liedervortrag. Er sang das russische Volkslied »Kalinka« und danach Goethes »Heideröslein« und das Lied »Im schönsten Wiesengrunde« in deutscher Sprache. Für viele war es ein Erlebnis, Angehörige einer Armee, deren historische und humanistische Befreiungstat zur gleichen Stunde der Klassenfeind auf die gemeinste Art in den Schmutz zog, als meisterhafte Interpreten russischer und deutscher Volkslieder zu sehen. Nicht wenige Berliner begannen danach, ihr Bild über »die Russen« zu korrigieren.

Inzwischen liefen auf sowjetische Initiative in Moskau Viermächteverhandlungen über eine Beilegung des Berliner Währungskonfliktes. Sie endeten am 30. August 1948 mit einer »Direktive der Regierungen der UdSSR, der USA, Großbritanniens und Frankreichs an die vier Oberbefehlshaber der Besatzungstruppen in Deutschland«. Darin kamen die vier Mächte überein, folgende Maßnahmen gleichzeitig durchzuführen, vorausgesetzt, daß die Oberbefehlshaber binnen einer Woche die entsprechenden Modalitäten vereinbaren würden:

»a) die in der letzten Zeit eingeführten Einschränkungen im Verbindungs- und Transportwesen sowie im Handelsverkehr zwischen Berlin und den Westzonen und im Güterverkehr nach und aus der Sowjetzone Deutschlands sind aufzuheben;

b) die Deutsche Mark der Sowjetzone ist als die einzige Berliner Währung einzuführen, und die westliche ›B‹-Mark ist in Berlin aus dem Umlauf zu ziehen.«[24]

Diese Direktive beauftragte die Oberbefehlshaber, »für ausreichende Garantien zu sorgen, damit verhindert wird, daß die Verwendung der Deutschen Mark der Sowjetzone in Berlin zu einer Störung des Geldumlaufs oder zu einer Verletzung der Währungsstabilität in der sowjetischen Besatzungszone führt«[25]. Damit war im Grunde die Rechtmäßigkeit des sowjetischen Standpunktes vom Juni 1948, wonach ganz Berlin untrennbarer Bestandteil der sowjetischen Besatzungszone war, bestätigt. Ein Ende der Berliner Krise schien sich anzukündigen.

Als am 31. August 1948 die vier Oberbefehlshaber im Gebäude des früheren Alliierten Kontrollrates nahe der Potsdamer Straße zur ersten Sitzung zusammenkamen, war die westliche Seite jedoch fest entschlossen, die Verhandlungen zu torpedieren. Ein künstliches Hindernis nach dem anderen wurde errichtet, so daß nach Ablauf der Siebentagefrist General Clay händereibend erklären konnte, die Verhandlungen seien gescheitert und natürlich seien »die Russen« schuld. Die Berliner Krise ging weiter, weil die USA die Ziele ihrer aggressiven Deutschland- und Europapolitik für noch nicht erreicht ansahen. »Zu jeder Zeit hätte man die Situation in Berlin klären können«, plauderte John Foster Dulles, der spätere USA-Außenminister, im Ja-

24 Die Sowjetunion und die Berliner Frage. Dokumente. Hrsg. vom Ministerium für Auswärtige Angelegenheiten der UdSSR, Moskau 1948, S. 52.
25 Ebenda, S. 53.

nuar 1949 in einem internen Kreis aus. »Die gegenwärtige Lage ist jedoch für die USA aus propagandistischen Gründen sehr vorteilhaft. Dabei gewinnen wir das Ansehen, die Bevölkerung von Berlin vor dem Hungertod bewahrt zu haben, die Russen aber erhalten die ganze Schuld wegen ihrer Sperrmaßnahmen. Wenn wir uns in der Berliner Frage einigen, so müssen wir uns mit Deutschland in seiner Gesamtheit befassen. Dann müssen wir jedoch sofort auf einen russischen Vorschlag rechnen, der die Forderung nach einer Zurückziehung der Besatzungstruppen und eine Rückgabe Deutschlands an die Deutschen enthält.«[26]

Das Scheitern der Währungsverhandlungen im Kontrollratsgebäude bedeutete grünes Licht für die Spalter in Berlin. Am 27. August 1948 hatte der Stadtverordnetenvorsteher Dr. Otto Suhr (SPD) das provokatorische Ansinnen an den sowjetischen Stadtkommandanten gerichtet, er möge einen »Bannmeilenbereich« rings um das Neue Stadthaus verhängen, innerhalb dessen Demonstrationen der Werktätigen verboten seien. Generalmajor Kotikow wies diese Zumutung entschieden zurück. Daraufhin bereitete die Reaktion die Spaltung der für den 6. September 1948 einberufenen 81. Sitzung der Stadtverordnetenversammlung vor. In den Mittagsstunden dieses Tages standen abermals mehrere Zehntausend Berliner vor dem Neuen Stadthaus und verlangten die Erhaltung der städtischen Einheit. Als die Demonstranten den Stadtverordneten ihre Forderungen vortragen wollten, stellte sich ihnen die »Schwarze Garde«, eine von den Amerikanern ausgebildete und insgeheim ins Gebäude eingeschleuste Bürgerkriegstruppe, in den Weg und provozierte Tätlichkeiten. Die daraufhin entstehenden Tumulte boten Suhr den gewünschten Vorwand, um die Stadtverordnetenversammlung in den britischen Sektor einzuberufen. Als gegen 20.00 Uhr in der »Taberna academica«, dem Studentenhaus am Steinplatz,

26 Zit. nach: George S. Wheeler: Die amerikanische Politik in Deutschland (1945–1950), Berlin 1958, S. 223.

in lange vorbereiteten Räumen die Sitzung eröffnet wurde, saßen die Spalter unter sich. Aus Angst vor dem werktätigen Berlin, bangend um ihre reaktionären Pläne, hatten sie den rechtmäßigen Tagungsort im Neuen Stadthaus fluchtartig verlassen und sich unter die Fittiche ihrer imperialistischen Auftraggeber begeben. Den ungeheuerlichen Vorgang, die vorsätzliche Spaltung des Stadtparlaments, stellte die Westberliner Presse am nächsten Tag als einen »kommunistischen Putschversuch« hin. Um ihren Auszug aus dem Neuen Stadthaus öffentlich zu rechtfertigen, beriefen die Führungen von SPD, CDU und LDP für den 9. September 1948 eine Großkundgebung auf dem Platz vor der Reichstagsruine ein. Im Anschluß daran zog eine aufgewiegelte Menge zum nahegelegenen Brandenburger Tor. Sie überschüttete Sowjetsoldaten und Volkspolizisten, die an der Grenze des sowjetischen Sektors ihren Dienst taten, mit einem Steinhagel. Die rote Fahne – am 2. Mai 1945 als Zeichen des Sieges über den Faschismus auf dem Brandenburger Tor gehißt – rissen verhetzte Elemente herunter und verbrannten sie unter frenetischem Gejohle.

Von nun an ging es Schlag auf Schlag! Am 13. Oktober 1948 wurde der Berliner Magistrat gespalten, indem sich die reaktionäre Mehrheit in den britischen Sektor zurückzog. Eine Stadtbehörde nach der anderen wurde zerrissen. Bereits im Sommer 1948 war die Berliner Polizei gespalten worden. Unter Leitung von Johannes Stumm (SPD) entwickelte sich die Polizei in den Westsektoren – »Stumm-Polizei« (auch Stupo) genannt – zu einer Knüppelgarde der Frontstadtpolitiker.

In jedem Fall war die Verlegung einer Magistratsbehörde in die Westsektoren begleitet von einer regelrechten Ausplünderung der Büroräume und der Verschleppung wichtigen Materials. So ließ Ernst Reuter, Stadtrat für Verkehr, Straßenbahnzüge, Omnibusse und U-Bahn-Wagen in die Westsektoren verbringen. Wichtige Rohstoffe, Maschinen und technische Unterlagen wurden verschleppt. Die im Stadtbezirk Mitte gelegenen Büroräume wurden – zumeist des Nachts – regelrecht ausgeplündert. »Zerstörte Schreibmaschinen, vernichtete Akten, um den Leib von Sekretärinnen und Stenotypistinnen gewickelte Unterlagen« wurden bei Abzug eines großen Teils der Angestellten hinterlassen oder mitgenommen, hieß es in einem Bericht.[27] Am 31. Oktober 1948 teilte der Politische Berater Clays, Botschafter Robert Murphy, den in seiner Dahlemer Villa versammelten Spitzenpolitikern der drei Parteien mit, daß »die freiwillige Verlegung des Sitzes der Verwaltung in die Weststadt« abzuschließen und dabei den »Kommunisten« die Verantwortung zuzuschieben sei.[28]

Demgemäß wurden nun auch das Hauptschulamt, die Magistratsabteilungen für Gesundheitswesen und Justiz, die Straßenreinigung und Müllabfuhr, die Wasserversorgungs- und Abwasserbehandlungsbetriebe, die Gaswerke (Gasag) und die Elektrizitätswerke (Bewag) gespalten. Auch Wissenschaften, Kultur und Künste blieben nicht verschont. Am 4. Dezember 1948 wurde die »Freie Universität« in Dahlem eröffnet; nur 8 Professoren, 15 Lehrkräfte und etwa 590 Studenten von der Universität Unter den Linden folgten den großsprecherischen Erklärungen der Spalter. Bei der Spaltung der Berliner Feuerwehr im November 1948 wurde der Versuch gemacht, unter Vorspiegelung eines Großalarms die Feuerwehren des sowjetischen Sektors nach dem Westen zu locken, um sie dort festzuhalten, aber der Versuch scheiterte. Bei allen Aktionen gaben die Spalter vor, daß »kommunistischer Terror« der Anlaß gewesen sei. Ihre erklärte Absicht war, chaotische Verhältnisse im sowjetischen Sektor zu hinterlassen, um die antifaschistisch-demokratischen Kräfte zu entmutigen.

Die Spalter führten am 5. Dezember 1948 in den drei Westsektoren Wahlen durch. Die SPD erhielt mit 64,5 Prozent eine absolute Mehrheit. Gemeinsam mit den großbürgerlichen Führungen von CDU und LDP bildete sie einen vom Geist der »Frontstadt-

---

27 StA, Rep. 106, Nr. 416.

28 Ferdinand Friedensburg: Es ging um Deutschlands Einheit. Rückschau eines Berliners auf die Jahre nach 1945, [West]Berlin 1971, S. 277.

gemeinschaft« geprägten Magistrat unter Leitung von Ernst Reuter. Die drei Westmächte verfügten am 21. Dezember 1948 eine separate Militärbehörde für Westberlin, der sie den irreführenden Namen »Alliierte Kommandantur« gaben; sie war weder ein Nachfolger der früheren Viermächtekommandantur, noch konnte sie sich auf die Rechtsgrundlage stützen, auf der die ehemalige Alliierte Kommandantur gestanden hatte. Mit dem 5. Dezember 1948 war die politische Spaltung Berlins endgültig vollzogen.

Kapitel VII

Berlins historischer Novembertag 1948

»Daß der Westen mit dem Osten der Stadt nichts Gutes im Sinn hatte, wußten die Berliner, als sie, vierhunderttausend an der Zahl, am 30. November 1948 auf dem Platz vor der Universität Friedrich Ebert zum neuen Oberbürgermeister wählten und mit ihm einen neuen Magistrat, der ihre Interessen besser vertrat«, so urteilte später die langjährige Berliner Stadträtin WILHELMINE SCHIRMER-PRÖSCHER *(LDPD) über den Sinn dieses Tages. »Er war die gründlichste Korrektur einer langen Fehlentwicklung, die bewußt die arbeitenden Schichten auf die Schattenseite gedrängt hatte. 1945 wurden die Mächte weggefegt, die an allem Schuld trugen. Aber auf einmal waren sie wieder da, gegen Ende 1946, und suchten das alte Spiel von neuem zu beginnen. Jetzt erhoben die Berliner hier Protest. Sie bestanden darauf, daß die Befreiung von 1945 konsequent fortgeführt wurde. Und sie holten sich die Menschen an die Spitze, die das garantierten.«*[1]

---

1 Wilhelmine Schirmer-Pröscher: Die Welt vor meinen Augen. Erinnerungen aus 80 Jahren. Aufgezeichnet von Annelis und Joachim Flatau, Berlin (1969), S. 207.

Der 30. November 1948 war ein trüber, naßkalter Herbsttag. Doch die Unbilden der Witterung hielten die Berliner Werktätigen nicht davon ab, in den Mittagsstunden zu Hunderttausenden ins Stadtzentrum zu strömen. Um 12.00 Uhr standen alle Räder still. Vor den Toren der Fabriken, Ämter und Einrichtungen formierten sich lange Demonstrationszüge. Die Männer und Frauen spürten, daß dieser Tag geschichtliche Bedeutung gewinnen würde.

Während die reaktionären Kräfte mit allen Mitteln darauf hinarbeiteten, Berlin zu spalten, waren die fortschrittlichen Kräfte nicht untätig geblieben. Seit dem Sommer 1948 stand der SED-Landesvorstand in direktem Kontakt zu Gruppen von Sozialdemokraten, Christdemokraten und Liberaldemokraten, die den imperialistischen Spalterkurs ihrer Parteivorstände entschieden ablehnten. Nachdem sich diese demokratisch gesinnten Kräfte in der Gruppe oppositioneller Sozialdemokraten, im Arbeitskreis der CDU und in der Arbeitsgemeinschaft der LDPD organisiert hatten, kam man überein, den gemeinsamen Ausschuß der antifaschistisch-demokratischen Parteien, den die reaktionären Kräfte im Herbst 1946 zerschlagen hatten, neu zu gründen. Am 3. September 1948 traten Vertreter der Landesvorstände von SED, CDU und LDPD sowie der oppositionellen Sozialdemokraten im Neuen Stadthaus zusammen und konstituierten den Demokratischen Block Berlin. Gleichzeitig begann die Bildung von Blockausschüssen in den acht Stadtbezirken des sowjetischen Sektors. Bald wurden auch Vertreter der 1948 in der sowjetischen Besatzungszone neugegründeten National-Demokratischen Partei Deutschlands (NDPD) und der Demokratischen Bauernpartei Deutschlands (DBD) sowie Vertreter des FDGB, der FDJ und des DFD zur Mitarbeit eingeladen.

Die Wiederherstellung des Demokratischen Blocks – ein Erfolg der Bündnispolitik der SED – war eine Voraussetzung dafür, daß sich im Herbst 1948 eine breite Volksbewegung gegen die imperialistische Spaltungspolitik formierte. Die Westmächte verboten unverzüglich die Tätigkeit des Blocks in den drei Westsektoren. Im sowjetischen Sektor hingegen stellte sich der Demokratische Block unter Führung der Partei der Arbeiterklasse an die Spitze des Kampfes um Frieden und sozialen Fortschritt. Er rief am 20. November dazu auf, »eine Selbstverwaltung wiederherzustellen, für die das Interesse der Bevölkerung höchstes Gesetz ist«[2].

Die Delegiertenkonferenz des Landesverbandes Groß-Berlin der SED, die am 27./28. November 1948 im Kultursaal des Betriebes Bergmann-Borsig tagte, beschloß im Bewußtsein ihrer Verantwortung gegenüber der werktätigen Bevölkerung ein Sofortprogramm zur Rettung Berlins vor der drohenden Katastrophe. Hans Jendretzky – die Konferenz wählte den bisherigen 1. Vorsitzenden des FDGB einstimmig zum neuen Landesvorsitzenden der Berliner Parteiorganisation – begründete die Forderungen der Partei: sofortige Absetzung des Spaltermagistrats; beschleunigte Einberufung einer Gesamtvertretung der Berliner Bevölkerung aus gewählten Delegierten der demokratischen Parteien, Massenorganisationen und der Großbetriebe sowie Bildung eines neuen, arbeitsfähigen Magistrats.

In den Betriebsversammlungen und auf Kundgebungen im sowjetischen Sektor stimmten die Werktätigen dem Sofortprogramm zu. Am Mittag des 29. November 1948 berief der stellvertretende Stadtverordnetenvorsteher Ottomar Geschke (SED), der als einziger aus dem 1946 gewählten Vorstand des Stadtparlaments auf seinem Posten in der Parochialstraße verblieben war, über den Berliner Rundfunk eine außerordentliche Stadtverordnetenversammlung für den kommenden Tag um 13.00 Uhr im Admiralspalast ein, an der neben den Mitgliedern der SED-Fraktion auch Vertreter des Demokratischen Blocks und der Betriebe

2 Tägliche Rundschau, Berlin, 21. November 1948.

teilnehmen sollten. Der Block, der Freie Deutsche Gewerkschaftsbund und die anderen Massenorganisationen begrüßten diesen Schritt.

Am Morgen des 30. November kamen überall, in Werkstätten und Büros, in Maschinenhallen und Fabrikhöfen, die Arbeiter und Angestellten zu Meetings zusammen. Parteisekretäre und Gewerkschaftsfunktionäre erläuterten die politische Lage. Delegierte zur außerordentlichen Stadtverordnetenversammlung wurden gewählt. Mittags zogen die Belegschaften zur Massenkundgebung vor der Berliner Universität, zu der der Berliner FDGB-Vorstand aufgerufen hatte. Über die Frankfurter Allee marschierten die Werktätigen aus Lichtenberg ins Zentrum, an der Spitze die 2400 Arbeiter von Siemens-Plania und die 1200 Frauen aus dem Bekleidungswerk »Fortschritt«. Sie trugen ihrem Demonstrationszug ein Transparent voran, das die ganze Straßenbreite überspannte: »Wir werden siegen trotz Verleumdung durch die amerikanischen Monopolkapitalisten und ihre Helfershelfer!«

An der Weberwiese schloß sich der Demonstrationszug aus Friedrichshain an: Werktätige aus dem Glühlampenwerk, aus der Stralauer Glashütte, aus dem Bremsenwerk, der Osthafenmühle und dem Reichsbahnausbesserungswerk an der Warschauer Straße. Vom Antonplatz her kam der Zug der Werktätigen aus den Weißenseer Betrieben und von der Vinetastraße über die Schönhauser Allee die Marschkolonne aus Pankow. Die Männer und Frauen vom Städtischen Viehhof, von Schultheiß, Gasag, Aschinger und anderen Betrieben in Prenzlauer Berg sammelten sich am Senefelderplatz. Den weitesten Anmarschweg hatten die Werktätigen der Elektro- und Kabelwerke, der Messingwerke, der Wasserwerke und anderer Betriebe aus Treptow und Köpenick. Auch aus den Westsektoren kamen viele, ungeachtet schikanöser Kontrollen durch westalliierte Militärpolizei und Stupo an den Sektorenübergängen.

Um 13.30 Uhr eröffnete Ottomar Geschke die außerordentliche Stadtverordnetenversammlung in der Deutschen Staatsoper

(Admiralspalast). Er begrüßte die 1616 Teilnehmer, unter ihnen die 26 Mitglieder der SED-Fraktion im bisherigen Stadtparlament, die Stadt- und Bezirksräte, über 200 Vertreter des Demokratischen Blocks und mehr als 1150 Delegierte aus Betrieben und Einrichtungen.

Auf Antrag des Demokratischen Blocks erklärte die Versammlung den Spaltermagistrat wegen »Mißachtung elementarster Lebensinteressen Berlins und seiner Bevölkerung und ständiger Verletzung der Verfassung« für abgesetzt. Sie beschloß einmütig, »zur Sicherung der einheitlichen Verwaltung und Versorgung und zur Vorbereitung allgemeiner demokratischer Wahlen in ganz Berlin« einen provisorischen demokratischen Magistrat aus Vertretern der im Block vereinten Parteien und Massenorganisationen zu bilden.[3]

Zum neuen Oberbürgermeister wählte die außerordentliche Stadtverordnetenversammlung Friedrich Ebert. Damit trat ein aufrechter Antifaschist und glühender Sozialist an die Spitze des demokratischen Berlin. Am 12. September 1894 in Bremen als Sohn des Sozialdemokraten und späteren Reichspräsidenten der Weimarer Republik, Friedrich Ebert, geboren, schloß sich der gelernte Buchdrucker frühzeitig der SPD an. In den zwanziger Jahren war er Redakteur des sozialdemokratischen Zentralorgans »Vorwärts«, Stadtverordnetenvorsteher in Brandenburg und von 1928 bis 1933 Mitglied des deutschen Reichstages. Nach der Reichstagsbrandnacht schleppten ihn die Faschisten durch das KZ Oranienburg und andere Folterhöllen. Wieder frei, beteiligte er sich trotz Polizeiaufsicht am antifaschistischen Widerstandskampf.

Im Juni 1945 stand Friedrich Ebert an der Spitze der SPD in der Provinz Brandenburg. Neben Otto Grotewohl, Max Fechner und anderen zählte er zu jenen klassenbewußten SPD-Funk-

3 Ebenda, 1. Dezember 1948.

Friedrich Ebert – neuer Oberbürgermeister

Berliner Ausgabe

Seite 2: *Neumann provoziert Saalschlacht in Zehlendorf*

NEUES DEUTSCHLAND

ZENTRALORGAN DER SOZIALISTISCHEN EINHEITSPARTEI DEUTSCHLANDS

3. Jahrgang / Nr. 280 — Berlin, Mittwoch, 1. Dezember 1948 — Einzelpreis 15 Pf.

Die Werktätigen Berlins haben gehandelt

Eine halbe Million Unter den Linden – Provisorischer Magistrat gebildet – Friedrich Ebert Oberbürgermeister

Der neue Magistrat

Oberbürgermeister	Friedrich Ebert (SED) *(bisher Präsident des Brandenburgischen Landtags)*
Bürgermeister	Arnold Gohr (CDU)
	Erich Geske (SPD)
	Dr. Reinhold Schwarz (LDP)
Stadträte	
Personal und Verwaltung	Waldemar Schmidt (SED)
Wirtschaft	Karl Maron (SED)
Ernährung	Hermann Spangenberg (LDP)
Sozialwesen	Frau Dr. Magdalene Stark-Wintersig (CDU)
Gesundheitswesen	Frau Wilhelmine Schirmer-Proescher (DFB)
Volksbildung	Max Kreuziger (Kulturbund)
Finanzen	Henry Meyer (SED)
Arbeit	Otto Hemmann (FDGB)
Städtische Betriebe	Curt Herrmann (LDP)
Verkehr und Versorgungsbetriebe	Carl-Leo Butke (CDU)
Bau- und Wohnungswesen	Arnold Munter (SPD)
Banken und Versicherungen	Hans Bullerjahn (SPD)
Rechtswesen	Dr. Josef Kofler (CDU)
Post und Fernmeldewesen	Ernst Kehler (parteilos)

Das Sofort-Programm

Um die drohenden Gefahren des Winters abzuwehren, erblickt der Magistrat der Stadt Berlin es als seine vornehmste Pflicht, die Verwirklichung des Winter-Notprogramms des Demokratischen Blocks sofort vorzunehmen. Dazu gehört in erster Linie:

a) Sicherstellung der Lieferung von Hausbrand für jeden Haushalt im Winter 1948/49.

b) Sofortige Einführung der Punktkarte zur Belieferung der Berliner Bevölkerung mit Textilien.

c) Erhöhung des Stromkontingents für die Haushalte.

d) Sicherung einer stärkeren Belieferung Berlins mit Strom und Kohle, damit die stillgelegten Betriebe ihre Arbeit wieder aufnehmen können und der Arbeitsplatz für Arbeiter und Angestellte erhalten bleibt.

e) Durchführung der im Befehl 20 vorgesehenen Lohnerhöhung bis zu 30 v. H. in ganz Berlin für alle Arbeiter und Angestellten des Magistrats, der Bezirksverwaltungen und der öffentlichen Betriebe.

f) Zur Steigerung der Produktion und zur Verbesserung der Lage der Arbeiter und Angestellten in den Betrieben die weitgehendste Förderung der Aktivistenbewegung und der Einführung des progressiven Leistungslohnes durch entsprechende Maßnahmen des Magistrats (Befreiung des Mehrverdienstes von übermäßiger Besteuerung, Ausbau des Arbeitsschutzes usw.)

tionären, die die Lehren der Geschichte beherzigten und sich konsequent für eine einheitliche revolutionäre Klassenpartei einsetzten. Als Mitglied des Parteivorstandes der SED, als Vorsitzender des SED-Landesverbandes Brandenburg und als Präsident des brandenburgischen Landtages erwarb sich Friedrich Ebert große Verdienste beim Neuaufbau.

Dem neuen Magistrat gehörten Vertreter aller Blockparteien und der großen Massenorganisationen an. Die SED stellte neben dem Oberbürgermeister drei Stadträte, die CDU einen Bürgermeister und drei Stadträte, die LDPD und die oppositionellen Sozialdemokraten jeweils einen Bürgermeister und zwei Stadträte; FDGB, DFD und Kulturbund waren durch je einen Stadtrat vertreten, und ein Stadtrat war parteilos. Karl Maron, Waldemar Schmidt und Max Kreuziger (sämtlich SED) sowie Ernst Kehler (parteilos) hatten schon dem ersten Nachkriegsmagistrat angehört. Arnold Munter (SPD), Arnold Gohr (CDU), Wilhelmine Schirmer-Pröscher (LDPD) und andere Mitglieder des Magistrats leisteten noch viele Jahre anerkennenswerte Arbeit zum Wohle der Stadt.

Nach der Wahl der neuen Stadtverwaltung trat Friedrich Ebert ans Rednerpult und erläuterte das Arbeitsprogramm des Magistrats. Er betonte, daß sich dieser aus einer antiimperialistisch-demokratischen Massenbewegung hervorgegangene Magistrat als rechtmäßige Stadtverwaltung ganz Berlins betrachte und alles in seinen Kräften Stehende tun werde, um für fortschrittliche Verhältnisse auch in Westberlin zu kämpfen und die Spaltung der Stadt zu überwinden. An die Adresse der Frontstadtpolitiker richtete Friedrich Ebert die Worte: »Der neue Magistrat wendet sich mit aller erforderlichen Entschiedenheit gegen jene skrupellosen Politiker, für die Berlin einen Krieg wert ist. Die mahnenden Ruinen dieser Stadt, das Leid ihrer Einwohner, insbesondere der Jungen und der Alten, kennt nur ein Gebot: Friede, Friede und nochmals Friede!«[4]

---

4 Ebenda.

Unterdessen war die Menschenmenge Unter den Linden auf eine halbe Million angewachsen. Dicht gedrängt standen die Demonstranten auf dem Bebelplatz. Über ihren Köpfen wogte ein Meer von roten Fahnen und Transparenten mit eindeutigen Losungen: »Fort mit dem bankrotten Magistrat!« »Für eine demokratische Ordnung in Berlin!« »Gegen die Spalterwahlen! Für eine einheitliche Verwaltung Berlins!« »Jetzt Rosinenbomber – später Atombomber!« In den Gesichtern der Menschen drückten sich feste Hoffnung, Vertrauen und Kampfeswillen aus.

»Wie ein unsichtbares Spruchband« – so schrieb eine Zeitung – »hing es über diesem Meer der Besten des Berliner Volkes: ›Berlin den Berlinern! Wir lassen uns Berlin nicht entreißen. Es ist unsere Stadt. Wir haben sie seit 1945 aus Trümmern wieder aufgebaut. Wir lassen sie nicht noch einmal zerstören.‹«[5]

Gegen 16.00 Uhr trafen die Delegierten der außerordentlichen Stadtverordnetenversammlung an der Tribüne vor der Universität ein. Der Vorsitzende des Berliner FDGB, Roman Chwalek, eröffnete die Kundgebung und berichtete über den Ausgang der Beratungen im Admiralspalast. Mit stürmischem Beifall begrüßte die Menge den Oberbürgermeister Friedrich Ebert und den Vorsitzenden der SED Wilhelm Pieck, die beide kurze Ansprachen an die Berliner richteten. Einmütig wurde einer Resolution zugestimmt, die die Bildung des Magistrats als Beginn einer neuen Entwicklung der Selbstverwaltung und der Demokratie in Berlin würdigte und den Männern und Frauen, die jetzt an der Spitze der Stadt standen, das Vertrauen der werktätigen Bevölkerung aussprach.

Am 30. November 1948 veränderten sich die bisherigen Machtverhältnisse in Berlin grundlegend. Hervorgegangen aus einer Volksbewegung, die unter Führung der Partei der Arbeiterklasse alle antifaschistisch-demokratischen Kräfte einigte, und entstanden im erbitterten Kampf gegen die imperialistischen

---

5 Ebenda.

Spalterpolitiker, markierte der demokratische Magistrat unter Oberbürgermeister FRIEDRICH EBERT einen Wendepunkt in der Nachkriegsgeschichte Berlins. Nachdem sich die reaktionären Kräfte in den Westteil der gespaltenen Stadt unter den Schutz der imperialistischen Besatzungsmächte geflüchtet hatten, nahmen die werktätigen Massen mit ihrer revolutionären Tat vom 30. November 1948 endgültig von ihrem Berlin Besitz. Die damals gebräuchlichen Bezeichnungen »demokratischer Sektor« und »demokratisches Berlin« für den Ostteil der Stadt brachten diese tiefgreifende Veränderung auch in Worten klar zum Ausdruck.

Am 2. Dezember 1948 erkannte die sowjetische Kommandantur der Stadt Berlin den demokratischen Magistrat »als das einzig rechtmäßige Stadtverwaltungsorgan« an und sagte ihm »jede für die Ausübung seiner Funktion im Interesse der Bevölkerung benötigte Hilfe und Unterstützung«[6] zu.

Die Berliner konnten sich schnell davon überzeugen, daß die Männer und Frauen, die jetzt in der Parochialstraße saßen, mit Tatkraft ans Werk gingen. Schon auf seiner ersten Sitzung am 2. Dezember 1948 ergriff der Magistrat Maßnahmen zur Verwirklichung des Winternotprogramms des Demokratischen Blocks. Oberbürgermeister EBERT teilte mit, daß auf Grund von Verhandlungen mit der Deutschen Wirtschaftskommission der sowjetischen Besatzungszone – der Spaltermagistrat hatte solche Gespräche bekanntlich ausgeschlagen – die Belieferung Berlins mit Brenn- und Heizstoffen sowie mit Lebensmitteln und Textilien für den bevorstehenden Winter gesichert sei. Pro Haushalt wurden durchschnittlich 18 Zentner Kohle ausgeliefert und die täglichen Stromkontingente erhöht. Große Freude löste die Weihnachtssonderzuteilung aus: 500 Gramm Mehl und 250 Gramm Zucker oder Süßwaren pro Kopf der »Versorgungsberechtigten« sowie 250 Gramm Zucker oder Zuckerwaren zusätzlich für jedes Schulkind.

---

6 Verordnungsblatt für Groß-Berlin, 4. Jg., Teil I, Nr. 45, S. 435.

Die Bildung des demokratischen Magistrats fand ein starkes Echo in den Ländern der sowjetischen Besatzungszone. Über 470 Erklärungen von öffentlichen Kundgebungen und Betriebsversammlungen gingen allein Anfang Dezember 1948 dem Berliner FDGB-Vorstand zu. Der SED-Landesvorstand Mecklenburg schickte folgendes Telegramm:

»Liebe Genossen! Inmitten Eures schweren Kampfes um ein einheitliches demokratisches Berlin grüßen wir alle Genossinnen und Genossen der Berliner Parteiorganisation. In den heutigen Mittagsstunden erfuhren wir von der Wahl des neuen Berliner Magistrats durch die Vertreter der arbeitenden Bevölkerung Berlins. In unserem ganzen Lande Mecklenburg, vor allen Dingen in den Betrieben, herrscht über diese Tatsache größte Begeisterung. Überall finden Kundgebungen statt, in denen die Verbundenheit der Arbeiter, Bauern und Intellektuellen Mecklenburgs mit dem Kampf des Demokratischen Blocks in Berlin zum Ausdruck kommt. Zahlreiche Betriebe haben auch besondere Maßnahmen zur materiellen Unterstützung der Berliner Arbeiter beschlossen. Die gesamte Belegschaft der Ziegelei Malliß macht am Sonntag eine ›Berliner Schicht‹, um zusätzlich 15 000 Ziegelsteine für die Winterfestmachung von Berliner Arbeiterwohnungen zu schaffen. Für Berlin ist eine neue Zeit angebrochen. Berlin gehört uns, den Kräften der Demokratie, des Friedens und des Fortschritts!«[7]

Ähnliche Botschaften kamen aus Thüringen, Sachsen und Sachsen-Anhalt. Es entstand eine breite Solidaritätsaktion unter der Losung »Die Zone hilft Berlin«. Am 9. Dezember 1948 traf auf dem Schlesischen Bahnhof ein Sonderzug mit 800 Tonnen Kohle aus Großkayna im Geiseltal bei Merseburg ein. Der Parteisekretär der Grube Michel-Vesta, der Bergarbeiter Willi Albrecht, hatte den Zug in Großkayna mit den Worten verabschiedet: »Sagt den Berlinern, daß wir – statt viele Worte zu machen – einfach mehr gearbeitet haben und daß wir's alle gern taten. Denn wir wissen, um was es geht.«[8] Den Zug schmückten

7 Landeszeitung Mecklenburg, Schwerin, 2. Dezember 1948.
8 Freiheit, Halle, 9. Dezember 1948.

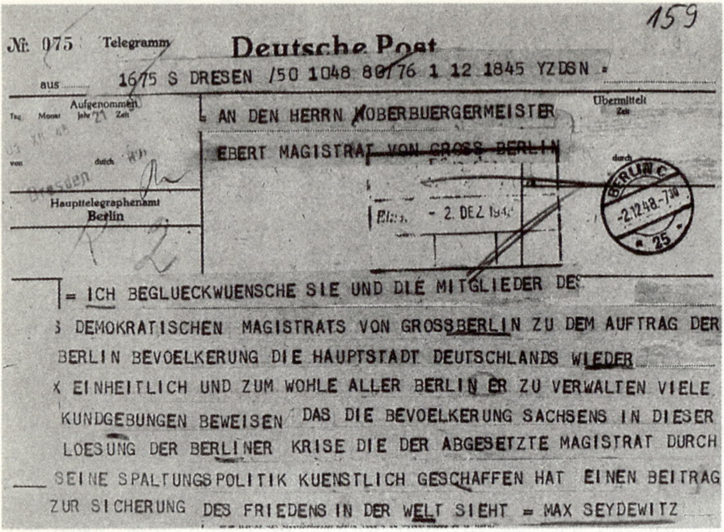

159

Nr. 075 Telegramm Deutsche Post

aus 1675 S DRESEN /50 1048 80/76 1 12 1845 YZDSN =

Aufgenommen

Haupttelegraphenamt Berlin

AN DEN HERRN OBERBUERGERMEISTER
EBERT MAGISTRAT VON GROSS BERLIN

Übermittelt

BERLIN C 2.12.48.-7.30 25

- 2. DEZ 194..

= ICH BEGLUECKWUENSCHE SIE UND DIE MITGLIEDER DES DEMOKRATISCHEN MAGISTRATS VON GROSSBERLIN ZU DEM AUFTRAG DER BERLIN BEVOELKERUNG DIE HAUPTSTADT DEUTSCHLANDS WIEDER EINHEITLICH UND ZUM WOHLE ALLER BERLINER ZU VERWALTEN VIELE KUNDGEBUNGEN BEWEISEN DAS DIE BEVOELKERUNG SACHSENS IN DIESER LOESUNG DER BERLINER KRISE DIE DER ABGESETZTE MAGISTRAT DURCH SEINE SPALTUNGSPOLITIK KUENSTLICH GESCHAFFEN HAT EINEN BEITRAG ZUR SICHERUNG DES FRIEDENS IN DER WELT SIEHT = MAX SEYDEWITZ

Spruchbänder wie »Wir Bergarbeiter helfen dem demokratischen Berlin« und »Im Kampf gegen die Spalter werden die Werktätigen Sieger sein«.

Die Arbeiter vieler Betriebe spendeten die in Sonderschichten hergestellten Konsumgüter, Baumaterialien und Lebensmittel. Unter der Losung »Solidarisch mit Berlin« wurden in den Dörfern sogenannte Aufkaufsonntage durchgeführt, bei denen »freie Spitzen«, das heißt über den Plan hinaus produzierte Agrarerzeugnisse, erworben wurden. Der Demokratische Block des Landes Sachsen-Anhalt versicherte, »alles zu tun, um dem demokratischen Berlin unsere Verbundenheit durch die Tat zu beweisen«. An die Beschäftigten der Baustoffindustrie des Landes Sachsen-Anhalt appellierte er: »Übt Solidarität! Leistet Solidaritätsschichten! Damit helft Ihr die kriegszerstörten Wohnungen Berlins winterfest zu machen.«[9] In der Nacht zum 18. Dezember 1948 rollte der erste Güterzug mit Lebensmitteln aus Mecklenburg

9 Ebenda, 8. Dezember 1948.

nach Berlin. Er umfaßte 10 Waggons mit Lebendvieh, 1 Waggon mit Butter, 19 Waggons mit Getreide, 1 Waggon mit Erbsen, 2 Waggons mit Gemüse und 27 Waggons mit Kartoffeln. Mit Kreide geschrieben, stand an den Güterwagen: »Verbundenheit von Stadt und Land, der Bauer reicht Berlin die Hand« und »Mecklenburg will keine Schieber, es hilft den Berlinern lieber«. Noch viele solcher Sonderzüge trafen ein.

Die gespendeten Lebensmittel wanderten zumeist in die Kessel der zahlreichen Großküchen der Stadt und der Betriebe. Über 156 000 Arbeiter und Angestellte erhielten damals täglich in den Betrieben ein markenfreies Mittagessen, und rund 163 000 Schulkinder bekamen in ihren Schulen eine warme Mahlzeit. Für mehr als 36 500 bedürftige, meist ältere Mitbürger wurde in 900 Volksgaststätten gleichfalls warme Verpflegung ausgegeben. Wer in kalten oder gar in unbeheizbaren Wohnungen und Lauben wohnte – das waren viele –, konnte sich tagsüber in 134 öffentlichen Räumen und Sälen, den sogenannten Wärmehallen, aufhalten. Auch dafür stellte der Magistrat Holz und Briketts aus den Spendenzügen bereit. Bis Anfang Februar 1949 hielt die Solidaritätsaktion an. Sie half, das Winternotprogramm zu verwirklichen. Der fortgeschrittenste Teil der Berliner Arbeiterklasse dankte mit Taten für die Hilfe und Solidarität. Unter dem Vorsitz von Paul Geisler, einem bewährten Gewerkschaftsfunktionär, konstituierte sich Mitte März 1949 das Komitee »Berlin hilft der Zone«. Führende Industriebetriebe übernahmen Patenschaften über Neubauerndörfer und Maschinen-Ausleih-Stationen (MAS) im Lande Brandenburg. Sie lieferten landwirtschaftliche Geräte, reparierten den Maschinenpark, halfen bei der Frühjahrsbestellung und sorgten sich um die politische und kulturelle Arbeit auf dem Lande. So betreute das Präsidium der Berliner Volkspolizei die MAS Münchehofe, das Berliner Bremsenwerk die MAS Seelow, der Schlacht- und Viehhof die MAS Werneuchen, das Glühlampenwerk das Neubauerndorf Hohenzieritz bei Neustrelitz und der Berliner Verlag die MAS Pfaffendorf. Im Oktober 1949 leisteten 62 Berliner Betriebe in 26 MAS und 3 Neubauerndörfern des Landes Brandenburg eine anerkennenswerte Arbeit. Es entstanden enge Beziehungen zwischen Berlin und dem umliegenden Territorium, die auch in den fünfziger Jahren fortdauerten.

Im Vordergrund der Tätigkeit des demokratischen Magistrats während der ersten Monate stand die endgültige Entmachtung des Monopolkapitals und die gesetzliche Verankerung des

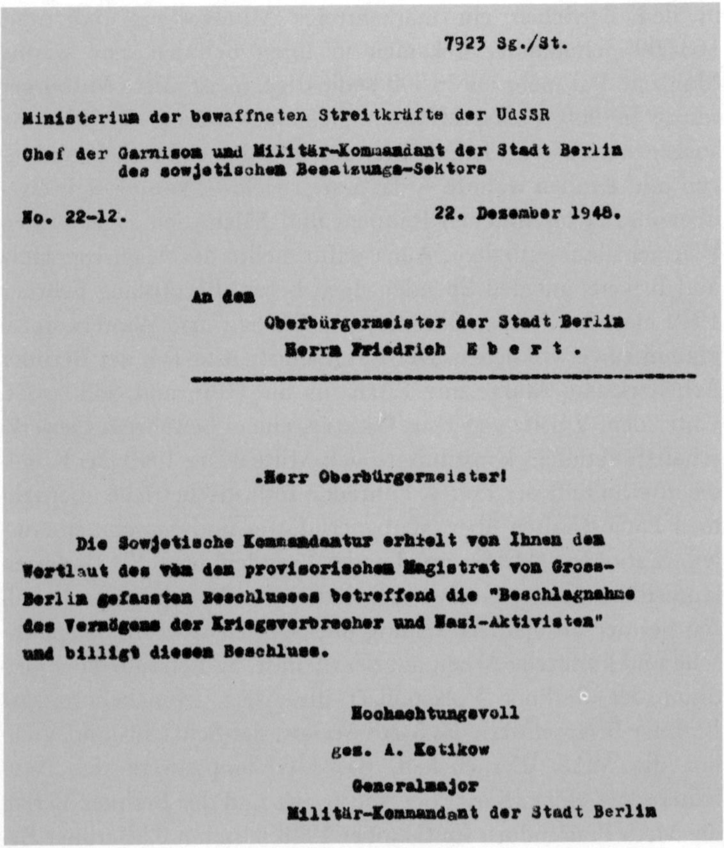

7923 Sg./St.

Ministerium der bewaffneten Streitkräfte der UdSSR

Chef der Garnison und Militär-Kommandant der Stadt Berlin
des sowjetischen Besatzungs-Sektors

No. 22-12. 22. Dezember 1948.

An dem
Oberbürgermeister der Stadt Berlin
Herrn Friedrich E b e r t .

Herr Oberbürgermeister!

Die Sowjetische Kommandantur erhielt von Ihnen den Wortlaut des vom den provisorischen Magistrat von Gross-Berlin gefassten Beschlusses betreffend die "Beschlagnahme des Vermögens der Kriegsverbrecher und Nazi-Aktivisten" und billigt diesen Beschluss.

Hochachtungsvoll
gez. A. Kotikow
Generalmajor
Militär-Kommandant der Stadt Berlin

Volkseigentums, denn davon hing die Weiterführung des revolutionären Prozesses ab. Auf seiner zweiten, öffentlich durchgeführten Sitzung ebenfalls am 2. Dezember 1948 beschloß der Magistrat, unverzüglich das »Gesetz zur Überführung von Konzernen und sonstigen wirtschaftlichen Unternehmungen in Gemeineigentum« vom 13. Februar 1947 und die »Verordnung zur Einziehung von Vermögenswerten der Kriegsverbrecher und Naziaktivisten« vom 27. März 1947 in Kraft zu setzen.

So gingen im Frühjahr 1949 465 Betriebe, das Vermögen von 94 Banken, 101 Versicherungsgesellschaften und 97 privaten Wohnungsbau- und Grundstücksgesellschaften in Volkseigentum über. Darunter befanden sich Betriebe von AEG und Siemens, Mannesmann und Klöckner, von Aschinger, Reemtsma und Schering, die Julius Pintsch KG, die Großbrauereien Engelhardt, Schultheiß und Berliner Kindl, der Gartenbaubetrieb L. Späth und das Gut derer von Treskow. Eine Ergänzungsverordnung vom 14. November 1949 zog weitere 589 gewerbliche

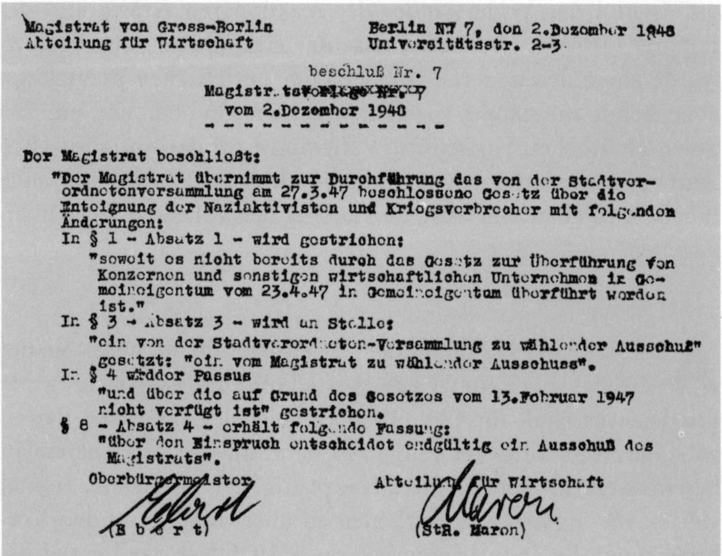
Magistrat von Gross-Berlin
Abteilung für Wirtschaft

Berlin NW 7, den 2. Dezember 1948
Universitätsstr. 2-3

Beschluß Nr. 7
Magistratsvorlage Nr. 7
vom 2. Dezember 1948
- - - - - - - - - - - - - - -

Der Magistrat beschließt:

"Der Magistrat übernimmt zur Durchführung das von der Stadtverordnetenversammlung am 27.3.47 beschlossene Gesetz über die Enteignung der Naziaktivisten und Kriegsverbrecher mit folgenden Änderungen:

In § 1 - Absatz 1 - wird gestrichen:

"soweit es nicht bereits durch das Gesetz zur Überführung von Konzernen und sonstigen wirtschaftlichen Unternehmen in Gemeineigentum vom 23.4.47 in Gemeineigentum überführt worden ist."

In § 3 - Absatz 3 - wird an Stelle:

"ein von der Stadtverordneten-Versammlung zu wählender Ausschuß" gesetzt: "ein vom Magistrat zu wählender Ausschuss".

In § 4 wird der Passus

"und über die auf Grund des Gesetzes vom 13. Februar 1947 nicht verfügt ist" gestrichen.

§ 8 - Absatz 4 - erhält folgende Fassung:

"Über den Einspruch entscheidet endgültig ein Ausschuß des Magistrats".

Oberbürgermeister
(E b e r t)

Abteilung für Wirtschaft
(StR. Maron)

Vermögenswerte und 991 Grundstücke ein, darunter die Kaufhäuser Wertheim und Karstadt, die UFA-Kinos und weitere Betriebe von AEG, Siemens und IG-Farben. Das deutsche Monopolkapital hatte seine letzten Positionen im demokratischen Berlin verloren. Eine Hauptbestimmung des Potsdamer Abkommens, nämlich die restlose Liquidierung der Machtgrundlagen der für Faschismus und Krieg Verantwortlichen, war konsequent durchgeführt worden.

Die im April 1947 geschaffene »Deutsche Treuhandstelle zur Verwaltung des sequestrierten und beschlagnahmten Vermögens im sowjetischen Besatzungssektor der Stadt Berlin« wurde nun aufgelöst. Rund 50 Großbetriebe wurden der Deutschen Wirtschaftskommission der sowjetischen Besatzungszone, die restlichen 258 Betriebe mit etwa 46 000 Beschäftigten – zusammengefaßt in sieben Vereinigungen volkseigener Betriebe Berlins (VVBB) – dem Magistrat unterstellt.

Die Umwandlung des Eigentums der Monopolbourgeoisie an Produktionsmitteln in gesellschaftliches Eigentum, die in Berlin auf Grund des Widerstandes der reaktionären Kräfte und der imperialistischen Besatzungsmächte erst später durchgesetzt wurde als in den anderen Gebieten der sowjetischen Besatzungszone, schuf ein stabiles sozialökonomisches Fundament, um den gesellschaftlichen Fortschritt in Richtung auf den sozialistischen Aufbau voranzutreiben. Auf dieser Grundlage wurde es auch möglich, zu einer langfristigen Planung der Volkswirtschaft überzugehen.

Am 2. Januar 1949 lief in der sowjetischen Besatzungszone der Zweijahrplan zur Wiederherstellung und Entwicklung der Friedenswirtschaft für 1949/1950 an. Die 11. Tagung des Parteivorstandes der SED im Juni 1948 hatte diesen Wirtschaftsplan beschlossen. Er enthielt drei Hauptaufgaben: Zunächst einmal galt es, die ärgsten Kriegsschäden zu überwinden und den Vorkriegsstand der Industrieproduktion – 1936 war das Vergleichs-

LENIN
KUNDGEBUNG
AUS ANLASS DES
25. TODESTAGES
AM FREITAG, DEM 21. JANUAR 1949, UM 18 UHR
IM FRIEDRICHSTADT-PALAST
ES SPRICHT:
OTTO GROTEWOHL
ZENTRALSEKRETARIAT UND LANDESVORSTAND GROSS-BERLIN DER SED

Die Aneignung des Leninismus stand im Mittelpunkt
der Schulungsarbeit der SED

jahr – zu erreichen. Das war in Anbetracht dessen, daß die Kriegszerstörungen im Osten Deutschlands besonders groß waren und durch die Spaltung Deutschlands die ökonomischen Disproportionen zwischen Ost und West kraß zutage traten, außerordentlich schwierig und verlangte der Arbeiterklasse zusätzliche Opfer ab. Zum zweiten sollte der Zeit des Hungerns und der Entbehrungen ein Ende gesetzt und die Lebenslage des werktätigen Volkes verbessert werden. Und schließlich sollte die entscheidende sozialökonomische Aufgabe bewältigt werden, das Übergewicht des volkseigenen Sektors über den privatkapitalistischen Sektor und den Sektor der kleinen Warenproduktion herzustellen. Mit anderen Worten: Es ging darum, die politische Macht ökonomisch zu fundieren.

Die 11. Tagung des Parteivorstandes der SED im Juni 1948 hatte auch die Berliner Parteiorganisation beauftragt, gemeinsam mit dem FDGB und in Absprache mit der DWK einen Zweijahrplan für die Stadt vorzubereiten. Diese Arbeiten verzögerten sich jedoch, weil der Kampf gegen die Spalter Berlins im Herbst 1948 sich zuspitzte. Der Magistrat konnte erst im April 1949 – nach der Schaffung des volkseigenen Sektors – ein Programm des Wiederaufbaus und der Entwicklung der Friedenswirtschaft der Hauptstadt und der Verbesserung der materiellen Lage der Bevölkerung vorlegen, das den Zielen des Zweijahrplans für die sowjetische Besatzungszone entsprach. Es umfaßte fünf Schwerpunkte: Steigerung der Industrieproduktion im volkseigenen Sektor um rund 17 Prozent gegenüber 1948; Wiederherstellung und Erweiterung volkseigener Großbetriebe; Förderung der privaten Industrie; Wiederaufbau wissenschaftlicher und kultureller Institutionen; Verbesserung der materiellen Lage der Werktätigen durch Wohnungen, Erweiterung des Gesundheitswesens und der sozialen Fürsorge. SED und FDGB mobilisierten die Aktivisten- und Wettbewerbsbewegung zur Erfüllung der anspruchsvollen Planziele. Befähigte Arbeiter wurden zur Ausbildung als Betriebsleiter oder Wirtschaftsfachleute an die Wirtschaftsschule des Magistrats in Schmöckwitz delegiert.

SED
Landesvorstand Groß-Berlin
Organisationsabteilung

Berlin, den 7. Januar 1949

An die Vorsitzenden der Betriebsgruppen!

Zum Betriebsgruppentag am 20. Januar 1949

Werte Genossen und Genossinnen!

Der Landesvorstand wendet sich hierdurch an alle Betriebsgruppenvorstände in Produktion und Verwaltung, um auf die Bedeutung der Durchführung der Tagung aller Betriebsgruppen an einem Tage, nämlich den 20. Januar 1949, ausdrücklichst hinzuweisen.

Die Tagesordnung, die am 20. Januar behandelt wird, lautet:

Der Zweijahresplan, die Rolle der Betriebsgruppe und ihre Führung in der Aktivistenbewegung

Die große Bedeutung dieses Themas liegt in der Tatsache des Beginnes der Verwirklichung des Zweijahresplanes zum Jahreswechsel.

Jetzt heißt es beweisen, ob die Partei in den Betrieben in der Lage ist, die Führung in der Mobilisierung der Betriebsbelegschaften zur Steigerung der Produktion in die Hände zu nehmen, ob es ihr gelingt, eine Aktivistenbewegung auszulösen bzw. zu steigern, die anfeuernd und mitreißend auf alle, die noch von Zweifeln erfaßt sind, wirkt.

Von der Verwirklichung der führenden Rolle der Partei hängt das Gelingen der Entfaltung der Masseninitiative der Männer und Frauen, der Arbeiter und Angestellten, der Techniker und Ingenieure, der Jungen und Alten ab.

Ruft in allen Betrieben vor der Mitgliederversammlung am 20. Januar 1949 die Vorstände bzw. die Funktionäre zusammen, besprecht mit ihnen die gründliche politische Vorbereitung, sichert Euch über Stadtbezirke oder Kreis einen guten Referenten, ladet alle Mitglieder ein und verpflichtet sie zur Teilnahme, greift selbst in die Diskussion ein, ermuntert besonders aktive Genossen, das Wort zu ergreifen, um positive Vorschläge zu machen, bereitet als Vorstand selbst solche vor.

Wir bitten Euch, umgehend nach dem Betriebsgruppentag einen schriftlichen Bericht an Euren Kreisvorstand zu liefern. Der Einfachheit halber stellen wir Euch einen Berichtsbogen zur Verfügung, den Ihr benutzen wollt.

Sagt es allen Genossen: Am 20. Januar tagen **alle** Betriebsgruppen. Am Betriebsgruppentag besuchen **alle** im Betriebe beschäftigten Mitglieder ihre Gruppenversammlung.

Mit sozialistischem Gruß!

SED Landesvorstand Groß-Berlin

Als Symbol des Aufbauwillens der Berliner Arbeiterklasse galt der VEB Bergmann-Borsig in Wilhelmsruh. Die französische Besatzungsmacht hatte 1948 die Borsig-Werke in Tegel, den

Hauptlieferanten für Kraftwerksanlagen in der sowjetischen Besatzungszone, demontieren und einen Teil der Maschinen im Tegeler See versenken lassen. Diese Maßnahme sollte die ostdeutsche Wirtschaft empfindlich treffen. Aber die Imperialisten verrechneten sich. Die SED rief Ende 1948 die Berliner auf, das Betriebsgelände der früheren Bergmann-Elektrizitäts-Werke AG in Wilhelmsruh zu enttrümmern und hier eine moderne Produktionsstätte für Energiemaschinen zu errichten. Am 30. Oktober 1948 fand der erste freiwillige Arbeitseinsatz statt. Es kamen Tausende, um zu helfen. Im Mai 1949 begann die Produktion. Bald lieferte Bergmann-Borsig die ersten Turbinen.

Ein anderer Schwerpunkt des Zweijahrplans war der Wiederaufbau der Universität als einer zentralen Forschungs- und Ausbildungsstätte für die sowjetische Besatzungszone. Sie erhielt am 8. Februar 1949 nach ihren Gründern den verpflichtenden Namen Humboldt-Universität. Am 1. Oktober 1949 wurde die bisherige Vorstudienanstalt zur Arbeiter-und-Bauern-Fakultät (ABF) umgewandelt und in die Universität eingegliedert. Die Ausbildung begann mit 750 Studenten. Erster Direktor der ABF war Erich Hanke (SED).

Der Übergang zur langfristigen Wirtschaftsplanung stellte die Staats- und Wirtschaftsorgane in Berlin vor völlig neue Aufgaben. Gleichzeitig mußte der Magistrat die Verwaltung neu aufbauen. »Mit dem Spaltermagistrat hatten 60 Prozent der Arbeiter und Angestellten, meistens Spezialisten und leitende Funktionäre, die ihnen vom Volke übertragenen Pflichten im Stich gelassen und wertvolle Akten mitgenommen. So gab es z.B. im Büro des Oberbürgermeisters und anderer wichtiger Abteilungen nicht einen einzigen Vorgang.«[10] Auch andere Dienststellen waren von den Spaltern regelrecht ausgeplündert worden. Große Teile des Fuhrparks der Stadtreinigung und der Feuerwehr hatte man im Herbst 1948 in die Westsektoren verschleppt.

---

10 Friedrich Ebert: Ein Jahr demokratischer Magistrat. Rede im Friedrichstadt-Palast vom 30. November 1949. In: StA, Rep. 101, Nr. 1 388.

Der Stadtrat für Verkehr und Städtische Betriebe meldete im Frühjahr 1949: »Der Bestand an Straßenbahnwagen im demokratischen Sektor war inzwischen auf 137 Triebwagen und 320 Beiwagen gesunken. An Omnibussen standen noch 16 Wagen zur Verfügung.«[11] Nachdem am 1. August 1949 die Spaltung der Berliner Verkehrsbetriebe endgültig vollzogen worden war, gab es im demokratischen Berlin nur noch 13 Straßenbahnlinien, 6 Autobuslinien und eine U-Bahn-Linie. Das Haupternährungsamt beklagte den Mangel an Verpackungsmitteln, denn unter anderem waren rund eine Million Säcke in Westberlin verblieben. Sogar aus Krankenhäusern und Kliniken hatten die Spalter kostbare Materialien, von medizinischem Gerät über Arzneien bis zur Bettwäsche, mitgenommen.

Energisch packte der demokratische Magistrat zu, um solche Nachwirkungen der Spaltungspolitik zu überwinden und bis hinunter in die Stadtbezirke neue, arbeitsfähige Verwaltungsorgane zu schaffen. Noch verbliebene reaktionäre Elemente wurden entlassen; die Mehrzahl der Angestellten stand positiv zum neuen Magistrat oder erklärte sich zu loyaler Mitarbeit bereit. Mit ihnen wurde beharrlich politisch gearbeitet.

Die SED richtete ihre Aufmerksamkeit darauf, die demokratische Staatsmacht in Berlin zu stärken und eine fortschrittliche Verwaltungs- und Personalpolitik durchzusetzen. Der Landesvorsitzende Hans Jendretzky sowie Mitglieder des Sekretariats des Landesvorstandes der SED berieten sich oft mit den Verantwortlichen im Magistrat. Im ersten Halbjahr 1949 entstanden in allen Staatsorganen SED-Betriebsgruppen, wodurch die führende Rolle der Partei der Arbeiterklasse auch organisatorisch gestärkt wurde.

Wichtig war die enge, vertrauensvolle Zusammenarbeit von Magistrat und Demokratischem Block. Aus der akuten Notsitua-

---

11 In: Ebenda.

Wir rufen alle Betriebsräte

und Mitglieder der Betriebsgewerkschaftsleitungen auf zur Teilnahme an der

Betriebsräte-Vollversammlung

im Friedrichstadt-Palast
am 9. 3. 1949 um 14.30 Uhr.

Es spricht der 1. Vorsitzende des FDGB Groß-Berlin
Kollege Adolf Deter über

„Die Betriebsräte im demokratischen Wirtschaftsaufbau Berlins“

Kolleginnen und Kollegen!
Es geht um die wirtschaftliche Existenz der Werktätigen Berlins!
Es geht um unsere Heimatstadt Berlin!

Freier Deutscher Gewerkschaftsbund
Groß-Berlin
Der Vorstand

… Rückseite

tion des Herbstes 1948 heraus entstanden, konnte sich der Magistrat zunächst nicht auf eine aus allgemeinen Wahlen hervorgegangene Volksvertretung stützen. Einige Aufgaben der Volksvertretung übernahm der Arbeitsausschuß des Demokratischen Blocks Berlin, indem er dem Magistrat Vorschläge unterbreitete und ihn zum Teil auch kontrollierte. Vielfach erstattete der Oberbürgermeister vor dem Block Rechenschaft. Seit Februar 1949 nahm auf Vorschlag Friedrich Eberts der jeweilige turnusmäßige Vorsitzende des Demokratischen Blocks mit beratender Stimme an den Magistratssitzungen teil.

Besonderes Gewicht legte der Magistrat auf eine enge Verbindung zur werktätigen Bevölkerung. Hierin unterschied er sich deutlich von der volksfeindlichen Haltung seines Vorgängers, des Spaltermagistrats. Wiederholt erstatteten seine Mitarbeiter öffentlich Rechenschaft über die Arbeit des Magistrats in Einwohnerversammlungen und in Betrieben.

Die »Berliner Zeitung« tat das Ihrige, um die Politik des Magistrats zu popularisieren.

Das wichtigste Verbindungsglied zur Bevölkerung waren damals die Haus- und Straßenvertrauensleute. Auf Empfehlung des Demokratischen Blocks beschloß der Magistrat im Februar 1949, daß sie ihre Tätigkeit, die von den Westmächten und dem Spaltermagistrat verboten worden war, wiederaufnehmen sollten. Im März 1949 wurden auf Versammlungen in den Stadtbezirken 20357 Hausvertrauensleute gewählt, die aus ihrer Mitte wiederum 1983 Straßenvertrauensleute benannten. Als ehrenamtliche Mitarbeiter des Magistrats erläuterten sie der Bevölkerung die staatlichen Aufgaben, verteilten die Lebensmittelkarten und trugen Wünsche und Vorschläge aus der Bevölkerung an den Magistrat und die Bezirksämter heran. Abgesehen von der beträchtlichen Personal- und Kosteneinsparung, halfen die Haus- und Straßenvertrauensleute in ihrem Bereich die Prinzipien des demokratischen Zentralismus durchzusetzen.

Die kontinuierliche Stärkung des »Arbeiterelementes in der Verwaltung«[12] war damals ein grundlegendes Erfordernis, um die staatlichen Organe als Hauptinstrument der weiteren revolutio-

12 StA, Rep. 102, Nr. 327.

Bürger Berlins!

Auf Vorschlag der im demokratischen Block zusammengeschlossenen politischen Parteien und Organisationen hat der demokratische Magistrat von Groß-Berlin beschlossen, die Einrichtung der Haus- und Straßenvertrauensleute erneut zu schaffen. Damit soll eine bewährte Form der ehrenamtlichen Mitarbeit an der Selbstverwaltung unserer Heimatstadt wieder ins Leben gerufen und ausgebaut werden.

Die Haus- und Straßenvertrauensleute stellen den engen Kontakt zwischen Bevölkerung und Verwaltung her und verwirklichen so ein Stück lebendiger Demokratie.

Verordnung über die Wahl von Haus- u. Straßenvertrauensleuten in der Gebietskörperschaft Groß-Berlin.

Der Magistrat von Groß-Berlin hat folgende Verordnung beschlossen, die hiermit verkündet wird:

§ 1

In den Verwaltungsbezirken sind aus den Reihen der Bevölkerung Haus- und Straßenvertrauensleute als ehrenamtliche Mitarbeiter der demokratischen Selbstverwaltung von Groß-Berlin zu berufen. Die Funktionen dieses Verwaltungsorganes werden einheitlich und rechtsverbindlich in den Richtlinien über die Tätigkeit der Haus- und Straßenvertrauensleute geregelt, die der Verordnung als Anlage beigefügt sind.

Die Abteilung für Verwaltung und Personal des Magistrats wird mit der Durchführung der Verordnung beauftragt und ermächtigt, ergänzende Ausführungsbestimmungen und Verwaltungsanordnungen zu erlassen.

§ 2

Die Wahl der Haus- und Straßenvertrauensleute nach den in den Richtlinien festgelegten Grundsätzen ist in der Zeit vom 1. bis 15. 3. 1949 durchzuführen.

§ 3

Diese Verordnung tritt einen Tag nach ihrer Verkündung im Verordnungsblatt für Groß-Berlin in Kraft.

Magistrat von Groß-Berlin

gez. EBERT
Oberbürgermeister

Berlin, den 18. 2. 1949

nären Umwälzung auszubauen. Mit Hilfe der SED- und Gewerkschaftsleitungen der Betriebe warb der Magistrat besonders unter der Arbeiterjugend und den Arbeiterfrauen befähigte und klassenbewußte Kräfte für eine Tätigkeit in den Staatsorganen. Sie erhielten auf den Verwaltungsschulen in Köpenick und im Schloß Friedrichsfelde ihre Fachausbildung. Kader für leitende Funktionen in der Stadtverwaltung wurden auch auf der im Oktober 1948 gegründeten Deutschen Verwaltungsakademie in Forst Zinna ausgebildet. Daneben gab es für alle Angestellten des Magistrats und der Bezirksämter eine fachliche und politische Schulung.

Um die neuen Machtverhältnisse vor konterrevolutionären Anschlägen zu schützen, mußte eine demokratische öffentliche Ordnung und Sicherheit geschaffen werden. Das betraf sowohl die Einrichtung entsprechender Justizorgane als auch die Entwicklung einer revolutionären Wachsamkeit in allen Bereichen.

Fortschrittliche Juristen, darunter die SED-Mitglieder Max Berger, Rolf Helm, Hilde Neumann und Hans Ranke, organisierten den Aufbau einer neuen Justiz. Aus der Arbeiterklasse bildeten sie bewährte Kräfte zu Richtern und Staatsanwälten heran oder gewannen sie als Schöffen. Aus den Ländern der damaligen sowjetischen Besatzungszone wurden weitere geeignete Kader gewonnen.

Rolf Helm, der im Februar 1949 zum Generalstaatsanwalt in Berlin berufen wurde, erinnerte sich: »Die Atmosphäre, in die ich in Berlin geriet, war mit höchster Spannung geladen. Sie konnte aber verhältnismäßig rasch entschärft werden, weil die neuen Justizfunktionäre ein außerordentliches Verständnis beim Landesvorstand der SED und besonders beim Genossen Oberbürgermeister fanden. Die Bedeutung, die einer Demokratisierung der Justiz und einer neuen Rechtspflege beigemessen wurde, kam auch dadurch zum Ausdruck, daß wir bereits im Februar vom damaligen sowjetischen Stadtkommandanten, Generalmajor Kotikow, empfangen und in Gegenwart des Genossen Ebert begrüßt wurden. Ich erinnere mich noch gut an die Herzlichkeit und Freundschaftlichkeit dieser ersten Kontakte, die sich in einer stetigen sachlichen Unterstützung seitens der sowjetischen Freunde fortsetzten.«[13]

Zuverlässige, in den revolutionären Kämpfen vor 1933 und im antifaschistischen Widerstand gestählte Genossen der SED stärkten auch die Reihen der Berliner Volkspolizei, die damals direkt dem Magistrat unterstand. Ein Hauptanliegen war die Aufdeckung und Unterbindung der organisierten Sabotage des demokratischen Aufbaus, wie sie von Westberlin aus in mannigfaltiger Weise betrieben wurde. Seit Mai 1949 wurde ein Betriebsschutzsystem aufgebaut, dessen Dienstaufsicht die Volkspolizei übernahm. Ebenfalls im Mai 1949 übernahm die Berliner Volkspolizei – gemeinsam mit Angehörigen der Sowjetarmee – die Sicherung und Kontrolle der östlichen Stadtgrenze entlang dem Berliner Ring.

Erstmalig nahmen am 1. Mai 1949 geschlossene Formationen der damals in Blau gekleideten Volkspolizei – diese Bezeichnung wurde ihr anläßlich des 4. Jahrestages ihrer Gründung im Mai 1949 offiziell zuerkannt – an der Demonstration der Berliner Werktätigen teil. Wenig später wurde der 1. Juli eines jeden Jahres als »Tag der Volkspolizei« festgelegt.

Die Arbeit der Volkspolizei war in jener Zeit sehr schwer. Not, Mangel und geistige Verwahrlosung als Kriegsfolgen hatten die Kriminalität hochschnellen lassen. Mit Morden, räuberischen Überfällen und Prostitution mußte entschieden aufgeräumt werden. Das war nicht leicht, denn die geteilte Stadt bot einen günstigen Nährboden. Von Westberlin aus trieben viele Banden ihr Unwesen.

Im Juni 1949 gelang es der Volkspolizei, die berüchtigte Gladow-Bande dingfest zu machen. Seit 1948 hatte diese zehnköpfige Bande unter Führung des 18jährigen Werner Gladow, der sich als »Al Capone« des Nachkriegsberlins fühlte, 127 Verbrechen begangen, die vom Einbruch, Diebstahl, Raubüberfall mit

---

13 Rolf Helm: Anwalt des Volkes. Erinnerungen, Berlin 1978, S. 191.

Waffengewalt, von der Entwaffnung von Volkspolizisten bis zum Mord reichten. Sie profitierte von der Unsicherheit in der geteilten Stadt. Verübte sie in einem Teil der Stadt ein Kapitalverbrechen, zog sie sich schleunigst in den anderen Teil zurück, was die polizeilichen Ermittlungen erschwerte. Im Mai 1949 plante die Bande einen bewaffneten Überfall auf die Gasag-Hauptkasse in der Schicklerstraße und raubte zu diesem Zweck zur Mittagsstunde vor den Augen vieler Passanten in der Charlottenstraße/ Ecke Unter den Linden eine BMW-Limousine, wobei sie dem Fahrer tödliche Schußverletzungen zufügte. Volkspolizisten gelang es, von hier aus die Spuren der Bande zu verfolgen: Am 3. Juni 1949 überwältigten sie den Bandenchef in seiner Wohnung in der Schreinerstraße 52 (Stadtbezirk Friedrichshain). Unter großer Anteilnahme der Berliner Bevölkerung, die wegen der Frechheit und Brutalität der begangenen Verbrechen empört war, begann im März 1950 im großen Saal des Gebäudes der Deutschen Reichsbahndirektion in der Wilhelm-Pieck-Straße der Prozeß gegen die Gladow-Bande. Der Bandenchef und zwei weitere Bandenmitglieder wurden zum Tode verurteilt, alle anderen Angeklagten erhielten Zuchthausstrafen.

Die Schaffung des Volkseigentums, die Inangriffnahme des Zweijahrplans und die Errichtung einer demokratischen Staatsmacht – das waren die drei Säulen, auf denen sich die Aufwärtsentwicklung im demokratischen Berlin gründete. Die Berliner spürten, daß die Früchte ihrer harten Arbeit ihnen zugute kamen.

Die Enttrümmerung der Stadt, die lange vernachlässigt worden war, wurde wieder planmäßig mit 4000 Arbeitskräften aufgenommen. Von den rund 20 Millionen Kubikmeter Trümmern im demokratischen Berlin waren bis September 1949 erst 1,1 Millionen Kubikmeter beseitigt worden. Gleichzeitig wurde die Instandsetzung kriegszerstörter Wohnhäuser durch volkseigene und private Baubetriebe verstärkt. Über 6000 Familien, die bis-

BERLIN hat Arbeit für alle

lang in Kellern und Ruinen gehaust hatten, erhielten einen menschenwürdigen Wohnraum.

Die Versorgung mit Lebensmitteln und Gebrauchsgütern verbesserte sich spürbar mit der Eröffnung der sogenannten Freien Läden der im November 1948 für die sowjetische Besatzungszone gegründeten volkseigenen Handelsorganisation (HO). Hier konnte man Waren, die im übrigen Handel nur auf Lebensmittelkarten oder gegen Bezugscheine zu erwerben waren, zu höheren Preisen frei kaufen. Die ersten HO-Läden eröffneten am 15. November 1948 in der Frankfurter Allee und tags darauf in der Neuen Königstraße. In langen Schlangen standen die Menschen. Viele wollten nur »mal sehen«, und viel konnte niemand kaufen, denn die Preise lagen noch sehr hoch. Der Durchschnittslohn betrug damals 300 Mark, aber 1 Kilogramm Butter zum Beispiel kostete 130 Mark, 1 Kilogramm Margarine 110 Mark, 1 Kilogramm Schweinekamm 100 Mark, 1 Kilogramm Leberwurst 80 Mark, 1 Tafel Milchschokolade 24 Mark, 1 Kilogramm Mehl 20 Mark, 1 Kilogramm Zucker 33 Mark, 1 Stück Torte 9,50 Mark, 1 Bockwurst 6 Mark, 1 Kuchenbrötchen und 1 Zigarette je 0,80 Mark. Auch in den ersten »Freien Restaurants«, die am 16. November 1948 bei »Borchardt« in der Französischen Straße und im »Fürstenhof« in der Leipziger Straße ihre Gäste einluden, waren die Preise fast unerschwinglich: 1 Schweineschnitzel mit Bayrischkraut und Kartoffeln für 29,40 Mark, 1 Portion Sprotten in Öl mit Kartoffelsalat für 12 Mark und 1 Teller Haferflockenspeise mit Fruchttunke für 3,20 Mark. Ähnlich hoch waren die Preise für Bekleidung, Wohnungseinrichtungen und andere Industriegüter. Ein Paar kunstseidene Damenstrümpfe kostete beispielsweise 36 Mark, eine 40-Watt-Glühlampe 20 Mark und ein Rundfunkgerät gar 1400 Mark. Aber man brauchte doch nun, wenn man sich etwas extra leisten wollte und konnte, nicht mehr den Schwarzen Markt mit allen seinen Risiken.

Mit dieser Preisgestaltung schöpfte die HO den auch durch die Währungsreform noch nicht völlig beseitigten Geldüberhang ab, vor allem aber verschwand der Schwarze Markt mit seinen Wucherpreisen, um 1950 gab es ihn nicht mehr. Im März 1949 registrierte die HO in Berlin 33 Läden und 5 »Freie Restaurants«. Ihre Zahl wuchs in der Folge rasch an. Die steigenden Umsätze in der HO zeigten, daß immer mehr Werktätige, vor allem Aktivisten, Bestarbeiter und im Leistungslohn Stehende, Lebens- und Genußmittel zusätzlich zu den rationierten Waren kauften. Im Mai und Juli 1949 gab es – dank den ökonomischen Fortschritten – die ersten Preissenkungen in der HO.

Ab 1. Januar 1949 wurden in der sowjetischen Besatzungszone einschließlich Berlin »Punktkarten zum Bezuge von Textil- und Schuhwaren« eingeführt. Damit entfielen die bisherigen, meist über Betriebe ausgegebenen Bezugscheine. Die neuen Punktkarten waren in die Gruppen A bis E, das heißt von 140 Punkte bis 60 Punkte, gestaffelt und entsprachen somit dem Leistungsprinzip wie die Lebensmittelkarten. Mit der Punktkarte konnten in bestimmter Menge Kleidung und Stoffe nach eigenem Geschmack gekauft werden. Die Preise für Konfektionskleider aus dem volkseigenen Bekleidungsbetrieb »Fortschritt« Berlin-Lichtenberg auf Punktkarten lagen zwischen 45 und 141 Mark. Der »Punktekatalog«, über den die »Berliner Zeitung« Ende Dezember 1948 berichtete, sah so aus: Für einen Herrenwintermantel mußten 90 Punkte abgegeben werden, für ein Damenkostüm aus wollhaltigem Stoff 70 Punkte, für ein Oberhemd 20, für einen Hut 10, für ein Paar kunstseidene Damenstrümpfe 5, für ein Paar Lederschuhe 30 und für einen Meter Gardinenstoff 10 Punkte.

Verbesserung der Lebenslage. Die HO

Für jedermann sichtbar kam die Aufbauarbeit auf allen Gebieten voran, wurde die von den Spaltern hinterlassene Stagnation überwunden. Berlin gewann wieder Anschluß an den revolutionären Umwälzungsprozeß in Ostdeutschland. Mit der Schaffung stabiler antifaschistisch-demokratischer Verhältnisse, dem Übergang zur langfristigen Wirtschaftsplanung und der Durchsetzung der führenden Rolle der Arbeiterklasse und ihrer Partei waren Voraussetzungen entstanden, damit Berlin wieder seiner historischen Rolle als Hauptstadt – diesmal auf einer gesellschaftlich höheren Ebene – gerecht werden konnte.

(3) Für die Stadt Berlin werden Lebensmittelmengen bereitgestellt, die folgende zusätzliche Zuteilungen gestatten:

A. Für Beschäfigte mit schwerer Arbeit und ihnen Gleichgestellte (bisher in Kartengruppe I):

Brot	8250 g
Nährmittel	3000 g
Zucker	300 g
Fleisch	1600 g
Fett	250 g

B. Für Beschäftigte, die bisher nach Kartengruppe II versorgt sind:

Brot	5250 g
Nährmittel	1900 g
Zucker	300 g
Fleisch	450 g
Fett	100 g

Für den Verkauf von Lebensmitteln an die Beschäftigten im Bergbau unter Tage und über Tage, an die Beschäftigten mit besonders schwerer Arbeit sowie an die ihnen Gleichgestellten (bisher in Kartengruppe I) sind in den Städten und Industriebezirken besondere Verkaufsstellen einzurichten.

Kapitel VIII

Die Gründung der DDR

11. Oktober 1949. Als die Dämmerung sich auf die Weite des Platzes legte, flackerten die ersten Lichter auf. In langen Kolonnen zogen Mitglieder der Freien Deutschen Jugend – viele waren erst vor wenigen Stunden mit Lastkraftwagen aus allen Teilen der Republik in die Hauptstadt gekommen – an der Tribüne vorbei, wo Präsident Wilhelm Pieck, *mit dem Hute winkend, stand. Eingekeilt in die Menge, erlebte auch der Journalist* Harri Czepuck *die gewaltige Manifestation: »Blaue Hemden, blaue Fahnen, Bilder, Losungen, Verpflichtungen. Die Fackeln, die getragen wurden, waren nicht wie in früheren Zeiten unheilvolle Ankündigungen. Nein, sie waren Symbole für das Feuer, das in den Herzen dieser 800 000 brannte, die hier stundenlang vorbeizogen. Sie wollten dieser jungen Republik dienen, sie mitgestalten, das Antlitz eines neuen Deutschlands, auferstanden aus Ruinen, prägen.«*[1]

---

1 Harri Czepuck: Entscheidende Tage. Erinnerungen an den Oktober 1949. In: Neues Deutschland (B), 7. Oktober 1964, Beilage.

Auch im Jahre 1949 blieb die Weltlage sehr gespannt. Hoffnungen, daß die Pariser Außenministerkonferenz von Mai/Juni 1949 – auf Verlangen der UdSSR kamen die Vertreter der vier Mächte nach einer 15monatigen Pause wieder zu Beratungen über die deutsche Frage zusammen – Fortschritte bei der Sicherung des Friedens bringen würde, erfüllten sich nicht. Der USA-Imperialismus verschärfte den kalten Krieg gegen den Sozialismus und drängte seine NATO-Partner zu beschleunigter Aufrüstung. Im Mai 1949 berieten die Vereinigten Stabschefs der USA-Streitkräfte den Kriegsplan »Offtackle«, der einen atomaren Erstschlag gegen die Fernost-Region der UdSSR vorsah und der in abgeänderter Form im Jahr darauf bei der USA-Intervention in Korea realisiert wurde. Am 14. September 1949 verabschiedete der Nationale Sicherheitsrat, der oberste politisch-militärische Planungsstab des USA-Präsidenten, das Geheimdokument Nr. 58, das die Möglichkeit eines Präventivkrieges ausdrücklich bestätigte. Es gäbe »zwei grundsätzliche Vorgehensweisen«, um die sozialistischen Staaten Osteuropas zu vernichten: »Die eine ist der Krieg; die andere sind Maßnahmen, die bis an die Schwelle eines Krieges heranreichen.«[2] Die Imperialisten wurden nicht müde, die Lüge von einer »Gefahr aus dem Osten« zu verbreiten. Sie mußte immer wieder herhalten, um die aggressiven Zielsetzungen gegenüber dem Sozialismus zu rechtfertigen. Nicht einmal vier Jahre nach dem Ende des zweiten Weltkrieges war der Frieden schon wieder ernstlich bedroht.

Im April 1949 trafen sich Vertreter aus 92 Ländern und der 10 größten internationalen demokratischen Organisationen in Paris und – weil die französische Regierung einem Teil der Delegierten die Einreise verweigerte – in Prag. Getrennt tagend, faßten sie dennoch den einmütigen Beschluß, ein Ständiges Komitee zur Mobilisierung und Zusammenfassung aller Friedenskräfte in der Welt zu bilden. Das war die Geburtsstunde der

---

2 Zit. nach: Bernd Greiner/Kurt Steinhaus: Auf dem Weg zum 3. Weltkrieg? Amerikanische Kriegspläne gegen die UdSSR. Eine Dokumentation, Köln 1981, S. 182.

Frauen und Männer Berlins!
Berliner Jugend!

Immer stärker und machtvoller wird bei allen friedliebenden Völkern der Welt der Wille zum Frieden. Dieser Wille gewinnt auch bei allen Berlinern, die guten Willens sind, ständig an Boden.

Wer jedoch den Frieden liebt, muß lernen, den Krieg und die Kriegshetzer zu hassen und zu bekämpfen.

Krieg und Chaos oder Frieden und Aufbau, das ist die große Frage, in der sich jeder Berliner entscheiden muß.

Am 1. September, dem Weltfriedenstag, legen alle friedliebenden Menschen ein Bekenntnis zum Frieden ab.

Alle Berliner Frauen und Männer, besonders aber die Berliner Jugend, die die Schrecken des Krieges, den Bombenhagel über Berlin auf Frauen, Kinder und Greise miterlebt haben, werden sich an diesem Tage geschlossen in die Front der Kämpfer

für Frieden
für Aufbau
und für die Einheit Berlins einreihen.

Berliner! Erkennt, daß Berlin einen Frieden wert ist.

Kämpft und arbeitet
mit dem demokratischen Magistrat für die Wiederherstellung der Einheit Berlins!
Die Spaltung Berlins gefährdet Eure Existenz und den Frieden!

Kämpft und arbeitet
mit dem demokratischen Magistrat für die Verwirklichung des Berliner Aufbauprogramms!
Nur im Frieden kann unser Berlin nach seiner Zerstörung neu erstehen.

Kämpft und arbeitet
mit dem demokratischen Magistrat für die Erfüllung des Zweijahrplanes.
Das Aufbauprogramm des demokratischen Magistrats ist ein Friedensprogramm.

Der Frieden ist unser kostbares Gut, er sichert die Zukunft unserer Kinder und uns allen ein glückliches Leben.

Darum! Demonstriert am 1. September um 17 Uhr vor der Humboldt-Universität, Unter den Linden, für die Friedenslosungen des Deutschen Volksrats.

Schmückt am Weltfriedenstag Eure Häuser und Wohnungen mit Fahnen und Spruchbändern.

Es lebe der Kampf für Frieden, Einheit und Demokratie!

Magistrat von Groß-Berlin
Der Oberbürgermeister
i. V.: Gohr

… Vorderseite

organisierten Weltfriedensbewegung. Die in der Volkskongreßbewegung für Einheit und gerechten Frieden unter Führung der SED zusammenarbeitenden demokratischen und patriotischen

Kräfte des deutschen Volkes begrüßten den Appell von Paris und Prag aufs lebhafteste. Der Deutsche Volksrat und das Deutsche Komitee der Kämpfer für den Frieden – es konstituierte sich am 10. Mai 1949 in Berlin unter Vorsitz von JOHANNES R. BECHER, ARNOLD ZWEIG und ANNA SEGHERS – riefen dazu auf, den 10. Jahrestag des Ausbruchs des zweiten Weltkrieges als Friedenstag zu begehen. Am 1. September 1949 fanden in allen Städten und Orten der sowjetischen Besatzungszone eindrucksvolle Manifestationen statt. Auf Berlins traditioneller Kundgebungsstätte, dem Bebelplatz vor der Humboldt-Universität, bekannten sich Hunderttausende zur Freundschaft mit der Sowjetunion und zur Friedensgrenze entlang von Oder und Neiße.

Im Verlaufe der Friedenskampagne wurde der Ruf immer lauter, die am 7. September 1949 vollzogene Gründung der BRD nicht unbeantwortet zu lassen. Einen Arbeiter-und-Bauern-Staat zu gründen war die einzig mögliche Antwort auf die Spaltung Deutschlands durch den Imperialismus und der Garant für die konsequente Weiterführung der revolutionären Umwälzung. Mit der willkürlichen Schaffung eines westdeutschen Separatstaates verbanden die Imperialisten das Ziel, im Herzen Europas eine Aufmarschbasis gegen die Sowjetunion und die anderen sozialistischen Länder zu schaffen, von der aus auch die revolutionären Errungenschaften in der sowjetischen Besatzungszone beseitigt und diese dem imperialistischen Machtbereich einverleibt werden sollte. Dagegen wandten sich die werktätigen Massen. Auf der Kundgebung zum Weltfriedenstag im Admiralspalast faßte Oberbürgermeister FRIEDRICH EBERT den Willen der Arbeiterklasse und ihrer Verbündeten in die Worte: »Wenn die Stimmen immer lauter werden, die zur Wahrung der gesamtdeutschen Interessen die Bildung einer Regierung der demokratischen Republik Deutschland fordern, dann darf ich im Namen des demokratischen Berlin sagen: Die Hauptstadt Deutschlands ... erwartet diese gesamtdeutsche Regierung, deren Interessen nicht die

Eisenbahner!

Fahrt frei zum Frieden!

In allen Ländern der Welt wollen die Völker Freundschaft und Frieden. Dem dient auch die Arbeit der Eisenbahner. Nehmt am

SONNABEND, DEM 1. OKTOBER 1949

in allen Dienststellen in kurzen Belegschaftsversammlungen anläßlich des internationalen Friedenstages Stellung und beteiligt Euch geschlossen

an den großen Friedenskundgebungen

am 2. Oktober in den Verwaltungsbezirken Groß-Berlins.
Unser Schienenstrang sei ein Friedensstrang.

FDGB Groß-Berlin
Industriegewerkschaft Eisenbahn

Wünsche und Befehle der imperialistischen Besatzungsmächte sind, sondern deren Arbeit allein Deutschland gilt, seinem Volk, seiner nationalen Unabhängigkeit und dem Frieden der Menschheit!«[3]

In der Mittagsstunde des 7. Oktober 1949 – es war ein Freitag – kamen die 330 Mitglieder des Deutschen Volksrates, des obersten Organs der Volkskongreßbewegung, das der 3. Deutsche Volkskongreß im Mai 1949 gewählt hatte, im großen Festsaal des Hauses der DWK in der Leipziger Straße zusammen. Auf Vorschlag der SED und in Absprache mit den anderen Parteien und Massenorganisationen erklärte sich der Deutsche Volksrat zur Provisorischen Volkskammer und setzte die vom 3. Deutschen Volkskongreß am 30. Mai 1949 bestätigte Verfassung der Deutschen Demokratischen Republik in Kraft. Der historische Akt der Gründung der DDR war damit vollzogen.

3 Neues Deutschland (B), 4. Oktober 1949.

Am 10. Oktober 1949 übergab der Oberste Chef der SMAD, Armeegeneral W.I. Tschuikow, der Provisorischen Regierung der DDR die Verwaltungsfunktionen, die bisher der SMAD zustanden. An die Stelle der Sowjetischen Militärverwaltung trat eine Sowjetische Kontrollkommission (SKK), die keine Verwaltungsfunktionen mehr übernahm; ihr oblag die Kontrolle über die Erfüllung der Beschlüsse des Potsdamer Abkommens im Gebiet der DDR.

Am Nachmittag des 11. Oktober 1949 traten im Haus der DWK die Provisorische Volkskammer und die kurz zuvor konstituierte Provisorische Länderkammer zu einer gemeinsamen Sitzung zusammen, um gemäß der Verfassung den Präsidenten der Deutschen Demokratischen Republik zu wählen. Einstimmig wurde der Kommunist Wilhelm Pieck, Vorsitzender der SED, in das höchste Staatsamt berufen. Das jüngste Mitglied der Volkskammer, die FDJ-Abgeordnete und Vorsitzende des Pionierverbandes Margot Feist (seit 1963 Minister für Volksbildung, Margot Honecker) überreichte dem Präsidenten einen großen Blumenstrauß.

Zu dieser Stunde füllte sich die Berliner Innenstadt mit Tausenden von Menschen. In Sonderzügen und auf Lkw trafen FDJ-Mitglieder aus allen Landesteilen ein. »Auf dem Wege zur gemeinsamen Sitzung der Provisorischen Volkskammer und der Provisorischen Länderkammer spürten wir bereits die erwartungsvolle Atmosphäre«, erinnerte sich Erich Honecker. »An verschiedenen Punkten der Stadt begegneten wir schon Jugendlichen in ihren blauen Blusen und mit den Fahnen der FDJ, von denen das Symbol der aufgehenden Sonne leuchtete. Mit Transparenten und Sprechchören begrüßten sie die Gründung der DDR. Kulturgruppen traten auf. Neue Jugendlieder erklangen, besonders oft: ›Bau auf, bau auf! Freie Deutsche Jugend, bau auf! Für eine bessere Zukunft richten wir die Heimat auf.‹ Das bestärkte mich in der Gewißheit, daß die Arbeit, die wir in den er-

Vorwärts
Berliner Volksblatt

Nr. 249 / 60. Jahrgang — Sonntag, 9. Oktober 1949 — Einzelpreis 10 Pfg.

AN DIE BÜRGER BERLINS!

Aufruf des demokratischen Magistrats der Hauptstadt der Deutschen Demokratischen Republik

Berlin (ADN). Anläßlich der Regierungsbildung richtet der demokratische Magistrat von Groß-Berlin unter Friedrich **Ebert** folgenden Aufruf an die Bevölkerung Berlins:

„Die von den Westmächten betriebene und von dem Bonner Spalterparlament unterstützte Politik der nationalen Unterdrückung Westdeutschlands hat den über Deutschland heraufbeschworenen Notstand bis zur Gefahr der Zerreißung der Nation und ihres Staates gesteigert.

In Abwehr dieser Gefahr hat sich der Deutsche Volksrat nach dem Willen des Volkes zur Provisorischen Volkskammer der Deutschen Demokratischen Republik umgebildet.

Die vom Deutschen Volksrat beschlossene und vom Dritten Deutschen Kongreß am 30. Mai 1949 bestätigte Verfassung der Deutschen Demokratischen Republik wurde in Kraft gesetzt.

Die Verfassung hat die staatsrechtliche Stellung unserer Vaterstadt eindeutig geklärt. Berlin ist nicht ein Bundesland des westdeutschen Separatstaates, sondern die Hauptstadt der Deutschen Demokratischen Republik.

Gemäß den Bestimmungen der Verfassung wird am Dienstag, dem 11. Oktober 1949, in einer gemeinsamen Sitzung der Provisorischen Volkskammer mit der Provisorischen Länderkammer der Präsident der Deutschen Demokratischen Republik gewählt.

Bürger der Hauptstadt der Deutschen Demokratischen Republik!

Ein demokratisches Deutschland, frei von Besatzungsregime und Besatzungsstatut, ist entstanden. Seine Bürger sind erfüllt von dem Willen, die Freiheit und die Rechte des Menschen zu verbürgen, das Gemeinschafts- und Wirtschaftsleben in sozialer Gerechtigkeit zu gestalten, dem gesellschaftlichen Fortschritt zu dienen, die Freundschaft mit allen Völkern zu fördern und den Frieden zu sichern.

Der erste Repräsentant dieses Willens wird der vom Vertrauen des Volkes getragene Präsident der Deutschen Demokratischen Republik sein.

Wir rufen die Bevölkerung auf, die schwarz-rot-goldenen Fahnen der Republik zu zeigen, die Häuser zu schmücken und sich mit der Jugend zur Begrüßung des Präsidenten in der Hauptstadt der Deutschen Demokratischen Republik am Nachmittag des 11. Oktober 1949 zusammenzufinden.

Es lebe die Deutsche Demokratische Republik!

Der Magistrat der Hauptstadt der Deutschen Demokratischen Republik
gez. Friedrich Ebert, Oberbürgermeister
Mitglied des Präsidiums der Provisorischen Volkskammer

sten Jahren geleistet hatten, gute Früchte trug. Ich sagte mir: Eine Jugend, die so singt, spürt, daß etwas Entscheidendes für ihre Zukunft geschieht.«[4]

4 Erich Honecker: Aus meinem Leben, Berlin 1982, S. 240.

Der Abend dämmerte schon, als gegen 17.00 Uhr der offene »Horch« mit dem schwarzrotgoldenen Stander des Präsidenten sich einen Weg durch die Menge bahnte. Jubel brandete auf. Oberbürgermeister FRIEDRICH EBERT brachte in seinen Begrüßungsworten zum Ausdruck, was in dieser Stunde alle Berliner fühlten: »Wir sind stolz darauf, die Hauptstadt der Republik zu sein, und werden alles daransetzen, die sich daraus ergebenden moralischen Verpflichtungen gegenüber der Deutschen Demokratischen Republik in vollem Umfange zu erfüllen.«[5]

Im Schein lodernder Fackeln zogen die Mitglieder der Freien Deutschen Jugend gemeinsam mit Hunderttausenden Berliner Werktätigen an der im gleißenden Scheinwerferlicht liegenden Tribüne vor der Humboldt-Universität vorbei. Sie grüßten den ersten Arbeiterpräsidenten in der deutschen Geschichte und brachten Hochrufe auf die junge Republik aus. Unter begeisterter Zustimmung der Demonstranten sprach der Vorsitzende der FDJ, ERICH HONECKER, das Gelöbnis der deutschen Jugend: »Wir, die deutsche Jugend, geloben der Deutschen Demokratischen Republik Treue, weil sie der Jugend Frieden und ein besseres Leben bringen will und bringen wird ... Wir geloben der Deutschen Demokratischen Republik Treue, weil sie das wahre Haus des Volkes ist und sein wird! ... Wir grüßen aus tiefstem Herzen das Neue, unsere strahlende, freudige Zukunft!«[6]

Erstmals in der deutschen Geschichte erfolgte in Berlin eine Staatsgründung. War das preußisch-deutsche Kaiserreich 1871 auf fremdem Boden – nämlich in Versailles – proklamiert, war die bürgerliche Republik 1919 aus Furcht vor der revolutionären Arbeiterbewegung in Weimar aus der Taufe gehoben worden und hatten sich die imperialistischen Spalter 1949 in das linksrheinische Bonn zurückgezogen, um hier die BRD ins Leben zu rufen, so geschah die Gründung des deutschen Arbeiter-und-Bauern-Staates dort, wo die deutsche Arbeiterbewegung und mit

---

5 StA, Rep. 101 P, Nr. 403.

6 Dokumente zur Geschichte der Freien Deutschen Jugend. Erster Band, Berlin 1960, S. 268.

ihr die besten Traditionen deutscher Geschichte über viele Jahrzehnte hinweg eine Heimstatt hatten. Die Gründung der DDR, mit der die Ergebnisse der antifaschistisch-demokratischen Umwälzung seit 1945 verankert wurden, eröffnete die nächste, die sozialistische Etappe des revolutionären Prozesses.

Die am 7. Oktober 1949 in Kraft gesetzte Verfassung der DDR bestimmte in Artikel 2: »Die Hauptstadt der Republik ist Berlin.«[7] Diese verfassungsrechtliche Festlegung entsprach der historischen Rolle der Stadt. Auch nach 1945 hatten die revolutionären und patriotischen Kräfte des deutschen Volkes, hatte die Partei der Arbeiterklasse niemals Zweifel daran aufkommen lassen, daß sie eine unteilbare demokratische Republik erstrebte, deren Hauptstadt Berlin sein würde. Sogar die vier Hauptmächte der Antihitlerkoalition waren von der fortbestehenden Hauptstadtfunktion ausgegangen, deswegen hatten sie den Alliierten Kontrollrat für Deutschland ja in Berlin stationiert. Die deutsche Großindustrie und Hochfinanz dagegen hatte schon 1945 einen »Los von Berlin«-Kurs eingeschlagen. Seitdem im Osten Deutschlands die antifaschistisch-demokratische Umwälzung erfolgreich vorankam, hatte sich die Reaktion für eine Entthronung der alten deutschen Hauptstadt entschieden. Nach den Worten Konrad Adenauers, des namhaftesten Spalterpolitikers aus den Reihen der CDU der Westzonen, sollte die Metropole niemals mehr inmitten märkischer Kartoffelfelder liegen, sondern unter den Reben am Rhein, »denn dort ist altes Kulturland und kein Kolonialland. Die deutsche Hauptstadt soll eher im Südwesten liegen als im weit östlich gelegenen Berlin. In der Gegend des Mains, dort, wo die Fenster Deutschlands auch nach dem Westen hin weit geöffnet sind, sollte die neue Hauptstadt liegen.«[8] Die Antipathie Adenauers und seiner bourgeoisen

7 Die Verfassung der Deutschen Demokratischen Republik. Gesetzblatt der Deutschen Demokratischen Republik (im folgenden: GBl) 1949 S. 5.
8 Der Tagesspiegel [Westberlin], 12. November 1946.

Klasse, vorgetragen unter der Maske des Antipreußentums, entsprang im tiefsten Grunde der Furcht vor dem »roten« Berlin, vor der demokratischen Volksbewegung im Osten. Auch rechte SPD-Führer in den Westzonen, allen voran KURT SCHUMACHER, stimmten einer »Abschreibung« Berlins als Hauptstadt zu. Der bayerische Ministerpräsident WILHELM HOEGNER (SPD) erklärte im Dezember 1945 ohne Umschweife: »Berlin hat für uns in Deutschland ausgespielt.«[9]

Mit der Preisgabe der historischen Hauptstadt bekundete die deutsche Reaktion auch ihre Abneigung und Feindschaft gegenüber den fortschrittlichen Traditionen Berlins und dem Wollen und den Wünschen der Volksmassen. Sie erkor das linksrheinische Universitätsstädtchen Bonn zu ihrer Metropole und sah in der Stadt an der Spree fortan nur das Schlachtfeld des kalten Krieges gegen den sozialistischen deutschen Staat.

Die obersten Organe der DDR nahmen in Berlin ihren Sitz. Die Volkskammer, die anfangs im Haus der DWK tagte, bezog am 9. August 1950 das Langenbeck-Virchow-Haus in der Luisenstraße 58/60. Unter den 330 Mitgliedern der Provisorischen Volkskammer von 1949/1950 befanden sich 66 Berliner Abgeordnete der SED, der Sozialdemokratischen Aktion (ihr gehörten Sozialdemokraten in der Hauptstadt an, die in Opposition zur Frontstadtpolitik des Westberliner SPD-Vorstandes standen), von LDPD, CDU, NDPD und der Massenorganisationen. Oberbürgermeister FRIEDRICH EBERT bekleidete seit dem 7. Oktober 1949 auch das Amt eines Beisitzers des Präsidenten der Volkskammer. In die Provisorische Länderkammer der Deutschen Demokratischen Republik, die Vertretung der damals bestehenden fünf Länder (die Länderkammer wurde 1958 aufgelöst), entsandte die Hauptstadt am 11. Oktober 1949 sieben vom Demokratischen Block gewählte Vertreter.

---

9 Akten zur Vorgeschichte der Bundesrepublik Deutschland 1945–1949. Gemeinsam hrsg. vom Bundesarchiv und Institut für Zeitgeschichte. Bd. 1: September 1945 – Dezember 1946. Bearbeitet von Walter Vogel und Christoph Weisz, München 1976, S. 194.

Der Präsident der Republik nahm seine Residenz im Schloß Niederschönhausen (Stadtbezirk Pankow), einem auf den Grundmauern eines älteren Herrenhauses 1704 von Eosander von Göthe errichteten Barockbau. Ministerpräsident Otto Grotewohl, der sein Arbeitszimmer zunächst im Haus der DWK in der Leipziger Straße hatte, bezog Anfang der fünfziger Jahre das Alte Stadthaus zwischen Kloster- und Jüdenstraße, das von 1902 bis 1911 vom Architekten Ludwig Hoffmann zur Entlastung des Roten Rathauses errichtet worden war. Die meisten Ministerien blieben zunächst im DWK-Gebäude, das von nun an Haus der Ministerien hieß.

Der Maler Max Lingner, der 1949 aus der Emigration nach Berlin zurückkehrte, gestaltete 1952/1953 in der Pfeilervorhalle des Gebäudes das Wandbild »Gründung der DDR«, das an die historischen Oktobertage des Jahres 1949 erinnert. Otto Grotewohl gab dazu die Anregung und nahm am Zustandekommen des drei Meter hohen und vierundzwanzig Meter langen Wandbildes regen Anteil.

In der Luisenstraße 56 im ehemaligen Lehrgebäude der Tierarzneischule, bislang Sitz der sowjetischen Zentralkommandantur, begann Ende 1949 das Ministerium für Auswärtige Angelegenheiten seine Arbeit. Als erster Staat der Welt sprach die Sowjetunion am 15. Oktober 1949 die Anerkennung der DDR aus und stellte zu ihr diplomatische Beziehungen her. Es folgten bis zum Frühjahr 1950 zehn weitere sozialistische Staaten Europas und Asiens. Unter dem Druck der drei Westmächte und der BRD, die für sich in Anspruch nahm, allein das deutsche Volk zu vertreten, wagten die Regierungen kapitalistischer Länder und junger Nationalstaaten damals nicht, diplomatische Beziehungen zum deutschen Friedensstaat aufzunehmen.

Von nun an gehörten auch die Botschaften befreundeter sozialistischer Länder zum Berliner Straßenbild. Als am 2. November 1949 der Chef der Diplomatischen Mission der

»Wir haben unsere Tätigkeit eingestellt, mein Herr, bitte, bemühen Sie sich ins nächste Zimmer.«
Feder/Tuschezeichnung von Wilmar Riegenring.
Aus »Frischer Wind«, 1949, Heft 87

UdSSR in der DDR, Botschafter G. M. Puschkin, in Berlin eintraf, bezog er zunächst ein früheres Schulgebäude in der Tschaikowskistraße 37 (Stadtbezirk Pankow). Noch im gleichen Monat begannen die Bauarbeiten für ein repräsentatives Botschaftsgebäude der UdSSR in der Straße Unter den Linden, und zwar an der gleichen Stelle, wo sich früher die russische und dann die sowjetische Vertretung befunden hatten. Das Botschaftsgebäude, nach einem Entwurf von A. J. Strishewski von einem sowjetischen Kollektiv errichtet, wurde Ende 1951 fertiggestellt.

Am 12. November 1949 übergab der sowjetische Militärkommandant, Generalmajor A. G. Kotikow, die Verwaltungsfunktionen in Berlin dem demokratischen Magistrat. Von diesem Zeitpunkt an fielen auch die Einrichtungen der Reichsbahn und das

Wasserstraßennetz in Westberlin sowie die Kontrolle des zivilen Personen- und Güterverkehrs zwischen Westberlin und der BRD in die Jurisdiktion der Staatsorgane der DDR. Nur die Militärtransporte der in Westberlin stationierten Garnisonen der drei Westmächte wurden weiter von sowjetischen Organen kontrolliert. Gemeinsam mit der Deutschen Volkspolizei schützten sowjetische Soldaten weiterhin die Grenzen gegenüber Westberlin. Die in der Hauptstadt noch verbliebene sowjetische Militärkommandantur beschränkte ihre Tätigkeit neben Standortdiensten darauf, die für die Normalisierung der Lage notwendige Verbindung zu den Kommandanten der Westmächte aufrechtzuerhalten. Mit der Auflösung der SMAD und der Bildung der SKK reduzierte die Sowjetunion den Personalbestand beträchtlich und gab daher eine große Anzahl von Gebäuden und Grundstücken, die nach 1945 für Besatzungszwecke beschlagnahmt worden waren, der DDR zurück. Allein 1951 waren es in Berlin 641 Häuser und Grundstücke, vor allem in den Ortsteilen Hohenschönhausen, Biesdorf, Altglienicke und Karlshorst.

Seit Ende 1948 war Berlin eine gespaltene Stadt. Nach dem Willen der Urheber der Spaltung entwickelte sich Westberlin als »Frontstadt im kalten Krieg«, als »Pfahl im Fleisch« der DDR. An der Wende 1949/1950 gab es aber noch echte Chancen, eine weitere Vertiefung und Verfestigung der Spaltung aufzuhalten. Im Auftrag der Pariser Außenministerkonferenz von Mai/Juni 1949 kamen die vier Stadtkommandanten zwischen Juli und September 1949 viermal zu Beratungen im Gebäude des früheren Kontrollrates in Westberlin zusammen, um Wege zur »Normalisierung des Lebens im geteilten Berlin« zu beraten. Die sowjetische Seite forderte die strikte Einhaltung des Potsdamer Abkommens und die Beendigung der Frontstadtpolitik; sie legte einen Katalog von Vorschlägen zur Zusammenarbeit im kommunalen Bereich vor. Doch die westlichen Kommandanten lehnten ab. Sie teilten am 28. September 1949 Generalmajor Kotikow mit, daß sie »nicht gewillt sind, die Verhandlungen weiterzuführen«.[10]

Auch in der Folge bemühten sich die Regierungen der UdSSR und der DDR um eine Entspannung der Lage um Westberlin. Der demokratische Magistrat richtete wiederholt entsprechende Vorschläge an die Westberliner Behörden. Er bot Zusammenarbeit im Feuerlösch- und Gesundheitswesen und bei der ärztlichen Betreuung von Kranken und Alten an. Im Rechenschaftsbericht des Magistrats vom 30. November 1949 hieß es: »Die Ostberliner Wasserwerke haben ihre Wasserlieferungen nach dem Westen niemals unterbrochen, die Ostberliner Stadtentwässerung beseitigt auch jetzt noch die Westberliner Abwässer und läßt dafür ihre Werke Stahnsdorf und Waßmannsdorf mit einem Kostenaufwand von etwa 3 000 000 DM jährlich laufen, ohne dafür bisher Geld von den Westberliner Dienststellen erhalten zu haben.«[11] Ähnlich war die Lage bei den Stromlieferungen nach Westberlin. Um sich Zahlungsverpflichtungen zu entziehen, ordnete die Westberliner Verwaltung im Sommer 1950 die Trennung der bis dahin einheitlichen Wasserversorgung an.

Die Wahnwitzigkeit der von der Reuter-Verwaltung betriebenen Politik der Vertiefung der Spaltung zeigte sich besonders bei der BVG. Am 1. August 1949 war die Spaltung der Berliner Verkehrsbetriebe, denen U-Bahn, Straßenbahn und Omnibusse unterstanden, vollzogen. Damit war der letzte kommunale Betrieb Berlins zerrissen worden. Auf Anordnung der westlichen Kommandanten hatte die Westberliner BVG schon seit dem 28. März 1949 den sogenannten »Intersektoren«-Verkehr von elf Straßenbahn- und zwei Buslinien an den Übergangspunkten zum demokratischen Berlin unterbrochen. Eine Schaffnerin berichtete: »Am S-Bahnhof Wollankstraße, wo die Sektorengrenze verlief,

---

10 Berlin. Quellen und Dokumente 1945–1951, 2. Halbbd. Hrsg. im Auftrage des Senats von Berlin. Bearbeitet durch Hans J. Reichhardt, Hanns U. Treutler, Albrecht Lampe, [West]Berlin 1964, Nr. 1 066, S. 1 884.

11 Berlin. Ein Jahr demokratischer Magistrat. Ein Jahr Aufbau, Berlin 1949, S. 16.

mußten wir den Bahnzug, auf dem wir von Niederschönhausen gekommen waren, verlassen, die Abrechnung erledigen, dann auf die andere Seite hinübergehen und den Zug von der Gegenseite, der nun in Richtung Niederschönhausen fuhr, übernehmen. Die Schaffner der West-BVG führten dasselbe Manöver aus.«[12] Damit nicht genug, legte die West-BVG seit 1950 an der Grenze zur Hauptstadt der DDR Weichenanlagen und Wendeschleifen an, um den Straßenbahnverkehr endgültig zu unterbrechen. Ein Anlaß war bald gefunden. Im morgendlichen Berufsverkehr bog am 15. Januar 1953 ein Straßenbahnzug der Linie 74 (Weißensee–Alexanderplatz–Lichterfelde) aus der Leipziger Straße auf den Potsdamer Platz ein. An der Kurbel stand eine junge Frau – längst waren Frauen als Fahrerinnen bei der BVG der Hauptstadt ein alltägliches Bild. Doch an diesem Morgen stoppten Vertreter der West-BVG die »74«. Unter dem fadenscheinigen Vorwand, weibliche Straßenbahnfahrer würden die Verkehrssicherheit gefährden, wurde an diesem Tag der »74« und weiteren sechs durchgehenden Linien die Fahrt nach Westberlin verweigert. Wie auf Kommando beschuldigte die Westberliner Presse den demokratischen Magistrat, die »Verkehrstrennung der intersektoralen Linien« absichtlich herbeigeführt zu haben. So verfiel das wenige, was nach dem Herbst 1948 noch als Verbindendes zwischen Ost und West verblieben war, der vorsätzlichen Zerstörung. Alle Bemühungen des demokratischen Magistrats um Entspannung und Normalisierung stießen auf eine Mauer der Verweigerung.

Trotzdem gaben die Regierung der DDR und der Magistrat der Hauptstadt nicht auf. Sie fanden dabei die volle Unterstützung der Sowjetunion. Am 8. Mai 1950 schlug der amtierende Vertreter der Sowjetischen Kontrollkommission in Berlin, Gardeoberst A. I. Jelisarow, den Westmächten »die schnellste Durchführung freier Wahlen im gesamten Gebiet von Groß-Ber-

12 BVGer in der ersten Reihe 1945 bis 1952. BVG-Arbeiter gestalten Geschichte. Beiträge zur Geschichte der Berliner Verkehrs-Betriebe (BVG), o. O. u. J. (1973), S. 77.

lin« mit dem Ziel vor, »die Einheit der Stadt auf demokratischer Grundlage wiederherzustellen«[13]. Zu diesem Zweck sollten in Westberlin Voraussetzungen für eine freie Betätigung demokratischer Parteien und Massenorganisationen geschaffen und alle Besatzungstruppen der vier Mächte aus der Stadt abgezogen werden. Im November 1950 erneuerte der Berliner Ausschuß der Nationalen Front das Angebot. Um die Ernsthaftigkeit dieses Vorschlages zu unterstreichen und die politische Situation in Berlin offenzuhalten, hatte sich die Hauptstadt nicht an den

13 Tägliche Rundschau, Berlin, 10. Mai 1950.

Volkskammerwahlen vom 15. Oktober 1950 beteiligt. In dem Bestreben, die Lage nicht zu verschärfen, wurden auch eine Reihe früherer alliierter Gewohnheiten beim Betreten der Hauptstadt hingenommen und damals die Gesetze der Volkskammer nicht direkt und unvermittelt in Berlin gültig, sondern als Verordnungen des Magistrats; die offene Grenze gegenüber Westberlin wurde trotz der nachteiligen Auswirkungen geduldet.

Aber die Westmächte und der Reuter-Magistrat lehnten schroff ab. Am 1. Oktober 1950 setzten sie für Westberlin eine Verfassung in Kraft, die durch die Einrichtung eines Abgeordnetenhauses und eines von einem Regierenden Bürgermeister geführten Senats mit den herkömmlichen Bezeichnungen der kommunalen Körperschaften bewußt brach. Entgegen völkerrechtlichen Festlegungen und selbst westalliierte Vorbehalte ignorierend, behauptete diese Verfassung: »Berlin ist ein Land der Bundesrepublik Deutschland.«[14] Im Dezember 1950 fanden Wahlen für das Abgeordnetenhaus statt. All das vertiefte und zementierte die Spaltung. Stein um Stein schichtete der Imperialismus auf die von ihm geschaffene Trennmauer quer durch Berlin.

So zeichnete sich schon Anfang der fünfziger Jahre deutlich ab, daß sich die beiden seit 1949 voneinander getrennten Teile der Stadt zunehmend in entgegengesetzte Richtungen entwickelten, daß sie sich gesellschaftspolitisch immer stärker voneinander unterschieden. Die fortschrittlichen, von der SED geführten Kräfte hatten eine solche Entwicklung nicht gewollt. Sie kämpften um die Wiederherstellung der Einheit Berlins auf demokratischer Grundlage, solange dafür die objektiven Voraussetzungen gegeben waren. Dafür, daß dieser Weg verbaut wurde, daß der Graben zwischen Ost und West immer tiefer wurde, tragen allein die imperialistischen Westmächte und die Frontstadtmachthaber die historische Schuld.

Da die Spaltung Berlins also fortbestand, konnte sich nur der

14 Die Verfassung von Berlin und das Grundgesetz der Bundesrepublik Deutschland mit ergänzenden Dokumenten. Hrsg. von der Landeszentrale für politische Bildungsarbeit, 9. Auflage, [West]Berlin 1975, S. 30.

östliche Teil als Hauptstadt der DDR entwickeln. In rechtlicher Hinsicht ergaben sich daraus keine Beeinträchtigungen, sieht man einmal davon ab, daß sich der demokratische Magistrat Anfang der fünfziger Jahre selbst einige Beschränkungen auferlegte, wie zum Beispiel den Verzicht auf Wahlen zur Stadtverordnetenversammlung bis 1954. Daraus auf einen vermeintlichen »Viermächtestatus für ganz Berlin« zu schließen, wie das der Westen über alle Gebühr tat, ist einfach absurd. Der sogenannte Viermächtestatus endete 1948 mit dem Bruch des Potsdamer Abkommens und der Torpedierung des Alliierten Kontrollrates durch die Westmächte.

In den folgenden Jahren entwickelte sich Berlin, die Stadt, die einst ein Hort des deutschen Imperialismus und Militarismus gewesen war, zur Hauptstadt der sozialistischen Deutschen Demokratischen Republik. In zäher Arbeit, unter großen Opfern und Entbehrungen gingen die werktätigen Berliner daran, der Stadt ihren Stempel aufzudrücken und die Narben imperialistischer Vergangenheit aus dem Antlitz der Stadt zu tilgen. So gingen langjährige Träume, Wünsche und Kampfaufgaben der revolutionären Berliner Arbeiterbewegung in Erfüllung.

Kapitel IX

Auf dem Weg zum Sozialismus. Die Jahre 1949–1955

»Über 40 Jahre habe ich in Berlin gearbeitet und gewohnt. Ich habe die Stadt liebgewonnen und bringe ihrem Wiedererstehen natürlich großes Interesse entgegen. Mit meinen 76 Jahren kann ich mich am Wegräumen der von den Amis hinterlassenen Trümmer nicht aktiv beteiligen. Aber vielleicht nützt es auch etwas, wenn ich folgende Geräte zur Verfügung stelle: 1 Abputzhammer, 1 Zimmermannshammer, 1 größeren Hammer, 1 Picke, mehrere Hartmeißel, 1 neue Schippe, einige neue Schippenstiele und noch anderes«[1], *schrieb der Rentner* KARL GÖRSCH *an das Nationale Komitee für den Neuaufbau Berlins.*

1 Ganz Deutschland baut Berlin. Hrsg. vom Sekretariat des Nationalen Komitees für den Neuaufbau der Hauptstadt Deutschlands, Reportage von G. Bengsch, Dresden 1952, S. 6.

Am 30. November 1949 suchten Präsident Wilhelm Pieck und Ministerpräsident Otto Grotewohl den demokratischen Magistrat von Groß-Berlin in seinem Amtsgebäude, dem Neuen Stadthaus in der Parochialstraße, auf. Sie ließen sich über den Stand der Aufbauarbeit unterrichten und gaben Rat, wie die Entwicklung der Hauptstadt gut voranzubringen und die in der Verfassung der DDR proklamierten Grundrechte der Werktätigen zu verwirklichen wären. Der Rechenschaftsbericht über das erste Tätigkeitsjahr, den Oberbürgermeister Friedrich Ebert am gleichen Tag auf einer Kundgebung im Friedrichstadt-Palast in Anwesenheit der gesamten Regierung der DDR gab, vermittelte die feste Gewißheit, daß nun die Zeit der Erfolge beginnen sollte.

Wie überall in der Republik, so war auch in Berlin die Macht in die Hände der von der marxistisch-leninistischen Partei geführten Arbeiterklasse und ihrer Verbündeten übergegangen. Der demokratische Magistrat stützte sich auf das politische Bündnis der demokratischen Parteien und Massenorganisationen und den Demokratischen Block als Organ dieses Bündnisses. Bis 1954, als in der Hauptstadt zum erstenmal eine Volksvertretung gewählt wurde, nahm das Präsidium des Demokratischen Blocks Groß-Berlin in gewissem Sinne Funktionen einer Volksvertretung wahr. Es unterbreitete dem Magistrat wichtige Vorschläge, bestätigte personelle Umbesetzungen in leitenden Ämtern und war an der Beratung, Beschlußfassung und Ausführung von Verordnungen beteiligt. Es war auch das Forum, vor dem der Magistrat wiederholt Rechenschaft ablegte und aus dessen Mitte die Berliner Vertreter in die obersten Organe der DDR gewählt wurden.

Der Magistrat stützte sich des weiteren auf den Ausschuß der Nationalen Front der Hauptstadt und dessen Kreisausschüsse in den Stadtbezirken. Als Anfang 1950 sich überall in der Republik die Volksausschüsse für Einheit und gerechten Frieden in Aus-

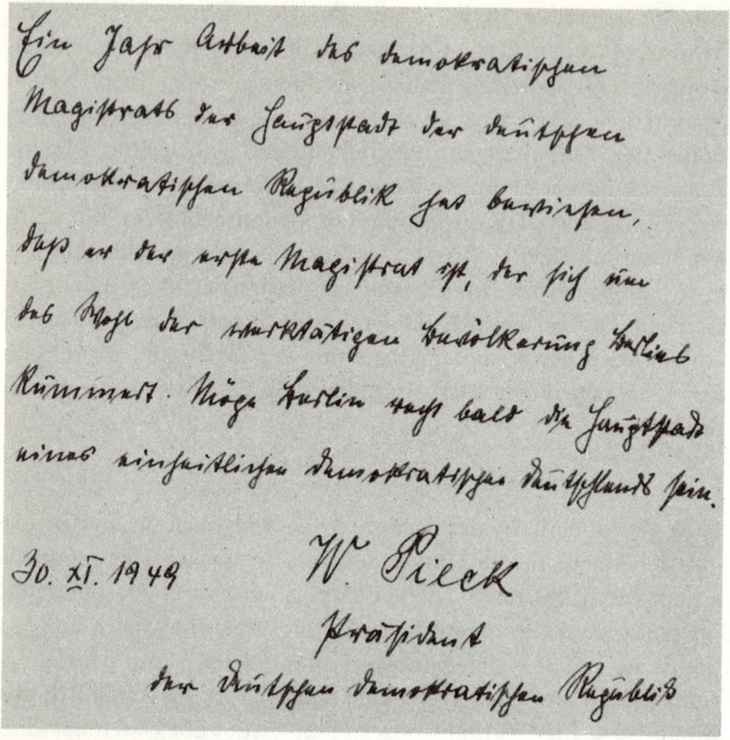

Ein Jahr Arbeit des demokratischen Magistrats der Hauptstadt der Deutschen Demokratischen Republik hat bewiesen, daß er der erste Magistrat ist, der sich um das Wohl der werktätigen Bevölkerung Berlins kümmert. Möge Berlin recht bald die Hauptstadt eines einheitlichen demokratischen Deutschland sein.

30. XI. 1949 W. Pieck

Präsident

der Deutschen Demokratischen Republik

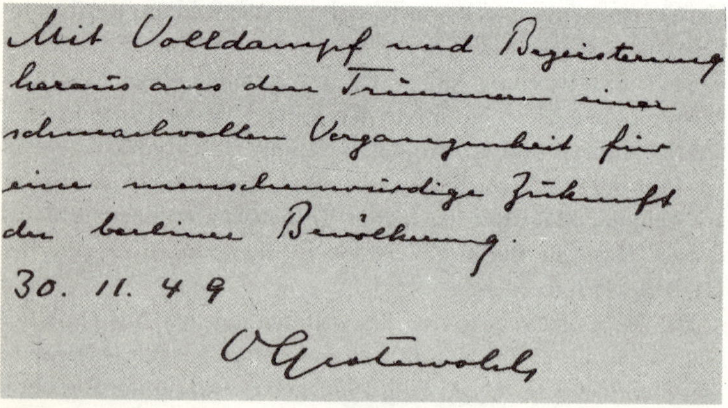

Mit Volldampf und Begeisterung heraus aus den Trümmern einer schmachvollen Vergangenheit für eine menschenwürdige Zukunft der Berliner Bevölkerung.

30. 11. 49

O Grotewohl

Eintragungen ins Gästebuch des Magistrats

schüsse der Nationalen Front des demokratischen Deutschland umbildeten und damit neue, politisch und sozial noch größere Kreise ansprachen, wurde am 11. Februar 1950 auch der Ausschuß der Nationalen Front der Hauptstadt der DDR gebildet. Zu seinem Vorsitzenden wurde der bekannte Internist an der Charité Prof. Dr. THEODOR BRUGSCH gewählt.

Gemäß dem Programm der Nationalen Front vom 15. Februar 1950, sah der Ausschuß seine Hauptaufgabe darin, alle Berliner für den Friedenskampf und für die Stärkung der Arbeiter-und-Bauern-Macht der DDR zu gewinnen. Wenig später bildeten sich auf breitester Grundlage auch die Ausschüsse der Nationalen Front in den Stadtbezirken. Der Kreisausschuß Friedrichshain setzte sich beispielsweise wie folgt zusammen: 36 Vertreter der SED, 6 der Sozialdemokratischen Aktion, 6 der CDU, 4 der LDPD, 6 der NDPD, 2 des DFD und 29 Parteilose.

Einen starken Rückhalt fand der Magistrat bei den Haus- und Straßenvertrauensleuten. Im April 1950 wurden in öffentlichen Versammlungen 22 000 Haus- und Straßenvertrauensleute, darunter 13 500 Frauen und mehr als 15 000 Parteilose, neu gewählt. Die Haus- und Straßenvertrauensleute standen also am Beginn einer von Jahr zu Jahr immer mehr in die Breite wachsenden sozialistischen Demokratie.

Zu den bedeutsamsten gesetzgeberischen Akten, die der Magistrat 1950 für Berlin als Verordnungen übernahm, zählten die Verordnungen zur Förderung der Jugend, über den Mütter- und Kinderschutz und die Rechte der Frau, über die Verbesserung der Lebenslage der Intelligenz sowie der ehemaligen Umsiedler, über die Förderung des Handwerks und über den Schutz der Arbeitskraft der in der Landwirtschaft Beschäftigten. Jede dieser Verordnungen sprach bestimmte Klassen und Schichten der Bevölkerung an, konkretisierte wichtige Grundrechte der Verfassung der DDR und förderte die gesellschaftliche Entwicklung; sie stärkten die sozialökonomischen Fundamente der jungen Republik und bereiteten den Weg für eine neue, sozialistische Rechtsordnung.

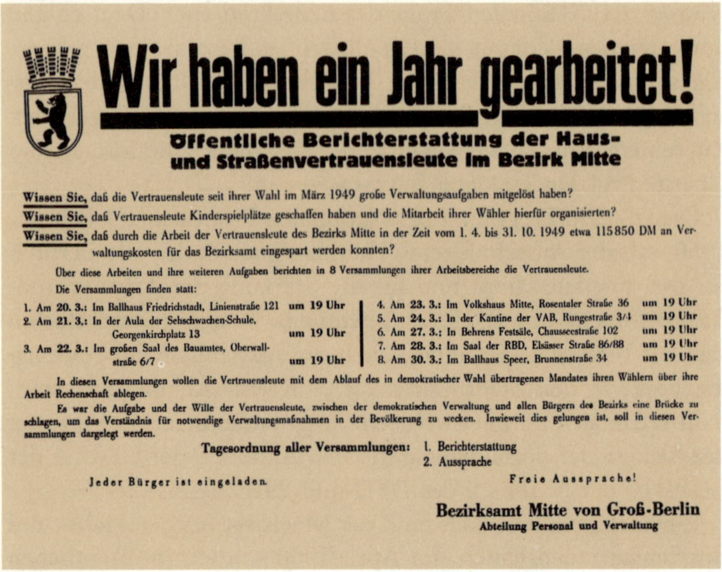

Wir haben ein Jahr gearbeitet!

Öffentliche Berichterstattung der Haus- und Straßenvertrauensleute im Bezirk Mitte

Wissen Sie, daß die Vertrauensleute seit ihrer Wahl im März 1949 große Verwaltungsaufgaben mitgelöst haben?

Wissen Sie, daß Vertrauensleute Kinderspielplätze geschaffen haben und die Mitarbeit ihrer Wähler hierfür organisierten?

Wissen Sie, daß durch die Arbeit der Vertrauensleute des Bezirks Mitte in der Zeit vom 1. 4. bis 31. 10. 1949 etwa 115850 DM an Verwaltungskosten für das Bezirksamt eingespart werden konnten?

Über diese Arbeiten und ihre weiteren Aufgaben berichten in 8 Versammlungen ihrer Arbeitsbereiche die Vertrauensleute.

Die Versammlungen finden statt:

1. Am **20. 3.:** Im Ballhaus Friedrichstadt, Linienstraße 121 um **19 Uhr**
2. Am **21. 3.:** In der Aula der Sehschwachen-Schule, Georgenkirchplatz 13 um **19 Uhr**
3. Am **22. 3.:** Im großen Saal des Bauamtes, Oberwallstraße 6/7 um **19 Uhr**
4. Am **23. 3.:** Im Volkshaus Mitte, Rosentaler Straße 36 um **19 Uhr**
5. Am **24. 3.:** In der Kantine der VAB, Rungestraße 3/4 um **19 Uhr**
6. Am **27. 3.:** In Behrens Festsäle, Chausseestraße 102 um **19 Uhr**
7. Am **28. 3.:** Im Saal der RBD, Elsässer Straße 86/88 um **19 Uhr**
8. Am **30. 3.:** Im Ballhaus Speer, Brunnenstraße 34 um **19 Uhr**

In diesen Versammlungen wollen die Vertrauensleute mit dem Ablauf des in demokratischer Wahl übertragenen Mandates ihren Wählern über ihre Arbeit Rechenschaft ablegen.

Es war die Aufgabe und der Wille der Vertrauensleute, zwischen der demokratischen Verwaltung und allen Bürgern des Bezirks eine Brücke zu schlagen, um das Verständnis für notwendige Verwaltungsmaßnahmen in der Bevölkerung zu wecken. Inwieweit dies gelungen ist, soll in diesen Versammlungen dargelegt werden.

Tagesordnung aller Versammlungen: 1. Berichterstattung
2. Aussprache

Jeder Bürger ist eingeladen.

Freie Aussprache!

Bezirksamt Mitte von Groß-Berlin
Abteilung Personal und Verwaltung

Besonders wichtig war die »Verordnung zur Förderung und Pflege der Arbeitskraft, zur Steigerung der Arbeitsproduktivität und zur weiteren Verbesserung der materiellen und kulturellen Lage der Arbeiter und Angestellten« vom 5. Mai 1950. Dem Gesetz der Arbeit, das die Volkskammer am 19. April 1950 beschlossen hatte, völlig entsprechend, regelte die Verordnung alle Rechte und Pflichten, die der Arbeiterklasse beim Aufbau der neuen Gesellschaftsordnung zukamen. Sie garantierte jedem Werktätigen das Recht auf Arbeit und auf gleichen Lohn für gleiche Arbeit, sie legte das Mitbestimmungsrecht der Werktätigen im Rahmen der Gewerkschaftsorgane in den Betrieben fest und enthielt ausführliche Bestimmungen über die Förderung der Aktivisten- und Wettbewerbsbewegung, über die berufliche Qualifizierung und die Heranbildung von fachlichem Nachwuchs, über die berufliche Förderung der Frauen, über Arbeitsschutz, Urlaub, Kündigungsrecht, soziale und kulturelle Betriebseinrichtungen. Zum erstenmal in der Geschichte wurden damit viele der

Ziele erreicht, für die Generationen auch der Berliner Arbeiterbewegung aufopferungsvoll gekämpft hatten.

Dem im Februar 1950 umgebildeten Magistrat gehörten angesehene Kommunalpolitiker und Vertreter aller Blockparteien an. Als Stellvertreter des Oberbürgermeisters Friedrich Ebert wirkten die Bürgermeister Arnold Gohr (CDU), Dr. Reinhold Schwarz (LDPD), Max Schneider (NDPD) und Hans Müller (Sozialdemokratische Aktion). Bürgermeister wurde 1951 auch Alfred Neumann, bisher Referent für Kommunalpolitik in der Berliner Landesleitung der SED; er blieb in diesem Amt bis August 1953 und wurde dann zum 1. Sekretär der SED-Bezirksleitung Berlin gewählt. Die Abteilung für Verwaltung und Personalpolitik leitete Waldemar Schmidt (SED); nach seiner Ernennung zum Berliner Polizeipräsidenten im Juni 1950 führten die Genossen Paul Wolff und später Paul Henschel das Ressort. Für die Wirtschaftsabteilung zeichnete Bruno Baum verantwortlich, der als langjähriger Sekretär des Landesvorstandes beziehungsweise der Bezirksleitung Berlin der SED über große kommunal- und vor allem wirtschaftspolitische Kenntnisse verfügte. Sein Nachfolger war von 1951 bis 1955 August Duschek (SED). Das Volksbildungswesen lag in den Händen von Max Kreuziger (SED), einem Vorkämpfer der demokratischen Schulreform. Als er aus Gesundheitsgründen im August 1951 zurücktrat, übernahm Herbert Fechner (SED) das Amt. Große Verdienste erwarb sich auch die Stadträtin für Arbeit und Gesundheitswesen und langjährige Stellvertreterin des Oberbürgermeisters, Wilhelmine Schirmer-Pröscher (LDPD), die sich nicht schonte und sich erst nach ihrem 70. Geburtstag – im Juni 1959 – aus der Kommunalpolitik zurückzog.

Stärkung der ökonomischen Grundlagen der jungen Republik durch die Erfüllung des Zweijahrplans – so lautete die vordringlichste Aufgabe. Berlin galt damals schon als die größte Industriestadt der DDR, als ein Zentrum der Elektroindustrie, des

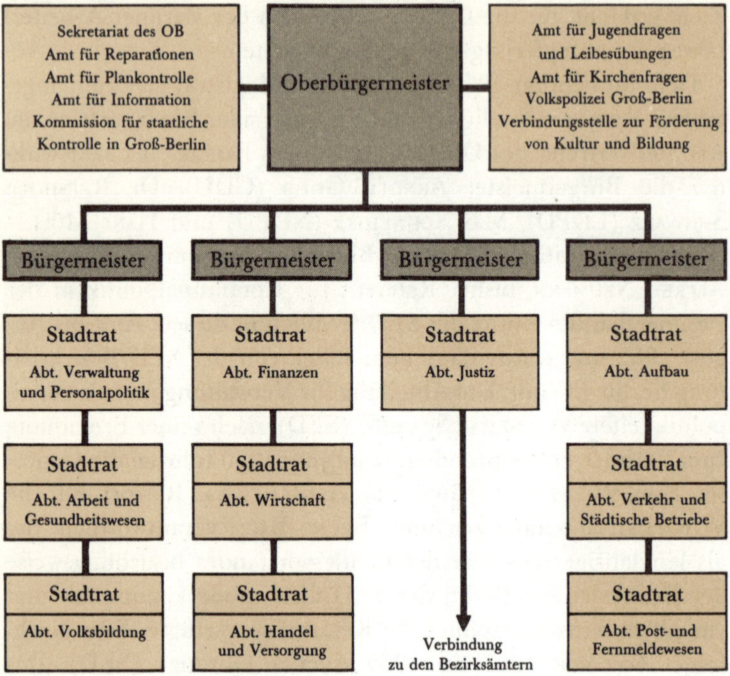

Schema des Verwaltungsaufbaus des Magistrats 1950.
Nach: Stadtarchiv der Hauptstadt der DDR, Berlin

Maschinenbaus und verschiedener Zweige der Leichtindustrie. Die Folgen der Kriegszerstörungen aber, der Demontagen und der Spaltung der Stadt waren noch nicht überwunden. In der Industrie war der Maschinenpark veraltet, schwere körperliche Arbeit war noch überall notwendig, neue Leitungsmethoden waren noch nicht entwickelt und die Arbeitsproduktivität war niedrig. Die Arbeiterklasse, im volkseigenen Sektor erstmals von kapitalistischer Ausbeutung befreit, mußte es erst lernen, den Produktionsprozeß zu beherrschen. Die SED als vorwärtsdrängende und führende Kraft ließ sich von folgenden Überlegungen leiten: In erster Linie ging es darum, die antifaschistisch-demokratische Umwälzung in Ostdeutschland auf einem geradlinigen, friedlichen Wege zur sozialistischen Revolution weiterzuführen und die Zukunft des werktätigen Volkes ohne Wirtschaftskrisen und Kriege zu sichern. Zum anderen war es notwendig, sich von ökonomischen Abhängigkeiten von der westdeutschen Wirtschaft, die im einheitlichen Deutschland historisch gewachsen waren, zu befreien, weil sie jetzt im imperialistischen kalten Krieg verhängnisvoll werden konnten. Schließlich ging es auch darum, das Klassenbewußtsein der Arbeiterklasse weiter zu stärken und zu festigen. In diesem Sinne erklärte die SED die Aufgaben an der Wirtschaftsfront zum »zweiten Parteiprogramm«. Es galt, die Frage »Wer – wen?« zugunsten der Arbeiterklasse zu entscheiden.

Am 31. Januar 1950 stimmten die rund 1 000 Funktionäre aus Wirtschaft, Verwaltung und Gewerkschaften auf der 5. Wirtschaftspolitischen Konferenz des Landesvorstandes der SED Groß-Berlin in einer Entschließung dem Aufruf der Parteiführung zu, den Zweijahrplan vorfristig zu erfüllen. Die Konferenz nannte den Weg zum Erfolg: Entfaltung der Aktivistenbewegung und Organisierung des Wettbewerbes.

Adolf Henneckes historische Sonderschicht vom 13. Oktober 1948 im Zwickau-Oelsnitzer Steinkohlenrevier – er erfüllte die Arbeitsnorm mit 387 Prozent – hatte eine große Bewegung ausgelöst. Die besten, klassenbewußten Arbeiter hatten den Ruf aufgenommen und als Neuerer in der Produktion, als Vorbilder für alle Werktätigen bahnbrechende Leistungen vollbracht. Ihre Taten zeugten von dem beginnenden tiefen Wandlungsprozeß, der die Arbeiterklasse in der DDR zur machtausübenden Klasse erhob. Unter der Überschrift »Berlin folgt Henneckes Beispiel« berichtete »Neues Deutschland« am 28. Oktober 1948, der Werkzeugschmied Gustav Grohtstück vom Treuhandbetrieb Gemeinwirtschaftliche Baugesellschaft habe als erster Berliner Betriebsaktivist 350 Prozent seiner Tagesnorm geschafft und damit den Auftakt zur Verwirklichung der Ziele der Hennecke-Bewegung auch in Berlin gegeben. Viele waren gefolgt. Aber die Hennecke-Aktivisten hatten damals noch einen schweren Stand.

AKTIVIST
VEB

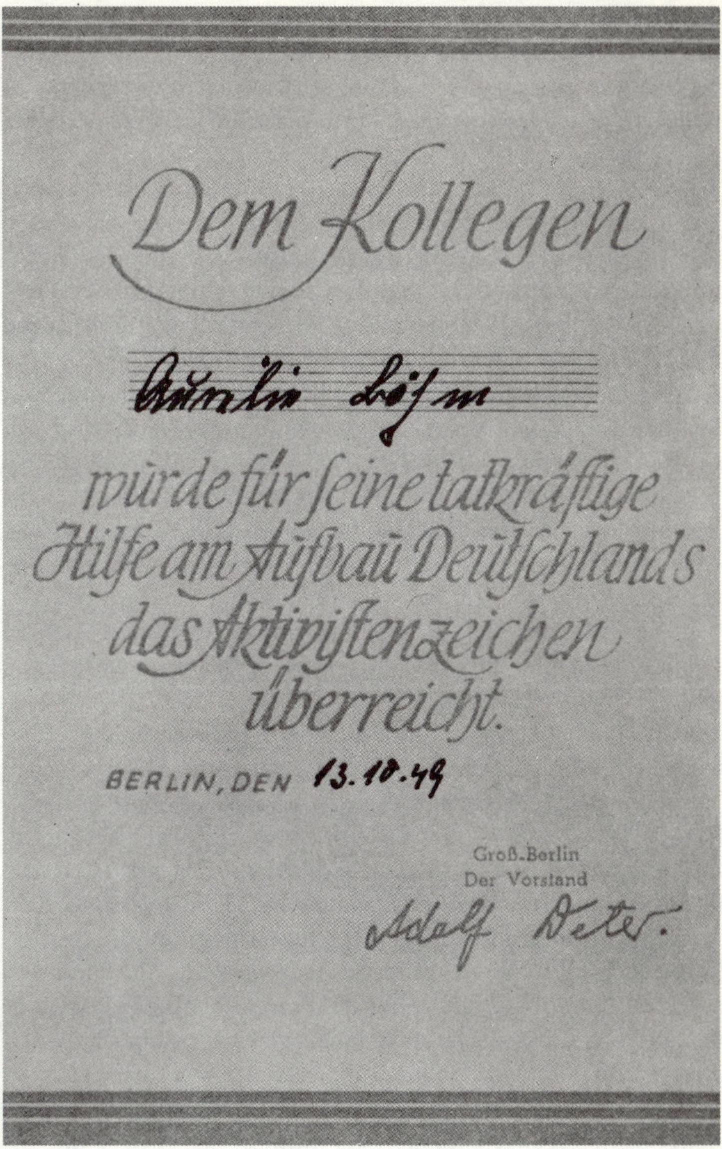

Dem Kollegen

[illegible] Böhm

wurde für seine tatkräftige Hilfe am Aufbau Deutschlands das Aktivistenzeichen überreicht.

BERLIN, DEN 13. 10. 49

Groß-Berlin
Der Vorstand
Adolf Deter.

… 1. und 3. Seite

Sie mußten gegen die alte Einstellung zur Arbeit, die sich in Jahrhunderten der Ausbeutung herausgebildet hatte, ankämpfen. Sie waren böswilligen Anfeindungen, ja sogar persönlichen Anschlägen des Klassengegners und zurückgebliebener Arbeiter ausgesetzt.

Nach der Schaffung des volkseigenen Sektors im Frühjahr 1949 war es mit der Aktivistenbewegung schneller aufwärtsgegangen. Die Betriebsparteiorganisationen und die Betriebsgewerkschaftsleitungen förderten das Neue. Am 13. Oktober 1949, dem ersten Jahrestag der Tat Henneckes, konnten schon 500 Berliner als Aktivisten ausgezeichnet werden.

Die ersten Massenwettbewerbe, die von der Kraft der von Ausbeutung befreiten Arbeiterklasse zeugten, organisierte der Berliner FDGB-Vorstand 1949 in den volkseigenen und ihnen gleichgestellten Betrieben als zweimonatige Leistungsvergleiche. Ungeachtet der »Kinderkrankheiten« erwiesen sie sich als Erfolg. Allein im Oktober/November 1949 beteiligten sich 396 Betriebe mit 79 248 Werktätigen, das war die Hälfte der in diesen Betrieben Beschäftigten. Im Mittelpunkt der Wettbewerbe standen Planerfüllung und Produktionssteigerung, Selbstkostensenkung und Qualitätsverbesserung.

Hand in Hand mit der Entfaltung der Aktivisten- und Wettbewerbsbewegung ging die Einführung des Leistungslohnes in den volkseigenen, kommunalen, genossenschaftlichen und SAG-Betrieben. Dabei mußten in vielen Diskussionen falsche Vergleiche mit dem kapitalistischen Akkordsystem entkräftet werden. Es bedurfte geduldiger politisch-ideologischer Überzeugungsarbeit, um das Prinzip der materiellen Interessiertheit und die Aufstellung neuer, technisch begründeter Arbeitsnormen (TAN) durchzusetzen. Ende 1949 standen erst 33 Prozent der Beschäftigten in den Berliner volkseigenen und ihnen gleichgestellten Betrieben im Leistungslohn, das lag unter dem Republikdurchschnitt.

Im letzten Jahr des Zweijahrplans war die Aktivistenbewegung weiter vorangegangen. In der Verordnung der Arbeit, die der Magistrat am 5. Mai 1950 erließ, hieß es: »Die Aktivistenbewegung ist die wichtigste gesellschaftliche Kraft bei der Erfüllung der Wirtschaftspläne zur Festigung der demokratischen Ordnung. Sie wird von den Gewerkschaften organisiert und geführt.«[2] Zu der großen Schar der Berliner Aktivisten gehörte der Bauarbeiter Willi Görden, der durch die Übernahme des polnischen »Dreier-Systems« beim Mauern eine Normsteigerung auf 450 Prozent erreichte. Im Kabelwerk Oberspree entwickelte der Ingenieur August Czempiel eine Methode zur Herstellung von Turbinenschaufeln im Warmpreßverfahren, wodurch die Hälfte des bislang benötigten Materials und zwei Drittel der bisherigen Fertigungskosten eingespart werden konnten. Im VEB Bergmann-Borsig übernahm Kurt Bergmann als erster die Arbeitsweise des sowjetischen Schnelldrehers Pawel Bykow.

Am meisten von sich reden machte damals gewiß die Tat Hans Garbes. Sie möge hier stehen für alle, die den Weg Adolf Henneckes gegangen waren. Hans Garbe, Sohn eines Gutsmaurers in einem pommerschen Dorf, arbeitete als Feuerungsmaurer im SAG-Betrieb Siemens-Plania in Lichtenberg. Als Mitglied der SED gehörte er zu den Schrittmachern der Aktivistenbewegung in seinem Betrieb. Doch mit seinen Verbesserungsvorschlägen war er bei einem Großteil seiner Arbeitskollegen auf Unverständnis, ja sogar auf entschiedene Ablehnung gestoßen. »Lohndrücker« und »Verräter« hießen ihn jene, die noch immer in alten kapitalistischen Begriffen dachten oder die meinten, es müsse erst mehr zu essen geben, bevor man mehr arbeiten könne.

Das Neue brach sich Bahn, als Anfang Januar 1950 eine außerordentlich komplizierte Lage bei Siemens-Plania entstanden war. Der einzige noch funktionierende Ringofen, in dem Elektroden und Kohlenstifte gebrannt wurden, mußte generalüberholt werden. Die Ingenieure veranschlagten dafür vier Monate.

2 Verordnungsblatt für Groß-Berlin, 1950, Teil I, Nr. 20, S. 105.

Berlin-Lichtenberg, den 21.1.50.
Ga/Ew.

Verbesserungsvorschlag Nr. 10

Betr.: Generalüberholung des Ringofens 3 in der kleinen Brennerei.

Der Ofen 3 war in der letzten Zeit zum Brennen von Qualitätswaren nicht mehr einsatzfähig.

Wie bisher bei allen Öfen war eine Stillegung von ca. 4 Monaten zum Zwecke der Generalüberholung geplant.
Ich machte den Vorschlag, den Ofen während des Betriebes umzubauen und verpflichtete mich mit meiner Kolonne so zu arbeiten, dass der Umbau sogar noch billiger wird.

Für die Erfüllung des Zweijahrplanes bedeutet das ausserdem, dass während dieser Zeit für die Gesamtwirtschaft keine Produktion ausfiel.

Der Vorschlag ist inzwischen realisiert.

Stellungnahme des Technol. Büros:
Entgegen einigen vorgebrachten Bedenken ist zum Schlusse dem Vorschlage des Maurers Garbe nach längerer Diskussion zugestimmt worden, den Ofen während des Betriebes umzubauen.
Die Voraussetzung für diese Zustimmung war ein tadelloses Zusammenarbeiten aller Beteiligten und Zulieferungsabteilungen, sowie eine besonders angestrengte Leistung der Maurerkolonne selbst, denn es galt den Umbau Kammerweise in der kurzen Zeit auszuführen, während welche diese Kammern zur Entleerung und Neufüllung zur Verfügung standen. Die Praxis hat die bei gewissenhafter Prüfung unter gewissen Voraussetzungen erkannte Möglichkeit der Durchführbarkeit dieses Vorschlages bestätigt. Die Durchführung erfolgte sogar schneller als veranschlagt war. Durch die Verhinderung einer Stillegung eines Ofens auf längere Zeit ist eine sehr erhebliche Ersparnis zu verzeich-

So lange sollten die in den Stahlwerken dringend benötigten Elektroden für Siemens-Martin-Öfen nicht produziert werden!

Während sich alle anschickten, sich in das scheinbar Unvermeidliche zu fügen, lehnte sich der Ofenmaurer und Genosse Hans Garbe mit seinem »Es muß anders gehen!« auf. Nur zögernd stimmte die Betriebsleitung seinem Plan zu, den Ofen in nur acht Wochen und ohne Unterbrechung der Produktion zu reparieren, denn es schien eher ein tollkühnes Unternehmen als ein solider Vorschlag zu sein. Der Schriftsteller Karl Grünberg schilderte die aufregenden Wochen zwischem dem 2. Januar und 27. Februar 1950: »Garbe erhielt die Erlaubnis, eine Spezialbrigade zu bilden ... Dann ging man daran, die stillgelegte Kammer abzureißen und neu auszumauern, während nebenan – nur durch eine dünne Wand getrennt – die Glut weiterloderte! Immer mit kurzfristigen Ablösungen, da es niemand längere Zeit in dieser gutgeheizten Hölle aushielt.

Wenn jemand diese Männer früher mal aufgefordert hätte, in diesen feurigen Ofen hinunterzusteigen, um bei 80 bis 100 Grad Maurerarbeiten auszuführen, hätte man denjenigen bestimmt für verrückt gehalten. Jetzt aber taten sie das, Tag für Tag, Kammer für Kammer! Niemand hatte ihnen das befohlen! Niemand hatte ihnen dafür Sonderzulagen an Lebensmitteln und anderes mehr gegeben oder versprochen ... Ihr kategorischer Antrieb waren das Bewußtsein, für das Wohl des Volkes, für den Frieden und den Aufbau ihrer Deutschen Demokratischen Republik zu arbeiten, sowie das Beispiel und die überlegene Willenskraft ihres hervorragenden Brigadeführers ...

Je weiter der Ofenumbau fortschritt, um so größer wurde die Aufregung im Betrieb. Jetzt nannte man ihn nicht mehr den ›Verräter‹ oder ›Wühler‹, jetzt hieß er ›der Teufelskerl‹, hatte er doch durch diese Leistung die ganze Belegschaft vor der sonst unvermeidlichen Entlassung bewahrt. Der Verwunderung folgte langsam die Bewunderung. Aber auch die Gegner aus Prinzip, die unverbesserlichen Hetzer und Saboteure, denen jeder Aufbauerfolg außerhalb der kapitalistischen Profitwirtschaft ein Greuel ist, ruhten nicht. Als Garbe eines Spätabends allein von einer Parteiversammlung heimkehrte, wurde er in einer dunklen Straße durch fünf Unbekannte vom Rad geschlagen ...

Aber das alles konnte die Erfüllung des freiwillig übernommenen Planes nicht mehr aufhalten. Pünktlich, zum festgesetzten Termin, war die letzte Ofenkammer erneuert worden, wurde der generalüberholte Ofen der Betriebsleitung im Rahmen einer kleinen Feier übergeben. ›Das hätten wir nie für möglich gehalten‹, sagten die Zweifler und Nörgler, als sie dem Aktivisten Garbe mehr oder minder herzlich die Hand drückten. Die Presse brachte eingehende Berichte von dem Mann, der im feurigen Ofen gemauert und durch diese Tat eine empfindliche Panne des Zweijahrplans verhindert hatte.«[3]

HANS GARBES Name war in aller Munde. Der Schriftsteller EDUARD CLAUDIUS griff das Ereignis in seiner Erzählung »Vom schweren Anfang« (1950) auf. Er war selbst gelernter Maurer, ihn fesselte die einzigartige Leistung des Berliner Aktivisten so, daß er sie 1951 in »Menschen an unserer Seite« erneut behandelte. Dieser Roman – sein Held hieß in kaum verschlüsselter Form »Hans Aehre« – erschloß literarisches Neuland: Die Selbstbefreiung der Arbeiterklasse, der neue Charakter der Arbeit und die Klassenauseinandersetzungen in dieser Phase des Neuaufbaus wurden erstmals literarisches Thema. Auch die Dramaturgin KÄTHE RÜLICKE-WEILER nahm sich in ihrer Skizze »Hans Garbe erzählt« (1952) des Themas an. Im Juli 1951 notierte BERTOLT BRECHT in seinem Arbeitsjournal: »studiere den garbe-stoff. garbe hat uns in drei sitzungen sein leben erzählt.«[4] BRECHT plante ein Stück, in dem er den von Ausbeutung befreiten Menschen mit all seinen individuellen Verdiensten und Widersprüchen und auf dem Hintergrund des Zeitgeschehens Anfang der fünfziger Jahre gestalten wollte. »Büsching«, wie er HANS GARBE nannte, sollte nicht nur die sozialistischen Wesenszüge eines Helden der Arbeit veranschaulichen, sondern auch die ganze Kompliziertheit der damaligen gesellschaftlichen Vor-

---

3 Karl Grünberg: Hans Garbe – Der Mann im feurigen Ofen. In: Helden der Arbeit. Aus dem Leben und Wirken der Helden unserer Zeit berichten K. Grünberg, ... (und andere), Berlin 1951, S. 26 u. 27.

4 Bertolt Brecht: Arbeitsjournal 1938–1955, (Berlin 1977), S. 498.

44 Auf einer Pressekonferenz des Berliner DFD, Oktober 1949.
V. l. n. r. Elli Schmidt, Roberta Gropper, Eva Schmidt-Kolmer

45 Ein neuer Brennofen für Elektroden,
von der Ofenmaurerbrigade des Aktivisten Hans Garbe (Bildmitte)
vorfristig fertiggestellt, wird im September 1950
bei Siemens-Plania in Betrieb genommen

46 Die SKK übergibt am 29. März 1950 das bislang von der Sowjetarmee genutzte Gut Schönerlinde an die Stadt Berlin

47 Einer der beiden gesprengten Flakbunker im Volkspark Friedrichshain, bevor sie 1948/1949 mit rund 2 Millionen Kubikmeter Trümmerschutt zugedeckt wurden

48 Im Jahre 1950 begann der Bau
des heutigen Stadions der Weltjugend

49 In der Rathausstraße, Frühjahr 1952

50 Max Lingner: Wir fordern Frieden, 1949.
Pinsel, Tusche, 7,6 × 5,7

51 Abriß der Ruine des früheren Central-Hotels
mit dem »Wintergarten« am Bahnhof Friedrichstraße im März 1950

52 Wiederaufbau kriegsbeschädigter Häuser
in der Rietzestraße im Stadtbezirk Prenzlauer Berg,
Frühjahr 1950

53 FDJlerinnen aus Niederschönhausen sticken Wimpel als Gastgeschenke für die französische Delegation

54 Am »Tag der jungen Friedenskämpfer«, am 12. August 1951, demonstrieren rund 1,5 Millionen Jugendliche über den Marx-Engels-Platz

55 Die ersten Betriebskollektivverträge sahen auch Maßnahmen zur Verbesserung des Werkküchenessens vor

56 Solche Rundkioske der HO
gehörten zu Beginn der fünfziger Jahre zum Berliner Straßenbild

gänge implizieren. Brechts Stück blieb unvollendet. Jahre später – 1958 – griffen Heiner und Inge Müller in ihrem Lehrstück »Der Lohndrücker« den Stoff noch einmal auf.

Für seine wahrhaft heroische Tat erhielt Hans Garbe am 13. Oktober 1950 auf einem Festakt der Regierung der DDR als erster Berliner den Ehrentitel »Held der Arbeit«. Noch viele Jahre arbeitete er ebenso pflichtbewußt wie bescheiden in seinem Betrieb, dem VEB Elektrokohle Lichtenberg. Als ihn – den nunmehr Achtzigjährigen – ein Reporter des ND nach seiner historischen Leistung befragte, sagte der Parteiveteran Hans Garbe:

»Als ich das Projekt ausgedacht habe, konnte ich nicht richtig schreiben und rechnen. Meine Frau hat mir bei den schriftlichen Ausarbeitungen geholfen. Ich hatte ja nur ein paar Jahre Einklassenschule im pommerschen Dorf besucht, das war alles. Niemand kann sich vorstellen, wie das am Wertgefühl des Menschen gezehrt hat. Erst der Sozialismus brachte mit dem einheitlichen Bildungssystem gleiche Bildungschancen für alle. Begegnungen mit einer neuen Generation junger Arbeiter sind für mich die schönste Bestätigung für die Richtigkeit unseres Weges. Mein Leben überblickend, sage ich: Ja, es hat sich gelohnt zu arbeiten und zu kämpfen.«[5]

Am Vorabend des III. Parteitages der SED im Juli 1950 konnte auch Berlin die vorfristige Erfüllung des Zweijahrplans melden. Eine solide volkswirtschaftliche Grundlage war geschaffen. Bestimmendes Element in Industrie, Landwirtschaft und Handel war jetzt der volkseigene Sektor; sein Anteil hatte sich von 47 Prozent Anfang 1949 auf 75 Prozent der industriellen Bruttoproduktion Ende 1950 gesteigert. Der privatkapitalistische Sektor machte immerhin noch rund 25 Prozent aus. In der Landwirtschaft und im Einzelhandel betrug der volkseigene Anteil jeweils 49 Prozent. Damit war die entscheidende ökonomi-

5 Neues Deutschland (B), 27. Februar 1980.

sche Aufgabe, im Verlaufe des Zweijahrplans das Übergewicht des volkseigenen Sektors in der Volkswirtschaft herzustellen, erfolgreich gelöst worden. Das schnelle Wachstum des volkseigenen Sektors resultierte zum einen aus dem Aufbau neuer Betriebe (wie Bergmann-Borsig, Zementwerk Rummelsburg, Kühlautomat und Kraftmaschinenbau Johannisthal) und zum anderen aus der Rekonstruktion und Erweiterung vorhandener Produktionsstätten (wie Berliner Glühlampenwerk, Transformatorenwerk Oberschöneweide und Niles-Werke Weißensee). Die Zahl der Beschäftigten in den Berliner volkseigenen Betrieben hatte sich im Verlauf des Zweijahrplans von 74 000 auf 95 000 erhöht, so daß 1950 fast zwei Drittel aller Industriearbeiter im volkseigenen Sektor tätig waren. Der Wirtschaftsaufschwung führte bald dazu, daß es an Facharbeitern mangelte. Arbeitslosigkeit, jene Geißel der kapitalistischen Welt, war im demokratischen Berlin nach 1949 ohnehin zu einem Fremdwort geworden. »Berlin hat Arbeit für alle«, lautete die Parole, die überzeugte.

Zum volkseigenen Sektor zählte man damals auch die 11 Berliner SAG-Betriebe mit etwa 19 000 Beschäftigten. Die UdSSR hatte 1946 auf ein Ersuchen der SED hin auf die Demontage von 202 Großbetrieben, ehemaligen Rüstungswerken, in ihrer Besatzungszone verzichtet. Statt demontiert zu werden, sollten diese Betriebe aus ihrer laufenden Produktion Wiedergutmachungsleistungen im Sinne des Potsdamer Abkommens erbringen. Zu diesem Zweck wurden sie als Sowjetische Aktiengesellschaften (SAG) organisiert, jedoch in die deutsche Wirtschaftsplanung einbezogen. Unter sowjetischer Leitung entwickelten sich die SAG-Betriebe zu sozialistischen Betrieben mit vorbildlichen sozialen und kulturellen Einrichtungen. Nach 1949 gab die UdSSR diese Betriebe schrittweise in deutsches Volkseigentum zurück: im November 1949 den früheren Rüstungsbetrieb Gema, im Mai 1950 das Filmstudio Tobis und die Filmkopieranstalt Afifa in Johannisthal, die der DEFA eingegliedert wurden, und im Mai 1952 das Kabelwerk Oberspree und die Akkumulatorenfabrik Oberschöneweide.

Zu Beginn der fünfziger Jahre hatten sich somit auch in der Hauptstadt die Eigentumsformen in der Wirtschaft herausgebildet, die für die Übergangsperiode vom Kapitalismus zum Sozialismus in unserem Lande charakteristisch waren. Kernstück der Wirtschaft war der volkseigene Sektor, dem die SAG-Betriebe zugerechnet wurden. Daneben existierten der Sektor der kleinen Warenwirtschaft – vorwiegend private Handwerks- und Landwirtschaftsbetriebe – und der kapitalistische Sektor in der Industrie. Entscheidend war, daß die Monopol- und Finanzbourgeoisie in einem harten politischen Kampf entmachtet worden war. Daraus ergab sich für die Arbeiterklasse als den Träger des volkseigenen Sektors und der Staatsmacht die Perspektive, daß es gelingen könnte, die Privatkapitalisten und kleinen Warenproduzenten mit geeigneten politischen sowie ökonomischen Maßnahmen in den künftigen sozialistischen Aufbau einzubeziehen, daß es nicht nötig werden würde, sie zu enteignen. Die Wirtschaftsstrategie der SED schloß von Anfang an eine solche Möglichkeit ein.

Trotz aller Anstrengungen war das Ziel, bis Ende 1950 den Produktionsstand von 1936 einzuholen, in Berlin doch nicht erreicht worden. Nur 76,5 Prozent der Vorkriegsproduktion wurden hier erbracht, während die anderen Gebiete der Republik 111 Prozent verzeichneten. Natürlich muß man die weitaus ungünstigeren Ausgangspositionen der Hauptstadt und den verspäteten Start in den Zweijahrplan berücksichtigen und um so höher bewerten, daß die ärgsten aus der Spaltung der Stadt herrührenden Disproportionen in der Volkswirtschaft überwunden werden konnten. Mit der vorrangigen Entwicklung der Elektroindustrie, des Maschinenbaus, der Chemie, der Konfektions- sowie der Nahrungs- und Genußmittelindustrie gewann die Hauptstadt ein neues Produktionsprofil.

Die Wirtschaftserfolge ermöglichten weitere sozialpolitische Fortschritte. Die Durchschnittslöhne stiegen auf rund 300 Mark, der Mindestlohn wurde mit 180 Mark festgesetzt. Ende 1949 erhielten alle Bürger eine einheitliche Lebensmittelkarte, Schwer-

arbeiter bekamen eine Zusatzkarte. Die Monatsrationen der Lebensmittelkarten erhöhten sich von 1948 bis 1950 bei Fett von 300 Gramm auf 1 300 Gramm und bei Fleisch von 1 200 Gramm auf 2 000 Gramm. Die Rationierung für Brot, Mehl, Hülsenfrüchte, Marmelade und Seife wurde 1950 aufgehoben. Die unbeliebten Stromsperren – Abschaltungen während der Spitzenzeiten für den Bevölkerungsbedarf – gehörten nun der Vergangenheit an. Die HO-Preise wurden von November 1948 bis Dezember 1950 sechsmal gesenkt, bei einigen Artikeln bis zu 60 Prozent. So kostete im September 1950 das Pfund Butter nur noch 12 Mark, ein Pfund Schweinefleisch 8 Mark und ein Pfund Weizenmehl 0,80 Mark. Vorbei war auch die Zeit, in der viele Raucher auf das Sammeln weggeworfener Zigarettenkippen angewiesen waren. Zwar gab es nach wie vor Raucherkarten, doch die Zuteilungen erhöhten sich.

Vom 20. bis 24. Juli 1950 fand in Berlin der III. Parteitag der SED statt. Die Tagungsstätte – die Werner-Seelenbinder-Halle – war kurz zuvor anläßlich des Deutschlandtreffens der FDJ aus einer früheren Produktionshalle des Schlachthofes zu einer modernen Sport- und Kongreßhalle umgebaut worden. Das wichtigste Dokument, das der Parteitag beriet und beschloß, war der Entwurf für den Fünfjahrplan zur Entwicklung der Volkswirtschaft der DDR in den Jahren 1951–1955. Dieser Vorschlag wurde durch einstimmige Annahme in der Volkskammer am 1. November 1951 zum Gesetz erhoben; erstmalig in der Geschichte des deutschen Volkes wurde zur langfristigen sozialistischen Wirtschaftsplanung übergegangen. Der Plan sah vor, die Industrieproduktion bis 1955 gegenüber dem Stand von 1936 zu verdoppeln, die landwirtschaftliche Produktion beträchtlich zu steigern und das Nationaleinkommen um 60 Prozent zu erhöhen. Der Aufbau einer eigenen metallurgischen Basis und des Schwermaschinenbaus war die zentrale Aufgabe des Fünfjahrplans. Nur so konnten die aus der Spaltung Deutschlands entstandenen Disproportionen gemildert, konnte eine planmäßige proportionale Entwicklung der Volkswirtschaft gesichert werden. Das war auch der Weg, um die sozialökonomischen Grundlagen der Arbeiter-und-Bauern-Macht weiter zu festigen und die wirtschaftliche Unabhängigkeit der DDR vom BRD-Imperialismus zu sichern. Mit dem Beschluß über den Fünfjahrplan traf der III. Parteitag der SED eine Entscheidung von strategischem Ausmaß: die Weiter-

III. Parteitag der SED beschließt Fünfjahrplan

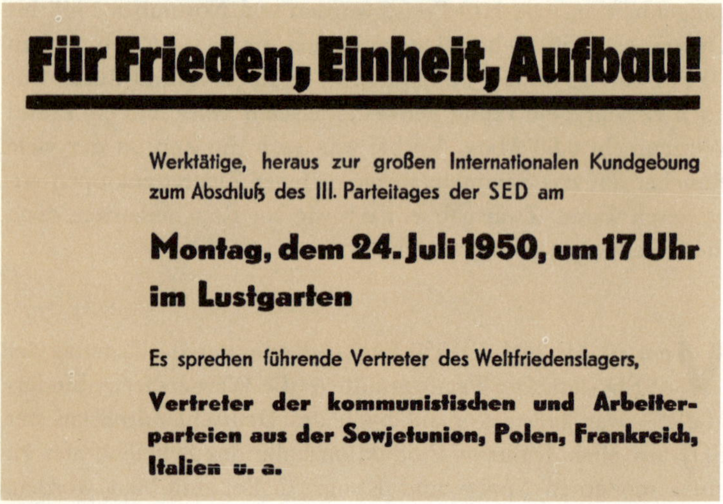

Für Frieden, Einheit, Aufbau!

Werktätige, heraus zur großen Internationalen Kundgebung zum Abschluß des III. Parteitages der SED am

Montag, dem 24. Juli 1950, um 17 Uhr im Lustgarten

Es sprechen führende Vertreter des Weltfriedenslagers,

Vertreter der kommunistischen und Arbeiterparteien aus der Sowjetunion, Polen, Frankreich, Italien u. a.

führung der revolutionären Umwälzung in der DDR mit dem Ziel des Aufbaus des Sozialismus.

Berlins Industrieproduktion sollte bis 1955 auf mindestens 190 Prozent gegenüber 1950 gesteigert werden. Vor allem die profilbestimmenden Industriezweige – Elektrotechnik, Maschinenbau, Chemie, Konfektion und Nahrungsmittel – sollten ausgebaut werden. Als Schwerpunktobjekte galten weiterhin VEB Bergmann-Borsig, VEB Niles-Werke in Weißensee und VEB Wälzlagerwerk Lichtenberg. Hohe Investitionsmittel standen auch für Wissenschaft, Kultur und Kunst, Volksbildung, Sport und Gesundheitswesen bereit. Berlin sollte – so sah es der Fünfjahrplan vor – auf allen Gebieten seiner Hauptstadtrolle noch besser gerecht werden.

Mit Beginn des Fünfjahrplans entwickelten sich auch die sozialistischen Produktionsverhältnisse in den Berliner Großbetrieben weiter. An Stelle der überkommenen Arbeitskolonnen mit ihren Vorarbeitern formierten sich Brigaden unter Leitung eines Brigadiers. Damit entstanden neue Beziehungen der kameradschaftlichen Zusammenarbeit und der gegenseitigen Hilfe im

Produktionsprozeß. Als kleinste Arbeitskollektive bewährten sich die Brigaden auch als Organisationsform zur Führung des Wettbewerbs und zur Teilnahme an der Leitung des Betriebes. Der

Wettbewerb verlor seinen kampagnehaften Charakter und wurde zu einer sozialistischen Massenbewegung.

Überall wurde gelernt. Zur Erfüllung des Fünfjahrplans wurden viele gute Facharbeiter, politisch gebildete, mit dem Abc des Marxismus-Leninismus ausgerüstete Menschen gebraucht. An Betriebsakademien liefen Qualifizierungslehrgänge, an denen viele ältere Arbeiter, Stiefkinder des bürgerlichen Bildungsmonopols in der Vergangenheit, teilnahmen. Der Lerneifer war vor allem in der jungen Generation ausgeprägt.

Eine große Rolle spielten das Studium und die Anwendung sowjetischer Neuerermethoden. Der 3. Kongreß der Gesellschaft für Deutsch-Sowjetische Freundschaft im Januar 1951, der Oberbürgermeister FRIEDRICH EBERT erneut zum Präsidenten der Gesellschaft wählte – er übte diese Funktion von 1950 bis 1958 aus –, stand unter der Losung »Von der Sowjetunion lernen heißt siegen lernen«. Gemeinsam mit den Gewerkschaften popularisierte die DSF sowjetische Erfahrungen. Im Dezember 1950 führte der Schnelldreher PAWEL BYKOW den Arbeitern von Bergmann-Borsig und EAW Treptow seine Arbeitsmethode vor. Mit den ersten Studiendelegationen, die der FDGB ab 1950 entsandte, fuhren auch Berliner Arbeiter in die UdSSR. Damals nahmen viele freundschaftliche Beziehungen zwischen Berliner und Moskauer Betrieben ihren Anfang. Das förderte die Freundschaft zur Sowjetunion und formte das internationalistische Denken und Handeln der Berliner Werktätigen. Die DSF entwickelte sich auch in der Hauptstadt zu einer Massenorganisation; sie zählte im Januar 1950 53 000 Mitglieder, im November 1952 schon 200 000 Mitglieder.

Die Schaffung von Grundlagen des Sozialismus stellte an die Mitglieder und Kandidaten der SED besonders hohe Anforderungen. Das neue Parteistatut, das der III. Parteitag angenommen hatte, entsprach den neuen Aufgaben. Die SED entwickelte sich erfolgreich als marxistisch-leninistische Kampfpartei, als revolutionäre Vorhut der Arbeiterklasse weiter. In der Parteiarbeit wurde die Lösung der staatlichen und wirtschaftspolitischen Aufgaben ein gewichtiger Schwerpunkt. Die Betriebsgruppe wurde zur entscheidenden Grundeinheit der Partei. In großen volkseigenen Betrieben und den SAG-Betrieben begannen die Betriebsparteiorganisationen mit der Herausgabe von Betriebszeitungen. Der »Elektroköhler« (Siemens-Plania) war schon 1948 erschienen, ebenso die »Lichtquelle« (Berliner Glühlampenwerk). 1950 kamen »Das Kabel« (Kabelwerk Oberspree), der »Arbeiterstandpunkt« (Niles-Werke), der »Friedenssender« (Funkwerk Köpenick) und das »Bremsenecho« (Berliner Bremsenwerk) hinzu.

Anfang 1950 zählte die von Hans Jendretzky als 1. Sekretär geführte Berliner Parteiorganisation 88782 Mitglieder und Kandidaten, von denen 74214 in 915 Betriebsgruppen und 613 Wohngruppen der Hauptstadt organisiert waren. Der Anteil von Produktionsarbeitern betrug 38,8 Prozent. Auffallend war die zunehmende Verjüngung der Mitgliedschaft. Vorbildliche FDJler wurden als Kandidaten für die Partei gewonnen.

Befähigte, klassenbewußte Kader aus der Industriearbeiterschaft wurden für Leitungsaufgaben in Staat und Wirtschaft geschult. Aus den Industriegebieten Sachsens und Thüringens siedelten viele Partei-, Staats- und Wirtschaftsfunktionäre mit ihren Familien in die Hauptstadt um, wo sie verantwortungsvolle Funktionen übernahmen. Am 4. Oktober 1950 wurde die Hochschule für Planökonomie in Berlin-Karlshorst eröffnet.

Im Juni 1951 wurde die Berliner Wirtschaft reorganisiert. Ziel dieser Maßnahme war eine straffe staatliche Leitung der volkseigenen Industrie nach dem Prinzip des demokratischen Zentralismus. Den größeren VEB wurde der Status einer juristischen Person verliehen, sie wurden den zuständigen Fachministerien direkt unterstellt. Die übrigen 150 Betriebe der örtlichen Wirtschaft leitete der Magistrat an.

Ein bedeutsames Ereignis war die feierliche Unterzeichnung des ersten Betriebskollektivvertrages (BKV) Berlins am 31. Juli

1951 im VEB Transformatorenwerk Oberschöneweide. Bis Ende 1951 wurde noch in weiteren 231 VEB mit insgesamt rund 140 000 Beschäftigten eine solche Vereinbarung abgeschlossen. Diese Vereinbarung zwischen Betriebsleiter und Betriebsgewerkschaftsleitung – der BKV, wie er seither jährlich in den Betrieben abgeschlossen wird – enthielt konkrete Festlegungen über Planerfüllung, Lohn-, Arbeitszeit- und Urlaubsregelungen, Sozialleistungen, Arbeits- und Gesundheitsschutz, Weiterbildung und Kulturarbeit. Der Unterzeichnung ging – wie auch heute noch – eine umfassende Diskussion in Gewerkschaftsversammlungen voraus. Auf diese Weise wurden die Werktätigen unmittelbar in die Leitung der VEB einbezogen.

Die Entwicklung sozialistischer Produktionsverhältnisse und die Einführung neuer, sozialistischer Leitungsmethoden vollzogen sich in hartem Kampf gegen veraltete Auffassungen und Gewohnheiten und gegen die permanente Stör- und Wühltätigkeit, die von der »Frontstadt« Westberlin ausging. Natürlich mußten dabei auch »Kinderkrankheiten« überwunden, mußte manches harte Lehrgeld bezahlt werden. Zu Beginn des Fünfjahrplans rang die Berliner Parteiorganisation gemeinsam mit Magistrat und FDGB darum, Planrückstände aufzuholen, Unzulänglichkeiten in der staatlichen Führungstätigkeit zu überwinden und fortschrittliche Arbeitsmethoden schneller durchzusetzen.

Die Jahre des Hungers und der Entbehrungen waren vorüber, die Zeit der Erfolge begann. Sicherlich gab es allerorts noch Mangel und Schwierigkeiten, aber die Perspektive des weiteren Weges war doch klar abgesteckt und für jedermann deutlich, sie lautete: Errichtung der neuen, ausbeutungsfreien, dem Wohl der werktätigen Massen dienenden sozialistischen Gesellschaft.

Langsam begann Berlin aus den Ruinen neu zu wachsen. Überall in der zerstörten Innenstadt wurde fleißig enttrümmert. »Täglich werden die Trümmermassen von drei vierstöckigen Berliner Häusern zu den 10 bis 50 Kilometer entfernten Schuttplätzen transportiert.«[6] Auf einer etwa 25 Kilometer langen Schmalspur-Trümmerbahn, mit Lkw, Pferdewagen und Spreekähnen wurden die Schuttmassen weggeschafft.

Der damalige Bezirksbaurat von Friedrichshain, August Krause, schlug vor, Trümmerschutt über die beiden nach 1945 gesprengten Flakbunker im Volkspark Friedrichshain zu kippen. So entstanden in der Nähe des Stadtzentrums der Große und der Kleine Bunkerberg (78 und 48 Meter ü. d. M.), die die Berliner in »Mont Klamott« umtauften. »1949 überschritt man erstmalig die Millionengrenze, es wurden 1,6 Millionen cbm abgeräumt. 1950 waren es 2,1 Millionen cbm, und 1951 werden 2,6 Millionen cbm Trümmermassen beseitigt«, hieß es in einem Bericht.[7] Gewiß respektable Zahlen, aber die Gesamttrümmermenge in der Hauptstadt hatte man nach Kriegsende auf über 20 bis 25 Millionen Kubikmeter geschätzt. Viele Straßenzüge, ganze Viertel mußten noch enttrümmert werden, in denen in den vergangenen Jahren lediglich die Fahrbahnen freigelegt worden waren. Die aus den Trümmern gewonnenen und abgeputzten Mauersteine standen dem Neubau von Wohnhäusern zur Verfügung. Die aussortierten Ziegelbrocken wurden in Trümmerverwertungsanlagen zu Ziegelsplitt zerkleinert und ebenfalls beim Wohnungsbau verwendet. Die Beseitigung der Trümmer ging einher mit der Umbenennung von Straßen und Plätzen nach hervorragenden Antifaschisten, Staatsmännern und Künstlern.

Den Neuaufbau Berlins als Hauptstadt der DDR sah der Magistrat von Anfang an als eine verpflichtende Aufgabe an. Die »Leitsätze für die Planung Groß-Berlins« vom November 1949 formulierten bereits Grundlinien einer sozialistischen Städtebaupolitik: »Im Mittelpunkt der Planung und des Aufbaus der Hauptstadt steht der werktätige Mensch. Seine Arbeits- und

---

6 Ein neues, schöneres Berlin entsteht! Rechenschaftsbericht des Oberbürgermeisters Friedrich Ebert auf der Festsitzung zum dreijährigen Bestehen des Magistrats, o. O. u. J. (1951), S. 18.

7 Hans Gericke: Die Aufgaben der Verwaltung beim Aufbau Berlins. In: Demokratischer Aufbau, Ausgabe A, 6. Jg. 1951, Heft 12, S. 358.

Vorher:	Jetzt:	Nach wem benannt:
Bixschootestr.	Preußstr.	**Heinrich Preuß**, ein unermüdlicher Kämpfer gegen den Hitler-Faschismus, wurde am 28. August 1944 in Brandenburg hingerichtet.
Danziger Str.	Dimitroffstr.	**Georgij Dimitroff**, Bulgarischer Arbeiterführer und Ministerpräsident; glühender Kämpfer gegen den Hitler-Faschismus, bekannt geworden durch den Reichstagsbrand-Prozeß. Gestorben 1950.
Elbinger Str.	Dimitroffstr.	Wie vorstehend!
Deutschkroner Str.	Fritz-Riedel-Str.	**Fr[illegible] Riedel**, geb. 1. März 1908, Funktionär des Arbeiter-Sportvereins Fichte und Kämpfer gegen den Hitler-Faschismus, wurde am 21. August 1944 in Brandenburg hingerichtet.
Dixmuidenweg	Lehmannstr.	**Kurt Lehmann**, Kämpfer gegen den Hitler-Faschismus, wurde am 21. August 1944 in Brandenburg hingerichtet.
Flandernstr.	Sültstr.	**Wilhelm Sült**, der Führer der Berliner Elektrizitätsarbeiter und Angestellten, wurde wegen seines aktiven Kampfes gegen die Reaktion im Jahre 1920 verhaftet und erschossen.
Franseckystr.	Sredzkistr.	**Siegmund Sredzki**, bekannter Arbeiter-Funktionär des Bezirks Prenzlauer Berg, wurde mit anderen Antifaschisten am 11. Oktober 1944 erschossen.
Hindenburgbrücke	Bösebrücke	**Wilhelm Böse**, Arbeiterfunktionär des Bezirks Prenzlauer Berg, wurde wegen seines antifaschistischen Kampfes 1934 verhaftet und am 14. August 1944 in Brandenburg hingerichtet.
Hochmeisterstr.	Husemannstr.	**Walter Husemann** war einer der unzähligen Antifaschisten, die ihr Leben hingaben. Er wurde am 13. Mai 1943 hingerichtet.
Hollebeckeweg	Blankstr.	**Georg Blank**, Funktionär der Sozialdemokratischen Partei, wurde 1942 wegen Hochverrats verhaftet. An den Folgen der Drangsalierungen ist er am 12. Juli 1944 verstorben.
Kemmelweg	Sodtkestr.	**Arthur Sodtke** wurde wegen seines antifaschistischen Kampfes im Juli 1942 verhaftet und am 14. August 1944 in Brandenburg hingerichtet.
Landsberger Allee	Leninallee	**W. I. Lenin**, geb. 22. April 1870, Theoretiker und Praktiker des Marxismus; Arbeiterführer und Gründer der KPdSU (B); Führer der Großen Sozialistischen Revolution und Begründer des Sozialistischen Sowjet-Staates. Gestorben am 21. Januar 1924.

Bekanntmachung des Bezirksamtes Prenzlauer Berg
»An die Bewohner des Verwaltungsbezirks Prenzlauer Berg«, 1951

Wohnstätten sind so zu gestalten, daß sie ein Höchstmaß an Leistung, Gesundheit und Annehmlichkeiten gewährleisten.«[8] Im August 1950 beschloß der Ministerrat der DDR »Grundsätze für die Neugestaltung Berlins« und erklärte den Wiederaufbau der Hauptstadt während des ersten Fünfjahrplans zu einer nationalen Aufgabe. Das Regierungsprogramm setzte zwei Schwer-

8 Protokoll der 52. (außerordentlichen) Magistratssitzung vom 28. November 1949. In: StA, Rep. 100, Nr. 843.

Vorher:	Jetzt:	Nach wem benannt:
Langemarckstr.	Küselstr.	Erich Küsel, KPD-Funktionär, Kämpfer gegen den Hitlerfaschismus, wurde am 11. Nov. 1942 in Brandenburg hingerichtet.
Lothringer Str.	Wilhelm-Pieck-Str.	Wilhelm Pieck, geb. 3. Januar 1876, hervorragender Kämpfer gegen den Hitler-Faschismus und Mitkämpfer Rosa Luxemburgs, Karl Liebknechts und Ernst Thälmanns. Seit dem 11. Oktober 1949 Staatspräsident der Deutschen Demokratischen Republik.
Ludwigstr.	Topsstr.	Hermann Tops, führender Funktionär der Arbeiter-Sportbewegung und Kämpfer gegen den Hitler-Faschismus, wurde am 14. August 1944 in Brandenburg hingerichtet.
Plickenstr.	Rietzestr.	Willi Rietze, KPD-Funktionär und Kämpfer gegen den Hitler-Faschismus, wurde am 28. August 1944 im KZ Oranienburg hingerichtet.
Romberg- und Meyerbeerstr.	Mendelssohnstr.	Felix Mendelssohn-Bartholdy, geb. 1809, hervorragender Pianist und Dirigent. Gestorben 1847.
Treskowstr.	Knaackstr.	Ernst Knaack, Antifaschist und leitender Funktionär einer illegalen Widerstandsgruppe; wurde am 28. August 1944 in Brandenburg hingerichtet.
Ypernstr.	Trachtenbrodtstr.	Martin Trachtenbrodt, Widerstandskämpfer gegen den Hitler-Faschismus, wurde nach 9jährigem Aufenthalt im KZ Sachsenhausen erschossen.
Zeebrüggestr.	Schieritzstr.	Otto Schieritz, Funktionär der Sozialdemokratischen Partei; Kämpfer gegen den Hitler-Faschismus, wurde am 2. Mai 1945 auf Grund einer Denunziation verhaftet und in der Schultheiß-Brauerei ermordet.
Zillebeckeweg	Cohnstr.	Lothar Cohn wurde als Teilnehmer einer antifaschistischen Aktion im Mai 1942 verhaftet und im KZ Sachsenhausen am 21. Januar 1944 ermordet.
Weißenburger Str.	Kollwitzstr.	Käthe Kollwitz, hervorragende Künstlerin, die in ihren Arbeiten, Bildern und Plastiken, die Not der werktätigen Massen gestaltete und den Arbeiten einen revolutionären Ausdruck verlieh. Von 1919 bis 1933 war sie Mitglied der Preußischen Akademie der Künste. Kämpferin gegen den Hitler-Faschismus. Gestorben am 22. April 1945.
Wörther Platz	Kollwitzplatz	Wie vorstehend!

punkte: die Rekonstruktion des historischen Antlitzes der Straße Unter den Linden, die zugleich Bekenntnis zum nationalen Kulturerbe sein sollte, und die Inangriffnahme eines komplexen Wohnungsneubaus.

Die »Linden« waren in den Bombennächten des zweiten Weltkrieges untergegangen. Ausgebrannte Gebäude, beschädigte Fassaden, hinter denen Leere gähnte, aufgetürmte Schuttberge erinnerten an die einstigen Prachtbauten. Selbst die Lindenbäume waren verbrannt.

Nach den ersten Aufräumungsarbeiten begann 1949 der planmäßige Wiederaufbau der Humboldt-Universität; der völlig zerstörte Mitteltrakt entstand von 1951 bis 1952 wieder, wobei die marmorverkleidete Empfangshalle in der heutigen Form gestaltet wurde.

Das ehemalige Zeughaus, 1695–1706 im Barockstil errichtet und somit das älteste Gebäude Unter den Linden, war trotz schwerer Bombentreffer im zweiten Weltkrieg nach 1945 wenigstens teilweise noch nutzbar gewesen. Im »Schlüterbau« – wie das Haus in den ersten Nachkriegsjahren hieß – hatte es einige beachtenswerte Wirtschafts- und Kunstausstellungen in den Erdgeschoßräumen gegeben. Am 1. Juli 1949 begannen dann die Enttrümmerungs- und kurz darauf die Wiederaufbauarbeiten. Während die Außenwände und die Hoffassade mit ihrem reichen Skulpturen- und Friesschmuck original wiederhergestellt wurden, erfolgte die Innengestaltung nach Einbau einer die Außenmauern entlastenden Stahlkonstruktion nach modernen Gesichtspunkten. Am Vorabend des 1. Mai 1951 wurde am Südflügel mit dem Hauptportal zur Straße Unter den Linden Richtfest gefeiert; der Innenausbau zog sich noch bis 1965 hin. Insgesamt stellte die Regierung der DDR für den Wiederaufbau dieses nationalen Architekturdenkmals 28 Millionen Mark zur Verfügung. Ins ehemalige Zeughaus zog das Museum für Deutsche Geschichte ein, das am 18. Januar 1952 offiziell gegründet worden war. Solange im Haus noch Bauarbeiter tätig waren, wurden die ersten Ausstellungen des Museums im Gebäude Clara-Zetkin-Straße 26 gezeigt.

Am 24. Juni 1951 wurde im Amtssitz des Präsidenten der DDR, Wilhelm Pieck, der Wiederaufbau des Gebäudes der Deutschen Staatsoper Unter den Linden beschlossen. Der auch international geschätzte Architekt Prof. Dr. Richard Paulick, dem die Leitung der Wiederaufbauarbeiten oblag, hielt sich streng an den ursprünglichen Entwurf Knobelsdorffs. So wurden der verunstaltende Bühnenturm von 1910 und entstellende Anbauten aus den zwanziger Jahren abgetragen. Für die Innengestaltung betrieben PAULICK und sein Kollektiv von Kunsthistorikern, Bildhauern, Modelleuren und Architekten umfangreiche Studien in Archiven und Berliner und Potsdamer Schlössern, um den Knobelsdorffschen Geist nachempfinden und nachahmen zu können. Am 17. Juni 1952 erfolgte die Grundsteinlegung für die neue Linden-Oper, am 4. September 1955 die feierliche Einweihung.

In den Jahren 1956/1957 wurde SCHINKELS Neue Wache in ihrer ursprünglichen äußeren Gestalt wiederhergestellt. An der hinter ihr im Kastanienwäldchen stehenden Singakademie und an dem benachbarten Zentralen Haus der Deutsch-Sowjetischen Freundschaft – die Sowjetische Kontrollkommission hatte das seit 1947 als »Haus der Kultur der Sowjetunion« genutzte Gebäude am 1. Juni 1950 der Gesellschaft für Deutsch-Sowjetische Freundschaft übergeben – waren die Kriegsschäden bereits bis 1952 beseitigt worden. Damit war das städtebaulich bedeutsame Berliner oder Linden-Forum in seinen Hauptzügen rekonstruiert. Andere Gebäude am Platze, wie die »Kommode«, die Hedwigskathedrale, das Kronprinzen- und Prinzessinnenpalais, konnten vorerst nur vor einem weiteren Verfall gesichert werden, ihr Wiederaufbau begann in den sechziger Jahren.

Kriegszerstörungen wurden Unter den Linden auch am Gebäude der Deutschen Staatsbibliothek und am »Haus der Gewerkschaften«, dem früheren Sitz der Disconto-Gesellschaft, einer der führenden Großbanken des imperialistischen Deutschlands, beseitigt. An der traditionsreichen Ecke Unter den Linden/Friedrichstraße fielen die Baugerüste am Haus der Schweiz mit seinen Kolonnaden. Der Zentralrat der FDJ bezog 1950 das daneben gelegene »Haus der Jugend«. Bereits Ende 1949 leitete der Magistrat die Sicherung der Bausubstanz des Brandenburger Tores ein. Zwischen Pariser Platz und Friedrichstraße klafften aber noch breite Ruinenlücken, die erst nach 1961 durch Neubauten geschlossen wurden.

Auch bei der Restaurierung und Pflege kunstgeschichtlich wertvoller Bauten in der Innenstadt, von denen leider nur wenige das Inferno des Krieges überstanden hatten, erwarb sich der Magistrat Verdienste. Wiederaufgebaut wurden das Ribbeckhaus, das – 1624 gebaut – Berlins ältestes erhalten gebliebenes Bürgerhaus ist, und der Alte Marstall in der Breiten Straße (1952/1953), das Nicolaihaus und das sogenannte Galgenhaus in der Brüderstraße (1952), das Magnushaus am Kupfergraben (1958) und das Märkische Museum (1953–1958). In der Klosterstraße richtete die FDJ 1951 im wiederaufgebauten Palais Podewils ein »Zentrales Klubhaus der Jugend« ein. Auf der Museumsinsel wurden Kriegsschäden an den Gebäuden schrittweise beseitigt. Unter Leitung von Prof. Dr. Ludwig Justi – der von den Faschisten gemaßregelte Kunstwissenschaftler war bereits im August 1946 vom Magistrat zum neuen Generaldirektor berufen worden – hatten Wissenschaftler, Restauratoren, Techniker und Bauarbeiter die Gebäude und Sammlungen so wiederhergestellt, daß mit Beginn der fünfziger Jahre die ersten Abteilungen der Öffentlichkeit wieder zugänglich gemacht und Ausstellungen gezeigt werden konnten. Im April 1950 wurde die Nationalgalerie wiedereröffnet, 1953 folgten die Vorderasiatische, die Ägyptische und weitere Abteilungen in den Räumen des Bode- und des Pergamonmuseums.

Viele historische Bauten des alten Berlin, manche Zeugen des Barocks und des Klassizismus wiesen jedoch so schwere Zerstörungen auf, daß ein Wiederaufbau nicht mehr möglich war. Die Ruine des während des schweren anglo-amerikanischen Luftangriffs vom 3. Februar 1945 ausgebrannten Stadtschlosses der Hohenzollern wurde vom September bis Dezember 1950 gesprengt und völlig abgetragen. Zuvor hatte man wertvolle plastische Fassadenteile geborgen. Einige von ihnen wurden beim Wiederaufbau des früheren Zeughauses verwendet. Die Fassade des ehemaligen Portals IV an der zum Lustgarten gelegenen Schloßseite wurde 1963 im Staatsratsgebäude eingebaut. Die bronzene Reiterstatue des heiligen Georg im Kampf mit dem

Drachen von August Kiss (1855), die im ersten Schloßhof gestanden hatte, hatte seit 1951 im Volkspark Friedrichshain ihren Platz; sie erhielt 1987 ihren endgültigen Standort am Platz an der Spree im wiederaufgebauten Nikolaiviertel. Zwei Bronzelöwen, die die Bildhauer August Gaul und August Kraus für das Kaiser-Wilhelm-I.-Denkmal an der Westseite des Schlosses – davon existiert nur noch der Unterbau – geschaffen hatten, stehen seit 1963 vor dem Alfred-Brehm-Haus des Tierparkes. Auch der Neptunbrunnen von Reinhold Begas, der früher auf dem Schloßplatz gegenüber dem Marstall gestanden hatte, wurde für eine spätere Neuaufstellung im Stadtzentrum rekonstruiert.

Der nach dem Abriß der Schloßruine entstandene freie Platz mit einer Größe von 180 mal 450 Meter bekam am 1. Mai 1951 den Namen Marx-Engels-Platz. Unter Einbeziehung des benachbarten Lustgartens, der traditionsreichen Kundgebungsstätte der Berliner Arbeiterbewegung vor 1933, bildete er in der Folge einen zentralen Platz für Demonstrationen und Kundgebungen der Berliner Werktätigen. Zu diesem Zweck wurde an der Ostseite des Marx-Engels-Platzes eine große Tribüne errichtet, die dort bis zum Bau des Palastes der Republik stand.

Der zweite Schwerpunkt des Regierungsprogramms von 1950 zum Wiederaufbau der Hauptstadt war – wie gesagt – der Wohnungsneubau. Schon im Sommer 1949 hatte erstmals nach Kriegsende an sechs Schwerpunkten der Neubau von Wohnungen begonnen, darunter am Rosa-Luxemburg-Platz, in der Greifswalder Straße und der Prenzlauer Allee, in der Neuen Krugallee und in Adlershof. Jetzt kam die Stalinallee (seit 1961 Karl-Marx-Allee) hinzu, jene Magistrale durch den proletarischen Osten, der besonders schwer unter Kriegszerstörungen gelitten hatte. Mit der Errichtung der beiden Laubenganghäuser nahe dem heutigen Frankfurter Tor durch die »Heimstätte Berlin« begann 1950 der Wiederaufbau. Riesige Trümmerberge, trostlose Ruinen mußten abgeräumt werden. Der Magistrat erklärte darum dieses Gebiet zum »Enttrümmerungszentrum 1951«. Am 1. September 1951 legte Oberbürgermeister FRIEDRICH EBERT an der Weberwiese den Grundstein für das erste Wohnhochhaus. Die Errichtung des von HERMANN HENSELMANN entworfenen zehngeschossigen Gebäudes war ein weithin sichtbares Zeichen für den Neuaufbau der Hauptstadt. Es ist nicht übertrieben, wenn man sagt, daß die ganze Republik das Baugeschehen an der Weberwiese von Stockwerk zu Stockwerk verfolgte. Wie kein zweites Bauwerk wurde das Hochhaus besungen, in Gedichten und Reportagen gewürdigt. Am 19. Januar 1952 zogen die Bauleute die Richtkrone hoch. Über 800 Bauarbeiter hatten Tag und Nacht das Haus in traditioneller Ziegelbauweise in die Höhe getrieben. Die über dem Eingangsportal angebrachte Tafel mit einer Strophe aus BERTOLT BRECHTS »Friedenslied«

Friede in unserem Lande!
Friede in unserer Stadt.
Daß sie den gut behause
Der sie gebauet hat!

brachte den festen Willen einer Arbeitergeneration zum Ausdruck, die zwei imperialistische Weltkriege mit all ihren Entbehrungen und Zerstörungen durchlitten hatte, einen dritten Weltkrieg mit all ihren Kräften abzuwenden.

Auch abseits der Großbaustelle Stalinallee standen Baugerüste. An der Dimitroff-/Artur-Becker-Straße wurde 1951 der Rohbau der neuen Wohnhäuser in der »toten Stadt« vollendet; dieses Wohnviertel hatte die SS noch in den letzten Apriltagen 1945 vom früheren Flak-Hochbunker aus sinnlos in Schutt und Asche gelegt. Am Alexanderplatz wurden 1950/1951 die beiden Hochhäuser – das Alexander- und das Berolina-Haus – wiederhergestellt. Von 1949 bis Ende 1952 waren durch Neuaufbau und Wiederaufbau von zerstörten Gebäuden 10 500 Wohnungen geschaffen und weitere 83 000 bereits bezogene Wohnungen instand gesetzt worden. Das war beachtlich, doch angesichts des Zerstörungsgrades der Stadt und der dadurch bedingten Wohn-

Die ersten Neubauwohnungen. Hochhaus an der Weberwiese

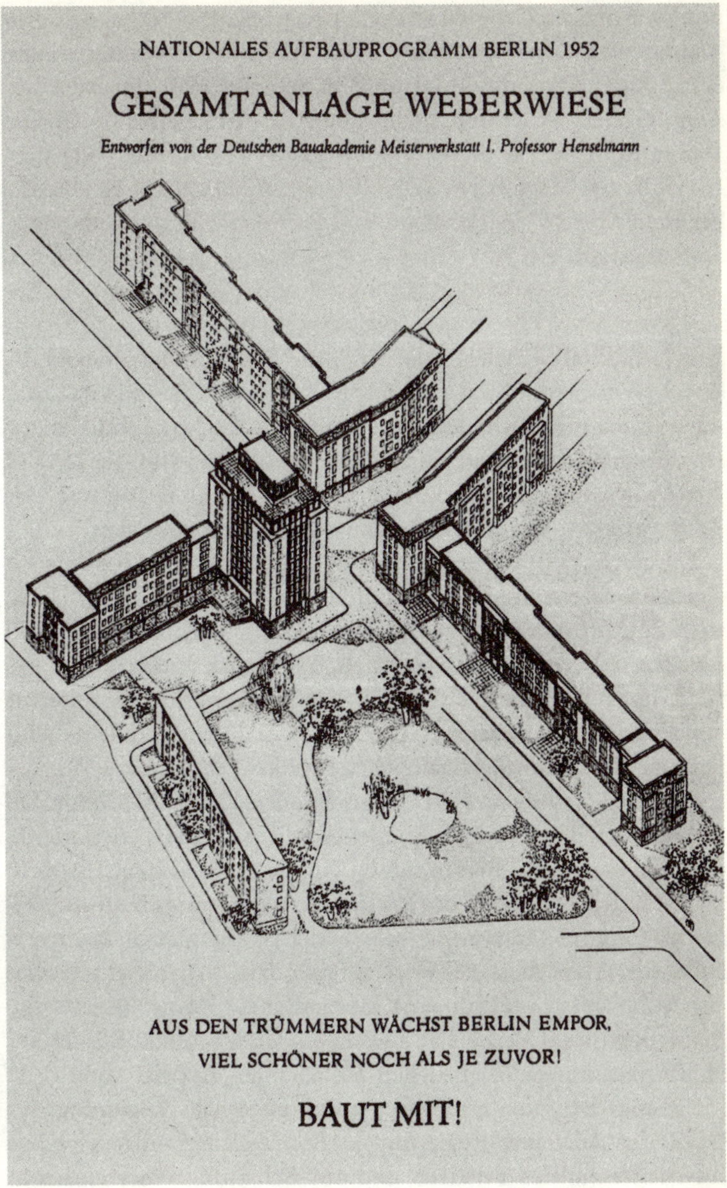
NATIONALES AUFBAUPROGRAMM BERLIN 1952
GESAMTANLAGE WEBERWIESE
Entworfen von der Deutschen Bauakademie Meisterwerkstatt I, Professor Henselmann
AUS DEN TRÜMMERN WÄCHST BERLIN EMPOR,
VIEL SCHÖNER NOCH ALS JE ZUVOR!
BAUT MIT!

raumnot nur ein Tropfen auf den heißen Stein. Wie sehr die Instandsetzung von Wohnhäusern im Vordergrund stand, zeigte eine Sonderaktion des Magistrats im Sommer 1951 unter der Losung »Keine Wohnung mehr ohne Fensterscheiben – Keine Wohnung mehr, in die es hineinregnet«, für die der Magistrat 10 Millionen Mark bereitstellte. Über 1 500 Häuser in den Stadtbezirken Mitte, Friedrichshain und Prenzlauer Berg wurden wiederhergestellt.

Im Juni 1950 überfielen die USA die Koreanische Demokratische Volksrepublik. Der Krieg in Korea, der bis 1953 dauerte, war die erste bewaffnete Intervention des Imperialismus gegen ein sozialistisches Land nach 1945. Da gleichzeitig die NATO ihre Aufrüstung beschleunigte und die Remilitarisierung der BRD einsetzte, wurde die Gefahr eines Weltkrieges akut.

Die Berliner Bevölkerung, die die Schrecken eines Krieges am eigenen Leibe erfahren hatte, reihte sich in ihrer Mehrheit in die weltweite organisierte Friedensbewegung ein. Am 4. Mai 1950 gründeten Vertreter aller Parteien, Weltanschauungen und Bevölkerungsschichten das Großberliner Komitee der Kämpfer für den Frieden (ab Dezember 1950 Berliner Friedenskomitee). Im Februar 1951 zählte es bereits 8 Bezirks-, 72 Orts-, 1 381 Betriebs-, 261 Schul- und 264 Haus-Friedenskomitees. Die größte Aktion, die das Berliner Friedenskomitee damals organisierte, war die Unterschriftensammlung für den Stockholmer Appell. Der Ständige Ausschuß des Weltfriedenskongresses hatte auf seiner Tagung im März in der schwedischen Hauptstadt alle friedliebenden Menschen der Welt aufgefordert, sich für ein Verbot der Atomwaffen und für eine internationale Kontrolle über die Befolgung dieses Verbots zu bekennen. Über 892 000 Bürger der Hauptstadt unterschrieben den Stockholmer Appell.

Anfang der fünfziger Jahre unterbreitete die Regierung der DDR der Adenauer-Regierung in Bonn wiederholt Vorschläge zur Sicherung des Friedens und zur Schaffung eines einheitli-

Berliner und Berlinerinnen !

Der Kampf um die Erhaltung des Weltfriedens ist unser aller Sache.

Bis jetzt haben sich insgesamt 250 Millionen friedliebende Menschen auf der ganzen Welt mit ihrer Unterschrift dem Appell des Weltfriedenskomitees angeschlossen. Sie erklären sich damit offen gegen die Kriegshetzer, die die Menschheit mit Atombomben bedrohen und einschüchtern wollen.

Alle Deutschen, insbesondere wir Berliner reihen uns ein in die mächtige Friedensbewegung, indem wir den Appell unterzeichnen.

In folgenden Lokalen ist allen **Westberlinern** Gelegenheit gegeben, sich für die Ächtung der Atomwaffe einzuzeichnen:

Lokal Rosemann, Alt-Glienicke, Rudowerstr. 72
Volkshaus Baumschulenweg, Köpenicker-Landstr.
Gartenamt Treptow, Treptower Chaussee 52
HO-Laden Baumschulenweg, Baumschulenstr.
Finanzamt Baumschulenweg, Rinkardstr. 13
Alle Konsumfilialen in Baumschulenweg
Konsum Treptow, Heidelberger- Ecke Elsenstr.

Groß-Berliner Friedenskomitee

chen demokratischen deutschen Staates auf der Grundlage des Potsdamer Abkommens. Auch der demokratische Magistrat von Groß-Berlin richtete an den Senat von Westberlin eine Reihe

Die Volksbefragung wird durchgeführt! - Kein Rechts- und Verfassungsbruch kann sie aufhalten.

Kein Deutscher kann der Verantwortung für sein Leben, für das Schicksal seines Volkes und Vaterlandes ausweichen. Wir haben erlebt, wie Hitler den Krieg vorbereitete, wie er mit der Forderung auf „Gleichberechtigung" in der Aufrüstung und mit dem Vorwand „der Gefahr aus dem Osten" über unser Volk den Krieg, unermeßliches Leid und Zerstörung gebracht hat. Jeder hat erlebt, wie dieser Weg der Diktatur in die Katastrophe geführt hat. Jeder Deutsche kann heute schon ermessen, daß die Remilitarisierung den Krieg und damit noch größeres Unheil heraufbeschwört. Kein Deutscher kann sich daher später entschuldigen: „Ich habe es nicht gewußt". Wer sich nicht an der Volksbefragung beteiligt, macht sich mitschuldig an allen Folgen der Remilitarisierung.

Die Volksbefragung ist die Entscheidung über Leben und Tod. Darum, deutsche Männer, deutsche Frauen, deutsche Jugend:

Auf zur geschichtsentscheidenden vaterländischen Tat!

Der Stimmzettel zur Volksbefragung hat folgendes Aussehen:

Abstimmungsschein

Sind Sie gegen die Remilitarisierung Deutschlands und für den Abschluß eines Friedensvertrages mit Deutschland im Jahre 1951?

ja ◯ nein ◯

Jeder Deutsche in Ost und West stimmt mit ja:

gegen die Remilitarisierung und für den Abschluß eines Friedensvertrages mit Deutschland im Jahre 1951! Wendet auch die Form der offenen Abstimmung an in Versammlungen, Kundgebungen und in Euren Betrieben! Jetzt ist es notwendig, in jeder geeigneten Weise dem Willen des Volkes zum Durchbruch zu verhelfen!

Bildet überall Ausschüsse für die Volksbefragung!

Jeder Deutsche, ob im Betrieb, in der Werkstatt oder im Kontor, ob in der Schule, auf der Kanzel, im Haus oder auf der Straße, auf dem Feld, verkünde die Botschaft:

**Die Stunde der deutschen Verantwortung ist da.
Wir wollen keinen neuen Krieg!
Der Friede muß siegen, damit Deutschland lebt und das Vaterland gerettet wird!**

Beginnt überall mit der Abstimmung!

Hauptausschuß für Volksbefragung

von Angeboten, deren Annahme es ermöglicht hätte, die Lage in Berlin zu normalisieren, die vom Imperialismus herbeigeführte Spaltung Berlins zu überwinden. Aber in Übereinstimmung mit den Westmächten lehnten die herrschenden Kreise in Bonn und in Westberlin alle Friedens- und Verständigungsofferten der DDR ab. Mehr noch, sie verschärften den kalten Krieg gegen den Sozialismus und beschleunigten die Aufstellung einer Aggressionsarmee. In einer von der Volkskammer initiierten Volksbefragung vom 3. bis 5. Juni 1951 bejahten über 13 Millionen Bürger der DDR die ihnen vorgelegte Frage: »Sind Sie gegen die Remilitarisierung Deutschlands und für den Abschluß eines Friedensvertrages mit Deutschland im Jahre 1951?« In der Hauptstadt stimmten 904 267 Berliner über 16 Jahre (das waren 97,3 Prozent) mit Ja. In der BRD und in Westberlin wurde die Volksbefragung verboten.

Höhepunkte des Friedenskampfes in der ersten Hälfte der fünfziger Jahre waren die großen Jugendtreffen, die die Freie Deutsche Jugend in Berlin organisierte. Vom 27. bis 30. Mai 1950 trafen sich 700 000 Jugendliche aus der DDR und 30 000 FDJler aus der BRD zum ersten Deutschlandtreffen der Jugend. Der Zentralrat der FDJ hatte dazu aufgerufen, während der Pfingsttage den Willen der jungen Generation zum Frieden, zur Völkerverständigung und für einen gerechten Friedensvertrag mit beiden deutschen Staaten zu bekunden. FDJ-Aufbaubrigaden aus allen Teilen der Republik kamen seit Anfang 1950 nach Berlin, um an der Enttrümmerung der Stadt und am Aufbau von Veranstaltungsstätten mitzuhelfen. Tag und Nacht wurde in drei Schichten die kleine Anlage des Stadions an der Chausseestraße zu einer 70 000 Menschen fassenden Sportgroßkampfstätte erweitert. Die Fachleute hatten für den Bau zwei Jahre veranschlagt; die freiwilligen Jugendbrigaden schafften das Werk in knapp vier Monaten.

Am 27. Mai 1950 fand die Einweihung des Walter-Ulbricht-

Stadions mit einer großen Sportparade der Jugend statt. Am gleichen Tag eröffnete der Dichter Stephan Hermlin den Kongreß junger Friedenskämpfer in der Werner-Seelenbinder-Halle, die ebenfalls in Rekordzeit von den FDJ-Aufbauhelfern aus einer alten Schlachthofhalle erbaut worden war. Am 24. Mai 1950 übergab Präsident Wilhelm Pieck in der Wuhlheide die Pionierrepublik »Ernst Thälmann« als Zeltstadt ihrer Bestimmung und am 25. Mai in Lichtenberg das 1949 von sowjetischen Dienststellen eingerichtete »Haus des Kindes« dem Zentralrat der FDJ als Zentralhaus der Jungen Pioniere.

Höhepunkt des Deutschlandtreffens war die große Friedensdemonstration am Pfingstmontag. Acht Stunden lang zogen an diesem 28. Mai 1950 unübersehbare Kolonnen im Blauhemd über die Linden und den Lustgarten, wo auf einer Tribüne vor der Schloßruine Präsident Wilhelm Pieck, die Mitglieder der Regierung der DDR und die ausländischen Gäste Platz genommen hatten. Immer wieder erklang das »Lied von der blauen Fahne«, das Johannes R. Becher geschrieben und Hanns Eisler vertont hatte:

Auf den Straßen, auf den Bahnen
Seht ihr Deutschlands Jugend ziehn.
Hoch im Blauen fliegen Fahnen,
Blaue Fahnen nach Berlin.

Das Pfingsttreffen, an dem etwa zwei Drittel aller FDJ-Mitglieder teilgenommen hatten, hinterließ tiefe Eindrücke und zeigte das gemeinsame Streben nach Frieden und einer besseren Welt. Es brachte die Übereinstimmung zwischen den Lebensinteressen der jungen Generation und der Politik der Regierung der DDR zum Ausdruck.

Im November 1950 beschloß der Rat des Weltbundes der Demokratischen Jugend (WBDJ), die III. Weltfestspiele der Jugend und Studenten vom 5. bis 19. August 1951 in Berlin durchzuführen und die Freie Deutsche Jugend mit der Organisierung der Weltfestspiele zu beauftragen. Das war ein Vertrauensbeweis zum deutschen Friedensstaat und eine Anerkennung der großartigen Leistungen seiner Jugend. Der Magistrat begrüßte den Beschluß des WBDJ als ein ermutigendes Zeichen, »daß Berlin als ein Kraftzentrum im Kampf um den Weltfrieden anerkannt wird. Die Jugend der Welt wird im Sommer 1951 in Berlin eine andere Bevölkerung vorfinden, als sie vor 1945 vorhanden war, ein Berlin, das nicht mehr dem Völker- und Rassenhaß verfallen ist, sondern das sich mit dem Friedenskampf der Jugend solidarisch fühlt.«[9]

Es begannen emsige Vorbereitungen in der Gastgeberstadt. Wieder kamen FDJ-Aufbaubrigaden an die Spree, um dem Trümmererbe zu Leibe zu rücken und die Festivalbauten zu errichten. Zehntausende Berliner packten mit zu. Mehr als 280 000 Kubikmeter Schutt wurden abgefahren. Neue Sportstätten entstanden in kürzester Zeit: der Friedrich-Ludwig-Jahn-Sportpark an der Cantianstraße, das Karl-Friedrich-Friesen-

9 StA, Rep. 100, Nr. 853.

Schwimmstadion im Volkspark Friedrichshain und die Deutsche Sporthalle in der Stalinallee (sie wurde 1972 aus statischen Gründen abgerissen). In der Pionierrepublik »Ernst Thälmann« schufen 30 000 freiwillige Helfer das Stadion, die Freilichtbühne, verschiedene Sportanlagen und den beliebten Badesee. Mit Eifer beteiligten sich die Berliner an der Ausschmückung der Häuser und Straßen. Hausgemeinschaften stopften Strohsäcke und richteten die Dachböden zu Massenquartieren her. In den Betrieben kämpften die Werktätigen um einen achttägigen Planvorsprung, sie spendeten den Lohn von Sonderschichten zur Finanzierung des Festivals. Große Leistungen vollbrachten auch die kommunalen Dienstleistungsbetriebe. Immerhin mußten bei einer Einwohnerzahl von 1,2 Millionen rund 2 Millionen Gäste innerhalb von 14 Tagen beherbergt, verpflegt und mit den städtischen Verkehrsmitteln befördert werden. Elf Städte der DDR schickten zusätzlich Fahrer, Schaffner und Busse. Das Festivalfieber hatte das ganze Land gepackt. »Im August, im August blühn die Rosen«, sang die Jugend, als das Fest der Völkerfreundschaft näher rückte.

Am 5. August 1951 empfingen 70 000 FDJler im überfüllten Walter-Ulbricht-Stadion die Vertreter der Weltjugend. Besonderer Beifall galt der Delegation des Leninschen Komsomol und der Jugend Koreas und Vietnams, die tapfer der imperialistischen Aggression gegen ihre Länder widerstanden. »Nicht der Krieg, der Frieden bringt das Glück der Jugend.«[10] Mit diesen Worten kennzeichnete Präsident Wilhelm Pieck in seiner Eröffnungsansprache das Anliegen des Weltjugendtreffens. 14 Tage lang zogen die Jugendlichen aller Hautfarben Arm in Arm durch die Straßen der Hauptstadt. In allen Sprachen erklangen die Worte »Frieden« und »Freundschaft«. Kulturensembles aus vielen Ländern begeisterten die Zuschauer. Sportler aus 42 Ländern maßen im Rahmen der XI. Akademischen Sommerspiele ihre

---

10 Wilhelm Pieck: An die Jugend. Ausgewählte Reden und Aufsätze 1911 bis 1959. Eingeleitet mit zwei Arbeiten von Erich Honecker, Berlin (1980), S. 193.

III. WELTFESTSPIELE DER JUGEND UND STUDENTEN FÜR DEN FRIEDEN
BERLIN
1951
Jugend vereinige dich
im Kampf für den Frieden
gegen die Gefahr
eines neuen Krieges

Kräfte. Jeden Tag gab es neue Eindrücke und Erlebnisse, Freundschaftstreffen, Diskussionen und Kulturveranstaltungen. Bis in den frühen Morgen herrschte am Alexanderplatz ein buntes Treiben. Vor dem mit Fahnen, Spruchbändern und einem riesigen Festivalemblem geschmückten »Haus der Weltjugend« – so hieß damals das Alexander-Haus, in dem das Organisationsbüro saß – wurde getanzt und gesungen. Hier begrüßte am 7. August eine riesige Menge die junge französische Friedenskämpferin Raymonde Dien, deren Name in aller Munde war, seitdem sie sich mutig vor einem amerikanischen Waffenzug auf die Schienen geworfen und ihn so zum Stehen gebracht hatte. Die Friedensdemonstration von mehr als anderthalb Millionen Jugendlicher über den Marx-Engels-Platz am 12. August 1951 war der Höhepunkt des Treffens.

Am 15. August zogen Tausende Festivalteilnehmer auf ausdrückliche Einladung des Westberliner Regierenden Bürgermeisters Ernst Reuter nach Westberlin, ihre Lieder singend und in friedlicher Absicht. Dort aber standen Stumm-Polizei und Schlägerbanden bereit, um den FDJlern den Rückweg in die Hauptstadt der DDR zu versperren, sie mit Wasserwerfern, Gummiknüppeln und Schlagstöcken anzugreifen und brutal zu mißhandeln. 976 Jugendliche wurden zum Teil schwer verletzt. Diese bitteren Erfahrungen mit der »Frontstadt im kalten Krieg« bestärkten viele darin, noch entschiedener gegen die imperialistische Kriegsgefahr zu kämpfen.

Am 19. August 1951 vereinigten sich Hunderttausende zur Abschlußkundgebung auf dem Marx-Engels-Platz und schworen, der Sache des Friedens treu zu bleiben. Zusammen mit 26000 Delegierten aus 104 Ländern und 35000 Teilnehmern aus Westberlin und der BRD, in der kurz zuvor die Freie Deutsche Jugend verboten worden war, hatten 2 Millionen Jugendliche und 20000 Junge Pioniere aus der DDR diese unvergeßlichen Tage in Berlin erlebt.

Die III. Weltfestspiele der Jugend und Studenten, organisiert von der FDJ unter Leitung von Erich Honecker und unterstützt von Staat und Bevölkerung, waren ein großartiger Erfolg. Das Zentralkomitee der SED würdigte die Verdienste des Jugendverbandes beim Gelingen des Festivals in einem Schreiben, in dem es hieß: »In fast allen Sprachen der Welt ist das deutsche Wort ›Freundschaft‹ zu einem der schönsten der Völker geworden. Ihr habt damit die Friedenspolitik der Deutschen Demokratischen Republik gefestigt, das Vertrauen zum friedliebenden deutschen Volk gestärkt und der edlen Sache des Kampfes um die Erhaltung des Friedens einen großen Dienst erwiesen.«[11]

Seit den Augusttagen des Jahres 1951 wurde die Hauptstadt der DDR von internationalen demokratischen Vereinigungen immer häufiger als Ort ihrer Kongresse gewählt. Im November 1951 tagte der Generalrat des Weltgewerkschaftsbundes (WGB) in Berlin, im Juli 1952 kam der Weltfriedensrat zu einer außerordentlichen Tagung in die Stadt, und im November 1952 trafen sich Vertreter aus beiden deutschen Staaten und 14 weiteren europäischen Ländern zu einer Internationalen Konferenz zur friedlichen Lösung der deutschen Frage. Bereits 1951 hatte die Internationale Demokratische Frauenföderation (IDFF) hier ihren ständigen Sitz genommen, nachdem sie aus Paris ausgewiesen worden war. In all diesen Tatsachen kam mehr als nur die Rückgewinnung der Rolle einer internationalen Konferenzstadt zum Ausdruck, es war ein Vertrauensbeweis der Völker zum jungen deutschen Friedensstaat. Berlin, das als Ausgangsort zweier verheerender Weltkriege verhaßt gewesen war, gewann wieder Ansehen bei der fortschrittlichen und friedliebenden Weltöffentlichkeit.

Die Verschärfung des kalten Krieges gegen den Sozialismus zu Beginn der fünfziger Jahre stellte die Volkswirtschaft der DDR vor sehr kritische Situationen. Das Gebot der Stunde hieß: vorrangige Entwicklung der Schwerindustrie, um die Angriffe des Klassengegners abzuwehren und die ökonomische und politische Unabhängigkeit der DDR zu sichern. In dieser zugespitzten Lage

11 Dokumente der Sozialistischen Einheitspartei Deutschlands, Bd. III, Berlin 1952, S. 550.

stand die Partei- und Staatsführung auch vor der Frage: Wie kann dennoch der Wiederaufbau der Hauptstadt zügig weitergehen? In der Begeisterung, mit der die Berliner die Weltfestspiele vorbereitet hatten, fand sie darauf die Antwort.

Am 25. November 1951 wandte sich das Zentralkomitee der SED an die Bevölkerung der Republik mit dem Vorschlag, im kommenden Jahr ein Nationales Aufbauprogramm Berlin durchzuführen. Es sollte aus zwei Teilen bestehen: aus einer umfassenden Enttrümmerungsaktion und aus dem Aufbau eines städtebaulichen Ensembles entlang der Stalinallee. Dieses Werk sollte über den Plan hinaus vollbracht werden. »Wäre das schön? Es wäre schön. Ist es möglich? Natürlich ist es möglich«, hieß es im Aufruf. »Zehntausende in Berlin, Hunderttausende außerhalb Berlins werden mit dem Namen der deutschen Hauptstadt auf den Lippen enttrümmern, mauern, schmelzen, gießen, fällen, forsten, transportieren usw.«[12]

Die Parteiführung wurde in ihrem Optimismus nicht enttäuscht, sie hatte zu Recht der Begeisterungsfähigkeit der Menschen für dieses Programm vertraut. Ein wahres Aufbaufieber erfaßte alle Klassen und Schichten der Republik. Bereits in den ersten Tagen nach dem Aufruf gab es unzählige Sympathiebekundungen und Selbstverpflichtungen. Von überall trafen Geld- und Sachspenden ein. Das Meßgerätewerk Quedlinburg stellte beispielsweise 20 000 Mark aus überplanmäßigen Einsparungen bereit. Die Arbeiter der Zementwerke von Unterwellenborn, Steudnitz und Karsdorf produzierten 7 000 Tonnen Zement zusätzlich. Magdeburgs Bauarbeiter erklärten sich bereit, einen Wohnblock aus eigener Kraft zu errichten. Es gab kaum einen Bürger, der sich nicht mit drei Prozent seines Monatseinkommens am Aufbausparen oder an der großen Aufbaulotterie Berlin beteiligte.

---

12 Ebenda, S.637 u. 636.

Zum ersten Aufbautag, am 2. Januar 1952, fanden sich mehr als 50 000 Berliner rings um den Strausberger Platz ein. Unter denen, die Schutt wegkarrten, Balken und Eisenträger stapelten oder Ziegelsteine putzten, sah man Ministerpräsident Otto Grotewohl, den Generalsekretär des ZK der SED Walter Ulbricht und den Berliner Oberbürgermeister Friedrich Ebert. Tag für Tag kamen Tausende zu den Enttrümmerungsstätten zwischen Strausberger Platz und Frankfurter Tor. Sie hängten ihrem vollen Arbeitstag noch eine sogenannte Halbschicht – das waren drei Aufbaustunden – dran, für die es einen Stempel ins Aufbauheft gab. Für 50 Halbschichten bekam man die bronzene Aufbaunadel, für 100 die silberne und für 150 Halbschichten die goldene Aufbaunadel und dazu ein auf seinen Namen ausgestelltes Los für die Aufbaulotterie. Neben Geldprämien wurden zum 31. Dezember 1952 1 000 Zwei- und Dreiraumwohnungen in den Neubauten verlost.

War es die Hoffnung auf ein solch »großes Los«, das die Menschen bei Wind und Wetter zum Ziegelputzen trieb? Sicherlich nicht, denn jeder war sich seiner geringen Chance bewußt. Was war es dann? Heimatliebe, Lokalpatriotismus? Gewiß auch, denn viele hatten erschüttert ihren »Kietz«, ihre Stadt in den gnadenlosen Bombennächten des Krieges in Schutt und Asche sinken sehen. Vor allem aber resultierte die Bereitschaft der nach Zehntausenden zählenden Aufbauhelfer daraus, daß sie die Arbeiter-und-Bauern-Macht als ihren Staat, Berlin als ihre Stadt betrachteten, zu der neuen Gesellschaft Vertrauen hatten und Verantwortung für sie empfanden. »Die Trümmer müssen weg, da müssen wieder Häuser hin«, sagten die Berliner mit ihrem sprichwörtlichen Sinn für das Praktische, für das Notwendige – und packten mit an.

Heftig umstritten war die künstlerische Gestaltung des neuen städtebaulichen Ensembles. Die vom damaligen Chefarchitekten Berlins, Professor Hermann Henselmann, vorgelegten ersten Entwürfe orientierten sich am konstruktiv-sachlichen Baustil der zwanziger und dreißiger Jahre. Im Lichte der damals geführten

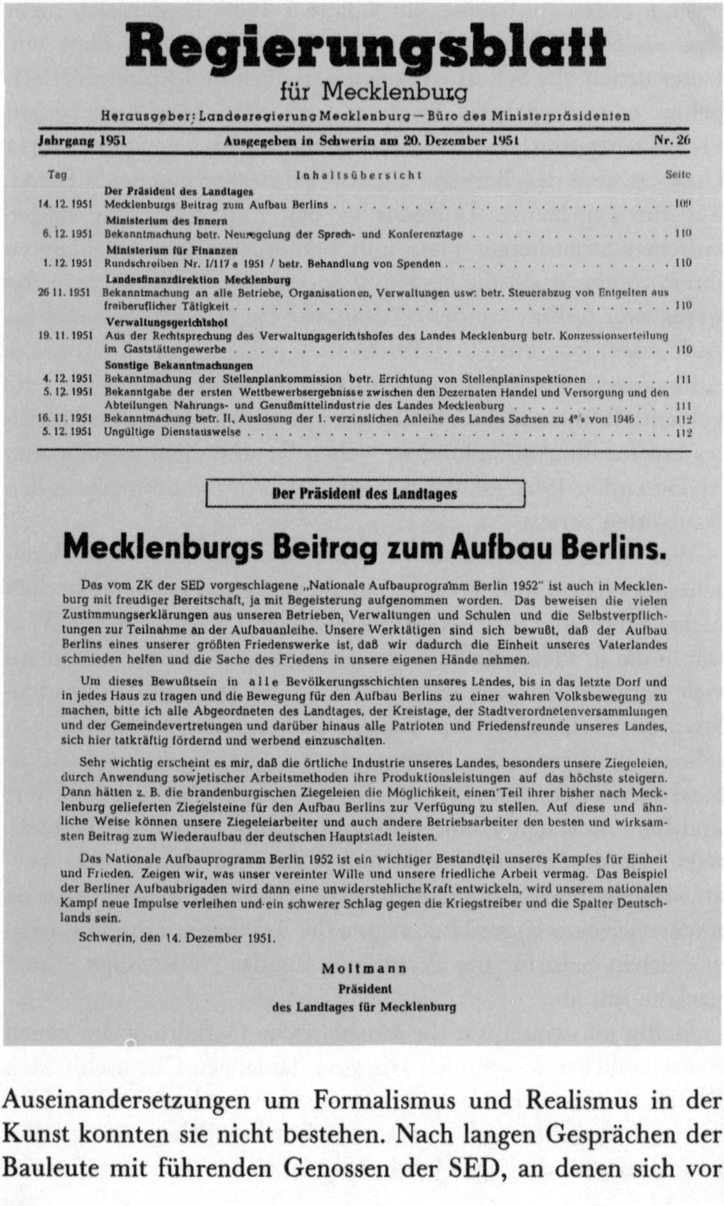

Regierungsblatt

für Mecklenburg

Herausgeber: Landesregierung Mecklenburg — Büro des Ministerpräsidenten

Jahrgang 1951 **Ausgegeben in Schwerin am 20. Dezember 1951** **Nr. 26**

Tag	Inhaltsübersicht	Seite
	Der Präsident des Landtages	
14. 12. 1951	Mecklenburgs Beitrag zum Aufbau Berlins	109
	Ministerium des Innern	
6. 12. 1951	Bekanntmachung betr. Neuregelung der Sprech- und Konferenztage	110
	Ministerium für Finanzen	
1. 12. 1951	Rundschreiben Nr. I/117 a 1951 / betr. Behandlung von Spenden	110
	Landesfinanzdirektion Mecklenburg	
26 11. 1951	Bekanntmachung an alle Betriebe, Organisationen, Verwaltungen usw: betr. Steuerabzug von Entgelten aus freiberuflicher Tätigkeit	110
	Verwaltungsgerichtshof	
19. 11. 1951	Aus der Rechtsprechung des Verwaltungsgerichtshofes des Landes Mecklenburg betr. Konzessionserteilung im Gaststättengewerbe	110
	Sonstige Bekanntmachungen	
4. 12. 1951	Bekanntmachung der Stellenplankommission betr. Errichtung von Stellenplaninspektionen	111
5. 12. 1951	Bekanntgabe der ersten Wettbewerbsergebnisse zwischen den Dezernaten Handel und Versorgung und den Abteilungen Nahrungs- und Genußmittelindustrie des Landes Mecklenburg	111
16. 11. 1951	Bekanntmachung betr. II. Auslosung der 1. verzinslichen Anleihe des Landes Sachsen zu 4% von 1946	112
5. 12. 1951	Ungültige Dienstausweise	112

Der Präsident des Landtages

Mecklenburgs Beitrag zum Aufbau Berlins.

Das vom ZK der SED vorgeschlagene „Nationale Aufbauprogramm Berlin 1952" ist auch in Mecklenburg mit freudiger Bereitschaft, ja mit Begeisterung aufgenommen worden. Das beweisen die vielen Zustimmungserklärungen aus unseren Betrieben, Verwaltungen und Schulen und die Selbstverpflichtungen zur Teilnahme an der Aufbauanleihe. Unsere Werktätigen sind sich bewußt, daß der Aufbau Berlins eines unserer größten Friedenswerke ist, daß wir dadurch die Einheit unseres Vaterlandes schmieden helfen und die Sache des Friedens in unsere eigenen Hände nehmen.

Um dieses Bewußtsein in alle Bevölkerungsschichten unseres Landes, bis in das letzte Dorf und in jedes Haus zu tragen und die Bewegung für den Aufbau Berlins zu einer wahren Volksbewegung zu machen, bitte ich alle Abgeordneten des Landtages, der Kreistage, der Stadtverordnetenversammlungen und der Gemeindevertretungen und darüber hinaus alle Patrioten und Friedensfreunde unseres Landes, sich hier tatkräftig fördernd und werbend einzuschalten.

Sehr wichtig erscheint es mir, daß die örtliche Industrie unseres Landes, besonders unsere Ziegeleien, durch Anwendung sowjetischer Arbeitsmethoden ihre Produktionsleistungen auf das höchste steigern. Dann hätten z. B. die brandenburgischen Ziegeleien die Möglichkeit, einen Teil ihrer bisher nach Mecklenburg gelieferten Ziegelsteine für den Aufbau Berlins zur Verfügung zu stellen. Auf diese und ähnliche Weise können unsere Ziegeleiarbeiter und auch andere Betriebsarbeiter den besten und wirksamsten Beitrag zum Wiederaufbau der deutschen Hauptstadt leisten.

Das Nationale Aufbauprogramm Berlin 1952 ist ein wichtiger Bestandteil unseres Kampfes für Einheit und Frieden. Zeigen wir, was unser vereinter Wille und unsere friedliche Arbeit vermag. Das Beispiel der Berliner Aufbaubrigaden wird dann eine unwiderstehliche Kraft entwickeln, wird unserem nationalen Kampf neue Impulse verleihen und ein schwerer Schlag gegen die Kriegstreiber und die Spalter Deutschlands sein.

Schwerin, den 14. Dezember 1951.

Moltmann
Präsident
des Landtages für Mecklenburg

Auseinandersetzungen um Formalismus und Realismus in der Kunst konnten sie nicht bestehen. Nach langen Gesprächen der Bauleute mit führenden Genossen der SED, an denen sich vor allem Walter Ulbricht beteiligte, wurde einem Baustil zugestimmt, der »sich nach dem Vorbild der Sowjetunion dem Inhalt nach auf den Sozialismus und der Form nach auf die nationalen Traditionen gründete«[13]. Viele Bauteile wurden der Berliner Bautradition des 18. und 19. Jahrhunderts entlehnt. Die in heller Meißner Keramik verkleideten Fassaden der sieben- bis neungeschossigen Wohnblöcke und die durchgängige Ladenzone betonten den repräsentativen Charakter dieser 1,7 Kilometer langen und 90 Meter breiten Magistrale, die durch Hochhauspaare am Strausberger Platz und am Frankfurter Tor ihre Begrenzung fand. Fünf Architektenkollektive unter Hermann Henselmann, Hans Hopp, Richard Paulick, Egon Hartmann und Karl Souradny gestalteten das in seinen Ausmaßen bis dahin einmalige Wohnensemble, in das die bereits stehende Sporthalle und die beiden Laubenganghäuser sowie das dahinter liegende Hochhaus an der Weberwiese einbezogen wurden.

Am 3. Februar 1952 legte Ministerpräsident Otto Grotewohl den Grundstein für das erste Wohngebäude, den Block E-Süd zwischen den beiden Laubenganghäusern am U-Bahnhof Marchlewskistraße. In den Tagen der 2. Parteikonferenz der SED im Juli 1952 hingen bereits die Richtkronen über drei Wohnblöcken. Im zügigen Tempo ging es weiter. Ein Stein, ein Kalk – so wurde damals gebaut. Die Maurer arbeiteten im »Dreier-System«: Einer legte den Ziegelstein vor, der zweite paßte ihn ein, und der dritte sorgte für Nachschub. Am schwersten hatten es die »Hucker«. Sie schleppten pausenlos auf ihrem Rücken die Ziegelsteinlasten über Leitern nach oben.

Am 7. Januar 1953 bezogen die ersten 70 überglücklichen Mie-

---

13 Ingetraut Senst: Die Karl-Marx-Allee in Berlin, ein Denkmal der Architekturgeschichte der DDR. In: Denkmale des sozialistischen Aufbaus. Probleme ihrer Erhaltung und Erschließung. Referat und Diskussionsbeiträge der Fachtagung des Instituts für Denkmalpflege vom 12. und 13. Juni 1979. Hrsg. vom Informationszentrum beim Ministerium für Kultur, Berlin 1979, S. 72.

NATIONALES AUFBAUPROGRAMM
1953
FÜR DEINE MITARBEIT
BERLIN, DEN 16. JAN. 1954
BETRIEBSAUFBAUKOMITEE

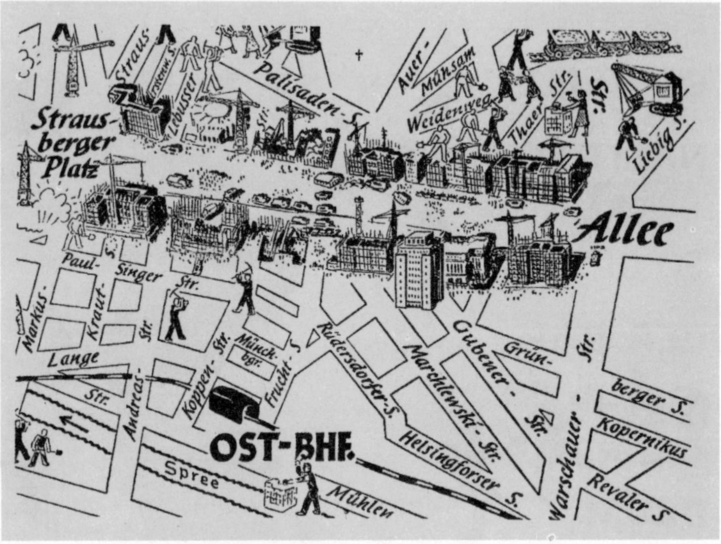

ter ihre Neubauwohnungen in der Stalinallee. Es waren verdiente Bürger, Aktivisten und Aufbauhelfer, die die Wohnung als Auszeichnung erhalten hatten. Viele Besuchergruppen aus allen Gegenden der Republik, aber auch aus Westberlin und der BRD kamen und bestaunten den damaligen Wohnkomfort für Arbeiter bei niedrigen Mieten: Zentralheizung, gekachelte Bäder, Einbauschränke, Müllschlucker, Fahrstühle, Haussprechanlagen, Balkone und Dachgärten.

Im Dezember 1952 zog das Nationale Aufbaukomitee für Berlin eine erfolgreiche Bilanz: Binnen zwölf Monaten hatten 1 135 627 freiwillige Aufbauhelfer über 675 000 Kubikmeter Schutt entfernt, mehr als 38 Millionen Ziegelsteine gewonnen und tonnenweise Schrott, Nutzstahl und Buntmetalle geborgen. Der Gesamtwert dieser Leistungen wurde auf mehr als 11 Millionen Mark beziffert. Hinzu kamen die durch die Aufbaulotterie eingespielten 100 Millionen Mark sowie 7 Millionen Mark direkte Geldspenden. Damit waren alle Erwartungen weit übertroffen worden. Das Aufbaukomitee kam überein, die freiwillige

ES FÄLLT
NICHT SCHWER
SO BRUMMT
DER BÄR
DRUM
HALTE
SCHRITT
UND
BAUE
MIT
NATIONALES AUFBAUPROGRAMM BERLIN 1952
UNSERE ERFOLGE IM APRIL
4 376130 STEINE GESTAPELT
702 TONNEN SCHROTT GEWONNEN
65 557 cbm SCHUTT ABGEFAHREN

Aufbauarbeit auch 1953 weiterzuführen. Schwerpunkte bildeten die Enttrümmerung und die Bebauung nördlich und südlich der Stalinallee und die Fertigstellung der Hochhäuser am Strausberger Platz. Die Aufbaubegeisterung in der Berliner Stalinallee strahlte auch in die Republik aus. Noch im Jahre 1953 wurde der Grundstein am Dresdner Altmarkt, in der Rostocker Langen Straße und in der Magdeburger Wilhelm-Pieck-Allee gelegt. Aus dem Nationalen Aufbauprogramm für die Hauptstadt Berlin entwickelte sich ein die gesamte DDR umfassendes Nationales Aufbauwerk (NAW), das am 1. Februar 1953 begann.

Seit der Gründung der DDR waren die Arbeiter-und-Bauern-Macht stetig gestärkt und der volkseigene Sektor der Volkswirtschaft gefestigt worden. Immer deutlicher nahm die gesellschaftliche Entwicklung sozialistische Züge an. In der Auseinandersetzung mit dem Imperialismus hatte sich gezeigt, daß die UdSSR mit ihrem Entwurf für einen deutschen Friedensvertrag die Wiederherstellung der Einheit Deutschlands auf demokratischer Grundlage anstrebte, während die Westmächte und die BRD mit der Ablehnung dieser Initiative im Frühjahr 1952 sowie mit der Legalisierung der Remilitarisierung der BRD durch den EVG- und Generalvertrag jegliche Hoffnungen auf die Einheit untergruben.

Um den Frieden zu sichern und den gesellschaftlichen Fortschritt in der DDR weiter durchzusetzen, beschloß die 2. Parteikonferenz der SED, die vom 9. bis 12. Juli 1952 in der Berliner Werner-Seelenbinder-Halle tagte, »daß in der Deutschen Demokratischen Republik der Sozialismus planmäßig aufgebaut wird«[14]. Die politischen und ökonomischen Bedingungen sowie das Bewußtsein der Arbeiterklasse und der anderen Werktätigen hatten sich so weit entwickelt, daß der Aufbau des Sozia-

14 Protokoll der Verhandlungen der II. Parteikonferenz der Sozialistischen Einheitspartei Deutschlands, 9. bis 12. Juli 1952 in der Werner-Seelenbinder-Halle zu Berlin, Berlin 1952, S. 58.

lismus möglich wurde. Der alte Traum der deutschen Arbeiterklasse, diese große Idee, für die Generationen gekämpft, gelitten und Opfer gebracht hatten, begann Wirklichkeit zu werden. Mit diesem historischen Beschluß rückte die DDR noch enger an die Seite der Sowjetunion und der anderen sozialistischen Länder und trug damit wesentlich zur Veränderung des Kräfteverhältnisses im Herzen Europas bei.

Die 2. Parteikonferenz der SED unterstrich die Rolle der Staatsmacht als des Hauptinstruments bei der Schaffung der Grundlagen des Sozialismus. Der bisherige Staatsaufbau, geschaffen für eine Periode der antifaschistisch-demokratischen Umwälzung, genügte den neuen Anforderungen nicht mehr. Er mußte vereinfacht und einheitlicher gestaltet werden, eine wirksame Anleitung und Kontrolle der örtlichen Organe durch die zentralen Staatsorgane gewährleisten und neue Formen der sozialistischen Demokratie, der Einbeziehung der Werktätigen in die staatliche Tätigkeit, entwickeln. Auf Empfehlung der 2. Parteikonferenz beschloß die Volkskammer am 23. Juli 1952 das Gesetz über die weitere Demokratisierung des Aufbaus und der Arbeitsweise der staatlichen Organe in den Ländern der DDR. An die Stelle der bisherigen fünf Länder traten 14 Bezirke. Aufbau und Arbeitsweise der staatlichen Organe in den Bezirken und Kreisen wurde nach dem Prinzip des demokratischen Zentralismus neu geregelt, so daß die sozialistische Staatsmacht enger mit den Werktätigen verbunden werden konnte.

In der Hauptstadt wurde das Gesetz im Januar 1953 verwirklicht. Eine Ausführungsverordnung des Magistrats bestimmte, »zur weiteren Demokratisierung der Organe der Staatsmacht ... die Volksvertretung Groß-Berlin und die Volksvertretungen der Stadtbezirke zu bilden«[15]. Als höchstes Organ der Staatsmacht in der Hauptstadt leitete die Volksvertretung Groß-Berlin die gesamte staatliche, wirtschaftliche und kulturelle Arbeit nach dem Prinzip des demokratischen Zentralismus. Dazu erließ sie Ver-

---

15 Verordnungsblatt für Groß-Berlin, 1953, Teil III, Nr. 4, S. 19.

ordnungen und sicherte die Durchführung der Gesetze und Verordnungen. Sie bestätigte den Volkswirtschaftsplan. Der von der Volksvertretung gewählte und ihr rechenschaftspflichtige Magistrat war das vollziehende und verfügende Organ der Volksvertretung. Als Hauptbindeglied zwischen der Volksvertretung und der Bevölkerung fungierten die Aktivs der ständigen Kommissionen. Das trug dazu bei, die sozialistische Demokratie zu entwikkeln. Die Hauptstadt der DDR, Berlin, erhielt somit im Staatsaufbau den Status eines Bezirks. Deshalb hatte bereits im Dezember 1952 die SED-Landesleitung ihren Namen in Bezirksleitung Groß-Berlin der SED umgeändert.

Am 13. Februar 1953 trat die nach diesen Grundsätzen gebildete neue Volksvertretung von Groß-Berlin zu ihrer konstituierenden Sitzung zusammen. Ihre 130 Mitglieder waren von den im Demokratischen Block vereinigten Parteien und Massenorganisationen vorgeschlagen worden, vom Berliner Ausschuß der Nationalen Front bestätigt und am 30. und 31. Januar 1953 in allen Stadtbezirken vorgestellt worden. Einmütig wurde Friedrich Ebert zum Oberbürgermeister der Hauptstadt wiedergewählt. Bis Ende Februar 1953 war die Bildung der Volksvertretungen auch in den Stadtbezirken abgeschlossen.

Am 17. Oktober 1954, als die erste Legislaturperiode der Volkskammer und der Bezirkstage zu Ende ging, schritten erstmals seit dem 7. Oktober 1949 auch die Berliner an die Wahlurnen. Bei einer Wahlbeteiligung von 97,7 Prozent erhielt die gemeinsame Liste der Nationalen Front 99,3 Prozent der gültigen Wählerstimmen – ein Ausdruck des großen Vertrauens zur Regierung der DDR. Von der auf 180 Mitglieder erweiterten Volksvertretung von Groß-Berlin waren ihrer sozialen Herkunft nach 126 Arbeiter, 34 Angestellte, 15 selbständige Handwerker und Gewerbetreibende, 3 gehörten der Intelligenz an, 1 Abgeordneter war Bauer und 1 Abgeordnete Hausfrau. Die soziale Zusammensetzung der Volksvertretungen der Stadtbezirke sah ähnlich aus. Auf ihrer konstituierenden Sitzung am 15. November 1954 wählte die Volksvertretung von Groß-Berlin die 66 Berliner Vertreter für die Volkskammer der DDR, den neuen Magistrat unter Oberbürgermeister FRIEDRICH EBERT sowie die Mitglieder der 13 ständigen Kommissionen.

Im Frühjahr 1953 bahnten sich grundlegende Veränderungen auch in einem anderen Lebensbereich der Hauptstadt an: in ihrer Landwirtschaft. Etwa ein Fünftel der Bodenfläche Berlins – genau 9 343 Hektar – wurden damals von den volkseigenen Gütern, den Bauern und Gärtnern genutzt. Allerdings waren 57 Prozent dieser Nutzfläche Rieselland, das heißt Kleinstflächen von einem Viertel Hektar Größe, die – von Dämmen und Zuführungsgräben umgeben – in der zweiten Hälfte des 19. Jahrhunderts zur Beseitigung der Abwässer eingerichtet worden waren. Sie eigneten sich vorwiegend als Grünlandflächen und zum Gemüseanbau. Manche Ortsteile in den Außenbezirken, wie Marzahn, Hellersdorf, Wartenberg, Malchow und Blankenfelde, trugen noch einen ausgesprochen dörflichen Charakter. Von den 25 volkseigenen Stadtgütern – die meisten waren schon vor 1945 Besitz der Stadt Berlin gewesen – lagen viele im Bereich der Rieselfelder und im Randgebiet der Stadt. Bedingt durch die Großstadtnähe, lag das Schwergewicht auf Viehhaltung, Gemüseanbau und Gärtnerei.

Nachdem die 2. Parteikonferenz der SED im Juli 1952 den Landarbeitern und werktätigen Bauern empfohlen hatte, sich auf freiwilliger Grundlage zu Produktionsgenossenschaften zusammenzuschließen, begann auch in Berlin die sozialistische Umgestaltung der Landwirtschaft. Am 1. März 1953 gründeten 31 werktätige Bauern und Landarbeiter in Marzahn die erste landwirtschaftliche Produktionsgenossenschaft (LPG) auf Berliner Boden, die LPG »Neue Ordnung«, über die das Volksgut Hellersdorf die Patenschaft übernahm. Am 18. April 1953 schlossen sich 67 Bauern, Landarbeiter und Umsiedler in Wartenberg zur LPG »1. Mai« zusammen. Es folgten 1955 die LPG »Pionier« in Buchholz und die LPG »Frohe Zukunft« in Buch. Gründung und Aufbau der Genossenschaften waren vielfach mit harten Auseinandersetzungen verbunden, denn reaktionäre großbäuerliche Elemente widersetzten sich dem Neuen, diffamierten die LPG und sabotierten die staatliche Ablieferungspflicht, um einen Teil der Ernte nach Westberlin zu verschieben. Der Magistrat stellte den LPG beträchtliche Kredite zur Verfügung, damit sie sich festigen konnten. Die Maschinen-Traktoren-Stationen Storkow und Altlandsberg halfen mit ihrer Agrotechnik.

Auf den Beschluß der 2. Parteikonferenz der SED, in der DDR planmäßig die Grundlagen des Sozialismus aufzubauen, antwortete der Klassenfeind mit einer Verschärfung der Politik des kalten Krieges und der direkten Aggression. Am 24. März 1952 war in Bonn ein »Forschungsbeirat für Fragen der Wiedervereinigung Deutschlands« gegründet worden, der der BRD-Regierung »wissenschaftlich« begründete Empfehlungen für eine Liquidierung der sozialistischen Staats- und Wirtschaftsordnung der DDR am sogenannten »Tag X«, das heißt am Tag der militärischen Aggression, unterbreitete. Von der Frontstadt Westberlin aus wurden die Störaktionen imperialistischer Propaganda- und Wühlorganisationen forciert. Im Mittelpunkt stand die Anheuerung einer »Untergrundarmee« in der DDR. Dafür gaben die Agenten- und Spionagezentralen beträchtliche finanzielle Mittel aus. Bürger der DDR wurden in Westberlin als Agenten angeworben, an Sonderschulen ausgebildet und als »Untergrundkämpfer«, mit Waffen, Sprengstoff und Funkgeräten ausgerüstet, zurückgeschickt.

Der enorme äußere Druck, den die Imperialisten auf die DDR ausübten, verschärfte den Klassenkampf im Innern. Reaktionäre Kräfte, vor allem Angehörige der enteigneten Großbourgeoisie, feindliche Kräfte unter den Unternehmern und Großbauern, ehemalige Mitglieder der Nazipartei, militaristisch und revanchistisch gesonnene Kräfte unter den Umsiedlern, widersetzten sich der Politik der Arbeiter-und-Bauern-Macht. Die einen ließen

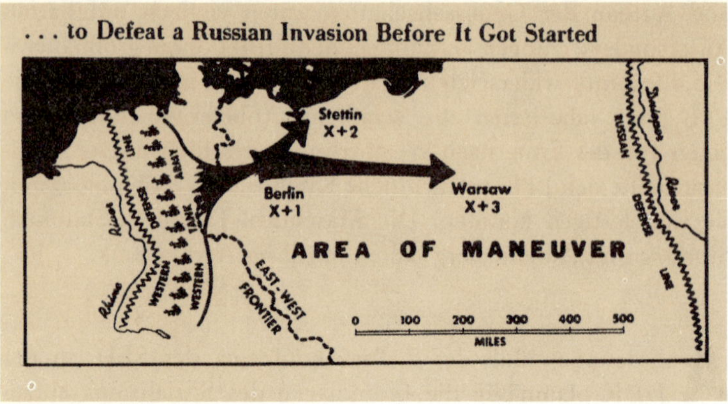

Aus »Dokumentation der Zeit«, 1954, Heft 85

sich als Agenten anwerben, die anderen wurden republikflüchtig. Die Lage spitzte sich im Frühjahr 1953 weiter zu. Zum Schutz des sozialistischen Aufbauwerks und zur Abwehr imperialistischer Anschläge bei offener Grenze zur BRD und zu Westberlin mußten zusätzliche Mittel bereitgestellt werden, die nicht im Fünfjahrplan vorgesehen waren. Es gab auch überspitzte, administrative Maßnahmen, die zu einer Verschlechterung der Lebenslage der Werktätigen führten und sich als fehlerhaft erwiesen. Sie stießen auf Unverständnis und riefen Unzufriedenheit hervor. Anfang Juni 1953 trafen das Zentralkomitee der SED und der Ministerrat der DDR eine Reihe wichtiger Beschlüsse, um die Lebenslage der Werktätigen zu verbessern und die Arbeiter-und-Bauern-Macht insgesamt zu stabilisieren. Die Imperialisten, die befürchteten, daß ihnen jetzt die Felle endgültig davonschwimmen würden, lösten am 16. und 17. Juni 1953 überstürzt einen konterrevolutionären Putsch gegen die Arbeiter-und-Bauern-Macht aus. Vor allem in Berlin kam es zu Arbeitsniederlegungen und Demonstrationen, die jedoch im Verlauf des 17. Juni zusammenbrachen.[16]

16 Ausführlicher zu diesen Ereignissen siehe Kapitel XI dieses Buches.

Die Reaktion der überwiegenden Mehrheit der Arbeiterklasse und der anderen werktätigen Schichten widerlegte eindeutig die imperialistische Lüge, es hätte sich bei den Ereignissen am 17. Juni 1953 um einen »Volksaufstand« gehandelt. Die Mehrheit der Werktätigen ließ sich von den konterrevolutionären Losungen des Klassengegners nicht verblenden und stand fest an der Seite der Partei und der Regierung. Aus dem Putschversuch zogen die klassenbewußten Arbeiter die Schlußfolgerung, die revolutionäre Wachsamkeit zu erhöhen und in den Betrieben bewaffnete Kampfgruppen der Arbeiterklasse zu bilden. Eine der ersten Kampfgruppeneinheiten in Berlin wurde im September 1953 im VEB Secura formiert.

Bei der Überwindung der zeitweiligen Schwierigkeiten in der Entwicklung der Volkswirtschaft der DDR leistete die Regierung der UdSSR eine bedeutsame Hilfe. Nachdem sie im August 1953 auf die noch zu zahlenden zweieinhalb Milliarden Dollar Reparationskosten verzichtet hatte, verfügte sie für den 1. Januar 1954 die entschädigungslose Übergabe der restlichen 33 SAG-Betriebe in das Eigentum der DDR. Darunter befanden sich das Berliner Bremsenwerk, die Elektro-Apparate-Werke Treptow und Siemens-Plania Lichtenberg. Für die Berliner Arbeiterschaft waren die SAG-Betriebe Schulen des ökonomischen Denkens und Leitens gewesen; nun verfügten sie uneingeschränkt über diese Großbetriebe, das sozialistische Eigentum in der Hauptstadt wurde dadurch gestärkt.

Die Veränderung der Struktur der staatlichen Organe in der Hauptstadt Anfang 1953 war der Entfaltung der sozialistischen Demokratie günstig gewesen. Wie Oberbürgermeister Friedrich Ebert im August 1954 berichtete, beteiligten sich zu diesem Zeitpunkt weit mehr als 60 000 Berliner ehrenamtlich an der Bewältigung der staatlichen, wirtschaftlichen und kulturellen Aufgaben. »So arbeiten allein in den Volksvertretungen und in den 104 Aktivs der ständigen Kommissionen 2 340 Personen. In den Woh-

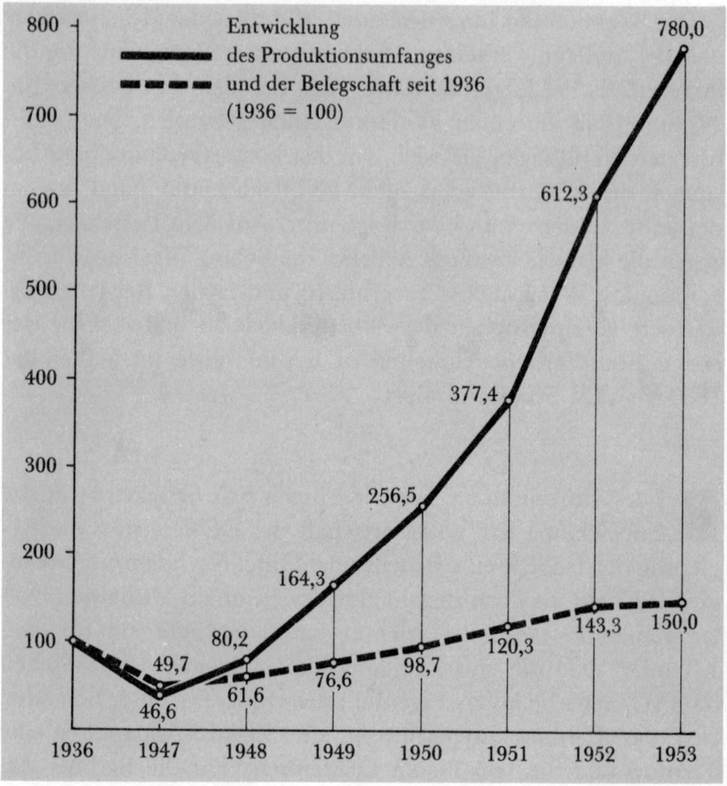

Die Entwicklung der EAW Treptow als SAG-Betrieb

nungskommissionen, Elternausschüssen und Sozialkommissionen gibt es 5325 freiwillige Mitarbeiter, 2000 sind in den Wirkungsbereichsausschüssen tätig, 1231 arbeiten als Schöffen, 96 als Schiedsmänner. Dazu kommen 48482 Straßen- und Hausvertrauensleute und Leitungsmitglieder der Haus- und Hofgemeinschaften. Am Nationalen Aufbauwerk waren im 1. Halbjahr 1954 256000 freiwillige Helfer beteiligt.«[17] Darüber hinaus nah-

17 Friedrich Ebert: Einheit der Arbeiterklasse – Unterpfand des Sieges. Ausgewählte Reden und Aufsätze, Berlin 1959, S. 219/220.

NAW in Zahlen

Bis 1955 wurden von den Werktätigen des Transformatorenwerkes in 134 000 Aufbaustunden

1,5 Mill. Ziegel

64 t Schrott

7 t Buntmetall geborgen und

14 000 m³ Trümmerschutt beseitigt.

Sie waren die Aktivsten:

Gustav Müller
15 000 Aufbau-Std. Meißn. Plakette

Wolfgang Sendler
3 500 Aufbau-Std. Meißn. Plakette

Wilhelm Liening
1 210 Aufbau-Std. Meißn. Plakette

Willi Selmke
1 130 Aufbau-Std. Meißn. Plakette

Maria Werbelow
1 084 Aufbau-Std. Meißn. Plakette

284 Angehörige des TRO erhielten die Aufbaunadel in Gold
491 in Silber
1 834 in Bronze

11 Kollegen erhielten 1952 für hervorragende Leistungen eine Neubauwohnung im
Komplex Hochhaus Weberwiese

35 Kollegen zogen 1953 in die ersten Wohnungen
in der Karl-Marx-Allee ein

men Tausende von Werktätigen in den neueingeführten Produktionsberatungen und ökonomischen Konferenzen in den Betrieben direkt an der Leitung der volkseigenen Wirtschaft teil.

Unter tatkräftiger Mitwirkung der Bevölkerung machten Enttrümmerung und Wiederaufbau in der Innenstadt auch 1954 weitere Fortschritte. Stand 1952/1953 die Enttrümmerung entlang der Stalinallee im Mittelpunkt, so verlagerte sich die freiwillige Aufbauarbeit immer mehr in die acht Stadtbezirke. Hier entstanden Grünanlagen, Spielplätze, Sportanlagen, Kultur- und Erholungsstätten. Zu den bekanntesten NAW-Objekten der Jahre 1954/1955 zählten die Pioniereisenbahn in der Wuhlheide, die Radrennbahn Weißensee, die Freilichtbühnen Plänterwald und am Weißen See.

Am 27. August 1954 beschloß der Magistrat, den Schloßpark Friedrichsfelde in einen Tierpark umzugestalten, und berief Dr. Heinrich Dathe zu dessen Leiter. Zehntausende Helfer gingen daran, das verwilderte Parkgelände auszulichten und neu zu bepflanzen. Nach Entwürfen des Kollektivs um den Architekten Heinz Graffunder entstanden die ersten Anlagen: 1956 ein Antilopenhaus, 1957 die Eisbärenanlage (übrigens aus Trümmergestein der alten Reichsbank zwischen Kurstraße und Hausvogteiplatz) und 1958 das großartige Bärenschaufenster. Die meisten Tiere, die zur Eröffnung des Parks zu besichtigen waren – 1955 waren es 400 Tiere in 120 Arten –, wurden von Betrieben, Institutionen und Auslandsvertretungen der DDR gestiftet. »Auch hier war der weltbekannte Berliner Humor im Spiel. VEB Kälte stiftete beispielsweise einen Eisbären, das Ministerium für Schwermaschinenbau einen Elefanten, eine Fabrik für Schlafzimmermöbel Störche, das Nachbarstädtchen Strausberg einen Strauß.«[18] Am 2. Juli 1955 öffnete der Tierpark seine Pforten.

18 Tierpark Berlin. Hrsg. Berlin-Information, Autor: Prof. Dr. Heinrich Dathe, Berlin o.J. (1970), S. 5.

Präsident Wilhelm Pieck und Oberbürgermeister Friedrich Ebert gehörten zu den ersten Besuchern.

In den Jahren 1954/1955 entstanden neue Wohnbauten an der Ostsee- und Artur-Becker-Straße in Prenzlauer Berg, am Sterndamm in Johannisthal und in Neu-Lichtenberg. Um die Wohnraumnot schneller zu beheben, waren seit Dezember 1953 Arbeiterwohnungsbaugenossenschaften (AWG) in den VEB gebildet worden. Sie erhielten staatliche Kredite zu Vorzugsbedingungen und volkseigene Grundstücke zur unentgeltlichen Nutzung. Die erste Berliner Genossenschaft dieser Art, die AWG »1. Mai« des VEB Werk für Fernmeldewesen, begann im Frühjahr 1954 in Berlin-Hirschgarten zu bauen. Ende 1954 existierten bereits acht AWG in der Hauptstadt.

Der beginnende Aufbau der Grundlagen des Sozialismus prägte auch das Kultur- und Wissenschaftsleben jener Jahre. Berlins Rang als ein Zentrum von Kunst und Wissenschaft wurde durch die Einrichtung neuer Bildungs- und Forschungsstätten angehoben. Am 24. März 1950 wurde die Akademie der Künste gegründet, der bedeutende Persönlichkeiten des kulturellen Lebens angehörten – unter anderen Johannes R. Becher, Bertolt Brecht, Hanns Eisler, Erich Engel, Wolfgang Langhoff, Max Lingner, Hans Marchwitza, Ernst Hermann Meyer, Otto Nagel, Anna Seghers, Helene Weigel und Erich Weinert. Erster Präsident der Akademie wurde Arnold Zweig. Ursprünglich war für dieses Amt Heinrich Mann vorgesehen. Dieser großartige Romancier, Repräsentant des Übergangs vom bürgerlichen zum sozialistischen Humanismus, hatte die progressive Entwicklung im Osten Deutschlands mit leidenschaftlicher Anteilnahme verfolgt. Gemeinsam mit Lion Feuchtwanger hatte Heinrich Mann am 14. Oktober 1949 an Wilhelm Pieck und Otto Grotewohl ein Glückwunschschreiben zur Gründung der DDR gesandt. Mit einem polnischen Schiff wollte Heinrich Mann im April 1950 in seine Heimat zurückkehren und das ihm zugesprochene hohe Amt übernehmen. Jedoch am 12. März 1950 starb Heinrich Mann in Santa Monica (USA-Staat Kalifornien). Erst im März 1961 fand seine Urne auf dem Dorotheenstädtischen Friedhof an der Chausseestraße zwischen den Grabstätten von Johannes R. Becher und Bertolt Brecht die letzte Ruhestätte.

Weitere wissenschaftliche Institutionen und Hochschulen wurden eingerichtet: die Hochschule für Musik »Hanns Eisler« im Oktober 1950, das Pädagogische Zentralinstitut im Februar 1951, die Staatliche Schauspielschule im September 1951, die Akademie der Landwirtschaftswissenschaften und die Staatliche Ballettschule im Oktober 1951, das Institut für Gesellschaftswissenschaften beim ZK der SED und die Deutsche Bauakademie im Dezember 1951, das Deutsche Modeinstitut im September und die Hochschule für Außenhandel im Oktober 1954 sowie die Artistenschule der DDR im September 1956. Im Kabelwerk Oberspree tagte am 17. Juni 1954 die Gründungsversammlung der Gesellschaft zur Verbreitung wissenschaftlicher Kenntnisse (seit 1966 URANIA).

Hoher Wertschätzung erfreuten sich die Schauspiel- und Musikbühnen der Hauptstadt. Unter Wolfgang Langhoffs Führung knüpfte das Deutsche Theater in der Schumannstraße an seine großen, mit den Namen Otto Brahm, Max Reinhardt und Heinz Hilpert verbundenen Traditionen an. Am 21. April 1954 hob sich der Vorhang in der neuerbauten Volksbühne am Rosa-Luxemburg-Platz; Intendant Fritz Wisten inszenierte »Wilhelm Tell«. Zwei neue Bühnen bereicherten das Theaterleben der Hauptstadt. Mit dem am 16. November 1950 eingeweihten Theater der Freundschaft in Lichtenberg erhielt Berlin das erste deutsche Kinder- und Jugendtheater, das seine Entstehung sowjetischer Anregung und Unterstützung verdankte. Intendant Hans Rodenberg inszenierte zur Eröffnung das Stück »Du bist der Richtige« von Gustav von Wangenheim, das von der Bewäh-

ZENTRALES
KINDERTHEATER
Theater
der Freundschaft
INTENDANT: HANS RODENBERG
BIST DER
RICHTIGE

rung von FDJlern auf Großbaustellen des sozialistischen Aufbaus berichtete. Aus dem Theater des Hauses der Kultur der Sowjetunion ging am 28. Oktober 1952 das Maxim Gorki Theater hervor. Maxim Vallentin übersiedelte mit seinem »Jungen Ensemble« von Weimar-Belvedere, wo er nach Kriegsende zur Ausbildung des Bühnennachwuchses das Deutsche Theaterinstitut gegründet hatte, in die Hauptstadt und widmete sich von nun an in diesem Theater im Gebäude der früheren Singakademie vor allem der russischen und der sowjetischen Dramatik sowie dem sozialistischen Gegenwartsstück.

Ein neues Kapitel war aufgeschlagen worden, als am 11. Januar 1949 Bertolt Brecht das von ihm gegründete Berliner Ensemble mit dem Stück »Mutter Courage und ihre Kinder« auf der Bühne des Deutschen Theaters vorstellte. Helene Weigel machte in der Rolle der Mutter Courage Theatergeschichte. Am 19. März 1954 bezog das Ensemble sein eigenes Haus im Theater am Schiffbauerdamm. Wie alle kulturellen Einrichtungen wurde es von der Regierung der DDR in seiner Entwicklung großzügig gefördert. Erfolgreich verliefen die ersten Gastspielreisen, die das Ensemble unter seinem Zeichen, der Picassoschen Friedenstaube, in Städte der Republik, in die BRD und in die VR Polen unternahm. Vom I. Internationalen Festival der Dramatischen Kunst in Paris im Jahre 1954 kehrte es preisgekrönt zurück. Brecht sammelte um sich einen Kreis exzellenter Theaterleute: neben seiner Lebensgefährtin Helene Weigel die Schauspieler Ernst Busch und Erwin Geschonneck, die Komponisten Paul Dessau und Hanns Eisler, den Bühnenbildner Caspar Neher und den Regisseur Erich Engel. Er förderte auch junge Kräfte, wo er konnte, so den Schauspieler Ekkehard Schall, die Regisseure Benno Besson und Manfred Wekwerth und die Schriftsteller Heinz Kahlau und Erwin Strittmatter.

Glanzpunkte des Berliner Musiklebens waren die Deutsche Staatsoper und die Komische Oper. Unter der Intendanz von Ernst Legal (1945–1952) und von Heinrich Allmeroth (1952–1954) erreichte die Staatsoper – noch immer im

Admiralspalast am Bahnhof Friedrichstraße spielend – wieder ein hohes künstlerisches Niveau. Viel diskutiert wurde die Uraufführung von »Das Verhör des Lukullus« von Paul Dessau und Bertolt Brecht im März 1951, die am Beginn des zeitgenössischen Opernschaffens der DDR stand.

Inzwischen war der Wiederaufbau der Linden-Oper abgeschlossen worden. Am 14. Juni 1955 spielte das Ensemble der Staatsoper zum letzten Mal im Admiralspalast. In einem Festakt am 4. September 1955 übergab der Minister für Kultur der DDR, Johannes R. Becher, den Knobelsdorffbau dem neuen Intendanten Professor Max Burghardt. Am Abend des gleichen Tages erklang unter der musikalischen Leitung von Professor Franz Konwitschny das festliche »Fanget an« aus Richard Wagners »Meistersingern von Nürnberg«.

Am 23. Dezember 1947 hatte im alten Metropol-Theater in der Behrenstraße die Komische Oper zu spielen begonnen. Walter Felsensteins Bemühungen um ein realistisches Musiktheater, um eine schöpferische Neugestaltung der Opernwerke in ihrer ursprünglichen, ungeschmälerten Buntheit, Heiterkeit und Lebensfülle, führten die Komische Oper bald zu internationaler Geltung. Marksteine auf diesem Weg bildeten besonders die vielbeachteten, von hoher künstlerischer Reife zeugenden und mit außerordentlicher Sorgfalt gestalteten Inszenierungen der Opern »Carmen« von Georges Bizet (1949), »Figaros Hochzeit« (1950) und »Die Zauberflöte« (1954) von Wolfgang Amadeus Mozart. Für die Inszenierung von Bedřich Smetanas Oper »Die verkaufte Braut« (1950) erhielt das Kollektiv der Komischen Oper 1950 den Nationalpreis der DDR. Bald ging das Ensemble auch auf erste Gastspielreisen ins Ausland.

In Berlin wohnten und arbeiteten viele namhafte Schriftsteller der DDR. Sie standen engagiert im Friedenskampf jener Jahre. Anna Seghers (1951), Johannes R. Becher (1952), Bertolt Brecht (1954), Arnold Zweig (1957) erhielten in Moskau den Lenin-Friedenspreis. Hart wurde um die Grundpositionen des sozialistischen Realismus gerungen; es gab scharfe Auseinandersetzungen mit Formalismus und Kosmopolitismus, den damaligen Modeströmungen der bürgerlichen Ideologie. Das gesellschaftlich Neue, die sozialistische Gegenwart, gestalteten vor allem solche Schriftsteller wie Eduard Claudius, Otto Gotsche, Stephan Hermlin, Hans Marchwitza und Ludwig Turek. Neben der Abrechnung mit Faschismus und Krieg und der Anknüpfung an das Erbe der proletarisch-revolutionären Literatur war die Darstellung der befreiten Arbeit – die Berliner Trümmerfrau ebenso wie den Aktivisten erfassend – ein zentrales Thema. Viele Schriftsteller drängte es aus ihrer Arbeitsstube hinaus; sie gingen in die volkseigenen Betriebe, lasen dort aus ihren Werken und diskutierten mit den Werktätigen.

»Katzgraben«, der Erstling von Erwin Strittmatter – 1953 von Brecht inszeniert – zeigte die tiefgreifenden Veränderungen, die die Bodenreform auf dem Lande gebracht hatte. »Die Aufführung war keineswegs das, was man einen durchschlagenden Erfolg nennt; eher das Gegenteil. Und trotzdem vollzog sich mit ihr ein Durchbruch, die Hinwendung zum neuen Gegenstand, der Befreiung der Arbeiterklasse und der Bauern, der Selbstorganisierung der sozialistischen Gesellschaft, dem Mit-, nicht mehr dem Gegeneinander, dem Frühling nicht nur auf dem Lande, sondern der Gesellschaft im ganzen.«[19]

Mit dem Programm »Hurra! Humor ist eingeplant!« lud das neue Kabarett »Die Distel« am 2. Oktober 1953 erstmals die Berliner in das Haus der Presse am Bahnhof Friedrichstraße ein. Unter der Leitung von Erich Brehm avancierte es schnell zum populärsten politischen Kabarett der Republik. Man nahm selbstkritisch die »Kinderkrankheiten« des Sozialismus aufs Korn, die Versorgungsschwierigkeiten, Bürokratismus und Phrasendrescherei. Die mitten durch Berlin verlaufende Scheidelinie

---

19 Ernst Schumacher: Berliner Kritiken. Ein Theater-Dezennium 1964–1974, Bd. II, Berlin 1975, S. 763.

zwischen Sozialismus und Imperialismus mit all ihren Begleiterscheinungen – Frontstadtpolitik, Remilitarisierung und die »Wanderer zwischen zwei Welten« – lieferte weiteren Stoff für Programmnummern.

Überhaupt meinte es das Jahr 1954 gut mit der heiteren Muse, die in der vorangegangenen Zeit oft zu kurz gekommen war. Auch wenn sich die DEFA in puncto Liebes- und Lustspielfilm noch schwer tat, so setzte sich doch die Auffassung durch, daß Humor und Satire, Unterhaltung und Amüsement – oder, wie der Berliner sagt, »Herz und Schnauze« – dem Aufbau des Sozialismus nicht abträglich wären. Im Sommer 1954 übernahm Gottfried Hermann die Direktion des Friedrichstadt-Palastes und führte dieses Großvarieté wieder zu Weltgeltung. Sein größter Erfolg war die Revue »Kinder, wie die Zeit vergeht« (1956). Nebenan, dort, wo heute der Neubau des Friedrichstadt-Palastes steht, hatte bis gegen Ende der fünfziger Jahre der volkseigene Zirkus Barlay sein Stammzelt aufgeschlagen.

Im Jahre 1954 erschien die erste Nummer der »Wochenpost«

BERLINER
BÄREN
LOTTERIE

und die bisherige satirische Zeitung »Frischer Wind« unter dem neuen Namen »Eulenspiegel«. Heinz Quermann kreierte die beliebte Funk- und Fernsehsendung »Da lacht der Bär«. Die »Berliner Bären-Lotterie« wurde im November 1953 vom Magistrat eingerichtet; ihr Reinerlös kam dem NAW zugute.

Zielstrebig wurde die demokratische Schulreform weitergeführt. Der Staat stellte hohe Beträge für Schulneubauten, Unterrichtshilfen und Ferienspiele bereit. Mehr als 1,2 Millionen Lehrbücher standen kostenlos zur Verfügung.

Mit der demokratischen Hochschulreform von 1951 begann der Weg zur sozialistischen Hochschule. Erstmals in der deutschen Universitätsgeschichte wurde eine systematische marxistisch-leninistische Ausbildung für alle Studenten in das Vorlesungsprogramm aufgenommen, wurden den Studenten die Grundlagen der wissenschaftlichen Weltanschauung der Arbeiterklasse vermittelt. Anfang 1951 waren erst 53 Prozent aller Studenten der Humboldt-Universität Mitglieder der FDJ, aber das Bild veränderte sich sehr schnell, weil der Jugendverband im politischen Kampf, in der Studienarbeit und im Einsatz für die sozialen Anliegen zum anerkannten Interessenvertreter der studentischen Jugend wurde und Sitz und Stimme im Akademischen Senat erhielt.

Als erster sowjetischer Gastdozent kam 1951 der Ethnograph Professor S. A. Tokarew. Viele weitere folgten, darunter N. N. Petuchow (Pädagogik), W. J. Koslowski (Philosophie) und W. G. Brjunin (Geschichte). Sie vermittelten die Erkenntnisse der Sowjetwissenschaft und halfen bei der marxistisch-leninistischen Fundierung der Wissenschafts- und Ausbildungsdisziplinen. Unter den Rektoraten der Professoren Walter Neye (1952–1957) und Werner Hartke (1957–1959) forschten und lehrten während der fünfziger Jahre an den 10 Fakultäten und mehr als 150 Instituten der Alma mater berolinensis viele hervorragende Wissenschaftler, die mit dem Nationalpreis und anderen hohen nationalen und internationalen Ehrungen ausgezeichnet wurden. Stellvertretend für alle seien genannt: die Philosophen Georg Klaus und Hermann Scheler, der Musikwissenschaftler und Komponist Ernst Hermann Meyer, der Romanist Victor Klemperer, die Slawisten Hans-Holm Bielfeldt und Wolfgang Steinitz, die Juristen Arthur Baumgarten und Peter Alfons Steiniger, die Pädagogen Robert Alt und Heinrich Deiters, der Wirtschaftswissenschaftler Jürgen Kuczynski, die Historiker Walter Bartel, Karl Obermann, Erich Paterna und Eduard Winter, die Mathematiker Kurt Schröder und Karl Schröter, der Physiker Robert Rompe, die Chemiker Günther Rienäcker und Erich Thilo, der Veterinärmediziner Johannes Dobberstein und die Mediziner Theodor Brugsch, Fritz Gietzelt, Friedrich Jung, Helmut Kraatz, Samuel Mitja Rapoport, Robert Rössle und Walter Stoeckel.

Die 135. Wiederkehr des Geburtstages von Karl Marx nahm die SED zum Anlaß, das Jahr 1953 zum Karl-Marx-Jahr zu erklären. Auf zahlreichen Veranstaltungen, in Presse und Rundfunk wurde die Bevölkerung mit dem Leben und Wirken des Begründers des wissenschaftlichen Sozialismus vertraut gemacht. Im ehemaligen Zeughaus Unter den Linden zeigte das Museum für Deutsche Geschichte eine Karl-Marx-Ausstellung. Der Dietz Verlag Berlin, der sich um die Herausgabe der Werke von Marx und Engels (von 1945 bis 1953 in einer Auflagenhöhe von über 6 Millionen Exemplaren) besondere Verdienste erworben hat, brachte zahlreiche Erstausgaben und Neuauflagen der Klassikerschriften heraus.

Während die Werktätigen der DDR erfolgreich alle Kräfte für den Abschluß des ersten Fünfjahrplans einsetzten, blieb die internationale Lage nach wie vor besorgniserregend. Der Imperialismus setzte seine aggressive »roll back«-Politik gegen den Sozialismus fort; besonders von der weiteren Remilitarisierung der BRD gingen Gefahren für Frieden und Sicherheit in

Unser Wunsch:
Die Berliner Konferenz muss
Frieden und Einheit sichern!

Europa aus. Dank den beharrlichen Bemühungen der Sowjetregierung und aller Friedenskräfte kam es zu einer Konferenz der Außenminister Frankreichs, Großbritanniens, der UdSSR und der USA in Berlin. Sie tagte vom 25. Januar bis 18. Februar 1954 abwechselnd im Gebäude des früheren Alliierten Kontrollrates nahe der Potsdamer Straße in Westberlin und im Gebäude der Sowjetischen Botschaft Unter den Linden. Doch die Außenminister der USA, Großbritanniens und Frankreichs verweigerten erneut den Abschluß eines deutschen Friedensvertrages. Sie lehnten auch die sowjetischen Vorschläge für einen gesamteuropäischen Vertrag über die kollektive Sicherheit in Europa ab. Am Schlußtag der Konferenz, am 18. Februar 1954, verurteilten mehr als 200 000 Berliner auf einer Großkundgebung Unter den Linden die verständigungsfeindliche Haltung der Westmächte.

Der IV. Parteitag der SED, der vom 30. März bis 6. April 1954 in der Werner-Seelenbinder-Halle stattfand, rief die Arbeiterklasse in beiden deutschen Staaten und in Westberlin auf, durch gemeinsame Aktionen die Wiederbewaffnung der BRD zu stoppen und den Weg zu einem einheitlichen demokratischen deutschen Staat offenzuhalten. Auf dem II. Deutschlandtreffen der Jugend Pfingsten 1954 in Berlin bekräftigte die FDJ ihre Entschlossenheit, alles für den Erhalt des Friedens im Herzen Europas zu tun. Auf Vorschlag des II. Nationalkongresses der Nationalen Front im Mai 1954 fand in der DDR eine Volksbefragung über den Abschluß eines Friedensvertrages und den Abzug aller ausländischen Truppen aus beiden deutschen Staaten statt. Sie brachte ein überwältigendes Votum. Allein in der Hauptstadt gaben bei einer hohen Beteiligung von 97,7 Prozent der Stimmberechtigten, zu denen auch die Jugendlichen im Alter von 16 bis 18 Jahren zählten, 97,4 Prozent ihre Stimme für den Abschluß eines Friedensvertrages.

In der BRD und in Westberlin war die Aktion verboten worden. Auch weiterhin unterdrückten der Senat und die drei westlichen Besatzungsmächte gemeinsam die Friedensbewegung in Westberlin. Werktätige aus der Hauptstadt der DDR, die den Friedenskräften in Westberlin bei der Aufklärungsarbeit halfen, wurden von der Stumm-Polizei terrorisiert und auf Grund westalliierter Militärbefehle inhaftiert. Im Jahr 1954 fanden eine Reihe von Konferenzen, Treffen und Begegnungen statt, auf denen Vertreter aus der Hauptstadt der DDR und aus Westberlin zusammenkamen und gemeinsame Aktionen gegen die Aufrüstung der BRD berieten. Die bedeutendsten Veranstaltungen waren die I. und die II. Gesamtberliner Arbeiterkonferenz im Februar und Oktober 1954, die Gesamtberliner Konferenzen der Metallarbeiter, der Transport- und Verkehrsarbeiter, der Arbeiterfrauen, der Kulturschaffenden, der Kreisfriedensräte und die Jungarbeiterkonferenz gegen Militarismus und Faschismus.

Zu einem neuen Aufschwung des antimilitaristischen Kampfes kam es im Herbst 1954. Am 30. August 1954 war das imperialistische Projekt einer »Europäischen Verteidigungsgemeinschaft« (EVG), das die BRD in das politisch-militärische Paktsystem Westeuropas integrieren sollte, in der französischen Nationalversammlung zu Fall gebracht worden. Aber schon am 23. Oktober 1954 unterzeichneten die drei Westmächte, die BRD und weitere NATO-Staaten in Paris ein neues Vertragswerk, das in veränderter Form die Aufstellung einer westdeutschen Armee, die Aufhebung des westalliierten Besatzungsregimes und die Mitgliedschaft der BRD in der NATO ermöglichte. In diesen Pariser Verträgen unterstützten die Westmächte ausdrücklich die

Alleinvertretungsanmaßung der BRD und ihr aggressives, revanchistisches Ziel, ein Deutsches Reich in den Grenzen von 1937 wiederherzustellen. Es war offenkundig, daß die Verwirklichung dieser Verträge die Gefahren für Frieden und Sicherheit in Europa beträchtlich verschärfen würde.

Auf Kundgebungen und in Versammlungen sprachen sich die Werktätigen der Hauptstadt der DDR gegen die mit den Pariser Verträgen verbundene Kriegspolitik der NATO aus. Die Bezirksleitung Groß-Berlin der SED forderte im Oktober 1954 die Westberliner Sozialdemokratie in einem offenen Brief zum gemeinsamen Vorgehen gegen die Aufrüstungspolitik der Adenauer-Regierung und ihre Auswirkungen auf Westberlin auf. Am 22. November 1954 unterbreitete die Volksvertretung von Groß-Berlin dem Westberliner Abgeordnetenhaus ein Programm des gemeinsamen Kampfes um Sicherung des Friedens und um Entspannung der Lage um Westberlin. Dazu gehörten auch Angebote zur Ausweitung der Handelsbeziehungen und zur Wiederherstellung eines durchgehenden Nahverkehrs sowie über zusätzliche Lieferung von Trinkwasser. Aber diese Vorschläge wurden in Westberlin zurückgewiesen.

Am Vorabend der Ratifizierungsdebatte über die Pariser Verträge im Bonner Bundestag fand am 29. Januar 1955 in der Paulskirche zu Frankfurt (Main) eine von SPD und DGB, von bürgerlichen und kirchlichen Kreisen einberufene Kundgebung statt, die zum Widerstand gegen die Pariser Verträge aufrief. Die Paulskirchenbewegung faßte auch in Westberlin Fuß. Es gab Protestkundgebungen, Schweigemärsche und Aktionskomitees. Vor allem Arbeiter und Jugendliche trugen diese außerparlamentarischen Aktionen. Die damalige Senatskoalition von SPD und CDU unterstützte die Remilitarisierungspolitik der Adenauer-Regierung. Führer der Sozialdemokratie und der Gewerkschaften, die sich nur als Einzelpersönlichkeiten an der Paulskirchenbewegung beteiligten, kehrten ihr alsbald den Rücken oder versuchten sogar, sie in eine antikommunistische Stoßrichtung zu drängen. Alle Angebote aus der Hauptstadt der DDR zu einer umfassenden Aktionseinheit blieben unbeantwortet. Gespalten und desorientiert, verlor der Volkskampf gegen die Remilitarisierung in Westberlin bald an Schwung.

Am 5. Mai 1955 traten die Pariser Verträge in Kraft. Am 9. Mai 1955 wurde die BRD Mitglied der NATO. Es begann die Aufstellung der Bundeswehr als einer Revanchearmee. Zehn Jahre nach Ende des zweiten Weltkrieges hatte sich in Europa eine neue Lage herausgebildet, die neue Anstrengungen zur Abwendung der imperialistischen Kriegsgefahr nötig machte.

Kapitel X

Kämpfe und Erfolge. Die Jahre 1955–1961

Am Sonntag, dem 30. November 1958, entboten mit einem Festzug mehr als 30 000 Berliner aus über 200 hauptstädtischen Betrieben und Einrichtungen dem Magistrat und den vielen geladenen Gästen, die auf einer Tribüne vor dem Roten Rathaus Platz genommen hatten, ihren Gruß. Trotz Kälte und Schneeschauer standen unzählige Berliner am Straßenrand. Auf der Festsitzung der Stadtverordnetenversammlung am Vortag hatte Oberbürgermeister FRIEDRICH EBERT *festgestellt: »Die von den antifaschistisch-demokratischen Kräften seit 1945 gemeinsam geleistete Arbeit hat das Gesicht Berlins verändert, wie das in keinem vergleichbaren Zeitabschnitt zuvor möglich war.«*[1]

---

1 Berliner Zeitung, 30. November 1958.

30. November 1955. In der Mittagsstunde hatte sich eine vieltausendköpfige Menschenmenge vor dem Roten Rathaus versammelt. Der Maureraktivist Max Körper überreichte Oberbürgermeister Friedrich Ebert auf einem Samtkissen die Schlüssel zum Hauptportal des Rathauses. Im Frühjahr 1945 zur Ruine gebombt, war das historische Gebäude seit 1951 weitgehend wiederhergestellt worden. Lediglich der große Sitzungssaal der Stadtverordneten konnte erst im Jahr darauf in Dienst genommen werden. Der Einweihungsfeier am 30. November 1955 wohnte auch Präsident Wilhelm Pieck bei. Er hatte von 1929 bis 1933 als Vorsitzender der KPD-Fraktion die Interessen des werktätigen Berlin im damaligen Stadtparlament wahrgenommen. An diesem Tage übergab der Botschafter der ČSR, Lubomir Linhart, dem Oberbürgermeister das Original des Berlinischen Stadtbuches, einer für die Geschichte der Stadt höchst bedeutsamen Rechtsquelle aus den Jahren 1391–1498, das während des zweiten Weltkrieges in das nordböhmische Schloß Friedland ausgelagert worden war.

Auf der Festsitzung der Volksvertretung im Saal des Ministeriums für Finanzen am Werderschen Markt (1959 bezog das Zentralkomitee der SED das Gebäude) hatte Oberbürgermeister Friedrich Ebert zuvor die erfolgreiche Bilanz von sieben Jahren Arbeit des demokratischen Magistrats gezogen.

Der volkseigene Sektor der Industrie hatte sich von 75,4 Prozent im Jahre 1950 auf 88,5 Prozent im Jahre 1955 erweitert. Einen gewaltigen Aufschwung hatten vor allem die beiden bestimmenden Industriezweige der Hauptstadt, die Elektroindustrie und der Maschinenbau, genommen. Bis Ende 1955 hatte die Elektroindustrie ihre Produktion gegenüber 1936 verdreifacht, und der Maschinenbau hatte sie verdoppelt. In der Bauwirtschaft erhöhte sich der sozialistische Anteil an der Produktion von 45,1 Prozent im Jahre 1950 auf 77,9 Prozent im Jahre 1955. Die volkseigenen Betriebe des Einzelhandels, wie HO,

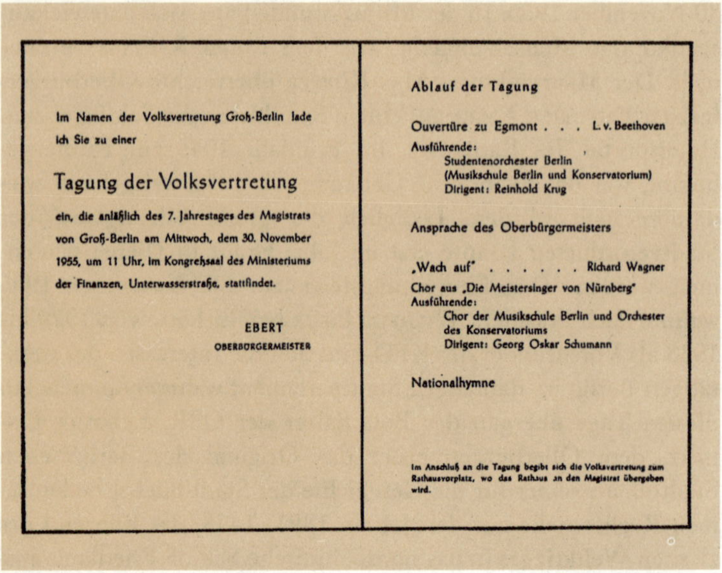

Im Namen der Volksvertretung Groß-Berlin lade ich Sie zu einer

Tagung der Volksvertretung

ein, die anläßlich des 7. Jahrestages des Magistrats von Groß-Berlin am Mittwoch, dem 30. November 1955, um 11 Uhr, im Kongreßsaal des Ministeriums der Finanzen, Unterwasserstraße, stattfindet.

EBERT
OBERBÜRGERMEISTER

Ablauf der Tagung

Ouvertüre zu Egmont . . . L. v. Beethoven
Ausführende:
Studentenorchester Berlin
(Musikschule Berlin und Konservatorium)
Dirigent: Reinhold Krug

Ansprache des Oberbürgermeisters

„Wach auf" . . . . Richard Wagner
Chor aus „Die Meistersinger von Nürnberg"
Ausführende:
Chor der Musikschule Berlin und Orchester des Konservatoriums
Dirigent: Georg Oskar Schumann

Nationalhymne

Im Anschluß an die Tagung begibt sich die Volksvertretung zum Rathausvorplatz, wo das Rathaus an den Magistrat übergeben wird.

Konsum und Industrieläden, steigerten ihren Anteil am Gesamtumsatz von 48,8 auf 67,5 Prozent. Mehr als die Hälfte aller Berliner Wohnungen unterstanden dem VEB Kommunale Wohnungsverwaltung oder anderen staatlichen Verwaltungen. In der Berliner Landwirtschaft bewirtschafteten VEG und LPG im Jahre 1955 bereits 52,2 Prozent der landwirtschaftlichen Nutzfläche.

So waren in allen volkswirtschaftlichen Bereichen stabile sozialistische Produktionsverhältnisse entstanden. Die Arbeiterklasse hatte sich unter der Führung der SED zur herrschenden Klasse erhoben. Sie war reifer geworden, sie hatte gelernt, Staat und Wirtschaft zu leiten und alle schöpferischen Kräfte der Gesellschaft zu einer großen gemeinsamen und fruchtbringenden Arbeit freizusetzen. Sie war zur wirklich führenden Kraft der Gesellschaft geworden. Im Kampf um die Erfüllung des großen Wirtschaftsplans, im Kampf um ein besseres Leben begannen sich die Menschen zu ändern. Die tiefgreifenden Wandlungen

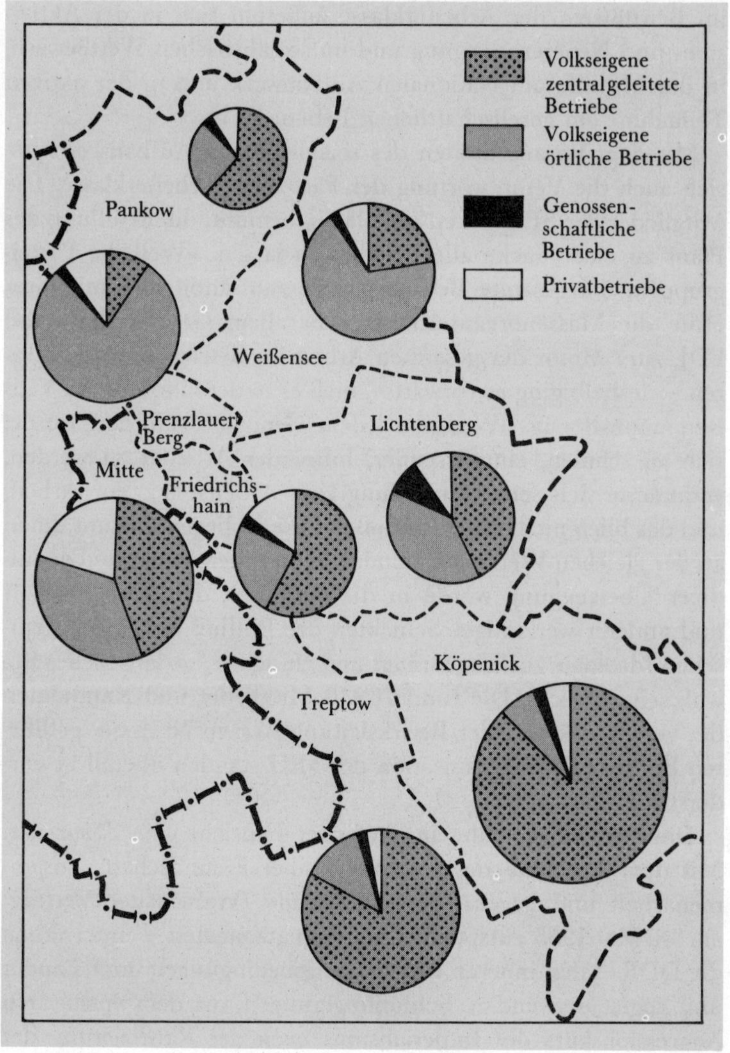

Verteilung der Industriebetriebe auf die Stadtbezirke der Hauptstadt, um 1956. Die Größe der Kreise entspricht dem Anteil der Stadtbezirke am Wert der Gesamtproduktion der Berliner Industrie im Bewußtsein der Arbeiterklasse äußerten sich in der Aktivisten- und Neuererbewegung und im sozialistischen Wettbewerb, in der Mithilfe am Nationalen Aufbauwerk und in der aktiven Teilnahme am gesellschaftlichen Leben.

Mit dem Voranschreiten des sozialistischen Aufbaus erhöhte sich auch die Verantwortung der Partei der Arbeiterklasse. Die Mitglieder der SED waren unablässig bemüht, die Erfüllung des Plans zu einer Sache aller werden zu lassen. »Weil die Parteigruppen, die gesamte Betriebsparteiorganisation und mit ihrer Hilfe die Massenorganisationen, vor allem Gewerkschaft und FDJ, zum Motor der gesamten Arbeit im Betrieb geworden waren – deshalb ging es vorwärts«, hieß es in der Chronik des VEB Bergmann-Borsig. »Weil von jedem Genossen gefordert wurde, sich zu schulen, ein wissender, führender Arbeiter zu werden, veränderte sich seine Einstellung zum Arbeitsplatz, zur Arbeit, und das blieb nicht ohne Einfluß auf die Kollegen, die mit ihnen an der gleichen Werkbank standen.«[2] In zäher Arbeit und geduldiger Überzeugung wurde in der Mehrheit der Arbeiterschaft und anderer werktätiger Schichten der Einfluß der imperialistischen Ideologie zurückgedrängt und ein neues, sozialistisches Bewußtsein geweckt. Die rund 76 840 Mitglieder und Kandidaten der vom 1. Sekretär der Bezirksleitung Alfred Neumann geführten Berliner Parteiorganisation der SED standen überall in vorderster Reihe.

Das Jahr 1955 stellte in vielfacher Hinsicht eine Zäsur dar. Mit dem Abschluß des »Vertrages über Freundschaft, Zusammenarbeit und gegenseitigen Beistand« (Warschauer Vertrag) am 14. Mai 1955 entsprachen die Signatarstaaten – unter ihnen die DDR – den inneren Entwicklungsbedingungen ihrer Länder und zogen notwendige Schlußfolgerungen aus dem verstärkten Aggressionskurs des Imperialismus nach der Ratifizierung der Pariser Verträge.

2 Ohne Kapitalisten geht es besser. Zum 10jährigen Bestehen unseres volkseigenen Betriebes Bergmann-Borsig, o. O. u. J. (1959), S. 43.

Der »Vertrag über die Beziehungen zwischen der Deutschen Demokratischen Republik und der Union der Sozialistischen Sowjetrepubliken«, am 20. September 1955 in Moskau unterzeichnet, bildete die Grundlage für die weitere Zusammenarbeit zwischen beiden Staaten und Völkern und demonstrierte, daß die Versuche der NATO, die DDR aus der sozialistischen Gemeinschaft herauszulösen, ebenso wie die Alleinvertretungsanmaßung herrschender Kreise der BRD zum Scheitern verurteilt waren. Die Sowjetunion hob die Funktion des Hohen Kommissars der UdSSR in Deutschland und die vom Alliierten Kontrollrat in den Jahren 1945–1948 erlassenen Rechtsvorschriften auf. Außerdem beendete sie ihre Mitarbeit in Hilfsorganen des Alliierten Kontrollrates, wie dem Alliierten Reiseamt und dem Alliierten Abrechnungsbüro für das Post- und Fernmeldewesen, die zur Abwicklung technischer Angelegenheiten bis dahin weiterbestanden hatten. Lediglich an der Bewachung des Spandauer Kriegsverbrechergefängnisses und an der Alliierten Luftsicherheitszentrale beteiligte sich die Sowjetunion weiter. Die Luftsicherheitszentrale mit Sitz im früheren Kontrollratsgebäude im Westberliner Kleistpark war zuständig für die technische Abwicklung des Flugverkehrs der drei Westmächte zwischen der BRD und Westberlin in den 1945/1946 eingerichteten Trassen. Hinsichtlich der uneingeschränkten Souveränität der DDR über ihren Luftraum ergaben sich daraus keine nennenswerten Auswirkungen. Laut einem ergänzend zum Staatsvertrag geführten Briefwechsel zwischen dem Außenminister der DDR, Dr. Lothar Bolz, und dem stellvertretenden Außenminister der UdSSR, W. A. Sorin, übernahm am 1. Dezember 1955 die Grenzpolizei die Bewachung und Kontrolle an den Grenzen der DDR gegenüber der BRD und Westberlin. Lediglich die Kontrolle des Verkehrs von Truppenpersonal und -gütern der in Westberlin stationierten Garnisonen der drei Westmächte unterstand weiterhin dem Kommando der Gruppe der Sowjetischen Streitkräfte in Deutschland (GSSD).

Der Staatsvertrag vom 20. September 1955 schuf somit restlos

Klarheit über den Status der Hauptstadt der DDR. Daß gewisse Gepflogenheiten aus der Zeit nach 1945, wie etwa die freie Bewegung von Militärpersonal aller vier Mächte in ganz Berlin, fortbestanden, änderte daran nichts. Im übrigen wurden solche Gewohnheiten von westlicher Seite übermäßig strapaziert, um zu demonstrieren, daß es angeblich einen »Viermächtestatus für ganz Berlin« gebe. Gegen solche Übergriffe protestierten die Organe der DDR wiederholt.

Die Eingliederung der BRD in die NATO, die am 9. Mai 1955 auf Grund der Pariser Verträge erfolgte, hatte eine neue Lage im Verhältnis zwischen der DDR und der BRD geschaffen – ketteten doch die herrschenden Kreise in Bonn durch diese Verträge die BRD an die NATO und den USA-Imperialismus und zementierten die Spaltung Deutschlands. Angesichts der Tatsache, daß sich auf deutschem Boden zwei Staaten mit unterschiedlichen gesellschaftlichen Systemen und als Mitglieder zweier gegensätzlicher politisch-militärischer Gruppierungen herausgebildet hatten, gab es keine andere realpolitische Alternative, als zwischen ihnen die Prinzipien der friedlichen Koexistenz durchzusetzen. Zugleich begann sich diese langfristige Perspektive auch für das Verhältnis zwischen der DDR und Westberlin abzuzeichnen. Die besondere Entwicklung Westberlins in Richtung einer selbständigen politischen Einheit neben den beiden deutschen Staaten trat nach 1955 immer stärker hervor. Einerseits blieb Westberlin in seiner selbstverschuldeten Isolation von der DDR, andererseits bildete es unverändert keinen konstitutiven Bestandteil der BRD und wurde im Mai 1955 erneut unter ein Besatzungsregime der drei Westmächte gestellt. Die DDR schlug im Juni 1955 dem Senat von Westberlin erneut Verhandlungen über eine Beendigung der Frontstadtpolitik und die Herstellung normaler Beziehungen vor und wiederholte dieses Angebot auch in den folgenden Jahren.

Mit der Einbeziehung der BRD in die NATO schob sich das gefährlichste imperialistische Paktsystem bis unmittelbar an die Grenze des sozialistischen Weltsystems im Herzen Europas vor.

Das inmitten der DDR gelegene Westberlin wurde als Provokationszentrum weiter ausgebaut. Für die DDR erwuchsen aus der Mitgliedschaft im Warschauer Vertrag und nach dem Staatsvertrag neue Aufgaben zur Sicherung des Friedens. Am 18. Januar 1956 beschloß die Volkskammer der DDR die Schaffung der Nationalen Volksarmee (NVA). Anders als in der BRD, die im Sommer 1956 die allgemeine Wehrpflicht einführte, wurde die NVA nach dem Freiwilligenprinzip aufgebaut, das bis 1962 galt. Klassenbewußte Arbeiter, Mitglieder der SED, der Gewerkschaften und der Blockparteien führten auch in Berlin gemeinsam mit Agitatoren der FDJ Gespräche mit jungen Bürgern, um sie für den freiwilligen Ehrendienst in den bewaffneten Organen der DDR zu gewinnen. Die Industriearbeiter und die Werktätigen aus wissenschaftlichen und Verwaltungseinrichtungen leisteten ihren Beitrag zur sozialistischen Landesverteidigung in den bewaffneten Kampfgruppen der Arbeiterklasse. Entstanden in der harten Klassenkampfsituation des Jahres 1953, trugen sie zum zuverlässigen Schutz der Arbeiter-und-Bauern-Macht nach innen und außen bei. Seit 1955 beteiligen sich die bewaffneten Hundertschaften der Arbeiterklasse an der traditionellen Kampfdemonstration der Berliner Werktätigen im Januar jedes Jahres zur Gedenkstätte der Sozialisten in Friedrichsfelde sowie an den Maidemonstrationen.

Vom 24. bis 30. März 1956 tagte die 3. Parteikonferenz der SED in Berlin. Sie arbeitete die Grundzüge der strategischen Konzeption weiter aus, die darauf gerichtet waren, die Grundlagen des Sozialismus in der DDR auch in der kommenden Zeit aufzubauen und zu festigen. Die Parteikonferenz billigte die Direktive für den zweiten Fünfjahrplan der DDR (1956–1960), die den vorrangigen Ausbau der Grundstoffindustrie, der Metallurgie, der Energieerzeugung, der Brennstoff- und der Bauindustrie vorsah. Zugleich wurde auf eine schnellere Entwicklung der Elektrotechnik, des wissenschaftlichen Gerätebaus und bestimmter Zweige des Maschinenbaus orientiert, also auf Bereiche, die für den wissenschaftlich-technischen Fortschritt entscheidend waren und in denen die hauptstädtische Industrie führend war. Die 3. Parteikonferenz beschloß auch, die Handwerker, Gewerbetreibenden und Unternehmer sowie die Klein- und Mittelbauern für einen genossenschaftlichen Weg zum Sozialismus zu gewinnen. In Berlin gab es 1955 über 770 private Industriebetriebe, 14 000 private Handwerksbetriebe und 13 000 Einzelhändler. In diesen Wirtschaftsbereichen arbeiteten rund 120 000 Beschäftigte. Von der CDU und der LDPD gingen Anregungen aus, die Produktions- und Handelskapazitäten von Privatbetrieben durch eine staatliche Beteiligung auf freiwilliger Basis zum Wohle der gesamten Volkswirtschaft zu erweitern. Nachdem bereits seit 1952 für Handwerker die Möglichkeit bestand, sich zu genossenschaftlicher Produktion zusammenzuschließen, wurde nun weiteren Angehörigen des kleinen und mittleren Bürgertums die Chance geboten, sich in einer ihren speziellen Interessen Rechnung tragenden Weise am Aufbau des Sozialismus zu beteiligen. Anfangs jedoch gab es in diesen Bevölkerungsschichten viele Vorbehalte gegenüber dieser Politik und Zweifel an der sozialistischen Perspektive. Solange die deutsche Frage offen schien und Wiedervereinigungsillusionen verbreitet waren, die die permanente Diversion der herrschenden Kreise in der BRD ins Land trug, glaubten viele Privatunternehmer, Einzelhändler und Handwerker, sich noch nicht endgültig für den Sozialismus entscheiden zu müssen. Nachdem aber die neuen Produktions- und Handelsformen ihre Entwicklungsmöglichkeiten und Vorteile für die Beteiligten erst einmal demonstriert hatten, wandelte sich die Lage. Die Zahl der Industriebetriebe mit staatlicher Beteiligung stieg in Berlin von 18 im Jahre 1956 auf 49 im Jahre 1958. Ähnlich beim Einzelhandel. Hatten 1956 erst 4 Einzelhändler einen Kommissionsvertrag mit dem staatlichen Handel geschlossen, so waren es Ende 1958 schon 437. Fortschritte machte auch die Entwicklung im Handwerk. Ende 1956 gab es 22 Produktionsgenossenschaften des Handwerks (PGH)

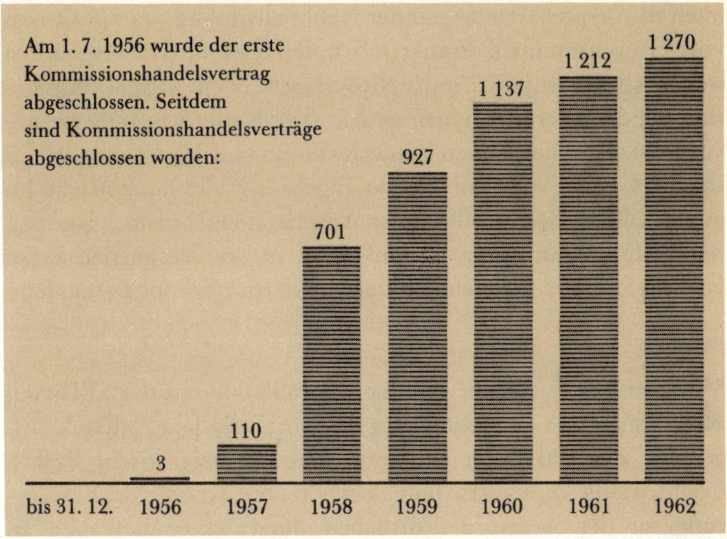

Entwicklung des Kommissionshandels in Berlin

mit etwa 600 Mitgliedern, Ende 1958 schon 96 PGH mit über 3 000 Mitgliedern. Besonders hohen Anteil hatten die PGH an den Leistungen des Baugewerbes. Die am 4. April 1956 gebildete PGH »Aufbau« im Stadtbezirk Friedrichshain war die erste Genossenschaft im Baugewerbe der DDR.[3]

So waren in Berlin die ersten erfolgreichen Schritte getan, um durch geeignete ökonomische Maßnahmen und geduldige Überzeugung auch einen Teil der früheren Bourgeoisie sowie Handwerker und Gewerbetreibende eng mit der Arbeiterklasse und dem Sozialismus zu verbinden.

Ende 1956 spitzte sich international wie national der Klassenkampf erneut zu. An der gewachsenen Macht des Sozialismus zerschellten jedoch die Anschläge der Konterrevolution: In der Ungarischen Volksrepublik, in der Volksrepublik Polen und

3 Bereits 1952 hatten sich die Köpenicker Fischer in einer Fischereigenossenschaft zusammengeschlossen.

auch in Ägypten, das wegen der Nationalisierung des Suezkanals von Großbritannien, Frankreich und Israel überfallen worden war, erlitt der Imperialismus Niederlagen. Nicht anders erging es ihm bei dem Versuch, einen neuen »Tag X« in der DDR zu provozieren. Diesmal kamen konterrevolutionäre Bestrebungen, für die der Gegner vor allem die Intelligenz und die studentische Jugend mißbrauchen wollte, über Ansätze nicht hinaus.[4] Das von der SED geschmiedete Bündnis aller in der Nationalen Front vereinten Kräfte hatte eine weitere Bewährungsprobe bestanden.

Zielstrebig wurde der von der 3. Parteikonferenz der SED vom März 1956 gewiesene Weg des sozialistischen Aufbaus fortgesetzt. Zunächst kam es darauf an, die sozialistische Staatsmacht weiter zu stärken und noch breitere Kreise der Bevölkerung an der Arbeit der örtlichen Staatsorgane teilhaben zu lassen. Am 17. Januar 1957 beschloß die Volkskammer das Gesetz über die örtlichen Organe der Staatsmacht und das Gesetz über die Rechte und Pflichten der Volkskammer gegenüber den örtlichen Volksvertretungen. Diese Gesetze bildeten die Grundlage für die weitere Festigung und Entwicklung der sozialistischen Staatsmacht, für die Verbesserung der Arbeit der staatlichen Organe und die Entfaltung der sozialistischen Demokratie. In der Präambel des Gesetzes über die örtlichen Organe hieß es: »Die Volksvertretungen in der Deutschen Demokratischen Republik und die Organe des Staatsapparates bilden als beschließende und durchführende Organe das einheitliche System der Arbeiter-und-Bauern-Macht.«[5]

Die 13. Tagung der Volksvertretung von Groß-Berlin am 28. Januar 1957 entschied, die traditionelle Bezeichnung Stadtverordnetenversammlung wieder anzunehmen, die Volksvertretungen der Stadtbezirke erhielten die Bezeichnung Bezirksverordnetenversammlungen. Das Gesetz vom 17. Januar 1957 re-

4 Näheres hierzu siehe Kapitel XI dieses Buches.
5 GBl. I 1957 Nr. 8 S. 65; Ber. Nr. 13.

gelte in umfassender Weise die Aufgaben und Rechte der Stadtverordnetenversammlung und der acht Bezirksverordnetenversammlungen, die des Magistrats und der Räte der Stadtbezirke. Es schuf Voraussetzungen für eine noch aktivere Teilnahme der Bürger an der Leitung von Staat und Wirtschaft.

Das Gesetz über die Vervollkommnung und Vereinfachung der Arbeit des Staatsapparates in der DDR, das die Volkskammer am 11. Februar 1958 beschloß, führte diese Entwicklung konsequent weiter. Danach war den örtlichen Organen der Staatsmacht »die volle Verantwortung für die staatlichen und wirtschaftlichen Aufgaben in ihrem Zuständigkeitsbereich zu übertragen«[6]. Probleme bereitete auch in Berlin nach wie vor die Leitung der örtlichen Industriebetriebe, die immer wieder Mängel und Rückstände in der Planerfüllung aufwiesen. Am 1. April 1958 konstituierte sich ein Wirtschaftsrat beim Magistrat, der auf der Grundlage der Weisungen der Staatlichen Plankommission die Perspektiv- und Jahrespläne zur Entwicklung der Hauptstadt ausarbeitete. Gleichzeitig wurde unter Leitung von Ehrhardt Gisske ein Stadtbauamt gebildet, das die Voraussetzungen für einen beschleunigten Aufbau des Stadtzentrums und weiterer Wohngebiete schaffen sollte. Im Dezember 1958 erfolgte abermals eine strukturelle Umstellung in der örtlichen Wirtschaft. Es wurden 71 der bisher 113 dem Magistrat unterstellten Betriebe der örtlichen volkseigenen Industrie den Räten der Stadtbezirke unterstellt, wie es ein Jahr zuvor schon einmal der Fall gewesen war. Manche Wege mußten erst erprobt und viel Erfahrung gesammelt werden, um optimale Lösungen für die Leitung und Planung der Volkswirtschaft zu finden.

Bei den Wahlen zu den örtlichen Volksvertretungen am 23. Juni 1957 und zur Stadtverordnetenversammlung am 16. November 1958 stimmte eine klare Mehrheit für die Liste der Nationalen Front. Auf der konstituierenden Sitzung der Stadtverordnetenversammlung vom 29. November 1958 wurde Friedrich

---

6 GBl. I 1958 Nr. 11 S. 118.

Ebert erneut zum Oberbürgermeister gewählt. Von den 18 Mitgliedern des Magistrats kamen 13 aus der Arbeiterklasse, 3 aus Handwerkerkreisen, 2 waren Angestellte. Von den 200 Abgeordneten der Stadtverordnetenversammlung waren ihrer sozialen Herkunft nach 68 Prozent Arbeiter oder Landarbeiter, 12,5 Prozent Angestellte, 2,5 Prozent Angehörige der Intelligenz und 11,5 Prozent selbständige Handwerker und Gewerbetreibende. Diese Zahlen drückten aus, daß Volksvertretung und Magistrat Organe der Werktätigen geworden waren.

Das Jahr 1957 stand im Zeichen des 40. Jahrestages der Großen Sozialistischen Oktoberrevolution. Die Berliner begingen dieses Ereignis in enger freundschaftlicher Verbundenheit mit dem Lande Lenins. Unter der Losung »Jeder eine gute Tat für unsere gemeinsame sozialistische Sache« setzten sich die Belegschaften der Großbetriebe das Ziel, 15 Tage Planvorsprung zu erreichen. Der Wettbewerb zu Ehren des Roten Oktober – an ihm nahmen in der ganzen Republik 2,5 Millionen Werktätige teil – war die bis dahin größte Massenbewegung in der Volkswirtschaft. In Berlin erfaßte sie rund 75 Prozent aller in der Produktion Tätigen. Auf zahlreichen Veranstaltungen und Ausstellungen machten sich die Berliner mit den Errungenschaften des ersten sozialistischen Landes vertraut. Besonders aktiv zeigten sich die Mitglieder der Gesellschaft für Deutsch-Sowjetische Freundschaft; ihre Zahl betrug in Berlin über 200 000.

Viel besucht wurde im Herbst 1957 die Ausstellung »Revolutionäre sozialistische Kunst 1917–1957«, die im Pavillon der Kunst Unter den Linden[7] gezeigt wurde. Der Verband Bildender Künstler der DDR hatte sie veranstaltet, um Künstlern wie Publikum die großen Traditionen der proletarisch-revolutionären deutschen Kunst nahezubringen. Neben jüngeren Arbeiten zu

7 Am 20. Juni 1957 eröffnete der Stellvertreter des Ministers für Kultur Alexander Abusch den Pavillon der Kunst Unter den Linden/Ecke Friedrichstraße und übergab ihn dem Verband Bildender Künstler.

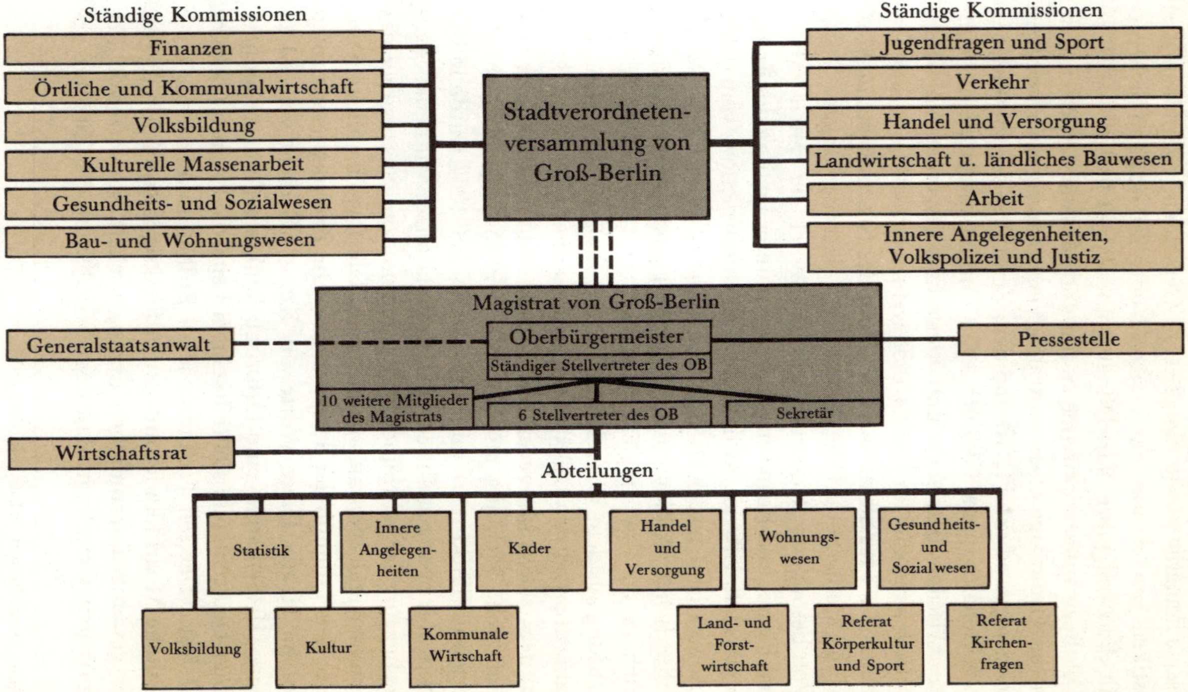

Struktur der Stadtverordnetenversammlung und des Magistrats von Groß-Berlin, 1959. Vereinfachtes Schema dieser Thematik wurde manches an Gemälden, Graphiken und Plastiken gezeigt, was nur versteckt oder im Ausland sichergestellt die zwölf Jahre Nazi-Diktatur überdauert hatte.

Die Beziehungen zwischen Berlin und Moskau vertieften sich. Auf der Grundlage einer zentralen Vereinbarung zwischen dem Bundesvorstand des FDGB und dem Zentralrat der sowjetischen Gewerkschaften vom Oktober 1957 wurden unmittelbare Kontakte zwischen Betrieben und Gewerkschaftsverbänden beider Länder hergestellt. Im Herbst 1956 weilte erstmals auch eine Delegation des Magistrats auf Einladung des Stadtsowjets in Moskau und studierte dort die Arbeit der Volksvertretungen.

Von besonderer Bedeutung war der Besuch der ersten sowjetischen Partei- und Regierungsdelegation unter Leitung des Ersten Sekretärs des ZK der KPdSU, N. S. Chruschtschow, vom 7. bis 14. August 1957 in der DDR. Die Berliner bereiteten den Gästen ein herzliches Willkommen. In einer gemeinsamen Erklärung versicherte die Sowjetregierung, daß sie gemäß ihrer Bündnisverpflichtung aus dem Warschauer Vertrag die Unabhängigkeit und Unantastbarkeit der DDR verteidigen werde.

In den frühen Morgenstunden des 5. Oktober 1957 ging eine sensationelle Meldung um die Welt. Die sowjetische Nachrichtenagentur TASS teilte mit: »Am 4. Oktober 1957 wurde in der UdSSR der erste Satellit erfolgreich gestartet.«[8] Mit dem »Sputnik« begann der jahrhundertealte Traum vom Sternenflug des Menschen reale Gestalt anzunehmen. Die fortschrittliche Welt feierte den Triumph der Sowjetunion. »Die Zeit trägt einen roten Stern im Haar.« Diese Worte aus Kubas »Gedicht vom Menschen« (1948) hatten eine historisch konkrete Form gewonnen. »Neues Deutschland« stellte in einem Leitartikel vom 6. Oktober 1957 fest: »Der seit Freitag unseren Erdball umkreisende erste künstliche Mond kündet mit seinen Funksignalen nicht nur von einer gewaltigen technischen Errungenschaft, sondern von der historischen Gewißheit, daß dem Sozialismus die Zukunft ge-

8 Neues Deutschland (B), 6. Oktober 1957.

hört. In diesem Sinne werden seine Signale von der Welt gehört und verstanden.«

Freude und Begeisterung über die wissenschaftliche Großtat der Sowjetunion herrschte unter den Berliner Werktätigen. Viele standen am offenen Fenster oder auf der Straße und beobachteten mit Ferngläsern und Fernrohren am nächtlichen Himmel den Vorbeiflug des Sputniks in rund 900 Kilometer Höhe. Dem Imperialismus versetzte der Start des Sputniks einen tiefen Schock, die friedliebende Menschheit aber bestärkte er in ihrem Kampf um sozialen Fortschritt.

Vom 10. bis 16. Juli 1958 tagte in der Werner-Seelenbinder-Halle der V. Parteitag der SED unter der Losung »Der Sozialismus siegt!«. Er faßte den Beschluß, während der nächsten Jahre die sozialistischen Produktionsverhältnisse in der DDR zum Siege zu führen und somit die Übergangsperiode vom Kapitalismus zum Sozialismus im wesentlichen abzuschließen. Konkret hieß dies, das Entwicklungstempo der Volkswirtschaft zu beschleunigen, die materiell-technische Basis des Sozialismus auszubauen, die sozialistische Umgestaltung der Landwirtschaft zu vollenden, die sozialistische Staatsmacht allseitig zu stärken und die sozialistische Revolution auf dem Gebiet der Ideologie und Kultur fortzusetzen. Außenpolitisch eröffnete der Parteitag eine neue Friedensoffensive, indem er weitreichende Vorschläge für den Abschluß eines deutschen Friedensvertrages und für eine friedliche Lösung der Westberlinfrage unterbreitete.

Die Berliner Werktätigen zeigten durch neue Wettbewerbsverpflichtungen, daß sie die historische Tragweite des Beschlusses des V. Parteitages verstanden hatten.

Als Anfang 1959 die Jugendbrigade »Nikolai Mamai« im VEB Elektrochemisches Kombinat Bitterfeld den Anstoß zur Bildung von Brigaden der sozialistischen Arbeit gab, faßte diese Bewegung sofort auch in der Hauptstadt Fuß. Als erste setzte sich die Brigade Chran im EAW Treptow das Ziel, ein sozialistisches

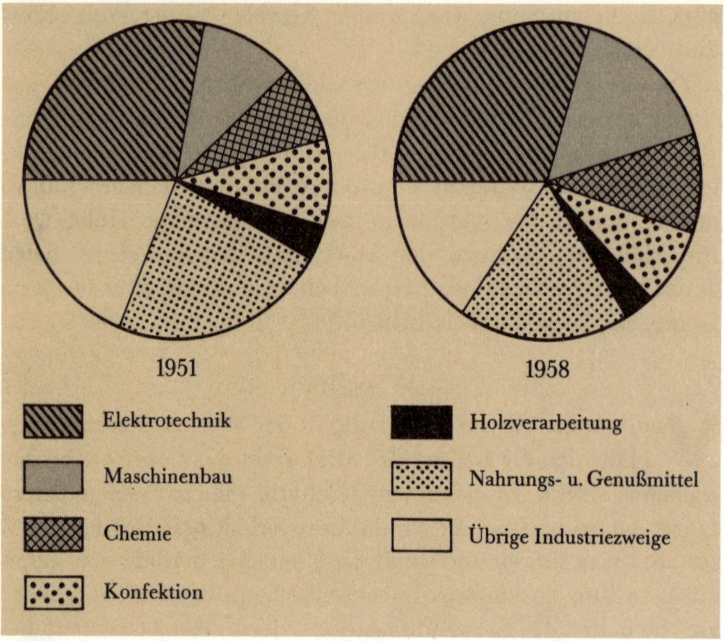

Zweigstruktur der Berliner Industrie

Kollektiv zu werden. Die Brigade »FDJ-Band« im Berliner Glühlampenwerk schrieb in ihren Arbeitsplan: »Sozialistisch arbeiten heißt: gute Taten für den Sozialismus vollbringen, denn der Sozialismus führt zu einem besseren Leben für alle Werktätigen – das heißt, beim Aufbau des Sozialismus im Geiste der gegenseitigen und kameradschaftlichen Zusammenarbeit zu handeln, das Kollektiv zu achten und seine Kritik zu beherzigen.«[9]

Zu den Schrittmachern der Brigaden der sozialistischen Arbeit in der Hauptstadt zählten auch die Brigade »V. Parteitag« im VEB Bremsenwerk, die Brigade »Max Reimann« im VEB Kabelwerk Oberspree, die Jugendbrigade »Rosa Luxemburg« im VEB Elektrokohle und die Jugendbrigade »Ernst Thälmann« im VEB

9 Der Lichtblick. Betriebszeitung des VEB Berliner Glühlampenwerk, 7. März 1959.

Bergmann-Borsig. Zu Recht kann man sagen, daß überall die Arbeiterjugend der Initiator dieser weit in die Zukunft weisenden Bewegung war.

Über die Anfänge der Brigadebewegung im VEB Kabelwerk Oberspree liegt folgender Bericht vor: »Im Frühjahr 1959 saßen im Preß- und Stanzwerk immer öfter Genossen zusammen und berieten über die Frage: ›Was ist zu tun, um die Beschlüsse des V. Parteitages zu verwirklichen?‹ Sie kamen zu dem Schluß: ›Der Sozialismus siegt nur dann, wenn die Arbeiter nicht nebeneinander, sondern miteinander arbeiten.‹ Die Genossen suchten sich als Verbündete die Gewerkschaftsfunktionäre. Es begann eine lebhafte Aussprache, um die bestehenden Schichten nach dem Beispiel der ›Mamais‹ aus dem Elektrochemischen Kombinat Bitterfeld in Brigaden umzuwandeln und dadurch eine neue Qualität der Gemeinschaftsarbeit anzustreben. Nach monatelanger beharrlicher Diskussion war es am 4. September 1959 so weit, daß die Schicht Buth zur Brigade ›Anton Saefkow‹ wurde. Ein Kollege war noch nicht einverstanden und ging zur anderen Schicht. Es dauerte aber nicht lange, da holte ihn die Entwicklung ein. Die 2. Schicht beschloß, wir werden die Brigade ›Otto Krahmann‹.«[10]

Anfang 1959 bildete sich eine weitere Form der Gemeinschaftsarbeit heraus: die sozialistischen Arbeits- und Forschungsgemeinschaften. Produktionsarbeiter, Techniker, Ingenieure und Neuerer fanden sich zusammen, um in enger Verbindung von Wissenschaft und Praxis die Probleme des wissenschaftlich-technischen Fortschritts in ihrem Arbeitsbereich zu lösen. Einer von ihnen war der Obermeister Fritz Marunde aus dem VEB Berliner Metallhütten- und Halbzeugwerke, der neben seiner vielseitigen Tätigkeit als Mitglied der Stadtverordnetenversammlung und der SED-Betriebsparteileitung ständig nach neuen Möglich-

---

10 Eberhard Göring: Schlagt die Militaristen mit Taten. In: Erlebt und mitgestaltet. Wie die Werktätigen Köpenicks zum Werden unserer Republik beitrugen. Hrsg. SED-Kreisleitung Berlin-Köpenick, Kommission zur Erforschung der Geschichte der örtlichen Arbeiterbewegung, o. O. u. J. (1969), S. 44/45.

keiten suchte, die Produktion zu verbessern. Ein von ihm entwickeltes halbautomatisches Verfahren zum Anspitzen der Vier- und Sechskantstangen brachte eine Steigerung der Arbeitsproduktivität um 75 Prozent.

Die Bewegung der Brigaden und Gemeinschaften der sozialistischen Arbeit entwickelte sich in allen Industriezweigen. Im Jahre 1960 kämpften schon 8245 Brigaden mit über 87000 Mitgliedern um den Staatstitel Brigade der sozialistischen Arbeit, der erstmalig am 7. Oktober 1959 verliehen worden war. Vor allem die Neuererbewegung nahm einen Aufschwung. In vielen Berliner Betrieben arbeitete man nach der Seifert-Methode. Der Karl-Marx-Städter Schweißerbrigadier Erich Seifert hatte schon 1953 damit begonnen, Verlustzeiten in der Produktion, die infolge mangelhafter Arbeitsorganisation und überholter Technologien entstanden, zu Leibe zu gehen. Nach dem V. Parteitag nutzten immer mehr Brigaden und Betriebe diese Methode, um den wissenschaftlich-technischen Fortschritt zu beschleunigen. Die Statistik vermittelte ein aufschlußreiches Bild von den ökonomischen Fortschritten: Im Vergleich zu 1955 war der Index der Industrieproduktion in Berlin zunächst auf 105 für das Jahr 1956, aber dann auf 115,2 für 1957 und auf 125,4 für 1958 angestiegen. An der Spitze der Berliner Werktätigen kämpfte die inzwischen auf rund 90000 Mitglieder und Kandidaten angewachsene Bezirksparteiorganisation der SED für die Erfüllung der vom V. Parteitag beschlossenen ökonomischen Aufgaben. Auf der Bezirksdelegiertenkonferenz der SED am 28. Februar und 1. März 1959 wurde Paul Verner, Kandidat des Politbüros und Sekretär des ZK der SED, zum 1. Sekretär der Bezirksleitung gewählt.

Die ökonomischen Erfolge am Ende der fünfziger Jahre machten es möglich, schrittweise die Arbeits- und Lebensbedingungen der Werktätigen zu verbessern. Bereits im Januar 1957 war in der volkseigenen Industrie, im Verkehrs- und Nachrichtenwesen mit der Einführung der 45-Stunden-Woche bei

Meester,
fertig sind de Botten,
jetzt jehn wa beede
Steene kloppen
NATIONALES AUFBAUPROGRAMM BERLIN 1952
UNSERE 2 522 403 STEINE GESTAPELT
ERFOLGE 635 TONNEN SCHROTT GEWONNEN
IM AUGUST 58 085 cbm SCHUTT ABGEFAHREN

57

58 Der Hucker hat es am schwersten

59 Januar 1953: Einzug der ersten Mieter in den Block C-Süd

60 Provokateure stecken in der Rathausstraße Autos in Brand

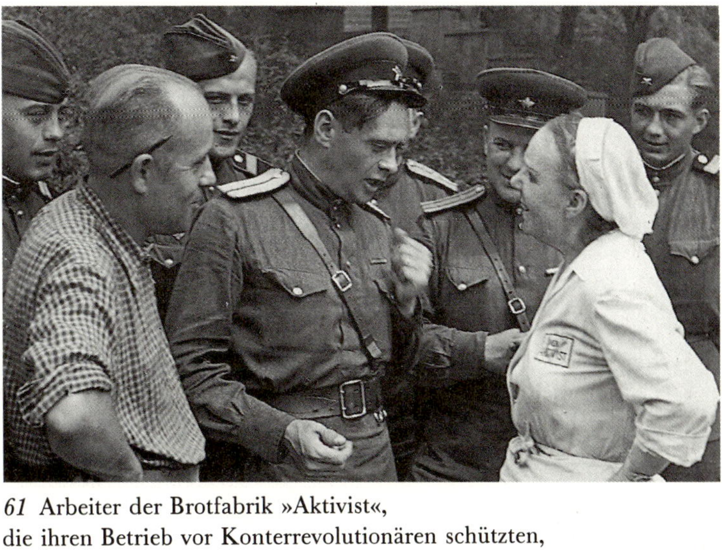

61 Arbeiter der Brotfabrik »Aktivist«,
die ihren Betrieb vor Konterrevolutionären schützten,
im Gespräch mit Sowjetsoldaten

62 Eröffnung des Berliner Tierparks am 2. Juli 1955. V. l. n. r. Präsident Wilhelm Pieck, Tierparkdirektor Dr. Heinrich Dathe, Oberbürgermeister Friedrich Ebert

63 Der VEB Volksbau Berlin beginnt 1956/1957 in Karlshorst mit dem serienmäßigen Bau von Wohnhäusern in Großblockbauweise

Fischerfest
in
Alt-Berlin
BERLIN-CÖLLN
Rathaus
Festplatz
Marx-Engels-Platz
213
Spittelmarkt
am
ROTEN RATHAUS
vom 26. Juni – 3. Juli 1955

64

65 Medizinstudenten der Humboldt-Universität helfen während der Semesterferien 1960 beim Bau der neuen Start- und Landepiste auf dem Flughafen Berlin-Schönefeld

66 Der Schriftsteller Erwin Strittmatter liest im März 1960 in der Montagehalle des VEB Elektroprojekt aus seinen Werken

67 Berliner Erntehelfer im Oderbruch, Sommer 1960

68 Die Hausgemeinschaft vom Hendrichplatz 15 im Stadtbezirk Lichtenberg berät im August 1961 ihre nächsten Vorhaben

Trage auch Du Dich ein
INS GOLDENE BUCH
DER GUTEN TATEN
unseres Stadtbezirks Prenzlauer Berg zu Ehren des
10. Jahrestages der Deutschen Demokratischen Republik
„Das Goldene Buch der guten Taten" liegt im Rat des Stadtbezirks, Nordmarkstraße, aus

69

gleichbleibendem Lohn begonnen worden. Das Berliner Glühlampenwerk war der erste VEB, in dem diese Maßnahme erprobt wurde. Mitte 1957 endete für rund 285 000 Berliner Werktätige die Arbeitswoche am Samstagmittag. Mehr Freizeit für Familie, Erholung und Bildung stand zur Verfügung.

Viele Betriebskollektive beantworteten diese Verkürzung der Arbeitszeit, die die Volkskammer auf Vorschlag des FDGB beschlossen hatte, mit Produktionsverpflichtungen, um auf jeden Fall die Planerfüllung zu sichern; aber mehr Arbeitskräfte wurden ebenfalls dringend benötigt.

VEB TRANSFORMATORENWERK
„KARL LIEBKNECHT"
BERLIN-OBERSCHÖNEWEIDE
Wilhelminenhofstraße 83—85

sucht dringend:

Anbinder (Leistungslohn 4)
Bohrwerksdreher (Leistungslohn 5)
Dreher (Leistungslohn 5)
E-Wagen-Fahrer (Zeitlohn 4)
Einzeleinrichter für Stanzen (Leistungslohn 5)
Fräser (Leistungslohn 4)
Hobler/Stoßer (Leistungslohn 4)
Karusselldreher (Leistungslohn 5)
Küchenhilfen, auch halbtags (230,– DM)
Kochfrau (monatlich 300,– DM)
Reinigungsfrauen (230,– DM)
Radialbohrer (Leistungslohn 4)
Rangierer (Zeitlohn 5)
Transporter (Zeit- und Leistungslohn 4)
Lagerarbeiter (Zeitlohn 4)
Betriebsschutzleute (310,– bis 350,– DM)

Zeit- und Monatslöhner werden in einen Prämienvertrag aufgenommen. – Entlohnung erfolgt nach dem Tarif des Schwermaschinenbaues. – **Schwerbeschädigte und Jugendliche ab 16 Jahre** werden bevorzugt eingestellt

Bewerber melden sich bitte in unserem Einstellungsbüro **Edisonstraße** Montag – Mittwoch – Freitag von 8 bis 12 Uhr bzw. schriftlich in unserer **Abteilung Arbeit**

Bedeutende Erfolge gab es auch im Gesundheitswesen. Es war ein trauriges Erbe, das der demokratische Magistrat am Beginn seiner Tätigkeit im November 1948 übernahm; lagen doch die modernen Krankenanstalten vorwiegend in Westberlin. Allein in der Zeit von 1952 bis 1957 stellte der Magistrat 31 Millionen Mark bereit für den Neu- und Ausbau der städtischen Krankenhäuser, vor allem für das Krankenhaus Friedrichshain und für das Städtische Klinikum Buch. Im Jahre 1958 verfügte das kommunale Gesundheitswesen über 15 städtische Krankenhäuser mit einer Kapazität von 13657 Betten, über 10 städtische Polikliniken, 13 Betriebspolikliniken, 16 Betriebsambulatorien, 22 städtische Ambulatorien, 1 Nachtsanatorium, 360 Ärzte- und Schwesternsanitätsstellen sowie 36 Gemeindeschwesternstationen. Im gleichen Jahr gab es in Berlin 101 hauptamtliche und 400 nebenberufliche Betriebsärzte, die über eine halbe Million Werktätiger betreuten. Umgerechnet auf jeden Einwohner, gab der Magistrat 1958 für die gesundheitliche Betreuung das Siebenfache des Jahres 1936 aus. Durch vorbeugende Schutzimpfungen und Röntgenreihenuntersuchungen konnten solche Krankheiten wie Tbc, Typhus, Ruhr und Scharlach so gut wie ausgerottet werden. »Seit Bestehen des demokratischen Magistrats«, so hieß es in einem Bericht vom Februar 1958 über den Stand und die Entwicklung des Gesundheitsschutzes, »hat sich der Gesundheitszustand der Berliner Bevölkerung so verbessert, wie er unter kapitalistischen Verhältnissen nie erreicht wurde.«[11]

Besondere Fürsorge galt dem Schutz von Mutter und Kind. In den Stadtbezirken wurde das Netz der Säuglingsfürsorge- und Schwangerenberatungsstellen erweitert. Es gelang, die Säuglingssterblichkeit von 8,3 Prozent im Jahre 1948 auf 4,5 Prozent im Jahre 1958 zu senken. Gab es 1951 in Berlin erst 592 Krippenplätze, so war ihre Zahl bis 1956 schon auf weit über 5000 gestiegen. Es fanden regelmäßige Reihenuntersuchungen aller Vorschul- und Schulkinder im jährlichen Abstand statt.

---

11 StA, Rep. 101 S, Nr. 1054.

Bedingt durch den Krieg und seine Folgen war die Berliner Bevölkerung stark überaltert. Der Anteil alter Menschen an der Wohnbevölkerung lag 1958 mit 20,9 Prozent sehr hoch. Um den Lebensabend dieser Mitbürger zu verschönern, stellte der Magistrat jährlich aus seinem Haushaltsplan große Mittel zur Verfügung. Die Zahl der städtischen Altersheime erhöhte sich von 17 Heimen mit 1 150 Plätzen im Jahre 1948 auf 32 Heime mit 4 532 Plätzen im Jahre 1958. Moderne Feierabendheime waren unter anderem in Biesdorf-Süd, in der Eichbuschallee in Treptow (1954) und in der Andreasstraße im Stadtbezirk Friedrichshain (1958/1959) entstanden. Im Oktober 1957 öffnete der erste Berliner Veteranenklub in der Bötzowstraße/Ecke Am Friedrichshain (Stadtbezirk Prenzlauer Berg) seine Pforten; ein zweites Klubheim folgte im Juni 1958 im Stadtbezirk Weißensee. Die Helfer der Volkssolidarität – sie zählte um 1960 in Berlin rund 60 000 Mitglieder – kümmerten sich um kranke und besonders hilfsbedürftige Veteranen. Gemeinsam mit den Bezirksausschüssen der Nationalen Front führten sie kulturelle Veranstaltungen und andere gesellige Zusammenkünfte in den Wohngebieten durch.

Am 28. Mai 1958 beschloß die Volkskammer Maßnahmen zur weiteren Verbesserung der Lebenslage. Die Lebensmittelkarten, ein Relikt der Kriegs- und Nachkriegszeit, wurden mit Wirkung vom 29. Mai 1958 abgeschafft und ein einheitliches Preissystem für alle Lebensmittel eingeführt, indem die HO-Preise gesenkt und die Preise der bisher auf Marken erhältlichen Lebensmittel in gewissem Umfang erhöht wurden. Ein Beispiel: Die beim Berliner als Schnellimbiß beliebte Bockwurst kostete statt bisher 1,24 Mark im freien Verkauf nur noch 0,80 Mark und lag damit wenig über dem alten Kartenpreis. Die niedrigen Preise für wichtige Grundnahrungsmittel und für das Werkküchenessen, für Strom, Wasser, Gas und die Verkehrstarife sowie die Wohnungsmieten blieben unverändert.

Abschaffung der Lebensmittelkarten

Einzelnummer 10 Pf.

Berliner Zeitung

14. Jahrgang — Nr. 121

Donnerstag, 29. Mai 1958

Ein neuer Schritt vorwärts:

Volkskammer beschloß zahlreiche Maßnahmen zur weiteren Verbesserung der Lebenslage

Lebensmittelkarten abgeschafft / Einheitliche Preise für alle Lebensmittel / Neue Lebensmittelpreise wesentlich niedriger als bisherige HO-Preise / Preissenkung für eine Reihe weiterer Nahrungs- und Genußmittel HO-Gaststättenpreise gesenkt / Preissenkung bei verschiedenen Industriewaren / Lohnzuschläge für alle Arbeiter und Angestellten mit einem Monatseinkommen bis zu 800 DM / Erhöhung der Löhne und Gehälter für Arbeiter und Angestellte mit geringem Einkommen / 20 DM Kindergeld für alle Arbeiter und Angestellten Erhöhte Geburtenbeihilfen / Zuschläge für Rentner und Studenten / Neue Erfassungs- und Aufkaufspreise

Um die durch den Wegfall des Kartensystems entstehenden Mehraufwendungen für Werktätige mit niedrigem Einkommen auszugleichen, wurden allen Arbeitern und Angestellten mit einem Einkommen bis zu 800 Mark gestaffelte Lohnzuschläge gewährt. In Berlin betraf das über 400 000 Werktätige. Außerdem gab es Zuschläge von durchschnittlich 10 Mark für Rentner, Studenten und Lehrlinge pro Monat. Gleichzeitig wurden die Geburtenbeihilfen erhöht und pro Kind monatlich eine Summe von 20 Mark bis zur Vollendung des 15. Lebensjahres gezahlt. Der Durchschnittsverdienst der Arbeiter und Angestellten betrug Ende 1959 531 Mark.

Um der werktätigen Frau die Hausarbeiten zu erleichtern, wurden 1957 die ersten kommunalen Dienstleistungsbetriebe – damals unter dem Namen »Heinzelmännchenbetriebe« bekannt – eingerichtet. Die Stadt besaß im Jahre 1957 vier volkseigene Wäschereien, deren größte der VEB Blütenweiß war. Das reichte natürlich bei weitem nicht aus, weshalb der Magistrat auf die Modernisierung der veralteten Wäschereibetriebe und auf die Förderung privater Wäschereien und Reinigungsanstalten drängte. Im Jahre 1958 besaßen nur wenige Familien bereits eine Waschmaschine. Die monatliche »große Wäsche«, die in den Kesseln und Bottichen der Waschküchen in den Wohnhäusern

erfolgte und mit Einweichen, Kochen, Rubbeln auf dem hölzernen Waschbrett, Spülen, Auswringen und Trocknen im Hof oder auf dem Dachboden meist zwei volle Tage beanspruchte, stellte daher besonders für berufstätige Frauen noch auf Jahre hinaus eine arge Strapaze dar. Für Reparaturen und Dienstleistungen brachte die steigende Zahl von Produktionsgenossenschaften des Handwerks weitere Verbesserungen.

Der Handel stellte immer mehr Geschäfte auf die moderne Einkaufsform der Selbstbedienung um, die den Berlinern sofort gefiel. Die HO eröffnete am 13. Dezember 1956 den ersten Selbstbedienungsladen für Lebensmittel in der Klement-Gottwald-Allee. Es folgten bald Selbstbedienungsgeschäfte für Industriewaren, wie »Fix« und das Schuhhaus »Hans Sachs« in der Schönhauser Allee. Der erste Selbstbedienungsladen in einem Großbetrieb wurde im Mai 1958 in den Elektro-Apparate-Werken Treptow eröffnet. Ein Automatenrestaurant war schon 1954 am Alexanderplatz eingerichtet worden, und Ende 1959 gab es die ersten drei Kaufhallen für Waren des täglichen Bedarfs in den neu entstandenen Wohnvierteln.

Neue langlebige und hochwertige Industriewaren kamen auf den Markt: Fernseher, Radios und Tonbandgeräte, Fotoapparate, Kühlschränke, Waschmaschinen, Anbaumöbel, Mopeds und Autos. Für manche dieser Waren mußten bald Wartelisten angelegt werden, weil die Nachfrage größer als das Angebot war. Zunächst aber war die Ausstattung der Berliner Haushalte mit hochwertigen Konsumgütern noch gering. Im Jahre 1956 kaufte nur jeder 64. Haushalt einen Fernsehempfänger, und 1958 verfügte nur jeder 50. Haushalt über einen Kühlschrank. Im Jahre 1957 kaufte jeder 17. Berliner einen Fotoapparat (1952 war es nur jeder 56.), jeder 24. Berliner ein Motorrad (1952 nur jeder 158.) und jeder 46. Berliner ein Moped. Das bereits im Oktober 1953 eingeführte und im Oktober 1956 erweiterte Teilzahlungssystem im sozialistischen Handel erleichterte es den Werktätigen, sich Möbel, Teppiche, Gardinen, Radios, Musiktruhen und andere langlebige Verbrauchsgüter zwischen 100 und 3000 Mark auf Raten zu kaufen.

Um 1957/1958 hielt auch die Chemie Einzug in die Haushalte. Das Fachgeschäft »Chemie im Heim« in der Karl-Marx-Allee bot im Oktober 1959 die ersten bunten Plasteerzeugnisse an. Synthetische Fasern, die die einheimische Industrie unter den Bezeichnungen Dederon, Wolcrylon, Grisuten und Prelana herstellte, prägten die Erzeugnisse der Textil- und Bekleidungsindu-

Berliner Industrieläden

bieten Spitzenerzeugnisse unserer volkseigenen Betriebe

Spezialkräfte für fachmännische Beratung stehen zu Ihrer Verfügung

Hier finden Sie das passende Weihnachtsgeschenk

Damenmoden	**Industrieladen Fortschritt** O 34, Grünberger Straße 54 (S- und U-Bahn Warschauer Straße) Tel. 58 02 91 NO 18, Leninallee 114 (Ecke Bersarinstraße) Tel. 53 79 07
Elektro-Geräte	**Industrieladen Elektro Haushalt** VEB Elektrowärme Sörnewitz O 17, Strausberger Platz 16 (U-Bahn Strausberger Platz) Tel. 27 21 77
Fahrzeuge • Motorroller	**Industrieladen Volkseigener Fahrzeugbau** O 112, Stalinallee 273-275 (U-Bahn Bersarinstr.) Tel. 58 67 04
Foto • Kino • Optik	**Industrieladen Foto - Kino - Optik** VEB Carl Zeiss, Jena NO 18, Stalinallee 157 (U-Bahn Marchlewskistr.) Tel. 53 63 57
Gummiwaren	**Industrieladen der volkseigenen Gummi-Industrie** N 58, Kastanienallee 100 (U-Bahn Dimitroffstr.) Tel. 44 36 30
Jenaer Glas	**Industrieladen VEB Jenaer Glaswerk Schott & Gen.** O 34, Stalinallee 191b (U-Bahn Marchlewskistr.) Tel. 53 11 43
Lederwaren	**Industrieladen VEB Zeitzer Lederwaren** W 8, Unter den Linden 12 (S- und U-Bahn Friedrichstraße) Tel. 20 21 24
Meißner Porzellan	**Industrieladen VEB Staatliche Porzellanmanufaktur Meißen** W 8, Friedrichstraße 62/63 (U-Bahn Stadtmitte) Tel. 20 23 20
Möbel	**Industrieladen VEB Deutsche Werkstätten Hellerau** C 2, Wallstraße 16 (U-Bahn Spittelmarkt) Tel. 20 20 05
Möbel	**Industrieladen VEB Ostthüringer Möbelwerke Zeulenroda** N 54, Schönhauser Allee 10/11 (U-Bahn Senefelderplatz) Tel. 42 77 74
Schmuck	**Industrieladen VEB Fischland-Schmuck, Ribnitz-Damgarten** O 34, Warschauer Str. 82 (U-Bahn Bersarinstr.) Tel. 58 39 69
Schuhe • Strümpfe	**Industrieladen VEB Hammerschuhe** W 8, Unter den Linden 12 (S- und U-Bahn Friedrichstraße) Tel. 20 18 17
Schuhe • Fußpflege	**Industrieladen VEB Schuhfabrik Weißenfels Banner des Friedens** NO 18, Stalinallee 145 (U-Bahn Strausberger Pl.) Tel. 53 50 20
Stoffe	**Industrieladen VEB Novotex Greiz** O 112, Stalinallee 332 (U-Bahn Samariterstr.) Tel. 58 65 08

strie in immer größerem Umfang und machten sie pflegeleichter. Auch das Malimo, eine vom Ingenieur Heinrich Mauersberger erfundene Nähwirktechnik, setzte sich durch.

Die sich verbessernde Versorgungslage hatte allerdings im Berliner Raum auch eine Schattenseite: Der illegale Warenschmuggel nach Westberlin nahm wieder zu. Ein Vergleich des Prokopfverbrauches mit anderen Großstädten der DDR im Frühjahr 1959 ergab in Berlin einen Mehrverbrauch von 50 Prozent bei Butter, 80 Prozent bei Fleisch und 160 Prozent bei Eiern. Es lag auf der Hand, daß viele Lebensmittel nach Westberlin verschoben wurden. Zwar mußte in der Hauptstadt beim Einkauf der Personalausweis vorgewiesen werden, aber, verleitet

Markthallengeflüster: »... uff der eenen Seite, da drückense hia uff de Tube, damit et allet eens wird – Ost-West – und uff de andere Seite, da pumpen dieselben Leute unsaenen nich ma ihrn Ausweis zum Inkoofen ...!«
Zeichnung von Gerhard Vontra

durch den Schwindelkurs der Wechselstuben, gab mancher sich dazu her, Verwandten und Bekannten in Westberlin »nur mal« ein Dutzend Eier, ein paar Stück Butter oder einige Kilo Fleisch mitzubringen, und nicht wenige Westberliner kauften in der HO mit gefälschten oder gestohlenen Personalausweisen ein. Die staatlichen Organe wiesen darum den Einzelhandel an, die Verordnung zur Verhinderung der Spekulation mit Lebensmitteln und Industriewaren vom November 1952 streng zu handhaben und vor allem strikt auf der Vorlage des Personalausweises durch den Käufer zu bestehen. Das Ministerium für Post- und Fernmeldewesen dehnte 1958 die Pflicht, den Personalausweis vorzulegen, auch auf Geldeinzahlungen und die Aufgabe von Paketen und Päckchen aus. Gewerkschaftliche Arbeiterkontrolleure, Verkaufsstellenausschüsse und die Mitarbeiter des Amtes für Zoll und Kontrolle des Warenverkehrs (AZKW) erhöhten ihre Wachsamkeit, um Schiebern und Spekulanten das Handwerk zu legen. Eine Ausstellung des AZKW in der Zentralmarkthalle am Alex im Mai 1959 enthüllte, mit welchen Praktiken organisierte Schieberkreise in Westberlin tagtäglich größere Mengen von Lebensmitteln und Industriegütern durch dunkle Kanäle schmuggelten. Aber solange die Staatsgrenze gegenüber Westberlin offen blieb, konnte der Schmuggel nicht völlig unterbunden werden.

Die Partei- und Staatsführung der DDR widmete auch in der zweiten Hälfte der fünfziger Jahre der städtebaulich-architektonischen Gestaltung der Hauptstadt große Aufmerksamkeit. Auf der Tagesordnung stand vor allem die Frage nach dem Wiederaufbau des Stadtzentrums. Der V. Parteitag der SED vom Juli 1958 regte an, daß bis 1965 das Zentrum von Berlin seine architektonische Hauptgestaltung erhalten sollte. Ein internationaler Wettbewerb – er wurde 1959 veranstaltet – sollte die theoretischen und praktischen Fragen klären helfen.

Der Wohnungsbau ging voran. In den Jahren 1949–1958 wurden mehr als 175 000 kriegsbeschädigte Wohnungen wieder instand gesetzt. Das Schwergewicht verlagerte sich nun immer mehr auf den Neubau. Die Stadtverordnetenversammlung forderte im Juni 1956, neue Wohnungen schneller, billiger und besser zu bauen. Unverändert herrschte großer Wohnraummangel in der Stadt, der durch den Zustrom von Fachkräften, Studenten usw. aus allen Teilen der Republik noch ständig wuchs. Der Übergang zur industriellen Bauweise, der Mitte der fünfziger Jahre einsetzte, erhöhte wesentlich das Tempo. Berlins Architekten und Bauleute sammelten wichtige Erfahrungen mit ersten Versuchsbauten im Stadtbezirk Friedrichshain, wo 1952 ein Wohnhaus aus Großblöcken errichtet wurde, und in Johannisthal, wo 1953/1954 erstmals mit zimmerwandhohen Großplatten erfolgreich experimentiert worden war. Nachdem im Mai 1956 der VEB Volksbau in seinem Karlshorster Betonwerk die Produktion von 750 Kilopond schweren Großblöcken aus Ziegel-

Die Großblockbauweise setzt sich durch. Neubauten in Spindlersfeld. Aus »Berliner Zeitung«, 18. August 1957

splittwaschbeton aufgenommen hatte, begann am 5. Juli 1956 die Montage des ersten Wohnhauses zwischen Andreas- und Koppenstraße in Friedrichshain. Noch im Oktober 1956 wurden weitere viergeschossige Wohnhäuser in Großblockmontage zwischen Marksburg- und Ilsestraße in Karlshorst errichtet.

Zehn Monteure leisteten jetzt die Arbeit, für die beim herkömmlichen Ziegelbau 60 Maurer benötigt wurden. Die Baufristen des Rohbaus verringerten sich beträchtlich; allerdings hielt der mit handwerklichen Methoden betriebene Ausbau mit diesem Tempo noch nicht Schritt. Dennoch überzeugten die Vorteile der Großblockmontage, so daß 1957 in allen Stadtteilen nach dieser rationellen Methode gebaut wurde. Ein Jahr später war bereits ein Drittel aller Neubauten industriell nach Typen und mittels Taktstraßen gefertigt. Von 1958 bis 1961 entstanden die ersten Neubauviertel außerhalb des Zentrums: nahe der S-Bahnhöfe Spindlersfeld, Plänterwald und Pankow-Heinersdorf, am Triftweg in Lichtenberg und am Kietzer Feld in Köpenick. Im Juli 1961 begann am Fennpfuhl im Stadtbezirk Lichtenberg die Montage des ersten fünfgeschossigen Experimentalbaus der Typenserie P 2, die mit Großplatten in sogenannter Schnellbaufließfertigung erfolgte.

Am 15. November 1958 legte Oberbürgermeister FRIEDRICH EBERT den Grundstein für den ersten Bauabschnitt des neuen Heinrich-Heine-Viertels im Stadtbezirk Mitte. Wo einst ein typisches Arbeiterviertel aus der kapitalistischen Vergangenheit gestanden hatte, das im Feuersturm des anglo-amerikanischen Luftangriffs vom 3. Februar 1945 untergegangen war, bauten nun vier Arbeiterwohnungsbaugenossenschaften aus Berliner Großbetrieben ein großzügig angelegtes und durchgrüntes Wohngebiet. Die hier und anderswo in Großblockbauweise errichteten viergeschossigen Häuser des Typs Q 3 bestanden zumeist aus Zwei- und Zweieinhalbzimmerwohnungen, ofenbeheizt, mit Einbauküche, Bad und WC.

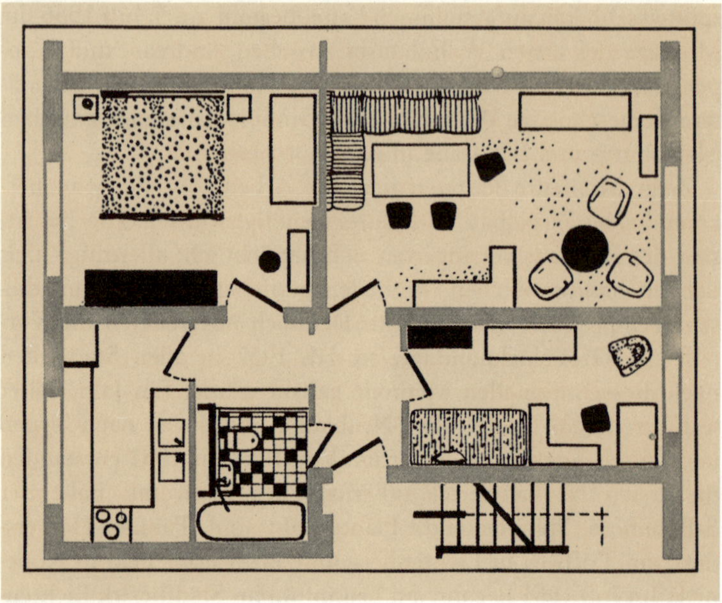

Q-3-Grundriß

Am Vorabend des 10. Jahrestages der DDR, am 6. Oktober 1959, leitete Oberbürgermeister Ebert mit den traditionellen drei Hammerschlägen die Bauarbeiten zur Weiterführung der Karl-Marx-Allee vom Strausberger Platz bis zum Alexanderplatz ein. Hier wurden erstmals in der DDR acht- und zehngeschossige Scheibenhochhäuser aus Großplatten – auf der Fassadenseite hell gekachelt – und vorgefertigten Raumzellen in industrieller Bauweise errichtet. In einer farbenfrohen Fassadengestaltung zeigte sich auch die Schönhauser Allee nach einer komplexen Instandsetzung und Verschönerung in den Jahren 1957/1958.

Ende der fünfziger Jahre ging die Enttrümmerung der Innenstadt ihrem Ende entgegen. Nicht in jedem Fall konnte sofort auf den geräumten Flächen der Wiederaufbau beginnen. Grünanlagen sorgten zunächst für ein gefälliges Straßenbild.

Nationales Aufbauwerk Mitte

Berlin C 2, den 17. März 1960
Elisabethstr. 28/29
Tel: 51 03 91/App. 631,632

An das
Betriebsaufbaukomitee über die BGL
Märkisches Museum

Werte Kollegen !

Nachdem die Frostperiode wohl endgültig ihren Abschluß gefunden hat, dürfte der Zeitpunkt für die Wiederaufnahme der NAW-Arbeiten im Freien gekommen sein. Wir rufen daher alle Betriebe, Organisationen, Schulen und Wirkungsbereiche auf, sich an dem Auftakt zum N A W 1960 am

Grossaufbautag
Donnerstag, den 24. März

zu beteiligen.

Die Arbeiten auf unseren NAW-Baustellen dienen alle nur dem einen Ziel, bei der Gestaltung des Stadtzentrums aktiv mitzuhelfen, um eine der größten Aufgaben unserer Stadt im Rahmen des 7-Jahrplanes, den Wiederaufbau des Stadtkerns, beschleunigt durchzuführen.

Es sei uns Verpflichtung, unserer Regierung bis zum

15. Jahrestag der Befreiung vom Faschismus

eine Anzahl guter Leistungen im N A W als Präsent zu überreichen, die gleichzeitig als Beitrag für die Gipfelkonferenz dienen sollen.

Jeder helfe nach seinem Können.

Wir arbeiten auf folgenden Baustellen:

Enttrümmerung:	Otto-Nuschke-Str. 52-53
"	Behrenstr. 40 (neben dem Stadtbauamt)
"	Altes Polizeipräsidium (Alexanderplatz
Grünanlage:	Kur- Niederwallstraße
"	Monbijou, Oranienburger Str. 77/80
"	Neubauten Pflug- Chausseestr.
"	" Sebastianstraße

Für Euch wurde die Baustelle:

Altes Polizeipräsidium

vorgesehen.

Auf Eure bewährte Mitarbeit rechnet

Ausschuß der Nat. Front
Stadtbezirksausschuß Mitte
Sack
(Sekretär)

Bezirksarbeitsstab
Sackmann
(Leiter des Bezirksarbeitsstabes Mitte)

Richtfest am Brandenburger Tor

Am 21. September 1956 hatte der Magistrat beschlossen, das Brandenburger Tor in seiner ursprünglichen, von Carl Gotthard Langhans 1788–1791 geschaffenen Form wiederherzustellen. Bereits am 14. Dezember 1957 wurde die Richtkrone aufgezogen; 2,2 Millionen Mark hatte die Restaurierung gekostet. Aber die Quadriga fehlte noch. Von Schadows Viergespann, das seit 1794 die auf sechs dorischen Säulen ruhende wuchtige Attika gekrönt hatte, hatten Bombenkrieg und Buntmetalldiebe nur einen Pferdekopf (heute im Märkischen Museum) und ansonsten einen kläglichen Trümmerhaufen hinterlassen. Glücklicherweise existierte noch ein Gipsabdruck in einer Westberliner Werkstatt. Oberbürgermeister Friedrich Ebert ersuchte am 22. September 1956 brieflich den Westberliner Regierenden Bürgermeister Otto Suhr, die Gipsformen auszuleihen für die Restaurationsarbeiten. Nach langem Schweigen, nach Verzögerung und Erschwerung der endlich zwischen dem Ständigen Stellvertreter des Oberbürgermeisters Waldemar Schmidt und dem Senatsrat Fritz Kraft geführten Besprechungen erklärte der Senat aus Gründen politischen Prestiges, daß er eine neue Quadriga in der Friedenauer Bildgießerei Hermann Noack selbst anfertigen lassen und sie dem Magistrat nach Wiederherstellung des Torbaus übergeben werde. Erst am 1. August 1958 trafen die aus Kupfer getriebenen Teile der Quadriga in der Hauptstadt der DDR ein. Die Bevölkerung erhielt die Möglichkeit, sie im Hof des Marstalls zu besichtigen. Am 15. September 1958 begann dann die Montage der Quadriga, allerdings ohne die Symbole des preußisch-deutschen Militarismus, ohne Kriegsadler und Eisernes Kreuz, die 1814 in das von der Viktoria gehaltene Siegeszeichen eingefügt worden waren. In der Gestalt, wie sie Schadow ursprünglich modellierte, als Friedensgöttin mit dem hocherhobenen, der Stadt Glück verheißenden Lorbeerkranz, grüßt sie seither wieder vom Brandenburger Tor herab. Am Vorabend des 10. Jahrestages der DDR zeigte sich Berlins einziges erhaltenes Stadttor – seit seiner Errichtung im Brennpunkt deutscher Geschichte stehend – in seiner ganzen architektonischen Schönheit.

Im Herbst 1959 beging die DDR den zehnten Jahrestag ihrer Gründung. Im Museum für Deutsche Geschichte und auf einem Freigelände Unter den Linden wurde aus diesem Anlaß eine große Leistungsschau gezeigt. Aus einem schwer zerstörten Land, aus dem ärmeren Teil Deutschlands war in einer historisch kurzen Zeitspanne unter der Führung der Partei der Arbeiterklasse und in aufopferungsvoller Arbeit seiner Bürger sowie mit brüderlicher Hilfe der Sowjetunion ein starker sozialistischer Staat entstanden, der in der Industrieproduktion in Europa eine der vorderen Stellen einnahm.

Die Berliner Werktätigen hatten sich rege – nämlich mit 80 Prozent aller Produktionsarbeiter – am sozialistischen Wettbewerb zu Ehren des Jahrestages beteiligt. Unter der Losung »Für des Volkes Frieden, Wohlstand und Glück decken wir den Tisch der Republik« kämpften viele Betriebe und sozialistische Brigaden erfolgreich darum, bis zum 7. Oktober 1959 80 Prozent des Jahresplans zu erfüllen. 115 Berliner Betriebe erreichten dieses Ziel. Die Jugendabteilung der Dreherei des VEB Großdrehmaschinenbau »7. Oktober«, Berlin-Weißensee, hatte dazu aufgerufen, einen zehntägigen Planvorsprung zu erarbeiten: »Zehn Jahre Republik – zehn Tage schenkt Berlin.« Am 5. Oktober 1959 wurde die 8 000. Neubauwohnung des Jahres bezugsfertig übergeben. An der Vorbereitung des Jahrestages beteiligten sich alle Berufsgruppen und Bevölkerungsschichten. Als am 5. Oktober 1959 Abordnungen aus allen Bezirken der Republik im Haus der Ministerien in der Leipziger Straße dem Zentralkomitee der SED, dem Ministerrat der DDR und dem Nationalrat der Nationalen Front über die Erfüllung ihrer Verpflichtungen zum Jahrestag berichteten, konnte auch die Hauptstadt auf eine stolze Bilanz verweisen. Der Berliner Delegation gehörten unter anderen an der 1. Sekretär der Bezirksleitung der SED, Paul Verner, der Oberbürgermeister, Friedrich Ebert, der Vorsitzende des Berliner Ausschusses der Nationalen Front, Dr. Josef Stanek, und der Vorsitzende des FDGB-Bezirksvorstandes, Heinz Neukrantz.

Mit Festveranstaltungen in den Betrieben, Einrichtungen und

Wohngebieten, mit Volksfesten, Kultur- und Sportveranstaltungen feierte Berlin in der ersten Oktoberwoche das große Ereignis. Neben den roten Fahnen der Arbeiterbewegung wehte erstmals überall die neue Staatsflagge, die die Volkskammer am 1. Oktober 1959 beschlossen hatte: auf traditionellem schwarzrotgoldenem Grund die Symbole der Arbeiter-und-Bauern-Macht, Hammer, Zirkel und Ährenkranz. Zu den herausragenden Ereignissen am Vorabend des 10. Jahrestages gehörten die Wiedereröffnung des Pergamonmuseums in den Staatlichen Museen, die Eröffnung einer Kunstausstellung »Mit unserem neuen Leben verbunden« im Pavillon der Kunst Unter den Linden, die Grundsteinlegungen für den Wohnkomplex zwischen Alexander- und Strausberger Platz sowie für den neuen Müggelturm. Am Abend des 4. Oktober 1959 marschierten über 60 000 FDJler und Junge Pioniere mit einem Fackelzug zum Strausberger Platz; sie begründeten damit die Tradition des sozialistischen Jugendverbandes, an einem »runden« Jahrestag den historischen Fackelzug der Jugend vom 7. Oktober 1949 zu wiederholen.

In Anwesenheit von Partei- und Regierungsdelegationen aus allen sozialistischen Ländern, von Regierungsdelegationen aus befreundeten Ländern und von Delegationen der kommunistischen und Arbeiterparteien aus dem kapitalistischen Ausland wurden die Feiern am 7. Oktober durch Kranzniederlegungen am Sowjetischen Ehrenmal im Treptower Park und an der Gedenkstätte der Sozialisten in Friedrichsfelde eingeleitet. Am Nachmittag fand eine Großkundgebung mit über 300 000 Berlinern auf dem Marx-Engels-Platz statt. Die Festansprachen hielten der Erste Sekretär des ZK der SED, Walter Ulbricht, der Leiter der sowjetischen Partei- und Regierungsdelegation, Frol Koslow, der Generalsekretär der Kommunistischen Partei Frankreichs, Maurice Thorez, und der Präsident des Nationalrats der Nationalen Front, Prof. Dr. Erich Correns. Der Festtag klang aus mit einem großen Volksfest im Lustgarten und Unter den Linden sowie mit einem farbenprächtigen Feuerwerk.

Im zehnten Jahr der Arbeiter-und-Bauern-Macht war der Aufschwung, den die Hauptstadt auf allen Gebieten des politischen, wirtschaftlichen und kulturellen Lebens genommen hatte, unverkennbar.

Berlin war seit jeher ein bedeutender Knotenpunkt im deutschen und im europäischen Verkehr gewesen, es lag im Schnittpunkt wichtiger Güter- und Reiseverkehrsströme zu Lande, zu Wasser und in der Luft. Nachdem die ärgsten Kriegszerstörungen beseitigt waren, konzentrierten sich in den fünfziger Jahren die Anstrengungen auf den Ausbau der Fernverkehrsverbindungen und natürlich auch des Nahverkehrs. Dies wurde jedoch erschwert durch den feindseligen Kurs der Westberliner Frontstadtpolitiker, die auch auf verkehrspolitischem Gebiet jede Zusammenarbeit mit Organen der DDR strikt verweigerten. Deshalb mußten alle wichtigen Verkehrsadern um Westberlin herumgeführt werden. Das kostete zusätzlich Mittel und Kräfte und brachte für viele Berliner – besonders für Bewohner der Randgebiete – Erschwernisse mit sich.

Von 1951 bis 1956 beschleunigte die Deutsche Reichsbahn den Bau eines Außenringes zur Umgehung Westberlins. Zeitweilig arbeiteten bis zu 5000 Menschen auf dieser Großbaustelle. Der südliche Bauabschnitt zwischen Grünau und Ludwigsfelde wurde im Juli 1951 übergeben und das Grünauer Kreuz, eine zentrale Eisenbahnspinne im Süden der Hauptstadt, am 12. Dezember 1951 in Betrieb genommen. Zwischen 1952 und 1954 wurden weitere Teilabschnitte des nördlichen Außenringes fertig. Mit der Einweihung des Brückendamms über den Templiner See bei Potsdam im September 1956 war der 180 Kilometer lange Außenring, für den erste Pläne bereits vor dem ersten Weltkrieg vorgelegen hatten, geschlossen. Zur Entlastung der Güterbahnhöfe im Stadtgebiet wurden die Verschiebebahnhöfe Wuhlheide, Wustermark und Seddin ausgebaut. Im Mai 1952 schloß die Reichsbahndirektion den Nordbahnhof und den in Westberlin gelegenen Anhalter Bahnhof für den Fernverkehr, der von nun an über den Außenring geleitet wurde. Am Ostbahnhof began-

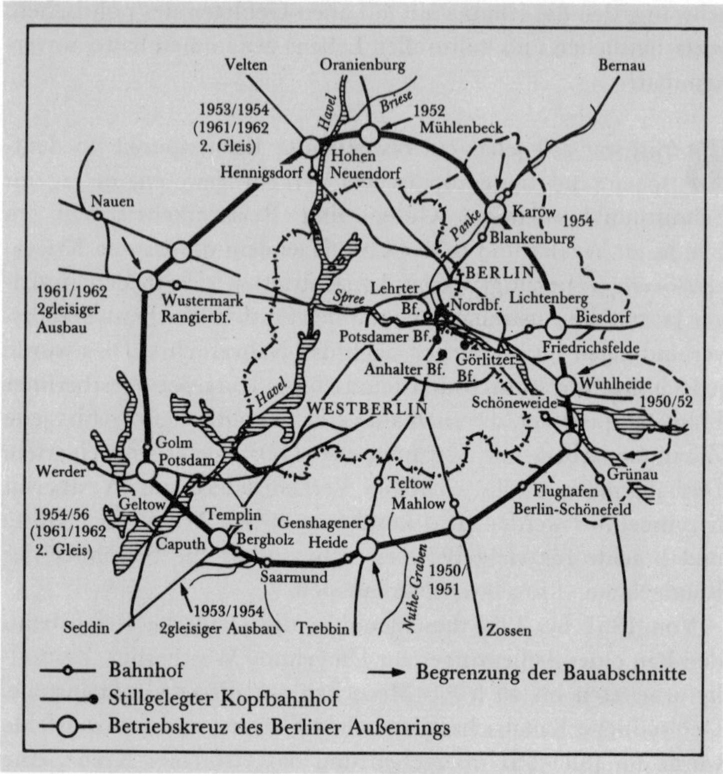

Bauabschnitte und Betriebskreuze des Berliner Außenrings.
Nach: Hans-Joachim Kirsche: Bahnland DDR

nen und endeten von nun an die wichtigsten Eisenbahnverbindungen der Hauptstadt. Um eine Überlastung dieses Bahnhofs zu vermeiden, wurden die Vorortbahnhöfe Lichtenberg, Karlshorst, Schöneweide und zeitweise auch Baumschulenweg für den Fernverkehr erweitert. Seit März 1953 fuhren mit Ausnahme im internationalen Zugverkehr keine Fernzüge mehr über die Stadtbahn durch Westberlin. Im Oktober 1960 begann der tägliche Städteschnellverkehr zwischen der Hauptstadt und verschiedenen Bezirksstädten.

Neben der Eisenbahn spielten die Binnenwasserstraßen eine große Rolle für die Versorgung der Hauptstadt. Schleppzüge transportierten vor allem Kohle, Baustoffe und Getreide. Der Berliner Osthafen, der sich im Stadtbezirk Friedrichshain auf dem rechten Spreeufer zwischen Oberbaumbrücke und Alt-Stralau über 1,4 Kilometer erstreckt, ist nach Magdeburg der zweitgrößte Binnenhafen der DDR. Seine Kapazität wurde nach Überwindung der Kriegsfolgen ständig erweitert. Der Güterumschlag stieg von 0,94 Millionen Tonnen im Jahre 1950 auf 1,6 Millionen Tonnen im Jahre 1958. Auch der am Oder-Spree-Kanal, einer der meistbefahrenen Wasserstraßen, gelegene Hafen Königs Wusterhausen wurde für die Versorgung der Hauptstadt erweitert. Im Juli 1952 begann der Schiffsverkehr auf dem Havel-Kanal zwischen Paretz und Nieder Neuendorf, dessen Bau zur Umgehung der Westberliner Havelgewässer notwendig geworden war.

Die im Mai 1954 gegründete Deutsche Lufthansa der DDR (seit 1. September 1963 INTERFLUG) übernahm im April 1955 den bislang von sowjetischen Truppen benutzten Flugplatz Schönefeld und baute ihn aus. Die Sowjetunion stellte die ersten Kolbenmotor-Flugzeuge vom Typ IL-14 zur Verfügung und half mit Fachpersonal. Am 4. Februar 1956 wurde die erste planmäßige internationale Fluglinie auf der Strecke Berlin–Warschau aufgenommen. Am 4. Oktober 1956 folgte der Erstflug auf der Linie Berlin–Moskau. Im Juni 1957 nahm der Inland-Linienverkehr seinen Dienst auf. FDJ-Brigaden bauten eine 3,6 Kilometer lange Start- und Landebahn für Düsenflugzeuge, die am 6. Oktober 1960 vorfristig übergeben wurde. Im gleichen Jahr begann die Modernisierung des Flugzeugparks, Turboprop-Maschinen vom Typ IL-18 kamen zum Einsatz. Mit dem Ausbau des Flughafens Berlin-Schönefeld gewann die DDR Anfang der sechziger Jahre den Anschluß an das internationale Flugsystem.

Im städtischen Nahverkehr waren bis Anfang der fünfziger Jahre die größten Kriegsschäden am Straßen- und Schienennetz behoben und zerstörte Brücken wiederhergestellt, so die Lieb-

knechtbrücke (1950), die Dammbrücke in Köpenick (1950), die Treskowbrücke (1951) und die Jannowitzbrücke (1954). Besonderes Gewicht hatte die Errichtung der Stralauer Brücke im Sommer 1951 auf der wichtigen Ausfallstraße nach Süden – parallel zur S-Bahn-Brücke zwischen den Bahnhöfen Ostkreuz und Treptower Park –, denn damals mußte auch der Autoverkehr durch Westberlin auf Grund wiederholter Behinderungen seitens dortiger Behörden eingestellt werden.

Ein wichtiges Nahverkehrsmittel war unverändert die S-Bahn. Sie gehörte zur Deutschen Reichsbahn und beförderte auf einem mehr als 350 Kilometer langen Streckennetz, das neben der Hauptstadt und den Randgebieten unter den damaligen Bedingungen der offenen Staatsgrenze auch ganz Westberlin umfaßte, täglich mehr als 1,7 Millionen Reisende. Am 1. Mai 1951 wurde die elektrifizierte S-Bahn-Strecke Grünau–Königs Wusterhausen in Betrieb genommen. Im Juni 1956 folgte die Strecke Strausberg – Strausberg-Nord. Andere Streckenabschnitte erhielten wieder das zweite Gleis, das nach Kriegsende für Reparationszwecke demontiert worden war. Gleichzeitig begann der Einbau moderner Signal- und Sicherungsanlagen, die hauptsächlich der 1953 gebildete VEB Werk für Signal- und Sicherungstechnik Berlin lieferte. Der Bahnhof Friedrichstraße wurde 1953 umgebaut und im Juni 1956 der S-Bahnhof Plänterwald eingeweiht.

Die kommunalen Verkehrsbetriebe (damals noch BVG) erweiterten das Liniennetz von Straßenbahnen und Omnibussen und verbesserten ihre Leistungen besonders im Berufsverkehr. Mit Beginn des Jahres 1955 mußte in den Betrieben und Verwaltungen des Stadtbezirks Mitte eine Arbeitszeitstaffelung eingeführt werden, um die öffentlichen Verkehrsmittel in den Spitzenzeiten zu entlasten. Mit der Wiedereröffnung der 1945 zerstörten Bahnhöfe Hausvogteiplatz und Thälmannplatz im Januar und August 1950 waren alle Kriegsschäden an den beiden U-Bahn-Linien der Hauptstadt beseitigt. Am 1. August 1951 fuhr der erste Oberleitungsbus zwischen Robert-Koch-Platz und Ostbahnhof; bis 1955 wurden 40 Kilometer Obus-Linien neu eingerichtet. Mitte der fünfziger Jahre setzte die Modernisierung der Wagenparks ein. Mit dem DO 54 erschien 1956 ein neuer Doppelstockbus mit 52 Sitz- und 18 Stehplätzen auf Berlins Straßen. Eine weitere Neuentwicklung, ein Doppelstock-Sattelschlepper, bewährte sich nicht für den innerstädtischen Verkehr, er kam für mehrere Jahre auf der Strecke Kaulsdorf–Müggelheim zum Einsatz. 1957 wurden die ersten 18 Meter langen U-Bahn-Triebwagen und Ende

1959 der erste Großraum-Straßenbahnzug für 200 Fahrgäste auf der Linie 86 zwischen Schmöckwitz und Mahlsdorf eingesetzt. Es verbesserten sich somit auch die Arbeitsbedingungen des BVG-Personals. Die Straßenbahnfahrer brauchten nicht mehr wie früher an der Kurbel zu stehen, sie mußten nicht mehr an jeder Kreuzung mit einer Eisenstange die Weiche stellen. Ab 18. März 1957 fuhren schaffnerlose Zeitkarten-Triebwagen. Am 11. November 1957 beschloß der Magistrat, daß in der Straßenbahn, im Bus und Obus nicht mehr geraucht werden dürfe, für die S-Bahn galt das erst ab 1964.

Die Zahl der in Berlin zugelassenen Pkw stieg von 22 106 im Jahre 1951 auf 85 825 im Jahre 1957. Aus einheimischer Produktion kamen Ende 1955 die ersten Zweitakter »Wartburg« und 1957 die ersten duroplastbeplankten Kleinwagen »Trabant«. Auch die Zahl der Motorräder und vor allem der Mopeds, deren Produktion 1955 anlief, erhöhte sich. Zunehmend verschwanden

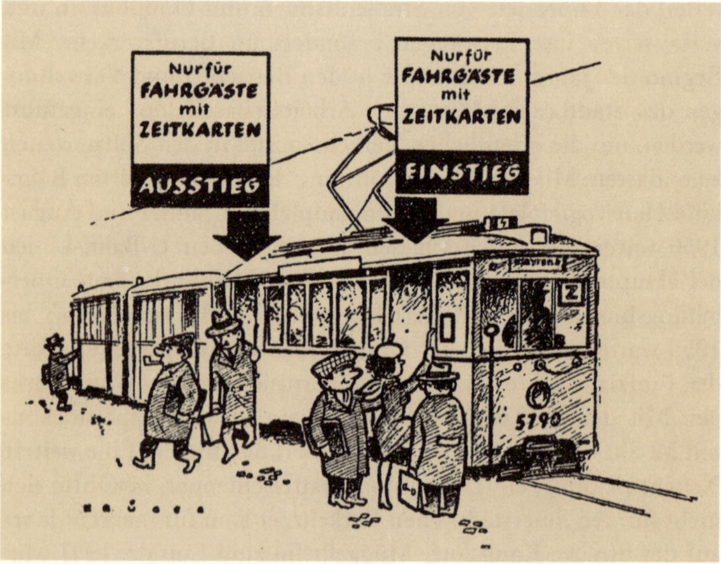

Aus »Berliner Zeitung«, 15. März 1957

die Pferdefuhrwerke aus dem Straßenbild. Am 23. Oktober 1959 wurde bei der Berliner Stadtreinigung und Müllabfuhr das letzte Pferdegespann von modernen Skoda-Müllfahrzeugen abgelöst. Die wachsende Dichte im Orts- und Durchgangsverkehr machte Neuregelungen im Straßenverkehr erforderlich, so seit 1952 die Markierung der Fußgängerüberwege und der Fahrbahnmitte durch weiße Trennlinien, seit 1956 die Einrichtung von gekennzeichneten Schnellstraßen. Die erste automatische Verkehrsampel trat am 3. Februar 1955 an der Kreuzung Stralauer Allee/Warschauer Straße in Funktion. Eine von der Ständigen Kommission Verkehr der Stadtverordnetenversammlung im August 1959 einberufene Verkehrssicherheitskonferenz beschloß die Bildung von Verkehrssicherheitsaktiven in Betrieben und Wohngebieten. Eine Verkehrszählung am Alexanderplatz im Sommer 1960 ergab, daß in der Hauptverkehrszeit etwa 3600 Fahrzeuge und über 130 Straßenbahnzüge von 10 Linien stündlich über den Platz rollten. Nicht nur für den Knotenpunkt Alex, sondern für die gesamte Innenstadt mußte das Hauptstraßennetz nach modernen Gesichtspunkten neu geordnet werden. So wichtige und breite Ausfallstraßen wie die Schönhauser Allee und die Prenzlauer Allee oder die Greifswalder Straße endeten im Zentrum in engen »Schläuchen«. Auch die Karl-Marx-Allee mündete damals nicht direkt in den Alexanderplatz. Schließlich hatte auch die Spaltung der Stadt den Verlauf der Verkehrsströme verändert. Doch die Aufgabe, das Hauptstraßennetz völlig neu zu gestalten, konnte erst in den sechziger Jahren in Angriff genommen werden.

Wie eh und je fuhren die Berliner mit Kind und Kegel ins Grüne. Sie bevorzugten die Wald- und Seenlandschaft von Köpenick, um Königs Wusterhausen, Strausberg und Bernau, weil diese Gebiete mit der S-Bahn günstig zu erreichen waren. Wenn an Hochsommertagen – im Juni 1957 und im Juli 1959 gab es Hitzewellen mit Temperaturen um 35 und sogar bis

40 Grad – die Freibäder am Müggelsee, in Grünau und Oberspree Rekordbesucherzahlen meldeten, waren am Abend die S-Bahn-Züge und Straßenbahnen beängstigend überfüllt mit den heimkehrenden luft- und lichthungrigen Berlinern; kaum, daß sich die Zeitungsverkäuferin durchdrängeln konnte.

Großer Beliebtheit erfreute sich seit jeher die Weiße Flotte. Mit der Beseitigung der Brückentrümmer, die die Wasserstraßen 1945 gesperrt hatten, entwickelte sich seit Pfingsten 1946 nach und nach der Ausflugsverkehr. Nachdem 1957 der VEB Fahrgastschiffahrt Berlin gebildet worden war, eröffnete die Weiße Flotte ihre Sommersaison 1959 mit 81 Dampfern und Motorschiffen, auf denen rund 12 000 Passagiere Platz fanden und die 42 Linien mit einer Gesamtlänge von 2 239 Kilometern befuhren. Die Jungfernfahrt des ersten nach 1945 auf der Berliner Yachtwerft Friedrichshagen gebauten Fahrgastschiffes, der »Fritz Reuter«, leitete am 25. September 1957 die Modernisierung des Schiffsbestandes ein. Nach der Schließung der Abfahrtsstelle Jannowitzbrücke im Jahre 1961 wurde der Haupthafen der Weißen Flotte zum S-Bahnhof Treptower Park verlegt.

Um den Berlinern auch in den dicht bebauten innerstädtischen Wohngebieten Möglichkeiten zur Erholung zu schaffen,

Für unseren neuen Müggelturm

Konto 1/800 beim Stadt-Kontor: 24,— DM HO-Gaststätte „S-Bahnstube“ Baumschulenweg; 5,— DM Kliemann; 52,— DM VEB Rohrleitungsbau; 76,— DM VVB Rundfunk und Fernsehen; 39,— DM VEB Berolina Möbelfabrik; 5,— DM Müller; 125,— DM 14. Mittelschule, Grünau; 10,— DM von einer alten Berlinerin; 3,— DM Anna Schulz; 55,— DM Charlotte Koeppen; 222,40 DM BGL Kommunale Wohnungsverwaltung Prenzlauer Berg.

wurden im Rahmen der Volkswirtschaftspläne und des Nationalen Aufbauwerks viele Grünflächen und Erholungsstätten angelegt, so 1955 der Volkspark »Anton Saefkow« entlang der S-Bahn zwischen Greifswalder und Artur-Becker-Straße und der Volkspark Weinbergsweg auf einem enttrümmerten Gelände im Stadtbezirk Mitte. Der Volkspark Friedrichshain, der Plänterwald und der Treptower Park wurden als »grüne Lungen« weiter verschönert. 1960 begann der Ausbau des 50 Meter hohen Trümmerberges an der Oderbruchstraße, der sogenannten Oderbruchkippe, zum Volkspark Prenzlauer Berg. Am 1. Mai 1955 empfing die wiederaufgebaute Gaststätte »Zenner«, ein altbeliebtes Ausflugsziel, die ersten Gäste. Im NAW wurde die traditionsreiche Gaststätte »Prater« im Arbeiterbezirk Prenzlauer Berg wiederhergestellt. Als am 19. Mai 1958 der Müggelturm, ein 1889 im chinesischen Pagodenstil errichteter hölzerner Aussichtsturm, völlig niederbrannte – Brandursache waren fahrlässig ausgeführte Schweißarbeiten –, fand der Vorschlag der »Berliner Zeitung«, das beliebte Ausflugsziel durch freiwillige NAW-Einsätze und Geldspenden wiederaufzubauen, lebhafte Zustimmung. Der neue Müggelturm aus Beton und Glas wurde am 30. Dezember 1961 eingeweiht.

Von Jahr zu Jahr verreisten immer mehr Berliner Werktätige während ihres Urlaubs. Der Berliner FDGB hatte 1948 die ersten 15 000 Ferienplätze in seinen Erholungsheimen angeboten, 1956 erhielten schon über 80 000 einen Ferienplatz. Die Zahl der Plätze wurde ständig vergrößert. Vor allem die Großbetriebe gingen seit dem Abschluß der ersten Betriebskollektivverträge 1951 zur Einrichtung von Betriebsferienheimen in landschaftlich schönen Gegenden der Republik über. Die großen Reisewellen in befreundete sozialistische Länder setzten zum Ende der fünfziger Jahre hin ein. Im Juni 1956 fuhren die ersten Berliner als Touristen in die Sowjetunion und 1957 nach Bulgarien. Hohe Beträge wandten Magistrat und Betriebe alljährlich für die Ferienbetreuung der Schulkinder auf. An der Aktion »Frohe Ferientage für alle Kinder« beteiligten sich 1951 101 000 Kinder, das waren 60 Prozent der schulpflichtigen Jugend, an den örtlichen Ferienspielen, bei denen sie tagsüber von Lehrern und Helfern bei Sport und Spiel betreut wurden. Später ging diese Art der Feriengestaltung zurück, dafür stieg die Zahl der Kinder an, die in Pionier- und Betriebsferienlager fuhren.

Der Berliner liebt bekanntlich »Musike« und Geselligkeit. Alte Bräuche – die Silvesterknallerei, der Kneipenkarneval, das Blütenfest in Werder, die Pfingstkonzerte und »Laubenpieper«-Feste – waren nach dem Kriege wieder aufgelebt. Neue Volksfeste gesellten sich hinzu. Seit Anfang der fünfziger Jahre bürgerte es sich ein, am 1. Mai, am 8. Mai (der Tag der Befreiung war bis 1967, bis zur Neuregelung der gesetzlichen Feiertage in der DDR, arbeitsfrei) und am 7. Oktober große Volksfeste zu veranstalten. Auf Plätzen und in Parks unterhielten beliebte Künstler von Bühne, Film und Funk die Berliner mit ihren Darbietungen. Es gab Kinderfeste und Sportveranstaltungen, und abends spielten Tanzkapellen auf. »Mitten mang« sah man einen älteren Herrn im dunklen Anzug mit weißen Handschuhen und einer Melone auf dem Kopf: Fredy Sieg. Wenn dieser Volkssänger und Humorist auf echt berlinisch die Ballade von »Zickenschulze aus Bernau« vortrug, quietschte das Publikum vor Vergnügen.

Nach dem Auftritt des Alexandrow-Ensembles auf dem heutigen Platz der Akademie im August 1948 riß die Kette von Gastspielen bekannter sowjetischer Ensembles nicht mehr ab; oft wurde vor großen Menschenmassen auch unter freiem Himmel aufgetreten. So kamen zum Deutschlandtreffen 1950 das Moissejew-Ensemble, zum Monat der Deutsch-Sowjetischen Freundschaft im November 1954 der Staatliche Russische Pjatnitzki-Volkschor, im 40. Jahr der Großen Sozialistischen Oktoberrevolution der Staatliche Akademische Russische Chor der UdSSR unter Leitung von Alexander Sweschnikow und im Mai 1958 das Staatliche Russische Volksorchester »Nikolai Ossipow«. Im November 1956 gastierte erstmalig der Moskauer Staatszirkus an der Spree.

Von den Altberliner Volksfesten erfreute sich der Weihnachtsmarkt besonderer Beliebtheit. Den ersten nach dem Kriege – natürlich in bescheidenem Rahmen – gab es bereits im Dezember 1945 im Lustgarten. Dann geriet er in der Turbulenz der politischen Ereignisse in den späten vierziger Jahren wieder in den Hintergrund, bis der Magistrat 1953 die alte Tradition erneut aufgriff. Von nun an erstrahlte alljährlich die große, in der Umgebung Berlins eingeschlagene Fichte über der bunten Budenstadt, die zur Weihnachtszeit zunächst auf dem Marx-Engels-Platz, später in der Karl-Marx-Allee und seit 1974 nahe dem Alexanderplatz aufgebaut wurde.

Gleichfalls auf Anregung des Magistrats fand im August 1954 nach jahrzehntelanger Pause der »Stralauer Fischzug«, Berlins ältestes, 1574 erstmals urkundlich erwähntes Volksfest, statt. Leider geriet er wieder in Vergessenheit, ebenso wie das »Fischerfest in Alt-Berlin«, das der Stadtbezirk Mitte mit einem Festumzug, mit Ausstellungen und Volksbelustigungen im Sommer 1955 rings um die Ruine der Nikolaikirche veranstaltete. Erhalten blieb dagegen das 1825 ins Leben gerufene Feuerwerk »Treptow in Flammen«, das im Juli 1947 erstmals nach dem Krieg wieder stattfand und später in die alljährliche »Treptower Festwoche« einging. Am 26. Juni 1958 veranstaltete »Neues Deutschland«, das Zentralorgan des ZK der SED, sein erstes Pressefest, das – nachdem es im Volkspark Friedrichshain seinen regelmäßigen Standort fand – einen festen Platz im Berliner Festkalender bekam. Seit 1960 gesellte sich das Tierparkfest hinzu.

Als Sportstadt nahm Berlin in den fünfziger Jahren ebenfalls einen Aufschwung. Die Konstituierung des Sportausschusses Groß-Berlin am 2. Februar 1949, von den Berliner Vorständen des FDGB und der FDJ initiiert, hatte die Grundlage für den Aufbau einer demokratischen Sportbewegung hervorgebracht. Im Rahmen der Schaffung des volkseigenen Sektors im Frühjahr 1949 hatten FDGB und FDJ als Träger der neuen Sportbewegung auch das Vermögen jener Sportvereinigungen erhalten, die Faschismus und Militarismus aktiv unterstützt hatten. An Stelle der bisherigen kommunalen Sportgruppen entstanden territoriale Sportgemeinschaften und Betriebssportgemeinschaften. In den neuen Sportgemeinschaften der Industriegewerkschaften – zum Beispiel »Empor« (IG Handel), »Motor« (IG Metall) und »Einheit« (Gewerkschaft Verwaltung, Banken, Versicherungen) – waren über 80 Prozent aller Sportler organisiert. Der Berufssport, der nach 1945 vor allem beim Boxen, Ringen und Radfahren dominierte, wurde endgültig abgeschafft. Unter Beteiligung Berliner Mannschaften wurden 1949 erstmals Ostzonen-Meisterschaften in 18 Sportarten ausgetragen.

Ein allseitiger Aufschwung im Leistungs- und Massensport setzte ein, nachdem die Volkskammer der DDR am 8. Februar 1950 das Gesetz über die Teilnahme der Jugend am Aufbau der DDR und die Förderung der Jugend in Schule und Beruf, bei Sport und Erholung beschlossen hatte. Der erste Fünfjahrplan sah beträchtliche Mittel für die Förderung des Sports vor. In Berlin stand an vorderer Stelle der Aufbau großer Sportanlagen, an denen es infolge der Spaltung der Stadt noch mangelte. Anläßlich der Jugendtreffen von 1950 und 1951 wurden mehrere Stadien, Sporthallen und Sportplätze unter Mitarbeit vieler freiwilliger Helfer geschaffen. Im Rahmen des NAW entstanden bis 1956 weitere 100 kleinere Sport- und Spielplätze, Turn- und Übungshallen. Damit stieg die Zahl der Berliner Sporteinrichtungen von 186 im Jahre 1952 auf über 300 im Jahre 1956. Allein von 1954 bis 1958 stellte der Magistrat für die Entwicklung des Sports rund 35 Millionen Mark zur Verfügung. Besondere Fürsorge galt dem Schulsport. 1950 wurde der obligatorische Turn- und Schwimmunterricht an allen Schulen eingeführt. Mit der Gründung des Deutschen Turn- und Sportbundes als einheitlicher sozialistischer Sportorganisation der DDR am 28. April 1957 in Berlin erhielt die Sportbewegung eine neue organisatorische Grundlage.

Auch auf sportlichem Gebiet wirkte sich die imperialistische Frontstadtpolitik negativ aus. Einerseits bemühte man sich darum, mit Eintrittspreisen von »1:1« viele Sportbegeisterte zu Großveranstaltungen ins Olympia-Stadion und in die Waldbühne zu locken, um sie gleichzeitig antikommunistisch beeinflussen zu können, andererseits beharrte der Westberliner Sportverband auf seinem im Juli 1952 vollzogenen Abbruch sämtlicher Sportbeziehungen zur Hauptstadt. Abwerber waren am Werk, um bekannte Sportler durch Verlockungen und Versprechungen zum Verlassen der Republik zu bewegen. So überredete man 1951 einige Fußballspieler der SG Union Oberschöneweide, die 1947/1948 Berliner Fußballmeister war, der DDR den Rücken zu kehren. Auf den Bonner Alleinvertretungsanspruch pochend, ließen die Westberliner Sportfunktionäre auch keine Gelegenheit aus, um den Sportlern der Hauptstadt der DDR den Weg zu internationalen Meisterschaften mit schikanösen Mitteln zu verlegen.

Traditionell: Wasser- und Radsport

Schwimmen, Segeln und Rudern gehören seit alters zu den Lieblingsbeschäftigungen der Berliner, was angesichts der wasserreichen Umgebung nicht verwundert. Viele Bootshäuser entlang von Spree und Dahme, die früher nur den begüterten Schichten zur Verfügung gestanden hatten, waren in Volkseigentum übergegangen. Die Regattastrecke in Grünau wurde ausgebaut. Im NAW entstanden 1959 das Wernerbad in Lichtenberg, 1960 das Freibad Pankow und das Bad im Monbijoupark.

Der Radsport, der in Berlin seine traditionelle Heimat hat, nahm einen großen Aufschwung. Bereits in den ersten Nachkriegsjahren wurden die Fernfahrten »Rund um Berlin« (1946) und »Berlin–Cottbus–Berlin« (1947) wieder ausgetragen. Mit der Eröffnung der Berliner Winterbahn am 19. November 1950 in der Werner-Seelenbinder-Halle und der Radrennbahn Weißensee am 25. September 1955 erhielt die Hauptstadt zwei neue Sportstätten für die »Ritter der Pedale«.

Das herausragende Sportereignis der fünfziger Jahre war zweifellos die Internationale Radfernfahrt für den Frieden, die 1952 erstmals von Warschau über Berlin nach Prag durch das Gebiet der DDR führte. Wenn im Mai die Friedensfahrer kamen, standen Hunderttausende an den Straßen oder hingen am Radio, um über den Berliner Rundfunk die Streckenberichte von Heinz Florian Oertel zu hören. Sie wurden auch über die Lautsprecher des Stadtfunks, die damals auf allen Magistralen und zentralen Plätzen standen, ausgestrahlt. Das war die große Zeit von Gustav Adolf (»Täve«) Schur, Bernhard Trefflich, Lothar Meister, Klaus Ampler und Bernhard Eckstein; und Berliner Radsportler wie Paul Dinter, Werner Malitz und Erich Schulz mischten kräftig mit. Als im Mai 1953 die DDR-Equipe in der Gesamtmannschaftswertung der VI. Friedensfahrt Prag–Berlin–Warschau den ersten Platz belegte, Gustav Adolf Schur 1955 und 1959 das gelbe Trikot des Einzelsiegers erkämpfte und im Mai 1960 auf der Schlußetappe von Magdeburg nach Berlin Erich Hagen mit seinem Etappensieg auch die Gesamteinzelwertung errang, kannte der Jubel keine Grenzen.

BERLINER EMPFÄNGT DIE
FRIEDENSFAHRER
BERLIN
WARSCHAU
PRAG
AM
8. MAI

Auch in anderen Sportarten machten Berliner Athleten von sich reden. Bei den Olympischen Sommerspielen 1956 in Melbourne erkämpfte der Boxer Wolfgang Behrendt im Bantamgewicht die erste Goldmedaille für die DDR, in der Leichtathletik errangen Christa Stubnick und Gisela Köhler Silbermedaillen. In Squaw Valley (USA) holte bei den Olympischen Winterspielen 1960 Helga Haase im Eisschnellauf eine Gold- und eine Silbermedaille und legte damit den Grundstein für eine Serie internationaler Erfolge des Berliner Eissports. In Karlshorst und Hoppegarten wurde wie eh und je der Pferderennsport gepflegt. Von 1952 bis 1954 fanden wieder Motorrad- und Autorennen auf der »Bernauer Schleife« statt, dem Autobahnabzweig vom Berliner Ring nach Prenzlau.

Zur Förderung des Leistungssports entstanden die Sportklubs SC Dynamo (1953), ASK Vorwärts (1956) und der TSC Berlin (1963), die besonders in der Leichtathletik, im Handball, Eislaufen, Boxen und Schwimmen bald das Spitzenniveau des DDR-Sports mitbestimmten. Gute Voraussetzungen dafür schuf die Errichtung des Sportforums in Hohenschönhausen, wo die Dynamo-Sporthalle am 25. Januar 1958 eingeweiht wurde und weitere Sportanlagen – Schwimm-, Turn- und Übungshallen, Eissportanlage, Sporthotel und Internat – bald darauf folgten. Die Fußballmannschaften vom ASK Vorwärts und vom SC Dynamo Berlin, die bei ihrer Bildung 1954 den Spielerbestand von Vorwärts Leipzig und Dynamo Dresden übernahmen, zählten bald zu den leistungsstärksten Klubs der Oberliga. ASK Vorwärts Berlin errang 1958, 1960 und 1961/1962 den Fußballmeistertitel der DDR, und der SC Dynamo Berlin entschied das Endspiel um den FDGB-Pokal im Jahre 1959 für sich. Spieler wie Herbert Schoen, Günter Schröter, »Wibbel« Wirth und Jürgen Nöldner vertraten die DDR in vielen internationalen Vergleichen.

In die Tausende ging die Zahl der aktiven Sportler, die um 1958 in 5 Sportklubs und über 200 Sportgemeinschaften ihre Kräfte maßen. Nach der Gründung des DTSB hatten sich die

Bemühungen, die Schuljugend für den Sport zu gewinnen, verstärkt. »BZ am Abend« rief am 14. September 1957 den Berlin-Lauf der Schuljugend ins Leben.

Bedeutende Fortschritte brachte die zweite Hälfte der fünfziger Jahre bei der Umwälzung auf kulturellem Gebiet. Der V. Parteitag der SED im Juli 1958 hatte sich für eine konsequente Fortsetzung der sozialistischen Kulturrevolution ausgesprochen. Für Berlin bedeutete dies, einmal der hauptstädtischen Funktion als Zentrum von Kultur und Wissenschaft für das ganze Land noch besser gerecht zu werden und zum anderen im gesellschaftlichen Leben der Stadt selbst, bei allen Berlinern sozialistisches Bewußtsein und sozialistische Verhaltensweisen immer mehr durchzusetzen.

Große Aufmerksamkeit widmete die Bezirksparteiorganisation der SED der Festigung des Bündnisses zwischen der Arbeiterklasse und der Intelligenz. Zwischen 1956 und 1958 fanden eine Reihe von Aussprachen und Begegnungen statt, an denen sich von seiten der Parteiführung Walter Ulbricht, Otto Grotewohl und Kurt Hager sowie Vertreter der SED-Bezirksleitung beteiligten. In den freimütig geführten Diskussionen wurden Grundfragen der Politik ebenso aufgeworfen wie spezifische Fragen der Wissenschaften. Alles in allem trugen diese Aussprachen dazu bei, ein echtes Vertrauensverhältnis zwischen der Partei der Arbeiterklasse und der Intelligenz zu schaffen. Am 24. August 1957 konstituierte sich in Berlin unter Vorsitz von Prof. Dr. Dr. h. c. Peter Adolf Thiessen der Forschungsrat der DDR als verantwortliches Gremium für die naturwissenschaftlich-technische Forschung und Entwicklung.

Im Kampf gegen bürgerliche Ideologie und kleinbürgerliche Moralauffassungen und für die Verbreitung der marxistisch-leninistischen Weltanschauung leistete die Berliner Parteiorganisation der SED eine umfangreiche Arbeit. Vor allem über die entstehenden Brigaden der sozialistischen Arbeit trugen die

PROGRAMM
DER
III. BETRIEBS-
FEST-
SPIELE
VOM 24. MAI 1962
BIS 4. JUNI 1962
DES
VEB
BERLINER
GLÜHLAMPENWERK

Mitglieder der SED gemeinsam mit aktiven Gewerkschaftern die Grundsätze der sozialistischen Moral und Ethik, wie sie der Parteitag formuliert hatte, unter die Werktätigen. Verstärkt rangen

	„Singt das Lied des Sozialismus"
Donnerstag, den 24.5.62 15^{00} Uhr kleiner Kultursaal	Eröffnungsveranstaltung der III. Betriebsfestspiele unter Mitwirkung des Zirkels schreibender Arbeiter, Kabarett, Tanzgruppe, Hochschule für Musik und dem Musiktrio der Wohnungsverwaltung. Anschließend Tanz mit dem Werkorchester.
	„Der sozialistische Humanismus und das Nationale Dokument"
Freitag, den 25.5.62 16^{00} Uhr kleiner Kultursaal	Ein Forum mit den Angehörigen der Intelligenz. (Der Chefredakteur des „Sonntag" Bernt von Kügelgen hat seine Teilnahme zugesagt.)
	„Euch zur Freude"
Sonnabend, den 26.5.62 19^{00} Uhr kleiner Kultursaal	Estradenprogramm der AGL II, gestaltet von den Kolleginnen und Kollegen des Bereiches Entladungslampe. Anschließend Tanz mit dem Werkorchester.
	„Modellmodenschau"
Montag, den 28.5.62 15^{30} und 19^{30} Uhr großer Kultursaal	des Modehauses Bormann. 12 Mannequins zeigen 100 Modelle der Frühjahrs- und Sommerkollektion 1962. Eintritt DM 2,00, Karten beim Frauenausschuss, den AGLs und der Klubleitung.
	„Und wieder zu den Sternen"
Dienstag, den 29.5.62 15^{00} Uhr kleiner Saal und Foyer	Filmnachmittag mit dem Film über den Weltraumflug German Titows. Gleichzeitig zeigt der Schmalfilmzirkel seine Filme Betriebsgeschehen und Kulturgeschehen durch die AK 8 gesehen.
	„Das Theater und Wir"
Mittwoch, den 30.5.62 15^{00} Uhr kleiner Kultursaal	Aussprachenachmittag. Bekannte Künstler des Maxim Gorki Theaters kommen zu uns und sprechen über das „Elfte Gebot" und andere Stücke.
	„Die zweite Begegnung"
Freitag, den 1.6.62 · 15^{00} Uhr kleiner Kultursaal	von Erik Neutsch. Öffentliche Buchdiskussion der AGL VI
	„O welche Freud erfüllt die Zeit"
Sonnabend, den 2.6.62 19^{30} Uhr großer Kultursaal	Abschlußveranstaltung unter Mitwirkung der Volkschöre Strausberg und Eggersdorf. Anschließend Tanz mit künstlerischen Einlagen.
	„Gewissen in Aufruhr"
Montag, den 4.6.62 15^{00} Uhr kleiner Kultursaal	von Petershagen. Öffentliche Buchdiskussion der Brigade „XXII. Parteitag" der AGL II. (Unter Mitwirkung von Künstlern des Fernsehfilms.)
	Ausstellungen des Mal- und Zeichenzirkels und des Philateliezirkels im Vorraum zum kleinen Kultursaal. Ausstellung der Brigadetagebücher im Foyer.

sie darum, neue, sozialistische Beziehungen der kameradschaftlichen Hilfe und gegenseitigen Unterstützung zu entwickeln. Nicht nur das Verständnis für Kunst und Kultur, das Bedürfnis nach kulturellen Erlebnissen, auch die kulturell-schöpferische eigene Betätigung nahm in der Arbeiterklasse zu. Besondere Verdienste erwarb sich dabei der FDGB. Auf seine Initiative hin fanden im Juni 1959 im Bezirk Halle die ersten Arbeiterfestspiele der DDR statt, an denen sich auch viele Berliner Laienkünstler beteiligten. Großbetriebe wie Bergmann-Borsig, Elektrokohle, Elektro-Apparate-Werke und Kabelwerk Oberspree besaßen schon seit längerem eigene Kulturhäuser. Andere Betriebe richteten Klubs ein. Im Jahre 1961 zählte man in der Hauptstadt 30 Kulturhäuser und Betriebsklubs sowie 327 Klubs der Werktätigen, der Jugend, der Intelligenz und der Veteranen, in denen in verschiedenen Arbeitsgemeinschaften, Chören und Zirkeln eine rege volkskünstlerische Arbeit geleistet wurde. Es kam zu anregenden Begegnungen mit Schriftstellern, Schauspielern, Malern und Bildhauern, die künstlerisches Urteilsvermögen und Geschmack der Werktätigen beeinflußten und zur sinnvollen Gestaltung der Freizeit beitrugen. Viele Brigaden besuchten gemeinsam mit Familienangehörigen Ausstellungen, Theateraufführungen und andere kulturelle Veranstaltungen. Mit Unterstützung von Berliner Theaterschaffenden gründeten interessierte Betriebsangehörige des Kabelwerkes Oberspree 1960 ein Arbeitertheater, das – wie in dem Stück »Bewährungsfrist« – Probleme des betrieblichen Alltags auf die Bühne brachte. Ein Arbeitertheater existierte auch im EAW Treptow.

Der FDGB-Bezirksvorstand rief Ende 1959 zu einem Wettbewerb um das beste Brigadetagebuch auf und bat den Schriftstellerverband dabei um Unterstützung. Namhafte Autoren gingen in die Großbetriebe, lasen aus ihren Werken, leiteten Zirkel schreibender Arbeiter an und gewannen für die eigene Arbeit viele Anregungen. Einen besonderen Platz nahm die Beschäftigung mit der Geschichte des eigenen Betriebes und der örtlichen Arbeiterbewegung ein. So verfaßte der Arbeiter Bruno Scholz gemeinsam mit dem bekannten Schriftsteller Ludwig Turek eine Chronik des Kabelwerkes Köpenick, die 1964 unter dem Titel »Es wächst die Kraft« im Verlag Tribüne erschien.

Auf Vorschlag der SED beschloß die Volkskammer am 2. Dezember 1959 das Gesetz über die sozialistische Entwicklung des Schulwesens in der DDR. Es sah die stufenweise Einführung der zehnklassigen allgemeinbildenden polytechnischen Oberschule vor. Ein Kernstück der neuen Schule war der polytechnische Unterricht. Bereits ab 1. September 1958 begann für alle Schüler der 7. bis 12. Klasse der wöchentliche Unterrichtstag in der Produktion. Gemeinsam hatten Lehrer und Erzieher, Mitglieder der Elternausschüsse und Arbeiter die in Berlin benötigten 22 000 Unterrichtsplätze in den Betrieben der sozialistischen Industrie und Landwirtschaft geschaffen.

Von Anfang an hatte der Magistrat das Volksbildungswesen großzügig gefördert. Von 1949 bis 1958 waren 47 Schulgebäude mit 573 Klassenräumen und 112 Fachkabinetten neu gebaut oder durch Anbauten erweitert worden. Dadurch konnte der Schichtunterricht beseitigt werden. Im Jahre 1956 zählte jede Klasse der Grundschule durchschnittlich 33 Schüler und jede Oberschulklasse 27 Schüler. Arbeiter- und Bauernkindern wurde der Besuch der Oberschule erleichtert. In den Elternausschüssen und Klassenaktivs, in den polytechnischen Beiräten, in den Elternaktivs der Kindergärten und in den Jugendweiheausschüssen arbeiteten Tausende Berliner ehrenamtlich mit. Immer mehr Jungen und Mädel nahmen an den Jugendweihen in den Schulen teil, seitdem dieser alte Brauch der revolutionären deutschen Arbeiterbewegung 1955 wiederaufgenommen worden war. 1958 erhielten 43 Prozent der Berliner Jugendlichen im 8. Schuljahr die Jugendweihe, 1961 waren es schon 85 Prozent.

An der sozialistischen Erziehung der jungen Generation nahm auch die Freie Deutsche Jugend aktiv teil. Dem von 1954 bis 1961 von Hans Modrow geführten Bezirksverband Berlin gehörten 1960 über 62 000 Mitglieder an. Sie folgten dem Ruf der Partei, mit allen Kräften zum Sieg der sozialistischen Produktionsverhältnisse beizutragen. Zu den großen Aktionen des sozialistischen Jugendverbandes zählten in diesen Jahren das »Aufgebot junger Sozialisten« zu Ehren des V. Parteitages der SED, die Aktionen »Blitz« zur Lösung solch brennender Fragen der Volkswirtschaft wie Energiesparen und Erschließung von Materialreserven. Populär war auch die Kompaßbewegung der Jahre 1958/1959, bei der die FDJ-Gruppen ihre Verpflichtungen in die Felder eines Kompasses eintrugen, dessen Nadel auf die Marschrichtungszahl 60 (gleichbedeutend mit dem letzten Jahr des zweiten Fünfjahrplans) zeigte. In den Berliner Betrieben bestanden 1960 874 Jugendbrigaden, von denen sich viele der sozialistischen Brigadebewegung anschlossen. FDJler halfen beim Bau des Überseehafens Rostock, arbeiteten am Jugendobjekt Flughafen Berlin-Schönefeld (1959–1962) sowie an den Meliorationsvorhaben Friedländer Große Wiese (1958–1962), Rhin-Havel-Luch und Altmärkische Wische (1958–1961). 76 Prozent der Berliner Schuljugend gehörten 1960 der Pionierorganisation »Ernst Thälmann« an.

Energisch wurde der Kampf gegen die von der Frontstadt Westberlin ausgehende ideologische Beeinflussung der Jugend geführt. In grellen Farben und mit marktschreierischen Sprüchen lockten die sogenannten Grenzkinos zum Besuch von Kriegs-, Wildwest- und Horrorfilmen amerikanischer Prägung oder berüchtigter UfA-Tradition, die den Militarismus heroisierten und das Töten verherrlichten. Ebenfalls zum »Sonderpreis 1:1« waren an den Westberliner Zeitungskiosken die Groschenhefte zu haben: Gangster- und Wildwestromane, Landserhefte und Comic strips. Im Mai 1955 führte das »Kuratorium zum Kampf gegen die Vergiftung unserer Jugend«, dessen Vorsitzender der Jurist Prof. Dr. PETER ALFONS STEINIGER war und dem Pädagogen, Richter, Volkspolizisten und Kommunalpolitiker angehörten, einen öffentlichen Prozeß im Kultursaal des VEB Elektrokohle durch. Es entlarvte Ziele und Hintermänner der Schmutz- und Schundliteratur und forderte, die Einfuhr, die Verbreitung und den Besitz solcher Druckerzeugnisse unter Strafe zu stellen. An den Berliner Schulen leisteten die Lehrer gemeinsam mit Partei- und FDJ-Leitung eine umfängliche Kontroll- und Aufklärungsarbeit. Der Kampf galt auch der Jugendkriminalität und den Umtrieben von »Rocker«banden, die ihren Ursprung im Frontstadtsumpf hatten. Der viel beachtete DEFA-Film »Berlin – Ecke Schönhauser« (1957) setzte diese Problematik realistisch ins Bild.

Im November 1960 jährte sich zum 150. Mal der Tag der Eröffnung der Berliner Universität. Zur gleichen Zeit blickte die Charité, die als medizinische Ausbildungs- und Forschungsstätte der Universität angeschlossen ist, auf 250 Jahre ihres Bestehens zurück. Das Doppeljubiläum wurde mit einem akademischen Festakt und zahlreichen wissenschaftlichen Konferenzen unter internationaler Beteiligung begangen. Aus Ruinen auferstanden, hatte sich die Humboldt-Universität unter der ständigen Förderung durch die Arbeiter-und-Bauern-Macht zu einer der führenden sozialistischen Bildungsstätten der DDR entwickelt. Von 1949 bis 1960 investierte die Regierung der DDR rund 80 Milliarden Mark und wandte 100 Millionen Mark für die Werterhaltung auf. An der Alma mater berolinensis studierten 1960 rund 11 000 Direkt- und 700 Fernstudenten. Der Anteil der Arbeiter- und Bauernstudenten stieg von 1949 bis 1959 von 26,8 auf 53 Prozent. Dazu hatte die der Universität angeschlossene Arbeiter-und-Bauern-Fakultät, die von ihrer Gründung 1949 bis zur Auflösung 1962 insgesamt 3 569 Kinder aus Arbeiter- und Bauernfamilien zur Hochschulreife führte, wesentlich beigetragen. Die ABF-Absolventen gehörten zu den aktivsten politischen Kräften an den Fakultäten, zu den leistungsstärksten Studenten und bewährten sich auch in der beruflichen Praxis. Im Jubiläumsjahr zählten zum Lehrkörper der Universität 58 Nationalpreisträger, 43 Träger des Vaterländischen Verdienstordens, 12 Verdiente Ärzte des Volkes, 6 Hervorragende Wissenschaftler des Volkes und andere verdiente Hochschullehrer.

Mit den Universitäten in den Hauptstädten befreundeter sozialistischer Länder bestanden enge Beziehungen. So wurden 1958/1959 Freundschaftsverträge mit der Moskauer Staatlichen

WISSENSCHAFT
IM DIENSTE DES FRIEDENS
UND DES SOZIALISMUS
150 JAHRE
HUMBOLDT
UNIVERSITÄT
ZU BERLIN
250 JAHRE CHARITÉ BERLIN

Lomonossow-Universität, mit der Karls-Universität Prag und mit der Warschauer Universität abgeschlossen. Gemeinsame Freundschaftswochen mit einem umfangreichen Programm von Vorlesungen und Begegnungen von Wissenschaftlern und Studenten vertieften die Zusammenarbeit.

Im Sinne der Beschlüsse der III. Hochschulkonferenz der SED vom März 1958, die auf die weitere Entwicklung der Universitäten und Hochschulen der DDR zu sozialistischen Bildungsstätten orientierte, bemühte sich die Humboldt-Universität energisch um eine enge Verbindung zur sozialistischen Praxis. Bereits im März 1957 hatten Studenten der Wirtschaftswissenschaftlichen Fakultät zu einem Arbeitseinsatz in der Braunkohlenindustrie des Senftenberger Reviers aufgerufen. Über 4300 Berliner Studenten sowie weitere Tausende von anderen Universitäten und Hochschulen folgten dem Ruf. Sie begründeten damit die Tradition des sogenannten dritten Semesters, das heißt des Arbeitseinsatzes an Schwerpunkten der Volkswirtschaft während der Sommerferien. 1958/1959 unterstützten die Angehörigen und Studenten der Humboldt-Universität die sozialistische Entwicklung im Oderbruch-Kreis Seelow, vor allem durch Ernteeinsätze. Mit der Berliner Elektroindustrie wurde 1959 ein Vertrag abgeschlossen, der die Mithilfe bei der sozialistischen Rekonstruktion und der Durchsetzung des wissenschaftlich-technischen Fortschritts in Berlins führendem Industriezweig vorsah.

Um dem Berliner Theater- und Musikleben neue Impulse zu geben, rief der Magistrat 1957 die »Berliner Festtage« ins Leben, die alljährlich mit reger internationaler Beteiligung im Oktober stattfinden. Die Berliner Theater machten sich verdient um die Entwicklung der sozialistischen Kultur in der DDR.

Auch im neuen Haus Unter den Linden setzte die Deutsche Staatsoper, von 1954 bis 1963 von Max Burghardt geleitet, erfolgreich ihren Weg fort, Tradition und Fortschritt, Erbe und Zeitgenössisches miteinander zu verbinden. Im Dezember 1955 ging die großartige Inszenierung des »Wozzeck« von Alban Berg über die Bühne. Aus der Serie der Neueinstudierungen ragten neben Mozarts »Don Giovanni« (1955) und der vollständigen

BERLINER FESTTAGE

Aufführung von Wagners »Ring« (1956/1957) besonders »Der Revisor« (1957) und »Peer Gynt« (1961) von Werner Egk sowie die Uraufführung »Der arme Konrad« von Jean Kurt Forest (1959) hervor. Leiter der Staatskapelle war von 1955 bis zu seinem Tode 1962 Franz Konwitschny. Zum großen Solistenensemble gehörten so namhafte Sängerinnen und Sänger wie Annelies Burmeister, Margarete Klose, Jutta Vulpius, Ingeborg Wenglor, Theo Adam, Gerhard Frei, Helge Rosvaenge, Reiner Süss, Peter Schreier. Das Ballett der Staatsoper führte Lilo Gruber nach 1955 auf ein hohes künstlerisches Niveau. Seit Februar 1957 gab es Kammerkonzerte, Liederabende und Kammeropern im Apollo-Saal. Enge Verbindungen hielt die Deutsche Staatsoper zu den Berliner Komponisten Paul Dessau, Hanns Eisler, Jean Kurt Forest, Ottmar Gerster, Ernst Hermann Meyer und Rudolf Wagner-Régeny.

An der Komischen Oper zählten die Inszenierungen von Leoš Janáčeks »Das schlaue Füchslein« (1956), von Offenbachs »Hoffmanns Erzählungen« (1958) und von Benjamin Brittens »Ein Sommernachtstraum« (1961) zu den bedeutendsten, die das Haus unter der Regie Walter Felsensteins bot. Großen Anteil daran hatten die Dirigenten Robert Hanell und Vačlav Neumann sowie Solisten wie Irmgard Arnold, Rudolf Asmus, Hanns Nocker und andere.

Nach dem frühzeitigen Ableben Bertolt Brechts am 14. August 1956 pflegten Helene Weigel und Brechts Schülerkreis im Haus am Schiffbauerdamm das Erbe des großen Dramatikers weiter. Die Aufführungen der Schauspiele »Leben des Galilei« (1957), »Furcht und Elend des Dritten Reiches« (1957), »Der gute Mensch von Sezuan« (1957) und »Der aufhaltsame Aufstieg des Arturo Ui« (1959) sowie »Die Dreigroschenoper« (1960) erregten über die Grenzen der Stadt hinaus Aufsehen. In London, Paris und Moskau feierte das Berliner Ensemble Triumphe. Stützen des Ensembles waren Jahre hindurch Ernst Busch, Norbert Christian, Wolf Kaiser, Erik S. Klein, Stefan Lisewski, Ekkehard Schall, Willi Schwabe und andere.

»Auch die anderen Berliner Theater waren kulturelle Botschafter der DDR, als diese noch nicht anerkannt war, und erwiesen sich als Repräsentanten der in der DDR wirksam gewordenen sozialistischen Kulturrevolution.«[12]

Zu den herausragenden Aufführungen im Deutschen Theater zählten Goethes »Faust I« (1954), Schillers »Kabale und Liebe« (1955) und Shakespeares »König Lear« (1957), sämtlich in der Regie von Wolfgang Langhoff. Als Gast inszenierte Heinz Hilpert, der von 1934 bis 1944 das Haus in der Schu-

12 Ernst Schumacher: Berliner Kritiken. Ein Theater-Dezennium 1964–1974, Bd. II, Berlin 1975, S. 756.

mannstraße geleitet hatte, im Jahre 1958 Tschechows Schauspiel »Drei Schwestern«, das ein großer Erfolg wurde. Mit der Uraufführung von Erwin Strittmatters Drama »Die Holländerbraut« (1960) wandte sich das Deutsche Theater auch dem sozialistischen Zeitstück zu. Dem Ensemble gehörten so beliebte Schauspieler an wie Gerhard Bienert, Mathilde Danegger, Horst Drinda, Martin Flörchinger, Herwart Grosse, Inge Keller, Gisela May, Otto Mellies und Erika Pelikowsky.

Die Volksbühne am Rosa-Luxemburg-Platz, 1914 aus Arbeitergroschen errichtet und vierzig Jahre später aus Ruinen wiedererstanden, blieb ihren großen Traditionen als Volkstheater verpflichtet. Volksstücke wie Nestroys »Der böse Geist Lumpazivagabundus« (1960), volkstümliche Klassiker wie Goethes »Götz von Berlichingen« (1955) und William Shakespeares »Ein Sommernachtstraum« (1956) sowie sozialkritische Stücke wie Hauptmanns »Ratten« (1956) und »Fuhrmann Henschel« (1960) standen auf dem Spielplan. Unter der Leitung von Fritz Wisten spielten Albert Garbe, Harry Hindemith, Marion van de Kamp, Rolf Ludwig, Steffie Spira, Gerry Wolff und viele andere. Am 9. Oktober 1956 wurde in der Volksbühne das »Theater im 3. Stock« als Experimentierbühne mit kleinem Saal eröffnet. Maxim Vallentin hatte im Maxim Gorki Theater aus seinem »Jungen Ensemble« und aus älteren, erfahrenen Schauspielern ein Künstlerkollektiv gefügt. Hier wirkten so bekannte Darsteller wie Evamaria Bath, Albert Hetterle, Walter Jupé, Marga Legal, Lotte Loebinger, Walter Richter-Reineck und Jochen Thomas. »Nachtasyl« (1957) und »Feinde« (1959) von Maxim Gorki sowie »Stürmischer Lebensabend« (1957) von Leonid Rachmanow zählten zu den bemerkenswerten Aufführungen im Haus am Kastanienwäldchen.

Neues und Vorbildliches leistete das Theater der Freundschaft in der Lichtenberger Parkaue. Mit einem reichhaltigen Repertoire, das von Märchen- und Kinderstücken bis zur sowjetischen Jugenddramatik reichte und viele Uraufführungen von DDR-Stücken enthielt, beteiligte es sich an der sozialistischen Erziehung der jungen Generation. Hans Rodenberg, der mit Hilfe sowjetischer Kulturoffiziere das Theater gegründet hatte, gab 1952 die Leitung ab, um als Hauptdirektor des DEFA-Studios für Spielfilme und später als Dekan der Deutschen Hochschule für Filmkunst in Potsdam-Babelsberg neue Aufgaben zu übernehmen. Nach ihm leiteten Paul Lewitt und Josef Staudter das Theater der Freundschaft, bis Ilse Rodenberg im Jahre 1959 Intendantin wurde.

Neben dem Theater galt die Vorliebe der Berliner unverändert dem alten »Kintopp«. Die Hauptstadt besaß 1958 87 Filmtheater. Manche trugen so klangvolle Namen wie »Capitol« (Neue Schönhauser Straße), »Filmburg« (Memhardstraße), »Imperial« (Rosenthaler Straße), »Elite« (Brunnenstraße), »Mila« und »Skala« (Schönhauser Allee), »Rio« (Prenzlauer Promenade), »Gloria« (Mahlsdorf), »Universum« (Schönholz), »Bio« (Biesdorf), »Lichtpalast« (Köpenick) und »Europa« (Grünau). Die meisten stammten noch aus den Anfängen der Kinematographie: »Handtuchkinos« – schmale Räume mit kaum 100 Sitzplätzen auf harten Holzbänken, oft nur von einer Gangseite aus zu erreichen, mit einem eisernen Ofen in der Ecke, der im Winter wohlige Wärme spendete, und mit einer veralteten Vorführapparatur, die regelmäßigen Filmriß garantierte. Berlins ältestes Kino, das »Pritzkow-Lichtspieltheater« in der Memhardstraße, schloß im September 1959 kurz vor dem 60. Jahrestag seiner Eröffnung die Pforten. Beliebt, vor allem bei Reisenden, waren die DEFA-Zeitkinos in den S-Bahnhöfen Friedrichstraße und Alexanderplatz, in denen jeden Tag rund um die Uhr ein anderes Kurzfilmprogramm mit neuestem »Augenzeugen« lief.

Durch Um- und Neubauten entstanden repräsentative Lichtspieltheater. Als damals modernstes Kino lud seit Mai 1957 das »Colosseum« in der Schönhauser Allee ein, nachdem das Metropol-Theater, das in der Nachkriegszeit hier ein Domizil gefunden hatte, schon 1955 in den bis dahin von der Deutschen Staatsoper genutzten Admiralspalast am Bahnhof Friedrichstraße gezogen war. In der Karl-Marx-Allee eröffneten die Filmtheater »Kosmos« (1962) und »International« (1963). Sie waren mit der modernen Technik für Breitwandfilme (auch Cinemascope, in der DDR Totalvision genannt) ausgestattet, die Mitte der fünfziger Jahre ins Kino kamen. Mit »Babylon« und dem »Filmtheater am Friedrichshain« besaß Berlin zwei weitere repräsentative Kinos. Im Januar 1963 richtete das Staatliche Filmarchiv der DDR ein Wiederaufführungstheater für wertvolle deutsche und ausländische Filme ein. Die »Camera«, wie dieses Filmtheater hieß, wechselte oft ihr Domizil und befand sich lange Zeit im »O.T.L.« in der Oranienburger Straße (Stadtbezirk Mitte).

Bekannte Berliner Schauspieler sah man auch auf der Leinwand. Die DEFA drehte eine Reihe von Filmen, die vom Geiste des Humanismus, der Völkerfreundschaft und des Antifaschismus erfüllt waren und internationale Beachtung fanden. Unter ihnen befanden sich die Filme »Lissy« (1957) und »Sterne« (1959) von KONRAD WOLF, »Der Hauptmann von Köln« (1956) von SLATAN DUDOW und »Fünf Patronenhülsen« (1960) von FRANK BEYER. DEFA-Dokumentarfilme wie »Du und mancher Kamerad« (1956) und »Unternehmen Teutonenschwert« (1958) von ANNELIE und ANDREW THORNDIKE enthüllten die Kriegsschuld des deutschen Imperialismus und die Verbrechen des Naziregimes. Daneben gab es auch heiter-besinnliche Filme wie »Eine Berliner Romanze« (1956).

Zum Ausklang der fünfziger Jahre erwuchs dem Kino eine starke Konkurrenz durch das Fernsehen. Am 21. Dezember 1952 flimmerte die erste Aktuelle Kamera mit stehenden Bildern über die Mattscheibe. Das Fernsehzentrum Berlin-Adlershof – es hatte im Mai 1950 in einer Baracke mit der Arbeit begonnen – sendete anfangs von 20.00 bis 22.00 Uhr ein Versuchsprogramm. Es konnte damals mit nur 75 Fernsehgeräten empfangen werden, die die Sowjetunion zur Verfügung gestellt hatte. In den öffentlichen Fernsehstuben, die die Stadtbezirksausschüsse der Nationalen Front 1954 einrichteten, sowie in den Klubräumen der Betriebe standen der sowjetische Fernsehempfänger »Leningrad« (Bildgröße: 15 × 20 cm), den die SAG Sachsenwerk Radeberg nach sowjetischer Dokumentation produzierte, und das Gerät »Rembrandt«, der erste in der DDR entwickelte Empfänger mit einer Bildfläche von 18 × 24 cm. Die ersten Fernsehapparate waren für den einzelnen unerschwinglich teuer, so daß noch auf Jahre hinaus der Gemeinschaftsempfang in Hausgemeinschaften, Betrieben und Internaten eine große Rolle spielte.

Neben Sport- und Unterhaltungssendungen fanden die ersten dramatischen Serien wie »Weimarer Pitaval« und »Blaulicht« regen Zuspruch. Mit großer Liebe wurden vor allem Kinder- und Jugendsendungen gestaltet. Im Jahre 1959 schlug die Geburtsstunde des »Sandmännchens«, und der Berliner Schauspieler Eckard Friedrichson spielte die Rolle des »Meister Nadelöhr«.

Ein erster Fernsehsender stand auf dem Kuppelturm des Alten Stadthauses in der Klosterstraße. Der Deutsche Fernsehfunk (ab 1972 DDR-Fernsehen) nahm am 3. Januar 1956 sein reguläres Programm auf. Die durchschnittliche Sendezeit betrug 15 Stunden pro Woche. Die weitere Entwicklung verlief stürmisch. Eine Fernsehindustrie wurde förmlich aus dem Boden gestampft. Berliner Betriebe wie VEB Funkwerk Köpenick, VEB Werk für Fernsehelektronik und VEB Stern-Radio waren daran maßgeblich beteiligt. Das Netz der Relaisstationen wurde so ausgebaut, daß das Adlershofer Fernsehen zu Beginn des Jahres 1959 in etwa 60 Prozent des Gebietes der DDR empfangen werden konnte. In den Berliner Haushalten standen 1958 bereits 32 600 und 1963 über 151 000 Geräte, das heißt, fast jeder zweite Haushalt war schon mit einem Fernsehapparat ausgestattet. Das Fernsehen war zum Massenmedium geworden.

Die Modernisierung des Rundfunkwesens ging in der zweiten Hälfte der fünfziger Jahre in Richtung UKW-Funk, der eine gute Tonübertragung gewährleistete. Auch im Berliner Raum entstanden neue UKW-Großsender. Neuartige Techniken setzten sich ebenfalls in der Rundfunkindustrie durch. Die Radios wurden für UKW-Empfang eingerichtet, und auf der Frühjahrsmesse 1959 in Leipzig präsentierte VEB Stern-Radio Sonneberg den Kleinsuper »Bobby« mit gedruckter Schaltung. War es bisher der Traum mancher Familien gewesen, sich eine große Musiktruhe mit Radio, Fernseher, Plattenspieler und eingebauter Schrankbar zuzulegen, so ging nun der Trend zum Kofferradio. Bald sah man schon die ersten Gruppen Jugendlicher mit der »Heule« an der Straßenecke stehen.

Der technische Fortschritt verhalf auch der alten Schallplatte zu neuer Beliebtheit. Die ersten Langspielplatten mit 33⅓ Umdrehungen pro Minute erschienen Mitte der fünfziger Jahre bei VEB Deutsche Schallplatten Berlin. Bereits 1962 wurden hier die ersten Stereo-Schallplatten hergestellt.

Der Berliner Rundfunk strahlte seine Sendungen weit über das Weichbild der Stadt hinaus. Wiederholt mußte er sich imperialistischer Anschläge erwehren, die diese Stimme des Fortschritts und der Wahrheit zum Schweigen bringen wollten. Der erste Anschlag erfolgte im Dezember 1948, als der französische Stadtkommandant die Sendetürme in Tegel sprengen ließ. Doch die so erzwungene Sendepause dauerte nur kurze Zeit. Über Notaggregate sendete der Berliner Rundfunk weiter. Er erhielt bereits im März 1949 einen neuen 100-Kilowatt-Sender in Königs Wusterhausen und im Juli 1952 einen leistungsstarken Großsender mit einer 260 Meter hohen Sendeanlage in Uhlenhorst (Stadtbezirk Köpenick), der vom VEB Funkwerk Köpenick errichtet worden war. Auch zu Beginn der fünfziger Jahre behinderten britische Militärstellen und Westberliner Behörden ständig die Arbeit des Berliner Rundfunks, der zu dieser Zeit noch immer in seinen traditionellen Räumen im Haus des Rundfunks in der Masurenallee unterhalb des Funkturms saß. Ab Juni 1952 blockierten britische Militäreinheiten und Westberliner Polizei das Haus des Rundfunks, so daß ein ordnungsgemäßer Sendebetrieb nicht mehr möglich war. Der Berliner Rundfunk mußte sich nun in Grünau neue Arbeitsmöglichkeiten schaffen. Auch jetzt suchte der Gegner durch gezielte Abwerbung von Mitarbeitern die Rundfunkarbeit zu stören. Am 16. Februar 1955 steckte der Bauingenieur Arno Bade, Agent des USA-Geheimdienstes, den neu erbauten Sendesaal in Oberschöneweide in Brand. Der Sachschaden betrug zwei Millionen Mark. Nach Abschluß der Wiederherstellungsarbeiten wurde am 9. Februar 1956 das neue Berliner Funkhaus in der Nalepastraße in Oberschöneweide eingeweiht.

Am 22. Mai 1956 ging zum erstenmal der »Treffpunkt Alexanderplatz« – das Mittagsmagazin des Berliner Rundfunks – über den Sender. Die Stadtreporter hielten Höhepunkte und Alltäglichkeiten des hauptstädtischen Lebens mit Mikrofon und Tonband fest. Später kamen andere Sport- und Unterhaltungssendungen für den Berliner Hörer hinzu.

Die Staatlichen Museen zu Berlin gewannen in der zweiten Hälfte der fünfziger Jahre an Anziehungskraft für in- und ausländische Besucher, nachdem weitere 1945 gerettete Kunstschätze von der Sowjetunion an die DDR übergeben worden waren. Unmittelbar nach der Beendigung der Kampfhandlungen im April/Mai 1945 hatten Sowjetsoldaten zahlreiche Kunstwerke auf der Berliner Museumsinsel und in den als bombensichere Depots genutzten Flaktürmen am Friedrichshain und am Zoologischen Garten sichergestellt. Auf weitere ausgelagerte Bestände der Berliner Museen war die Rote Armee bei ihrem Vormarsch in der Lausitz, in Mecklenburg und in der Mark Brandenburg gestoßen. Da diese Depots vor Witterungsunbilden, Plünderung und – wie im Falle des Flakturms am Friedrichshain – faschistischen Brandanschlägen nicht sicher waren, begann die Sowjetische Militäradministration mit der Bergung und zeitweiligen Verlagerung der Kunstwerke in sowjetische Museen, wo sie sorgfältig restauriert und aufbewahrt wurden.

Auf Grund von Verhandlungen zwischen den Regierungen der DDR und der UdSSR begann im Jahre 1955 die Rückführung aller von der Sowjetunion geretteten Kunstschätze. »In mehreren hundert Eisenbahnwagen trafen über eine Million Museumsexponate in Berlin ein; sorgsam in Seidenpapier gehüllt, in Wachstuch eingeschlagen und in gepolsterten Kisten, zusammen mit der dazugehörigen Dokumentation.«[13] Im November 1955 zeigte die Nationalgalerie in einer vom Generaldirektor der Staatlichen Museen, Professor Ludwig Justi, arrangierten Ausstellung die 520 von der UdSSR geretteten und restaurierten Gemälde der Dresdner Galerie, bevor sie in die Semper-Galerie zurückkehrten. Der Minister für Kultur der DDR, Johannes R. Becher, nannte diese Ausstellung einen »Festakt der Auferstehung«, weil diese unersetzlichen Werke der Weltkultur von der Sowjetunion »für uns unter unendlichen Mühen wieder gesundgepflegt und am Leben erhalten« worden waren.[14] In den Jahren 1958 und 1959 kehrten das Kupferstichkabinett, Kostbarkeiten aus der frühägyptischen Epoche sowie aus antiker Zeit in ihre Heimstätten auf die Museumsinsel zurück. Ein großer Tag war der 4. Oktober 1959, an dem der Pergamonaltar, dessen Friese im Mai 1945 von sowjetischen Pionieren aus dem Flakturm am Zoologischen Garten geborgen und danach von sowjetischen Restauratoren konserviert worden waren, der Öffentlichkeit wieder zugänglich gemacht werden konnte.

Während die Sowjetunion zwischen 1955 und 1959 alle von ihr geretteten Kunstwerke der DDR zurückgab, werden den Staatlichen Museen zu Berlin wie auch der Deutschen Staatsbibliothek bis heute die in Kriegsjahren nach Mittel- und Westdeutschland ausgelagerten Bestände vorenthalten. Die bei Kriegsende von den anglo-amerikanischen Truppen sichergestellten Museumsgüter wurden nicht an ihren rechtmäßigen Ort – auf

13 Erik Hühns: Zur Geschichte der Staatlichen Museen zu Berlin. In: Schätze der Weltkultur. Hrsg. Staatliche Museen zu Berlin und Berlin-Information, (Berlin) 1980, S. 25.

14 Berliner Zeitung, 29. November 1955.

die Berliner Museumsinsel – zurückgebracht, sondern als »Stiftung Preußischer Kulturbesitz« 1957 dem Westberliner Senat übergeben.

Die ausgehenden fünfziger Jahre waren für die bildende Kunst in Berlin eine außerordentlich fruchtbare Zeit. In dem Maße, wie die Künstler die weitere Perspektive der DDR erkannten, wandten sie sich noch konsequenter den Aufgaben der sozialistischen Umgestaltung und des Kampfes gegen die imperialistische Kriegsgefahr zu.

In der Plastik ragten die monumentalen Figurengruppen und Stelen von Fritz Cremer, René Graetz, Waldemar Grzimek und Will Lammert für die Nationalen Mahn- und Gedenkstätten Buchenwald (1958), Ravensbrück (1959) und Sachsenhausen (1960) heraus. Grzimeks Heine-Denkmal (1952–1955), das wegen seiner unkonventionellen Gestaltung lebhafte Diskussionen auslöste, fand 1958 im Volkspark am Weinbergsweg (Stadtbezirk Mitte) seinen Platz. Für den Käthe-Kollwitz-Platz im Arbeiterbezirk Prenzlauer Berg schuf Gustav Seitz 1957/1958 ein eindrucksvolles Denkmal der Künstlerin; Fritz Cremer widmete den vielen namenlosen Trümmerfrauen und NAW-Helfern zwei Skulpturen – »Aufbauhelfer« (1953) und »Aufbauhelferin« (1954) –, die seit dem 28. November 1956 vor dem Roten Rathaus stehen. Auch im Genre der Porträtkunst schufen Berliner Bildhauer repräsentative Werke, darunter Heinrich Drake die Karl-Marx-Büste aus belgischem Granit (1953), Will Lammert das Bronzebildnis von Wilhelm Pieck (1955), Theo Balden das Porträt des Arbeitersängers Ernst Busch (1955), Walter Howard die Figur von Hermann Duncker (1959) sowie Grzimek und Seitz die Brecht-Statuetten (1957/1958).

Bemerkenswert in der Berliner Malerei der fünfziger Jahre waren die Bemühungen um die Entwicklung eines neuen, von der Arbeiterklasse geprägten Menschenbildes. Die Maler René Graetz, Arno Mohr, Oskar Nerlinger, Horst Strempel und andere holten sich in Großbetrieben ihre Impressionen. Harald Metzkes gestaltete seine Eindrücke aus dem VEB Bergmann-Borsig in dem Gemälde »Polytechnischer Unterricht« (1959), und Ronald Paris brachte von einem Studienaufenthalt in der LPG »1. Mai« in Berlin-Wartenberg das Triptychon »Dorffestspiele Wartenberg« (1961) mit. Der Wiederaufbau des kriegszerstörten Berlin regte Maler und Graphiker immer wieder an. Ausdrucksvolle Stadtlandschaften schufen besonders Fritz Duda, Heinrich Ehmsen, Otto Nagel, Oskar Nerlinger, Herbert Tucholski, Gottfried Richter.

Zu einem Zentrum des Berliner Kunstlebens entwickelte sich die Kunsthochschule in Weißensee. Am 11. Juni 1947 als Hochschule für angewandte Kunst eröffnet, leistete sie in den folgenden Jahren einen wichtigen Beitrag zur Ausbildung junger sozialistischer Künstlerpersönlichkeiten. Hier wirkten in den fünfziger Jahren unter anderen Theo Balden, Heinrich Drake, Waldemar Grzimek, Bert Heller, Werner Klemke, Max Lingner, Arno Mohr und Klaus Wittkugel. Erkennbar wurde, daß die Nähe zur Akademie der Künste, wo Meisterateliers für besonders begabte Schüler eingerichtet wurden, der Ausbildung des künstlerischen Nachwuchses förderlich war.

Die Jahre 1959–1961 erwiesen sich im historischen Rückblick als die Endphase der Übergangsperiode vom Kapitalismus zum Sozialismus in der DDR. Im Mittelpunkt der vom V. Parteitag der SED im Juli 1958 beschlossenen ökonomischen Aufgaben standen der Ausbau der materiell-technischen Grundlagen des Sozialismus und die Formierung einer einheitlichen sozialistischen Volkswirtschaft. Nach dem Kohle- und Energieprogramm von 1957 wurden 1958 ein langfristiges Chemieprogramm und 1960 ähnliche Programme für die Elektroindustrie und den Werkzeugmaschinenbau ausgearbeitet.

Für die Hauptstadt mit ihrem bedeutenden Industrie- und Forschungspotential ergaben sich daraus besondere Anforderungen. Um 1960 waren 30 Prozent der Elektroindustrie der DDR, 60 Prozent der Kabelindustrie und 80 Prozent des Energiemaschinenbaus in der Hauptstadt konzentriert. Zwischen der Berliner Industrie und wichtigen Industrieobjekten in allen Teilen der Republik bestand ein tausendfädiges Netz der Kooperationsbeziehungen. Die Bezirksleitung der SED und der Bezirksvorstand des FDGB wiesen darum immer wieder die örtlichen Wirtschaftsorgane und die Betriebsleitungen darauf hin: Wenn in der Berliner Industrie etwas nicht klappt, wenn es hier Planverzug gibt, die Kosten zu hoch sind, die Qualität nicht befriedigend ist, dann hat das negative Auswirkungen auf manch andere Bereiche der Volkswirtschaft unseres Landes.

Obgleich der sozialistische Wettbewerb zu Ehren des 10. Jahrestages der Gründung der DDR einen beträchtlichen Produktionszuwachs und auch eine weitere Steigerung der Arbeitsproduktivität gebracht hatte, konnte der Volkswirtschaftsplan 1959 für Berlin nicht in allen Positionen erfüllt werden. Die Planschulden des VEB Elektroprojekt hatten zum Beispiel zu einem Rückstand in der Schiffbauindustrie von nahezu 100 Millionen Mark geführt. Besonders schwerwiegend war, daß viele Erzeugnisse nicht den wissenschaftlich-technischen Höchststand erreichten und daß das Entwicklungstempo in einigen strukturbestimmenden Zweigen der Berliner Wirtschaft nachließ. Die »Berliner Zeitung« alarmierte am 9. Januar 1960: »Berlin hat unter den Bezirken der DDR die höchste Zahl der Ausfallstunden, die höchsten Produktionskosten; Berlin spielt noch keine führende Rolle im Kampf um höchste Qualität, um Weltniveau der Erzeugnisse und der Produktionsverfahren. Hier muß angepackt werden im sozialistischen Wettbewerb, wenn Berlins sozialistische Wirtschaft ihre Aufgaben im zweiten Jahr des Siebenjahrplans allseitig erfüllen soll.«

Mit Beginn des Jahres 1960 verstärkten darum Partei und Gewerkschaften ihre Aktivitäten, um die komplizierten ökonomischen Probleme zu bewältigen. Unter der Losung »Berlin an die Spitze des sozialistischen Aufbaus« popularisierten sie unter der

Berlin muß an die Spitze

WK

HERAUSGEBER: SED-BETRIEBSPARTEIORG.

So sagten sich die Kollegen der Berliner Metallhütten- und Halbzeugwerke und lösten den Startschuß einer Geburtstagsstafette für unsere Deutsche Demokratische Republik aus.

Uns Funkwerkern wurde sie mit vielen guten Verpflichtungen am Mittwoch von den Kollegen des WF übergeben.
Am Freitag Abend soll sie an TRO weitergehen!

WIR Funkwerker STEHEN NICHT ZURÜCK!

Kolleginnen und Kollegen!

- Geht Verpflichtungen ein, die unseren Plan übererfüllen helfen!
- Gebt sie heute noch an die BGL oder BPO!
- Unser Beitrag, der morgen Abend den „Trojanern" übergeben wird, muß sehr groß sein!

Unser MOTTO:

Der Kampf um den Frieden
wird am Arbeitsplatz entschieden!
Wenn es um den Frieden geht –
im Funkwerk niemand abseits steht!

hauptstädtischen Arbeiterklasse die »Magdeburger Initiative«. Im Dezember 1959 hatten die Meßgerätebauer des VEB Karl-Marx-Werk Magdeburg sich das Ziel gesetzt, mit der fortgeschrittensten Technik, mit dem geringsten Aufwand an Arbeit und Material, mit niedrigsten Kosten Erzeugnisse höchster Qualität zu produzieren. Viele Berliner Elektro- und Metallarbeiter griffen dieses Beispiel auf und versicherten: »Meine Hand für mein Produkt!« Brigaden der sozialistischen Arbeit, sozialistische Arbeitsgemeinschaften, Neuerer und Rationalisatoren konzentrierten ihre Arbeit auf die Meisterung des wissenschaftlich-technischen Fortschritts und auf eine höhere Qualität der Erzeugnisse.

Das Ringen um Spitzenniveau der Erzeugnisse war eng mit der Weiterführung der sozialistischen Rekonstruktion der Industrie verbunden. Um die materiell-technische Basis des Sozialismus in der DDR zu stärken, hatte der V. Parteitag der SED auf die verstärkte sozialistische Rekonstruktion der Betriebe, auf die Spezialisierung und Standardisierung der Produktion orientiert. Auch in den Berliner volkseigenen Betrieben war die Mehrzahl der Maschinen, Anlagen und Ausrüstungen völlig überaltert. In manchen Bereichen war die Produktion auf kleine und mittlere Betriebe zersplittert. Vielerorts wurde schwere körperliche Arbeit den Werktätigen abverlangt. Es lag auf der Hand, daß nicht von heute auf morgen grundlegende Veränderungen möglich waren. Die sozialistische Rekonstruktion erwies sich als eine langwierige und schwierige, in jedem Falle aber als eine unverzichtbare Aufgabe. Rationalisieren, typisieren und standardisieren, so lautete die Devise, die die SED ausgab. Gemeinsam mit den Betriebsgewerkschaftsleitungen achteten die Betriebsparteileitungen der SED darauf, daß diese grundlegenden Aufgaben mit den aktuellen Fragen der Planerfüllung, der Wettbewerbsführung und der sozialistischen Gemeinschaftsarbeit stets verbunden wurden. So blieben erste Erfolge nicht aus. Beispielsweise stieg der Mechanisierungsgrad der Arbeit in Berliner Betrieben von 33,8 Prozent 1959 auf 40,6 Prozent 1961. Am deutlichsten zeigten sich die Fortschritte im Berliner Wohnungsbau, wo infolge des Übergangs zur industriellen und typisierten Bauweise das Tempo enorm gesteigert werden konnte.

… aus dem Kabelwerk Köpenick

Um den wissenschaftlich-technischen Fortschritt vor allem in den Schlüsselzweigen des Maschinenbaus und der Metallurgie durchzusetzen, beschloß die SED im Mai 1960, die Produktion von Maschinen für die Mechanisierung und Automatisierung, von modernen Meß- und Prüfgeräten sowie Steuer- und Regelvorrichtungen vorrangig zu entwickeln. Im Frühjahr 1961 stellten die volkseigenen Betriebe erstmals einen »Plan Neue Technik« auf, um das Tempo der sozialistischen Rekonstruktion zu beschleunigen.

Ab 1959 gingen die sozialistischen Staaten dazu über, im Rahmen des RGW ihre Volkswirtschaftspläne zu koordinieren und die Spezialisierung und Kooperation ihrer Produktion einzuleiten. Damit gestalteten sich auch die Beziehungen zwischen Berliner und sowjetischen Betrieben enger. So reisten Ende 1958 Delegationen des VEB Elektrokohle zum Erfahrungsaustausch mit Partnerbetrieben in die UdSSR. Im Mai 1959 weilte eine Gruppe sowjetischer Neuerer in der Hauptstadt, die in verschiedenen Betrieben ihre Arbeitserfahrungen vermittelten.

Ende November 1959 faßte das Sekretariat des Zentralkomitees der SED einen Beschluß über den Austausch von Erfahrungen und Delegationen zum Studium der Parteiarbeit zwischen SED und KPdSU, der die regionalen Partnerschaftsbeziehungen fördern sollte. Daraufhin nahmen als erste mit Beginn des Jahres 1960 die Bezirksleitung Berlin der SED und das Stadtkomitee Moskau der KPdSU ihre ständige Zusammenarbeit auf. Im April 1960 weilte erneut eine Delegation des Magistrats von Berlin beim Exekutivkomitee des Moskauer Stadtsowjets, um Anregungen für die Tätigkeit der Staatsorgane zu erhalten. Diese Kontakte wurden von nun an immer enger.

Ende der fünfziger Jahre reifte die Notwendigkeit heran, die sozialistischen Produktionsverhältnisse auf dem Lande zum Siege zu führen. Geleitet von der zielklaren Politik der SED, trug auch die Berliner Arbeiterklasse zur sozialistischen Umgestaltung der Landwirtschaft bei. Vielfach bestanden bereits aus der Zeit der demokratischen Bodenreform und der Anfänge der LPG enge Verbindungen zu märkischen Dörfern. Regelmäßig im Sommer und Herbst waren seither Arbeiter und Angestellte aus Berliner Betrieben und Verwaltungseinrichtungen sowie Schüler und Studenten aufs Land gefahren, um bei der Einbringung der Ernte zu helfen. Erst in den sechziger Jahren, mit der schrittweisen Ausstattung der sozialistischen Landwirtschaft mit moderner Agrotechnik, verringerte sich die Zahl dieser Ernteeinsätze. Neue Kontakte hatte die Hauptstadt zum Dorf geknüpft, als die SED 1957 zur Aktion »Berlin hilft dem Oderbruch« aufrief. Die Aufgabe lautete, die sozialistische Entwicklung im Kreis Seelow zu fördern und den Oderbruch zum »Gemüsegarten Berlins« zu entwickeln. Allein 1958 fuhren über 27 000 Berliner Erntehelfer ins Oderbruch.

Als sich im Frühjahr 1960 alle Bauern der Republik in landwirtschaftlichen Produktionsgenossenschaften zusammenschlossen, blieb auch die Berliner Landwirtschaft nicht abseits. Konti-

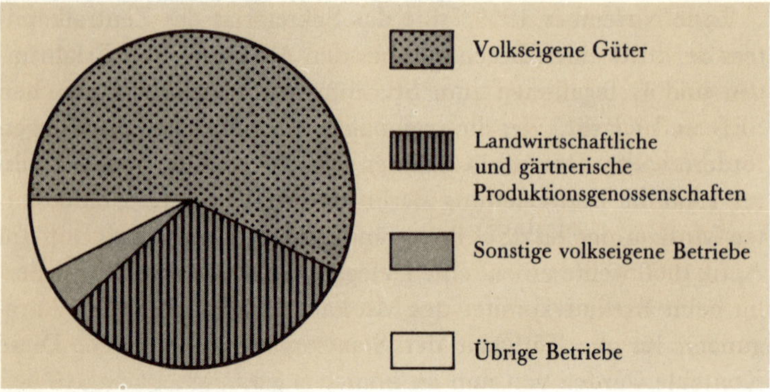

Berlins landwirtschaftliche Nutzfläche nach Eigentumsformen, 1962

nuierlich hatte sich in den letzten Jahren der genossenschaftliche Anteil an der landwirtschaftlichen Nutzfläche erhöht, er betrug 1955 5,2 Prozent und 1958 bereits 14 Prozent. Neue LPG waren gegründet worden: »Vorwärts« in Bohnsdorf (1956), »Freie Erde« in Kaulsdorf (1958), »Thomas Müntzer« in Altglienicke (1958) und »Morgenrot« in Biesdorf (1958), die sich schon Ende 1958 der LPG »Neue Ordnung« in Marzahn anschloß. Mit umfangreicher staatlicher Unterstützung – allein 1958 wies der Berliner Etat sieben Millionen Mark Investitionen für den sozialistischen Sektor der Landwirtschaft aus – wurden Wohnhäuser und Stallungen gebaut und die wegen der Großstadtnähe erforderliche Spezialisierung der agrarischen Produktion eingeleitet. 1957 erhielt Berlin eine eigene Maschinen-Traktoren-Station mit Sitz in Malchow und vier weiteren Stützpunkten in den Randgebieten; sie wurde 1960 nach Berlin-Blankenburg verlegt. Vorbildlich entwickelte sich die mit einer Nutzfläche von 207 Hektar größte Berliner Genossenschaft, die LPG »1. Mai« in Wartenberg. Ihre 128 Mitglieder erweiterten Ställe und Treibhäuser und richteten Kulturräume und eine Kinderkrippe ein.

Am 20. April 1960 traten die letzten Berliner Einzelbauern in die LPG ein. In Malchow entstand die LPG »Florian Geyer« und in Eiche die LPG »Edwin Hoernle«. In Marzahn schlossen sich

25 Bauern zur Gärtnerischen Produktionsgenossenschaft (GPG) »Frühe Ernte« zusammen, in Buchholz 40 Betriebe zur GPG »Kleeblatt«. Volkseigene Betriebe übernahmen Patenschaften über die neugegründeten LPG und GPG. Gemeinsam mit den Stadtbezirksausschüssen der Nationalen Front entsandten sie Brigaden, die den Genossenschaftsbauern und -gärtnern bei der Festigung ihrer Betriebe halfen.

Nunmehr wurden 90,7 Prozent der über 9600 Hektar großen landwirtschaftlichen Nutzfläche der Hauptstadt von 16 volkseigenen Gütern, 16 landwirtschaftlichen Produktionsgenossenschaften und 11 gärtnerischen Produktionsgenossenschaften bewirtschaftet. Daneben existierten noch 2 VEB Mast- und Schlachtvieh und 1 volkseigene Baumschule in Späthsfelde.

Nach langer Krankheit verstarb am 7. September 1960 der Präsident der Deutschen Demokratischen Republik, Wilhelm Pieck, in seinem Wohnhaus in Berlin-Niederschönhausen, Majakowskiring 29, im Alter von 84 Jahren. In einem gemeinsamen Nachruf des Zentralkomitees der SED, des Ministerrates der DDR, der Volkskammer der DDR und der Nationalen Front wurden menschliche Größe und historisches Werk des Toten gewürdigt: »Wilhelm Pieck vereinte in seiner Gestalt den klassenbewußten deutschen Arbeiter und Sozialisten, den Revolutionär und den Patrioten ... Tugend und Ehrenhaftigkeit, die Weisheit eines langen Lebens und das Feuer für die großen Ideen der Menschheit, für Deutschlands nationale und soziale Wiedergeburt gingen einen Bund ein in dem Mann, der aus den Tiefen unseres Volkes aufstieg und im titanischen Kampf zwischen den Kräften des Krieges und des Friedens als Vertrauensmann des Volkes an höchster Stelle des deutschen Friedensstaates stand.«[15]

Endlos schien der Zug von Berlinern und von Bürgern aus den Städten und Dörfern der Republik, die im Haus des Zentralko-

15 Dokumente der Sozialistischen Einheitspartei Deutschlands, Bd. VIII, Berlin 1962, S. 287.

mitees der SED am Werderschen Markt Abschied von ihrem Präsidenten nahmen. Hunderttausende säumten am 10. September 1960 die Straßen vom Marx-Engels-Platz bis hinaus zum Krematorium Baumschulenweg, als in der Mittagsstunde nach dem feierlichen Staatsakt im Haus des Zentralkomitees WILHELM PIECKS letzter Weg begann, der Weg durch das trauernde Berlin, dessen Ehrenbürger er seit 1946 gewesen war und mit dessen werktätigen Menschen er sich stets verbunden gefühlt hatte. Seine letzte Ruhestätte fand WILHELM PIECK in der Gedenkstätte der Sozialisten in Berlin-Friedrichsfelde an der Seite der Begründer der Kommunistischen Partei Deutschlands, KARL LIEBKNECHT und ROSA LUXEMBURG, deren Kampfgefährte er im Wetterleuchten der Novemberrevolution von 1918/1919 gewesen war.

Nach dem Ableben des Staatspräsidenten beschloß die Volkskammer am 12. September 1960 die Bildung des Staatsrates der Deutschen Demokratischen Republik. Einmütig wurde der Erste Sekretär des Zentralkomitees der SED und bisherige Erste Stellvertreter des Vorsitzenden des Ministerrates der DDR, WALTER ULBRICHT, zum Vorsitzenden des Staatsrates gewählt. Zu den 16 Mitgliedern des Staatsrates zählte auch Berlins Oberbürgermeister FRIEDRICH EBERT.

Die Berliner Werktätigen wurden in ihrer Arbeit für den Sieg des Sozialismus in der DDR und in ihrem Leben seit der Jahreswende 1960/1961 erneut durch massive Störaktionen des Klassengegners beeinträchtigt. Der Klassenkampf verschärfte sich, weil der Imperialismus den kalten Krieg anheizte. In der Hauptstadt der DDR, die an der offenen Grenze direkt mit dem Imperialismus konfrontiert war, registrierte man die Verschlechterungen im internationalen Klima wie ein Seismograph. Mit Gewalt drängte der BRD-Imperialismus, dem die aggressiven NATO-Kreise kräftig unter die Arme griffen, auf eine Beseitigung des sozialistischen deutschen Friedensstaates. Des umfassenden Beistandes der Staaten des Warschauer Vertrages gewiß, bereiteten Partei- und Staatsführung der DDR entscheidende Maßnahmen zur zuverlässigen Grenzsicherung vor.

Kapitel XI

Bis hierher und nicht weiter! Das Fiasko der Frontstadtpolitik am 13. August 1961

»Im Sommer einundsechzig,
beim Kurs von eins zu fünf,
da machten die Grenzgänger
sich täglich auf die Strümpf'.

Im Sommer einundsechzig
da holten aus Westend
die Werber sich das Kopfgeld,
die Waffen der Agent.

Im Sommer einundsechzig,
am 13. August,
da schlossen wir die Grenzen
und keiner hat's gewußt.«[1]

Aus einem zeitgenössischen Lied
Text: HEINZ KAHLAU
Musik: WOLFGANG LESSER

1 Zit. nach: Da schlug's 13. Hrsg. von der SED-Kreisleitung Berlin-Mitte, Berlin o.J. (1961), S. 34.

Die Nacht vom 12. zum 13. August 1961 lag mit drückender Schwüle über dem Häusermeer. Berlin verzeichnete am Sonnabend, dem 12. August, hochsommerliche Temperaturen, die groß und klein in die Strandbäder und Ausflugslokale getrieben hatten. In dieser Nacht sicherte die DDR mit einer überraschenden Aktion ihre bis dahin offene Grenze zu Westberlin. Um Mitternacht lief die Operation an. Um 1.00 Uhr hieß es für die Berliner Kampfgruppen der Arbeiterklasse: Alarm! Eine halbe Stunde später erging die gleiche Order an die Kampfgruppen in den Nachbarbezirken Potsdam und Frankfurt. Wenig später klingelte es an den Türen, klopfte es an die Fenster, schrillten die Telefone: Alarm, Genossen! Sofort zum Stützpunkt!

Als die ersten Hundertschaften in die Bereitstellungsräume rückten, trafen auch die eingesetzten Verbände der Nationalen Volksarmee in den ihnen zugewiesenen Abschnitten am Außenring um Westberlin ein. Sie nahmen sofort Kontakt zu den Grenzsicherungskräften und zu den benachbarten sowjetischen Einheiten auf. Im Morgengrauen fuhren eine motorisierte Schützendivision und Panzereinheiten der NVA in die Hauptstadt ein.

Um 1.10 Uhr stellte die S-Bahn den Verkehr nach Westberlin ein. Gegen 2.00 Uhr begann die Sicherung der Staatsgrenze. Postenketten wurden aufgestellt, Stacheldraht ausgerollt und Straßensperren errichtet. Ab 1.11 Uhr verbreitete ADN über Fernschreiber die Erklärung der Regierungen der Warschauer Vertragsstaaten vom 12. August 1961. Darin wurde die Aktion begründet und klargestellt, daß die Staatsgrenze West der DDR zugleich eine Grenze der sozialistischen Staatengemeinschaft ist.

Als der Morgen graute, war die vom Imperialismus zwölf Jahre lang mißbrauchte offene Staatsgrenze zwischen der Deutschen Demokratischen Republik und Westberlin unter eine verläßliche Kontrolle genommen worden. Eine Schlacht für den Frieden war gewonnen, ohne daß auch nur ein einziger Schuß gefallen war.

Der 13. August 1961 machte all jenen einen dicken Strich durch die Rechnung, die – wie der »Forschungsbeirat für Fragen

Linolschnitt von Frank Glaser

der Wiedervereinigung beim Bundesminister für gesamtdeutsche Fragen« in Bonn in seinem »Sofortprogramm« vom 6. Juli 1961 – bereits die volkseigenen Betriebe und Güter der DDR unter die Konzernherren und Großagrarier der BRD aufgeteilt hatten. Das Tor, durch das die Konterrevolution in die DDR einfallen wollte – diese Funktion war Westberlin in der imperialistischen Strategie zugedacht –, war fest verriegelt.

Nach 1948 – als die Imperialisten wider Recht und Vernunft die historisch gewachsene Stadt Groß-Berlin zerrissen und den abgespaltenen Teil zu ihrem Brückenkopf umwandelten – war Westberlin jener Punkt in Europa, an dem immer wieder politische Krisen ausbrachen, die mehrmals ernstlich den Frieden bedrohten. Auf engstem Raum stehen sich hier die beiden

Hauptklassenkräfte unserer Zeit gegenüber. Selbst der kleinste Funke kann die Lunte am Pulverfaß entzünden.

In der Westberlinfrage kreuzen sich die Linien der Weltpolitik. Die unmittelbare politische und militärische Konfrontation von Imperialismus und Sozialismus macht Westberlin zu einem »neuralgischen Punkt«; jede Komplikation kann sich rasch zu einer spannungsgeladenen Krisensituation ausweiten. Infolge der Politik der Westmächte belastete Westberlin zwischen 1948 und 1961 wiederholt in gefährlicher Weise die internationalen Beziehungen, erschwerte den Kampf um Frieden und Sicherheit in Europa und behinderte eine auf den Prinzipien des Potsdamer Abkommens beruhende deutsche Friedensregelung. Unter den Bedingungen der imperialistischen Politik des kalten Krieges war Westberlin ein permanenter Krisen- und ein potentieller Kriegsherd.

Für die DDR hatte die Westberlinfrage über Jahre hinaus noch einen anderen Aspekt. Zwölf Jahre lang war die Grenze zu diesem inmitten des Territoriums der DDR gelegenen Stadtgebiet offen. Man brauchte nur eine Straße, einen Platz zu überqueren, eine Brücke zu überschreiten oder für 20 Pfennig eine Station auf der S- und U-Bahn weiterzufahren, und schon befand man sich in einer anderen Welt, in einer anderen Gesellschaftsordnung. Tagtäglich gingen Hunderttausende diesen Weg, sie gingen ihn in beide Richtungen und nahezu unkontrolliert: Menschen, die Verwandte und Bekannte im anderen Teil der Stadt besuchten, Grenzgänger, die im sozialistischen Staat wohnten und ihre Arbeitskraft den Kapitalisten verkauften, Schaulustige und Besucher von außerhalb. Es gingen diesen Weg aber auch die Schieber und Spekulanten, die Spione und Agenten imperialistischer Geheimdienste, Menschenhändler und Kriminelle. Über viele unkontrollierte Kanäle kam die Schmutzflut der Schund- und Kriegsliteratur, sickerten aus dem Frontstadtsumpf Unmoral und Revanchepropaganda. Wer im fortschrittlichen Berlin wegen krimineller Handlungen verurteilt wurde, den erkor die Frontstadt zu ihrem Helden.

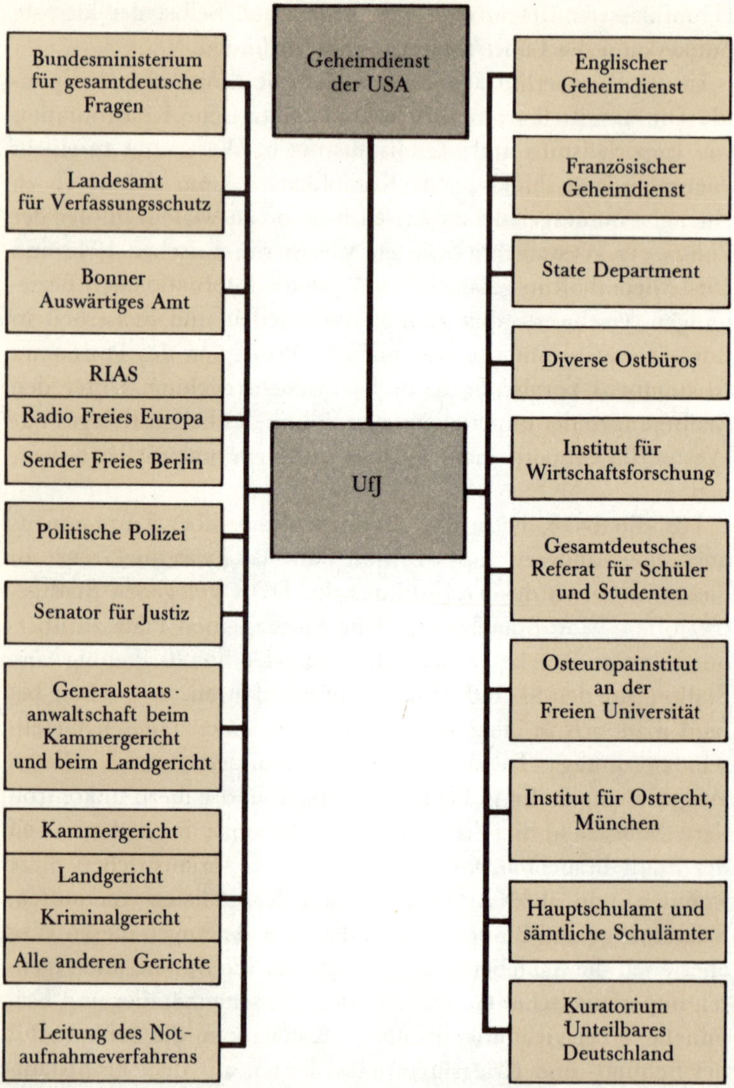

Die Beziehungen des »Untersuchungsausschusses freiheitlicher Juristen« (UfJ) zu Behörden und Geheimdiensten in Westberlin und in der BRD, um 1958

Zu der politischen Atmosphäre der offenen Grenze gehörten auf Westberliner Seite auch die Wechselstuben, die Grenzläden und die Grenzkinos, die vom schmutzigen Geschäft mit der Westmark lebten und ständig aufs neue Bürger der DDR anlockten, um sie antisozialistisch zu beeinflussen und für subversive Tätigkeiten anzuheuern. Nichts ließ der Klassengegner unversucht, seine günstige ökonomische Ausgangsposition nach dem zweiten Weltkrieg zu nutzen, um die Werktätigen der DDR und ihrer Hauptstadt um die Früchte ihrer Arbeit zu bringen.

Der Westberliner »Tagesspiegel« schrieb am 3. Februar 1952: »Wir haben so oft von der ›Bastion‹, der ›Festung‹, der ›Frontstadt‹ Berlin sprechen hören, daß wir ganz vergessen haben, daß wir das wirklich sind. Die echte Sonderstellung Berlins ist eben die der Frontstadt im kalten Kriege, und was wir sonst daraus machen, hängt davon ab, wie wir uns als Kämpfer in diesem kalten Krieg benehmen.«

Bereits während der Spaltung Berlins hatten sich jene Frontstadtfunktionen herausgebildet, die typisch für die fünfziger Jahre waren. So entstanden 1949 die ersten Revanchistenverbände und das erste der berüchtigten »Flüchtlingslager«.

Im April 1946 hatte sich die erste von USA-Geheimdienstoffizieren angeleitete Diversionszentrale etabliert – das »Ostbüro der SPD«. Danach siedelten sich immer mehr Agentenzentralen und Geheimdienststellen an. Um 1950 waren es rund 40, zehn Jahre später weit über 90. Als »eine mächtige amerikanische Propagandastimme an der Propagandafront Berlin«[2] erhielt der amerikanische Besatzungssender RIAS, der – 1946 installiert – sogar über einen hauseigenen Agenten- und Spionageapparat verfügte, Anfang der fünfziger Jahre eine der stärksten Sendeanlagen in Mitteleuropa.

Die »Dollarspritzen« des Marshallplans von 1949 bis 1952 und die ebenfalls 1949 einsetzende »Bundeshilfe für Berlin« wa-

2 Barbara Mettler: Demokratisierung und Kalter Krieg. Zur amerikanischen Informations- und Rundfunkpolitik in Westdeutschland 1945–1949, [West]Berlin 1975, S. 73.

ren in den fünfziger Jahren jene »Munition« des kalten Krieges, die Westberlin den goldenen Glanz verliehen, den es als »Schaufenster des Westens« benötigte; sie deckten alle aus der Frontstadtrolle erwachsenden Ausgaben ab. Nach offiziösen Angaben der BRD gingen von 1949 bis 1960 aus dem Marshallplan-Sondervermögen etwa 4,5 Milliarden DM nach Westberlin. Die langjährige Westberlinbeauftragte der USA-Regierung, Eleanor L. Dulles, teilte über direkte USA-Zuschüsse mit: »Die Gesamtsumme für die sechzehn Jahre von 1945 bis 1961 übersteigt eine Milliarde Dollar. Die Hilfe bestand aus reinen Zuschüssen, denn Dollar-Anleihen waren in dem Programm nicht enthalten, da man Rückzahlungen aus Berlin als nicht wünschenswert ansah.«[3] Zwischen 1949 und 1959 steckte die BRD weitere 13,5 Milliarden DM in die Frontstadt.

Spionage und Diversion, Revanchismus und Kriegshetze, Sprengstoffanschläge und bewaffnete Überfälle, Wechselstubenkurs und Grenzgängerei, Währungsspekulation und Warenschmuggel, Abwerbung und Menschenhandel – das bestimmte zwölf Jahre lang das Alltagsgesicht der Frontstadt.

Um 1949/1950, als es noch wenige Kontrollen an der Grenze gab, blühte die illegale Warenausfuhr nach Westberlin, die von Schieberringen organisiert wurde. Der Wirtschaftsbericht des Magistrats für das Jahr 1949 schätzte die illegale Warenbewegung nach Westberlin auf 80 Millionen Mark. Besonders wertvolle Rohstoffe wie Schrott und Buntmetall wurden verschoben. Selbst vor Kabeldiebstählen auf dem Gelände der Fern- und S-Bahn schreckte man nicht zurück. Bis zu 80 Prozent aller Straftaten, die damals von Gerichten in der Hauptstadt geahndet wurden, waren Metalldiebstähle. Am 23. Januar 1950 deckten Hausvertrauensleute in Friedrichshain ein illegales Metallager im Werte von 500 000 Mark auf, dessen Bestände ebenfalls nach

3 Eleanor Lansing Dulles: Berlin und die Amerikaner, Köln 1967, S. 198.

1. Hauptaufgabe (Stuetzpunkt) (Kurier) (Funker)

2. Zweite Aufgabe (Beobachter) (Militaerische Ziele) (Volksstimmung.
(Zeitungen/Zeitschriften/Buecher) (Propaganda)

3. Abteilungsleiter

4. Gruppenfuehrer

5. Technischer Leiter

6. Wuerde der V-Mann, falls es zum Krieg kommt, eine Verbindung aufrechterhalten?

7. Genaue Anschrift des V-Mannes, z. B. Postanschrift und wie er genau zu erreichen ist.

8. Erlernter Beruf (Was) (Wo)?
Ausgeuebter Beruf (Was) (Wo)?

9. Fahrzeug (Art) (innerhalb Ostberlins) (innerhalb der DDR)?

10. Kontakt mit V-Mann im Notfall (BK) (persoenlich unter Kennzeichen) (postalisch) (andere)?

11. Monatliche Entlohnung des V-Mannes (normal....) (Einsatz...)?

12. In welcher politischen-, gesellschaftlichen- und/oder Betriebs-Organisation (Mitglied) (Funktionaer)?

13. Wuerde der V-Mann sich bereit erklaeren, folgendes Material aufzunehmen und/oder aufzubewahren:

a). Funkgeraet?

b). Waffen?

c). Sprengladung?

d). Einem Widerstandskaempfer fuer bestimmte Zeit Unterkunft gewaehren?

Die obengenannten Fragen sind an alle V-Leute zu richten. Die Beantwortung ist sehr wichtig fuer unsere zukuenftige Arbeit. Es werden jedoch nur bestimmte V-Leute dafuer in Frage kommen. Die Abteilungsleiter muessen die Fragen stellen, trotzdem es wahrscheinlich in manchen Faellen unangenehm sein wird.

Ein Fragebogen für Hauptagenten des amerikanischen Geheimdienstes MID zur Anwerbung neuer Spione

Westberlin gebracht werden sollten. Die Volkskammer der DDR erließ am 21. April 1950 ein Gesetz, das den Warenverkehr zwischen der DDR und Westberlin einer eingehenden Kontrolle durch die Staatsorgane der DDR unterstellte. Dadurch konnte in der Folge der illegale Warenverkehr großen Stils eingedämmt werden.

Eine der berüchtigtsten Wühlorganisationen war die von der CIA gesteuerte »Kampfgruppe gegen Unmenschlichkeit« (KgU), die ihren Sitz bis zur Auflösung 1959 in Westberlin-Nikolassee hatte. Ihre erste Großaktion sollte darin bestehen, während der Volkswahlen vom 15. Oktober 1950 in der Hauptstadt und in anderen Städten der DDR Gebäude der SED in Brand zu stecken. »Das sollte als Ausdruck der ›Volksempörung‹ später propagandistisch ausgewertet werden.«[4] Der verbrecherische Plan scheiterte an der Wachsamkeit der Bevölkerung und dem schnellen Eingreifen der Sicherheitsorgane. Die Volkspolizei nahm 79 Spione und 379 Provokateure fest.

Danach ging die KgU auf Empfehlung der CIA zu »administrativen Störungen« über. Mittels gefälschter Briefbögen und Dienststempel von staatlichen Behörden, gesellschaftlichen Organisationen und VEB fingierte sie Dienstanweisungen, Rundschreiben und Geschäftsbriefe. Auf diese Weise leitete die KgU beispielsweise Kinderferientransporte fehl, forderte VEB zu Produktionsänderungen auf, beeinträchtigte Außenhandelsverbindungen und nötigte Wissenschaftler und Fachkräfte zur Republikflucht. Die KgU selbst gab an, von 1951 bis 1956 mehr als 50 0000 gefälschte Urkunden, Briefe, Ausweise und andere Dokumente in die DDR eingeschleust zu haben. An diesen Verbrechen beteiligten sich auch andere Subversionszentralen, wie das »Ostbüro der SPD«. Das Hamburger Nachrichtenmagazin »Der Spiegel« berichtete: »Sieben Tage lang standen im Herbst 1950 fünf Kühlwagen der Deutschen Reichsbahn auf einem Abstellgleis des Güterbahnhofs von Rostock. Am achten Tage öffneten Bahnbeamte die Waggontüren. Der Inhalt – Butter aus Polen – war infolge zu langer Lagerung verdorben ... Die Außenstelle

---

4 Deckname Walter. Enthüllungen des ehemaligen Mitarbeiters der sogenannten »Kampfgruppe gegen Unmenschlichkeit«, Hanfried Hiecke, o. O. (Berlin) u. J. (1953), S. 13.

Berlin-Charlottenburg des ›Ostbüros der SPD‹ hatte Begleitpapiere der Reichsbahn nachdrucken lassen, mit gefälschten Bestimmungsangaben versehen und in den sowjetzonalen Dienstbereich eingeschleust. So landete die Butter statt in Leipzig auf dem Rostocker Müll.«[5]

Im Juni 1950 überfielen die USA die Koreanische Demokratische Volksrepublik. Zum erstenmal gingen sie in direkter militärischer Aggression gegen ein sozialistisches Land in Asien vor. Das beschwor die akute Gefahr eines Weltkrieges herauf. Auch in Europa verschärften die aggressivsten Kräfte der NATO die Spannungen. Die imperialistischen Geheimdienste gingen dazu über, von Westberlin aus eine konterrevolutionäre Bandentätigkeit in der DDR zu organisieren. Sie warben Agenten an, bildeten sie aus, schleusten sie in die DDR und andere sozialistische Staaten ein und versorgten sie mit Waffen, Sprengstoffen und Funkgeräten. Diese Fünfte Kolonne der Konterrevolution sollte für den »Tag X«, den Tag des militärischen Überfalls auf die DDR, bereitstehen.

Zu dieser »Untergrundarmee« gehörte auch die Burianek-Bande, die für die KgU im VEB Secura Berlin spionierte. Mit Stinkbomben, Reifentötern und Brandsätzen störte sie den Ablauf der III. Weltfestspiele im August 1951. Im Januar 1952 wurde Burianek von seinen Auftraggebern mitgeteilt, »daß das mit Zettelkleben und Stinkbomben usw. vorbei wäre. Es kämen jetzt größere Aktionen und zu diesem Zwecke Sprengungen.«[6] Weisungsgemäß erkundete Burianek zusammen mit anderen Mitgliedern seiner Agententruppe die Eisenbahnbrücke über die Autobahn bei Erkner, die im Augenblick der Überfahrt des »Blauen Expreß« (Berlin–Moskau) mit einer in einen Koffer eingebauten Sprengladung zerstört werden sollte. Als dies scheiterte, traf er Vorbereitungen für die Sprengung einer Eisenbahnbrücke bei Berlin-Spindlersfeld. Doch da gelang es der Volkspolizei, die Bande dingfest zu machen. Im Mai 1952 wurde

5 Der Spiegel (Hamburg), 11. Juli 1966, S. 21.
6 Strafsache gegen Burianek u. a., Berlin (1953), S. 55.

vor dem Obersten Gericht der DDR gegen die Burianek-Bande verhandelt. Ihr Anführer erhielt wegen der Schwere seiner Verbrechen die Todesstrafe. Ähnliche Terrorbanden wurden auch in anderen Städten der DDR gefaßt und gerecht bestraft.

Zwischen September 1951 und Dezember 1952 kam es wiederholt zu schweren Zwischenfällen im Grenzbereich zwischen Chaussee- und Bernauer Straße. Provokateure und aufgeputschte Gruppen von Jugendlichen drangen im Schutz der Dunkelheit in die Hauptstadt ein, bedrohten Volkspolizisten und steckten Verkaufsstände der HO und des Konsums mit Phosphorampullen in Brand. Auch auf das der Reichsbahndirektion der DDR unterstehende S-Bahngelände in Westberlin wurden Anschläge verübt, besonders im Bereich des Potsdamer und des Anhalter Bahnhofs. Am 7. November 1951 überfiel ein Westberliner Polizeikommando das Bahnbetriebswerk am Potsdamer Bahnhof. Dabei wurde der Dienststellenleiter Ernst Kamieth von einem Polizeioffizier namens Zunker erschlagen. Westberliner Polizei eröffnete am 25. Dezember 1952 das Feuer auf eine sowjetische Militärstreife an der Grenze zum Westberliner Ortsteil Frohnau. Am 30. Dezember 1952 wurde der Volkspolizei-Unterwachtmeister Helmut Just bei Ausübung seines Grenzdienstes von Westberliner Terroristen in der Behmstraße aus einem Hinterhalt kaltblütig erschossen.

Jedes Mittel war recht, wenn es nur die DDR schädigte. Dafür ein bezeichnendes Beispiel: Der Inhaber des Zirkus Barlay hatte wegen Finanzvergehen die Republik illegal verlassen. In Westberlin faßte er den Plan, das inzwischen volkseigen gewordene Unternehmen zu ruinieren. Er heuerte eine sechzehnköpfige Bande an, die für ein Handgeld von 20 Westmark die wertvollen Dressurpferde rauben sollte. In der Nacht zum 22. April 1953 sollte der Überfall auf den Zirkus stattfinden; die Pferde sollten über einen Friedhof an der Ackerstraße nach Westberlin geführt werden. Doch die Volkspolizei verhinderte das Verbrechen.

Die Arbeiter-und-Bauern-Macht blieb gegenüber der gegnerischen Wühltätigkeit nicht untätig. Die SED rief zu erhöhter Wachsamkeit am Arbeitsplatz und im Wohngebiet auf. Der Betriebsschutz in den VEB wurde verbessert. Auf Anordnung des Magistrats vom 4. Juli 1952 wurden Betriebs- und Dienstausweise an die Werktätigen der Hauptstadt ausgegeben, das Betreten von Verwaltungsgebäuden, VEB usw. wurde kontrolliert. Die bewaffneten Organe des Ministeriums des Innern verstärkten den Schutz der DDR vor konterrevolutionären Kräften. Die Volkspolizei setzte Abschnittsbevollmächtigte (ABV) ein und warb freiwillige Helfer für ihren Dienst.

Im Jahre 1952 fand eine Reihe von Prozessen gegen Agenten von Westberliner Wühlorganisationen vor den Gerichten der DDR statt. Die ausführliche Berichterstattung in Presse und Funk deckte Hintergründe, Geldgeber, Struktur, Methoden und Verbrechen dieser Agenturen vor der Bevölkerung auf. Wiederholt verlangte die Sowjetunion von den drei Westmächten die sofortige Beendigung der Frontstadtpolitik.

Am 26. Mai 1952 – am 26. und am 27. Mai 1952 unterschrieb Kanzler Adenauer den General- und den EVG-Vertrag über die Remilitarisierung der BRD – ergriff die Regierung der DDR eine Reihe Maßnahmen zum Schutz des friedlichen Aufbauwerkes. Die Bewachung der Staatsgrenze zur BRD und zu Westberlin wurde verstärkt. Westberlinern wurde die Einreise in die Republik nur mit Sonderausweisen gestattet; es wurden Kontrollpunkte eingerichtet und zahlreiche Straßenübergänge geschlossen. Die 45 Kilometer lange Grenze zwischen der Hauptstadt der DDR und Westberlin wurde weiterhin durch Sonderdienststellen der Schutzpolizei und durch VP-Bereitschaftskommandos gesichert. Sie beschränkten sich auf stichpunktartige Personen- und Fahrzeugkontrollen sowie auf die Aufrechterhaltung von Ruhe und Ordnung an der Grenze. Der Telefonverkehr zwischen Westberlin und der Hauptstadt wurde am 26. Mai 1952 unterbunden, da er in starkem Maße für Agententätigkeit mißbraucht worden war. Das Angebot, 70 zentralvermittelte Telefonverbindungen bestehen zu lassen, lehnte der Senat ab; er wünschte keine Verhandlungen.

Im März 1953 nannte Ernst Reuter in einem Interview für das amerikanische Nachrichtenmagazin »Newsweek« Westberlin die »billigste Atombombe«. Ein andermal verglich er Westberlin mit der »Türklinke, mit der das Tor nach dem Osten aufgestoßen werden kann«.[7] Dann wieder sagte er: »Wir wirken wie Dynamit auf die Ostzone, und wir werden den Druck auf die Ostzone in einem Ausmaß verstärken können, das wenige sich heute vorstellen können.«[8]

Im Frühjahr 1953 hielten maßgebliche imperialistische Kreise die Zeit für gekommen, die »billigste Atombombe« zu zünden. Sie verloren jedes Maß und spitzten die ohnehin spannungsgeladene Situation zu. Dabei spekulierten sie darauf, daß die komplizierte Lage, in die die Arbeiter-und-Bauern-Macht beim planmäßigen Aufbau des Sozialismus geraten war[9], ihren Aggressionsplänen entgegenkommen würde. Doch als am 9. und 11. Juni 1953 das Politbüro des Zentralkomitees der SED und der Ministerrat der DDR einige fehlerhafte Maßnahmen korrigierten, die die Verbindungen von Partei und Regierung zu Teilen der Arbeiterklasse gelockert hatten, da sah der Klassengegner seine Umsturzpläne ins Wanken geraten. Er befürchtete, daß nun dem von langer Hand vorbereiteten »Tag X« der Boden entzogen würde.

Hohe westliche Politiker, Militärs und »Ostexperten« eilten sofort nach Westberlin, um »vor Ort« die Lage zu besprechen. Es wurde beschlossen, im Verein mit dem RIAS und anderen Diversionszentralen beschleunigt konterrevolutionäre Aktionen in der Hauptstadt sowie in anderen Industriegebieten der DDR auszulösen. Sie sollten über Streiks zu einem »Volksauf-

7 Die Neue Zeitung [Westberlin], 17. Juli 1951.
8 Willy Brandt und Richard Löwenthal: Ernst Reuter. Eine politische Biographie, (München) 1957, S. 609.
9 Siehe dazu auch Kapitel IX dieses Buches.

stand« ausgeweitet werden, um die Arbeiter-und-Bauern-Macht zu stürzen, gegebenenfalls sollte die NATO um militärischen Beistand ersucht werden. Zum Anlaß sollten die Arbeitsnormen genommen werden. Im Mai 1953 war eine generelle Erhöhung der Arbeitsnormen um mindestens 10 Prozent administrativ verfügt worden, was bei den Werktätigen auf Unverständnis gestoßen war und Unzufriedenheit ausgelöst hatte. Die Maßnahmen vom 9. und 11. Juni 1953 berührten dieses Problem zunächst nicht. Als Termin für den Beginn der Provokation wurde der 16. Juni 1953 bestimmt.

Am Morgen des 16. Juni 1953 kam es auf Berlins größtem Bauplatz in der Stalinallee zu Arbeitsniederlegungen. Provokateure mischten sich unter die Bauarbeiter, die der Normerhöhung wegen verärgert waren, und wiegelten sie zu einem Demonstrationszug zum Haus der Ministerien in der Leipziger Straße auf. Sie sollten von der Regierung die Aufhebung der Verordnung über die zehnprozentige generelle Normerhöhung von Ende Mai 1953 verlangen. Der Zug hatte noch nicht den Alexanderplatz erreicht, als sich ihm immer mehr von Westberlin herübergekommene Elemente, zumeist Halbwüchsige, anschlossen. Erste konterrevolutionäre Losungen wurden gerufen. Vor dem Haus der Ministerien sprach Minister Fritz Selbmann zu den Bauarbeitern und teilte mit, daß die Regierung die Verordnung über die Normerhöhung zurückziehen werde. Als die Demonstranten auseinandergingen, gaben Lautsprecherwagen bereits die amtliche Mitteilung bekannt.

In den Westberliner Agenturen beschloß man, »den Topf am Kochen« zu halten. Obwohl man »wußte von der harten Entscheidung der maßgeblichen britischen und amerikanischen Stellen, in der Nacht des 16. und am Morgen des 17. Juni keinerlei Unterstützung zu gewähren«[10], entschied der Politische Direktor des RIAS, Gordon A. Ewing, ab 5.00 Uhr früh am 17. Juni in kurzen Abständen einen »Streikaufruf« verlesen zu lassen. Die-

10 Eleanor Lansing Dulles: Berlin und die Amerikaner, S. 30.

ses im RIAS verfaßte Pamphlet, das Ernst Scharnowski, der korrupte und primitiv antikommunistische Westberliner Gewerkschaftschef verlas, rief zur Arbeitsniederlegung und zum Sturz der »Regierung Grotewohl« auf. Gleichzeitig verbreitete der RIAS offen und unverschlüsselt Direktiven an seine »Vertrauensmänner«, das heißt an die hauseigenen Spione. Der »Tag X«, auf den sich imperialistische Regierungen und Geheimdienste lange und gründlich vorbereitet hatten, begann.

Am Morgen des 17. Juni 1953 strömten massenweise bezahlte Subjekte der imperialistischen Agenturen – zumeist Jugendliche und Arbeitslose (Westberlin hatte 1953 über 200000 Arbeitslose) – ins Zentrum der Hauptstadt. Der verhaftete Provokateur Werner Kalkowski aus Westberlin SO 36 gab bei seiner Vernehmung an, am 17. Juni um 8.00 Uhr am Breitenbachplatz in Wilmersdorf zusammen mit 90 anderen, meist Arbeitslosen, von einem US-Offizier nähere Instruktionen bekommen zu haben: »Wir erhielten den Auftrag, die Regierungsgebäude einzuschlagen, Brände zu legen, Läden zu plündern, Volkspolizisten umzulegen und überhaupt, auch mit der Waffe, gegen die Organe vorzugehen ... Nachdem wir die Anweisung zur Organisierung von Unruhen bekommen hatten, zogen wir in geschlossener Gruppe über die Potsdamer Brücke auf den Potsdamer Platz. Dort verschmolzen wir mit den Streikenden, und von diesem Augenblick an haben wir angefangen, die Aufgabe durchzuführen, das heißt, wir haben die Menge durch Losungen, die wir gerufen haben, gegen die Regierung der DDR und die anderen Machtorgane aufgehetzt. In unserer Gruppe hatten ungefähr 20 Mann Flaschen mit Benzin, die sie zur Brandlegung an Gebäuden auf der Potsdamer Brücke von einem amerikanischen Lastwagen erhalten hatten.«[11] Für die Erledigung dieses schmutzigen Geschäftes sollte jeder 50 Westmark bekommen; außerdem hieß es, daß die beteiligten Arbeitslosen in die Westberliner Polizei übernommen und hoch bezahlt werden würden.

11 Neues Deutschland (B), 20. Juni 1953.

Trotz des regnerischen Wetters war die Innenstadt voller Menschen. Den nach Tausenden zählenden Westberliner Provokateuren – die englische Zeitung »Daily Worker« vom 18. Juni 1953 schätzte sie auf »mindestens 15000« – hatten sich zahlreiche Verhetzte, jugendliche Randalierer, asoziale und kriminelle Subjekte angeschlossen. Es zeigte sich später, daß unter den Rädelsführern die Zahl derjenigen mit einer aktiven faschistischen und militaristischen Vergangenheit besonders hoch war.

Die Absicht der Organisatoren des »Tages X«, die Produktion in der Hauptstadt stillzulegen und die Arbeitermassen auf die Straße zu bringen, wo sie zum Spielball konterrevolutionärer Kräfte werden sollten, scheiterte. Zwar erreichten sie in einigen Betrieben ihr Ziel, aber an den sozialistischen Großbetrieben, wo der Kern der klassenbewußten Industriearbeiter Berlins konzentriert war, bissen sie sich gewissermaßen die Zähne aus. Auf Belegschaftsversammlungen sprachen Partei- und Gewerkschaftsfunktionäre sowie Betriebsdirektoren zu den Werktätigen; sie entlarvten die Absichten der Imperialisten und riefen die Arbeiter auf, unbeirrt weiterzuarbeiten. Die Parteiorganisationen der meisten Berliner Großbetriebe und Institutionen stellten ihre Kampfkraft und Geschlossenheit unter Beweis und erteilten den Konterrevolutionären eine entschiedene Abfuhr. Volkspolizisten, Werkschutz und andere klassenbewußte Arbeiter schützten die Betriebe vor Anschlägen. Im VEB Aktivist – Berlins größter Brotfabrik –, wo die Randalierer die Auslieferung der Backwaren zu verhindern suchten, wurden sie von Arbeitern der Nachtschicht vertrieben. Im Gaswerk Dimitroffstraße verhinderten Werkschutz und Belegschaftsangehörige das Eindringen von Provokateuren. Auch der Versuch, die Energie- und Wasserversorgung der Hauptstadt stillzulegen, scheiterte.

In der Innenstadt tobte der faschistische Mob. Kurz nach 8.00 Uhr flammten erste Brände auf, gingen Schaufensterscheiben zu Bruch, wurden Läden ausgeraubt, Hoheitszeichen und

Bei der Provokation gestolpert
BERLIN
PROVOKATION

Aus »Dokumentation der Zeit«, 1953, Heft 51

Staatsflaggen der DDR in den Schmutz getreten. Vom Brandenburger Tor holten die Provokateure die rote Fahne der Arbeiterklasse herunter und verbrannten sie. Eine aufgeputschte Menge wollte die Humboldt-Universität erstürmen. An der Oberbaumbrücke verschleppten Putschisten den Vorsitzenden der CDU und Stellvertreter des Ministerpräsidenten der DDR, Otto Nuschke, aus seinem Dienstwagen heraus nach Westberlin. (Der entschiedene Protest der UdSSR und der DDR erzwang zwei Tage später die Freilassung Otto Nuschkes.) Wo der faschistische Mob tobte, tauchten auch amerikanische Offiziere in Uniform und Zivil auf und gaben Anweisungen. Am Brandenburger Tor, am Potsdamer Platz und an anderen Grenzübergängen hatten sich die sensationslüsternen Kameraleute westlicher Wochenschauen postiert. Die konterrevolutionären Banditen überfielen Partei- und Staatsfunktionäre, Volkspolizisten und fortschrittliche Arbeiter, die sich ihnen in den Weg stellten, und mißhandelten sie schwer. Selbst vor Mord schreckten sie nicht zurück.

In der Mitteilung des Präsidiums der Deutschen Volkspolizei über die Exzesse vom 17. Juni 1953 heißt es: »Die Westberliner Provokateure zogen plündernd und raubend durch einzelne Straßenzüge, wobei sie zu hinterhältigen bewaffneten Überfällen gegen Volkspolizisten und fortschrittlich eingestellte Bevölkerungsteile übergingen. So wurden von den Rowdys unter anderem Konsumstände in der Zentralmarkthalle am Alexanderplatz zerstört. An der Oberbaumbrücke rissen sie die Oberleitungen der Straßenbahnen herunter. In den Straßen Unter den Linden, Friedrichstraße, Rathausstraße, Alexanderplatz, Oberbaumbrücke und Liebknechtstraße wurden Personenkraftwagen angehalten, umgestürzt und teilweise in Brand gesteckt. Im Berolina-Haus am Alexanderplatz wurde von den Banditen die Einrichtung zerschlagen. Sie drangen in die HO-Lebensmittelfiliale in der Liebknechtstraße und in andere Läden und Kioske ein und raubten die Waren. Hierbei gingen sie gegen Angestellte der Läden und Kioske mit brutaler Rücksichtslosigkeit vor.«[12] Allein in der völlig demolierten und ausgeraubten HO-Imbißstube in der Leipziger Straße 124 betrug der Schaden 14697 Mark. In den Mittagsstunden des 17. Juni – die Putschisten befanden sich bereits auf dem Rückzug nach Westberlin – setzten sie das Columbus-Haus und das »Haus Vaterland«, beides HO-Einrichtungen am Potsdamer Platz, mit Benzinflaschen und Brandsätzen amerikanischer Herkunft in Brand.

Um zu verhindern, daß sich die faschistische Provokation durch eine Invasion von NATO-Truppen zu einem Kriege ausweitete, griff nach Absprache mit der Regierung der DDR das Kommando der in der DDR stationierten sowjetischen Truppen ein. Am 17. Juni ab 13.00 Uhr verhängte der sowjetische Militärkommandant, Generalmajor P. T. Dibrowa, den Ausnahmezustand über Berlin. Sowjetpanzer erschienen im Zentrum und drängten die konterrevolutionären Kräfte Unter den Linden und in der Leipziger Straße nach Westberlin ab. Die Grenze zu Westberlin wurde für mehrere Tage hermetisch geschlossen. Die Bevölkerung atmete auf: Den Brandstiftern und Plünderern war Einhalt geboten. Viele von denen, die sich an Demonstrationen beteiligt hatten, stellten ernüchtert fest, daß sie aufgewiegelt und

12 Tägliche Rundschau, Berlin, 19. Juni 1953.

Bekanntmachung

des Präsidenten der Volkspolizei in Berlin

Auf Empfehlung der Regierung der Deutschen Demokratischen Republik hat der Magistrat von Groß-Berlin den Beschluß gefaßt, ab 9. Juli dieses Jahres den freien Verkehr der Bevölkerung zwischen dem demokratischen Sektor und Westberlin wiederherzustellen. Dementsprechend werden die S-Bahn und die U-Bahn ihre Arbeit wieder im vollen Umfange aufnehmen. Das System der zeitweiligen Passierscheine zum Überschreiten der Sektorengrenze kommt in Fortfall.

Dieser Beschluß wurde unter Berücksichtigung der Interessen der gesamten Berliner Bevölkerung gefaßt, die die faschistischen Unruhen, Brandstiftungen, Plünderungen und Raubüberfälle verurteilt, welche von den am 17. Juni aus Westberlin eingeschleusten Agenten der Westmächte und des westdeutschen Großkapitals organisiert wurden.

Zugleich erfordern die Interessen der Bevölkerung die Verhinderung und schonungslose Unterbindung jeglicher Versuche zur Organisierung neuer Verbrechen, Brandstiftungen und Unruhen durch faschistische Agenten und Provokateure aus Westberlin.

Der Präsident der Volkspolizei in Berlin ist bevollmächtigt, folgendes zu erklären:
Alle Personen aus Westberlin, die versuchen sollten, auf dem Gebiet des demokratischen Sektors von Berlin Unruhen, Brandstiftungen oder andere Verbrechen zu inszenieren oder antidemokratische Propaganda zu treiben oder auf andere Weise die Gesetze der Deutschen Demokratischen Republik zu verletzen, sind unverzüglich festzunehmen und den Staatsorganen zu übergeben, damit sie mit der ganzen Strenge des Gesetzes zur Verantwortung gezogen werden.

Alle Werktätigen, alle Bürger werden aufgerufen, den Staatsorganen bei der Unterbindung der verbrecherischen Tätigkeit faschistischer Agenten und Provokateure behilflich zu sein.

Berlin, den 8. Juli 1953

Präsident der Volkspolizei in Berlin
gez. **Waldemar Schmidt**

mißbraucht worden waren. Der Putschversuch brach – wie in Berlin so auch überall in der Republik – nach wenigen Stunden zusammen. Der »Tag X« fand nicht statt!

Am 18. Juni wurde die Arbeit wieder aufgenommen. Das Leben normalisierte sich schnell. Angesichts der Ermordeten und Mißhandelten, der angerichteten Zerstörungen und begangenen Gewalttaten stellte sich jedermann die Frage: Wem nützt das? Demolierte Klubhäuser und Kindergärten, ausgeraubte Geschäfte, verbrannte Autos, verwüstete Diensträume, zerfetzte rote Fahnen – das war keine Arbeitersache! Dieses verbrecherische Treiben öffnete auch den Irregeführten die Augen. »Das haben wir nicht gewollt«, hieß es. Erst kamen einige Meldungen, dann häuften sie sich: Verpflichtungen der Arbeiter zu Sonderleistungen in der Produktion, um die Verbundenheit mit der Arbeiter-und-Bauern-Macht zu zeigen. In zahlreichen Straßenmeetings mit sowjetischen Truppen, in einer eindrucksvollen Demonstration der Berliner FDJ durch die Stalinallee und auf den Großkundgebungen am 26. Juni 1953 vor dem Haus der Ministerien und auf dem Marktplatz in Oberschöneweide verurteilten Zehntausende Berliner die konterrevolutionären Umtriebe.

Je mehr Einzelheiten über den gescheiterten »Tag X« in der sozialistischen Presse bekannt wurden, desto klarer erkannten die Werktätigen das Gesicht ihrer wahren Feinde und faßten den festen Vorsatz, es nicht noch einmal so weit kommen zu lassen. Auf Initiative der SED bildeten die klassenbewußten Arbeiter und die fortschrittlichsten Werktätigen im Sommer 1953 in den volkseigenen Betrieben und Gütern, in staatlichen Verwaltungen und Institutionen die ersten Kampfgruppen als bewaffnete Organe der Arbeiterklasse. Sie verstanden, daß die imperialistischen Anschläge gegen ihren Staat und ihre Betriebe mit der Waffe in der Hand abgewehrt werden mußten. In ihren dunkelblauen Monturen mit roter Armbinde – so ihre damalige Uniform – erwarben sich die Kämpfer solide militärische Kenntnisse zum Schutze der Errungenschaften des Volkes. Sie folgten den Traditionen jener Proletarier, die an der Niederschlagung des Kapp-Putsches 1920, am Hamburger Aufstand 1923, an den Aktionen des Roten Frontkämpferbundes und am bewaffneten Kampf gegen den Faschismus teilgenommen hatten.

Die Provokation mit den »Schmalzpaketen«

In den Westberliner Amtsstuben und Agenturen herrschte Wut und Enttäuschung über das Fiasko des 17. Juni 1953. Während die publizistischen Sprachrohre der Konterrevolution die Lüge vom gescheiterten »Volksaufstand« in die Welt setzten, inszenierten die Frontstadtpolitiker eine neue Provokation. Ende Juni 1953 wurden in Westberlin Lebensmittelpakete an »hungernde Zonenbewohner« kostenlos, aber gegen Vorlage des Personalausweises ausgegeben. Die Spionagezentralen wollten auf diese Weise ihre dezimierten Agentenkarteien mit neuem Adressenmaterial füllen. Für diese Propagandaaktion, für die Washington 15 Millionen Dollar bereitgestellt hatte, zeichneten auf amerikanischer Seite die Geschwister Dulles verantwortlich: John Foster als Außenminister, Eleanor Lansing als Sonderbeauftragte für Berlin und Allan Welsh als Leiter des Geheimdienstes CIA. Aber auch die Politik mit den Schmalzpaketen erlitt Schiffbruch. Bald war der Westberliner Senat selbst daran interessiert, daß die Aktion sich totlief, denn sie hatte den Unmut der mehr

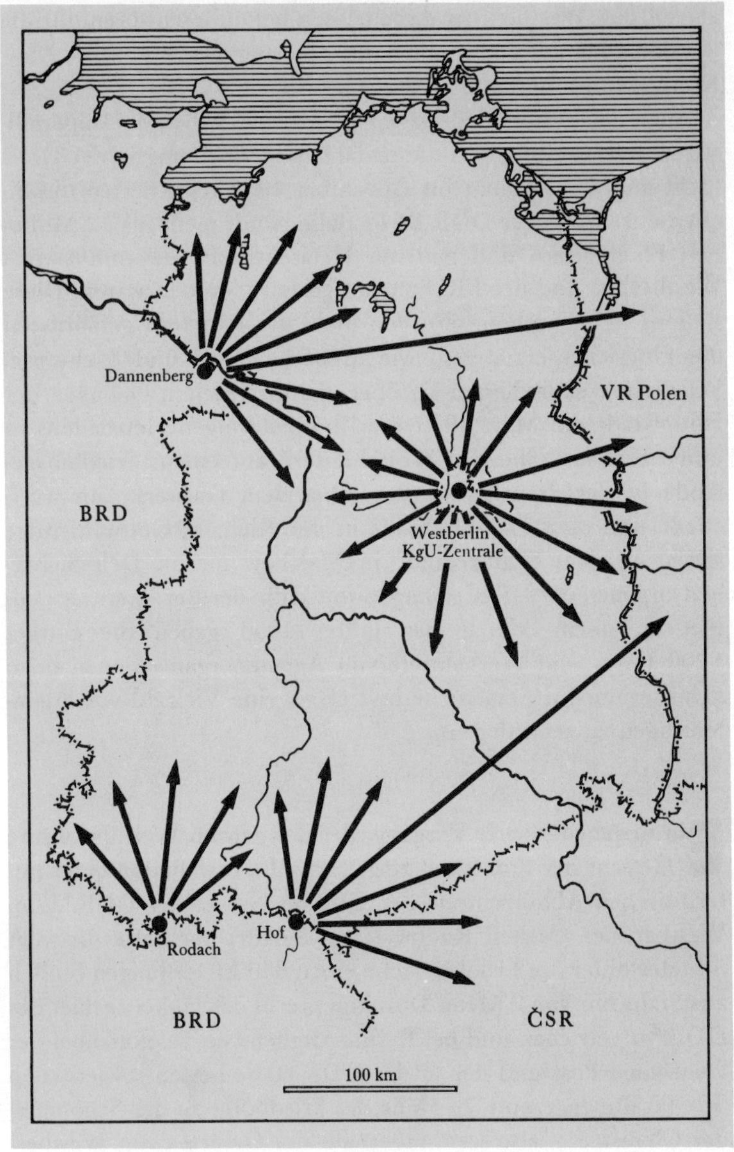

Die KgU-Abschußbasen für Hetzballons, 1956

als 200 000 Westberliner Arbeitslosen heraufbeschworen, für die der Senat keine Trockenmilch, kein Dörrgemüse und keine Ami-Konserven übrig hatte.

Auch nach ihrer Niederlage im Juni 1953 gaben die Imperialisten ihren Kampf gegen die sozialistische Ordnung in der DDR nicht auf. Vom Januar bis November 1956 registrierten die Sicherheitsorgane der DDR 8 648 Ballons mit mehr als 12 Millionen Flugblättern und anderen Hetzschriften, die vom Gebiet Westberlins und der BRD aus aufgelassen worden waren. Diese Ballons mit Durchmessern von mehr als 4 Metern gefährdeten die Flugsicherheit ebenso wie Menschenleben und Sachwerte. Wiederholt explodierten sie über dichtbesiedelten Gebieten der Hauptstadt. Im März 1956 zum Beispiel gingen Hetzballons in unmittelbarer Nähe von Wohnhäusern auf einem Friedhofsgelände in der Prenzlauer Allee, über dem Gaswerk Dimitroffstraße und dem HO-Kaufhaus in der Klement-Gottwald-Allee sowie auf dem Schulgelände in Malchow nieder. Den Sicherheitsorganen der DDR gelang es mit Hilfe der Bevölkerung – allein in einem Monat des Jahres 1956 gaben die Bürger 1 200 Lock- und Werbebriefe von Agentenorganisationen beim Ministerium für Staatssicherheit ab –, eine Vielzahl von Agentenringen zu zerschlagen.

Ein ungeheuerlicher Vorgang, der der ganzen Welt das wahre Gesicht der Frontstadt zeigte, war die Installation einer unterirdischen Abhörzentrale der CIA im Gebiet der DDR. Vom Westberliner Ortsteil Rudow (USA-Sektor) her hatte die CIA 5 Meter unter der Erdoberfläche einen 350 Meter langen Stollen aus Stahlrohr von 2 Meter Durchmesser in das Hoheitsgebiet der DDR vorgetrieben und bei Berlin-Altglienicke Telefonkabel der Deutschen Post und der in der DDR stationierten sowjetischen Streitkräfte angezapft. In Höhe des Friedhofes an der Schönefelder Chaussee – also weit außerhalb des Gebietes von Westberlin – befanden sich Sektionen des Tunnels, in denen Klima- und

Verstärkeranlagen, Abhöreinrichtungen und Tonbandgeräte untergebracht waren. Der gesamte Tunnel war elektrisch beleuchtet, gegen Feuchtigkeit isoliert und für eine lange Nutzungsdauer berechnet. Die CIA betrachtete damals die unter dem Codenamen »Operation Gold« laufende Unternehmung als ihre erfolgversprechendste; sie erhoffte sich wichtige militärische Informationen vom Abhören der Telefongespräche zwischen sowjetischen Dienststellen in Berlin-Karlshorst und dem Kommando der in Wünsdorf stationierten Gruppe der Sowjetischen Streitkräfte in Deutschland. Die Ausbeute war allerdings sehr mager, denn – das wußte die CIA damals noch nicht – ein hoher Beamter des britischen Geheimdienstes, der als Kundschafter für die Sowjetunion arbeitete, hatte die Pläne rechtzeitig nach Moskau weitergeleitet. Als am 22. April 1956 sowjetische Organe überra-

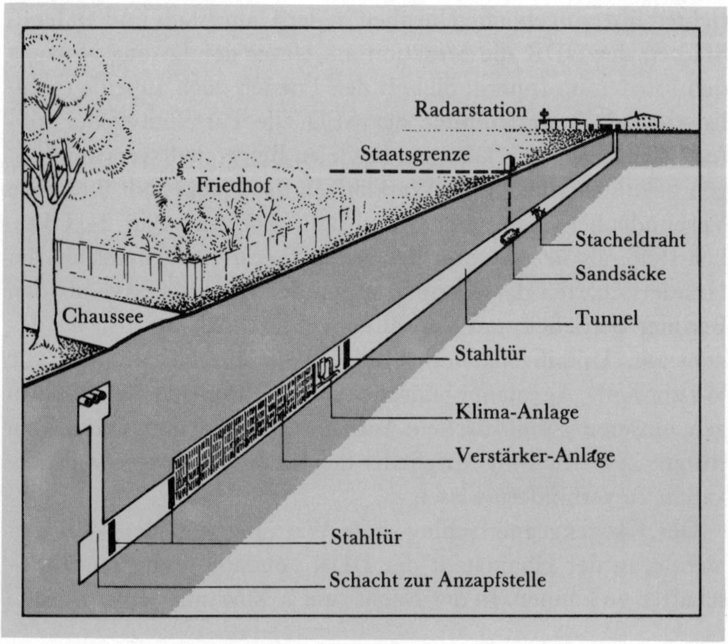

Skizze des Spionagetunnels in Altglienicke

schend zugriffen, ertappten sie die Abhörspione auf frischer Tat. Letztere flüchteten Hals über Kopf nach Westberlin und verriegelten hinter sich schwere Stahltüren; sie fanden keine Zeit, die technischen Anlagen zu zerstören. Als sowjetische Offiziere den Stollen betraten, liefen sogar noch die Tonbandgeräte. In- und ausländische Pressevertreter erhielten die Möglichkeit, diese beispiellose Spionageanlage zu besichtigen. Auf die entschiedenen Proteste der Regierungen der UdSSR und der DDR hin hüllte sich Washington wohlweislich in Schweigen.

Im Herbst 1956 spitzte sich die Lage um Westberlin erneut zu. Während des konterrevolutionären Putsches in Ungarn Ende Oktober/Anfang November witterten die Imperialisten wieder Morgenluft. Diesmal setzten sie ihre Hoffnungen auf die akademische Jugend und eingeschleuste Agentengruppen. Presse und Rundfunk der BRD und Westberlins heizten mit erfundenen Berichten über angebliche Unruhen in der Hauptstadt und anderen Städten der DDR die Situation an. Unter der Losung »Sichert den Frieden im Innern! Sichert den Frieden nach außen!« mobilisierte das Zentralkomitee der SED alle Parteimitglieder und fortschrittlichen Werktätigen. In vielen Belegschaftsversammlungen bekundeten auch die Werktätigen der Hauptstadt ihre enge Verbundenheit zur Arbeiter-und-Bauern-Macht. Am 24. Oktober 1956, als in Budapest der weiße Terror raste, marschierten Hundertschaften der Kampfgruppen der Arbeiterklasse aus den Berliner Betrieben und Verwaltungen durch die Straßen der Innenstadt. Unmißverständlich erklärten Kämpfer: »Sollten die Westberliner Agentenorganisationen auch nur den Versuch wagen, unseren sozialistischen Aufbau zu stören und Unruhe zu stiften, ... werden wir Mitglieder der Kampfgruppen jede Provokation zu verhindern wissen.«[13]

Der Klassengegner schlug diese Warnungen in den Wind, er meinte, in der Hauptstadt der DDR »budapestische Zustände« schaffen zu können. In der Nacht zum 2. November 1956 wurden

13 Neues Deutschland (B), 25. Oktober 1956.

vom Westberliner Ullstein-Konzern in größerer Menge plump gefälschte Ausgaben des »Neuen Deutschlands« gedruckt, die in der Hauptstadt verteilt werden sollten. Am Mittag des 2. November verbreitete RIAS die Falschmeldung, an der Humboldt-Universität wäre der »Generalstreik« ausgebrochen. Zur gleichen Stunde versuchten von Westberliner Agenturen gedungene konterrevolutionäre Kräfte, eine Studentenversammlung an der Veterinärmedizinischen Fakultät der Universität in eine Demonstration gegen die Arbeiter-und-Bauern-Macht ausmünden zu lassen und die irregeleiteten Studenten auf die Straße zu führen. Dann sollte alles nach den Plänen ablaufen, die am 17. Juni 1953 fehlgeschlagen waren.

Doch die Provokation mißlang. Kampfgruppen marschierten auf und verhinderten jeden konterrevolutionären Anschlag. Das half, sehr schnell Ruhe und Ordnung an der Fakultät wiederherzustellen und die Provokateure zu isolieren. Die übergroße Mehrheit der Lehrenden und Lernenden an der Humboldt-Universität und an den anderen Berliner Hochschulen stand in diesen Tagen fest an der Seite der Arbeiterklasse und der Regierung der DDR. Der Aufmarsch der Berliner Kampfgruppen am 3. November Unter den Linden sowie die von der Volkspolizei und vom Ministerium für Staatssicherheit eingeleiteten Sicherungsmaßnahmen ließen keinen Zweifel daran, daß die Macht in der DDR in festen Händen lag.

Noch einmal wagten sich die imperialistischen Provokateure hervor, um – diesmal von außen – die Brandfackel in die Hauptstadt der DDR zu schleudern. Enttäuscht über die Niederlage der Konterrevolution in Ungarn, zog am Abend des 5. November 1956 im Anschluß an eine Hetzkundgebung vor dem Schöneberger Rathaus eine aufgeputschte, nach Waffen grölende Menge vor das Brandenburger Tor. Als sie die dort ihren Wachdienst versehenden Volkspolizisten mit brennenden Fackeln und Pflastersteinen bombardierten, wurden sie durch Wasserwerfer der Volkspolizei schnell zur Räson gebracht. Die Konterrevolution kam auch diesmal nicht zum Zuge.

In den folgenden Jahren nahm die ökonomische Schädigung der DDR durch Warenschmuggel und spekulativen Wechselstubenkurs immer größere Ausmaße an. Vom wirtschaftlichen Aufschwung der DDR in der zweiten Hälfte der fünfziger Jahre schmarotzten unzählige Westberliner Schieber und Spekulanten. Aber auch Bürger der Hauptstadt und der Randgebiete lebten von dunklen Geschäften oder »arbeiteten« als Mittelsmänner für Westberliner Schieberringe. Bei Industriewaren zählten Fotoapparate, Schreibmaschinen, Porzellan und Musikinstrumente zu den begehrten Schieberartikeln. Gefragt waren auch Antiquitäten. So wurden Anfang 1958 innerhalb von 4 Monaten in 596 Fällen insgesamt 2 349 Erzeugnisse der feinmechanisch-optischen Industrie der DDR, wie Ferngläser, Kameras und Zubehör, von den Kontrollorganen der DDR sichergestellt. Für den Absatz der Schieberwaren existierten in Westberlin regelrechte Schieberringe mit »Geschäftsverbindungen« in westliche Länder.

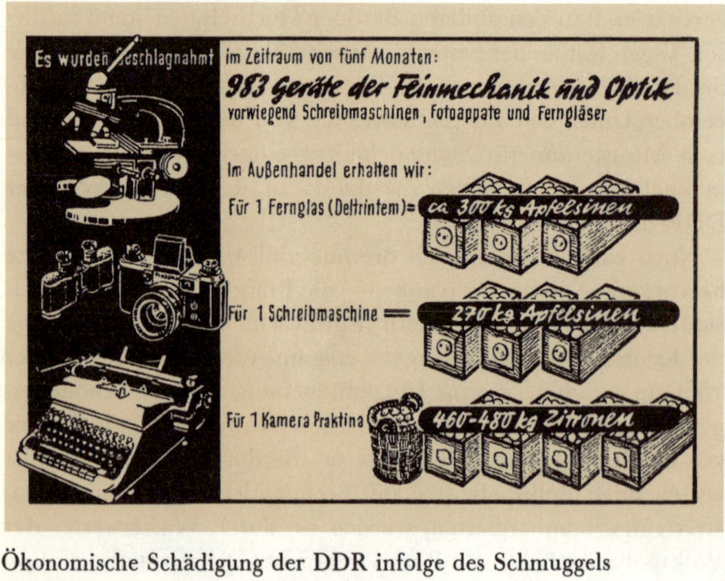

Ökonomische Schädigung der DDR infolge des Schmuggels hochwertiger Industriegüter, Angaben 1958

Besonders geschmuggelt wurden Lebensmittel, die infolge des Schwindelkurses der Wechselstuben spottbillig zu kaufen waren. Allein im März und April 1958 wurden bei Grenzkontrollen 5228 Kilogramm Fleischwaren und 53241 Eier beschlagnahmt. Oft wurden Grenzgänger, Verwandte und Bekannte »aus dem Osten« zu Unrechtshandlungen angehalten. Eine Bürgerin aus Potsdam-Babelsberg gab bei ihrer Vernehmung durch die Kontrollorgane der DDR zu, von 1955 bis Juni 1959 1050 Kilogramm Fleisch- und Wurstwaren, 800 Kilogramm Butter, 700 Kilogramm Gemüse, 300 Kilogramm Zucker, 43000 Eier und 100 Kilogramm Mehl nach Westberlin verschoben zu haben. Im Februar 1959 wurde eine elfjährige Schülerin beim Verlassen der Hauptstadt kontrolliert; sie trug 25 Knacker und 26 Koteletts bei sich, die die Tante, wohnhaft in Berlin NO 55, Schönhauser Allee, in der HO gekauft hatte und die in der Gaststätte der Eltern des Kindes in Westberlin-Friedenau verbraucht werden sollten. Nur ein Teil der Schiebungen konnte von den Kontrollorganen der DDR aufgedeckt und geahndet werden.

Ein empfindlicher Schlag wurde den Hintermännern und Profiteuren des von Westberlin aus geführten Währungs- und Wirtschaftskrieges mit der »Aktion Blitz« vom 13. Oktober 1957 versetzt. An diesem Sonntag wurden in der DDR ohne vorherige Ankündigung alle im Umlauf befindlichen Banknoten gegen neue Geldscheine ausgetauscht. In den frühen Morgenstunden gab Ministerpräsident Otto Grotewohl den Regierungsbeschluß durch Radio bekannt und rief alle Bürger zur aktiven Mithilfe auf. Infolge dichten Nebels verspätete sich der Antransport der neuen Banknoten von der Leipziger Druckerei nach Berlin, so daß erst am Nachmittag in Hunderten provisorisch eingerichteter Umtauschstellen die Ausgabe der neuen Banknoten begann. Beträge bis zu 300 Mark wurden ausgezahlt, Beträge darüber wurden gutgeschrieben, weil nicht sofort genügend Banknoten zur Verfügung standen. Die gutgeschriebenen Beträge wurden von den Banken bis zum 26. Oktober 1957 umgetauscht. Zehntausende ehrenamtlicher Helfer arbeiteten bis in die späten Nachtstunden und tauschten ohne Differenzen nach den Weisungen der Staatsorgane Millionen Mark Banknoten um. Nirgends entstand Beunruhigung, weil alle wußten, daß niemand, der sich sein Geld durch ehrliche Arbeit erworben hatte, auch nur einen Pfennig verlieren würde.

Die Westberliner Währungsspekulanten traf der Geldumtausch völlig überraschend. Vergebens bemühten sie sich an dem »schwarzen Sonntag«, die gehorteten Bestände an Mark der DDR abzustoßen. Ihre Ratlosigkeit spiegelte sich in der raschen Veränderung des Schwindelkurses in den Wechselstuben: um 10.00 Uhr für 1 Westmark noch 8 »Ost«, um 12.00 Uhr bereits 15 »Ost« und kurz vor 22.00 Uhr sogar 100 »Ost«. An den Grenzübergängen, die an diesem Tag besonders scharf überwacht wurden, stellten die Kontrollorgane bei der Einreise Hunderte von Personen, die hohe Beträge von Mark der DDR bei sich hatten. Allein auf dem S-Bahnhof Falkensee wurden über 25 000 Mark und auf dem Nordbahnhof 150 000 Mark sichergestellt. Sogar Kinder und Hunde wurden zum illegalen Geldtransport mißbraucht.

Mehr als 600 Millionen Mark der Deutschen Notenbank der DDR, über dunkle Kanäle nach Westberlin und in die BRD geflossen und dort zur Finanzierung des kalten Krieges gehortet, wurden an diesem 13. Oktober 1957 wertlos. Damit hatte die Umtauschaktion ihren Zweck voll erreicht. Solange aber die offene Grenze weiterbestand, war es einfach nicht möglich, die Währungsspekulation mit all ihren Begleiterscheinungen ein für allemal zu unterbinden. Eine Woche nach dem 13. Oktober 1957 begannen die 247 Westberliner Bankfilialen und die 54 privaten Wechselstuben mit dem Ankauf der neuen Banknoten; die Spekulation mit dem Geld der DDR ging weiter und vergiftete die Atmosphäre in der geteilten Stadt. Jedermann sah es: Die Normalisierung der Lage um Westberlin war unaufschiebbar geworden.

Der V. Parteitag der SED im Juli 1958 verlangte von den Westmächten erneut die Beendigung der Frontstadtpolitik. Im Herbst 1958 schlug der Magistrat der Hauptstadt dem Westberliner Senat den Abschluß eines Handelsabkommens, die Lösung des Grenzgängerproblems und andere Vereinbarungen über ein gutnachbarliches Zusammenleben vor. Doch die politische Führung Westberlins lehnte alles rundweg ab und rührte noch emsiger die Trommel für den kalten Krieg.

Am 27. November 1958 teilte die Sowjetregierung in Noten an die drei Westmächte, die DDR und die BRD ihre Ansichten und Vorschläge zum Westberlinproblem mit.

Die Westmächte wurden aufgefordert, das anachronistische Besatzungsregime in Westberlin aufzugeben und alle von dort ausgehenden feindseligen Aktivitäten gegen die sozialistischen Staaten sofort einzustellen. Ausgehend von der realen Lage, schlug die UdSSR vor, Westberlin in eine selbständige politische Einheit, in eine entmilitarisierte und neutrale Stadt umzuwandeln, in deren Leben sich kein Staat, auch keiner der beiden deutschen, einzumischen habe. Ein derartiger völkerrechtlicher Status sollte von allen beteiligten Seiten und von der UNO garantiert werden. Die Sowjetregierung erklärte sich zu Verhandlungen mit den Regierungen der interessierten Staaten über die Westberlinfrage bereit und hielt hierfür die Zeitspanne eines halben Jahres für ausreichend. Am 10. Januar 1959 unterbreitete die UdSSR einen neuen Entwurf für einen deutschen Friedensvertrag und unterstrich damit, daß es ihr auf eine grundsätzliche Sicherung des Friedens in Mitteleuropa ankam.

Staatsführung und Bevölkerung der DDR begrüßten die sowjetische Initiative aus vollem Herzen. Vor allem die Berliner erhofften sich eine Normalisierung der Lage in ihrer Stadt und brachten dies auf Versammlungen, Kundgebungen und in Gesprächen klar zum Ausdruck. Im Westen wurden die sowjetischen Vorschläge jedoch ohne ernsthafte Prüfung abgelehnt. Die aggressiven Kreise wollten auf ihre Frontstadt, auf den »Pfahl im Fleisch« der sozialistischen DDR, nicht verzichten.

Für eine friedliche Lösung der Westberlinfrage

Mit Sonderbeilage: „Berliner Leben" • 10 Pf.

Berliner Zeitung

14. Jahrgang — Nr. 278

Freitag, 28. November 1958

Note der Sowjetunion an die DDR

Der Weg zur Lösung der Berlin-Frage

DDR übernimmt alle Funktionen, die vorübergehend von sowjetischen Organen ausgeübt wurden

Westberlin erhält den Status einer entmilitarisierten freien Stadt ohne Besatzungstruppen

Mißbrauch Westberlins als Herd der Spannungen und Zentrum der Spionage und Hetze muß aufhören

Normales, ruhiges Leben in einer freien Stadt

Berlin (EB). Die in der ganzen Welt mit außergewöhnlicher Spannung erwartete Note der Sowjetregierung über die Berliner Frage wurde am Donnerstagmittag vom sowjetischen Botschafter in der DDR, M. G. Perwuchin, dem Ministerpräsidenten der DDR, Otto Grotewohl, übergeben. Gleichzeitig überreichte der sowjetische Botschafter eine Abschrift der Note der UdSSR an die Regierung der USA zum gleichen Thema. In der Note an die Regierung der DDR wird festgestellt:

● Die gegenwärtige anomale Lage Berlins muß geändert werden. Die Beibehaltung jedweder Form der Besetzung Deutschlands durch die Siegermächte hat keinen Sinn und keine Berechtigung mehr. Das Besatzungsregime in Berlin ist ungerecht gegenüber dem deutschen Volk und nicht länger vertretbar.

● Das Potsdamer Abkommen und andere interalliierte Viermächte-Abkommen wurden durch die Westmächte aufs gröblichste verletzt. Damit haben diese Abkommen jegliche Gültigkeit verloren.

● Die Sowjetregierung übergibt den Organen der DDR alle Funktionen, die vorübergehend noch von sowjetischen Organen ausgeübt wurden. Die DDR übt die uneingeschränkte Souveränität zu Lande, zu Wasser und in der Luft aus.

● Die sowjetische Militärkommandantur in Berlin wird aufgelöst und die Wachtruppen werden aus der Stadt abgezogen. Die Maßnahmen zur Liquidierung des Besatzungsregimes in Berlin sollen im Laufe eines halben Jahres verwirklicht werden, damit sich die Westmächte entsprechend vorbereiten können.

● Entsprechend der gegenwärtigen Situation wird vorgeschlagen, für Westberlin den Status einer entmilitarisierten, freien Stadt festzulegen, in deren Angelegenheiten sich kein Staat, auch keiner der beiden deutschen Staaten, einmischen soll.

● Folgende Aufgaben müßten gelöst werden: Dem ausländischen Besatzungsregime in Westberlin muß ein Ende gesetzt werden. Der Mißbrauch Westberlins als Zentrum der Spionage, Diversion und Hetze gegen die DDR und als eines der gefährlichsten Herde der internationalen Spannungen in Europa muß aufhören.

● Eine solche Lösung der Berlin-Frage wäre ein wichtiger Schritt zur Normalisierung der Situation in Berlin und in ganz Deutschland. Westberlin könnte zum Zentrum fruchtbarer Kontakte zwischen beiden deutschen Staaten werden und zur allmählichen Annäherung der beiden Teile des Landes beitragen.

● Die Westberliner Bevölkerung wird durch die Verwirklichung dieser Vorschläge ein normales, ruhiges Leben in einer freien Stadt führen können. Die Sowjetunion ist bereit, Westberlin jede mögliche wirtschaftliche Hilfe zu geben.

● Die Zustimmung der DDR zu einem Status einer unabhängigen Stadt für Westberlin wäre ein großes Entgegenkommen im Interesse des Friedens in Deutschland. Jeden Anschlag auf die Grenzen der DDR würde die Sowjetunion als Anschlag auf ihr eigenes Territorium betrachten und ihm nach der im ganzen sozialistischen Lager gültigen Devise: „Einer für alle und alle für einen" eine vernichtende Abfuhr erteilen.

(Wortlaut der Note an die DDR und Auszüge der Note an die USA siehe S. 2 und 4)

Sie setzten alle Mittel ein, um die Politik der UdSSR und der DDR zu entstellen. Die Sowjetunion wurde beschuldigt, sie hätte eine »Berlinkrise« willkürlich vom Zaune gebrochen, sie würde dem Westen ein Ultimatum stellen, ihn bedrohen und insgeheim eine Politik der »Eingemeindung« Westberlins in die DDR betreiben. Die Presse der BRD und Westberlins hämmerte monatelang mit Kommentaren, Leitartikeln und Berichten ihren Lesern die »Unannehmbarkeit« der östlichen Vorschläge ein, brachte jedoch nicht ein einziges Mal die sowjetischen Noten vom 27. November 1958 und 10. Januar 1959 in vollem Wortlaut.

Zu Beginn des Jahres 1959 kamen aus dem Pentagon und dem NATO-Hauptquartier regelrechte Kriegsdrohungen. Der USA-Heeresminister Brucker drohte, sein Militär stünde kampfbereit. In der »New York Times« prahlte Ex-Präsident Truman mit seinen »Erfahrungen im Umgang mit den Russen« aus dem Jahre 1948. Auf die Frage, was zu tun sei, antworteten diese bornierten Säbelrassler: »Panzerkonvoi«, »Luftbrücke«, »lokaler Krieg« und notfalls auch »großer Krieg« mit nuklearen Kampfmitteln. An den Börsen standen die Papiere der Rüstungsindustrie hoch im Kurs.

Unter dem Druck der Weltöffentlichkeit mußten die Regierungen der USA, Großbritanniens und Frankreichs schließlich doch Verhandlungen über die Westberlinfrage aufnehmen. Am 11. Mai 1959 begann im Genfer Palast der Nationen eine Außenministerkonferenz der vier Mächte. Erstmals nahm eine Delegation der DDR, geleitet von ihrem Minister für Auswärtige Angelegenheiten, Dr. Lothar Bolz, an einer Viermächtekonferenz teil. Die westliche Seite legte einen »Paket-Plan« vor, der die Fragen der Vereinigung der beiden deutschen Staaten, des Friedensvertrages und der Regelung der Westberlinfrage mit dem großen Komplex der europäischen Sicherheit und der Abrüstung zu einem unentwirrbaren Knäuel verknüpfte. Die Absurdität des Plans war offenkundig, zumal er die Ausdehnung des Westberliner Besatzungsregimes auf die Hauptstadt der DDR verlangte. Die westliche Seite lehnte zwar eine Diskussion der sowjetischen Vorschläge ab, mußte aber eingestehen, daß die Lage in und um Westberlin anormal war. Daher war sie an einer von der UdSSR und der DDR vorgeschlagenen Zwischenlösung für Westberlin

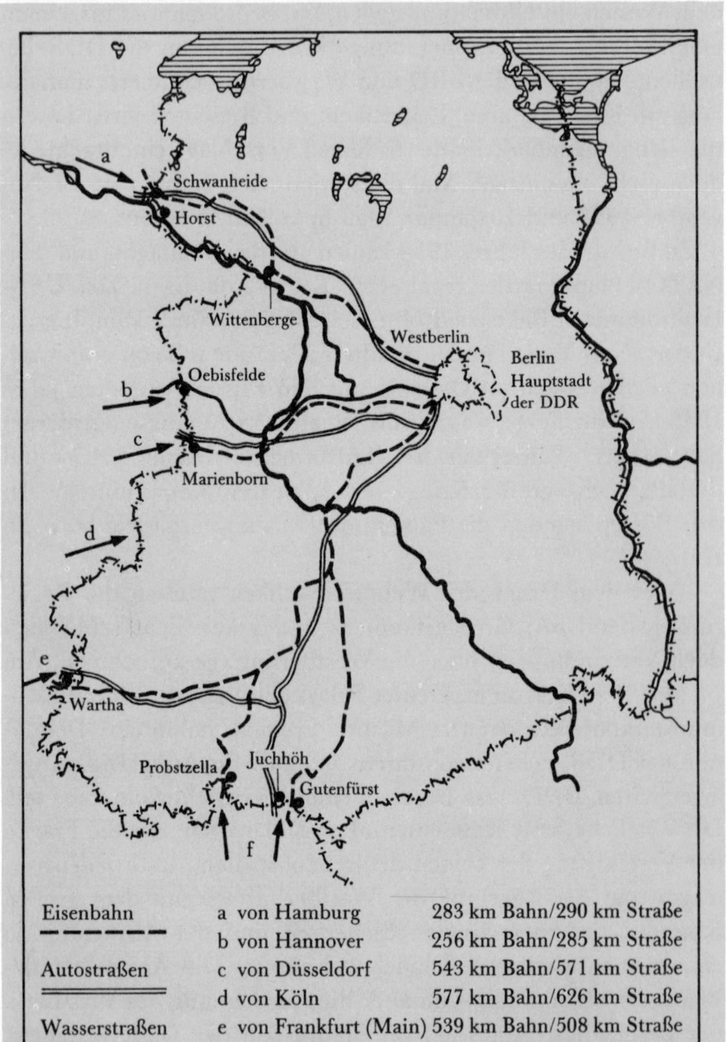

Die über das Territorium der DDR führenden Verbindungswege zwischen Westberlin und der BRD, um 1960

in gewissen Punkten interessiert. Ständige Interventionen der BRD-Regierung und des Westberliner Senats bei den Westmächten verhinderten jedoch eine Übereinkunft. Von großer Wichtigkeit für die weitere Beratung der Westberlinfrage war die vom französischen Außenminister Couve de Murville namens seiner beiden Kollegen am 22. Mai 1959 abgegebene Erklärung über die Rechtslage. Sie lautete: »Die Regierung Westberlins hat keine direkte Verbindung mit der Regierung der Deutschen Bundesrepublik. Das Territorium Westberlins ist kein Teil des Territoriums der Bundesrepublik. So liegen die Dinge seit 10 Jahren.«[14]

Die Genfer Außenministerkonferenz brachte nur eine kurze Phase der Entspannung. Bereits im September 1960 heizte die BRD-Regierung unter Adenauer die Lage erneut auf. Demonstrativ wurden Revanchistentreffen in Westberlin veranstaltet, und das Handelsabkommen mit der DDR wurde gekündigt. Der Anschlag auf den Handel – auch wenn Bonn seinen Schritt zum Jahresende 1960 wieder rückgängig machen mußte – traf die Volkswirtschaft der DDR unvermittelt, die Abhängigkeit vieler Betriebe von Zulieferungen aus der BRD, besonders bei Stahl, Chemikalien und Maschinenbauerzeugnissen, war sehr hoch. Um dem Gegner künftig ökonomische Erpressungen unmöglich zu machen, rief die SED zur Störfreimachung der Volkswirtschaft auf. Auch in den Berliner VEB entwickelten Arbeiter und Techniker neue Verfahren, die Westimporte überflüssig machten, oder prüften die Möglichkeiten, aus sozialistischen Ländern entsprechende Erzeugnisse einzuführen. Vor allem die Sowjetunion half kurzfristig mit zusätzlichen Warenlieferungen.

Ab Frühjahr 1961 nahm der Wirtschaftskrieg des Imperialismus gegen die DDR enorme Schärfe an. Nach westlichen Anga-

14 Genfer Außenministerkonferenz 1959. Dokumente, (Berlin) o. J. (1959), S. 139.

ben beliefen sich die gehorteten Bestände an DDR-Währung in der BRD und in Westberlin im August 1961 auf 300 bis 400 Millionen Mark. Diese gewaltige Summe, der DDR im kurzen Zeitraum seit der Umtauschaktion von Oktober 1957 entzogen, stellte ein Reservoir zur Finanzierung der wirtschaftlichen Subversion dar. Die Auswirkungen der offenen Grenze und die verstärkte psychologische Kriegführung des Gegners erschwerten im Berliner Raum die ideologische und wirtschaftsorganisatorische Arbeit von Partei und Regierung. Sie verursachten materielle Schäden und hemmten die Entwicklung des Bewußtseins vieler Bürger. Die Arbeitsdisziplin ließ nach. Hohe Planrückstände, allein 70 Millionen Mark in der Elektroindustrie, traten auf.

Republikflucht, das heißt illegales Verlassen der DDR, hatte es seit 1949 gegeben. Jetzt aber nahm sie neue Dimensionen an, die Abwerbung wurde zielgerichtet als Waffe im kalten Krieg genutzt. Es fand ein regelrechter Menschenhandel statt. Hochqualifizierten Fachkräften wurden verlockende Angebote unterbreitet, andere durch erfundene Beschuldigungen unter erpresserischen Druck gesetzt. Jugendliche, die die kapitalistische Wirklichkeit nicht kannten, ließen sich beeindrucken vom »Duft der großen freien Welt«, den die westdeutschen Massenmedien, allen voran das Haus Springer, in die Republik bliesen. Über die »Menschenschleuse« und den »Kontakthafen« (so der BRD-Minister für gesamtdeutsche Angelegenheiten Lemmer) Westberlin wurden 90 Prozent des Menschenhandels abgewickelt und die über das Territorium der DDR führenden Flugverbindungen zwischen Westberlin und der BRD mißbräuchlich dazu benutzt.

In Westberlin hatten Großkonzerne wie die IG-Farben-Nachfolger, Flick, Siemens, AEG, Wintershall, Krupp und andere als »Generalvertretungen« getarnte Abwerbebüros eingerichtet. Die Elektrokonzerne interessierten sich vor allem für die Facharbeiter und Techniker der Berliner Elektroindustrie. Der in ausländischem Besitz befindliche Konzern Brown, Boveri & Cie. betrach-

Sehr geehrter Herr Keiderling!

Letzte Woche habe ich Ihren Bekannten in West-Berlin getroffen und es war mir möglich ihm durch mein Büro eine Stellung als Dozent an der Marburger Universität zu besorgen.
Im Laufe unserer Unterhaltung hat Ihr Bekannter Sie sehr empfohlen, als ich ihn über den Bedarf an qualifizierten Kräften unterrichtete. In Anbetracht dieses Umstandes glaube ich, daß es zu Ihrem Vorteil und Interesse wäre, wenn Sie uns ein Interview ermöglichten.
Zur Zeit brauchen wir Lehrkräfte mit einem Anfangsgehalt von 1500.oo Westmark. Eine dieser Stellungen ist fürs Ausland und zahlt 3o % mehr für solche, die gewillt sind unter schwierigen Umständen in isolierten Gegenden tätig zu sein. Natürlich werden alle Reiseunkosten, ob auf dem Luftwege, der Eisenbahn,

Die oben erwähnten Stellungen müßen bis zum 1. September besetzt werden.

Sollte unser Angebot Sie interessieren, dann bitte ich Sie uns sobald wie möglich aufzusuchen.

Hochachtun svoll!

Graaf

G r a a f

Abwerbebrief. 1. und 3. Seite

tete zum Beispiel den VEB Elektro-Apparate-Werke Treptow als sein »Fangrevier«. Je nach »Wert« des DDR-Bürgers zahlten die Organisatoren des Menschenhandels ihren Abwerbern Kopfprämien zwischen 50 und 3 000 Mark. Der Gegner versuchte auch, durch systematische Abwerbung von Ärzten und Lehrern das Gesundheits- und Volksbildungswesen der DDR zu desorganisieren. Wer einmal in den »Flüchtlingslagern« von Westberlin-Marienfelde festsaß, ließ sich schnell dazu überreden, seine »Anerkennung als politischer Flüchtling« durch Abwerbebriefe an Bekannte und Arbeitskollegen zu erkaufen. Agentenzentralen werteten ihre Karteien aus, sie fabrizierten Briefe mit falschen Absendern, in denen sie »gut gemeinte Ratschläge« erteilten, lockten, versprachen, warnten und – drohten.

Besonders schädigende Ausmaße nahm 1960/1961 das Grenzgängerunwesen an. Nach Westberliner Angaben stieg die Zahl der Grenzgänger von 38 298 im Mai 1958 auf 40 083 im September 1960 und wurde im August 1961 auf rund 63 000 geschätzt. Die meisten waren sogenannte industrielle Grenzgänger, der Rest arbeitete in kleinen Privatbetrieben und sogar bei Senatsbehörden. Die Zahl der nichterfaßten Gelegenheitsarbeiter, Scheuerfrauen und anderer zeitweiliger Arbeitskräfte wurde auf weitere 40 000 geschätzt. Nimmt man Familienangehörige noch hinzu, so bedeutete dies, daß etwa 200 000 bis 300 000 Bewohner der Hauptstadt und ihrer Randgebiete die Waren verbrauchten und die Dienstleistungen in Anspruch nahmen, die die anderen Berliner Werktätigen erarbeiteten.

Die Grenzgänger verkauften ihre Arbeitskraft den Imperialisten, fungierten in Westberlin als Lohndrücker oder Streikbrecher und schmarotzten am für sie vorteilhaften Wechselkurs. Ansonsten kamen sie in den vollen Genuß aller sozialen und kulturellen Errungenschaften der Arbeiter-und-Bauern-Macht, angefangen von den niedrigen Mieten und Dienstleistungstarifen bis zur kostenlosen Ausbildung ihrer Kinder.

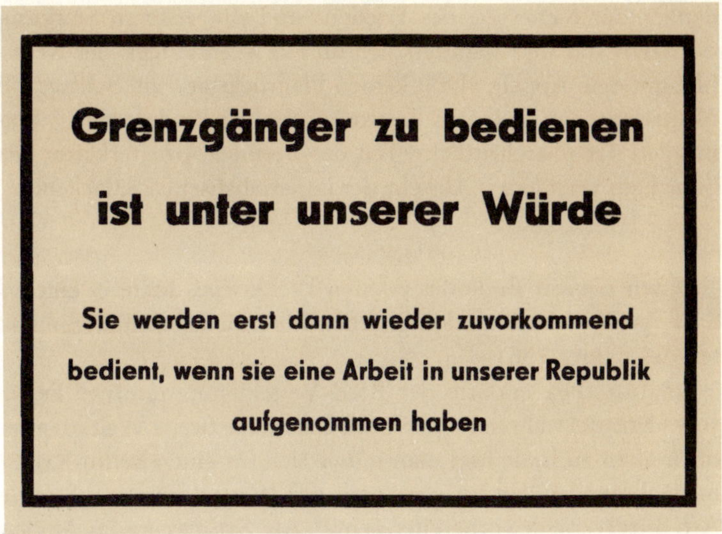

Grenzgänger zu bedienen ist unter unserer Würde

Sie werden erst dann wieder zuvorkommend bedient, wenn sie eine Arbeit in unserer Republik aufgenommen haben

Die überwiegende Mehrheit der Berliner verurteilte das Verhalten der Grenzgänger und forderte ein striktes Durchgreifen der Staatsorgane. Nachdem alle Bemühungen des Magistrats, dieses Problem durch geduldige Überzeugungsarbeit und durch Offerten an den Senat zu lösen, nichts fruchteten, faßte er am 4. August 1961 den Beschluß, daß alle Bürger der Hauptstadt, die in Westberlin arbeiteten, sich auf Grund einer Anordnung vom 14. Januar 1953 registrieren lassen und mit Wirkung ab 1. August 1961 ihre Miete, Grundstückspacht, die Abgaben für Strom, Wasser, Gas und öffentliche Gebühren in Westmark zahlen mußten. Der Magistratsbeschluß fand unter der Bevölkerung lebhafte Zustimmung. Im VEB Berliner Glühlampenwerk wurde am 1. August 1961 ein Komitee zum Kampf gegen Menschenhandel gebildet, andere Betriebe folgten.

»Unsere Arbeiterpflicht heißt jetzt mehr Anstrengung für den Frieden«, so überschrieb die Brigade »Otto Krahmann« aus dem VEB Kabelwerk Oberspree am 30. Juli 1961 einen Brief an den Vorsitzenden des Staatsrates der DDR; darin legten sie ihre Gedanken zur Sicherung des Friedens und zur weiteren Stärkung der DDR dar und wandten sich an alle Werktätigen der Republik mit dem Appell: »Laßt keinen Planrückstand zu! Schlagt die Militaristen mit Taten in der sozialistischen Produktion!«[15] Damit gab der fortschrittliche Teil der Berliner Arbeiterklasse das Signal zur verstärkten Abwehr der imperialistischen Attacken.

Noch nie seit Ende des zweiten Weltkrieges hatte es eine so gefährliche Situation gegeben wie in jenen Sommermonaten des Jahres 1961.

Im Juli 1961 erklärte der BRD-Verteidigungsminister Franz Josef Strauss während einer USA-Reise, der zweite Weltkrieg sei noch nicht zu Ende und man müsse sich für eine »Berlin-Krise« im kommenden Herbst wappnen; der Westen müsse auf »eine Art Bürgerkrieg« vorbereitet sein.[16] Als Strauss am 2. August 1961 wieder in Bonn eintraf, äußerte er Genugtuung über die Haltung der USA-Regierung: »Unsere Planung (in der Berlin-Krise): im Anfang diplomatisch-politische Schritte, in der Mitte ökonomisch-technische und am Ende militärische.«[17] Die Bundeswehrführung orientierte zeitlich in Übereinstimmung mit der NATO-»Notstandsplanung« auf militärische Aktionen im Herbst 1961, bei denen unter anderem die Grenze zur DDR gewaltsam geöffnet werden sollte. Der Generalinspekteur der Bundeswehr, der frühere Hitler-General Heusinger, meldete dem USA-Präsidenten, daß sieben Bundeswehr-Divisionen bereitständen, um »unverzüglich jede Mission auszuführen«[18]. Am 1. August 1961 wurden die NATO-Truppen in Westeuropa in Alarmbereitschaft versetzt.

---

15 Neues Deutschland (B), 30. Juli 1961.
16 Laut DPA-Meldung vom 1. August 1961; zit. nach: Dietrich Zboralski: Die unmittelbaren Aggressionsvorbereitungen der Bonner Ultras im Sommer 1961 gegen den ersten deutschen Friedensstaat. In: Unsere Zeit (Berlin), 1962, Heft 1, S. 12.
17 Der Spiegel (Hamburg), 13. September 1961, S. 22.
18 Neue Zürcher Zeitung, 30. Juni 1961.

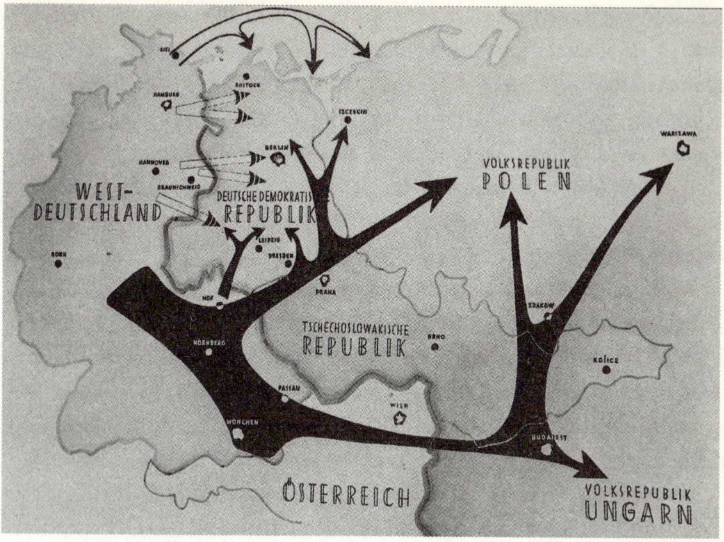

Aus »Neues Deutschland«, 9. Juli 1960

Zur gleichen Zeit enthüllte Alfons Dalma, ein Strauß-Intimus und Experte für strategische Fragen, das Operationsziel: Der militärische und der politische Hebel sollten so aufeinander abgestimmt werden, daß in der entstehenden Zange die DDR sozusagen zerquetscht werden könnte. Die Staaten des Warschauer Vertrages sollten »abgeschreckt« werden durch die NATO und durch ein der Bundeswehr von den Westmächten bereitgestelltes »nukleares Vergeltungspotential«, so daß die DDR ohne militärischen Beistand wäre.[19] Die ganze Operation stellte man sich als eine »innerdeutsche Polizeiaktion« vor, die durch die wirtschaftliche Störtätigkeit und Ausplünderung, durch Unterwühlen und Zersetzung der sozialistischen Ordnung, durch antikommunistische Hetze und Nervenkrieg vorbereitet werden sollte.

So stand in den heißen Sommertagen des Juli und August

19 Vgl. Alfons Dalma: Die dritte Berlin-Offensive des Kalten Krieges. Entwicklung, Merkmale, Natur und Wesen der ernsthaftesten europäischen Krise der Nachkriegszeit. In: Wehrkunde (München), 1961, Heft 8, S. 392 f.

1961 der BRD-Imperialismus zum Sprung bereit; er wartete auf den Anlaß, den Auftakt zum »kleinen Waffengang« gegen den ersten Staat der Arbeiter und Bauern in der deutschen Geschichte. Die Lunte glomm am Pulverfaß Westberlin. Theoretisch war alles durchgespielt, die praktischen Vorbereitungen liefen. Aber einen Faktor hatten die Bonner Abenteurer in ihrer fieberhaften Beflissenheit unbeachtet gelassen: die Macht, die sie liquidieren wollten!

Wer immer in den Bonner Ministerien und in den NATO-Amtsstuben geglaubt hatte, die Geduld der Regierung der DDR, ihre Verständigungsbereitschaft als Schwäche auslegen zu können, befand sich im Irrtum. Der Augenblick des Handelns war gekommen; den Bonner Hasardeuren mußte Paroli geboten werden.

In gemeinsamen Beratungen von Vertretern des Politbüros des Zentralkomitees der SED und der Regierung der DDR mit Vertretern des Präsidiums des Zentralkomitees der KPdSU und der Sowjetregierung fiel Anfang August 1961 die Entscheidung, die offene Grenze zu Westberlin zu schließen, um die von dort für den Frieden Europas ausgehenden Gefahren zu bannen. Die Beratung der Ersten Sekretäre der Zentralkomitees der kommunistischen und Arbeiterparteien der Warschauer Vertragsstaaten, die vom 3. bis 5. August 1961 in Moskau stattfand, stimmte den geplanten Maßnahmen einmütig zu.

Am 11. August 1961 beauftragte die Volkskammer der DDR den Ministerrat, »alle Maßnahmen vorzubereiten und durchzuführen, die sich auf Grund der Festlegungen der Teilnehmerstaaten des Warschauer Vertrages und dieses Beschlusses als notwendig erweisen«[20].

Mit der stabsmäßigen Vorbereitung der Aktion war Erich

---

20 Dokumente zur Außenpolitik der Regierung der Deutschen Demokratischen Republik, Bd. IX, Berlin 1962, S. 151.

Proletarier aller Länder, vereinigt euch!

NEUES DEUTSCHLAND

ORGAN DES ZENTRALKOMITEES DER SOZIALISTISCHEN EINHEITSPARTEI DEUTSCHLANDS

16. Jahrgang / Nr. 222 | Berlin, Sonntag, 13. August 1961 | Berliner Ausgabe / Einzelpreis 15 Pf

BESCHLUSS

des Ministerrates der Deutschen Demokratischen Republik

Auf Grund der Erklärung der Teilnehmerstaaten des Warschauer Vertrages und des Beschlusses der Volkskammer beschließt der Ministerrat der Deutschen Demokratischen Republik:

Die Erhaltung des Friedens erfordert, dem Treiben der westdeutschen Revanchisten und Militaristen einen Riegel vorzuschieben und durch den Abschluß eines deutschen Friedensvertrages den Weg zu öffnen für die Sicherung des Friedens und die Wiedergeburt Deutschlands als friedliebender, antiimperialistischer, neutraler Staat. Der Standpunkt der Bonner Regierung, der zweite Weltkrieg sei noch nicht zu Ende, kommt der Forderung gleich auf Freiheit für militaristische Provokationen und Bürgerkriegsmaßnahmen. Diese imperialistische Politik, die unter der Maske des Antikommunismus geführt wird, ist die Fortsetzung der aggressiven Ziele des faschistischen deutschen Imperialismus zur Zeit des dritten Reiches. Aus der Niederlage Hitler-Deutschlands im zweiten Weltkrieg hat die Bonner Regierung die Schlußfolgerung gezogen, daß die räuberische Politik des deutschen Monopolkapitals und seiner Hitler-Generale noch einmal versucht werden soll, indem auf eine deutsche nationalstaatliche Politik verzichtet und Westdeutschland in einen NATO-Staat, in einen Satellitenstaat der USA verwandelt wurde.

Diese neuerliche Bedrohung des deutschen Volkes und der europäischen Völker durch den deutschen Militarismus konnte zu einer akuten Gefahr werden, weil in der westdeutschen Bundesrepublik und in der Frontstadt Westberlin die grundlegenden Bestimmungen des Potsdamer Abkommens über die Ausmerzung des Militarismus und Nazismus fortlaufend gebrochen worden sind.

In Westdeutschland ist eine Verschärfung der Revanchepolitik mit sich steigernden Gebietsforderungen gegenüber der Deutschen Demokratischen Republik und den Nachbarstaaten Deutschlands erfolgt, die in enger Verbindung steht mit der beschleunigten Aufrüstung und Atombewaffnung der westdeutschen Bundeswehr. Es wird eine systematische Bürgerkriegsvorbereitung durch die Adenauer-Regierung gegenüber der Deutschen Demokratischen Republik betrieben. Bürger der Deutschen Demokratischen Republik, die Westdeutschland besuchen, sind in zunehmendem Maße terroristischen Verfolgungen ausgesetzt. Von westdeutschen und Westberliner Agentenzentralen wird eine systematische Abwerbung von Bürgern der Deutschen Demokratischen Republik und ein regelrechter Menschenhandel organisiert.

Wie aus offiziellen Regierungsdokumenten und aus der Grundsatzerklärung der Parteiführung der CDU/CSU zu entnehmen ist, hat diese aggressive Politik und Störtätigkeit das Ziel, ganz Deutschland in den westlichen Militärblock der NATO einzugliedern und die militaristische Herrschaft in der Bundesrepublik auch auf die Deutsche Demokratische Republik auszudehnen. Die westdeutschen Militaristen wollen durch alle möglichen betrügerischen Manöver, wie z. B. „freie Wahlen", ihre Militärbasis zunächst bis zur Oder ausdehnen, um dann den großen Krieg zu beginnen.

Die westdeutschen Revanchisten und Militaristen mißbrauchen die Friedenspolitik der UdSSR und der Staaten des Warschauer Vertrages in der Deutschlandfrage, um durch feindliche Hetze, durch Abwerbung und Diversionstätigkeit nicht nur der Deutschen Demokratischen Republik, sondern auch anderen Staaten des sozialistischen Lagers Schaden zuzufügen.

Aus all diesen Gründen beschließt der Ministerrat der Deutschen Demokratischen Republik in Übereinstimmung mit dem Beschluß des Politischen Beratenden Ausschusses der Staaten des Warschauer Vertrages zur Sicherung des europäischen Friedens, zum Schutze der Deutschen Demokratischen Republik und im Interesse der Sicherheit der Staaten des sozialistischen Lagers folgende Maßnahmen:

Zur Unterbindung der feindlichen Tätigkeit der revanchistischen und militaristischen Kräfte Westdeutschlands und Westberlins wird eine solche Kontrolle an den Grenzen der Deutschen Demokratischen Republik einschließlich der Grenze zu den Westsektoren von Groß-Berlin eingeführt, wie sie an den Grenzen jedes souveränen Staates üblich ist. Es ist an den Westberliner Grenzen eine verläßliche Bewachung und eine wirksame Kontrolle zu gewährleisten, um der Wühltätigkeit den Weg zu verlegen. Diese Grenzen dürfen von Bürgern der Deutschen Demokratischen Republik nur noch mit besonderer Genehmigung passiert werden. Solange Westberlin nicht in eine entmilitarisierte neutrale Freie Stadt verwandelt ist, bedürfen Bürger der Hauptstadt der Deutschen Demokratischen Republik für das Überschreiten der Grenzen nach Westberlin einer besonderen Bescheinigung. Der Besuch von friedlichen Bürgern Westberlins in der Hauptstadt der Deutschen Demokratischen Republik (das demokratische Berlin) ist unter Vorlage des Westberliner Personalausweises möglich. Revanchepolitikern und Agenten des westdeutschen Militarismus ist das Betreten der Hauptstadt der DDR (demokratisches Berlin) nicht erlaubt. Für den Besuch von Bürgern der westdeutschen Bundesrepublik im demokratischen Berlin bleiben die bisherigen Kontrollbestimmungen in Kraft. Die Einreise von Bürgern anderer Staaten in die Hauptstadt der Deutschen Demokratischen Republik wird von diesen Bestimmungen nicht berührt.

Für Reisen von Bürgern Westberlins über die Verbindungswege der Deutschen Demokratischen Republik ins Ausland gelten die bisherigen Bestimmungen weiter.

Für den Transitverkehr zwischen Westberlin und Westdeutschland durch die Deutsche Demokratische Republik wird an den bisherigen Bestimmungen durch diesen Beschluß nichts geändert.

Der Minister des Innern, der Minister für Verkehrswesen und der Oberbürgermeister von Groß-Berlin werden beauftragt, die notwendigen Ausführungsbestimmungen zu erlassen.

Dieser Beschluß über Maßnahmen zur Sicherung des Friedens, zum Schutze der Deutschen Demokratischen Republik, insbesondere ihrer Hauptstadt Berlin, und zur Gewährleistung der Sicherheit anderer sozialistischer Staaten bleibt bis zum Abschluß eines deutschen Friedensvertrages in Kraft.

Berlin, den 12. August 1961

ERKLÄRUNG

der Regierungen der Warschauer Vertragsstaaten

Die Regierungen der Teilnehmerstaaten des Warschauer Vertrages streben bereits seit mehreren Jahren nach einer Friedensregelung mit Deutschland. Sie gehen dabei davon aus, daß diese Frage längst spruchreif ist und keinen weiteren Aufschub duldet. Wie bekannt, hat die Regierung der UdSSR mit vollem Einverständnis und voller Unterstützung aller Staaten, die der Warschauer Vertragsorganisation angehören, den Regierungen der Länder, die am Krieg gegen das hitlerfaschistische Deutschland teilnahmen, den Vorschlag gemacht, mit den beiden deutschen Staaten einen Friedensvertrag abzuschließen und auf dieser Grundlage die Frage Westberlin durch die Verleihung des Status einer entmilitarisierten Freien Stadt zu lösen. Dieser Vorschlag berücksichtigt die reale Lage, die sich in der Nachkriegszeit in Deutschland und in Europa herausgebildet hat. Er ist nicht gegen irgendwessen Interessen gerichtet und hat nur den Zweck, die Überreste des zweiten Weltkrieges zu beseitigen und den Weltfrieden zu festigen.

Die Regierungen der Westmächte haben sich bisher nicht bereit gezeigt, durch Verhandlungen aller interessierten Länder zu einer vereinbarten Lösung zu kommen. Mehr noch: Die Westmächte beantworten die von Friedensliebe getragenen Vorschläge der sozialistischen Länder mit verstärkten Kriegsvorbereitungen, mit der Entfachung einer Kriegshysterie und mit der Androhung militärischer Gewalt. Offizielle Vertreter einer Anzahl von NATO-Ländern haben eine Verstärkung ihrer Streitkräfte und Pläne einer militärischen Teilmobilmachung bekanntgegeben. In einigen NATO-Ländern wurden sogar Pläne einer militärischen Invasion des Hoheitsgebietes der DDR veröffentlicht.

Die aggressiven Kräfte machen sich das Fehlen eines Friedensvertrages zunutze, um die Militarisierung Westdeutschlands zu forcieren und in beschleunigtem Tempo die Bundeswehr zu verstärken, wobei sie diese mit den modernsten Waffen ausrüsten. Die westdeutschen Revanchisten fordern offen, daß ihnen Kern- und Raketenwaffen zur Verfügung gestellt werden. Die Regierungen der Westmächte, die die Aufrüstung Westdeutschlands auf jede Weise begünstigen, verstoßen damit gröblichst gegen die wichtigsten internationalen Abkommen, die die Ausrottung des deutschen Militarismus und die Verhütung seines Wiedererstehens in irgendeiner Form vorsehen.

Die Westmächte haben sich nicht nur nicht um die Normalisierung der Lage in Westberlin bemüht, sondern fahren fort, es verstärkt als Zentrum der Wühlarbeit gegen die DDR und andere Länder der sozialistischen Gemeinschaft zu mißbrauchen. Es gibt auf der Erde keinen Ort, wo so viele Spionage- und Wühlzentralen fremder Staaten konzentriert wären und wo sie sich so ungestraft betätigen können wie in Westberlin. Diese zahlreichen Wühlzentralen schleusen in die DDR Agenten ein, damit sie verschiedene Diversionen unternehmen, sie werben Spione an und putschen feindliche Elemente zur Organisation von Sabotageakten und Unruhen in der DDR auf.

Die herrschenden Kreise der Bundesrepublik und die Spionageorgane der NATO-Länder benutzen die gegenwärtige Verkehrslage an der Westberliner Grenze, um die Wirtschaft der Deutschen Demokratischen Republik zu unterhöhlen. Durch Betrug, Korruption und Erpressung veranlassen Regierungsorgane und Rüstungskonzerne der Bundesrepublik einen gewissen labilen Teil von Einwohnern der DDR, nach Westdeutschland zu gehen. Diese Betrogenen werden in die Bundeswehr gepreßt, sie werden in großem Umfang für Spionageorgane verschiedener Länder angeworben, worauf sie als Spione und Sabotageagenten wieder in die DDR geschickt werden. Für derartige Diversionstätigkeit gegen die Deutsche Demokratische Republik und die anderen sozialistischen Länder ist sogar ein Sonderfonds gebildet worden. Der westdeutsche Kanzler Adenauer hat unlängst die NATO-Regierungen aufgefordert, diesen Fonds zu vergrößern.

Es ist charakteristisch, daß sich die von Westberlin ausgehende Wühltätigkeit in letzter Zeit verstärkt hat, und zwar gerade nachdem die Sowjetunion, die DDR und die anderen sozialistischen Länder Vorschläge für eine unverzügliche Friedensregelung mit Deutschland gemacht haben. Diese Wühltätigkeit schädigt nicht nur die Deutsche Demokratische Republik, sondern berührt auch die Interessen der anderen Länder des sozialistischen Lagers. Angesichts der aggressiven Bestrebungen der reaktionären Kräfte der Bundesrepublik und ihrer NATO-Verbündeten können die Warschauer Vertragsstaaten nicht umhin, die erforderlichen Maßnahmen zu treffen, um ihre Sicherheit und vor allem die Sicherheit der Deutschen Demokratischen Republik im Interesse des deutschen Volkes selbst zu gewährleisten.

Die Regierungen der Warschauer Vertragsstaaten wenden sich an die Volkskammer und an die Regierung der DDR, an alle Werktätigen der Deutschen Demokratischen Republik mit dem Vorschlag, an der Westberliner Grenze eine solche Ordnung einzuführen, durch die der Wühltätigkeit gegen die Länder des sozialistischen Lagers zuverlässig der Weg verlegt und rings um das ganze Gebiet Westberlins, einschließlich seiner Grenze mit dem demokratischen Berlin, eine verläßliche Bewachung und eine wirksame Kontrolle gewährleistet wird. Selbstverständlich werden diese Maßnahmen die geltenden Bestimmungen für den Verkehr und die Kontrolle an den Verbindungswegen zwischen Westberlin und Westdeutschland nicht berühren.

Die Regierungen der Warschauer Vertragsstaaten verstehen natürlich, daß die Ergreifung von Schutzmaßnahmen an der Grenze Westberlins für die Bevölkerung gewisse Unbequemlichkeiten schafft, aber angesichts der entstandenen Lage trifft die Schuld daran ausschließlich die Westmächte und vor allem die Regierung der Bundesrepublik. Wenn die Westberliner Grenze bisher offengehalten wurde, so geschah dies in der Hoffnung, daß die Westmächte den guten Willen der Regierung der Deutschen Demokratischen Republik nicht mißbrauchen würden. Sie haben jedoch unter Mißachtung der Interessen des deutschen Volkes und der Berliner Bevölkerung die jetzige Ordnung an der Westberliner Grenze zu ihren heimtückischen Wühlzwecken ausgenutzt. Der jetzigen anomalen Lage muß durch eine verstärkte Bewachung und Kontrolle an der Westberliner Grenze ein Ende gesetzt werden.

Zugleich halten es die Regierungen der Teilnehmerländer des Warschauer Vertrages für notwendig, zu betonen, daß die Notwendigkeit dieser Maßnahmen fortfällt, sobald die Friedensregelung mit Deutschland verwirklicht ist und auf dieser Grundlage die spruchreifen Fragen gelöst sind.

Honecker, damals Sekretär des Nationalen Verteidigungsrates der DDR, beauftragt worden. Unter größter Geheimhaltung wurden binnen weniger Tage alle zur Grenzsicherung notwendigen Schritte eingeleitet: die militärischen, politischen, ökonomischen und ideologischen Aktivitäten sowie eine den neuen Bedingungen entsprechende Verkehrsregelung. Am Sonnabend, dem 12. August, waren die Vorarbeiten beendet. Erich Honecker erinnerte sich: »Um 16.00 Uhr unterzeichnete der Vorsitzende des Nationalen Verteidigungsrates der DDR, Walter Ulbricht, die von uns vorbereiteten Befehle für die Sicherungsmaßnahmen an der Staatsgrenze der DDR zu Berlin-West und zur BRD. Am späten Abend, eine Stunde vor Beginn der Operation, trat der von mir geleitete Stab im Berliner Polizeipräsidium zusammen ... Um 0.00 Uhr wurde Alarm gegeben und die Aktion ausgelöst. Damit begann eine Operation, die an dem nun anbrechenden Tag, einem Sonntag, die Welt aufhorchen ließ.«[21]

Die Befehle wurden schnell und exakt ausgeführt. Gegen 6.00 Uhr früh war die Staatsgrenze zu Westberlin auf ihrer gesamten Länge unter Kontrolle. In der ersten Reihe der Grenzsicherungskräfte standen die Kampfgruppen aus den Berliner Betrieben. »Sie sollten mit Bereitschaften der Volkspolizei unmittelbar die Grenze zu Berlin-West sichern. Falls es notwendig werden sollte, hatten die Truppenteile und Verbände der Nationalen Volksarmee und die Organe des Ministeriums für Staatssicherheit sie aus der zweiten Staffel zu unterstützen. Nur bei einem etwaigen Eingreifen der NATO-Armeen sollten die in der DDR stationierten sowjetischen Streitkräfte in Aktion treten.«[22]

Die Maßnahmen vom 13. August 1961 trafen die Frontstadtpolitiker völlig überraschend. Als sie und die Verantwortlichen in Bonn an diesem denkwürdigen Sonntagmorgen aus ihren Betten geholt wurden, fielen noch starke Worte über baldige »Gegenmaßnahmen unserer alliierten Schutzmächte«. Doch in den westlichen Hauptstädten war niemand für die Bonner Wünsche erreichbar. USA-Präsident Kennedy und der französische Staatspräsident de Gaulle verbrachten fern von ihren Amtsstuben ihr Wochenende. Der britische Premier Macmillan befand sich mit seinem Außenminister auf Rebhuhnjagd in Schottland. In Westberlin konferierten pausenlos die drei Stadtkommandanten, wagten aber keine eigenmächtigen Entscheidungen. In Bonn und Westberlin starb die Hoffnung auf eine gewaltsame Beseitigung des »eingetretenen Zustandes«. Als der Generalinspekteur der Bundeswehr, General Heusinger, »drei Tage nach dem Bau der

21 Erich Honecker: Aus meinem Leben, Berlin 1982, S. 296/297.
22 Ebenda, S. 297.

Mauer mit befreundeten Generalen im Pentagon auf das Weiße Haus gedrückt hat, die Mauer einzuboxen«[23], fand er kein Gehör. Regierungskreise im Westen begannen die Lage nüchtern zu betrachten.

Die Frontstadtpolitiker standen nun an der Klagemauer. Durch ihre nach »Taten« rufenden Reden aufgeputscht, provozierten Westberliner am 13. August 1961 und in den Folgetagen wiederholt an der Staatsgrenze. Sie beschimpften und bedrohten die eingesetzten Sicherungskräfte, warfen mit Steinen und zerstörten an einigen Stellen sogar Grenzanlagen. Entschlossen wehrten Kämpfer, Grenzpolizisten und Soldaten alle Provokationen ab. Als am Nachmittag des 13. August einige tausend Westberliner vor dem Brandenburger Tor randalierten, bildeten die Kämpfer des 9. Kampfgruppenbataillons eine lebende Mauer. Hier war kein Durchkommen.

Rundfunk und Fernsehen, Zeitungen und Zehntausende Extrablätter unterrichteten die Hauptstädter am Morgen des 13. August 1961 über die Erklärung der Regierungen der Warschauer Vertragsstaaten und über den Beschluß des Ministerrates der DDR. Die von Paul Verner geleitete Bezirksparteiorganisation der SED mobilisierte ihre mehr als 85000 Mitglieder und Kandidaten. Sie erläuterten der Bevölkerung die Maßnahmen, traten Provokateuren entgegen und halfen, die neue Lage in der Stadt zu meistern. In den Großbetrieben wurden Operativstäbe gebildet, die die volle Produktionsaufnahme am Montag gewährleisten sollten, denn viele Arbeiter befanden sich im Kampfgruppeneinsatz.

Im Laufe des Sonntags sammelten sich immer wieder Berliner an den Grenzen, um sich mit eigenen Augen von der schnellen Ausführung der Schutzmaßnahmen zu überzeugen. Auf den Straßen und Plätzen standen sie in Gruppen und diskutierten lebhaft. Manche von denen, die in verschiedenster Weise von der

---

23 Eine Aussage des politischen Schriftleiters der Kölner Zeitung »Rheinischer Merkur«, Paul Wilhelm Wenger, im BRD-Fernsehen; zit. nach: Neues Deutschland (B), 27. Juli 1964.

Frontstadt profitiert und die Anomalie der offenen Grenze, der Wechselstuben, der Grenzläden und Grenzkinos für das Unveränderliche und Normale gehalten hatten, wurden durch die Schocktherapie rasch ernüchtert; andere verstanden noch immer nicht das Geschehene, wollten die Endgültigkeit der Maßnahmen nicht glauben. Von den meisten Berlinern jedoch wurden die Schutzmaßnahmen mit Verständnis und Zustimmung aufgenommen: »Es war höchste Zeit! Kein anderer Staat in Europa hätte sich das, was die DDR so lange hingenommen hat, bieten lassen.« »Es ist genug geredet; wer nicht hören wollte, muß fühlen.« »Jeder Staat setzt sich zur Wehr, wenn er provoziert wird.« »Wir stehen voller Vertrauen hinter Partei und Regierung.«[24]

24 Diese Äußerungen wurden Erklärungen und Entschließungen von Bürgern der Hauptstadt, Betriebsbelegschaften und Hausgemeinschaften entnommen, die die Berliner Presse in den Tagen nach dem 13. August 1961 veröffentlichte.

Kapitel XII

Im Schutze gesicherter Grenzen. Die Jahre 1961–1965

»Die Berliner Mauer ist ein wirksames Bollwerk, hinter dem der Sozialismus erfolgreich aufgebaut wird.«[1]

»Die Ostdeutschen sind stolz auf das, was sie das zweite Wirtschaftswunder nennen – die Tatsache, daß es der DDR gelungen ist, durch eigene Mühe und Arbeit an die siebente Stelle unter den Industrienationen der Welt zu rücken.«[2]

---

1 Agence France Press, 6. August 1966; zit. nach: Neues Deutschland (B), 13. August 1966.

2 Newsweek, New York, 14. März 1966; zit. nach: Ebenda.

Auf dem Brandenburger Tor kündete die Fahne der Arbeiter-und-Bauern-Macht von einer gewonnenen Klassenschlacht. Angesichts der entschlossen handelnden, bewaffneten Arbeiterklasse der DDR zerrann im August 1961 der Bonner Wunschtraum von einer »Wiedervereinigung mit Girlanden und wehenden Fahnen und siegreichem Einzug der Bundeswehr durchs Brandenburger Tor unter klingendem Spiel«[3].

Das neue Kräfteverhältnis war deutlich sichtbar geworden. An der staatlichen Existenz des Sozialismus auf deutschem Boden war nicht zu rütteln. Nach dem 13. August 1961 verstand man besser als zuvor, daß die Gründung der DDR einen Wendepunkt in der Geschichte Europas darstellte.

In einer Fernsehansprache am 18. August 1961 würdigte der Vorsitzende des Staatsrates der DDR, WALTER ULBRICHT, die friedenserhaltende Wirkung der Maßnahmen vom 13. August: »Für jeden, der Augen hat zu sehen und Ohren zu hören, wurde es offenkundig, daß Westberlin in der Tat ein äußerst gefährlicher Kriegsbrandherd ist, der zu einem zweiten Sarajevo werden kann. Immer mehr Menschen in Deutschland wie auch in anderen Ländern kamen zu der Einsicht, daß es nicht mehr genügt, allgemein über den Frieden zu reden. Es mußte vielmehr dafür gesorgt werden, daß der Brand, der in Westberlin angeblasen worden war und der auf die Häuser der Nachbarn überspringen sollte, rechtzeitig unter Kontrolle kam.

Es war *unsere Aufgabe*, das zu tun. Denn schließlich befindet sich dieses Westberlin inmitten *unseres* Territoriums und innerhalb der Grenzen *unseres* Staates. *Unser* Haus sollte *zuerst angezündet* werden. Wir hatten also auch die Verantwortung dafür, daß dieser Brandherd unter Kontrolle kam.«[4]

Der 13. August 1961 lehrte, daß es nicht nur möglich war, den Frieden zu erhalten, sondern unbedingt notwendig, ihn militärisch zu sichern. Für alle nach dem 13. August zur Grenzsiche-

3 Industriekurier, Düsseldorf, 2. September 1961.
4 Walter Ulbricht: Zur Geschichte der deutschen Arbeiterbewegung. Aus Reden und Aufsätzen, Bd. X, Berlin 1966, S. 15.

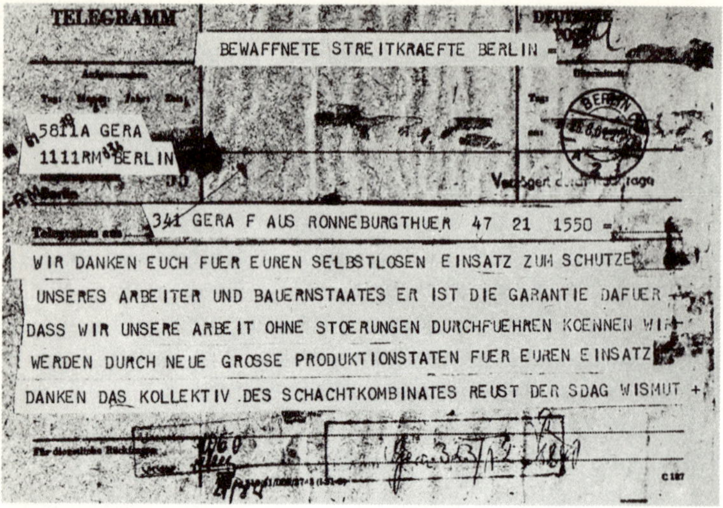
TELEGRAMM

BEWAFFNETE STREITKRAEFTE BERLIN =

58111A GERA
1111RM BERLIN

341 GERA F AUS RONNEBURGTHUER 47 21 1550 =

WIR DANKEN EUCH FUER EUREN SELBSTLOSEN EINSATZ ZUM SCHUTZE
UNSERES ARBEITER UND BAUERNSTAATES ER IST DIE GARANTIE DAFUER
DASS WIR UNSERE ARBEIT OHNE STOERUNGEN DURCHFUEHREN KOENNEN WIR
WERDEN DURCH NEUE GROSSE PRODUKTIONSTATEN FUER EUREN EINSATZ
DANKEN DAS KOLLEKTIV .DES SCHACHTKOMBINATES REUST DER SDAG WISMUT +

rung im Raum Berlin eingesetzten bewaffneten Kräfte kamen Tage harter Bewährung. Viele Volkspolizisten, Soldaten und Kämpfer standen ohne Pause 12, 14, ja sogar 36 Stunden im Einsatz und leisteten Vorbildliches. Täglich kamen Abordnungen aus Betrieben, Institutionen, Schulen, von Straßen- und Hausgemeinschaften. Sie überreichten Blumen und Geschenke, sprachen Dank und Anerkennung aus und überzeugten sich von der zuverlässigen Ordnung an der Staatsgrenze. Führende Persönlichkeiten von Regierung, Parteien und Massenorganisationen besuchten gleichfalls die Einheiten in ihren Unterkünften.

Die FDJ bildete Ordnungsgruppen, die unter den Berliner Jugendlichen den Sinn der Sicherungsmaßnahmen erläuterten. Als am 16. August 1961 der Zentralrat der FDJ zu einem Aufgebot »Das Vaterland ruft! Schützt die sozialistische Republik!« aufrief, meldeten sich bereits in den ersten Stunden über 400 Jugendliche in Berlin für den Waffendienst zur Verteidigung der Heimat. Am 22. August 1961 verabschiedete Siegfried Lorenz, 1. Sekretär der FDJ-Bezirksleitung Berlin, das FDJ-Regiment Berlin zu seinem Dienst in der Nationalen Volksarmee.

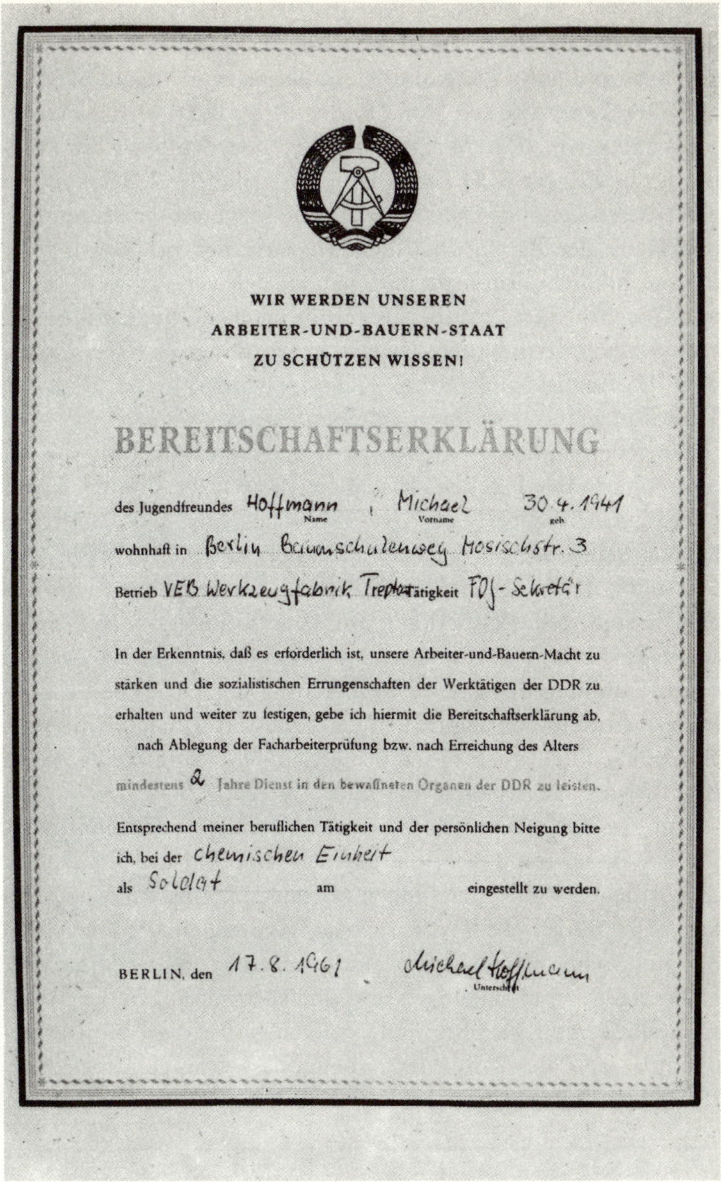

WIR WERDEN UNSEREN
ARBEITER-UND-BAUERN-STAAT
ZU SCHÜTZEN WISSEN!

BEREITSCHAFTSERKLÄRUNG

des Jugendfreundes Hoffmann, Michael 30.4.1941
Name Vorname geb.

wohnhaft in Berlin Baumschulenweg Mosischstr. 3

Betrieb VEB Werkzeugfabrik Treptow Tätigkeit FDJ-Sekretär

In der Erkenntnis, daß es erforderlich ist, unsere Arbeiter-und-Bauern-Macht zu stärken und die sozialistischen Errungenschaften der Werktätigen der DDR zu erhalten und weiter zu festigen, gebe ich hiermit die Bereitschaftserklärung ab, nach Ablegung der Facharbeiterprüfung bzw. nach Erreichung des Alters mindestens 2 Jahre Dienst in den bewaffneten Organen der DDR zu leisten.

Entsprechend meiner beruflichen Tätigkeit und der persönlichen Neigung bitte ich, bei der chemischen Einheit
als Soldat am eingestellt zu werden.

BERLIN, den 17.8.1961 Michael Hoffmann
Unterschrift

Am Nachmittag des 23. August 1961 marschierten Kampfgruppen der Berliner Arbeiterklasse in der Karl-Marx-Allee, zwischen Strausberger Platz und Alexanderplatz, zu einem Meeting auf. Der Erste Sekretär des ZK der SED und Vorsitzende des Staatsrates der DDR, Walter Ulbricht, das Mitglied des Politbüros des ZK der SED Erich Honecker und der 1. Sekretär der SED-Bezirksleitung, Paul Verner, überbrachten den Kämpfern den Dank der Partei, der Regierung und der Bevölkerung für ihre vorbildliche Einsatzbereitschaft in den vergangenen Tagen und Wochen. Der Appell endete mit einer eindrucksvollen Parade der Hundertschaften. Danach kehrte der größte Teil der seit dem 13. August eingesetzten Kämpfer wieder in die Betriebe, Verwaltungen und zu ihren Familien zurück.

Für jedermann spürbar, war nach der Grenzsicherung die Atmosphäre in der Hauptstadt sauberer, waren die Fronten klarer und übersichtlicher geworden. »Manches wird jetzt in Berlin leichter sein«, sagte Walter Ulbricht in der Fernsehrede vom 18. August 1961. »Manches wird jetzt schneller gehen, nachdem der Einfluß des Westberliner Frontstadtsumpfes radikal eingeschränkt wurde. Wir können uns unseren eigentlichen Aufgaben, deren Erfüllung der ganzen Bevölkerung der Deutschen Demokratischen Republik zugute kommt, ungestört widmen. Und viele von uns werden auch ein ihrer Arbeit sehr förderliches neues Kraftbewußtsein erhalten haben.«[5]

Auf die Frage: Wie geht es weiter in Berlin? wurde in Hunderten von Versammlungen, die zur Vorbereitung der Wahlen zu den örtlichen Volksvertretungen stattfanden, eine Antwort gegeben. Alle Bürger Berlins wurden aufgerufen, mit großem Elan die politische, ökonomische und kulturelle Entwicklung der Hauptstadt zu beschleunigen und die Nachwirkungen der Frontstadtpolitik rasch zu überwinden. »Denken ist die erste Bürgerpflicht!« sagte die Partei der Arbeiterklasse. Am 17. September 1961, dem Wahltag, bewährten sich erneut die in der Nationalen

---

5 Ebenda, S. 35.

Da lacht der Bär!
13.
Am 13. August wurde der Frieden gerettet!
Die Zukunft Deutschlands wird von den Arbeitern und Bauern, von den Kräften des Friedens und des Sozialismus bestimmt!

71 Mit dem Bau einer Grenzmauer
gegenüber Westberlin wird begonnen

72 Appell der Berliner Kampfgruppen
nach ihrem Einsatz zur Sicherung der Staatsgrenze,
23. August 1961 in der Karl-Marx-Allee.
Walter Ulbricht, Erich Honecker, Paul Verner (rechts)
und Kommandeur Lobenstein schreiten die Front ab

73 In der LPG »1. Mai« in Berlin-Wartenberg
werden Speisemöhren als küchenfertiges Gemüse verpackt

74 Industrieller Wohnungsbau:
Das Plattenwerk in der Ostseestraße produzierte von 1959 bis 1965

75 So sah der Alexanderplatz um 1965 aus

76 Das »Maulwurfsjahr« 1967/1968

77 Günther Brendel: Aufbau des Stadtzentrums Berlin, 1962.
Öl, Leinwand, 100 × 150

78 Oskar Nerlinger: Schönhauser Allee am Abend, 1961.
Farblithographie, 30 × 45

79 Am Zeitungskiosk, um 1964

80 Nach Feierabend in der alten Zentralmarkthalle am Alexanderplatz, um 1963

81 Am Hackeschen Markt, um 1968

82 Im Strandbad Müggelsee, um 1969

83 Nach den Volkswahlen konstituiert sich am 5. Juli 1967 die neue Stadtverordnetenversammlung im Roten Rathaus. Der neugewählte Oberbürgermeister Herbert Fechner überreicht dem scheidenden Oberbürgermeister Friedrich Ebert die Urkunde über die Ehrenbürgerschaft der Stadt Berlin. Rechts Paul Verner, Mitglied des Politbüros des ZK der SED und 1. Sekretär der Bezirksleitung Berlin der SED

84 Eine Schiedskommission tagt im Stadtbezirk Prenzlauer Berg. Ein Bürger muß sich wegen eines Verkehrsdeliktes verantworten

Front vereinten Kräfte: 99,87 Prozent aller gültigen Stimmen wurden in Berlin für den Wahlvorschlag der Nationalen Front abgegeben. Das war ein klares Bekenntnis zur Friedenspolitik der DDR.

In die Tage der Wahlvorbereitungen fiel auch der Besuch des sowjetischen Kosmonauten German Titow, der nach Juri Gagarins bahnbrechender Leistung vom April 1961 als zweiter Erdenbürger am 6. und 7. August 1961 für 25 Stunden im Raumschiff »Wostok II« den Erdball umkreist hatte. Als Titow am 1. September 1961 vom Flughafen Schönefeld zum Schloß Niederschönhausen – dem damaligen Amtssitz des Vorsitzenden des Staatsrates – fuhr, säumten Hunderttausende seinen Weg. Die Großkundgebung zu Ehren des Kosmonauten am folgenden Tag auf dem Marx-Engels-Platz gestaltete sich zu einem Bekenntnis von mehr als 200 000 Berlinern zur unverbrüchlichen Freundschaft mit der Sowjetunion. German Titow trug sich in das Goldene Buch der Hauptstadt ein.

Die Sicherung der Staatsgrenze gegenüber Westberlin bekräftigte die staatsrechtliche Stellung Berlins als Hauptstadt der DDR und demonstrierte erneut, daß die Behauptung der westlichen Seite, es bestünde ein »Viermächtestatus für Groß-Berlin«, jeder Grundlage entbehrte. Nicht am 13. August 1961 wurde die Einheit der Stadt zerrissen, das hatte der Imperialismus schon 1948 getan; am 13. August wurden nur historisch längst vollzogene Tatsachen deutlich und ins Bewußtsein der Weltöffentlichkeit gehoben. Von nun an setzte sich grundsätzlich die Bezeichnung: Berlin – Hauptstadt der DDR durch. Später (1977) änderte auch der Magistrat seine Amtsbezeichnung in Magistrat der Hauptstadt der DDR, Berlin.

An jenem bedeutsamen Augustsonntag war auch eine entscheidende Schlacht für die Wirtschaft der DDR gewonnen worden. Die Zeit war vorüber, wo die Bürger, die den Sozialismus aufbauen wollten, sich gleichzeitig des ständigen Griffs fremder, räuberischer Hände erwehren mußten. Die Ausplünderung der Hauptstadt, die Abwerbung und der Menschenhandel großen Stils wurden ein für allemal unterbunden. Nach der Sicherung der Staatsgrenze verfügte der Gegner nicht mehr über die Möglichkeiten, den Wirtschaftskrieg in der bisherigen massiven Form weiterzuführen.

Die zwölf Jahre lang offene Grenze hatte hohe, zu hohe Verluste gefordert und die DDR in die Rolle eines unfreiwilligen Blutspenders für das staatsmonopolistische Herrschaftssystem der BRD gedrängt. Erste Angaben aus dem Herbst 1961 bezifferten diese Verluste auf 30 Milliarden Mark. Diese Zahl erwies sich jedoch als entschieden zu niedrig. Selbst westliche Experten berechneten höhere Werte. So sprach der sozialdemokratische Wirtschaftswissenschaftler Prof. Dr. Fritz Baade aus Kiel von über 100 Milliarden DM, die die BRD der DDR schulde, davon über 85 Milliarden infolge des Wirtschaftskrieges. Auf der 9. Tagung des Zentralkomitees der SED im April 1965 wurden neue Zahlen mitgeteilt: »Nach unseren noch nicht vollständigen Berechnungen nähern sie (die Verluste – *G. K.*) sich einem Wert von 120 Milliarden Mark. Dieser Betrag setzt sich zusammen aus Reparationen, die die DDR für ganz Deutschland geleistet hat, unseren Verlusten an Nationaleinkommen durch Produktionsausfall, durch den gesellschaftlichen Aufwand für den Unterhalt, die Erziehung und die Ausbildung der abgeworbenen Kader, durch Grenzgängerei in Westberlin, durch den Schwindelkurs und den Schmuggel nach Westberlin sowie einige andere Verluste.«[6] Die gewaltige Summe von 120 Milliarden Mark entsprach etwa der Investitionssumme für die Volkswirtschaft der DDR im Zeitraum von 1950 bis 1961.

Auch die Kosten für die notwendig gewordenen Grenzsicherungsmaßnahmen waren erheblich. Da von Westberliner Seite in den Jahren 1961–1963 ständig Grenzzwischenfälle provoziert

---

6 Walter Ulbricht: Die nationale Mission der DDR und das geistige Schaffen in unserem Staat. Rede auf der 9. Tagung des ZK der SED, 26. bis 28. April 1965, Berlin 1965, S. 29.

wurden, mußte die Staatsgrenze auf geeignete Weise dauerhaft gesichert werden. An den Kontrollpunkten geschah es mit schweren Betonblöcken, Panzersperren und Schlagbäumen. Berliner Bauarbeiter und Soldaten der NVA gingen daran, in besonders gefährdeten und unübersichtlichen Grenzabschnitten der Innenstadt eine insgesamt 16 Kilometer lange und im Durchschnitt 2,50 Meter hohe Grenzmauer zu errichten. Auch entlang der über 120 Kilometer langen Grenze zwischen Westberlin und den Bezirken Potsdam und Frankfurt, die teilweise durch Wohnsiedlungen, Flußläufe, Seen und unübersichtliches Gelände verläuft, waren zusätzliche Sicherungsmaßnahmen wie Grenzmauern und -zäune, Wachttürme und Kontrollstreifen notwendig. Am 21. Juni 1963 erließ der Ministerrat der DDR eine Verordnung über Maßnahmen zum Schutze der Staatsgrenze zwischen der DDR und Westberlin. Es wurden Grenzgebiete festgelegt, die nur nach einer festen Ordnung von den Anwohnern und von Besuchern betreten werden konnten.

Nach dem 13. August 1961 setzte ein Aufschwung in der politischen Bewußtseinsbildung und in der gesellschaftlichen Aktivität großer Teile der Berliner Bevölkerung ein. Die SED rief die Werktätigen in den Betrieben dazu auf, Planrückstände aufzuholen und zur weiteren Störfreimachung der Produktion von gegnerischen Einflüssen beizutragen. In zahlreichen Betrieben folgte man dem Beispiel der Brigaden »Otto Krahmann« und »Anton Saefkow« aus dem VEB Kabelwerk Oberspree, die bereits Ende Juli erklärt hatten, die DDR als Friedensstaat mit Taten in der Produktion stärken zu wollen. In einem Offenen Brief, den die Gewerkschaftszeitung »Tribüne« am 30. August 1961 veröffentlichte, bekräftigten beide Brigaden, daß in dieser zugespitzten Klassenkampfsituation außergewöhnliche Leistungen zu vollbringen seien. Einen anderen Weg gab es nicht, um die ökonomischen Verluste durch den imperialistischen Wirtschaftskrieg aus der Zeit vor den Grenzsicherungsmaßnahmen auszugleichen und die Voraussetzungen für eine kontinuierliche Planerfüllung zu schaffen.

Aufruf der Lichtenberger Elektrodendreher

Aus dem Schwung der Ereignisse vom August 1961 geboren, aus dem Gefühl der ihrem Staat verbundenen Werktätigen, daß alle, die jetzt nicht an der Grenze standen, ihre Republik auf ihre Weise schützen und stärken müssen, begann eine umfassende Produktionsinitiative. Ihren Ausgang nahm die Bewegung in der Abteilung Elektrodendreherei des VEB Elektrokohle Lichtenberg. Der Dreher Harry Jädicke berichtete davon: »Als wir von unserem Kampfgruppeneinsatz zurückkamen, gab es eine grundsätzliche Diskussion aller drei Schichten über das Für und Wider der Richtigkeit der Maßnahmen unserer Regierung am 13. August. Das heißt, es entstand eine wirklich ehrliche Diskussion unter uns Arbeitern über solche Probleme wie: Arbeiter-und-Bauern-Macht, sozialistisches Eigentum, Partei ergreifen für die Maßnahmen von Partei und Regierung und anderes mehr. Dieser ehrliche Meinungsstreit schuf Klarheit in den Köpfen der in unserer Abteilung tätigen Kollegen über die zwei deutschen Staaten, über die Notwendigkeit der Erhaltung und Siche-

13. Jahrgang Nr. 33 – September 1961 – Preis 5 Pf

qualitäts elektrode

EKL

BETRIEBSZEITUNG DES VEB ELEKTROKOHLE LICHTENBERG

Macht es wie die Brigade „Solidarität"

Wählt früh um 8 Uhr die Kandidaten der

Nationalen Front!

Produktionsaufgebot – Friedensvertrag

In einer Gewerkschaftsversammlung beschlossen die Kollegen der Elektrodendreherei am Mittwoch, dem 6. September 1961, den nachstehenden Brief an alle Arbeiter, Angehörigen der Intelligenz und Angestellten der Deutschen Demokratischen Republik und forderten sie zu einem Produktionsaufgebot zur Vorbereitung eines Friedensvertrages auf. Damit soll den Militaristen der zweite Schlag versetzt werden.

Kolleginnen und Kollegen, nehmt diesen Brief der Elektrodendreher und beratet, wie ihr, entsprechend euren Bedingungen, mit guten Taten am Produktionsaufgebot teilnehmen könnt. Macht die Initiative unserer Kollegen zu einer betriebsweiten Bewegung. Kein Kollege darf abseits stehen, organisiert bei euch den Wettbewerb nach Maß, wie es die Kollegen aus der Elektrodendreherei schreiben. Diese Friedenstat erfordert eure Teilnahme. Wie man mitarbeiten kann, das schreiben die Kollegen.

An alle Arbeiter, Angehörige der Intelligenz und Angestellten in der Deutschen Demokratischen Republik, an alle Gewerkschaftsleitungen

Liebe Kolleginnen und Kollegen!

In Berlin haben wir Werktätigen der Deutschen Demokratischen Republik am 13. August einen großen Sieg errungen. In Berlin siegte der Frieden über die Kriegstreiber, die noch einmal die blutige Herrschaft des deutschen Militarismus über ganz Deutschland und Europa ausdehnen

„Schlagt die Militaristen mit Taten in der sozialistischen Produktion, und der Deutsche Friedensplan wird Wirklichkeit."

Das ist in der Tat das Aktionsprogramm der Werktätigen für den Abschluß des deutschen Friedensvertrages. Genosse Walter Ulbricht hat das auf der Berliner Wahlkundgebung treffend gesagt.

In zahlreichen Betrieben folgten bereits viele Kollegen diesen beiden Brigaden. Wir haben auch gelesen,

Aber wir wissen, daß die größte Kraft der Arbeiterklasse in ihrer Organisiertheit und in ihrem einheitlichen Handeln liegt.

Deshalb schlagen wir allen Arbeitern, Angestellten, Meistern, Ingenieuren und Wissenschaftlern vor, die Gedanken und Initiative der Gewerkschafter der Brigaden „Otto Krahmann" und „Anton Saefkow" aufzugreifen und bis Ende dieses Jahres ein

Produktionsaufgebot der Arbeiter und der Intelligenz für die Stärkung der DDR, für den Abschluß eines Friedensvertrages

durchzuführen.

Durch ein solches Produktionsaufgebot stärken wir am besten die

Gramm und Millimeter machen mit im Produktionsaufgebot

Wir brauchen jetzt überall, in jeder Brigade, jeder Gewerkschaftsgruppe und in jedem Betrieb eine solche Präzision und Zuverlässigkeit in der Arbeit, wie sie bei der Sicherung unserer Staatsgrenzen von unseren bewaffneten Organen bewiesen wurde.

Aber wie sieht es bei uns bisher damit aus! **Bei uns sind noch ganz schöne Reserven drin.**

Das geht los bei der Arbeitsdisziplin und bei der Einsatzbereitschaft jedes einzelnen Kollegen. Bisher haben wir oft ein Auge zugedrückt, wenn der eine oder der andere bummelte oder es mit dem Arbeitsbeginn

(Fortsetzung Seite 2)

„Solidarität" zum Produktionsaufgebot

Heute morgen haben wir das Produktionsaufgebot der Abteilung 146 gelesen. Wir haben uns in der Frühstückspause innerhalb der Brigade „Solidarität" zusammengesetzt und beraten, welchen Beitrag wir leisten können für die Stärkung der DDR. In dieser Aussprache sind wir uns darüber klar geworden, daß die Vorbereitung für den Abschluß eines Friedensvertrages größere Anforderungen erfordert als bisher.

Wir sind bereit, neue, sozialistische Taten am Arbeitsplatz zu vollbringen.

Bei dieser Aussprache stellten wir fest, daß auch in unserem Arbeitsbereich noch Reserven vorhanden sind, die es jetzt zu nutzen gilt. Solnoch oft mangelhaften Arbeitsorganisation. Aber auch einige weiche Normen, die heute nicht mehr als technisch begründet angesehen werden können.

Als „Brigade der sozialistischen Arbeit" „Solidarität" halten wir es für unsere Pflicht, diesen aufgezeigten Reserven mit aller Entschiedenheit zu Leibe zu rücken. Deshalb verpflichten auch wir uns, in der gleichen Zeit für das gleiche Geld mehr zu produzieren.

Dafür werden wir:

1. Die gesamte Erziehungsarbeit weiterhin verbessern, um jede Minute des Arbeitstages produk-

rung des Friedens und über die Rolle unseres Arbeiter-und-Bauern-Staates in diesem Friedenskampf.«[7]

Nach solchen klärenden politischen Aussprachen beschlossen die Elektrodendreher in einer Gewerkschaftsversammlung am 6. September 1961 ein Produktionsaufgebot. Die entscheidende Verpflichtung lautete: »In der gleichen Zeit für das gleiche Geld – mehr produzieren!«[8] Sie wollten dies erreichen durch ehrliche Normen, disziplinierte Arbeit, durch die Aufdeckung von Reserven, durch Qualitätsarbeit und sparsames Wirtschaften mit jeder Minute, mit jedem Gramm Material und mit jedem Pfennig.

Der Ruf aus der Hauptstadt löste in den Betrieben des ganzen Landes ein nachhaltiges Echo aus. Zu den ersten Arbeitskollektiven, die sich dem Produktionsaufgebot anschlossen, zählte die Jugendbrigade »Heinz Kapelle« aus dem VEB Berliner Metallhütten- und Halbzeugwerke. Sie wandte sich am 8. September 1961 an alle jungen Sozialisten in der Republik, ihrem Beispiel zu folgen. Die Putzer der Brigade Schmidt vom VEB Volksbau Berlin waren die ersten Bauarbeiter des Landes, die am 11. September 1961 die Kollegen ihrer Branche zum Produktionsaufgebot aufriefen. Die Arbeiter der Pahl KG Berlin wandten sich in gleicher Sache am 13. September an alle Betriebe mit staatlicher Beteiligung und die Brigade »17. September« des HO-Warenhauses am Alexanderplatz an alle Beschäftigten im sozialistischen Groß- und Einzelhandel.

Die Losung »In der gleichen Zeit für das gleiche Geld – mehr produzieren!« sprach die Arbeiterehre an und verlangte ein ausgeprägtes Klassenbewußtsein. Vorerst nahm der politisch aktivste Teil der Arbeiterklasse und der Intelligenz am Produktionsaufgebot teil. Im Dezember 1961 waren es in 227 Berliner Betrieben rund 20 Prozent aller Produktionsarbeiter der Industrie und knapp 15 Prozent der Beschäftigten in den Baubetrieben der Hauptstadt.

---

7 Die Wirtschaft, Berlin, 18. Oktober 1961.
8 Neues Deutschland (B), 7. September 1961.

Eisenbahner des Rbd-Bezirks Berlin!

Deckt den Geburtstagstisch unserer Republik mit hohen Leistungen im Produktionsaufgebot!

Unter dieser Losung wollen wir gemeinsam mit den Werktätigen in Stadt und Land den

12. JAHRESTAG
der Gründung der Deutschen Demokratischen Republik,
des ersten Arbeiter-und-Bauern-Staates in der Geschichte Deutschlands, begehen.

12 Jahre DDR, das sind:

12 Jahre Friedenspolitik,
12 Jahre sozialistischer Aufbau!

Kolleginnen und Kollegen!

Unser Geburtstagsgeschenk sind große Anstrengungen, um die Betriebslage in unserem Bezirk restlos zu normalisieren.

Worauf kommt es an?

Vom 6. 10. 61, 22.00 Uhr bis 9. 10. 61, 22.00 Uhr ist durch alle Brigaden der Kampf zur Senkung des hohen Wagenbestandes zu organisieren.

… Vorderseite

Die Aufforderung, die Arbeitsproduktivität bei annähernd gleichbleibendem Lohn zu steigern, stieß noch bei vielen auf Unverständnis, weil sie eine Schmälerung ihres Realeinkommens befürchteten. Partei- und Gewerkschaftsfunktionäre erläuterten immer wieder, daß es in der komplizierten Situation von Ende 1961 darum ging, die Arbeitsproduktivität schnell zu steigern, die Arbeitsmoral und die Arbeitsdisziplin zu verbessern und veraltete Normen zu korrigieren. Nur so, durch das Heranführen der Leistungen an das bestehende Lohnniveau, konnte die entstandene Schere zwischen rasch gewachsener Kaufkraft und nicht schritthaltender Warenproduktion geschlossen werden. Das war zugleich die Voraussetzung dafür, die Volkswirtschaft zu stabilisieren, die zusätzlichen Mittel für den Schutz der Republik bereitzustellen und die Lebenslage der Werktätigen kontinuierlich zu verbessern. So konnten auch die Bedingungen geschaffen werden, um das sozialistische Leistungsprinzip, das zuvor vielerorts verletzt worden war, wieder konsequent anzuwenden. Es zeigte sich, daß die Ziele des Produktionsaufgebots nicht innerhalb einiger Wochen erreicht werden konnten, daß es dafür eines längeren Zeitraums bedurfte.

Durch die intensive politisch-ideologische Arbeit der SED-Betriebsparteiorganisationen und der Betriebsgewerkschaftsorganisationen gelang es, immer mehr Werktätige in das Produktionsaufgebot einzubeziehen. Das drückte sich bald in ersten meßbaren Ergebnissen aus. Während die industrielle Bruttoproduktion aller Betriebe der Hauptstadt in den Monaten Januar bis einschließlich August 1961 im Monatsdurchschnitt 391,5 Millionen Mark betrug, stieg sie im Dezember 1961 auf 468,3 Millionen Mark. Die Fortschritte wurden noch deutlicher, wenn man diese Zahlen arbeitstäglich aufschlüsselte. Danach wuchs der tägliche Produktionsausstoß, der im Juli 1961 bei 14,3 Millionen Mark lag, im Dezember 1961 auf 18,9 Millionen Mark, die bis dahin höchste arbeitstägliche Produktion der Wirtschaft.

Nach dem 13. August 1961 wurden auch die Grenzgänger, das heißt Bürger der Hauptstadt und der umliegenden Bezirke, die in der Zeit der offenen Grenze in Westberlin gearbeitet hatten, in den Produktionsprozeß einbezogen. Insgesamt hatten sich in Berlin 33 432 ehemalige Grenzgänger zur Arbeitsvermittlung registrieren lassen; von ihnen fanden 76,5 Prozent in der volkseigenen Wirtschaft, 5,5 Prozent im genossenschaftlichen Sektor und 18 Prozent in der halbstaatlichen und privaten Wirtschaft einen neuen Arbeitsplatz. Die Gewerkschaftsleitungen halfen diesen Bürgern, sich in den sozialistischen Betrieben einzuleben; sie achteten darauf, daß sie durchweg in sozialistische Brigaden und andere bewährte Kollektive kamen. Die Eingliederung der ehemaligen Grenzgänger verlief im Grunde reibungslos und war Anfang 1962 abgeschlossen.

Die Maßnahmen vom 13. August 1961 hatten politische Grundfragen der Zeit aufgeworfen. In allen Bevölkerungskreisen diskutierte man lebhaft über die Fragen von Krieg und Frieden, über das Kräfteverhältnis in der Welt und über die Perspektiven der Entwicklung der Arbeiter-und-Bauern-Macht in der DDR. Die 14. Tagung des Zentralkomitees der SED vom November 1961 gab darauf eine klare Antwort: »Unabhängig davon, wie sich die internationalen Beziehungen in nächster Zeit entwickeln, unabhängig davon, wie sich die Beziehungen zwischen den beiden deutschen Staaten entwickeln, ob es in absehbarer Zeit zu einer Zusammenarbeit zwischen ihnen kommt oder nicht, werden wir in engster Freundschaft mit der Sowjetunion und in engster Zusammenarbeit mit ihr und den anderen sozialistischen Ländern den Sozialismus in der DDR zum Siege führen und zum Aufbau des Kommunismus weiterschreiten.«[9]

Die Bezirksleitung Berlin der SED rief die rund 85 000 Mitglieder der hauptstädtischen Parteiorganisation auf, gemeinsam mit allen in der Nationalen Front vereinten gesellschaftlichen

9 Der XXII. Parteitag der KPdSU und die Aufgaben in der Deutschen Demokratischen Republik. Bericht des Genossen Walter Ulbricht und Beschluß der 14. Tagung des ZK der SED, 23. bis 26. November 1961, Berlin 1961, S. 32/33.

Kräften eine breite Volksaussprache zum Thema »Sozialismus, Imperialismus und die nationale Frage in Deutschland« zu führen. Auf Vorschlag der SED veröffentlichte am 25. März 1962 der Nationalrat der Nationalen Front das Dokument »Die geschichtliche Aufgabe der Deutschen Demokratischen Republik und die Zukunft Deutschlands«. Im Juni 1962 legte die Parteiführung der SED einen »Grundriß der Geschichte der deutschen Arbeiterbewegung« vor. Zu beiden Dokumenten fanden viele Versammlungen und Aussprachen in den Betrieben, Einrichtungen und Wohngebieten statt, an denen sich Hunderttausende Berliner beteiligten. Im Rahmen der Volksaussprache über das Nationale Dokument vom 25. März 1962 wandten sich die Bezirksvorstände der CDU, der LDPD, der NDPD und der DBD vor allem den sogenannten städtischen Mittelschichten zu, den Handwerkern und Gewerbetreibenden, Privatunternehmern und Einzelhändlern, sowie den christlichen Kreisen. Auch die rund 6 000 Sozialdemokraten in der Hauptstadt wurden in die Diskussion mit einbezogen. Der Westberliner SPD-Vorstand hatte am 23. August 1961 die Auflösung der acht Kreisverbände beschlossen, nachdem er sie jahrelang für seine nun gescheiterte Frontstadtpolitik mißbraucht hatte.

Die Volksaussprache klärte geschichtliche Grundfragen, wie die Schuld der deutschen Großbourgeoisie an Krisen, Krieg und Spaltung, und vertiefte das Wissen um die geschichtliche Verantwortung der DDR im Kampf um Frieden und Sozialismus. Sie gab den Bürgern der DDR großes nationales Selbstvertrauen. Für die Berliner interessant und der Entwicklung ihres Staatsbewußtseins förderlich war die Ausstellung »Berlin im XX. Jahrhundert«, die im Rundbau am Alexanderplatz (die Ausstellungshalle befand sich auf einer enttrümmerten Freifläche, auf der sich heute die Gaststätte »Alextreff« befindet) gezeigt wurde. Diese Schau, die von über 300 000 Besuchern besichtigt wurde, wies in Wort und Bild nach, wie Berlin zum geschichtlich gewachsenen Zentrum der Deutschen Demokratischen Republik wurde.

Das von der Nationalen Front geführte Gespräch half den Berlinern, die neue Lage zu verstehen und auf ihre persönlichen Fragen eine Antwort zu finden. Nicht wenige hatte die Aktion vom 13. August 1961 überrascht, vor allem diejenigen, die – nicht zuletzt unter der Einwirkung der nationalistischen Propaganda aus Westberlin und Bonn – geglaubt hatten, der bisherige Zustand werde immer fortdauern: die gespaltene Stadt, die offene Grenze, das tagtägliche »Wandern zwischen zwei Welten«, aus dem sich individueller Gewinn schlagen ließ. Viele andere hatten Verwandte und Bekannte in Westberlin, zu denen die Verbindung plötzlich abgeschnitten war. Sie fragten: Wie lange »Mauer«?

Auf diese Fragen gab das Nationale Dokument vom März 1962 eine bündige Antwort: Nicht die Staatsgrenze um Westberlin war Hindernis für ein Zusammenleben, sondern die aggressive Revanchepolitik des BRD-Imperialismus. Allen Vorschlägen der Regierung der DDR zur Verständigung und Entspannung – es waren ihrer seit 1949 weit über 100 – hatten die Machthaber in Bonn und Westberlin die kalte Schulter gezeigt. Seit Jahren vollzog sich zwischen der sozialistischen DDR und der monopolkapitalistischen BRD ein objektiver Abgrenzungsprozeß, der nicht ohne Folgen für die menschlichen Beziehungen zwischen Ost und West blieb. Im Nationalen Dokument hieß es:

»Ob wir es wünschen oder nicht: Wir müssen auf längere Zeit mit dem Bestehen zweier grundverschiedener und voneinander völlig unabhängiger deutscher Staaten rechnen. Nicht nur mit dem Bestehen, sondern mit dem Nebeneinanderbestehen, denn wir können nicht die Geographie Europas ändern.

Heute stehen diese beiden deutschen Staaten sich feindlich gegenüber. Das ist unerträglich, aber leider Tatsache.«[10]

Da sie aber weder einen heißen noch einen fortwährenden kalten Krieg zwischen den beiden deutschen Staaten wünschte, schlug die Staatsführung der DDR vor, trotz der unterschiedli-

10 Dokumente. Nationalkongreß Berlin, 16./17. Juni 1962, o. O. u. J. (1962), S. 33. – Programmatische Dokumente der Nationalen Front des demokratischen Deutschland. Hrsg. und eingel. von Helmut Neef, Berlin 1967, S. 229.

chen Gesellschaftsordnungen miteinander friedlich auszukommen, miteinander sachlich zu sprechen und gemeinsam interessierende Fragen zu regeln. Auch gegenüber dem Senat von Westberlin bekundete die Regierung der DDR ihren Wunsch, auf der Grundlage der Politik der friedlichen Koexistenz das beiderseitige Verhältnis zu normalisieren. Diese Friedenspolitik wurde von der Mehrheit des Volkes unterstützt; sie fand im Ausland große Beachtung.

Die Regierung der BRD und der Senat von Westberlin lehnten unverändert jeden Vorschlag der Regierung der DDR zur Verständigung und Entspannung ab. Die drei Westmächte unterstützten sie darin. Als mit Wirkung vom 23. August 1961 das Ministerium des Innern der DDR wegen fortgesetzten Mißbrauchs der bis dahin bestehenden Freizügigkeit zum Betreten der Hauptstadt der DDR durch Westberliner die Einführung von Aufenthaltsgenehmigungen anordnete, ließ der Senat solche Passierscheinausgabestellen auf Westberliner S-Bahnhöfen nicht zu. Rund um die Uhr strahlten die Westberliner Rundfunkstationen RIAS und SFB in allen Wellenbereichen ihre Verleumdungs- und Hetzsendungen aus, mit denen in der DDR Unsicherheit, Hamsterkäufe und Sabotageakte provoziert werden sollten. Es wurde sogar zum Mord an führenden Staats- und Parteifunktionären aufgerufen.

Die Frontstadtmachthaber erfanden eine neue Kampfform des kalten Krieges: den »Phonkrieg«. Seit dem 18. August 1961 brüllten zu jeder Tages- und Nachtzeit die Lautsprecher des sogenannten »Studios am Stacheldraht« ihre Hetzlosungen in die Hauptstadt der DDR hinein, die Ruhe der Bevölkerung beiderseits der Staatsgrenze empfindlich störend. Da alle Warnungen in den Wind geschlagen wurden, antworteten die Grenzsicherungskräfte der DDR aus eigenen Lautsprecheranlagen, jedoch in der Phonzahl stärker und in der Reichweite größer, und der Senat mußte Ende 1961 seinen »Lärmkrieg« einstellen.

»Terroristischer Kleinkrieg« an der Staatsgrenze

Es verging nach dem 13. August 1961 kaum ein Tag, an dem nicht Krawalle, Übergriffe, Steinwürfe auf Grenzpolizisten und andere Zwischenfälle an der Staatsgrenze stattfanden. Bis zum August 1962 wurden über 150 schwere Grenzübergriffe registriert. In 93 Fällen wurden von Westberlin aus Grenzposten beschossen, wobei in 68 Fällen die Täter der Westberliner Polizei angehörten.

Die Frontstadtpolitiker, bestärkt durch die Westmächte und Bonn, gaben die Losung aus: »Die Mauer muß weg.« Sie betrieben einen »terroristischen Kleinkrieg« an der Staatsgrenze der DDR, die zu einer »offenen Wunde«, einer »blutenden Grenze« gemacht werden sollte. Am 23. Mai 1962 wurde der Unteroffizier der Grenzpolizei PETER GÖRING im Grenzbereich Scharnhorststraße (Stadtbezirk Mitte) durch gezielte Schüsse von Westberliner Polizisten ermordet. Am 18. Juni 1962 kam der Agent RUDOLF MÜLLER durch einen 22 Meter langen Stollen, der vom Grundstück des Springer-Konzerns an der Kochstraße in Westberlin zu einem in der Hauptstadt gelegenen Wohnhauskeller vorgetrieben worden war. Als MÜLLER von dem Grenzpolizisten REINHOLD PAUL HUHN gestellt wurde, schoß er diesen aus nächster Nähe meuchlings nieder und flüchtete durch den Tunnel zurück nach Westberlin. Der gesamte Vorgang wurde vom Hochhaus des Springer-Konzerns aus gefilmt. Westberliner Polizisten lagen mit durchgeladener Waffe schußbereit im Hinterhalt. Nach dem Verbrechen wurde der Mörder im Springer-Hochhaus vom Chefredakteur der »Bild«-Zeitung mit Whisky willkommen geheißen. Er antwortete »auf die Fangfrage einiger Westberliner Journalisten, wie oft er habe abdrücken müssen, bis Huhn am Boden lag: ›Einmal. Der Mann fiel sofort um.‹«[11] Die Westberliner Polizei deckte den Mörder und ließ ihn sofort nach der BRD ausfliegen.

Schwere Grenzprovokationen waren auch die Sprengstoffanschläge auf Grenzsicherungsanlagen am Reichstagsufer, an der

---

11 Der Spiegel, Hamburg, 4. Juli 1962, S. 23.

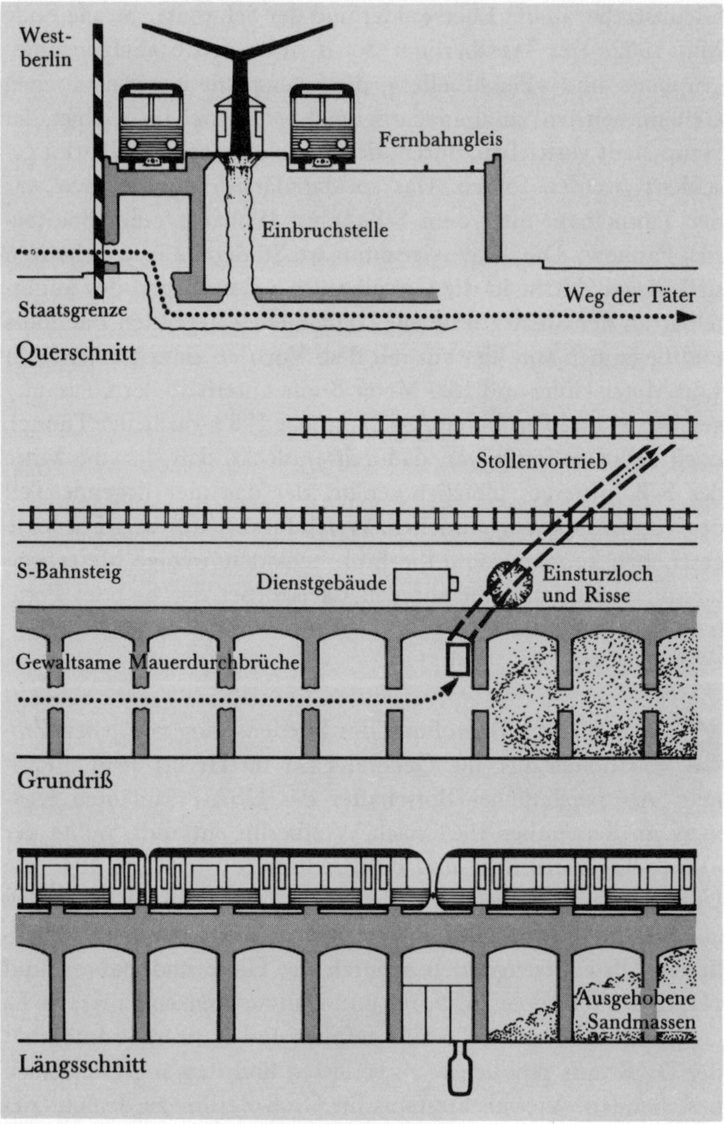

Skizze über den Verlauf des Stollensystems
unter dem S-Bahnhof Wollankstraße

Gleimstraße, an der Eberswalder und der Schwedter Straße Ende Mai 1962. Der Westberliner Senat unterstützte »Schleusungsgruppen« und »Fluchthelfer«, die – eng mit imperialistischen Geheimdiensten zusammenarbeitend – Tunnel ins Gebiet der Hauptstadt vortrieben, durch die Menschen nach Westberlin geschleust werden sollten. Das spektakulärste Unternehmen war der Tunnelbau unter dem S-Bahnhof Wollankstraße (Stadtbezirk Pankow). Die Täter – reaktionäre Studenten – verschafften sich illegal Zutritt in die Gewölbe der S-Bahnbögen des unmittelbar an der Staatsgrenze auf DDR-Gebiet liegenden Bahnhofs und begannen von hier aus mit dem Vortrieb eines Stollens von 1,50 Meter Höhe und 1,20 Meter Breite unterhalb der Gleisanlagen der S- und Fernbahn. Am 27. Januar 1962 wurde der Tunnel, noch bevor er fertig war, dadurch entdeckt, daß sich die Mitte des S-Bahnsteiges plötzlich senkte, der darunter liegende Teil des Tunnels war eingebrochen. Welch furchtbares Unglück hätte geschehen können, wenn die Einbruchsstelle wenige Meter weiter unter dem stark befahrenen Gleiskörper der S- oder Fernbahn gelegen hätte!

Eine gefährliche Bedrohung des Friedens ging von jenen Provokationen aus, die General Clay im Herbst 1961 anordnete. Als persönlicher Botschafter des USA-Präsidenten Kennedy im September 1961 nach Westberlin entsandt, wollte der »Vater der Luftbrücke und der Frontstadt« wie schon 1948 die UdSSR durch kriegerische Abenteuer herausfordern. Clay ließ auf der Autobahn der DDR westalliierte Militärstreifen patrouillieren, US-Fahrzeuge ziellos durch die Hauptstadt fahren und plante, Militärboote auf Spree und Dahme kreuzen zu lassen. Es lag in seiner Absicht, die Souveränität und territoriale Integrität der DDR aufs gröblichste zu verletzen und den angeblich noch bestehenden »Viermächtestatus für Groß-Berlin« zu demonstrieren. Am 22. Oktober 1961 wollte ein hoher Beamter der USA-Mission in Westberlin in Zivil in die Hauptstadt. Er weigerte sich, den Volkspolizisten seinen Paß vorzuweisen, und wurde deshalb zurückgeschickt. Unmittelbar darauf drang er in einem Fahrzeug, eskortiert von zwei Militärjeeps und neun GI's mit durchgeladenen Schnellfeuergewehren und aufgepflanzten Bajonetten, gewaltsam bis zur Leipziger Straße vor und kehrte dann nach Westberlin zurück. Clay nahm das als Signal, die USA-Truppen in Westberlin in höchste Alarmbereitschaft zu versetzen.

Am 25. Oktober 1961 fuhren General-Patton-Panzer am »Checkpoint Charlie«, wie die Amerikaner den Grenzübergang für Ausländer und Diplomaten in der Friedrichstraße nennen, auf und richteten ihre Geschützrohre drohend auf die Volkspolizisten, die die Staatsgrenze schützten. Am nächsten Tag wiederholte sich die Provokation. Der damalige Hauptmann Heinz Schäfer, der am Grenzübergang seinen Dienst verrichtete, erinnerte sich später:

»Plötzlich dröhnten wieder Panzermotoren. Zwei M 48 rollten mit bedrohlich hoher Geschwindigkeit auf unsere Staatsgrenze zu. Ich weiß heute noch nicht, was ich in jenen Augenblicken gedacht habe. Ich wußte nur eines: Stehenbleiben, keinen Zentimeter zurück!

Zehn Meter, fünf Meter bis zur weißen Linie der Staatsgrenze – und die Panzer drosselten immer noch nicht ihre Fahrt. Es hatte den Anschein, als wollten sie alles überrollen. Wie angenagelt blieb ich stehen, ebenso meine Genossen links und rechts hinter mir. Selbst zum Beiseitespringen wäre es jetzt zu spät gewesen. Da kreischten die Gleisketten, durch die Panzer ging ein Ruck. Die M 48 standen. Dicht vor meinen Augen schwankte die Mündung der einen Panzerkanone. Jetzt erst atmete ich auf. Mein erster Gedanke war: Gesiegt!

Da bemerkte ich, daß der Panzer, der so dicht vor mir stand, die Staatsgrenze um etwa einen Meter überrollt hatte. Ich winkte dem Panzerfahrer – und tatsächlich, an dem M 48 ging eine Luke auf und ein Kopf erschien: ›What's the matter?‹ Wir schienen ihnen doch Respekt beigebracht zu haben. Ich machte ihm durch Handzeichen klar, er solle zurückfahren. Der Kopf verschwand wieder. Bald darauf stieg der Soldat aus, überzeugte sich davon, daß er tatsächlich die Staatsgrenze der DDR verletzt hatte, und kletterte wieder in seinen Panzer zurück. Der schwere Motor heulte auf, der M 48 rollte ein Stück zurück. Wie bei dem anderen Panzer schnitt nun die Mündung seiner Kanone mit dem weißen Grenzstrich ab. Die beiden M 48 blieben die Nacht über stehen. Uns konnte das nicht beeindrucken und schon gar nicht aus der Ruhe bringen.«[12]

Als die Panzerprovokation fortdauerte und sogar noch bis an die Zähne bewaffnete US-Soldaten hinter Sandsackbarrieren und in umliegenden Häusern am Grenzübergang Friedrichstraße Stellung bezogen, fuhren am Abend des 27. Oktober 1961 sowjetische Panzer neben den Grenzsicherungskräften der DDR auf. Sie demonstrierten die unerschütterliche Waffenbrüderschaft der Staaten des Warschauer Vertrages. 16 Stunden lang dauerte die Konfrontation am 27. und 28. Oktober 1961; kriegerische Verwicklungen waren nicht auszuschließen. Am 28. Oktober mußte Clay sein Spiel mit dem Feuer einstellen und die Panzer in ihre Schuppen zurückschicken. Eine entsprechende Order kam aus Washington, das damals Verhandlungen mit Moskau über eine Beruhigung der Lage um Westberlin für vernünftiger hielt. Anfang Mai 1962 beendete General Clay seine Westberliner Mission.

Damit verloren die Frontstadtpolitiker ihre stärkste Stütze. Im Frühjahr und Sommer 1962 – vor allem um den Jahrestag des »Mauerbaus« herum – ereigneten sich noch einmal viele schwere Grenzprovokationen. Doch realistisch denkende Kreise in den Hauptstädten der drei Westmächte wollten die Sicherheit ihrer Besatzungstruppen in Westberlin nicht länger aufs Spiel setzen und erteilten dem Senat und seiner Polizei die Order, sich zu mäßigen. Der »terroristische Kleinkrieg« an der Staatsgrenze der DDR war gescheitert. Danach beruhigte sich die Lage.

---

12 Neue Berliner Illustrierte, Berlin, Nr. 29/1974.

Die Sicherung des Friedens mit der Waffe in der Hand blieb daher weiterhin oberstes Gebot für die Arbeiter-und-Bauern-Macht. So verabschiedete die Volkskammer am 20. September 1961 das Gesetz zur Verteidigung der Deutschen Demokratischen Republik und am 24. Januar 1962 das Gesetz über die allgemeine Wehrpflicht. Die Dauer des Grundwehrdienstes betrug 18 Monate. Für länger dienende Spezialisten und Berufssoldaten wurde die Freiwilligenwerbung beibehalten. Der Zentralrat der FDJ bekräftigte den Beschluß des IV. Parlaments der FDJ von 1952, daß der Jugendverband die Patenschaft über die bewaffneten Kräfte der DDR übernimmt. Mit der allgemeinen Wehrpflicht, die auch in allen anderen Teilnehmerstaaten des Warschauer Vertrages bestand, wurde die DDR ihrer größeren Verantwortung für die kollektive Verteidigung des Sozialismus gerecht.

Erfüllten die Soldaten der Nationalen Volksarmee und die dem Ministerium des Innern unterstellten Grenzsicherungskräfte ihren Kampfauftrag zum Schutze der Staatsgrenze der DDR nach Westberlin, so sorgten die Angehörigen der Deutschen Volkspolizei ebenso zuverlässig für die Gewährleistung der öffentlichen Ordnung und Sicherheit in der Hauptstadt. Am 25. September 1961 beschlossen die Angehörigen der VP-Inspektion Berlin-Mitte ein Kampfprogramm, in dem sie sich zu hoher Gefechts- und Einsatzbereitschaft, zu vorbildlichem Verhalten im Dienst und zu verstärkter Wachsamkeit verpflichteten. Diese als »Berliner Adresse« bekannt gewordene Willensbekundung löste in der gesamten Volkspolizei eine Massenbewegung aus.

Am 23. August 1962 beschloß der Ministerrat der DDR die Einrichtung einer Stadtkommandantur der Nationalen Volksarmee für die Hauptstadt der DDR. Mit Generalmajor Helmut Poppe wurde zum erstenmal in Berlins Geschichte ein Arbeiter Stadtkommandant.

Zur gleichen Zeit wurde dem Stadtkommandanten der Befehl über die noch zum Ministerium des Innern gehörenden Grenzbrigaden übertragen. Von nun an unterstanden alle militärischen

VERLEIHUNGSURKUNDE

Aus Anlaß des 7. Jahrestages der Nationalen Volksarmee
wird der Kaserne der Nationalen Volksarmee
Berlin, Geschwister-Scholl-Straße
der Name

FRIEDRICH-ENGELS-KASERNE

verliehen

Die Verleihung dieses Namens ist eine hohe Ehre
und zugleich Verpflichtung,
die mit dem Namen verbundenen Traditionen zu wahren,
in ihrem Geiste zu handeln
und getreu dem Fahneneid unserem Vaterland,
der Deutschen Demokratischen Republik,
ergeben zu dienen.

Berlin, am 1. März 1963

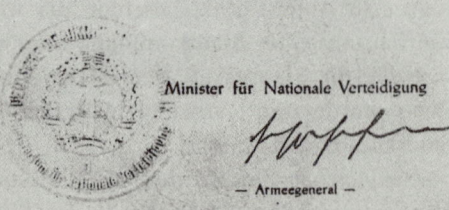

Minister für Nationale Verteidigung

— Armeegeneral —

Verbände für den äußeren Schutz der DDR dem Ministerium für Nationale Verteidigung.

Die Maßnahmen vom 13. August 1961 hatten Auswirkungen auf viele Lebensbereiche der Hauptstadt. Ihr Beitrag zu einem Aufschwung der Arbeit war unübersehbar, auch wenn es hier und da zu zeitweiligen Schwierigkeiten kam, die es schnell zu überwinden galt.

So geriet die Deutsche Staatsoper in eine komplizierte Lage, denn fast die Hälfte des künstlerischen Personals wohnte damals in Westberlin. Ohne Ausnahme waren diese Mitarbeiter nach dem 13. August 1961 zur Arbeit gekommen. Nach der Sommerpause hob sich wie geplant am 20. August 1961 der Vorhang zu Mozarts »Figaros Hochzeit«. Über die nun einsetzenden Machenschaften der Frontstadtpolitiker berichtete der damalige Intendant Max Burghardt:

»Der Westberliner Senat schien angesichts dieser Tatsache erst einmal ratlos. Nach seiner Einschätzung der Lage durfte der Vorhang in der Staatsoper nicht mehr hochgehen. Um unsere Westberliner Mitglieder von der Oper fernzuhalten, sperrte der Senat jetzt den Umtausch: Ost- in Westmark. Auf diese Weise entzog er ihnen ihre Existenzgrundlage. Der Stichtag für diese Aktion: der 15. September 1961.

Gleichzeitig begann eine Hetzkampagne der Westpresse gegen die Staatsoper. Schlagzeilen wie zum Beispiel ›Prominente Künstler verlassen die Rote Oper‹, ›Ostberliner Theaterchaos wächst von Tag zu Tag‹, ›Ostberliner Oper praktisch am Ende‹, ›Ost-Oper bankrott‹ versprachen den Westberliner Lesern täglich neue erlogene Sensationen.«[13]

Als dieser 15. September 1961 herankam, entschieden sich über 200 Sänger und Musiker, die zumeist seit vielen Jahren an der Linden-Oper arbeiteten, notgedrungen dazu, ihre Verträge zu kündigen. Nur wenige Solisten siedelten in die Hauptstadt

---

13 Max Burghardt: Ich war nicht nur Schauspieler. Erinnerungen eines Theatermannes, Berlin und Weimar 1983, S. 399.

über. Aber in Westberlin jubelte man grundlos: Die Deutsche Staatsoper war nicht bankrott! Bühnen der DDR und der befreundeten sozialistischen Staaten, vor allem Prags und Sofias halfen mit Solisten. Die fehlenden Mitglieder des Chores kamen zumeist vom Staatlichen Gesangs- und Tanzensemble in Berlin-Köpenick, die Ballettmitglieder von der Palucca-Schule in Dresden und von Theaterfachschulen für Tanz und die Instrumentalisten vom Rundfunk-Sinfonieorchester Berlin und von anderen Klangkörpern aus der Republik. So wurde ohne einen Tag Unterbrechung der Spielbetrieb aufrechterhalten und das Ensemble der Deutschen Staatsoper erneuert.

Infolge der Grenzsicherungsmaßnahmen vom 13. August 1961 konnten viele Bewohner der Randgebiete nicht mehr auf gewohntem Wege zu ihren Arbeits- und Einkaufsstätten in der Hauptstadt gelangen, und umgekehrt war es den Berlinern sehr erschwert, ihre Kleingärten und Erholungsgebiete vor der Stadt aufzusuchen. In großer Eile ging man daran, die durch die Einstellung des durchgängigen S-Bahn-Verkehrs durch Westberlin notwendig gewordenen Verkehrsbauten zu errichten.

In nur dreimonatiger Bauzeit wurde am 19. November 1961 im Norden Berlins eine neue, etwa 5 Kilometer lange S-Bahn-Strecke fertiggestellt, die von Oranienburg unter Umgehung Westberlins zum S-Bahnhof Berlin-Blankenburg führt. Am 26. Februar 1962 fuhr die erste S-Bahn von Berlin-Adlershof nach Berlin-Schönefeld. Die rund 10 Kilometer lange Strecke war in einer Rekordzeit von 150 Tagen gebaut worden. Sie verband die Innenstadt mit dem Zentralflughafen und dem wichtigen Eisenbahnknotenpunkt Schönefeld. Am 28. April 1962 übergab Oberbürgermeister Friedrich Ebert die innerhalb von 6 Monaten erbaute 4,1 Kilometer lange betonierte Schnellstraße vom Adlergestell zum Flughafen Schönefeld dem Verkehr. Der Abzweig nach Grünau wurde am 1. Mai 1962 in Betrieb genommen. Und am 7. Oktober 1962 wurde der etwa 10 Kilometer lange Autobahnzubringer zwischen der Schnellstraße und dem Schönefelder Kreuz eingeweiht. Damit verbesserten sich die Verkehrsverbindungen in den Süden der Republik erheblich.

Außerdem erhielt der westliche Abschnitt des Berliner Außenrings der Reichsbahn binnen 60 Tagen ein zweites Gleis, so daß der Berufsverkehr von der Hauptstadt über Hennigsdorf und Falkensee nach Potsdam zügiger ablaufen konnte. Im Frühjahr 1962 bekam der S-Bahnhof Schönhauser Allee eine neue Bahnhofshalle und eine Tunnelverbindung zum U-Bahnhof.

Im Laufe des Jahres 1962 stabilisierte sich die ökonomische Lage zusehends. Viele Kollektive erfüllten ihre im Produktionsaufgebot eingegangenen Verpflichtungen. Die Arbeitsproduktivität stieg kontinuierlich an und ihr Verhältnis zum Durchschnittslohn gestaltete sich günstiger. Auf Vorschlag der SED rückten die Betriebs- und Gewerkschaftsleitungen wieder verstärkt die Durchsetzung des wissenschaftlich-technischen Fortschritts auf der Grundlage der schon 1961 eingeführten »Pläne Neue Technik« in den Mittelpunkt der Arbeit. Es wurden Neuererkonferenzen durchgeführt, die die Anwendung sowjetischer Arbeitsmethoden und die Bildung von Neuereraktiven in allen Betriebsteilen propagierten. Der sozialistische Wettbewerb ging über Brigaden und Abteilungen hinaus und erfaßte ganze Betriebsbelegschaften. Gute Beispiele gaben in Berlin die Werktätigen des VEB Wälzlagerwerk »Josef Orlopp« in Lichtenberg, des VEB Treff-Modelle, des VEB Berliner Metallhütten- und Halbzeugwerke sowie des VEB Werk für Signal- und Sicherungstechnik in Treptow.

Im Herbst 1962 hatte das Produktionsaufgebot seine Aufgabe im wesentlichen erfüllt. Die Industrieproduktion Berlins überstieg 1962 erstmals die 5-Milliarden-Mark-Grenze und erreichte eine Steigerung auf 131,5 Prozent im Verhältnis zu 1958. Im gleichen Zeitraum wuchs die Arbeitsproduktivität auf 135,8 Prozent an. Und 1963 produzierte die Berliner Industrie in 66 Tagen so viel wie 1949 in einem ganzen Jahr.

Viele Berliner Facharbeiter und Spezialisten halfen auf Großbaustellen der Republik. So montierten die Schweißer des VEB Rohrleitungsbau Berlin die Rohrtrassen für das Erdölverarbeitungswerk Schwedt. In vorderster Reihe standen Mitglieder der FDJ. Mit der Einweihung der neuen Abfertigungshalle des Flughafens Berlin-Schönefeld am 13. Juli 1962 hatte die Berliner Jugend den ihr 1959 übergebenen Auftrag erfüllt, den Flughafen im Rahmen eines Jugendobjekts auszubauen. Auch bei den Meliorationsarbeiten im Jugendobjekt »Milchader Berlin« im Rhin-Havel-Luch, das im November 1961 abgeschlossen wurde, beteiligten sich Jugendliche aus der Hauptstadt.

Im Januar 1963 schuf lang anhaltender Frost mit einem Kälterekord von minus 31 Grad Celsius sowie heftigem Schneefall eine angespannte Lage. Wegen Energiemangels – die Kohlenzüge nach Berlin blieben auf verwehten Gleisen und an festgefrorenen Weichen stecken – mußten einzelne Betriebe die Produktion drosseln. Die Verwaltungen arbeiteten verkürzt, die Hälfte aller Schulen und Kinos sowie sämtliche Theater schlossen. Öffentliche Wärmestuben für Rentner und Bedürftige wurden eingerichtet. Nachdem die Frostperiode abgeklungen war, galt es, die auf rund 38 Millionen Mark geschätzten Verluste in der Berliner Volkswirtschaft wiedergutzumachen. Dieses Ziel wurde bis zum Sommer 1963 im sozialistischen Wettbewerb erreicht.

Der VI. Parteitag der SED, der vom 15. bis 21. Januar 1963 traditionell in der Werner-Seelenbinder-Halle zu Berlin tagte, stellte fest, daß die sozialistischen Produktionsverhältnisse in der DDR gesiegt hatten und die Aufgaben der Übergangsperiode vom Kapitalismus zum Sozialismus im wesentlichen gelöst waren. Nunmehr konnte sich der Sozialismus in unserem Lande auf seinen eigenen Grundlagen erfolgreich entfalten.

Der Parteitag nahm ein neues Programm der SED an, das Walter Ulbricht, Erster Sekretär des Zentralkomitees der SED, begründete. Darin wurde eingeschätzt, daß der Sozialismus in der DDR noch nicht vollendet war. Nach der Lösung der wesent-

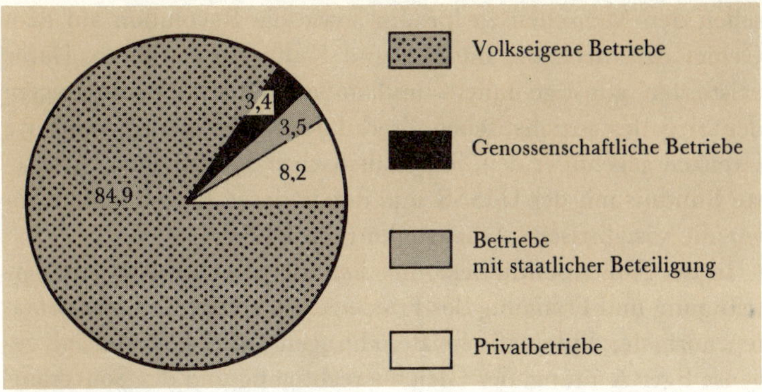

Der Anteil der Eigentumsformen am Aufkommen des gesellschaftlichen Gesamtprodukts der Hauptstadt, 1961 (in Prozent)

lichsten Aufgaben der Übergangsperiode sei eine längere Periode notwendig, um die Vorzüge und Triebkräfte des Sozialismus völlig zu entfalten. Im Programm hieß es: »Die Interessen des Volkes, die Bedürfnisse der Werktätigen sind eine starke Triebkraft. Sie dulden kein Verweilen auf dem erreichten Stand. Sie verlangen den Sozialismus in seiner Gesamtheit und in seiner Vollständigkeit.«[14] Daher beschloß der VI. Parteitag den umfassenden Aufbau des Sozialismus in der DDR als strategische Aufgabe der SED. Das neue Parteistatut, das Erich Honecker, Mitglied des Politbüros und Sekretär des Zentralkomitees der SED, erläuterte, bestimmte die höheren Anforderungen an die Führungsrolle der Partei in diesem neuen Abschnitt der gesellschaftlichen Entwicklung der DDR.

Nun galt es, die Volkswirtschaft der DDR auf der Grundlage des höchsten Standes von Wissenschaft und Technik gemäß den ökonomischen Gesetzen des Sozialismus zu gestalten, die sozialistische Staatsordnung zu festigen, die neuen Beziehungen zwi-

14 Protokoll der Verhandlungen des VI. Parteitages der Sozialistischen Einheitspartei Deutschlands, 15. bis 21. Januar 1963 in der Werner-Seelenbinder-Halle zu Berlin, Beschlüsse und Dokumente, (Bd. IV), Berlin 1963, S. 337.

schen den Menschen zu fördern sowie die Revolution auf dem Gebiet der Ideologie, Bildung und Kultur fortzuführen. Dafür existierten günstige innen- und außenpolitische Bedingungen: der Sieg der sozialistischen Produktionsverhältnisse, gesicherte Grenzen gegenüber dem imperialistischen Machtbereich, das feste Bündnis mit der UdSSR und den anderen Bruderländern sowie die sozialistische Arbeitsteilung im RGW.

In der Außenpolitik bekannte sich die SED unbeirrt zur Verteidigung und Festigung des Friedens. Sie erklärte, zu allen Staaten normale, diplomatische Beziehungen auf der Grundlage gegenseitiger Achtung, der Gleichberechtigung und der Souveränität herstellen zu wollen. Der VI. Parteitag schlug ein Abkommen der Vernunft und des guten Willens zwischen der DDR und der BRD vor, um wenigstens ein Minimum an Beziehungen und Vereinbarungen herzustellen. In gleicher Weise sollte auch das Verhältnis zwischen der DDR und Westberlin normalisiert werden. Diese Initiativen zielten auf eine Minderung der Spannungen.

Die Beschlüsse des VI. Parteitages der SED wurden von den Berliner Werktätigen mit großer Zustimmung aufgenommen. Ein starker Impuls für den sozialistischen Wettbewerb ging vom VEB Berliner Werkzeugmaschinenfabrik in Marzahn aus. Hier beschloß am 3. Mai 1963 eine Vertrauensleutevollversammlung, die während der Kälteperiode eingetretenen Produktionsrückstände in Höhe von 1,19 Millionen Mark bis zum 30. Juni 1963 aufzuholen. Die Werkzeugmaschinenbauer wollten dies Ziel erreichen durch eine bessere Ausnutzung der vorhandenen Technik, durch eine schnellere Verwirklichung des »Plans Neue Technik« und durch richtige Anwendung des Prinzips der materiellen Interessiertheit. Sie forderten andere Betriebe auf, es ihnen gleichzutun. Die Werktätigen der Berliner Werkzeugmaschinenfabrik und die vieler anderer VEB lösten ihre Verpflichtungen pünktlich ein. Insgesamt überbot die Berliner Industrieproduktion im ersten Halbjahr 1963 mit einem Volumen von 2,6 Milliarden Mark bereits die gesamte Produktion des Jahres 1952.

Auf ökonomischem Gebiet wurde es immer zwingender, die Leitung und Planung der Volkswirtschaft weiter zu verbessern, den Erfordernissen der wissenschaftlich-technischen Revolution, die damals auch in der DDR verstärkt zu wirken begann, gerecht zu werden und zu einer vorwiegend intensiv erweiterten Reproduktion überzugehen.

Eine Wirtschaftskonferenz des Zentralkomitees der SED und des Ministerrates der DDR, die am 24. und 25. Juni 1963 in Berlin stattfand, beriet über Veränderungen in der Wirtschaftsleitung; die »Richtlinie für das neue ökonomische System der Planung und Leitung der Volkswirtschaft« des Ministerrates wurde am 11. Juli 1963 beschlossen. Planung und Leitung wurden nun näher an die Basis gelegt, die wirtschaftliche Eigenverantwortung der Betriebe erhöht, das ökonomische Denken der Werktätigen angeregt und insgesamt den ökonomischen Gesetzen des Sozialismus noch besser entsprochen.

Durch Investitionen wurden nach 1962/1963 mehrere Berliner Großbetriebe erweitert oder modernisiert, so der VEB Berliner Werkzeugmaschinenfabrik in Marzahn, der VEB Werk für Fernsehelektronik in Oberschöneweide und der VEB Kabelwerk Oberspree. Im Oktober 1962 fand das Richtfest für den ersten

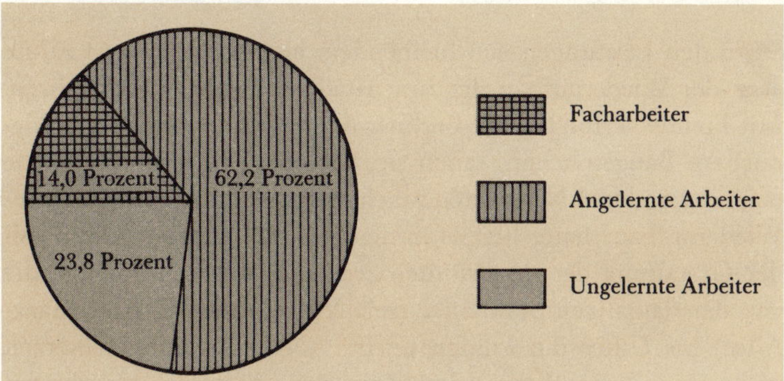

Weibliche Produktionsarbeiter nach ihrer Qualifizierung
(Stand: 10. Mai 1962)

Bauabschnitt des Gewerbezentrums Storkower Straße statt. Hier wurde auf einer Fläche von 27 Hektar bis 1967 ein Industrie- und Gewerbestättenviertel mit 23 Werkhallen, 6 Bürohochhäusern und zahlreichen sozialen Einrichtungen geschaffen, das den aus der Innenstadt umsiedelnden Betrieben, Produktionsgenossenschaften des Handwerks und Einrichtungen neue, bessere Arbeitsbedingungen bot.

In der Hauptstadt wurden von 1963 bis 1966 Investitionen in Höhe von insgesamt 5,6 Milliarden Mark (ohne Verkehrs-, Post- und Fernmeldewesen) durchgeführt. Diese Summe hatte noch 1953 für die gesamte Republik ausreichen müssen. Beträchtliche Investitionsmittel für Erweiterungen und Rekonstruktion erhielten der VEB Wälzlagerwerk »Josef Orlopp« in Lichtenberg, der VEB Werk für Signal- und Sicherungstechnik in Treptow, der VEB Möbelwerk Karlshorst und der VEB Kali-Chemie. Im Großkraftwerk Klingenberg wurde eine Rauchentstaubungsanlage eingebaut. In Niederschönhausen begann der Bau einer großen Präzisionsschmiede. Das Betonwerk Köpenick und das Zementwerk Rummelsburg nahmen die volle Produktion auf. In Johannisthal wurde der Autohof und in Weißensee der Omnibushof eingerichtet.

Zu den Leistungen von bleibendem historischem Wert zählte der Wiederaufbau der Innenstadt in den sechziger Jahren. Mit Freude verfolgten die Berliner das von Jahr zu Jahr umfangreichere Baugeschehen, sahen sie, wie eine öde Trümmerfläche nach der anderen Neubauten weichen mußte. Die erste Phase des Wiederaufbaus hatte bereits in den frühen fünfziger Jahren mit der Gestaltung der sogenannten zentralen Achse begonnen, die von der damaligen Stalinallee (seit November 1961 Karl-Marx-Allee) bis Unter die Linden reicht. Aber sie konnte seinerzeit nicht zu Ende geführt werden. Zum einen band die Abwehr des kalten Krieges, den der Imperialismus bei offener Grenze verschärft führte, große Mittel, zum anderen war noch keine bündige Antwort auf die Frage nach der städtebaulichen Gesamtkonzeption gefunden worden.

Es gab in Fachkreisen zum Teil kontroverse Auffassungen über den Wiederaufbau des Zentrums. Nach Kriegsende hatten Architekten den Wiederaufbau als Gartenstadt angeregt. Ausgehend von den »16 Grundsätzen des Städtebaues« und von den »Grundsätzen für die Neugestaltung Berlins«, die der Ministerrat der DDR am 27. Juli und am 23. August 1950 beschlossen hatte, bewegten sich die Vorstellungen des städtebaulichen Grundplans von 1955 darum, durch großzügigen Wohnungsbau und repräsentative Bauten, durch Hauptmagistralen, viele kreisförmig anzulegende Plätze und breite Grüngürtel den Hauptstadtcharakter zum Ausdruck zu bringen.

Der Magistrat hatte 1959 einen internationalen Wettbewerb für die Gestaltung der Innenstadt ausgeschrieben. 56 Modelle und Skizzen von Architekten und -kollektiven gingen ein. Als sie Ende 1959 in den Räumen des Stadtbauamtes in der Behrenstraße gezeigt wurden, kamen die Berliner in Scharen und diskutierten lebhaft darüber, wie ihre Stadt einmal aussehen solle. Neben einigen utopisch zu nennenden Projekten – wie die unterirdische Trassierung von Fern- und S-Bahn durchs Zentrum, damit die unansehnlichen Ziegelmauerbögen der Stadtbahn verschwänden, oder eine seeartige Erweiterung der Spree im Bereich des heutigen Marx-Engels-Forums – enthielten die eingereichten Modelle eine Reihe von Ideen, die später verwirklicht wurden. Dazu gehörten die Anlage von Tangenten, auf denen die Hauptverkehrsströme um das eigentliche Zentrum herumgeführt werden, die Schaffung einer städtebaulichen Dominante im Bereich des Marx-Engels-Platzes und vor allem die – damals allerdings heftig umstrittene und von vielen als formalistisch verworfene – Idee, im Zentrum einen Fernsehturm zu errichten; sie stammte von dem langjährigen Chefarchitekten der Hauptstadt, Professor Hermann Henselmann.

Die Stadtplanung der fünfziger Jahre ging auch von der Erwartung aus, daß die vom Imperialismus herbeigeführte Spaltung Berlins in einer historisch absehbaren Zeit überwunden werden könnte. Aber die feindselige Haltung der Frontstadtpolitiker in Westberlin zerstörte solche Hoffnungen. Nach dem 13. August 1961 hatten sich die Stadtplaner auf die veränderte Lage einzustellen. Jetzt, da auch die materiellen und arbeitskräftemäßigen Bedingungen bessere geworden waren, begann die systematische Erneuerung des Berliner Stadtbildes.

Die Karl-Marx-Allee zwischen Strausberger Platz und Alexanderplatz nahm zwischen 1959 und 1965 ein modernes Gesicht an. In einer Breite von 125 Metern führt sie nun direkt zum Alex, während ihr viel schmalerer Vorgänger beim Haus der Gesundheit in die damalige Trasse der Leninallee mündete. Die städtebaulichen Entwürfe stammten von Edmund Collein und Werner Dutschke, während für die Hochbauten das Kollektiv von Josef Kaiser verantwortlich zeichnete. Zwischen den zurückgesetzten zehngeschossigen »Scheibenhäusern« in Plattenbauweise stehen flache Ladenpavillons in der Straßenflucht. Mit dem Interhotel »Berolina« (1963), dem Kino »International« (1963) und dem Restaurant »Moskau« (1964) entstanden attraktive Einrichtungen. Beiderseits der Magistrale wuchs zwischen Leninplatz und Jannowitzbrücke ein weiträumiges, mit Kindergärten und -krippen, Schulen, Planschbecken und Spielplätzen, mit Einkaufs- und Dienstleistungsläden ausgestattetes Wohngebiet. Es bot seinen Bewohnern angenehme Wohn- und Lebensbedingungen und erfüllte zugleich gesamtstädtische Funktionen.

Die Grundsteinlegung für das Haus des Lehrers, die Oberbürgermeister Friedrich Ebert am 12. Dezember 1961 vornahm, leitete die Neugestaltung des Alexanderplatzes ein. Am 9. September 1964 übergab Ministerpräsident Willi Stoph das 56 Meter hohe, als Stahlbetonskelettbau ausgeführte Gebäude, das ein Kollektiv unter Leitung von Hermann Henselmann entworfen hatte. Etwa an gleicher Stelle hatte sich bis zur Zerstörung im zweiten Weltkrieg das Lehrervereinshaus von 1908 befunden.

Mit der benachbarten Kongreßhalle erhielt die Hauptstadt eine repräsentative Tagungsstätte. Zwischen 1964 und 1970 tagte hier wiederholt die Volkskammer der DDR.

Im Oktober 1961 rollten die ersten Fahrzeuge über die neue Alexanderstraße. Damit wurde ein direkter Anschluß des innerstädtischen Bereichs an die sich im Ausbau befindliche Südostradiale des neuen Straßennetzes hergestellt. Auf dem Gelände des völlig abgetragenen früheren Polizeipräsidiums in der Alexanderstraße legten die Tiefbauarbeiter große Parkflächen an. Am 6. Oktober 1964 präsentierte sich der S-Bahnhof Alexanderplatz in einem neuen Gewand. Seit Herbst 1961 war das im Kriege beschädigte Bahnhofsgebäude ohne Unterbrechung des Verkehrs in seinem Inneren und Äußeren modernisiert worden.

Noch im Herbst 1961 wurden Unter den Linden zwischen Friedrichstraße und Brandenburger Tor die ersten Baugruben ausgehoben. Bis Mitte der sechziger Jahre erhielt die weltberühmte Straße in diesem Abschnitt ein völlig neues Gesicht. Dabei wurde das sogenannte Linden-Statut von 1880, das eine maximale Traufhöhe von 18 bis 22 Metern für Bauten in dieser Straße vorschrieb, eingehalten. Gemäß ihrem historischen Charakter entstanden in diesem westlichen Abschnitt der Straße Regierungs- und Botschaftsgebäude: das Ministerium für Volksbildung (1964) und das Ministerium für Außenhandel (1965), das Bürogebäude der Exportgesellschaft Wiratex (Wirkwaren und Raumtextilien, 1964), die Botschaft der Volksrepublik Polen (1966), die Botschaft der Ungarischen Volksrepublik (1966) und Erweiterungsbauten der Botschaft der UdSSR (1963–1968).

Mitte der sechziger Jahre wurde auch die berühmte Kreuzung Unter den Linden/Friedrichstraße neu gestaltet. Wo sich einst die stadtbekannten Cafés Viktoria und Bauer befanden, wurden im Sommer 1966 das sechsstöckige Interhotel »Unter den Linden« und das mit einer blau-weißen Glasfassade verkleidete Restaurant »Lindencorso« eröffnet. Gegenüber, an der alten Kranz-

Das Museum im Zeughaus Unter den Linden

Museum für Deutsche Geschichte – ein Barockbau mit reichem plastischen Schmuck von Andreas Schlüter – fasziniert durch die Geradlinigkeit seiner Gliederung und vermittelt dem Betrachter ein eindrucksvolles Kunsterlebnis.

Dieses Haus, einst Ruhmesstätte des Krieges, fiel ihm selbst zum Opfer. Das prachtvolle Bauwerk, mit erheblichen Mitteln im Auftrag unserer Regierung wiederaufgebaut, ist heute Heimstatt des führenden Geschichtsmuseums der Deutschen Demokratischen Republik.

Das Museum für Deutsche Geschichte erwartet Sie, das Museum Unter den Linden!

ler-Ecke, entstand in den Jahren 1964–1966 ein Appartementhaus mit Geschäften in der Erdgeschoßzone, dem das zur gleichen Zeit errichtete Funktionsgebäude der Komischen Oper angefügt wurde. Die »Linden« waren nun wieder zu einem Boulevard geworden, wo die Berliner und ihre Gäste flanieren, wo sie unter den schattenspendenden Bäumen verweilen und wo sie Vergangenheit und Gegenwart dieser Stadt erleben konnten.

Auch im historischen Teil der »Linden« schlossen sich jetzt die letzten Baulücken. Das ehemalige Prinzessinnenpalais, ein von 1733 bis 1737 errichtetes Barockhaus, wurde nach originalgetreuer Rekonstruktion der Fassade und mit modernen Gasträumen im Innern Weihnachten 1963 als Operncafé eingeweiht. Am Bebelplatz wurde von 1965 bis 1968 die ehemalige Königliche Bibliothek in ihrer barocken Form wiederhergestellt. Das Innere des Gebäudes, dem der Volksmund wegen seiner geschwungenen Fassade den Namen »Kommode« gegeben hatte, wurde für die Nutzung durch die Humboldt-Universität völlig neu geordnet. Eine Gedenktafel am Eingang erinnert daran, daß hier im Herbst 1895 W. I. Lenin wissenschaftliche Studien betrieb.

Die langjährigen Restaurierungsarbeiten an der St. Hedwigskathedrale – Berlins katholischer Bischofskirche, deren Bau von 1747 bis 1773 währte – waren im Jahre 1963 abgeschlossen. Im Februar 1964 erhielt die Humboldt-Universität das wiederaufgebaute Alte Palais, einen klassizistischen Bau aus der ersten Hälfte des 19. Jahrhunderts, zur Nutzung. Dabei wurde das Nachbarhaus – hier stand bis zu seiner Zerstörung im zweiten Weltkrieg das Niederländische Palais – einbezogen. Während die Freitreppe vom Niederländischen Palais übernommen wurde, gestaltete man die Fassade mit Mittelrisalit, Balkon und Kartusche nach dem früheren Gouverneurshaus, das im Zuge des Neuaufbaus an seinem alten Standort Ecke Rathaus-/Jüdenstraße nicht mehr belassen werden konnte. Als letztes historisches Gebäude wurde im Oktober 1969 das Palais Unter den Linden wiederaufgebaut. Als Kronprinzenpalais von Philipp Gerlach 1732 und von Heinrich Strack 1857 umgebaut, hatte es Richard Paulick im historischen Stil als Gästehaus der Regierung der DDR wiederhergestellt.

Auch der benachbarte Marx-Engels-Platz begann Mitte der sechziger Jahre neue Konturen anzunehmen. Auf der Südseite des weiträumigen Platzes wuchs zwischen 1962 und 1964 das Staatsratsgebäude empor. Der von den Architekten Roland Korn und Hans-Erich Bogatzky entworfene Bau ist ein dreigeschossiger Stahlskelettmontagebau mit Natursteinverblendung. Hier befinden sich die Arbeitsräume des Staatsratsvorsitzenden sowie Sitzungs- und Festsäle. In die Fassade wurde jenes ehemals dem Lustgarten zugewandte Portal IV des Berliner Stadtschlosses eingefügt, von wo aus Karl Liebknecht am 9. November 1918 die Massen aufgefordert hatte, die Hand zum Schwur für die freie sozialistische Republik Deutschland zu erheben.

Als die SED auf ihrem VI. Parteitag im Januar 1963 den umfassenden Aufbau des Sozialismus in der DDR verkündete, konnte sie fest auf das Mittun der jungen Generation vertrauen, konnte sie mit deren revolutionärem Elan und Schöpfertum rechnen. Seit der Gründung der DDR zeigte die Jugend Bereitschaft, Verantwortung in Staat und Wirtschaft zu tragen und zu den Schrittmachern des Neuen zu gehören. Im Parteiprogramm der SED von 1963 hieß es darum: »Der sozialistische Jugendverband ist aktiver Helfer und Reserve der Partei. Die Freie Deutsche Jugend hilft der Partei, die Jugend für die bewußte und aktive Teilnahme am umfassenden Aufbau des Sozialismus, zur Bereitschaft zur Verteidigung des sozialistischen Vaterlandes und im Geiste des sozialistischen Internationalismus zu erziehen. Besonders trägt sie eine große Verantwortung für die Heranbildung einer allseitig entwickelten Generation, die sozialistisch arbeitet, lernt und lebt.«[15]

Das Gesetz über die Teilnahme der Jugend der Deutschen Demokratischen Republik am Kampf um den umfassenden Aufbau des Sozialismus und die allseitige Förderung ihrer Initiative bei der Leitung der Volkswirtschaft und des Staates, in Beruf und Schule, bei Kultur und Sport, das die Volkskammer am 4. Mai 1964 beschloß, trug den neuen gesellschaftlichen Erfordernissen Rechnung. Es löste das Jugendgesetz von 1950 ab, dessen Aufgaben voll verwirklicht worden waren.

Vom 16. bis 18. Mai 1964 fand in Berlin das Deutschlandtreffen der Jugend statt. Seit den Pfingsttagen von 1950 und 1954 waren viele Jahre ins Land gegangen; dieses Jugendtreffen führte eine neue Generation zusammen. Diejenigen, die damals im Blauhemd über den Marx-Engels-Platz gezogen waren, hatten unter großen Entbehrungen und mit revolutionärer Hingabe den neuen Staat errichtet; ihre Kinder, die jetzt nach Berlin strömten, fühlten sich ganz natürlich als die »Hausherren von morgen«. Mehr als eine halbe Million Mitglieder der FDJ und der Pionierorganisation »Ernst Thälmann« waren zum Pfingsttreffen in die Hauptstadt gekommen. Gemeinsam mit 24 000 Jugendlichen aus der BRD und rund 1 000 aus Westberlin verlebten sie abwechslungsreiche Tage. Es gab politische Diskussionen, Kultur- und Sportveranstaltungen. Der Berliner Rundfunk richtete eigens ein Studio ein, das den Daheimgebliebenen die Festtagsatmosphäre vermittelte. Daraus wurde »DT 64«, zunächst ständiges Jugendstudio beim Berliner Rundfunk und ab 1986 selbständiger Sender.

15 Ebenda, S. 358.

Voller Begeisterung kehrte die Jugend von ihrem nationalen Treffen in die Betriebe und Schulen zurück. Im VEB Bergmann-Borsig kämpfte die Jugendbrigade »Ernst Thälmann« Mitte 1964 darum, die für die Stahlindustrie dringend benötigten Konverterkamine in hoher Qualität zu produzieren. Auch anderswo setzten sich die jungen Schrittmacher ein, um den wissenschaftlich-technischen Fortschritt zu meistern. Mitte der sechziger Jahre nahm die Bewegung Messe der Meister von morgen einen großen Aufschwung. Ende 1965 gab es in Berlin 477 Jugendbrigaden, in denen 5097 Jugendliche um den Staatstitel »Kollektiv der sozialistischen Arbeit« kämpften.

Am 25. Februar 1965 beschloß die Volkskammer das Gesetz über das einheitliche sozialistische Bildungssystem. Vorangegangen war eine Volksaussprache über den Gesetzentwurf. Im Mittelpunkt stand die Erziehung der jungen Generation zu allseitig entwickelten sozialistischen Persönlichkeiten, zu Bürgern mit festem Klassenstandpunkt und hoher Bildung. Die schon 1959 beschlossene Einführung der zehnklassigen allgemeinbildenden polytechnischen Oberschule wurde beschleunigt. Während 1962 von 100 Berliner Jugendlichen des entsprechenden Alters 57 in die 9. Klasse übergingen, waren es 1967 schon 72 und 1970 sogar 91. Neue Schulgebäude entstanden in allen Stadtbezirken. Die 30. Oberschule der Serie »Berlin« – dieser Bautyp wurde 1966 erstmals in der Singerstraße (Stadtbezirk Friedrichshain) errichtet – wurde am 31. August 1970 in der Wein-/Ecke Höchste Straße (Friedrichshain) übergeben, die 50. Schule im Oktober 1972 in der Frankfurter Allee/Süd (Stadtbezirk Lichtenberg).

Mit der Einführung neuer Lehrpläne wurde die Wissenschaftlichkeit des Unterrichts erhöht, wurden moderne Lehrmethoden angewendet. Etwa 50 Prozent der Berliner Schüler nahmen an außerschulischen Zirkeln und Arbeitsgemeinschaften teil. Im Zentralhaus der Jungen Pioniere »German Titow« in Berlin-

Lichtenberg und im Pionierpark »Ernst Thälmann« erlebten viele Schüler und Jugendliche interessante und frohe Stunden. Mehr als 5000 Bürger arbeiteten in den Elternbeiräten, weit über 10000 in den Klassenelternaktivs.

Das Streben, zu lernen, sich zu qualifizieren, erfaßte auch ältere Menschen, die in ihrem Bildungsgang durch Krieg und Nachkrieg benachteiligt worden waren. Für sie hielt das Gesetz über das einheitliche sozialistische Bildungssystem verschiedene Qualifizierungswege offen: den Besuch einer Volkshochschule – im Studienjahr 1965/1966 hatten sich 24104 Hörer angemeldet –, die Belegung von Lehrgängen an Betriebsakademien oder die Aufnahme eines Fernstudiums an einer der Hoch- und Fachschulen der Republik.

Kein Zweifel, die sechziger Jahre waren von einer Atmosphäre des Lernens und Studierens bestimmt. Das zeigte sich auch in der Benutzung der 105 allgemeinen öffentlichen Bibliotheken, im Besuch der rund 40 Kultur- und Klubhäuser sowie der über 20 Museen. In den Kultur- und Klubhäusern der Betriebe und Wohngebiete beteiligten sich 1966 über 8000 Berliner an den Veranstaltungen von 447 Interessengemeinschaften des künstlerischen Volksschaffens und von anderen Zirkeln. Es entstanden Arbeitertheater und Kabarettgruppen, und die führenden Bühnen der Hauptstadt bemühten sich um direkte Kontakte zu Berliner Großbetrieben.

Unbeirrt setzte die DDR ihren Kurs der Verständigung, der Vernunft und des guten Willens gegenüber Westberlin fort. Sie ging von der Tatsache aus, daß Westberlin als kapitalistische Insel inmitten der DDR liegt, bei Gründung der BRD im Jahre 1949 dieser nicht angehörte und auch später niemals ein Bestandteil dieses Staates geworden ist. Auch die drei Westmächte, die die Verantwortung für diese Stadt tragen, mußten wiederholt einen Status Westberlins außerhalb des »Bundes« betonen.

Proletarier aller Länder, vereinigt euch!

NEUES DEUTSCHLAND

ORGAN DES ZENTRALKOMITEES DER SOZIALISTISCHEN EINHEITSPARTEI DEUTSCHLANDS

Berlin, Mittwoch, 18. Dezember 1963

Auf Grund der Vorschläge der Regierung der DDR:

Ein Erfolg der Vernunft und des guten Willens

Protokoll über die zeitweilige Regelung des Verwandtenbesuchs Westberliner Bürger in der Hauptstadt der DDR von Bevollmächtigten der Regierung der DDR und des Westberliner Senats am Dienstag unterzeichnet.

Möglicher erster Schritt auf dem Wege zur Minderung der Spannungen und der Normalisierung des Verhältnisses zwischen Westberlin und der DDR / Bonner Störfeuer blieb erfolglos / Ab Freitag die ersten Besuche möglich

Berlin (ND). Nach insgesamt sieben Verhandlungen wurde am Dienstag ein Übereinkommen in der Passierscheinfrage erzielt:

Um 11.45 Uhr wurde vom bevollmächtigten Vertreter der Regierung der DDR, Staatssekretär Erich Wendt, und dem bevollmächtigten Vertreter des Senats von Westberlin, Senatsrat Horst Korber, ein gemeinsames Protokoll unterzeichnet, in dem auf Grund der Vorschläge der Regierung der DDR eine zeitweilige Regelung des Besuchs Westberliner Bürger bei Verwandten in der Hauptstadt der Deutschen Demokratischen Republik getroffen wird.

Diese Tatsache wurde am Dienstagnachmittag auf zwei vereinbarten und zur gleichen Zeit festgesetzten Pressekonferenzen

Alexander Abusch erklärte, daß die Übereinkunft, die trotz vieler Querschüsse von Bonner Seite in schwierigen Verhandlungen zustande kam, ein erster Schritt zur Minderung der Spannungen und zur Normalisierung des Verhältnisses zwischen der DDR und Westberlin sein kann, dem hoffentlich weitere folgen. Es habe sich gezeigt: Wenn man verhandelt und wenn von beiden Seiten Vernunft und guter Wille gezeigt würden, können viele Fragen gelöst werden.

Nachdem sich die andere Seite zunächst weigerte, eine Vollmacht für den Verhandlungsführer zu erbringen und die bevollmächtigte Unterzeichnung einer Vereinbarung ablehnte, wurde dann aber doch in der Nacht vom Montag zum Dienstag eine Einigung erzielt. Die ersten Anträge werden in den festgelegten 12 Westberliner Ausgabestellen am Mittwoch ausgegeben, die ersten Passierscheine am Donnerstag für den Besuch am Freitag

Gutes Ergebnis durch Verhandlungen

Wenige Tage nach dem VI. Parteitag der SED im Januar 1963 richtete die Regierung der DDR einen Vorschlag an den Senat von Westberlin, in Verhandlungen über einen Vertrag zur Normalisierung der beiderseitigen Beziehungen einzutreten. Während der Senat nicht zuletzt unter dem Druck der BRD-Regierung dieses Angebot ausschlug, mußte er in einer Teilfrage – in der Regelung des Besuchs von Westberlinern in der Hauptstadt der DDR – zum erstenmal seit 1949 auf einen Vorschlag der DDR positiv reagieren. In der Westberliner Bevölkerung war das Verlangen, DDR-Vorschläge nicht ständig ungeprüft abzuweisen, immer lauter geworden.

Dank intensiver Bemühungen der Regierung der DDR wurde am 17. Dezember 1963 mit dem Senat von Westberlin ein Protokoll über die zeitweilige Regelung von Verwandtenbesuchen Westberliner Bürger in der Hauptstadt der DDR unterzeichnet. Erstmals seit dem August 1961, als der Senat die damals von der DDR angeregte Verfahrensweise verboten hatte, konnten Westberliner wieder die Hauptstadt betreten. In dem festgesetzten

Zeitraum vom 19. Dezember 1963 bis 5. Januar 1964 fanden insgesamt 1 242 810 Besuche von Westberlinern bei ihren Verwandten in der Hauptstadt der DDR statt. Allgemein wurde das sogenannte Passierscheinabkommen als ein Schritt der Vernunft begrüßt.

Noch im Januar 1964 schlug die Regierung der DDR vor, die Verhandlungen in der Passierscheinfrage und zur Regelung auch anderer Probleme weiterzuführen. Doch der Westberliner Senat wich erneut aus. Unter dem Druck der Westmächte und der BRD wollte er jeden Eindruck vermeiden, mit der Regierung eines Staates zu verhandeln, der nach westlicher Lesart gar nicht existierte. Erst am 24. September 1964 kam es zur Unterzeichnung eines neuen Passierscheinabkommens, das die Verwandtenbesuche von Westberlinern in der Hauptstadt der DDR zu Weihnachten 1964 und zu Ostern und Pfingsten 1965 ermöglichte.

Das große Entgegenkommen der DDR wurde von den herrschenden Kreisen in Westberlin und in der BRD weiterhin mit politischen Anmaßungen und Provokationen beantwortet. Es häuften sich wieder schwere Grenzverletzungen. Am 5. Oktober 1964 wurde der Unteroffizier der NVA Egon Schultz durch gezielte Schüsse von Provokateuren ermordet, die durch einen Tunnel im Grenzbereich Strelitzer Straße in die Hauptstadt eingedrungen waren. Um ihre rechtswidrigen Ansprüche auf Westberlin zu demonstrieren, berief die Regierung der BRD zum 7. April 1965 – erstmals wieder seit Oktober 1958 – eine Plenartagung des Bundestages in die Westberliner Kongreßhalle im Tiergarten ein. Dieser offen revanchistische Konfrontationskurs vergiftete die internationale Atmosphäre. Die DDR ließ sich nicht von ihrem Kurs abbringen, durch die Normalisierung der Beziehungen zwischen ihr und dem Senat von Westberlin zur Entspannung der Lage in Mitteleuropa beizutragen. Mitte der sechziger Jahre waren neue Möglichkeiten entstanden, den Kampf um die Gewährleistung von Frieden, Sicherheit und Zusammenarbeit in Europa noch zielstrebiger zu führen.

Kapitel XIII

Höhere Anforderungen – neue Entscheidungen. Die Jahre 1966–1970

Als am 19. April 1970 das Lenin-Denkmal nahe dem Volkspark Friedrichshain, einer traditionsreichen Stätte der Berliner Arbeiterbewegung, enthüllt wurde, hatte dies eine tiefe geschichtliche Bedeutung. Der Erste Sekretär des ZK der SED und Vorsitzende des Staatsrates der DDR, Walter Ulbricht, *stellte fest:*
»Das Denkmal Wladimir Iljitsch Lenins ist ein Symbol für die gewaltigen historischen Veränderungen, die sich in dem Vierteljahrhundert seit der Befreiung unseres Landes und seiner Hauptstadt vollzogen haben. Früher rief der Name Berlins bei den Völkern Europas zu Recht Mißtrauen und Abscheu hervor. Denn Berlin war die Hauptstadt des deutschen Imperialismus und Militarismus, ein Zentrum der Unterdrückung, des Krieges und der Unmenschlichkeit. Heute gilt Berlin, die Hauptstadt unserer Deutschen Demokratischen Republik, in der Welt als Stadt der Befreiung. Denn hier hat das werktätige Volk seinen heimatlichen Boden von imperialistischer Knechtschaft, von militaristischer Revanche- und Expansionspolitik, von der nazistischen Ideologie der Völkerfeindschaft, des Rassenhasses und des Antikommunismus befreit.«[1]

---

1 Neues Deutschland (B), 20. April 1970.

Mitte der sechziger Jahre stellten sich in allen Bereichen neue, höhere Anforderungen an die in Staat und Gesellschaft führende Arbeiterklasse und ihre Partei. Die seit dem VI. Parteitag der SED im Januar 1963 gesammelten Erfahrungen zeigten, daß der Übergang von der vorwiegend extensiv zur vorrangig intensiv erweiterten Reproduktion der Volkswirtschaft richtig und notwendig war. Es mußten noch größere Anstrengungen unternommen werden, um die ökonomischen Gesetze des Sozialismus umfassend auszunutzen, den wissenschaftlich-technischen Fortschritt zu meistern sowie Leitung und Planung der Volkswirtschaft zu vervollkommnen. Nur so konnten die Arbeits- und Lebensbedingungen der Werktätigen weiter verbessert werden. Diese Fragen standen im Mittelpunkt der Beratung des Fünfjahrplans 1966–1970.

Auch außenpolitisch waren neue Aufgaben herangereift. Jahrelang hatten die Staaten des Warschauer Vertrages um den Abschluß eines deutschen Friedensvertrages gekämpft. Er sollte einen Schlußstrich unter den zweiten Weltkrieg ziehen und die seither entstandenen politischen Realitäten – nämlich zwei deutsche Staaten und Westberlin mit seinem besonderen politischen Status – völkerrechtlich anerkennen. Aber die Westmächte weigerten sich hartnäckig, an den Tisch einer Friedenskonferenz zu kommen, weil sie auf die BRD als westeuropäischen Eckpfeiler der NATO nicht verzichten und ihre Positionen in Westberlin nicht aufgeben wollten. Die BRD forcierte sogar noch ihren revanchistischen Kurs gegenüber der DDR und erstrebte im Rahmen einer Multilateral Force (MLF) – multilaterale Atomstreitmacht – der NATO den direkten Zugang nach Kernwaffen. Von dieser Bonner Politik ging eine akute Gefahr für den Frieden in Europa aus.

Der am 12. Juni 1964 von den Repräsentanten der DDR und der UdSSR in Moskau unterzeichnete »Vertrag über Freundschaft, gegenseitigen Beistand und Zusammenarbeit« hatte der DDR alle seinerzeit möglichen Friedenssicherungen gegeben: die Bekräftigung der Unantastbarkeit ihrer Grenzen und ihrer gesellschaftlichen Ordnung sowie ihrer völkerrechtlichen Stellung. Gleichartige Verträge schloß die DDR 1967 auch mit anderen Staaten des Warschauer Vertrages. Fest verankert in der sozialistischen Staatengemeinschaft, beteiligte sich die DDR aktiv an der Suche des Warschauer Vertrages nach einem neuen, gangbaren Weg, um Frieden und Sicherheit in Europa zu gewährleisten. Auf seiner Tagung im Juli 1966 in Bukarest appellierte der Politische Beratende Ausschuß der Teilnehmerstaaten des Warschauer Vertrages an alle Staaten auf dem Kontinent, zu einer europäischen Konferenz über Sicherheit und Zusammenarbeit zusammenzukommen.Er betonte die Notwendigkeit, endlich die nach 1945 entstandene politisch-territoriale Lage anzuerkennen, vor allem die Existenz zweier deutscher Staaten und die Nichtzugehörigkeit Westberlins zur BRD. Es sollten Beziehungen auf der Grundlage der Prinzipien friedlicher Koexistenz entwickelt werden. Diese Initiative eröffnete einen neuen Abschnitt im Friedenskampf.

So war innen- und außenpolitisch die Lage, als sich die Bürger der DDR auf den VII. Parteitag der SED vorbereiteten.

Im sozialistischen Wettbewerb zur Vorbereitung des Parteitages machte ein Berliner Arbeiter besonders von sich reden: GERHARD KAST, Meister im VEB Funkwerk Köpenick, 32 Jahre alt und Mitglied der SED seit 1959. Sein Betrieb steckte schon seit einiger Zeit in »roten Zahlen«, das heißt, er arbeitete mit Verlust und hatte beträchtliche Vertragsrückstände gegenüber Kooperationspartnern. So kann das nicht weitergehen, sagte sich Meister KAST und forschte nach den Ursachen für den unregelmäßigen Produktionsrhythmus. Auf der Delegiertenkonferenz der SED-Betriebsparteiorganisation am 1. Dezember 1966 stand GERHARD KAST auf und sagte: »Unser Betrieb darf nicht mehr auf Kosten anderer leben!« Er trat dafür ein, die Grundmittel rationell zu nutzen, an jedem Arbeitsplatz Qualitätsarbeit zu leisten und so zur Kostensenkung beizutragen. Die Meister sollten nicht nur

Gedanken des Genossen Gerhard Kast aus dem VEB Funkwerk Berlin-Köpenick zur Betriebsdelegiertenkonferenz der Parteiorganisation

Unser Betrieb darf nicht mehr auf Kosten anderer leben

Dem VII. Parteitag entgegen

Aus »Neues Deutschland«, 2. Dezember 1966

gute Organisatoren der Produktion, sondern auch politische Vertrauensleute in ihren Bereichen sein. Auf der SED-Bezirksdelegiertenkonferenz im März 1967 erläuterte Gerhard Kast seine Motive: »Der Kern meines Anliegens war: Wir, nur wir selbst können unsere Dinge in Ordnung bringen; wir haben die Kraft dazu. Wir müssen es nur klug organisieren ... Bei uns im Betrieb gibt es eine große Anzahl von Meistern. Ich bin der Meinung, wenn jeder dieser Meister in den Mittelpunkt seiner Arbeit die Entwicklung sozialistischer Persönlichkeiten stellt und aktiv die sozialistische Gemeinschaftsarbeit in seinem Bereich fördert, dann haben wir eine Kraft, die es uns ermöglicht, schneller voranzukommen.«[2]

Wogegen Meister Kast zu Felde zog, das behinderte noch in vielen Betrieben die Arbeit: Mittelmäßigkeit, Selbstzufriedenheit, Leitungsmißstände. Deshalb lösten seine Worte eine große Diskussion unter den Werktätigen aus. Viele Arbeiter machten sich diese Auffassung zu eigen und rangen darum, die Pläne und Lieferverträge ihrer Betriebe termin- und qualitätsgerecht zu erfüllen. Auch die Funkwerker aus Köpenick erreichten es, daß sich die Betriebsergebnisse verbesserten. In dieser von Berlin ausgehenden Wettbewerbsinitiative zeigte sich, daß immer mehr Arbeiter und Arbeitskollektive begriffen, was es heißt, Besitzer der Produktionsmittel zu sein und als solche Verantwortung für das Ganze zu übernehmen.

---

2 Berliner Zeitung, 13. März 1967.

Vom 17. bis 22. April 1967 fand der VII. Parteitag der SED in der Berliner Werner-Seelenbinder-Halle statt. Die Erfahrungen der SED wie die anderer Bruderparteien zeigten, daß die Entwicklung des Sozialismus ein langfristiger und komplizierter Prozeß ist, bei dem es darauf ankommt, alle Seiten und Bereiche der Gesellschaft stets in ihrem wechselseitigen Zusammenhang zu sehen. Der Parteitag gab daher die Orientierung, den Sozialismus als entwickeltes gesellschaftliches System zu gestalten. Im Verlauf des Fünfjahrplans 1966–1970 sollten besonders die strukturbestimmenden Zweige der Volkswirtschaft wie Elektronik, Petrolchemie, Maschinenbau, wissenschaftlicher Gerätebau rascher entwickelt werden. Als Hauptweg nannte der Parteitag die Fortführung der komplexen sozialistischen Rationalisierung. Neue Aufgaben stellten sich, weil zum erstenmal die Mitgliedsländer des RGW ihre Fünfjahrpläne aufeinander abstimmten.

Für die Hauptstadt bedeutete dies, vor allem die traditionelle Elektrotechnik/Elektronik und den Werkzeugmaschinenbau als strukturbestimmende Zweige weiterzuentwickeln. Mehr als 61 000 Berliner arbeiteten 1967 in der Elektrotechnik/Elektronik. Rund 25 Prozent aller elektrotechnischen Erzeugnisse der DDR kamen damals aus Berlin, in den Erzeugnisgruppen Bildröhren, Quecksilberhochdruck- und Niederspannungsleuchtstofflampen waren es sogar 100 Prozent. Weit über die Grenzen der Stadt und der Republik hinaus hatten sich Betriebe einen Namen gemacht wie die Elektro-Apparate-Werke Berlin-Treptow, mit 8 000 Beschäftigten zugleich größter Berliner Betrieb, das Berliner Glühlampenwerk, das Transformatorenwerk »Karl Liebknecht«, das Kabelwerk Oberspree, das Funkwerk Köpenick, das Werk für Fernsehelektronik, die Berliner Akkumulatoren- und Elementefabrik, das Institut für Regelungstechnik, der VEB Steremat »Hermann Schlimme«, das Werk für Signal- und Sicherungstechnik Berlin, der VEB Meßelektronik sowie der VEB Elektroprojekt und Anlagenbau Berlin. Ende der sechziger Jahre begann schrittweise die Einführung der elektronischen Datenverarbeitung in die Produktion.

Die systematische Rationalisierung bereitet zugleich die schrittweise Automatisierung vor. Die Rationalisierung führt zur wissenschaftlichen Durchdringung der Produktionsorganisation und Produktionsverfahren, ohne die die Automatisierung nicht denkbar ist.
RATIO-NALISIERUNG
AUTO-MATISIE-RUNG
DER SCHRITTMACHER

... Agitationsblatt

Im Jahre 1967 entstanden die ersten Kooperationsbeziehungen zwischen selbständigen VEB unterschiedlicher Industriezweige, die an der Herstellung eines Erzeugnisses beteiligt waren. Mit Blick auf das Finalprodukt koordinierten die Betriebe ihre Liefertermine. Anfang 1967 rief der VEB Großdrehmaschinenbau »7. Oktober« in Berlin-Weißensee den Kooperationsverband »Zahnflankenschleifmaschine« ins Leben und das Berliner Glühlampenwerk den Kooperationsverband »Leuchtstofflampe«.

Zur Bildung des ersten sozialistischen Industriekombinats in der Hauptstadt kam es im Januar 1967. Alle acht Kabelwerke der Republik schlossen sich zu einem Kombinat VEB Kabelwerk Oberspree mit Sitz in Berlin-Oberschöneweide zusammen. Die damalige Gesamtbelegschaftsstärke betrug 14000 Beschäftigte. Die Leitung des Stammbetriebes war zugleich die Kombinatsleitung. Der Zusammenschluß ermöglichte es, moderne sozialistische Leitungsmethoden und Technologien rationell anzuwenden

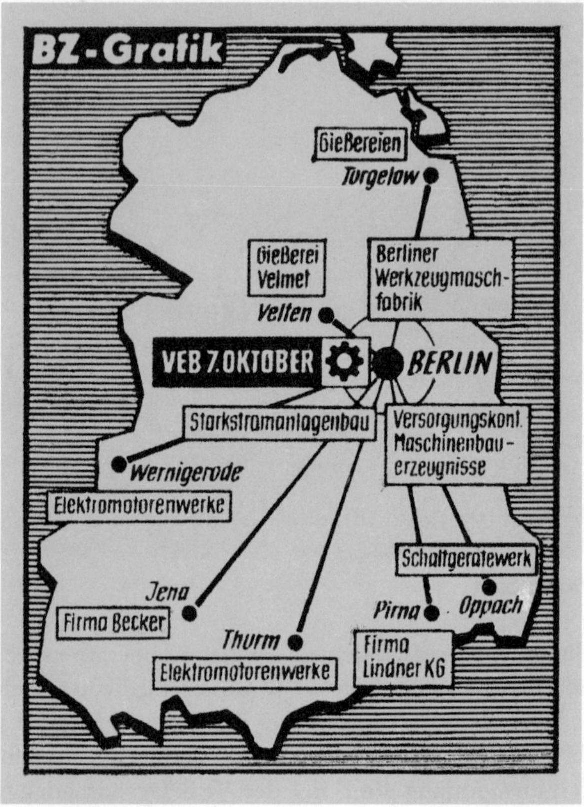

Kooperationsverband »Zahnflankenschleifmaschine«.
Aus »Berliner Zeitung«, 22. Februar 1967

und das Forschungspotential zu konzentrieren. Als nächstes folgte der Zusammenschluß von Betrieben des Werkzeugmaschinenbaus. Im Juli 1968 wurden die Betriebe VEB Großdrehmaschinenbau »7. Oktober« Berlin-Weißensee, VEB Berliner Werkzeugmaschinenfabrik in Marzahn, VEB Schleifmaschinenfabrik Karl-Marx-Stadt und VEB Pressenwerk Morgenröthe bei Klingenthal zum VEB Schleifmaschinenkombinat Berlin mit Sitz in Weißensee zusammengelegt. Danach entstanden das Kombinat

VEB NARVA mit dem Stammbetrieb Berliner Glühlampenwerk (1969), das Kombinat Kraftwerksanlagenbau und das Kombinat Dampferzeugerbau (1970) sowie das Tiefbau- und das Wohnungsbaukombinat Berlin.

In der Leicht- und Lebensmittelindustrie wurden Kombinate ausschließlich aus Berliner Betrieben gebildet: das Backwarenkombinat (1968), das Möbelkombinat (1968/1969) und das Oberbekleidungskombinat (1969); das Fleischkombinat war schon 1963 entstanden. Auch in der örtlichen Versorgungswirtschaft, im städtischen Verkehr und im Handel wurden mit dem VEB Rewatex (1968), dem Kombinat Berliner Verkehrsbetriebe (BVB) und dem Kombinat Autotrans (1969) sowie dem Großhandel Waren täglicher Bedarf (1970) größere Wirtschaftseinheiten gebildet.

Auch für die bezirksgeleitete Industrie eröffneten sich neue Wege, um die Wirtschaftsorganisation zu verbessern und Kooperationsbeziehungen herzustellen. Während 107 strukturbestimmende Betriebe der Hauptstadt zentral geleitet wurden, unterstanden dem Bezirkswirtschaftsrat Ende 1966 56 volkseigene Betriebe, 15 Treuhandbetriebe, 233 Betriebe mit staatlicher Beteiligung, 3 industriell produzierende PGH und 249 Privatbetriebe. Ihre fast 40 000 Beschäftigten produzierten jährlich Erzeugnisse mit einem Wert von rund 2 Milliarden Mark und trugen für die Versorgung der Bevölkerung, für wichtige Zulieferungen in strukturbestimmende Bereiche sowie für den Export eine große Verantwortung. Jedoch setzte die räumliche Zersplitterung – allein in der örtlichen Konfektionsindustrie mit rund 4 000 Beschäftigten existierten 63 Betriebe – dem technischen Fortschritt Grenzen.

Wenngleich die Berliner Landwirtschaft nur mit einem Prozent am Bruttoprodukt der Stadt beteiligt war, blieb sie doch kein Stiefkind der Aufwärtsentwicklung in den sechziger Jahren. Ende 1963 gab es 30 Produktionsgenossenschaften

(11 LPG Typ III, 6 LPG Typ I und 13 GPG). In ihnen bearbeiteten 2064 Genossenschaftsmitglieder eine landwirtschaftliche Nutzfläche von 3030 Hektar. Seit 1961 arbeiteten die Berliner LPG ohne staatliche Zuschüsse. Analog zur Agrarentwicklung in der Republik gingen Mitte der sechziger Jahre auch Berlins VEG, LPG und GPG zu industriellen Produktionsformen über. Sie spezialisierten sich auf Gemüseanbau, tierische Produkte oder Zierpflanzenanbau, auf die Bedürfnisse einer Großstadt also.

Am 1. Januar 1965 vereinigte sich die LPG »Neue Ordnung« in Marzahn – Berlins erste LPG – mit der LPG in Eiche/Ahrensfelde zur LPG »Edwin Hoernle«, der 1971 die LPG »Berliner Osten« in Mahlsdorf/Kaulsdorf beitrat. Die LPG »Pionier« in Buchholz schloß sich 1967 mit der LPG »Florian Geyer« zur LPG »Vereinte Kraft« mit Sitz in Malchow zusammen. Das entsprach dem Kurs auf Bildung von leistungsfähigen Produktionseinheiten.

Im Jahre 1967 entstand auf Initiative der LPG »1. Mai« in Wartenberg, einer seit Jahren vorbildlich arbeitenden Genossenschaft, die Kooperationsgemeinschaft »Berlin Nord-Ost«. Ihr gehörten außer der LPG »1. Mai« die LPG »Edwin Hoernle« und das VEG Falkenberg an, sie umfaßte 7000 Hektar landwirtschaftlicher Nutzfläche und einen Viehbestand von über 2800 Kühen und 30000 Schweinen. Mit 23 Berliner Großküchen, einigen Kaufhallen und Selbstbedienungsläden schloß sie Verträge über die direkte Lieferung von küchenfertig abgepacktem Gemüse. Diesem Beispiel folgten die Kooperationsgemeinschaft »Berliner Norden«, zu der sich 4 LPG und 2 VEG in Pankow zusammenfanden, der Kooperationsverband »Obst und Gemüse«, bestehend aus 3 LPG, 1 GPG und 2 VEG in Pankow, sowie ein Kooperationsverband »Berliner Blumen«.

Am nördlichen und nordöstlichen Stadtrand dehnten sich weite Rieselflächen. Sie gehörten zu dem Rieselsystem, das auf Vorschlag des Mediziners Rudolf Virchow und des Stadtbaumeisters James Hobrecht nach 1873 zur Verbringung der großstädtischen Abwässer im Norden und Süden Berlins angelegt worden war. Aber was damals gut war, reichte schon seit langem nicht mehr aus, um den stetig steigenden Abwasseranfall der Hauptstadt zu beseitigen. Hinzu kamen hygienische Gründe, ständige Geruchsbelästigungen und die ohnehin geringen landwirtschaftlichen Erträge auf dem Rieselland, wo nur bestimmte Kulturen angebaut werden konnten. Im Januar 1968 nahm auf dem Gelände zwischen Gartenstadt Hohenschönhausen und der Ortschaft Falkenberg ein modernes biologisches Großklärwerk den Betrieb auf, das täglich rund 100 000 Kubikmeter Abwässer reinigen konnte. Dadurch ging der Anteil der Rieselfelder langsam zurück. Durch das Einebnen von Gräben und Wällen entstanden Großflächen, die mit dem sogenannten Weißwasser aus den Klärwerken beregnet wurden. Gärtnereien und Kleingartenanlagen breiteten sich auf den früheren Rieselfeldern aus.

Mit dem kontinuierlichen Wachstum der Volkswirtschaft – die industrielle Bruttoproduktion der Berliner Industrie stieg von 1962 bis 1966 auf 118,4 Prozent, was einen durchschnittlichen Jahreszuwachs von 4,8 Prozent bedeutete – konnten die Lebensverhältnisse der Bevölkerung verbessert werden. Die Werktätigen begrüßten besonders die Maßnahmen zur weiteren Verkürzung der Arbeitszeit. Nachdem seit dem 9. April 1966 in jeder zweiten Woche der Sonnabend arbeitsfrei war, wurde ab 28. August 1967 die 5-Tage-Arbeitswoche ohne Lohnminderung generell in der DDR eingeführt. Dadurch verkürzte sich die wöchentliche Arbeitszeit für Werktätige mit ein- und zweischichtiger Arbeitszeit von 45 auf 43¾ Stunden und für die mit dreischichtiger oder durchgehender Arbeitszeit von 44 auf 42 Stunden. Die 45-Stunden-Arbeitswoche wurde für die Beschäftigten in der Land- und Forstwirtschaft, im Handel und in den nichtproduzierenden Bereichen eingeführt.

Die Freude über den Freizeitgewinn für Familie, Erholung, Weiterbildung und Hobbys war natürlich groß. Zugleich stiegen die Wünsche der Berliner nach erweiterten Möglichkeiten für sportliche und künstlerische Betätigung. Der Magistrat sorgte sich gemeinsam mit den Räten der Stadtbezirke und den Leitungen der Großbetriebe darum, weitere Kleinsportanlagen in den Wohngebieten zu schaffen, das kulturelle Angebot in den Kultur- und Klubhäusern auszubauen, den Zustand vieler Ausflugslokale zu verbessern und Naherholungsgebiete zu erschließen. In den Randgebieten Berlins wurden neue Kleingartenanlagen eingerichtet.

Weitere sozialpolitische Maßnahmen waren die Verlängerung des Mindesturlaubs von 12 auf 15 Tage Anfang 1967, die Steigerung der monatlichen Mindestlöhne von 220 auf 300 Mark im Juli 1967, die Erhöhung der Mindestrenten auf 150 Mark im Juli 1968 und die Heraufsetzung des staatlichen Kindergeldes auch für das dritte Kind im Jahre 1969. Gleichzeitig hatte jedermann die Möglichkeit, zusätzlich eine freiwillige Altersrentenversicherung abzuschließen.

Das Werk für Fernsehelektronik Berlin gehörte zu den Betrieben der DDR, in denen am 31. Dezember 1965 erstmals eine Jahresendprämie an die Beschäftigten ausgezahlt wurde. Diese Form, Arbeiter und Angestellte materiell an der Erfüllung der Betriebspläne zu interessieren, bewährte sich. Deshalb wurde die Jahresendprämie in der Folge in weiteren Betrieben und Einrichtungen eingeführt.

Um vielen Müttern die Ausübung ihres Berufes zu ermöglichen, erweiterten der Magistrat und mancher Großbetrieb die Kindereinrichtungen. Während des Fünfjahrplans 1966–1970 stieg die Zahl der Kinderkrippen- und Kindergartenplätze beträchtlich, so daß 1970 für jedes 3. Kind unter 3 Jahren ein Platz in einer Kinderkrippe und für jedes 2. Kind ein Platz in einem Kindergarten bereitstand. Über 38 250 Schulkinder der Klassen 1 bis 4 konnten im Jahre 1970 nach dem Unterricht einen Schulhort besuchen.

Die Dienstleistungsbetriebe und der Handel bemühten sich weiter darum, den werktätigen Frauen die Hausarbeit und das tägliche Einkaufen zu erleichtern. Engpässe gab es allerdings bei Haushaltsfertigwäsche und chemischer Reinigung in den Dienstleistungsbetrieben. Im Jahre 1969 wurden die ersten Einrichtungen mit Münzreinigungsautomaten in Betrieb genommen. Die Ausstattung der Haushalte mit hochwertigen Konsumgütern nahm stetig zu. Von 100 Berliner Haushalten besaßen im Jahre 1962 erst 12 eine Waschmaschine und 29 einen Kühlschrank; im Jahre 1966 waren es aber schon 28 beziehungsweise 37, und im Jahre 1970 erhöhten sich die Zahlen auf 68 Waschmaschinen und 44 Kühlschränke. Das Handelsnetz wurde modernisiert. In den neu entstandenen Wohnvierteln gab es Kaufhallen für Waren des täglichen Bedarfs. Die 45. Kaufhalle, die seit 1961 in Berlin errichtet worden war, empfing im Oktober 1969 in Friedrichsfelde die ersten Kunden. Es gab mehr Selbstbedienungsläden, und immer mehr abgepackte Erzeugnisse wie bei Fleisch- und Wurstwaren wurden angeboten. Mitte der sechziger Jahre ging der VEB Milchhof Berlin-Heinersdorf dazu über, Trinkmilch in Plastetüten in den Handel zu bringen. Das war natürlich eine Erleichterung besonders für die von der Arbeit kommende Frau; denn bisher mußte man sich von zu Hause Milchkannen zum Einkauf mitbringen.

Die staatlichen Aufwendungen für die gesundheitliche Betreuung der Berliner stiegen kontinuierlich. So gab es unter anderem im Jahre 1970 37 Krankenhäuser, 35 Polikliniken und 45 Ambulatorien. Je 10 000 Einwohner waren 1967 23 Ärzte und 6 Zahnärzte tätig. Das Betriebsgesundheitswesen erfuhr eine besondere Förderung.

Das Berliner Sozialwesen verfügte 1965 über 3 850 Plätze in Feierabend- und Wohnheimen sowie über 2 160 Plätze in Pflegeheimen. Bei der Betreuung der alten und hilfsbedürftigen Bürger leisteten die rund 60 000 Mitglieder der Berliner Organisation der Volkssolidarität eine große Arbeit. Auch die Ausgabe von verbilligtem Mittagessen in den Wohngebieten gehörte dazu. Im Jahre 1967 gab es bereits 19 Veteranenklubs in der Stadt.

Kontinuierlich wurde in den sechziger Jahren die sozialistische Staatsordnung ausgebaut. In den Volkswahlen vom 20. Oktober 1963 und 10. Oktober 1965, bei denen in Berlin zur Stadtverordnetenversammlung und zu den Stadtbezirksversammlungen gewählt wurde, hatten sich die Berliner in überwältigender Mehrheit zum Arbeiter-und-Bauern-Staat und zu seiner Friedenspolitik bekannt. Seither wurde das Wahlsystem weiterentwickelt, um die Bevölkerung noch enger in die staatliche Tätigkeit einzubeziehen. Die Wahlkreise wurden verkleinert, so daß der Kontakt zwischen Volksvertretern und Wählern enger wurde. Bei der Kandidatenaufstellung konnten doppelt soviel Kandidaten auf die Liste gesetzt werden, als Abgeordnete in den Wahlkreisen zu wählen waren. Die Bevölkerung hatte somit die Möglichkeit, unter den Kandidaten die geeignetsten zu wählen. Die Wählervertretungen hatten auch über die Reihenfolge der Kandidaten auf den Stimmzetteln zu entscheiden. Nach diesen neuen Prinzipien wurden die Wahlen vom 2. Juli 1967 durchgeführt. In Berlin, wo für die Stadtverordnetenversammlung gewählt wurde, entfielen 99,80 Prozent der abgegebenen gültigen Stimmen auf den Wahlvorschlag der Nationalen Front.

Am 5. Juli 1967 trat die neugewählte Stadtverordnetenversammlung im Roten Rathaus zu ihrer konstituierenden Sitzung zusammen, um den Magistrat und die 66 Berliner Vertreter für die Volkskammer zu wählen. Oberbürgermeister Friedrich Ebert bat aus gesundheitlichen und Altersgründen darum, ihm das verpflichtende und viel Kraft erfordernde Amt, das er seit dem 30. November 1948 ausgeübt hatte, nicht wieder anzutragen. In Anerkennung seiner Verdienste verlieh die Stadtverordnetenversammlung dem scheidenden Oberbürgermeister die Ehrenbürgerschaft der Hauptstadt.

In der gleichen Sitzung wählten die Stadtverordneten Herbert Fechner (SED) zum neuen Oberbürgermeister. Als Sohn eines Arbeiters 1913 in Berlin geboren, begann er ab 1928 als Möbelpolierer zu arbeiten und war später als Bauarbeiter tätig; über die Arbeitersportbewegung fand er schon 1927 zur organisierten Arbeiterbewegung. Als Stadtrat und von 1961 bis 1967 als Bezirksbürgermeister von Berlin-Köpenick hatte er reiche kommunalpolitische Erfahrungen gewonnen.

Eine immer größere Zahl von Berlinern arbeitete ehrenamtlich in Staat, Wirtschaft und Kultur mit. Das belegen folgende Zahlen für 1967 recht anschaulich:

In den Volksvertretungen der Hauptstadt – der Stadtverordnetenversammlung und den acht Stadtbezirksversammlungen – wirkten 1 060 Abgeordnete, von denen rund 88 Prozent ihrer sozialen Herkunft nach Arbeiter und Angestellte, 30 Prozent Frauen und 18 Prozent jünger als 30 Jahre waren. In den Aktivs der ständigen Kommissionen bei den Volksvertretungen betätigten sich über 4 200 Bürger ehrenamtlich. 5 300 Bürger unterstützten regelmäßig die Ausschüsse der Nationalen Front, weitere 38 600 die 15 500 Hausgemeinschaftsleitungen. An der Gestaltung der sozialistischen Schule arbeiteten 28 300 Eltern in den rund 4 300 Elternbeiräten und Klassenelternaktivs in den 200 Berliner allgemeinbildenden Schulen mit. Bei der sozialistischen Rechtsprechung wirkten in den Stadtbezirksgerichten und im Stadtgericht mehr als 4 000 gewählte Schöffen. 13 300 Berliner waren in 1 400 Konfliktkommissionen der Betriebe und weitere 1 300 Bürger in 96 Schiedskommissionen in den Wohngebieten tätig. Ferner engagierten sich Tausende in Handelsaktivs und Verkaufsstellenbeiräten des staatlichen und des genossenschaftlichen Einzelhandels, bei der kommunalen Wohnungsverwaltung, in Theaterbeiräten usw.

Als im Mai 1963 die Arbeiter-und-Bauern-Inspektion (ABI) gegründet wurde, nahmen mehr als 1 100 Berliner in den damals 172 Betriebskommissionen der örtlichgeleiteten Wirtschaft und weitere 780 in den 80 Volkskontrollausschüssen in den Wohngebieten eine ehrenamtliche Arbeit auf. Sie kontrollierten die örtlichen Staats- und Wirtschaftsorgane in ihrer Tätigkeit, gingen Eingaben der Bürger nach und halfen, Mängel zu beseitigen.

Nicht mehr wegzudenken aus dem gesellschaftlichen Leben der Hauptstadt war die freiwillige, gemeinsame und allen nützliche Arbeit Zehntausender. Am 15. Jahrestag des Nationalen Aufbauwerkes konnte eine stolze Bilanz gezogen werden. Seit jenem denkwürdigen 25. November 1951, an dem das Zentralkomitee der SED den Aufruf »Für den Aufbau Berlins!« herausgab, hatten die Berliner Aufbauhelfer rund 81,9 Millionen freiwillige Aufbaustunden geleistet, in denen sie Werte für 380 Millionen Mark schufen. Stand zunächst die Enttrümmerung im Vordergrund, so wandte man sich in den nachfolgenden Jahren immer mehr der Errichtung von Grün- und Sportanlagen, Spielplätzen und vielem anderem zu. Allein von 1963 bis 1966 schufen die Berliner in 33,7 Millionen Aufbaustunden Werte in Höhe von rund 146 Millionen Mark.

An die Stelle des NAW traten neue, von der Nationalen Front geführte Volksinitiativen. Im Januar 1967 rief der Kreisausschuß Torgau alle Ausschüsse der Nationalen Front zu einem Wettbewerb auf. Objekte der örtlichen Volkswirtschaftspläne des Jahres 1967, wie Um- und Ausbau von Wohnungen, Schaffung von Kindergartenplätzen, Wegebau und anderes, sollten durch freiwillige Arbeit verwirklicht werden. Während dieser Torgauer Initiative wurden in Berlin 444 zusätzliche Kinderkrippen- und Kindergartenplätze, 6 Schulräume und 1 627 Wohnungen durch Um- und Ausbau geschaffen.

Eine Bürgervertreterkonferenz in Berlin-Köpenick gab am 29. Februar 1968 die Losung aus: »Schöner unsere sozialistische Hauptstadt Berlin – Mach mit!« Sie fand nicht nur in Berlin lebhafte Zustimmung. Die Hauptstädter vollbrachten allein 1968 in dieser »Mach mit!«-Aktion Leistungen im Werte von über 145 Millionen Mark. Sie rekonstruierten Wohnraum, führten Reparaturen oder Verschönerungsarbeiten in den Häusern aus, pflegten Vorgärten und Grünflächen, legten Spielplätze und Kleinsportanlagen an und halfen bei der Renovierung von Schulräumen und Kindereinrichtungen. Daneben rückten immer stärker die Entwicklung des geistig-kulturellen und sportli-

chen Lebens in den Wohngebieten sowie die gegenseitige Hilfe und Unterstützung der Bürger in den Mittelpunkt der »Mach mit!«-Bewegung, die zu einer breiten sozialistischen Bürgerinitiative wurde, an der junge und ältere Berliner, Angehörige aller Klassen und Schichten teilnahmen. In den steigenden Zahlen erbrachter Leistungen drückten sich Liebe zur Heimat, Verantwortung für das Gemeinwohl und Vertrauen in die Politik von Partei und Regierung aus.

Ja zur sozialistischen Verfassung

Auf Empfehlung des VII. Parteitages der SED erarbeitete ein Volkskammerausschuß den Entwurf einer neuen, sozialistischen Verfassung der DDR, der im Januar 1968 der Öffentlichkeit zur Diskussion unterbreitet wurde. Seit der Inkraftsetzung der Verfassung vom 7. Oktober 1949 hatten sich große geschichtliche Veränderungen in der DDR vollzogen, die verfassungsrechtlich zu verankern waren.

In Hunderten von Versammlungen und Aussprachen, an denen über eine halbe Million Berliner teilnahmen, äußerten viele Bürger Gedanken und Vorschläge zum Verfassungsentwurf. In Stellungnahmen für Wandzeitungen und in Leserbriefen an Zeitungen schilderten manche persönliche Erlebnisse und Erfahrungen, die ihr Leben und ihr Bekenntnis zum sozialistischen Vaterland bestimmt hatten.

Berlinerinnen und Berliner!

Heraus zur

Großkundgebung

am heutigen Freitag um 16 Uhr vor der Humboldt-Universität (Unter den Linden)

für Dich, für uns alle – der Verfassung Dein Ja!

Es sprechen: Paul Verner, Mitglied des Politbüros und 1. Sekretär der Bezirksleitung Berlin

Dr. Heinrich Homann, stellvertretender Vorsitzender des Staatsrates und Geschäftsführender Vorsitzender der NDPD

Erscheint in Massen!

Bezirksausschuß der Nationalen Front Prof. Dipl.-Ing. Josef Stanek

Auf der 8. Tagung der Volkskammer am 26. März 1968 in der Kongreßhalle am Alexanderplatz wurde Bilanz gezogen: 11 Millionen Bürger hatten an der Volksaussprache teilgenommen und 12454 formulierte Vorschläge an die Verfassungskommission geschickt, die in 118 Textänderungen ihren Niederschlag fanden. Die Volkskammer beschloß, den überarbeiteten Verfassungsentwurf in einem Volksentscheid den Bürgern der DDR zur Annahme vorzulegen.

Am Vorabend des Volksentscheids, am 5. April 1968, fand auch in der Hauptstadt eine Großkundgebung der Nationalen Front statt. Zu den auf dem traditionsreichen Platz vor der Humboldt-Universität Versammelten sagte Paul Verner, Mitglied des Politbüros des Zentralkomitees der SED und 1. Sekretär der Bezirksleitung Berlin der SED, die neue Verfassung verbürge, »daß unsere Republik stets ihren geschichtlichen Auftrag erfüllt: den Frieden zu sichern und nicht zuzulassen, daß jemals wieder von deutschem Boden ein Krieg ausgeht. Sozialismus und Frieden sind eins. Und der Frieden hat bei uns deshalb eine feste Heimstatt, weil die Werktätigen alle Macht ausüben, der Mensch im Mittelpunkt unserer Gesellschaft und unseres Staates steht und weil des Volkes eigen ist, was des Volkes Hände schaffen.«[3]

Am 6. April 1968 stimmten 94,49 Prozent der abstimmungsberechtigten Bürger der DDR der neuen Verfassung zu. In der Hauptstadt Berlin hatten 90,96 Prozent der Abstimmungsberechtigten mit Ja entschieden. Am 8. April 1968 verkündete der Vorsitzende des Staatsrates der DDR, Walter Ulbricht, die durch das Volk beschlossene sozialistische Verfassung der DDR.

Am 28. Februar 1968 beschloß der Akademische Senat der Humboldt-Universität Maßnahmen zur Einleitung der dritten Hochschulreform; er folgte damit den Beschlüssen der IV. Hochschulkonferenz der SED vom Vorjahr. Schuf die erste

3 Ebenda, 6. April 1968.

Hochschulreform nach 1945 die antifaschistisch-demokratische Hochschule und leitete die zweite deren sozialistische Umgestaltung ein, so ging es jetzt darum, die Universität noch besser auf die Erfordernisse des entwickelten Sozialismus, der Volkswirtschaft und des wissenschaftlich-technischen Fortschritts einzustellen. Die Erziehung von sozialistischen Studentenpersönlichkeiten, eine praxisverbundene Ausbildung und die Einführung neuer Studienpläne waren weitere Aufgaben. Die FDJ als Interessenvertretung der Studentenschaft erhielt noch größere Rechte und Pflichten. Seit 1966 führte die Humboldt-Universität alljährlich »FDJ-Studententage« als Leistungsschauen durch. Für die Universität wurden neue Organisations- und Leitungsformen eingeführt. An die Stelle der bisherigen 9 Fakultäten mit 170 Instituten traten über 20 Sektionen und der gewichtige Medizinische Bereich (Charité). Es entstanden neue Formen für die Mitbestimmung und Mitverantwortung aller Universitätsangehörigen sowie zur Entfaltung der sozialistischen Gemeinschaftsarbeit innerhalb der Alma mater. Das Konzil als Vertretungskonferenz von Wissenschaftlern, Studenten, Arbeitern und Angestellten aus allen Bereichen der Universität berät seither die Grundsatzfragen und nimmt die Rechenschaftslegung des Rektors entgegen. Der Gesellschaftliche Rat, dem Vertreter des Magistrats und der wichtigsten Betriebe und Einrichtungen der Hauptstadt angehören, bemüht sich vor allem um die Praxisbeziehungen der Universität. Unter dem Rektorat von Prof. Dr. Karl-Heinz Wirzberger (1967–1976) entwickelte sich die Humboldt-Universität zu einem geistig-kulturellen Zentrum in der Hauptstadt.

Auch an den anderen Hoch- und Fachschulen Berlins setzte 1968 die Hochschulreform ein. Der Staat stellte jährlich beträchtliche Mittel für ihren Ausbau, für Forschung und Stipendien bereit. Im Jahre 1970 gab es in der Hauptstadt über 36 000 Studenten im Direkt-, Fern- und Abendstudium. An der Humboldt-Universität waren 17 600, darunter 11 500 im Direktstudium, immatrikuliert. An der Hochschule für Ökonomie, der Ingenieurhochschule Berlin-Wartenberg (1969 gegründet), der

Kunsthochschule Berlin-Weißensee und der Hochschule für Musik »Hanns Eisler« studierten insgesamt 3 800 und an den 12 Ingenieur- und Fachschulen Berlins weitere 14 600 Personen.

Im Jahre 1969 begann die Akademiereform. Sie hatte zum Ziel, die Akademie der Wissenschaften der DDR zu einer sozialistischen Forschungsstätte zu entwickeln, die in der Grundlagen- und angewandten Forschung voll auf die volkswirtschaftlichen Hauptaufgaben orientiert wird. Damit trug die Akademie eine hohe Verantwortung für die Verwirklichung des wissenschaftlich-technischen Fortschritts durch schnelle Umsetzung der wissenschaftlichen Ergebnisse in die Praxis. Sie verstärkte die Kooperation und den Erfahrungsaustausch mit den Akademien der Wissenschaften der UdSSR und der anderen sozialistischen Länder. Unter der Leitung ihres Präsidenten, Prof. Dr. Hermann Klare (1968–1979), gingen die Mitarbeiter der Akademie daran, die neuen Aufgaben zielstrebig und ideenreich zu bewältigen. Bereits in den Jahren 1960–1965 war auf einem 11 Hektar großen Gelände an der Rudower Chaussee in Adlershof ein Forschungszentrum mit Laborgebäuden, Spezialwerkstätten, Montagehallen und einem Verwaltungsgebäude mit zentraler Betriebsgaststätte entstanden. Auch die medizinischen Forschungseinrichtungen in Buch wurden erweitert. Von 1961 bis 1968 wurde die Robert-Rössle-Klinik als Forschungs- und Behandlungszentrum für Geschwulstkrankheiten errichtet. Die Akademie der Wissenschaften vertiefte im natur- und im gesellschaftswissenschaftlichen Bereich ihre Praxisbeziehungen zu Betrieben und Institutionen, besonders im Berliner Raum.

Am 15. September 1970 wurde in Berlin die Akademie der Pädagogischen Wissenschaften der DDR gegründet. Unter der Leitung ihres Präsidenten, Prof. Dr. Gerhart Neuner, widmete sie sich vor allem den Fragen der Weiterentwicklung des sozialistischen Bildungs- und Erziehungswesens in der DDR und arbeitete eng mit Partnerinstitutionen in der UdSSR und anderen sozialistischen Ländern zusammen.

Zügig ging nach 1966 der Aufbau des Stadtzentrums weiter. Das Alte Museum im früheren Lustgarten wurde am 5. Oktober 1966 eröffnet. Nach langer mühe- und liebevoller Rekonstruktion – die eigentlichen Bauarbeiten hatten 1958 begonnen, und 1963 war der Rohbau abgeschlossen – war das 1825–1830 von SCHINKEL im klassizistischen Stil errichtete Gebäude mit seiner langen Säulenfront wiedererstanden. Im zweiten Weltkrieg mehrfach von Bomben getroffen, war es bei Kriegsende völlig ausgebrannt. Auf der Südseite des Marx-Engels-Platzes, wo zum 15. Jahrestag der Gründung der DDR das Staatsratsgebäude eingeweiht worden war, wurden am Neuen Marstall bis 1968 alle Kriegsschäden behoben. Auf der Westseite des Platzes bezog das Ministerium für Auswärtige Angelegenheiten der DDR im Februar 1967 einen zehngeschossigen Neubau. Auf der Spreeseite, wo sich heute der Palast der Republik befindet, stand damals noch die 1951 errichtete langgestreckte Ehrentribüne, denn auf dem Marx-Engels-Platz fanden bis zu Beginn der siebziger Jahre Großkundgebungen, die Maidemonstrationen und die Ehrenparaden der NVA an Staatsfeiertagen statt.

Die Breite Straße wurde verbreitert und auf der Westseite durch das Funktionsgebäude des Staatsrates und das Ministerium für Bauwesen (1968) neugestaltet. Auf der Ostseite, in einer Baulücke neben dem Ribbeckhaus, wurde im Oktober 1966 der Neubau der Berliner Stadtbibliothek fertiggestellt. Zwischen Breite Straße und Jungfernbrücke entstanden zwischen 1964 und 1967 Appartementhäuser. Die Reste der im Krieg zerstörten Petrikirche, der Hauptkirche von Berlins früherer Schwestergemeinde Cölln, verschwanden 1964.

Auf der Fischerinsel (auch Fischerkietz), einem der ältesten Stadtviertel, begann 1965 der Abriß der wenigen erhalten gebliebenen Wohnhäuser, deren Bauzustand infolge jahrzehntelangen Verfalls und schließlicher Kriegseinwirkung eine Sanierung unvertretbar erscheinen ließ. Hier entstanden von 1967 bis 1973 sechs Wohnhochhäuser und die Gaststätte »Ahornblatt«.

Gegenüber, am Märkischen Ufer, wurde ein Stück echtes Alt-

Berlin erhalten. Mehrere Bürgerhäuser aus dem 18. und 19. Jahrhundert wurden restauriert. In eine große Baulücke fügte man das Ermeler-Haus ein. Dieses aus dem 18. Jahrhundert stammende Bürgerpalais stand bis Mitte der sechziger Jahre in der Breiten Straße, etwa vis-à-vis der heutigen Stadtbibliothek. Im Zusammenhang mit der Neugestaltung dieses Straßenzuges wurde das Haus abgetragen und 1968/1969 am Märkischen Ufer wieder errichtet, wobei die Freitreppe hinzugefügt wurde. Es verschmolz mit einem Barockhaus, das ursprünglich auf der gegenüberliegenden Seite der Friedrichsgracht gestanden hatte, zu einer gelungenen architektonischen Einheit. Im Oktober 1969 wurde das Ermeler-Haus als historische Gaststätte eröffnet. Restaurierte Ufergeländer und alte Gaslaternen ergänzen das Bild des Märkischen Ufers und zeugen von dem ernsthaften Bestreben der Städtebauer und Denkmalpfleger, historisch Wertvolles für die Stadt von morgen zu bewahren.

Im Jahre 1965 setzten in dem etwa 250 Hektar großen innerstädtischen Areal zwischen Königstor und Spree die vorbereitenden Arbeiten für eine Neubebauung ein. Um Baufreiheit zu bekommen, wurden allein 1966 mehr als 30 Häuser, durchweg nichtsanierungswürdige Bausubstanz, gesprengt oder mit der Spitzhacke abgetragen. Für Hunderte von Haushalten sowie für kleine und mittlere Betriebe, die in den Hinterhöfen gearbeitet hatten, mußten neue Unterkünfte besorgt werden. Tiefbauer zogen einen 617 Meter langen Regenüberlauf- und einen 1 120 Meter langen Mischwasserkanal zwischen Alexanderplatz und Jannowitzbrücke. Schon 1964 war in der Innenstadt vom Heizkraftwerk Mitte (1961–1964) an der Michaelbrücke aus ein rund 5,5 Kilometer langer Heizkanal verlegt worden, dem nun weitere Abschnitte hinzugefügt wurden.

Umfangreich und kompliziert gestalteten sich die Tief- und Straßenbauarbeiten für die neue Verkehrslösung. Der alte Alex, eine ovale Platzanlage mit einer Länge von 97 Metern und einer

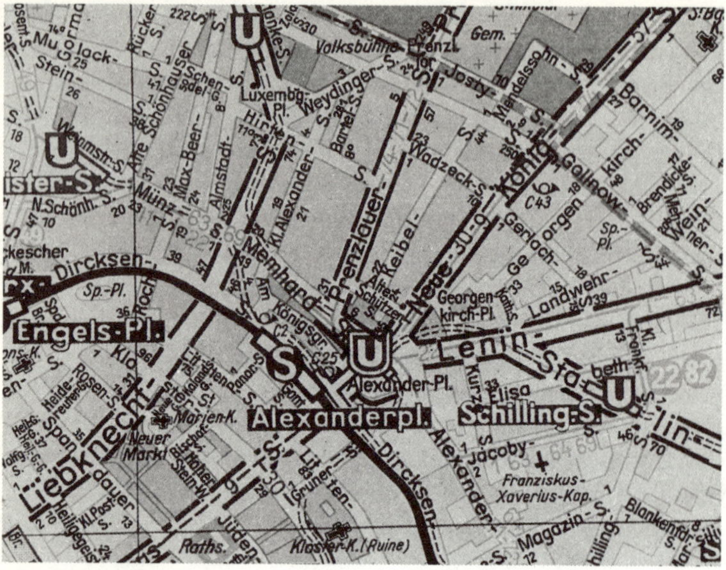

Straßen rings um den Alexanderplatz. Aus den Stadtplänen

Breite von 63 Metern sowie 6 einmündenden Straßen, war in der Hauptverkehrszeit total überlastet: 3 500 Fahrzeuge und 136 Straßenbahnzüge pro Stunde. Umgehungsstraßen sollten Entlastung bringen: die Nordtangente im Zuge der neuen Mollstraße bis zum Leninplatz, von hier aus die Osttangente über den Strausberger Platz bis zur Holzmarktstraße und die Südtangente von der Holzmarktstraße zum neugestalteten Molkenmarkt mit Anschluß an die 1968 neu errichtete Mühlendammbrücke. In der Verlängerung der »Linden« wurde die Karl-Liebknecht-Straße neu trassiert und direkt an die Prenzlauer Allee angeschlossen. Dazu mußten S-Bahn-Bögen und alte Stahlbrücken abgerissen und durch vier 60-Meter-Brücken ersetzt werden. Auch an der Grunerstraße, wo der den Alex östlich tangierende Straßenzug zur neuen Hans-Beimler-Straße verlief, mußten neue Eisenbahnbrücken eingezogen werden. Als besonders kompliziert erwies sich der Bau des 640 Meter langen Straßentunnels,

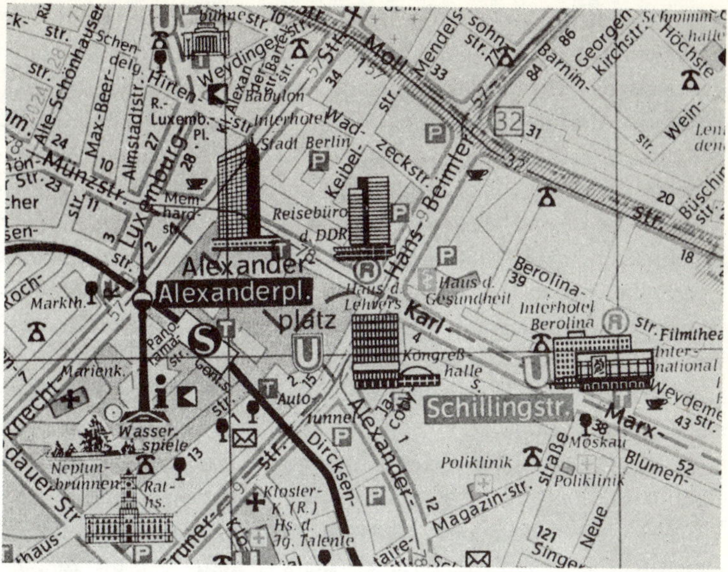

von 1961 (links) und von 1979

für den U-Bahn-Gleise abgesenkt, Kanalisation und Leitungen verlegt werden mußten. Bis 1968/1969 waren diese Verkehrsbauten fertiggestellt. Inzwischen hatten Anfang 1967 die Tiefbauarbeiten rund um den Alexanderplatz begonnen. Preßluftbohrer rissen die Straßendecke auf, Bagger und Bulldozer gruben sich in die Tiefe. Abrißarbeiter hatten alle Hände voll zu tun. Ganze Straßenzüge mit unansehnlichen Mietskasernen verschwanden für immer. Das Gebiet um den Platz verwandelte sich in eine riesige Baustelle. Mehr als 300 000 Kubikmeter Erdreich wurden ausgebaggert und abtransportiert. Manche Baugrube reichte bis zu 20 Meter in die Tiefe. Mehr als 3 000 Bauarbeiter hatten rund um die Uhr zu tun.

Als im Frühjahr 1968 das »Maulwurfsjahr« am Alex auf sein Ende zuging, waren die ersten Fundamente schon gegossen und ragten bereits Gleitkerne der künftigen Hochbauten empor. Schnell veränderte sich nun das Bild. Immer mehr gewannen die den Platz heute prägenden Bauten an Gestalt: das Haus der Elektroindustrie (1969), das Haus der Statistik (1969), das Haus des Reisens (1971), das Centrum-Warenhaus (1970) und das Haus des Berliner Verlages (1973). Als Dominante des neuen Alex wuchs das Interhotel »Stadt Berlin« (1970) empor: 39 Geschosse, 123 Meter Gesamthöhe. In der Karl-Liebknecht-Straße wurden die Bürogebäude des VEB Bau- und Montagekombinat Ingenieurhochbau (1968) und des Allgemeinen Deutschen Nachrichtendienstes (1971) bezogen. Die städtebauliche Gesamtkonzeption für den Alexanderplatz stammte von einem Kollektiv unter Leitung von Joachim Näther, der von 1964 bis 1973 Chefarchitekt der Hauptstadt war; der Architekt Roland Korn war Hauptprojektant.

In unmittelbarer Nähe des S-Bahnhofs Alexanderplatz, dessen Rekonstruktion 1964 abgeschlossen war, wuchs der Fernseh- und UKW-Turm empor. Nach Henselmanns Idee von 1959 sollte er eigentlich näher am Marx-Engels-Platz stehen, doch die Bodenverhältnisse in diesem ehemaligen Urstromtal ließen das nicht zu. Im August 1965 begannen die Fundamentierungsarbeiten. Mit Staunen und Interesse sahen die Berliner dieses von einem Architektenkollektiv (Günter Franke, Günter Kollmann, Klaus Timm) ausgeführte Wunder moderner Bautechnik in den Himmel streben. Ein Jahr später hatte der mächtige Betonschaft schon die 100-Meter-Marke überschritten und im Juni 1967 die Höhe von 250 Metern erreicht. Dann begann die höchste Präzision erfordernde Montage der stählernen Kugel und des über 100 Meter langen Antennenträgers. Auf der Wiese vor der Marienkirche war von April bis Oktober 1967 die Turmkugel an einem Ersatzschaft zu ebener Erde vormontiert worden. Das war wichtig, weil in 200 Meter Höhe keine Korrekturen ausgeführt werden konnten. Nach der Generalprobe wurde die Kugel wieder in ihre 140 Segmente zerlegt. Ein inzwischen auf dem Turmkopf in 250 Meter Höhe errichteter Spezialkran hievte nun die Einzelteile hoch; Monteure verschraubten sie in schwindelnder Höhe durch Bolzen mit dem Schaft. Am 29. März 1968 war auf diese

Weise mit der Montage der Turmkugel begonnen worden. Der Riese am Alex erreichte Ende 1968 seine endgültige Höhe von 365 Metern. Er war damals nach dem Moskauer Fernsehturm (537 Meter) das zweithöchste Bauwerk der Welt.

Die Hauptstadt hatte ein großzügig gestaltetes und attraktives Zentrum erhalten. Einst befanden sich rings um den Alex Elendsquartiere der Armen, das berüchtigte »Scheunenviertel« und die Mietskasernen aus der kapitalistischen Vergangenheit sowie ein eng verwinkeltes Straßennetz. Davon blieb nichts mehr. Der neue Alex wurde das pulsierende Herz Berlins. Wer nach Berlin kommt, sucht dieses Zentrum auf. In der gelungenen Verbindung von Bauten des Handels und der Gastronomie, von restaurierten historischen Stätten, von Geschäfts- und Bürobauten sowie innerstädtischem Wohnen zeigen sich die Vorzüge sozialistischer Städteplanung, der Grundstücksspekulationen fremd sind.

Zu Füßen des Fernsehturms entstand ein städtebaulicher Freiraum mit Wasserspielen, gepflegten Grünanlagen und dem wiederaufgestellten Neptunbrunnen von Reinhold Begas aus dem Jahre 1891, der früher auf dem Schloßplatz gegenüber dem Neuen Marstall stand. Ihn flankieren entlang der Karl-Liebknecht- und Rathausstraße Wohnhochhäuser (1969–1972) mit zahlreichen Gaststätten und Geschäften, mit den Rathaus-Passagen und der neuen Markthalle, die nach einem Jahr Bauzeit am 23. Dezember 1968 ihre Pforten öffnete. Für das politische und gesellschaftliche Leben der Hauptstadt war eine Stätte der Begegnung entstanden, die den historischen Bereich rings um die »Linden« mit dem neuen Alexanderplatz räumlich-architektonisch verklammerte.

Aber nicht nur das Zentrum veränderte sich in jenen Jahren. Die Industrialisierung des Bauwesens, die massenhafte Einführung der Großblock- und Plattenbauweise, ermöglichte es, nach 1963 größere Wohnkomplexe in Angriff zu nehmen. Im Hans-Loch-Viertel in Lichtenberg wuchs zwischen 1961 und 1966 auf 80 Hektar eine Wohnstadt für mehr als 15000 Berliner empor.

Es fand 1968 bis 1972 seine Fortsetzung im Wohngebiet am Tierpark. Große Wohnkomplexe entstanden ferner im Stadtbezirk Mitte im Heinrich-Heine-Viertel (1968/1969) und in der Mollstraße (1967–1969), im Stadtbezirk Prenzlauer Berg an der Ostseestraße (1966), im Stadtbezirk Weißensee an der Falkenberger Straße, im Stadtbezirk Lichtenberg am Fennpfuhl und in der Rhinstraße, im Stadtbezirk Köpenick in Friedrichshagen-Nord (1966/1967) und in der Köllnischen Vorstadt und im Stadtbezirk Treptow am Plänterwald (1958–1962), am Heidekampweg und in Johannisthal-Süd (1962–1964) sowie im Stadtbezirk Pankow an der »Strauchwiese« (1962), an der Vesaliusstraße (1967/1968) und in Buch (1968). Vorwiegend wurden 4- und 5geschossige, in zentraler Lage auch 8- und 10geschossige Wohnhäuser errichtet. Mit dem Punkthaus an der Schillingstraße (1966/1967) nahe dem S-Bahnhof Jannowitzbrücke begann eine Serie von 17geschossigen Wohnhochhäusern in Plattenbauweise, die das Stadtbild belebten. 1966 wurde erstmals in einem Wohngebiet – im Hans-Loch-Viertel – ein gesellschaftliches Zentrum – die »Passage« – geschaffen mit Bibliothek, Klubräumen, Kaufhalle, Gaststätte, Apotheke und Dienstleistungseinrichtungen. Insgesamt belief sich die Zahl der von 1962 bis 1970 neu gebauten Wohnungen auf mehr als 50 000.

Im Tierpark Berlin eröffneten 1963 die Cafeteria und das Alfred-Brehm-Haus, eines der schönsten Raubtierhäuser der Welt. Weitere Freianlagen und Gehege kamen hinzu. 1968 zählte der Tierpark bereits 5 200 Tiere in 879 Arten.

Am 4. Oktober 1969 drehte sich im neueröffneten Kulturpark Berlin inmitten des Plänterwaldes erstmals das 43 Meter hohe Riesenrad. Die Berliner nahmen dankbar den neuen Vergnügungspark in Besitz, denn solch ein Rummelplatz fehlte bislang in der Stadt, zu deren Lebensgefühl neben Zirkus und Varieté auch das laute Schaustellerfest mit seinen Buden, Geisterbahnen, Gondeln und Karussells gehört.

KONGRESSHALLE AM ALEXANDERPLATZ
8. Treff
Junge Leute
– Heute
Wir wählen unsere Republik
Jungwähler-Ball
des Stadtbezirks Berlin-Mitte
Mitwirkende:
Junge Talente und Sportler des Stadtbezirks Berlin-Mitte
Zum Tanz spielt:
Tanzorchester der EAW
Fontana-Quintett mit
Andreas Holm und Erika Janikowa
Sonntag, den 25. Juni 1967, um 19.30 Uhr
Veranstalter: FDJ-Kreisleitung und Rat des Stadtbezirks Berlin-Mitte • Eintrittskarten zum Preis von 3,10 MDN
im Vorverkauf in der FDJ-Kreisleitung sowie im Informationsbüro der Berlin-Werbung Berolina, 102 Berlin, Alexanderplatz 1 - Telefon: 51 46 44 - Programmänderungen vorbehalten

KREISKULTURHAUS »ERICH WEINERT«
Berlin-Pankow, Breite Straße 43a
NOVEMBER 1968
Tel. 48 08 01 App. 609 u. 48 51 31
Sonntag 10.30 Uhr 3. Deutscher Kulturbund
Heimatkunde
Führung durch den alten Berliner jüdischen Friedhof Schönhauser Allee, mit Bdlrd. A. Munter
Treffpunkt: U-Bahn Ausgang Senefelder Pl. – Leitung: Dr. G. Jarosch
Montag 19 Uhr Breite Straße 8 Militärpolitisches Kabinett 4. Zu Ehren des 50. Jahrestages der November-Revolution
Erfahrungsaustausch
der Klubs der Werktätigen
Wir unterhalten uns mit Veteranen der November-Revolution
Donnerstag 20 Uhr 7. kleine galerie
Ausstellungseröffnung
Malerei · Grafik · Plastik
Zu Ehren des 50. Jahrestages der November-Revolution
Zur Eröffnung spricht: Herr Munter, Sekretär des Kreisausschusses der Nationalen Front Berlin-Pankow
Freitag 20 Uhr 8. Deutscher Kulturbund
Pro und contra – „Faust I"
Ein Gespräch mit Mitgliedern des Deutschen Theaters
Mittwoch 19 Uhr 13. Deutscher Kulturbund
Heimatkunde „Sprachschichten"
Vortrag von Dr. Gebhardt zum Erscheinen des Brandenburgisch-Berlinischen Wörterbuches – Leitung: Dr. Jarosch
Donnerstag 15 Uhr 14. Kreisvorstand FDGB – Kreiskulturhaus – Kreisleitung FDJ
Tag des Kulturfunktionärs
Freitag 20 Uhr 15. Deutscher Kulturbund
Genügt es denn – zu leben?
Mit Frau Dr. Nyota Thun, wiss. Mitarb. am Institut für Ästhetik der Humboldt-Universität, diskutieren wir anhand des Romans von Ichokas Meras „Die Mondwäche" über neue sowjetische Prosa
Leitung: Erich Fetter
kleine galerie
Ausstellung
Malerei · Grafik
Plastik
geöffnet vom 7. Nov. bis 7. Dez. 1968, täglich 10 bis 19 Uhr, außer sonntags und montags, mit Unterstützung des Kulturfonds von Groß-Berlin
Macht mit!
Zirkel des Kreiskulturhauses
Malen und Zeichnen
jed. Dienstag, 19 Uhr, Harzgeroder Str. 5
Neue Mitglieder willkommen!
Kindermodellieren
jeden Donnerstag und Freitag, 15 Uhr
Dramatischer Zirkel
Montag, 18 bis 20 Uhr, im Kreisjugendklub
Schreibender Arbeiter
jeden 2. Dienstag
Freitag 19 Uhr 29. Eröffnung des Klubs „Palette Nord"
Mal- und Zeichenzirkel des Kreiskulturhauses
Harzgeroder Straße 5 am Klausthaler Platz
Freitag 20 Uhr 29. Deutscher Kulturbund
Von Lionel Feininger bis Hans Grundig
Künstlerische Bestrebungen in der Malerei der zwanziger Jahre mit Lichtbildern Leitung: Erich Fetter
Militärpolitisches Kabinett 110 Bln.-Pankow, Breite Str. 8 Telefon 48 08 01 / 292
Mittwoch 19.30 Uhr 13. Treff mit Grenzsoldaten und Parteiveteranen
Mittwoch 18 Uhr 20. Aussprache mit Jugendlichen (Jahrgang 51)
Fragen der allgemeinen Wehrpflicht mit Film
Donnerstag 18.30 Uhr 28. Ein Abend bei der GST
Kreisjugendklub Walter Husemann
110 Berlin-Pankow, Breite Str. 33a, Telefon 48 08 01 / 316 und 48 40 31
Termin wird noch bekanntgegeben
Prominente im Klub
Als Gast begrüßen wir Nationalpreisträger
Erwin Geschonneck
Donnerstag 19.30 Uhr 7. Neue Lyrik und Musik
Von und mit dem Lyrik-Klub Pankow – Es spielt die Rot-Weiß-Combo
Sonnabend 20 Uhr 16. Wir gehen einmal nicht ins Museum
Beim Grafik-Zentrum zu Gast:
Jugendbrigade „1. Mai" vom VEB Elektrokohle
Jugendbrigade „Deutsch-Sowjetische Freundschaft" vom VEB Bergmann-Borsig

85/86

87 Die Jugendbrigade »Peter Göring« im Kabelwerk Oberspree berät im März 1968 den Entwurf der sozialistischen Verfassung der DDR

88 Wenige Tage vor der Einweihung des Lenin-Denkmals, am 11. April 1970: Der Schöpfer des Monuments, der sowjetische Bildhauer Nikolai Tomski (2. v. l.), prüft noch einmal sein Werk

89 Heinrich Zille mit Stift und Skizzenblock, dem ein Junge über die Schulter schaut. Ein volkstümliches Bronzestandbild von Heinrich Drake, 1964, im Köllnischen Park

90 Im Monbijoupark (Stadtbezirk Mitte) tummeln sich Berliner Rangen im Freibad. Im Hintergrund das Bodemuseum

91 Pfingsten 1972: Erstmals praktiziert die DDR die neuen Erleichterungen im Besucherverkehr, die das Vierseitige Abkommen über Westberlin mit sich bringt

92 Seit Dezember 1974 erstrahlt alljährlich eine riesige Fichte nahe dem Alexanderplatz im Lichterglanz

93 Solidaritätsmeeting mit dem kämpfenden Volk Vietnams
am 29. Juli 1973 im Volkspark Friedrichshain
während der X. Weltfestspiele der Jugend und Studenten

94 Am 14. September 1973 bekundet das werktätige Berlin seine Solidarität mit dem Volk Chiles

95 Septemberinitiative 1977: In der sozialistischen Bürgerinitiative »Schöner unsere Hauptstadt Berlin – Mach mit!« legen die Berliner gemeinsam mit sowjetischen Soldaten Grünanlagen im Neubaugebiet an

96 1976 im Wohngebiet Leninallee/Ho-Chi-Minh-Straße (Stadtbezirk Lichtenberg)

ДРУЖБА
DRUSHBA
DRUSHBA-FEST
Berlin-Lichtenberg
18. und 19. September 1976
Stadtpark Lichtenberg

97

Der ständig zunehmende Verkehr zwang zum Ausbau des Straßennetzes. Außer den neuen Straßen und Brücken im Zentrum baute der VEB Kombinat Tiefbau Berlin vor allem an der Südost-Radiale, die bislang ein echtes Nadelöhr darstellte. Am 1. Mai 1969 konnte die Elsenbrücke am S-Bahnhof Treptower Park – Berlins größte Spannbetonbrücke – dem Verkehr übergeben werden. Sie löste ihre veraltete Vorgängerin, die auf Holzpfählen gegründete Stralauer Brücke, ab. Am 25. August 1969 rollten die ersten Fahrzeuge über das auf sechs Fahrspuren erweiterte Adlergestell zwischen S-Bahnhof Adlershof und Stelling-Janitzky-Brücke. Nachdem 1971/1972 der Vorplatz des S-Bahnhofs Schöneweide umgestaltet worden war, schloß sich der Ausbau der Schnellerstraße zwischen S-Bahnhof und Marggraffbrücke an.

Die BVG führte ab 1. März 1966 auf allen Linien den schaffnerlosen Betrieb ein. Am 12. Dezember 1967 rief auf der Linie »72 E« zwischen »Spitze« und Weißensee ein Schaffner zum letztenmal: »Noch jemand ohne Fahrschein?« Am 15. Januar 1967 ratterte letztmalig eine Straßenbahn der Linie »69« über den Alex. Im August 1970 fuhr auch die letzte Straßenbahn durch die Leipziger Straße in Richtung Jannowitzbrücke. Mit dem Aufbau des Stadtzentrums wurde das Liniennetz der Straßenbahn grundlegend umgestaltet. Die von der Prenzlauer Allee, von der Greifswalder Straße und von der Leninallee kommenden Straßenbahnen fuhren von nun an nördlich des neuen Alex entlang der Wilhelm-Pieck-Straße zur Friedrich- und Chausseestraße.

Auf der U-Bahn-Linie Alexanderplatz – Friedrichsfelde wurden 1963 erstmals neue Wagen eingesetzt, die das Reichsbahnausbesserungswerk Schöneweide aus ehemaligen S-Bahn-Wagen baute.

Bei der S-Bahn ging der Ausbau der Strecken in den Raum Oranienburg – Birkenwerder weiter. Im Februar 1969 begann der Bau einer neuen Strecke von Friedrichsfelde nach Springpfuhl-Marzahn, um zunächst das im Aufbau befindliche Industriegebiet Lichtenberg-Nordost verkehrsmäßig zu erschließen. Einige S-Bahnhöfe wurden rekonstruiert: Schönhauser Allee (1962), Alexanderplatz (1963/1964), Leninallee (1969) und Adlershof (1968/1969). S-Bahn-Züge älterer Bauart erhielten gepolsterte Sitze, Sprelacartverkleidungen und Leuchtstoffröhren. Im Jahre 1967 begann die Umstellung auf den sogenannten Einmannbetrieb, das heißt, der Schaffner entfiel und der Triebwagenführer erhielt seine Anweisungen über UKW-Sprechfunk von der Bahnhofsaufsicht.

Die Deutsche Reichsbahn nahm im Sommer 1968 den Container-Bahnhof Berlin-Frankfurter Allee in Betrieb; am 29. Juni 1968 wurde von hier der erste mit Containern beladene Zug zum Rostocker Überseehafen auf die Reise geschickt.

Den 20. Jahrestag der Gründung der DDR begingen die Berliner mit dem stolzen Gefühl, eine beachtliche Wegstrecke vorangekommen zu sein. Schon im Februar 1968 hatten die Werktätigen des Kabelkombinats KWO alle Betriebe der DDR zu einem sozialistischen Wettbewerb aufgefordert. Sie schlugen vor, ihn unter der Losung zu führen: »Rationeller produzieren, für dich, für deinen Betrieb, für unseren sozialistischen Friedensstaat – dem 20. Jahrestag der DDR entgegen!«

In den Betrieben nahm die Neuererbewegung einen spürbaren Aufschwung. Werktätige, darunter viele FDJ-Mitglieder und Frauen, reichten Neuerervorschläge ein. Ihr Anliegen war es, die Selbstkosten zu senken, die Mittel sparsam einzusetzen und die Arbeitszeit voll auszunutzen. Neuererkollektive, zu denen sich Produktionsarbeiter, Techniker und Ingenieure zusammenfanden, wandten sich wichtigen Aufgaben des betrieblichen Planes Wissenschaft und Technik zu. Der ökonomische Nutzen der im Jahre 1970 eingereichten 28 111 Neuerervorschläge lag um fast 85 Prozent höher als im Jahre 1966. Ende 1969 hatten sich nahezu 160 000 Werktätige in Betrieben und Einrichtungen der Hauptstadt der Bewegung »Sozialistisch arbeiten, lernen und leben« angeschlossen. Von den über 15 000 bestehenden Brigaden

und Arbeitskollektiven kämpften über 9 000 um den Titel »Kollektiv der sozialistischen Arbeit«.

Besonders aktiv setzten sich die Mitglieder des sozialistischen Jugendverbandes bei der Vorbereitung des Jahrestages ein. Einen Auftakt hatte das Treffen junger Revolutionäre gegeben, zu dem vom 18. bis 20. Oktober 1968 150 000 FDJler in die Hauptstadt gekommen waren. Anläßlich des 50. Jahrestages der deutschen Novemberrevolution besichtigten sie historische Stätten der revolutionären deutschen Arbeiterbewegung und sprachen mit Parteiveteranen.

Der harte Winter 1968/1969 hatte auf den Baustellen rings um den Alexanderplatz viele Baufristen verlängert. FDJ-Brigaden sprangen ein und halfen besonders an der Gestaltung der großen Freiflächen des Alexanderplatzes. Wie schon im Vorjahr beim 1. Studentensommer der FDJ packten zwischen Juni und September 1969 mehr als 8000 Studenten der Humboldt-Universität und anderer Hoch- und Fachschulen auch aus der Republik mit zu, um die wichtigsten Bauvorhaben bis zum Jahrestag fertigzustellen.

In den ersten Oktobertagen nahmen die Berliner von ihrem neuen »Alex« Besitz: das Haus der Elektroindustrie und der Statistik mit ihren Geschäftszonen, Fußgänger- und Autotunnel wurden übergeben; Hotel und Warenhaus standen vor der Fertigstellung. Vorm nahe gelegenen Fernsehturm warteten die ersten Besucher ungeduldig auf Einlaß, um aus über 200 Meter Höhe einen Blick auf das weite Rund des Platzes zu werfen.

Am 6. Oktober 1969 wurde das Mahnmal für die Opfer des Faschismus und Militarismus in SCHINKELS ehemaliger Neuer Wache in erneuerter Form feierlich eingeweiht. Seither lodert in einem facettenartig geschliffenen Glaswürfel die Ewige Flamme. Die Grabplatten für den unbekannten Widerstandskämpfer und den unbekannten Soldaten decken Urnen mit der blutgetränkten Erde aus früheren faschistischen Konzentrationslagern und von Schlachtfeldern des zweiten Weltkrieges.

Die Ehrenwache der Nationalen Volksarmee steht seit dem 1. Mai 1962 vor dem Mahnmal; seitdem finden dort auch die militärischen Zeremonielle wie der Große Wachaufzug und an Staatsfeiertagen der Große Zapfenstreich statt.

Auf Festveranstaltungen wurde eine erfolgreiche Bilanz der zahlreichen Initiativen gezogen. Zu den Betrieben, die am 2. Oktober 1969 erstmals den Ehrentitel »Betrieb der sozialistischen Arbeit« erhielten, gehörten aus Berlin das Kabelkombinat KWO und das Wohnungsbaukombinat.

Vom 5. bis 7. Oktober 1969 fand ein Treffen junger Sozialisten in der Hauptstadt statt, zu dem Zehntausende aus allen Bezirken

Im April 1945 wurde ein deutscher Antifaschist, der einer durch die Gemeinde Spitzkunnersdorf, Kreis Zittau, ziehenden Kolonne politischer Häftlinge angehörte, in Höhe der drei Eichen bei dem ehemaligen Rittergut von einem SS-Mann der Wachmannschaft erschossen.

Augenzeuge dieses Verbrechens war ein noch heute in Spitzkunnersdorf lebender Genossenschaftsbauer.

Der Name des Ermordeten blieb unbekannt.

Die Gebeine des ermordeten unbekannten deutschen Antifaschisten wurden am 13. August 1969 exhumiert.

Die Einäscherung erfolgte am 14. August 1969 im Krematorium Berlin-Baumschulenweg. Die Urnenkapsel - Nummer 340 301 - mit den Resten der Feuerbestattung hat die Beschriftung

"Unbekannter deutscher Antifaschist

14. 8. 69"

Aus der amtlichen Dokumentation für die Neugestaltung des Mahnmals Unter den Linden

der Republik kamen. Am Abend des 6. Oktober 1969 demonstrierten über 250 000 Jungen und Mädchen der Freien Deutschen Jugend und der Thälmannpioniere Unter den Linden. An der gleichen Stelle, wo 20 Jahre zuvor die junge Generation die Geburt des neuen Deutschlands begeistert begrüßt hatte, bekundeten sie mit einem Fackelzug ihre Treue zum sozialistischen Vaterland. Am 7. Oktober 1969 fand auf dem Marx-Engels-Platz

Arno Mohr: Großer Wachaufzug Unter den Linden 1972. Lithographie

eine Ehrenparade der Nationalen Volksarmee statt. Danach demonstrierten mehr als 400 000 Berliner und die Teilnehmer des Jugendtreffens an der Ehrentribüne vorüber, auf der zusammen mit der Partei- und Staatsführung die Mitglieder der 84 ausländischen Delegationen, die zum Jahrestag in der DDR weilten, Platz genommen hatten. Besonders herzlich wurde die Partei- und Regierungsdelegation der UdSSR unter Leitung des Generalsekretärs des ZK der KPdSU, L. I. Breshnew, begrüßt.

Der 100. Geburtstag W. I. Lenins im April 1970 war ein herausragendes Ereignis für die internationale Arbeiterklasse und die gesamte fortschrittliche Menschheit. Auch in der Hauptstadt der DDR bereiteten sich die Werktätigen auf das Jubiläum vor. Schon am 8. Oktober 1969 riefen die Wohnungsbauer vom Leninplatz dazu auf, den sozialistischen Wettbewerb mit hohen Zielsetzungen weiterzuführen.

Natürlich stand in Berlin die Gestaltung des Leninplatzes im

Heute trifft sich Berlin zur Großkundgebung auf dem Leninplatz

Der neue Leninplatz wird um 10.30 Uhr mit der Enthüllung des Leninmonuments feierlich eingeweiht

Es sprechen:

Genosse **Walter Ulbricht,**
Erster Sekretär des Zentralkomitees der Sozialistischen Einheitspartei Deutschlands und Vorsitzender des Staatsrates

Genosse **P. A. Abrassimow,**
Außerordentlicher und Bevollmächtigter Botschafter der Union der Sozialistischen Sowjetrepubliken in der DDR

Werktätige der Hauptstadt! Erscheint in Massen!

traditionsreichen Arbeiterbezirk Friedrichshain im Mittelpunkt der Vorbereitungen. Am 7. November 1968 hatte die Grundsteinlegung stattgefunden. Die Bauarbeiter gingen mit Elan ans Werk. Am 6. Oktober 1969 wurde in 70 Meter Höhe die letzte Deckenplatte auf der dreifach abgestuften Hochhausgruppe (17, 21 und 25 Geschosse) verlegt. Der Berliner Montagebrigadier Herbert Kohlmann und sein Leningrader Kollege Semjon Tkatschow, der zum Jahrestag der Republik nach Berlin gekommen war, zogen an diesem Tag gemeinsam ein Lenin-Banner über dem Hochhaus auf. Die deutsch-sowjetische Freundschaft dokumentierte sich noch auf andere, bleibende Weise auf dem Platz. Der bekannte sowjetische Bildhauer Nikolai Tomski schuf ein 19 Meter hohes Lenin-Denkmal aus rotem ukrainischem Granit. Trotz kühlen Aprilwetters kamen am 11. April 1970 über 2000 FDJler, um gemeinsam mit den Bauarbeitern letzte Hand bei der Fertigstellung des Ensembles anzulegen. Das war ihr Beitrag zum Internationalen Subbotnik, zu einem freiwilligen Arbeitseinsatz, zu dem der Leninsche Komsomol die Jugendorganisationen der sozialistischen Staaten aufgerufen hatte.

Am 19. April 1970 fanden sich 200 000 Berliner zu einer Großkundgebung ein, um an der Einweihung des neuen Leninplatzes und an der Enthüllung des Lenin-Denkmals teilzunehmen. In ihren Ansprachen würdigten der Erste Sekretär des ZK der SED und Vorsitzende des Staatsrates der DDR, Walter Ulbricht, und der Außerordentliche und Bevollmächtigte Botschafter der

UdSSR in der DDR, P. A. ABRASSIMOW, die gemeinsame Leistung des sowjetischen Bildhauers und der Berliner Bauarbeiter als Symbol der unverbrüchlichen Freundschaft zwischen beiden Völkern und Staaten.

Die Fortschritte in der sozialistischen Entwicklung bestimmten auch das hauptstädtische Kunst- und Kulturleben. Unverändert stand im Mittelpunkt der Tätigkeit von Literaten, Theaterleuten, Malern, Bildhauern und anderer Künstler das Ringen um ein realistisches Bild der Arbeiterklasse als Hauptkraft der revolutionären Veränderungen. Viele verließen ihre Ateliers und Schreibstuben, um das Werden des Sozialismus an den Quellen zu studieren und das Reifen sozialistischen Bewußtseins und sozialistischer Beziehungen unmittelbar zu erleben. Die engen Kontakte vieler Künstler zu Betrieben und Brigaden trugen dazu bei, daß sich die Werktätigen in wachsender Zahl am geistig-kulturellen Leben beteiligten.

Am Beginn der sechziger Jahre erregte das Werk eines Berliner Malers besonderes Aufsehen: »Am Strand« (1962) von WALTER WOMACKA. Das schlichte Motiv – ein junges Liebespaar am Ostseestrand – sprach wegen seiner lebensbejahenden Grundaussage breite Kreise an. In der Berliner Malerei gab es auch das für jene Jahre charakteristische Brigadebild, wie GÜNTHER BRENDELS »Aufbau des Stadtzentrums Berlin« (1962) und »Berliner Baubrigade« (1966/1967), aber auch das Porträt, beispielsweise mit FRANK GLASERS »Meister Gerhard Kast« (1967). Mitte der sechziger Jahre trat die Landschafts- und Porträtmalerei stärker hervor, HARALD METZKES, MANFRED BÖTTCHER und andere gestalteten das Verhältnis von Mensch und Natur.

Ähnlich vielgestaltig entwickelte sich die Plastik. Der Einfluß der Cremer- und Drake-Schule war für Berlin kaum zu übersehen. Daneben gewann auch hier die jüngere Generation immer mehr an Bedeutung: WERNER STÖTZER, WIELAND FÖRSTER, LUDWIG ENGELHARDT, GERHARD ROMMEL und andere. Unter den Älteren ragte in dieser Zeit vor allem Fritz Cremer heraus mit seinen Werken »Aufsteigender (Den um ihre Freiheit kämpfenden Völkern gewidmet)« (1966/1967) und »Denkmal der deutschen Spanienkämpfer« (1968) im Volkspark Friedrichshain. Hier wirkten die Ideen der monumentalen Gestaltung der Mahnmale des antifaschistischen Widerstandes aus den fünfziger Jahren nach.

Die Neugestaltung des Stadtzentrums verschaffte den Künstlern weitreichende Möglichkeiten, die städtebaulich-architektonischen Ensembles mitzugestalten. In den öffentlichen Räumen dominierte das großflächige Wandbild: der 7 Meter hohe und 125 Meter lange Bildfries »Unser Leben« von Walter Womacka am Haus des Lehrers (1964) und das vom selben Künstler gestaltete Großrelief »Der Mensch überwindet Zeit und Raum« (1972) am Haus des Reisens, das Wandbild »Sozialistische Presse« von Willi Neubert am Haus des Berliner Verlages (1973), das Wandbild »Der Mensch als Maß aller Dinge« von Walter Womacka am Gebäude des Ministeriums für Bauwesen in der Breiten Straße (1968), das Mosaikwandbild »Aus dem Leben der Völker der Sowjetunion« von Bert Heller am Eingang des Restaurants »Moskau« in der Karl-Marx-Allee (1964) und andere. Auch die Innenräume gesellschaftlicher Bauten wurden von den Künstlern ausgestaltet, so im Staatsratsgebäude, im Ministerium für Auswärtige Angelegenheiten, im Palais Unter den Linden und Räume im Hotel »Stadt Berlin« und im Hotel »Unter den Linden«.

Reizvolle Akzente fügte der bekannte Berliner Kunstschmied Fritz Kühn dem Straßenbild des neuen Zentrums ein: die Eingangspforte und den mit Kupferplatten verkleideten Mittelrisalit der Komischen Oper (1966), das Portal der Berliner Stadtbibliothek in der Breiten Straße mit 117 Varianten des Buchstabens A (1966) und das Metallgitter aus 224 geätzten Lindenblättern am Haupteingang der Botschaft der Volksrepublik Polen Unter den Linden (1966).

Einer alten Berliner Tradition folgend, vergaßen die Städteplaner nicht, die neuen Plätze und Innenräume mit Brunnen und

Wasserspielen zu schmücken, die die immer eiligen Berliner und die Besucher der Stadt zum Verweilen einladen und an heißen Sommertagen erfrischende Kühle spenden. Auf dem Strausberger Platz entstand 1967 eine der ersten modernen Brunnenanlagen der Hauptstadt: 43 Fontänen und eine 18 Meter hohe Mittelfontäne lassen die von Fritz Kühn geschaffenen Kupferplatten, die die inneren Fontänen umschließen, wie einen schwebenden Ring erscheinen. Den Alexanderplatz schmückt seit 1970 der in farbigem Email gehaltene »Brunnen der Völkerfreundschaft« von Walter Womacka. Sehenswert sind des weiteren die Wasserglocke von Achim Kühn im Volkspark Friedrichshain (1973), der Marktbrunnen mit Altberliner Originalen neben der neuen Markthalle in der Karl-Liebknecht-Straße (1973) und der Tröpfelbrunnen in den Rathaus-Passagen (1972), die beide der Berliner Bildhauer Gerhard Thieme schuf. Hauptblickfang am Fernsehturm sind seit dem 27. April 1972, als sie erstmals sprudelten, die Wasserspiele, die gemeinsam mit dem historischen Neptunbrunnen, den gepflegten Parkanlagen und den umliegenden Einkaufszentren eine einzigartige Kulisse für den zentralen Fußgängerbereich bilden.

Zu den bekanntesten Plastiken – zumeist Denkmälern und Stelen –, die in den sechziger Jahren aufgestellt wurden, zählen das Zille-Denkmal von Heinrich Drake (1964) im Köllnischen Park, das Denkmal »Roter Matrose« von Hans Kies (1963) auf dem Friedhof der Märzgefallenen im Friedrichshain, die Bronzeplastik »Bauarbeiter« von Gerhard Thieme (1969) vor dem Bürogebäude des VEB BMK Ingenieurhochbau in der Karl-Liebknecht-Straße und die Reliefstele mit Bronzetafeln zu Ehren der Erbauer des Stadtzentrums von Gerhard Rommel (1970) vor den Rathaus-Passagen. Auch für die neuen Wohngebiete schufen Berliner Künstler eine Fülle plastischer Arbeiten. An der erstmals 1957 durchgeführten Ausstellung »Plastik und Blumen« im Treptower Park beteiligten sich seit 1963 in wachsender Zahl auch ausländische Künstler. Nach sorgfältiger Restaurierung fanden die von Christian Daniel Rauch geschaffenen Denkmäler für die preußischen Generäle der Befreiungskriege Scharnhorst, Gneisenau, Blücher und Yorck im Jahre 1964 ihren heutigen Standort in der Grünanlage vor dem Operncafé. Die von Erich John originell gestaltete Urania-Weltzeituhr auf dem neuen Alex wurde bald nach ihrer Einweihung am 2. Oktober 1969 zu einem beliebten Treffpunkt der Berliner.

In den sechziger Jahren verbreitete sich das Fernsehen stürmisch. In Berlin besaßen von 100 Haushalten 1962 erst 29, 1966 55 und 1970 schon 86 Fernsehgeräte. Es stiegen sowohl Sendezeiten als auch Einschaltquoten beim Fernsehen, das durch ein abwechslungsreiches Programmangebot die differenzierten Bedürfnisse der Zuschauer immer besser befriedigte. In der zweiten Hälfte der sechziger Jahre wurden eine Reihe künstlerisch wertvoller Fernsehspiele produziert, die sowohl die jüngste geschichtliche Vergangenheit als auch aktuelle Fragen der sozialistischen Gesellschaft behandelten. Es seien nur genannt: »Erben des Manifests« (1967) von Bernhard Seeger, »Die Geduld der Kühnen« (1967) und »Zeit ist Glück« (1968) von Benito Wogatzki, »Dr. Schlüter« (1965/1966) von Karl Georg Egel, »Krupp und Krause – Krause und Krupp« (1968) von Gerhard Bengsch und »Wege übers Land« (1968) von Helmut Sakowski.

Am Vorabend des 20. Jahrestages der DDR, am 3. Oktober 1969, wurde der Fernseh- und UKW-Turm der Deutschen Post Berlin – so der offizielle Name des Fernsehturms – in Betrieb genommen. Erstmals wurde ein zweites Fernsehprogramm ausgestrahlt. Am gleichen Tag war auch die erste Farbsendung zu sehen. Zunächst gab es nur an den Wochenenden mehrstündige Farbsendungen im »Zweiten«, doch ihr Anteil stieg in den folgenden Jahren rasch. Ebenso erhöhte sich die Zahl der Farbfernsehgeräte, die aus eigener Produktion in den Handel kamen. Wenn im Jahre 1960 am Tage durchschnittlich 8 Stunden gesendet wurde, dann waren es 1968 schon 13 Stunden. Das Fernsehzentrum Adlershof wurde erweitert, es erhielt Studios in Halle

(Saale) und Rostock. Die DDR gehörte 1960 zu den Gründungsmitgliedern von Intervision, einer internationalen Organisation der sozialistischen Staaten und Finnlands zum Austausch von Fernsehprogrammen. Das Fernsehen der DDR war mit einer 3000 Kilometer langen Koaxialkabelverbindung über die Intervisionszentrale Prag mit Moskau verbunden. Seit 1965 gab es zwischen Intervision und der westeuropäischen Eurovision einen regelmäßigen Film- und Nachrichtenaustausch.

Unter dem stürmischen Vormarsch des »Pantoffelkinos« mit seinen häuslichen Bequemlichkeiten litt natürlich der alte »Kintopp«. In Berlin gab es 1959 noch 87 Lichtspieltheater, 1967 waren es 34 und 1977 nur noch 21. Die Zahl der Kinogänger ging in dieser Zeit von 11,6 auf 4,3 Millionen im Jahr zurück. Doch die DEFA lieferte weiterhin wichtige Beiträge zur sozialistischen Filmkunst, darunter auch einige mit einem direkten Berlin-Bezug. Eigene Erlebnisse aus den Tagen der Befreiung Berlins im April/Mai 1945 hatte Konrad Wolf in seinem eindrucksvollen Film »Ich war neunzehn« (1968) verarbeitet. Im Mai 1969 kam der Film »Towarisch Berlin« in die Kinos. Der namhafte sowjetische Dokumentarist Roman Karmen zeigte in der bildlichen Gegenüberstellung des zerstörten Berlins und der pulsierenden Hauptstadt die großen Wandlungen dieser Stadt und ihrer Bewohner.

Es gab auch in den sechziger Jahren auf den hauptstädtischen Bühnen gutes Theater zu sehen. Der bekannte Berliner Theaterkritiker Ernst Schumacher hob im Rückblick zwei Aufführungen besonders hervor:

»In die Geschichte des modernen Welttheaters eingegangen: die Inszenierung des ›Drachen‹ von Jewgeni Schwarz im Deutschen Theater [Premiere am 26. März 1965 – *G. K.*] in der Regie von Benno Besson und Eberhard Esche als Lanzelot. ›Coriolan‹ von Shakespeare/Brecht in der Regie von Manfred Wekwerth und Joachim Tenschert, mit Ekkehard Schall in der Titelrolle, mit Helene Weigel als Volumnia, mit der Choreographie von Ruth Berghaus, mit der Musik von Paul Dessau im Berliner Ensemble [Premiere am 25. September 1964 – *G. K.*] – eine für die Mitte der sechziger Jahre klassische Leistung, bis heute wirksam geblieben, in mehreren Ländern mit größtem Erfolg gezeigt.«[4]

Das führende Haus unter den Musikbühnen – die Deutsche Staatsoper – brachte unter der Intendanz von Professor Hans Pischner (seit 1963) zeitgenössische Werke, darunter Uraufführungen der Opern »Puntila« (1966), »Lanzelot« (1969) und »Einstein« (1974) von Paul Dessau, ferner Werke von Ernst Hermann Meyer, Jean Kurt Forest und Robert Hanell. Ereignisse des Musiktheaters waren weiterhin die Inszenierungen Walter Felsensteins in der Komischen Oper, die 1966 ein von Grund auf rekonstruiertes Gebäude erhielt, in dem nur der Zuschauerraum in seiner alten Form blieb.

Bei der heiteren Muse führte auch im Metropol-Theater das Musical seinen internationalen Siegeslauf fort: »Kiss me, Kate« (1965), »My Fair Lady« (1966) und vor allem »Hallo Dolly« (1970) mit Gisela May in der Titelrolle hießen die »Renner«.

Auf der anderen Spreeseite sorgte Intendant Wolfgang E. Struck mit »Palasticals« und Revuen wie »Das hat Berlin schon mal gesehen« (1961), »Der Mann, der Dr. Watson war« (1964) und »Mini – Midi – Maxi« (1970) für einen stets ausverkauften Friedrichstadt-Palast. »Clown Ferdinand« – hinter dieser Maske verbarg sich der Prager Schauspieler Jiři Vrštala – war der Star des Kinder-Varietés, besonders zur Weihnachtszeit.

Im künstlerischen Laienschaffen machte Mitte der sechziger Jahre die Singebewegung, von der FDJ gefördert, von sich reden. Junge Menschen fanden sich zusammen, um die Kampflieder der Arbeiterbewegung, die im Aufbau der DDR entstandenen Massenlieder und das Volkslied zu pflegen. Oft schrieben sie selbst neue Songs über den Arbeitsalltag, über Empfindungen

---

4 Ernst Schumacher: Berliner Kritiken. Ein Theater-Dezennium 1964–1974, Bd. II, Berlin 1975, S. 757/758.

und Sehnsüchte der Jugend in der DDR. Einer der ersten Singeklubs war der am 15. Februar 1966 gebildete Berliner Oktoberklub; hervorgegangen aus Zusammenkünften – »Hootenanny« genannt –, auf denen gemeinsam Lieder gesungen und gehört wurden, zählte er bald zu den bekanntesten und beliebtesten Singeklubs der DDR.

Ende der sechziger Jahre öffneten sich neue Möglichkeiten im Kampf um Frieden, Sicherheit und Zusammenarbeit in Europa. Der Vorschlag der Warschauer Vertragsstaaten, eine europäische Sicherheitskonferenz einzuberufen, fand in einflußreichen Kreisen in den westeuropäischen Ländern eine positive Aufnahme und mobilisierte die Friedenskräfte. Aber zwei Hindernisse versperrten den Weg zu Fortschritten. Einmal die Revanchepolitik der von der CDU/CSU geführten BRD-Regierung, die sich weigerte, den seit 1945 bestehenden Status quo in Mitteleuropa anzuerkennen, und sodann das ungeregelte Westberlinproblem, das entspannungsfeindliche Kräfte immer wieder als »Bremshebel« mißbrauchten, um eine Gesundung der politischen Lage in Europa zu hintertreiben.

Seit 1965 hatte es in der Westberlinfrage eine ständige Eskalation des revanchistischen Kurses gegeben. Der Westberliner Senat unterstützte die Absichten der Bonner Regierung, Westberlin im Widerspruch zu seinem politischen Status und zu seiner geographischen Lage als Bundesland in die BRD einzubeziehen. Alle Warnungen und Proteste der DDR und der anderen sozialistischen Staaten wurden in den Wind geschlagen. Das vierte Passierscheinabkommen über den Verwandtenbesuch Westberliner Bürger in der Hauptstadt der DDR, das bis zum 30. Juni 1966 gültig war, konnte nicht mehr verlängert werden. Eine besonders schwerwiegende Provokation war die Einberufung der Bundesversammlung der BRD zur Wahl eines neuen Bundespräsidenten für den 5. März 1969 nach Westberlin. »Kein Staat in der Welt wählt seine Präsidenten auf fremdem Territorium. Auch für die

Bundesrepublik ist diese Notwendigkeit nicht vorhanden«, erklärte die Sowjetregierung.[5] Die Bonner Provokation vergiftete die internationale Atmosphäre; selbst die NATO-Verbündeten zeigten ihren Mißmut darüber. Als die Sowjetunion im Juli 1969 den Westmächten Verhandlungen anbot, um Komplikationen um Westberlin jetzt und in Zukunft zu vermeiden, reagierten diese positiv. Im März 1970 kamen die Botschafter der USA, Großbritanniens und Frankreichs in der BRD und der Botschafter der UdSSR in der DDR zu einer ersten Begegnung im Gebäude des ehemaligen Alliierten Kontrollrates für Deutschland in Westberlin zusammen.

Im Ergebnis der Bundestagswahlen im September 1969 verlor die CDU/CSU, die 20 Jahre lang in Bonn das Zepter geschwungen hatte, die Regierungsgewalt. Die neue BRD-Regierung – eine Koalition der SPD und der FDP unter Bundeskanzler Willy Brandt – entschloß sich, revanchistischen Ballast abzuwerfen und die Realitäten in Europa zu berücksichtigen. Der Vertrag zwischen der UdSSR und der BRD, der am 12. August 1970 in Moskau unterzeichnet wurde, stellte ein wichtiges Ereignis dar, denn er bestätigte die Ergebnisse des zweiten Weltkrieges und der Nachkriegsentwicklung. Ende 1970 fanden erstmals Gespräche zwischen der DDR und der BRD statt, bei denen es um die Herstellung normaler Beziehungen zwischen beiden deutschen Staaten ging. Das beeinflußte den weiteren Kampf um europäische Sicherheit günstig.

---

5 Neues Deutschland (B), 16. Februar 1969.

Kapitel XIV

Auf sicherem Kurs. Die Jahre 1971–1975

Die drei traditionellen Hammerschläge, die am 1. Dezember 1972 die Grundsteinlegung für einen großen Stadtteil zwischen Leninallee und Ho-Chi-Minh-Straße (Stadtbezirk Lichtenberg) begleiteten, leiteten symbolisch Jahre ein, in denen wie nie zuvor zum Wohle der Stadt und ihrer Bürger geplant und gebaut wurde. Es folgten viele Grundsteinlegungen und Richtfeste.
»Diesen Bau beginnen wir in einer Zeit, da die Kräfte des Sozialismus und des Friedens weltweit wachsen«, hieß es in der Urkunde, die am 2. November 1973 in das Fundament des Palastes der Republik am Marx-Engels-Platz versenkt wurde.[1]

1 Urkunde zur Legung des Grundsteins für den Palast der Republik, Berlin, 2. November 1973. Staatsrat der DDR.

In der Erinnerung der Berliner leben die siebziger Jahre als eine Zeit, in der Berlin als Hauptstadt der aufblühenden sozialistischen DDR neue, unverwechselbare Konturen angenommen hat. Dieses Jahrzehnt war geprägt durch die Gestaltung der entwickelten sozialistischen Gesellschaft in der Deutschen Demokratischen Republik. Die Sicherung des Friedens blieb oberstes Gebot.

Der VIII. Parteitag der SED, der vom 15. bis 19. Juni 1971 in der Werner-Seelenbinder-Halle tagte, markierte den Beginn dieses neuen Entwicklungsabschnittes. Es waren neue Grundfragen der Strategie und Taktik der SED herangereift, die eine Antwort verlangten. Der VIII. Parteitag richtete die weitere Entwicklung der DDR eindeutig am Sinn des Sozialismus aus. »Wir kennen«, so erklärte Erich Honecker im Rechenschaftsbericht des Zentralkomitees, »nur ein Ziel, das die gesamte Politik unserer Partei durchdringt: alles zu tun für das Wohl des Menschen, für das Glück des Volkes, für die Interessen der Arbeiterklasse und aller Werktätigen. Das ist der Sinn des Sozialismus.«[2]

Daraus erwuchs als Hauptaufgabe der Partei, das materielle und kulturelle Lebensniveau des Volkes weiter zu erhöhen und durch eine beschleunigte Entwicklung der sozialistischen Produktion, durch die Erhöhung der Effektivität, durch den wissenschaftlich-technischen Fortschritt und das Wachstum der Arbeitsproduktivität die Voraussetzungen dafür zu schaffen. Kein Gebiet des gesellschaftlichen Lebens sollte zurückbleiben. Ein umfangreiches sozialpolitisches Programm wurde beschlossen. Mit dieser langfristigen Orientierung, die die Einheit von Wirtschafts- und Sozialpolitik noch stärker beachtete, sollten die Vorzüge des Sozialismus auf allen Gebieten immer deutlicher und überzeugender hervortreten. Es war unbestreitbar, daß bei der

---

2 Protokoll der Verhandlungen des VIII. Parteitages der Sozialistischen Einheitspartei Deutschlands, 15. bis 19. Juni 1971 in der Werner-Seelenbinder-Halle zu Berlin, 1. bis 3. Beratungstag, (Bd. 1), Berlin 1971, S. 34.

weiteren Gestaltung der entwickelten sozialistischen Gesellschaft die führende Rolle der Arbeiterklasse und ihrer marxistisch-leninistischen Partei gesetzmäßig wuchs.

Der VIII. Parteitag der SED bekräftigte, daß die DDR ein fester Bestandteil der sozialistischen Staatengemeinschaft ist, daß sie aufs engste mit dem Lande LENINS verbunden ist und bleibt. Die historischen Erfahrungen zeigten, daß die Verankerung der DDR in diesem Bündnis eine Grundbedingung für die Verwirklichung der Lebensinteressen der Arbeiterklasse und aller Bürger der Republik darstellt. Die aktive Mitwirkung an der sozialistischen ökonomischen Integration und das fünf Punkte umfassende Friedenskonzept des Parteitages, das sich in die koordinierte Außenpolitik der Staaten des Warschauer Vertrages einfügte, zeugten von der Entschlossenheit der DDR, die sozialistische Staatenfamilie zu stärken und dadurch das Kräfteverhältnis zugunsten der antiimperialistischen Kräfte zu verändern.

Das auf dem Parteitag gewählte Zentralkomitee wählte einstimmig ERICH HONECKER zum Ersten Sekretär des Zentralkomitees der SED. Auf der 16. Tagung des Zentralkomitees am 3. Mai 1971 war er in diese Funktion gewählt worden, nachdem WALTER ULBRICHT aus Altersgründen um die Entbindung von seinen Pflichten als Erster Sekretär gebeten hatte.

Am Vorabend des VIII. Parteitages, am 15. und 16. Mai 1971, hatte die X. Bezirksdelegiertenkonferenz Berlin der SED in der Dynamo-Sporthalle eine erfolgreiche Bilanz des Fünfjahrplans 1966–1970 gezogen. Die Industriebetriebe hatten in diesem Zeitraum eine Steigerung der Warenproduktion auf 126,8 Prozent erzielt. Im Jahre 1970 war demnach in neuneinhalb Monaten soviel produziert worden wie im gesamten Jahr 1966. Ein besonders stürmisches Wachstum wies der Industriebereich Elektrotechnik/Elektronik auf, der 31 Prozent der Bruttoproduktion der Berliner Industrie ausmachte. Von 1966 bis 1970 waren in der Hauptstadt Investitionen in Höhe von

Berlinerinnen und Berliner!

Aus Anlaß des 10. Jahrestages des zuverlässigen Schutzes der Staatsgrenze der DDR findet am heutigen Freitag, dem 13. August, um 16 Uhr Unter den Linden eine

PARADE

der Kampfgruppen der Arbeiterklasse statt.

Werktätige der Hauptstadt! Bildet Spalier! Bekundet Eure Verbundenheit mit den Angehörigen der Kampfgruppen der Arbeiterklasse.

10 Jahre antifaschistischer Schutzwall – 10 Jahre sicherer Schutz des Friedens und des Sozialismus!

Bezirksausschuß der Nationalen Front SED-Bezirksleitung Berlin

10,3 Milliarden Mark (ohne Verkehrs-, Post- und Fernmeldewesen) vorgenommen worden. Die allein 1970 eingesetzten Investitionsmittel entsprachen ungefähr dem Investitionsvolumen der gesamten Republik im Jahre 1950. Für Bildung, Kultur und gesundheitliche Betreuung waren in der Hauptstadt 1970 667,2 Millionen Mark (1966 530,3 Millionen Mark) ausgegeben worden. In den Betrieben und Einrichtungen hatten 1970 von 15 660 bestehenden Brigaden und Arbeitskollektiven 9 440 um den Titel »Kollektiv der sozialistischen Arbeit« gekämpft. Damit hatten sich 162 000 Werktätige der Bewegung »Sozialistisch arbeiten, lernen und leben« angeschlossen. Zehntausende Berliner arbeiteten ehrenamtlich in Hausgemeinschaften, Elternbeiräten, in Volkskontrollausschüssen der Arbeiter-und-Bauern-Inspektion sowie in Konflikt- und Schiedskommissionen.

An der Spitze der Berliner Werktätigen stand die hauptstädtische Parteiorganisation der SED mit über 118 000 Mitgliedern und Kandidaten. Jeder fünfte Mann und jede elfte Frau über 18 Jahre war Mitglied der SED. Über 70 Prozent kamen aus der Arbeiterklasse. Diese Zahlen verdeutlichten die große Ausstrahlungs- und Anziehungskraft der Partei der Arbeiterklasse. Die X. Bezirksdelegiertenkonferenz der SED dankte Paul Verner, Mitglied des Politbüros des ZK der SED, für seine mehr als zwölfjährige Tätigkeit als 1. Sekretär der Bezirksleitung. Sie wählte KONRAD NAUMANN in dieses verantwortungsvolle Amt.

Der am Beginn der siebziger Jahre erreichte Entwicklungsstand der Berliner Arbeiterklasse bot die Gewähr, die wachsenden Aufgaben im neuen gesellschaftlichen Entwicklungsabschnitt der DDR und ihrer Hauptstadt erfolgreich zu lösen. Die Arbeiterklasse hatte beim Aufbau des Sozialismus in den fünfziger und sechziger Jahren ihre Führungsqualitäten eindrucksvoll bewiesen und sich dabei weiterentwickelt. In zunehmendem Maße gingen von der Hauptstadt wichtige, das ganze Land erfassende Initiativen aus.

Der VIII. Parteitag orientierte zur Erfüllung der Hauptaufgabe auf den schwierigen, aber notwendigen Weg der langfristig angelegten Intensivierung und Rationalisierung der Produktion.

Die Belegschaften vieler Betriebe und Kombinate gingen im sozialistischen Wettbewerb konkrete Verpflichtungen ein, um die Forderung der Partei, den wissenschaftlich-technischen Fortschritt mit den Vorzügen des Sozialismus zum Wohle der Menschen organisch zu verbinden, mit Leben zu erfüllen. Führende Betriebe arbeiteten langfristige Rationalisierungskonzeptionen aus. Gemeinsam mit den Betriebsgewerkschaftsleitungen setzten sich die Betriebsparteiorganisationen der SED dafür ein, die hochproduktiven Maschinen und Anlagen mehrschichtig auszunutzen. Die Berliner Industrie verfügte damals über Grundfonds – Gebäude, Anlagen und Maschinen – im Werte von rund 10 Milliarden Mark. Arbeiter aus dem VEB Elektro-Apparate-Werke Berlin-Treptow hatten im Februar 1971 die Frage aufgeworfen: »Unser aller Eigentum – nutzen wir es schon richtig?« In vielen Betrieben entstand geradezu eine Kampfatmosphäre, um die Planziele termin- und qualitätsgerecht zu erreichen.

Im sozialistischen Wettbewerb nahm die Tätigkeit der Rationalisatoren und Neuerer einen wichtigen Platz ein. Der Wettbewerb stand unter der Losung: »Planmäßig produzieren – klug rationalisieren – uns allen zum Nutzen!« Gute Ergebnisse wiesen die Großbetriebe aus dem Stadtbezirk Treptow vor. »Während im Jahr 1970 nur 22 Prozent aller Arbeiter und Angestellten Treptower Betriebe Neuerervorschläge einreichten und damit einen Nutzen von etwa 15 Millionen Mark erzielten, beteiligten sich 1972 bereits 37 Prozent an der Neuerer- und Rationalisatorenbewegung und brachten damit einen Nutzen von 36 Millionen Mark.«[3] Mit gutem Beispiel gingen auch der VEB Wälzlagerwerk »Josef Orlopp«, der VEB Werk für Fernsehelektronik, der VEB Transformatorenwerk »Karl Liebknecht« und der VEB Berliner Werkzeugmaschinenfabrik Marzahn, ein Betrieb des Werkzeugmaschinenkombinats »7. Oktober«, voran. In der volkseigenen Wirtschaft Berlins war im Jahre 1970 jeder 7. Werktätige ein Neuerer, 1975 jeder 4.

Als in den Betrieben der Volkswirtschaftsplan 1973 beraten wurde, erklärten viele Werktätige und Brigaden, man könne die staatlichen Vorgaben durch das Aufdecken von Reserven zur Steigerung der Arbeitsproduktivität, durch Rationalisierung und Verbesserung der Arbeitsorganisation nicht nur erreichen, sondern sogar noch überbieten. Es entstand eine Bewegung, nach persönlich- und kollektiv-schöpferischen Plänen zur Steigerung der Arbeitsproduktivität zu arbeiten. Indem die betrieblichen Planziele für jeden Arbeitsplatz aufgeschlüsselt wurden, waren sie für jeden Werktätigen auch verständlich, überschaubar und täglich abrechenbar. Die persönlichen Verpflichtungen kamen in der Wettbewerbsverpflichtung des Kollektivs zusammen. Wenn im Jahre 1973 schon 20 472 Werktätige nach solchen persönlich-schöpferischen Plänen arbeiteten, so waren es im Jahre 1975 bereits 39 388 Werktätige. Im letztgenannten Jahr arbeiteten

3 Herbert Troschka: Einige Erfahrungen der Kreisleitung Treptow bei der politischen Führung der Neuerer- und Rationalisatorenbewegung in den Betrieben. In: Aus dem Leben der Berliner Parteiorganisation. Hrsg. SED-Bezirksleitung Berlin, Heft 9, o.J. (1973), S. 7.

93 517 Werktätige nach kollektiv-schöpferischen Plänen zur Steigerung der Arbeitsproduktivität.

Bewährte Formen der Teilnahme der Werktätigen an der Leitung und Planung der Wirtschaft im Betrieb waren Betriebskonferenzen, Ständige Produktionsberatungen, Vertrauensleutevollversammlungen des FDGB, FDJ-Kontrollposten, Jugendobjekte und Teilnahme an der MMM-Bewegung. Der FDGB organisierte 1972 erstmals Schulen der sozialistischen Arbeit in den Betrieben. Hier machten sich die Werktätigen mit theoretischen und praktischen Grundfragen des Marxismus-Leninismus und der Wirtschaftspolitik des VIII. Parteitages der SED vertraut. Sie tauschten Erfahrungen aus und erhielten Anstöße zu neuen Wettbewerbsverpflichtungen. In Berlin stieg die Zahl der Schulen der sozialistischen Arbeit von 740 mit 13 227 Teilnehmern im Jahre 1972 auf 9 279 Schulen mit 149 392 Teilnehmern im Jahre 1975.

Diese vielfältige Masseninitiative widerspiegelte das gewachsene Bewußtsein der Werktätigen, ihr tiefes Verständnis für die Hauptaufgabe und ihr Vertrauen in die Politik von Partei und Regierung. Noch kein Fünfjahrplan – so schätzte das ZK der SED Ende 1974 ein – ist in der DDR so beständig und zielstrebig geführt worden wie der von 1971 bis 1975.

Während dieses Fünfjahrplans wurden in der Hauptstadt Investitionen in einem Wertumfang von rund 12,9 Milliarden Mark durchgeführt. Etwa 30 Prozent des Gesamtvolumens dienten der Rationalisierung und Erweiterung der materiell-technischen Basis der Industrie und des Bauwesens. Ende 1969 begann im Nordosten des Stadtbezirks Lichtenberg auf einer Fläche von rund 400 Hektar die Erschließung eines neuen Industriegebietes. Hier entstanden ein neues Heizkraftwerk in der Rhinstraße (1970–1972), ein Betonwerk des Wohnungsbaukombinats, eine Müllverwertungsanlage (1975), Lagerhallen für den Großhandel und andere Produktionsstätten.

Seit Anfang der siebziger Jahre wirkten sich die nichtvolkseigenen Eigentumsverhältnisse in der Industrie hemmend auf die

Gestaltung der entwickelten sozialistischen Gesellschaft aus. In der Mehrzahl der Privatbetriebe und Betriebe mit staatlicher Beteiligung gab es Rückstände bei der Anwendung des wissenschaftlich-technischen Fortschritts. Für die Arbeiter bestanden oft unzumutbare Arbeits- und Lebensbedingungen; ihre politisch-ideologische Entwicklung blieb hinter dem Klassenbewußtsein der Werktätigen in der volkseigenen Industrie zurück. Im Frühjahr 1972 wurden alle Privatbetriebe und Betriebe mit staatlicher Beteiligung in der Industrie und im Bauwesen der DDR sowie die industriell produzierenden PGH in volkseigene Betriebe umgewandelt. Die Besitzer von halbstaatlichen und pri-

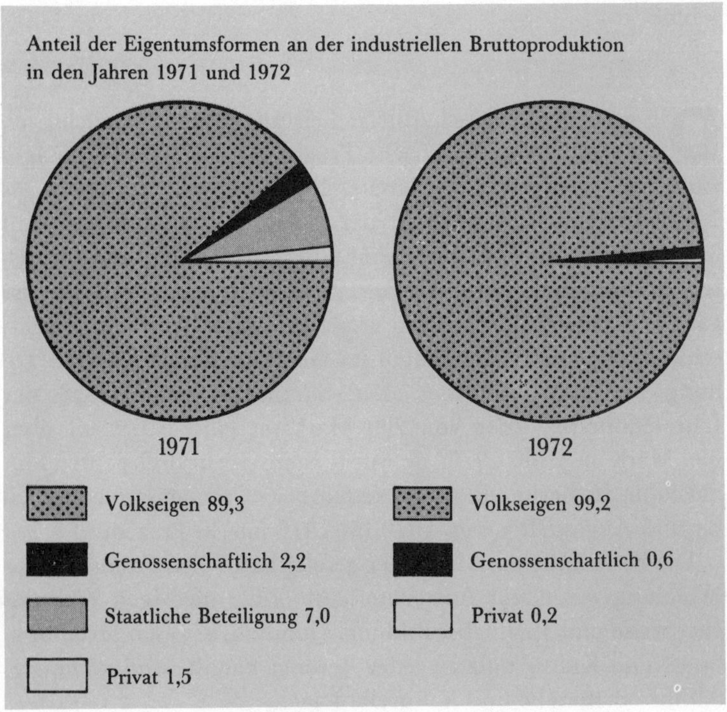

Weiterentwicklung der sozialistischen Eigentumsverhältnisse durch die Bildung neuer VEB 1972 (in Prozent)

vaten Betrieben wurden entschädigt. Bei der Umwandlung der Eigentumsverhältnisse, die ohne Störungen verlief, leisteten die mit der SED befreundeten Parteien CDU, LDPD und NDPD eine große politische Arbeit, denn sie hatten unter dem betroffenen Personenkreis viele Mitglieder und ihnen nahestehende Bürger. In Berlin wurden auf diese Weise etwa 30 000 Arbeiter und Angestellte und 9,3 Prozent der Industrieproduktion in die sozialistischen Produktionsverhältnisse einbezogen, so daß nunmehr 99,2 Prozent der industriellen Bruttoproduktion auf den volkseigenen Sektor entfielen. Der Mitte der fünfziger Jahre eingeleitete Prozeß der Einbeziehung privater Industriebetriebe mit Hilfe des Staates in die sozialistische Umgestaltung fand 1972 seinen Abschluß.

Die gestiegene wirtschaftliche Leistungskraft ermöglichte es, das große sozialpolitische Programm des VIII. Parteitages zügig zu verwirklichen. Bereits 1971 wurden für mehr als 1,7 Millionen Werktätige in der DDR die Mindestlöhne auf 350 Mark erhöht, und ausgewählte Beschäftigtengruppen erhielten differenzierte Lohnzuschläge. Auch in den folgenden Jahren gab es Lohnerhöhungen in verschiedenen Bereichen, Nachtschichtprämien, Treueprämien im Gesundheitswesen und Erhöhung des Lehrlingsgeldes. Die durchschnittliche Höhe der Jahresendprämie stieg von 200 Mark im Jahre 1970 auf über 500 Mark im Jahre 1976; sie wurde faktisch ein dreizehnter Monatslohn. In Berlin stieg das Nettoarbeitseinkommen der Arbeiter und Angestellten von 1970 bis 1975 um 40 Prozent.

Die beträchtlichen Mittel der gesellschaftlichen Fonds für das Wohnungswesen, zur Aufrechterhaltung der niedrigen Verbraucherpreise und Tarife, für Bildung, Gesundheitswesen, Erholung, Sport und Kultur nutzten jeder Berliner Familie und verbesserten ihre materielle und kulturelle Lage.

Von 1971 bis 1977 betrugen diese Ausgaben aus dem Haushalt der Hauptstadt 6,8 Milliarden Mark. Sie kamen in besonde-

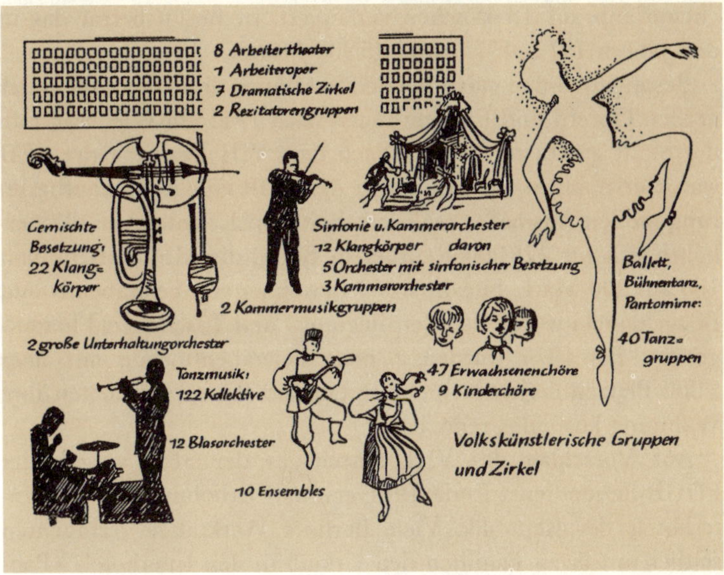

Seite aus »Aus dem Leben der Gewerkschaftsorganisation der Hauptstadt der Deutschen Demokratischen Republik«, 1972

rem Maße den kinderreichen Familien, den Müttern und den Rentnern zugute. Allein für die kinderreichen Familien wurden von 1971 bis 1977 47,5 Millionen Mark aufgewendet, es wurden 36 Millionen Mark zinslose Kredite gewährt und über 7 500 Wohnungen vergeben. Umfangreich waren auch die sozialen Leistungen zur Unterstützung berufstätiger Mütter. Auf Grund gesetzlicher Bestimmungen von 1972 reduzierte sich in Berlin für über 14 000 werktätige Frauen mit drei und mehr Kindern bis zu 16 Jahren die wöchentliche Arbeitszeit auf 40 Stunden bei gleichzeitiger Erhöhung des Mindesturlaubs auf 21 Werktage (bei Mehrschichtarbeit auf 24 Werktage). Für 27 000 vollbeschäftigte Frauen mit zwei Kindern bis zu 16 Jahren wurde der Mindesturlaub auf 18 Werktage (bei Mehrschichtarbeit auf 21) festgesetzt. Im Frühjahr 1972 wurden die Geburtenbeihilfen auf 1 000 Mark erhöht, der Schwangerschafts- und Wochenurlaub auf 18 Wochen verlängert. In Berlin betraf das in den Jahren 1972–1975 rund 45300 Mütter.

Besondere Sorge galt auch den Veteranen der Arbeit, die unter großen Opfern und Entbehrungen nach 1945 am Wiederaufbau der Stadt gearbeitet hatten. Nach dem VIII. Parteitag der SED wurde erstmals in der Geschichte der DDR eine Rentenaufbesserung großen Ausmaßes realisiert. Seit dem 1. September 1972 erhöhte sich für 178000 Rentner in Berlin die Mindestrente von 160 auf 200 Mark. Für die 6000 Bewohner von Feierabend- und Pflegeheimen wurde das Verpflegungs- und Taschengeld heraufgesetzt. Bis 1975 wurden 7 neue Feierabendheime mit über 2000 Plätzen errichtet, mehrere tausend Rentner erhielten ihre Wohnung kostenlos renoviert.

Auf Vorschlag des VIII. Parteitages der SED vergab der FDGB-Feriendienst Ende 1971 erstmals Erholungsreisen in Interhotels der Republik. Viele Berliner Werktätige verbrachten seither mit ihren Familien den Urlaub in den Interhotels »Panorama« in Oberhof, »Bastei« in Dresden oder »Neptun« in Warnemünde. Der Feriendienst des FDGB, das Reisebüro der DDR und Jugendtourist boten in steigender Zahl Urlaubsreisen im In- und Ausland an. Seitdem Anfang 1972 der paß- und visafreie Reiseverkehr zwischen der DDR und der ČSSR und Polen vereinbart wurde, fuhren viele Berliner – zumeist mit eigenem Pkw – in die sozialistischen Nachbarländer.

Die vereinten Bemühungen der Staaten des Warschauer Vertrages um einen dauerhaften Frieden in Europa waren an einem zentralen Schnittpunkt der Weltpolitik von Erfolg gekrönt. Mehr als 20 Jahre hatte der Imperialismus das Westberlinproblem genutzt, um Spannungen im Herzen Europas zu schüren, und versucht, seine Revanchepolitik gegenüber der DDR durchzusetzen. Nun sah er sich genötigt, in eine Normalisierung der Lage um Westberlin einzuwilligen.

Am 3. September 1971 setzten die Vertreter der UdSSR, der

USA, Großbritanniens und Frankreichs im Gebäude des ehemaligen Alliierten Kontrollrates in Westberlin ihre Unterschrift unter das Vierseitige Abkommen. Nach mehr als 150 Verhandlungsstunden, die im März 1970 begonnen hatten, war ein Abkommen erreicht, das wichtige praktische Fragen für Westberlin regelte. Dazu gehörten der Transitverkehr von zivilen Personen und Gütern zwischen Westberlin und der BRD auf Straßen, Schienen und Wasserwegen durch die DDR; die Beziehungen zwischen Westberlin und der BRD; der Reise- und Besucherverkehr zwischen Westberlin und der DDR; der Gebietsaustausch zur Regelung der Probleme der kleinen Westberliner Enklaven in der DDR; die Vertretung der Interessen Westberlins und seiner Bewohner im Ausland sowie die Vertretung der Interessen der UdSSR in Westberlin.

Der politische Kern des Abkommens bestand zum einen in der feierlichen Bekräftigung der vier Mächte, daß in und um Westberlin »keine Anwendung oder Androhung von Gewalt erfolgt und daß Streitigkeiten ausschließlich mit friedlichen Mitteln beizulegen sind«. Zum anderen wurde in völkerrechtlich verbindlicher Form bestätigt, daß die Westsektoren Berlins »so wie bisher kein Bestandteil der Bundesrepublik Deutschland sind und auch weiterhin nicht von ihr regiert werden«.[4]

Zum erstenmal seit 1948 hatten die vier Mächte ein völkerrechtliches Abkommen über Westberlin, jenen spannungsgeladenen Brennpunkt der Nachkriegszeit, getroffen, das dem besonderen politischen Status dieses Gebietes Rechnung trug. Sowenig die Hauptstadt der DDR ein Gegenstand der Verhandlungen gewesen war, konnte sich auch das Abkommen auf sie beziehen. Das Viermächteabkommen betrifft nur Westberlin und nichts anderes.

In einer ersten Stellungnahme vom 4. September 1971 würdigte der Erste Sekretär des ZK der SED, Erich Honecker, das

---

4 Das Vierseitige Abkommen über Westberlin und seine Realisierung. Dokumente 1971–1977. Hrsg. von den Ministerien für Auswärtige Angelegenheiten der DDR und der UdSSR, Berlin 1977, S. 45 u. 46.

Abkommen als einen Beitrag zur internationalen Entspannung, der den Interessen aller beteiligten Seiten Rechnung trug. Er sagte: »Im gesamten Verlauf der Verhandlungen hat die Deutsche Demokratische Republik stets ihren konstruktiven Beitrag geleistet, so daß wir das nunmehr erreichte Ergebnis mit vollem Recht auch als Erfolg unserer Außenpolitik betrachten können, wie sie auf dem VIII. Parteitag begründet und beschlossen wurde.«[5]

Dank der konstruktiven Haltung der DDR konnten im Dezember 1971 nach Verhandlungen zwischen der DDR und der BRD der Transitvertrag und nach Verhandlungen zwischen der DDR und dem Senat von Westberlin die Vereinbarungen über den Reise- und Besucherverkehr und über die Regelung der Frage von Enklaven durch Gebietsaustausch unterzeichnet werden. Am 3. Juni 1972 trat das Vierseitige Abkommen über Westberlin in Kraft.

In den Jahren 1972/1973 normalisierten die meisten kapitalistischen und viele junge Nationalstaaten ihre Beziehungen zur DDR. Unterhielt diese Ende 1971 diplomatische Beziehungen zu 30 Staaten, so waren es Ende 1973 bereits 100. Von politischer Tragweite war dabei der »Vertrag über die Grundlagen der Beziehungen zwischen der DDR und der BRD«, der am 21. Dezember 1972 in Berlin unterzeichnet wurde und am 21. Juni 1973 in Kraft trat. Die völkerrechtlich bekräftigte Anerkennung der Existenz zweier voneinander unabhängiger souveräner deutscher Staaten unterschiedlicher Gesellschaftsordnung war ein weiterer wichtiger Schritt zu einer gesamteuropäischen Sicherheitskonferenz. Am 18. September 1973 wurde die DDR als gleichberechtigtes Mitglied in die UNO aufgenommen. Damit war die im Oktober 1949 vom Imperialismus verhängte politisch-diplomatische Blockade gegenüber der DDR endgültig zusammengebrochen.

5 Neues Deutschland (B), 5. September 1971.

Die weltweite Anerkennung der DDR erhöhte das Gewicht und die Verantwortung der Hauptstadt. Mit Diplomaten und Journalisten kamen in wachsender Zahl auch Touristen aus kapitalistischen Ländern, die Ziele und Leistungen des sozialistischen deutschen Staates an seiner Metropole maßen. Allein im Frühjahr und Sommer 1972 besuchten 1,2 Millionen Westberliner die Hauptstadt auf der Grundlage der neuen Bestimmungen; im Zeitraum 1972–1981 belief sich die Gesamtzahl dieser Besuche auf insgesamt 28,6 Millionen. Hinzu kamen jährlich etwa 1,4 Millionen Besucher aus der BRD, die vorwiegend zu Tagesaufenthalten über Westberlin einreisten.

Die völkerrechtliche Anerkennung der DDR führte zum Austausch von diplomatischen Vertretungen mit vielen Staaten. Binnen kurzer Zeit wurden in der Innenstadt und vor allem in Karlshorst und Pankow Räumlichkeiten für die Botschaften und Residenzen ausländischer Vertretungen bereitgestellt.

Der Besuch von Staatsoberhäuptern und Regierungschefs aus aller Welt wie der von Partei- und Regierungsdelegationen befreundeter Länder war nicht mehr länger etwas Außergewöhnliches. Die Berliner bereiteten ihnen zu jeder Zeit ein herzliches Willkommen.

Auch als internationale Konferenzstadt festigte Berlin seinen Ruf. Wiederholt kamen die obersten Organe der Weltfriedensbewegung, des Weltgewerkschaftsbundes, des Weltbundes der Demokratischen Jugend, der Internationalen Demokratischen Frauenföderation und auch Ausschüsse der Vereinten Nationen an die Spree. Mit dem Sonderausschuß gegen Apartheid tagte am 27./28. Mai 1974 erstmals ein offizielles Gremium der Weltorganisation in der Kongreßhalle am Alexanderplatz. Während seines offiziellen Besuchs vom 7. bis 9. Februar 1975 in der DDR auf Einladung des Vorsitzenden des Staatsrates der DDR, ERICH HONECKER, weilte der Generalsekretär der Vereinten Nationen, Dr. KURT WALDHEIM, auch in Berlin. Vom 20. bis 24. Oktober 1975 fand der Weltkongreß im Internationalen Jahr der Frau in Berlin statt.

Gastgeber der Weltjugend

Im Sommer 1973 empfing die Hauptstadt der DDR zum zweitenmal die Vertreter der Weltjugend. Zu den X. Weltfestspielen der Jugend und Studenten, die unter der Losung »Für antiimperialistische Solidarität, Frieden und Freundschaft« standen, waren 25 646 Delegierte aus 140 Ländern gekommen. Sie vertraten mehr als 1 700 nationale und regionale sowie 18 internationale Jugendorganisationen. Mit ihnen zusammen erlebten mehr als eine halbe Million FDJler und Thälmannpioniere aus allen Teilen der Republik das Festival.

Am 28. Juli 1973 wurden die Weltfestspiele im Stadion der Weltjugend eröffnet. Auf dem Weg dahin zogen die Delegationen in bunten Nationaltrachten, unter Fahnen, Transparenten und der fünfblättrigen Festivalblume durch ein dichtes Spalier von begeisterten Berlinern. Zehntausende standen zwischen »Linden« und Stadion zu beiden Seiten der Friedrich- und der Chausseestraße. Mit Sprechchören »Frieden, Freundschaft, Solidarität« empfingen die rund 60 000 Menschen im Stadion die einziehenden Delegationen, an der Spitze die Vertreter des siegreichen Vietnam. Eine mehrstündige Musik- und Sportschau schloß sich an.

Neun Tage Festival: Von früh bis spät in die Nacht wogte zwischen Alexanderplatz und Fernsehturm sowie auf anderen Straßen und Plätzen das bunte Treiben. Es wurde getanzt, gesungen und diskutiert, Bekanntschaften wurden geschlossen und Adressen getauscht. Gastgeber und Gäste pflanzten beim Festivalsubbotnik 5 000 Rosen der Freundschaft im Treptower Park oder trafen sich zu lateinamerikanischen Rhythmen beim farbenprächtigen Karneval rings um den Volkspark Friedrichshain. Kulturveranstaltungen, Freundschaftstreffen zwischen den Delegationen, eindrucksvolle Meetings, spannende Sportwettkämpfe und unzählige persönliche Begegnungen füllten jeden Festivaltag. In der neugestalteten Pionierrepublik »Ernst Thälmann« in der Wuhlheide feierten Tausende von Thälmann- und Jungpionieren mit ihren Gästen das internationale Kinderfest »Immer lebe die Sonne«.

Starken Anteil nahmen die Berliner und darüber hinaus die gesamte Bevölkerung der DDR am Festivalgeschehen. Die Älteren erinnerten sich der denkwürdigen III. Weltfestspiele von 1951. Erich Honecker, 1973 Präsident des Nationalen Festivalkomitees der DDR, schrieb über die Eröffnungsveranstaltung: »Meine Gedanken gingen zurück zu den III. Weltfestspielen 1951, die ebenfalls in diesem Stadion eröffnet worden waren. Wie hatte sich unser Land seitdem verändert! Damals befand sich unsere Republik am Beginn ihres Weges. Jetzt kamen die Abgesandten der Weltjugend in ein blühendes Land, einen weltweit geachteten, souveränen Staat, wo der Sozialismus unwiderruflich gesiegt hat. Unsere Hauptstadt Berlin war durch die unermüdliche Schaffenskraft ihrer Bewohner längst wieder aus Ruinen auferstanden und hatte sich zu einer modernen sozialistischen Metropole entwickelt. Viele FDJ-Mitglieder, Mitgestalter der III. Weltfestspiele von ehedem, begrüßten jetzt als ausgezeichnete Arbeiter, Parteifunktionäre, Abgeordnete, Minister, Generale, Wissenschaftler oder Generaldirektoren die Vertreter der Weltjugend.«[6]

Gemeinsam mit den Berlinern gedachten die Festivaldelegierten aus vielen Ländern auf Kolloquien und anderen Veranstaltungen des am 1. August 1973 verstorbenen Vorsitzenden des Staatsrates der DDR, Walter Ulbricht.

Die X. Weltfestspiele gestalteten sich zu einer machtvollen Manifestation für antiimperialistische Solidarität und Frieden. Im Internationalen Zentrum der Solidarität am Fernsehturm bekundeten über 400 000 Besucher ihre Verbundenheit mit dem Kampf der Völker gegen imperialistische Aggression und Unterdrückung, für nationale Unabhängigkeit und Freiheit. Eine Welle der Sympathie und der Solidarität empfing die Töchter und Söhne des vietnamesischen Volkes, die seit 1965 im heldenmütigen Kampf gegen die USA-Aggressoren standen, sowie die Freiheitskämpfer aus Angola und Moçambique, die dem Sieg

---

6 Erich Honecker: Aus meinem Leben, Berlin 1982, S. 473.

Achtung!

**Da freut sich
der Berliner Bär**

**Ruft Alt und Jung
zum Frohsinn her
Die Feuerwehr gibt
das Signal
Zum Auftakt für den
Karneval**

Achtung!

… Vorder- und Rückseite

über die portugiesischen Kolonialherren nicht mehr fern waren. Mit Beifall wurde die Repräsentantin des fortschrittlichen Amerika, die junge Kommunistin Angela Davis, begrüßt. An der weltweiten Aktion für ihre Freikämpfung aus einem kalifornischen Gefängnis hatte sich Berlins Jugend aktiv beteiligt. In aller Munde war das mitreißende Lied »Venceremos«, das junge Chilenen mitbrachten und das vom harten Ringen ihrer Volksfrontregierung unter Präsident Allende gegen die in- und ausländische Reaktion berichtete. Zum Abschluß des Tribunals »Die Jugend und die Studenten klagen den Imperialismus an« versammelten sich Zehntausende zu einem Solidaritätsmeeting.

Zu den Höhepunkten des Festivals zählten die Aufführung der IX. Sinfonie Beethovens vor über 30 000 Zuhörern auf dem Bebelplatz und das Festival des politischen Liedes in der Volksbühne, das feierliche Gedenken an die gefallenen Helden des Großen Vaterländischen Krieges gemeinsam mit den Vertretern des Leninschen Komsomol am Abend des 3. August am sowjetischen Ehrenmal im Treptower Park und die große Demonstration der FDJ am 4. August durch die Karl-Marx-Allee.

Am Abend des 5. August 1973 klangen die X. Weltfestspiele der Jugend und Studenten mit einer eindrucksvollen Abschlußkundgebung auf dem Marx-Engels-Platz aus. Angela Davis verlas in deutscher Sprache die Botschaft: »Von Berlin aus geht unser Appell an die junge Generation der ganzen Welt ... Verstärken wir unsere Aktion und unsere Einheit gegen den Imperialismus, für nationale Unabhängigkeit, Demokratie, sozialen Fortschritt und für den Frieden.«[7]

Am 11. September 1973 kam aus Chile die erschütternde Nachricht, daß eine von den USA finanzierte Militärjunta die Volksfrontregierung gestürzt, ihren Präsidenten Salvador Allende meuchlings ermordet und Zehntausende in Konzentra-

---

7 Neues Deutschland (B), 6. August 1973.

tionslager und Gefängnisse geworfen hatte. Spontan fanden in Betrieben und Einrichtungen Solidaritätsmeetings statt. Mehr als 300 000 Berliner drängten sich am 14. September 1973 auf dem Bebelplatz und riefen »Es lebe die Unidad Popular!« und »Weg mit der Pinochet-Junta!«. Als Ausdruck der Solidarität mit dem chilenischen Volk gedachten die Hauptstädter am 3. November 1973 des 3. Jahrestages der Amtsübernahme der Präsidentschaft der chilenischen Republik durch Salvador Allende. An diesem Tag erhielten Köpenicker Straßen den Namen des Führers der Unidad Popular und des chilenischen Dichters Pablo Neruda.

Als im Januar 1974 die ersten chilenischen Patrioten, die den Putschisten entkommen und ins Exil getrieben worden waren, in Berlin eintrafen, fanden sie eine herzliche Aufnahme. Mit dem Ruf »Venceremos – Wir werden siegen!« bereiteten Zehntausende, vor allem Jugendliche im Blauhemd, am 28. Januar 1977 auf dem Flughafen Berlin-Schönefeld dem Generalsekretär der Kommunistischen Partei Chiles, Luis Corvalán, einen stürmischen Empfang. Mehr als drei Jahre war er mit anderen Kampfgefährten in den Händen der Faschisten gewesen. Eine weltweite Aktion hatte seine Freilassung erzwungen. Die FDJ-Grundorganisation des VEB Metallurgiehandel Berlin hatte im Juni 1976 die Jugend der DDR aufgerufen, Luis Corvalán zu seinem 60. Geburtstag am 14. September 1976 Karten mit einer roten Nelke zu senden. Über zwei Millionen Geburtstagsgrüße dieser Art gingen ins ferne Andenland. »Dies waren Blumen für mich, aber Dornen für den Tyrannen«, sagte Luis Corvalán dankbar nach seiner Freilassung.[8]

Die chilenische Tragödie bewegte die Berliner zutiefst. Singegruppen der FDJ und andere Künstler brachten ihre Solidarität in Versen und Noten zum Ausdruck. Heidrun Hegewald malte das spannungsvolle Bild »Chile, 11. September 1973«, und Theo Balden schuf die Skulptur »Hommage à Victor Jara« (1974).

Dem vietnamesischen Volke, das sich seit 1965 einer offenen

---

8 Junge Welt, Berlin, 31. Januar 1977.

Aggression der USA zu erwehren hatte, bezeugten die Berliner ihre Solidarität durch zahllose Geld- und Sachspenden. In vielen Betrieben und Institutionen gaben Arbeiter und Angestellte freiwillig jeden Monat einen Solidaritätsbeitrag, damit dringend benötigte Medikamente, Lebensmittel und Ausrüstungen gekauft werden konnten. Viele junge Vietnamesen erhielten in Betrieben und Krankenhäusern Berlins eine Fachausbildung oder bereiteten sich an der Humboldt-Universität für den Wiederaufbau ihrer Heimat vor. Ihrem leidenschaftlichen Protest gegen die blutigen Verbrechen des USA-Imperialismus in Vietnam gaben Berliner Künstler in eindrucksvollen Arbeiten Ausdruck, zum Beispiel Wolfgang Frankenstein mit seinem »Vietnam-Zyklus« (1967), Fritz Cremer mit Vietnam-Litographien (1972), Theo Balden mit der »Vietnamgruppe« (1973) und Heinrich Drake mit der Holz-Skulptur »Memento Vietnam« (1971).

Als die Nachricht vom fluchtartigen Rückzug der USA und vom siegreichen Einmarsch der Volksbefreiungsarmee in Saigon am 1. Mai 1975 kam, löste sie überall Freude und Genugtuung aus. »Solidarität mit Vietnam jetzt erst recht«, sagten die Berliner Werktätigen und setzten ihre Hilfe für den Wiederaufbau des sozialistischen Vietnam fort.

Auf Solidaritätsbasaren, bei spontanen Straßensammlungen, aus dem Erlös von Altstoffsammlungen der Schuljugend und vor allem durch regelmäßige Solidaritätsbeiträge bekundeten die Berliner ihre Verbundenheit mit dem Kampf der Völker für nationale Unabhängigkeit und gesellschaftlichen Fortschritt. Zu einem Höhepunkt gestaltete sich alljährlich im Spätsommer die große Solidaritätsaktion der Berliner Journalisten auf dem Alexanderplatz, die am 8. September 1958 zum erstenmal stattgefunden hatte.

Das Kernstück des sozialpolitischen Programms des VIII. Parteitages der SED bildete von Anbeginn der Wohnungsbau. In den fünfziger und sechziger Jahren hatten viele Wohnungen in der bei Kriegsende 1945 so schwer zerstörten Stadt neugebaut oder modernisiert werden können. Doch das reichte nicht aus. Zahlreiche Berliner, die in Altbaugebieten der Innenstadt lebten, wünschten sich eine Verbesserung ihrer Wohnverhältnisse. Für viele Familien, die in den sechziger Jahren eine Neubauwohnung erhalten hatten, wurden, weil die Kinder heranwuchsen, die Zwei- oder Dreizimmerwohnungen zu eng. Unverändert stark war der Zustrom von Arbeitskräften aus allen Teilen der Republik; auch für sie wurde Wohnraum benötigt.

Die Beschlüsse des VIII. Parteitages der SED sahen darum vor, in Berlin den Wohnungsbau zu beschleunigen. Für die Wohnraumvergabe galt der Grundsatz, daß 60 Prozent aller Neubauwohnungen Arbeiterfamilien zu erhalten hätten. Bei den konstant niedrigen Mieten, die je nach Qualität der Wohnung zwischen 0,90 und 1,20 Mark pro Quadratmeter liegen, wurde es jedem Bürger möglich, eine gute Wohnung zu beziehen. Kinderreiche Familien empfingen besondere Vergünstigungen.

Die 10. Tagung des ZK der SED im Oktober 1973 beschloß ein umfassendes Wohnungsbauprogramm der DDR für die Jahre 1976–1990. Es sah vor, 2,8 bis 3 Millionen Wohnungen zu bauen und zu modernisieren und auf diese Weise die Wohnungsfrage als soziales Problem zu lösen. ERICH HONECKER erläuterte dieses weitgesteckte Ziel: »Unsere Devise konnte nur lauten: Nicht Luxuswohnungen für wenige, sondern gute Wohnungen für alle. Das schließt ein, in jeder Beziehung zweckmäßig und sparsam, aber doch mit angemessenem Anspruch zu bauen. Damit wird auch jenes humanistische Anliegen verwirklicht, das viele Vertreter des Bauhauses erstrebten: Wohngebiete zu schaffen, die frei sind von den versteinerten Gegensätzen zwischen arm und reich, in denen sich alle Bewohner wohl fühlen und wo ihre Kinder in menschlicher Wärme und sozialer Geborgenheit aufwachsen.«[9]

Bereits am 27. März 1973 hatten das Politbüro des ZK der

9 Erich Honecker: Aus meinem Leben, S. 440.

SED und der Ministerrat der DDR gemeinsam ein Programm für den komplexen Wohnungsbau in den Jahren 1976–1980 in Berlin beraten. Auf einer Stadtverordnetenversammlung im Mai 1973 erläuterte der Minister für Bauwesen, WOLFGANG JUNKER, dieses Programm. Danach sollten mit einem Aufwand von 5 Milliarden Mark an Bau- und Investitionsleistungen durch Neubau, Um- und Ausbau sowie Modernisierung rund 80 000 Wohnungen, darunter 55 000 Neubauwohnungen, geschaffen werden.

Ein Ziel dieses anspruchsvollen Vorhabens war, die schlimmsten Mißstände an den vom Kapitalismus überlieferten Wohnhäusern zu beseitigen. Annähernd die Hälfte aller Wohngebäude Berlins stammte um 1970 aus der Zeit vor 1918. Davon wiesen nahezu zwei Drittel Bauschäden unterschiedlichen Grades auf. Mehr als 80 000 Wohnungen befanden sich in Hinterhäusern und Seitenflügeln der alten Mietskasernen. Von den 472 000 Wohnungen in der Hauptstadt (Stand: 1975) verfügten 85 Prozent nicht über Fern- und Zentralheizung, etwa 40 Prozent nicht über Bad oder Dusche, etwa 60 Prozent nicht über Warmwasserversorgung und etwa 19 Prozent nicht über eine Innentoilette. Schritt für Schritt mußten ganze innerstädtische Altbaubereiche saniert und modernisiert werden.

Um die großen Ziele beim Neubau zu erreichen, sah die Stadtplanung die Errichtung von Wohngebieten in den Außenbezirken Berlins vor, die das Ausmaß einer mittleren Stadt der DDR mit allen notwendigen gesellschaftlichen Einrichtungen haben sollten.

Unter der Leitung der Staatlichen Plankommission begann der Magistrat mit der Ausarbeitung eines langfristigen Entwicklungsplans für die Hauptstadt, zu dem ein Generalbebauungsplan, ein Generalverkehrsplan und ein Komplexplan Stadttechnik gehörten. Ebenso mußten die materiell-technischen Voraussetzungen für ein so umfangreiches Bauprogramm geschaffen werden, die von neuen Beton- und Plattenwerken über die Ausstattung mit modernen Baumaschinen bis zur Erweiterung der Produktionskapazitäten der Zulieferindustrien reichten.

Am 10. Mai 1972 besichtigte der Erste Sekretär des ZK der SED, Erich Honecker, das Neubaugebiet im Köpenicker Amtsfeld und das Betonwerk in der Grünauer Straße. In Gesprächen mit den Bauarbeitern und auf der anschließenden Tagung des Parteiaktivs des Berliner Bauwesens erläuterte Erich Honecker das sozialpolitische Programm des VIII. Parteitages der SED und betonte, welch große Verantwortung die Bauschaffenden für die Lösung der Wohnungsfrage tragen. Er sagte:

»Nachdem wir in der Hauptstadt so ein schönes Zentrum geschaffen haben, kommt es nun darauf an, Wohnraum für all die Menschen zu schaffen, die dies verdient und auch Anspruch darauf haben. Wir müssen Kurs darauf nehmen, daß wir nach 1975 noch viel umfassender, als wir uns das jetzt vorstellen können, an solche Aufgaben herangehen. Unser Ziel ist es, für die Werktätigen unserer Republik ein Wohnmilieu zu schaffen, das unseren sozialistischen Auffassungen noch besser entspricht.«[10]

Das Bauen in neuen Größenordnungen und bei beschleunigtem Tempo stellte Tief- und Wohnungsbauer, Ingenieure und Architekten, Stadtplaner und Landschaftsgestalter vor höhere Aufgaben. Um Kontinuität und Stabilität im komplexen Wohnungsbau zu sichern, ging man immer mehr zur Fließfertigung und zum Bauen in Taktstraßen über. Durch industrielle Vorfertigung von Bauelementen entfielen manche schweren körperlichen Arbeiten im Tief- und Ausbau. Die Architekten entwickelten die Wohnungsbauserie (WBS) 70, die aus einer relativ geringen Anzahl serienmäßig hergestellter Bauelemente besteht und nach dem Baukastenprinzip sowohl für Wohngebäude als auch für gesellschaftliche Bauten eingesetzt werden kann.

Von besonderem Wert wurde der Erfahrungsaustausch mit Moskauer Bauleuten. Die seit Dezember 1967 bestehenden Kontakte zwischen dem Berliner Wohnungsbaukombinat und dem Moskauer Häuserbaukombinat Nr. 1 wurden intensiviert, ebenso die Verbindungen zwischen dem Tiefbaukombinat und dem

---

10 Neues Deutschland (B), 11. Mai 1972.

Moskauer Tiefbau (Glawmosingstroi), die im Januar 1970 aufgenommen worden waren. Im Herbst 1973 tauschten zwei Brigaden aus dem Wohnungsbaukombinat Berlin und dem Moskauer Häuserbaukombinat Nr. 2 ihre Arbeitsplätze, um auf neue Weise voneinander zu lernen. Als erstes Berliner Baukollektiv begann die Taktstraße I des WBK am 28. Dezember 1973 nach der Slobin-Methode zu arbeiten. Der Moskauer Bauarbeiter Nikolai Slobin übernahm mit seinem Kollektiv die volle Verantwortung für die qualitäts- und termingerechte Arbeit an einem Objekt von der Erschließung des Baugrundes bis zur Schlüsselübergabe. Auf einer Konferenz zur sozialistischen Rationalisierung des komplexen Wohnungsbaus am 17. Juni 1974 in der Kongreßhalle am Alexanderplatz berieten 500 Bauarbeiter, Ingenieure und Architekten, wie noch schneller und effektiver das Wohnungsbauprogramm erfüllt werden konnte.

Der erste große, in sich geschlossene Wohnkomplex, der nach dem VIII. Parteitag der SED in Angriff genommen wurde, befand sich im Stadtbezirk Lichtenberg. Am 1. Dezember 1972 legte Oberbürgermeister Herbert Fechner am Roederplatz den Grundstein für einen neuen Stadtteil, der rund 50 000 Einwohnern Heimat werden sollte. Auf einem 180 Hektar großen, bisher von Kleingärtnern genutzten Terrain zwischen Leninallee, Ho-Chi-Minh-Straße und S-Bahn-Ring entstand ein Wohnkomplex von Stadtgröße mit mehr als 15 000 Wohneinheiten, der Ende 1976 schon mehr als 36 000 Einwohner zählte.

Erstmals wurden hier die Wohnungsbauserien QP 71/10geschossig und WBS 70/5- und 11geschossig sowie 18- bis 21geschossige Wohnhochhäuser errichtet. Auch neue Schulen und Turnhallen, Kinderkrippen und -gärten, Kaufhallen, Klubgaststätten, Dienstleistungseinrichtungen und Jugendklubs wurden gebaut. In der Karl-Lade-Straße entstand die Poliklinik »Friedrich Wolf«. Am Haus Ho-Chi-Minh-Straße 21 erinnert eine Tafel daran, daß hier am 14. April 1975 die 500 000. Wohnung des Fünfjahrplans 1971–1975 in der DDR übergeben wurde. Die Fertigstellung des zentralen Bereichs am Anton-Saefkow-Platz –

bestehend aus Wohnhochhäusern, Kaufhaus, Gast- und Sportstätten sowie Erholungsanlagen am ausgebauten Fennpfuhl – verschob sich zugunsten eines forcierten Wohnungsbaus in die Mitte der achtziger Jahre hinein.

Weitere Wohngebiete entstanden im Salvador-Allende-Viertel in Köpenick (1971–1973), an der Straße der Pariser Kommune nahe dem Ostbahnhof (1971–1973) und in der Frankfurter Allee/Süd (1971–1974).

Der rings um das Zentrum gelegte Kranz von hellen und modernen Wohnbauten und grünen Anlagen vervollständigte sich. Anfang 1973 zogen die Mieter in das letzte der sechs Hochhäuser auf der Fischerinsel ein. Nördlich des Alexanderplatzes wurde im Frühjahr 1973 das Neubaugebiet entlang der Hans-Beimler- und der Mollstraße fertig. Neue Wohnhäuser entstanden in der Holzmarktstraße und auf dem Platz, an dem früher die Sporthalle in der Karl-Marx-Allee gestanden hat. Das erste Hochhaus in der Leipziger Straße wurde Ende 1972 fertiggestellt; bis 1980 war diese traditionsreiche Straße mit Hochbauten, Geschäften und Gaststätten wiederentstanden.

Aber nicht nur der Neubau stand im Blickpunkt. Große Anstrengungen wurden gemacht, um auch die Altbausubstanz in den dicht besiedelten Innenbezirken zu modernisieren. Das Ziel dieser Sanierungen bestand darin, die Wohnungen mit Bad oder Dusche sowie Innentoilette zu versehen, eine moderne Küchenausstattung (Gasherd, Durchlauferhitzer, Spüle) einzubauen und sämtliche Versorgungsleitungen aufzubessern. Enge, dunkle Höfe wurden durch die Abrisse von Hinterhäusern (»Entkernung«) in Freiflächen mit Rasen und Bäumen und in Spielplätze für die Kinder verwandelt. Im Januar 1973 begann im Stadtbezirk Prenzlauer Berg zwischen Schönhauser Allee und Arnimplatz die Modernisierung eines solchen Wohngebietes mit rund 17 000 Einwohnern. Während der Bauarbeiten stand den Bewohnern ein Mieterhotel zur Verfügung. Auch nach der Modernisierung blieben die Mieten unverändert.

Insgesamt wurden im Fünfjahrplan 1971–1975 in Berlin

31 797 Wohnungen neugebaut und weitere 15 049 durch Um- und Ausbau modernisiert. Dadurch verbesserten sich die Wohnverhältnisse für rund 138 000 Bürger.

Der wachsenden Bedeutung Berlins als sozialistischer Metropole des Arbeiter-und-Bauern-Staates trug der Beschluß der Beratung des Politbüros des ZK der SED und des Ministerrates der DDR vom 27. März 1973 Rechnung, auf dem zentralen Platz Berlins, dem Marx-Engels-Platz, einen Palast der Republik zu errichten. Schon in früheren Plänen war vorgesehen, hier eine städtebauliche Dominante zu schaffen, entweder ein Gebäude für zentrale Staatsorgane oder einen Kulturpalast. Am 13. August 1973, unmittelbar nach Abschluß der X. Weltfestspiele der Jugend und Studenten, begannen die Arbeiten. Über 200 000 Kubikmeter Erdreich, Schutt und Mauerwerk des früheren Hohenzollernschlosses mußten aus der 110 Meter breiten, 180 Meter langen und 12 Meter tiefen Baugrube herausgeschafft werden. Mehr als 600 Tiefbauarbeiter und 200 Soldaten der NVA waren am Werk.

Schon am 2. November 1973 legte der Erste Sekretär des ZK der SED, Erich Honecker, den Grundstein. Anfang 1974 reckten sich die ersten der insgesamt acht 30 Meter hohen Gleitkerne empor, und ab April 1974 begann die Montage des stählernen Skeletts und der ersten Fassadenteile. Ein Architektenkollektiv unter Leitung von Heinz Graffunder projektierte den Palast, der mit 25 Meter Gesimshöhe dem Staatsratsgebäude und dem Neuen Marstall angeglichen wurde. Am 23. April 1976 eröffnete der Palast nach 32monatiger Bauzeit seine Pforten. Neben dem Großen Saal mit maximal 5 000 Plätzen, verschiedenen Foyers, Klubräumen und gastronomischen Einrichtungen bot der Palast auch der obersten Volksvertretung der DDR ein dauerndes Domizil. Die Volkskammer, die zwischen 1964 und 1970 wiederholt in der Kongreßhalle am Alexanderplatz und von 1971 bis 1976 wieder in ihrem alten Gebäude in der Luisenstraße tagte, fand

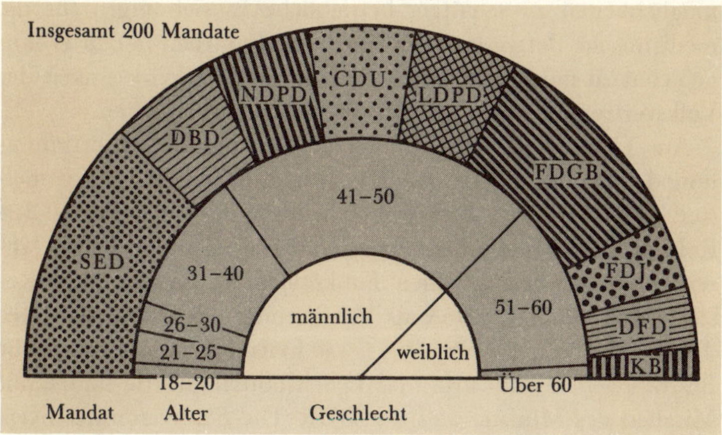

Die Stadtverordnetenversammlung der Hauptstadt (Stand: März 1972)

im Palast der Republik eine neue, würdige Tagungsstätte mit verbesserten Arbeitsbedingungen für Fraktionen und Abgeordnete. Die erste Sitzung der Volkskammer im neuen Haus fand am 24. Juni 1976 statt.

Unter den Bedingungen der entwickelten sozialistischen Gesellschaft in der DDR stärkte und festigte sich die sozialistische Staatsmacht. Bei den Wahlen zur Stadtverordnetenversammlung am 14. November 1971 und zu den acht Stadtbezirksversammlungen am 19. Mai 1974 gaben die Berliner ihre Stimme den Kandidaten der Nationalen Front.

Die Verwirklichung des sozialpolitischen Programms des VIII. Parteitages der SED stellte besondere Anforderungen an die Tätigkeit der staatlichen Organe, insbesondere an die Volksvertretung und den Magistrat der Hauptstadt. Regelmäßig wurden hier Fragen des Wohnungsbaus, des Gesundheits- und Sozialwesens, der Verbesserung des städtischen Nahverkehrs und anderes beraten. Die Volksvertreter in den ständigen Kommissionen bereiteten entsprechende Beschlüsse vor oder kontrollierten ihre Ausführung. Der Magistrat und die Räte der Stadtbezirke arbeiteten eng mit Großbetrieben zusammen, um neue Naherholungsmöglichkeiten zu schaffen, betriebliche Einrichtungen für die medizinische Betreuung oder für die Kulturarbeit in den Wohngebieten zu nutzen. Dadurch erhöhte sich die Wirksamkeit der Volksvertretungen und die Autorität der Abgeordneten.

Am 11. Februar 1974 wählte die Stadtverordnetenversammlung der Hauptstadt Erhard Krack zum neuen Oberbürgermeister. Geboren 1931 in einer Arbeiterfamilie, erlernte er den Rohrlegerberuf und arbeitete in den fünfziger und sechziger Jahren in verantwortungsvollen Funktionen im Küstenbezirk Rostock, von 1963 bis 1965 als Vorsitzender des Wirtschaftsrates des Bezirks. Von 1965 bis 1974 war Erhard Krack Minister für Bezirksgeleitete Industrie und Lebensmittelindustrie und somit Mitglied des Ministerrates der DDR. Die Stadtverordnetenversammlung dankte zugleich dem bisherigen Oberbürgermeister Herbert Fechner für seine langjährige verdienstvolle Arbeit.

Im gemeinsamen Kampf um die Erhaltung des Friedens und beim Aufbau des Sozialismus reifte das Bündnis mit der Sowjetunion. Seit Beginn der siebziger Jahre gewann es qualitativ neue Züge. Von der Tribüne des VIII. Parteitages der SED im Juni 1971 herab hatte der Generalsekretär der KPdSU, L. I. Breshnew, erklärt: »Die feste und durch nichts getrübte Freundschaft zwischen den Völkern der UdSSR und der Deutschen Demokratischen Republik ist eine große Errungenschaft unserer Parteien, das Ergebnis langjähriger zielstrebiger Bemühungen der Kommunisten unserer Länder. Freundschaft ist die Seele unseres Bündnisses, das im gemeinsamen Kampf für den Triumph des Friedens und des Sozialismus entstanden ist.«[11]

In diesem Sinne gestalteten sich die traditionellen Freundschaftsbande zwischen Berlin und Moskau noch enger und fruchtbringender. Die Parteiorganisationen und die staatlichen Organe der beiden Hauptstädte pflegten schon seit Jahren viel-

11 Protokoll der Verhandlungen des VIII. Parteitages der SED, (Bd. 1), S. 185.

fältige Beziehungen. Im März 1964 reiste erstmals eine offizielle Delegation der Berliner Parteiorganisation der SED unter Leitung von Paul Verner, Mitglied des Politbüros des ZK der SED und 1. Sekretär der Bezirksleitung Berlin, an die Moskwa. Sie machte sich mit den Erfahrungen der dortigen Parteiarbeit vertraut. Im Dezember 1964 erwiderte eine Delegation des Stadtkomitees Moskau der KPdSU den Besuch. Seitdem riß der gegenseitige Erfahrungs- und Informationsaustausch nicht mehr ab.

Auf der Grundlage von Freundschaftsverträgen und regelmäßigen Besuchen entwickelten sich enge Beziehungen zwischen Großbetrieben, so zwischen KWO und »Moskabel«, Transformatorenwerk »Karl Liebknecht« und Elektrowerk »Kuibyschew«, Berliner Werkzeugmaschinenfabrik Marzahn und Werkzeugmaschinenbau »Krasny Proletari« sowie zwischen den Wohnungsbaukombinaten beider Metropolen.

Zusammen mit den sowjetischen Kabelwerkern »konnten viele gemeinsame Projekte und Rationalisierungsmaßnahmen verwirklicht werden«, schrieben die Werktätigen des Kabelkombinats KWO im August 1972 an das ZK der SED. »In unseren sozialistischen Arbeitskollektiven, besonders in den 90 ›Kollektiven der Deutsch-Sowjetischen Freundschaft‹, werden sowjetische Arbeitsmethoden studiert und ausgewertet und durch die Aufstellung persönlich-schöpferischer Pläne die Bewegung ›Sozialistisch arbeiten, lernen und leben‹ weiterentwickelt. Eine wertvolle Hilfe sind uns dabei die reichen Erfahrungen der Kabelwerker von Moskabel, mit denen uns ein Freundschaftsvertrag verbindet.«[12]

Enge Beziehungen unterhielt der FDGB-Bezirksvorstand Berlin zu seiner Partnerorganisation in Moskau. Im Jahre 1972 besuchte ein Freundschaftszug mit 332 Moskauer Arbeitern die Berliner Bezirksorganisation. In den Jahren 1971 und 1972 fuhr je ein Freundschaftszug mit insgesamt 510 Berliner Werktätigen nach Moskau. Der gegenseitige Delegationsaustausch entwickelte

---

12 Neues Deutschland (B), 29. August 1972.

Wimpel. Vorderseite

sich nach 1971 rasch. Freundschaftszüge schickten auch die Berliner FDJ-Bezirksorganisation und die Bezirksorganisation der Gesellschaft für Deutsch-Sowjetische Freundschaft auf die Reise.

Anläßlich des 30. Jahrestages der Befreiung vom Faschismus durch die ruhmreiche Sowjetarmee fanden zwischen dem 22. April und dem 9. Mai 1975 in allen Berliner Stadtbezirken festliche Veranstaltungen statt. An ihnen nahmen Gäste aus Moskau, darunter Teilnehmer am Großen Vaterländischen Krieg und ehemalige Mitarbeiter der SMAD, teil. Die Stadtverordnetenversammlung verlieh am 2. Mai 1975 postum dem unvergessenen Stadtkommandanten Generaloberst N. E. Bersarin die Ehrenbürgerschaft der Hauptstadt. Rund 30 000 Berliner und Delegationen aus Moskau erlebten am 3. Mai 1975 die feierliche Umbenennung der Straße Alt-Friedrichsfelde (Stadtbezirk Lichtenberg) in Straße der Befreiung. Entlang dieser Magistrale waren Ende April 1945 die Verbände Bersarins ins Stadtzentrum vorgestoßen; hier hatten sich damals die sowjetische Zentralkommandantur und das Quartier der »Gruppe Ulbricht« befunden.

Den seit Anfang der siebziger Jahre erreichten hohen Stand der bilateralen Beziehungen widerspiegelte der »Vertrag über Freundschaft, Zusammenarbeit und gegenseitigen Beistand zwischen der DDR und der UdSSR«, den Erich Honecker und L. I. Breshnew am 7. Oktober 1975 in Moskau unterzeichneten. Er bot auch eine weit in die Zukunft reichende Grundlage für noch engere Beziehungen zwischen beiden Hauptstädten.

Kapitel XV

Stadt des Friedens. Die Jahre 1976–1980

Am Abend des 5. Februar 1979 – zum Abschluß einer Außerordentlichen Tagung des Weltfriedensrates – ehrte Romesh Chandra *auf einer Festveranstaltung in der Komischen Oper die Hauptstadt der DDR mit dem Ehrentitel »Stadt des Friedens«. Der Präsident des Weltfriedensrates erklärte: »Wenn wir sagen, Berlin ist die Stadt des Friedens, dann meinen wir in erster Linie, daß jeder Bürger dieser Stadt bereit ist, für den Frieden einzutreten und zu arbeiten.«*[1] *Das Berlin, von dem zwei Weltkriege ausgegangen sind, gebe es heute nicht mehr. In den vergangenen 30 Jahren seien von der Hauptstadt der DDR vielfältige Botschaften des Friedens und der Solidarität ausgegangen.*

---

1 Neues Deutschland (B), 6. Februar 1979.

Vom 18. bis 22. Mai 1976 tagte im Palast der Republik der IX. Parteitag der SED. Er konnte eine sehr erfolgreiche Bilanz des durchmessenen Jahrfünfts seit 1971 ziehen. Dank dem abgestimmten außenpolitischen Vorgehen der sozialistischen Gemeinschaft unter Führung der Sowjetunion war für Europa eine hoffnungsvolle Periode des Abbaus des kalten Krieges, der Entspannung und der Zusammenarbeit eingeleitet worden. Sie hatte ihren Höhepunkt in der Konferenz von Helsinki vom 30. Juli bis zum 1. August 1975. Das alles stärkte das Gewicht des Sozialismus in der Waagschale der weltpolitischen Kräfte. In der DDR hatten sich die sozialistischen Produktionsverhältnisse in Industrie und Landwirtschaft gefestigt. Das wirtschaftliche Wachstum – seit 1971 stieg das Nationaleinkommen jährlich durchschnittlich um 5,4 Prozent, und erstmals erreichte die industrielle Warenproduktion in einem Fünfjahrplanzeitraum eine Billion Mark – hatte umfangreiche sozialpolitische Maßnahmen ermöglicht, die allen Klassen und Schichten der Bevölkerung zugute gekommen waren. Somit hatte sich der Kurs der Hauptaufgabe in der Einheit von Wirtschafts- und Sozialpolitik als richtig erwiesen.

Auch in Berlin waren die Jahre nach dem VIII. Parteitag der SED der bisher erfolgreichste Abschnitt gewesen. Im Bericht der Bezirksleitung Berlin der SED an die XII. Bezirksdelegiertenkonferenz der SED am 26. und 27. März 1976 hieß es:

»Die Ziele der Direktive des VIII. Parteitages für den Fünfjahrplan 1971 bis 1975 wurden in Berlin insgesamt erreicht und in wichtigen Bereichen überboten. Die Pläne wurden in jedem Jahr erfüllt. Das Volumen der Industrieproduktion des vorangegangenen Fünfjahrplanes ist in Berlin bereits im Oktober 1974, also in drei Jahren und zehn Monaten, erreicht worden.

So betrug die industrielle Warenproduktion eines Arbeitstages in Berlin 1975 rund 11 Millionen Mark mehr als 1971. Dabei sind mehr als 85% des Produktionszuwachses der Industrie durch Steigerung der Arbeitsproduktivität erreicht worden. Rund 40% der Produktion des Jahres 1975 sind Erzeugnisse, die seit 1971 neu in die Fertigung aufgenommen wurden, und etwa 37 % der Ausrüstungen der Berliner Industriebetriebe wurden in den letzten fünf Jahren in Betrieb genommen.«[2]

Die Einheit von Wirtschafts- und Sozialpolitik hatte auch in der Hauptstadt Erfolge gezeitigt. Von den durchgeführten Investitionen in einem Wert von 12,9 Milliarden Mark waren rund 20 Prozent in den komplexen Wohnungsbau und etwa 30 Prozent in die Rationalisierung und Erweiterung der materiell-technischen Basis der Industrie und des Bauwesens geflossen. Dabei stand die betriebliche Rationalisierung im Mittelpunkt.

Für jedermann traten die Vorzüge des Sozialismus deutlicher hervor. Das Vertrauen der Werktätigen in die Partei der Arbeiterklasse wuchs. Zwischen dem VIII. und dem IX. Parteitag erhielt die Bezirksparteiorganisation durch die Aufnahme von 21 000 Kandidaten bedeutenden Zuwachs. Sie zählte jetzt über 133 000 Mitglieder und Kandidaten. Die gefestigte politische Grundhaltung der Berliner Bevölkerung zeigte sich besonders in ihrer Einstellung zur Arbeit und in ihrer Haltung zum gesellschaftlichen Eigentum, in der gewachsenen Bereitschaft zur Weiterbildung und beruflichen Qualifikation, in der Beteiligung am sozialistischen Wettbewerb und an anderen Masseninitiativen sowie in der Mitarbeit in ehrenamtlichen Gremien. In der von der Nationalen Front getragenen Bürgerinitiative »Schöner unsere Hauptstadt Berlin – Mach mit!« wurden von 1971 bis 1975 insgesamt Werte von 865 Millionen Mark geschaffen, darunter allein 317 Millionen Mark Eigenleistungen zur Erhaltung des Wohnraums.

Die Delegierten des IX. Parteitages pflichteten daher der Feststellung Erich Honeckers bei: »Was der VIII. Parteitag beschloß, ist Wirklichkeit. Wir sind einen guten, richtigen Weg gegangen. Der Kurs des VIII. Parteitages hat sich voll und ganz

---

2 Gute Bilanz und begeisternde Ziele für die Entwicklung der Hauptstadt der DDR, Berlin. Materialien der XII. Bezirksdelegiertenkonferenz Berlin der Sozialistischen Einheitspartei Deutschlands, 26. und 27. März 1976, (Berlin 1976), S. 16.

bewährt. Mit Recht kann gesagt werden: Die Partei hat ihr Wort eingelöst. Die Arbeit hat sich gelohnt.«[3]

In diesem Sinne beschloß der IX. Parteitag, die vom VIII. Parteitag entwickelte Politik des Wachstums, des Wohlstandes und der Stabilität auch im Fünfjahrplan 1976–1980 fortzusetzen. Die bisherigen Erfahrungen bei der Errichtung einer ausbeutungsfreien Gesellschaft verallgemeinernd, entwarf das neue Parteiprogramm ein wissenschaftlich begründetes Bild von der entwickelten sozialistischen Gesellschaft in der DDR. Mit dem Programm beschloß der Parteitag das Ziel, »in der Deutschen Demokratischen Republik weiterhin die entwickelte sozialistische Gesellschaft zu gestalten und so grundlegende Voraussetzungen für den allmählichen Übergang zum Kommunismus zu schaffen«[4]. Die SED stellte fest, daß sich seit Beginn der siebziger Jahre das Tor zu einer neuen historischen Periode für die DDR weit geöffnet hatte.

Gemäß der vom Parteitag beschlossenen Neufassung des Statuts der SED wurde Erich Honecker zum Generalsekretär des Zentralkomitees der SED gewählt. Am 29. Oktober 1976 – im Ergebnis der Wahlen zur obersten Volksvertretung der DDR vom 17. Oktober 1976 – übernahm Erich Honecker auch das Amt des Vorsitzenden des Staatsrates der Deutschen Demokratischen Republik.

Große Aufgaben und begeisternde Ziele standen vor der Hauptstadt der DDR. Bereits am 3. Februar 1976 faßte das Politbüro des ZK der SED den bedeutsamen Beschluß über die »Aufgaben zur Entwicklung der Hauptstadt der DDR, Berlin,

---

3 Protokoll der Verhandlungen des IX. Parteitages der Sozialistischen Einheitspartei Deutschlands im Palast der Republik in Berlin, 18. bis 22. Mai 1976, Bd. 1: 1. bis 3. Beratungstag, Berlin 1976, S. 31.

4 Protokoll der Verhandlungen des IX. Parteitages der Sozialistischen Einheitspartei Deutschlands im Palast der Republik in Berlin, 18. bis 22. Mai 1976, Bd. 2: 4. und 5. Beratungstag, Berlin 1976, S. 212.

bis 1990«. Darin hieß es: »Die materielle Basis des gesellschaftlichen Lebens, die materiellen und kulturellen Lebensbedingungen der Bevölkerung und das städtebaulich-architektonische Bild der Hauptstadt sind im Zeitraum bis 1990 so zu entwickeln, daß die weitere Gestaltung der entwickelten sozialistischen Gesellschaft in Berlin die wachsende politische und ökonomische Stärke des sozialistischen deutschen Staates der Arbeiter und Bauern deutlich zum Ausdruck bringt.«[5] Der Beschluß vom 3. Februar 1976, der einem Generalentwicklungsplan für Berlin gleichkam, legte die grundsätzlichen Richtungen für die Entwicklung in der Produktion, in der Wissenschaft, der Bildung und Erziehung, der gesundheitlichen Betreuung, in der Kultur und im Sport sowie im Wohnungsbau fest. Die Wirtschafts- und Sozialpolitik von Partei und Regierung sollte hier vorbildlich in die Tat umgesetzt werden.

Auf der XII. Bezirksdelegiertenkonferenz Berlin der SED begründete Erich Honecker am 27. März 1976 den Beschluß des Politbüros:

»Wir gehen davon aus, daß Berlin die Hauptstadt der Deutschen Demokratischen Republik ist, die Hauptstadt unseres aufblühenden sozialistischen Staates. Wir betrachten es für selbstverständlich, daß es zum Bild dieses Staates gehört, daß die Hauptstadt seine Erfolge und Errungenschaften eindrucksvoll widerspiegelt.

Die Entwicklung Berlins ist eine Sache der gesamten Republik. Sie braucht die Kraft, die Initiative und die Leidenschaft aller. Diese Stadt, deren Antlitz länger als ein Jahrhundert vom Kapitalismus geformt wurde, die vom Hitlerkrieg verwüstet war – diese Stadt, in der seit dem Sieg der ruhmreichen Sowjetarmee über den Faschismus ein großes Aufbauwerk begonnen und vollbracht wurde – diese Stadt wird nun eine neue Stufe ihrer Entwicklung erfahren, mehr und mehr geprägt von den

---

5 Zit. nach: Gute Bilanz und begeisternde Ziele für die Entwicklung der Hauptstadt der DDR, Berlin, S. 25.

Wesenszügen und Idealen des Sozialismus und Kommunismus.«[6]

Das Berlin-Programm sah somit vor, die führende Stellung der Hauptstadt innerhalb der DDR langfristig und allseitig auszubauen und ihre außenpolitische Funktion als Repräsentant des deutschen Friedensstaates zu stärken. Gerade angesichts der unmittelbaren Konfrontation mit Westberlin, der östlichsten Speerspitze des Imperialismus in Europa, kam dem weiteren Aufstieg des sozialistischen Berlin weltweite Bedeutung zu.

Im Mittelpunkt des Berlin-Programms stand weiterhin der Wohnungsbau. Es wurde die Aufgabe gestellt, in den nächsten 15 Jahren 300 000 bis 330 000 Wohnungen durch Neubau und Modernisierung zu schaffen und bis 1990 das Wohnungsproblem als soziale Frage in Berlin zu lösen, auch unter Berücksichtigung dessen, daß bis dahin die Einwohnerzahl der Hauptstadt stark anwachsen wird. Außerdem ließ man sich davon leiten, daß gerade in Berlin auf dem Gebiet des Wohnungsbaus in vieler Hinsicht ein Nachholebedarf bestand. Im Vergleich mit den anderen 27 kreisfreien Städten der DDR schnitt die Hauptstadt Mitte der siebziger Jahre in einigen Punkten schlecht ab: Bezüglich der durchschnittlichen Wohnfläche je Wohnung lag sie an 13. Stelle, in der Ausstattung mit Zentralheizung auf dem 11. Platz und mit Bad oder Dusche auf dem 9. Rang. Auch bei der Bereitstellung von Hotelbetten lag Berlin, bezogen auf je 1 000 Einwohner, hinter solchen Bezirksstädten wie Rostock und Dresden zurück.

Kulturelle und wissenschaftliche Einrichtungen waren aufgerufen, spezifische Beiträge zum Berlin-Programm zu leisten und darüber langfristige Vereinbarungen mit dem Magistrat abzuschließen.

Für die neuen, höheren Ziele des Berlin-Programms waren solide Ausgangspositionen geschaffen worden. Dennoch übertraf die Aufgabenstellung bis 1990 alle bisherigen Maßstäbe. »Seien

---

6 Ebenda, S. 166.

wir ehrlich«, rief Erich Honecker am 27. März 1976 den Delegierten der XII. Bezirksdelegiertenkonferenz der SED zu. »Nicht jeder hat sich vorgestellt, daß wir solche großen und umfassenden Ziele schon jetzt in Angriff nehmen können.«[7]

Die Beschlüsse des IX. Parteitages der SED und vor allem das Berlin-Programm fanden bei den Werktätigen der Hauptstadt lebhafte Zustimmung. Anfang Juni 1976 berieten die Vertrauensleute wichtiger Berliner Betriebe, welche Schritte zur Weiterführung des sozialistischen Wettbewerbs nötig seien. Vorbildliche Arbeiter, Brigaden und Betriebskollektive rangen darum, die Arbeitsproduktivität zu steigern, den wissenschaftlich-technischen Fortschritt zu beschleunigen und die Qualität ihrer Arbeit zu verbessern. Der Wettbewerb wurde weiterhin unter der Losung geführt: »Aus jeder Mark, jeder Stunde Arbeitszeit, jedem Gramm Material einen größeren Nutzeffekt!«

Mitte der siebziger Jahre hatten sich infolge der kapitalistischen Wirtschaftskrise die Bedingungen auf dem Weltmarkt verschlechtert. Die weltweite Rohstoff- und Energiekrise führte zu einer Preisexplosion, die auch die Wirtschaft der sozialistischen Staaten traf. Da die DDR in besonders hohem Maße auf Rohstoffimporte angewiesen ist, orientierten Partei- und Staatsführung darauf, zum einen die Vorteile der sozialistischen ökonomischen Integration im Rahmen des RGW noch intensiver zu nutzen – im Mittelpunkt des sozialistischen Wettbewerbs vieler Berliner Betriebe stand daher der Kampf um die planmäßige Erfüllung der Exportverpflichtungen gegenüber der UdSSR und den anderen Bruderländern –, zum anderen aber sparsam mit Rohstoffen, Material und Energie umzugehen, vorhandene Reserven aufzuspüren und den wissenschaftlich-technischen Fortschritt schneller zu verwerten.

Zum Auftakt des Wettbewerbs 1977 meldete sich Erika Stein-

7 Ebenda.

FÜHRER, Wicklerin im VEB NARVA Berliner Glühlampenwerk, zu Wort: »... ich bin Mitglied einer sozialistischen Brigade. Aber an meinem Arbeitsplatz stehe ich ganz allein, da bin in meiner Schicht nur ich und kein anderer. Meine Brigade kann ausgezeichnet sein – an meinem Arbeitsplatz hängt alles von mir selbst ab. Von meinen beiden Händen und von meinem Kopf. Von dem ganz besonders: Denke ich falsch, kann ich nicht richtig arbeiten; leiste ich Qualitätsarbeit, entsteht Qualität ... Niemand außer mir entscheidet das. Meine Macht und meine Verantwortung sind groß, obwohl ich doch eigentlich nichts weiter

„Die Losung is ja dufte. Aba wer jarantiert uns, det uff de andere Seite eena steht, der ooch danach handelt." Zeichnung: Schmitt

mache, als für gutes Geld auch gut zu arbeiten.«[8] Erika Steinführer rief dazu auf, an jedem Arbeitsplatz verantwortungsbewußt zu arbeiten und auf höchste Qualität der Produkte bedacht zu sein. Die Formel müsse lauten: »Jeder liefert jedem Qualität!« Binnen kurzem machte die Anregung der Berliner Arbeiterin in der ganzen Republik Schule.

Zur gleichen Zeit – im März 1977 – rief die Jugendbrigade Peter Kaiser vom VEB Kombinat Tiefbau Berlin dazu auf, »jeden Tag mit guter Bilanz« zu arbeiten. Der gleiche Gedanke bewegte auch andere Kollektive. Die Jugendbrigade »Patrice Lumumba« aus den Metallhütten- und Halbzeugwerken verpflichtete sich, nach der Devise zu arbeiten: »10 Minuten von uns – 10 Minuten für uns.« Das Kollektiv der mechanischen Vorfertigung des VEB Steremat »Hermann Schlimme« erklärte: »Kontinuität nutzt uns allen – über sie entscheidet jeder jeden Tag mit.« Der VEB Wälzlagerwerk »Josef Orlopp« in Lichtenberg appellierte: »Plangerecht heißt vertragsgerecht – zum Nutzen für uns alle.«

Um die Erfahrungen der vorbildlich arbeitenden Brigaden und Betriebe zu popularisieren, hatten die Bezirksleitung Berlin der SED und der Bezirksvorstand des FDGB am 8. Oktober 1975 eine Konferenz der Bestarbeiter, Partei-, Gewerkschafts- und Jugendfunktionäre sowie der Betriebsleiter einberufen. Der Vorsitzende des Bezirksvorstandes Berlin des FDGB, Rudolf Höppner, bezeichnete es als Aufgabe, »daß nicht nur die Besten, sondern nach ihrem Vorbild alle Gewerkschaftsmitglieder die Aufdeckung und Nutzung aller Produktionsreserven zu ihrer persönlichen Sache machen, zu einer Sache ihrer Klassenehre«[9].

Die 2. Konferenz der Bestarbeiter der Hauptstadt der DDR fand im November 1977 in der Kongreßhalle am Alexanderplatz statt. Ihre Teilnehmer berieten die Führung des sozialistischen Wettbewerbs zur Vorbereitung des 30. Jahrestages der DDR. Von nun an fanden alljährlich im September Bestarbeiterkonferenzen

---

8 Berliner Zeitung, 10. Januar 1977.

9 Initiativen zum IX. Parteitag der SED. Konferenz der Bestarbeiter der Hauptstadt der DDR, Berlin, am 8. Oktober 1975, o. O. u. J., S. 13.

DER BAGGER

Organ der BPO des VEB Kombinat Tiefbau Berlin

22. Jahrgang
2. April-Ausgabe 1977

8

Der Initiative der Jugendbrigade Kaiser schließen sich viele Tiefbauer an

Jeden Tag mit guter Bilanz

Jugendbrigadier Peter Kaiser: „Mit der Slobin-Methode zum Erfolg"

Die große Initiative unserer Jugendbrigade Kaiser, die unter dem Motto **„Jeden Tag mit guter Bilanz"** in der „Jungen Welt" vom 22. März 1977 veröffentlicht wurde, und die sich an die Jugend der ganzen Republik wandte, den 60. Jahrestag der Großen Sozialistischen Oktoberrevolution „jeden Tag mit guter Bilanz" vorzubereiten, hat auch – wie könnte es anders sein – in unserem Kombinat ein lebhaftes Echo gefunden (siehe dazu auch die Seiten 4/5 und 8). Viele Brigaden wollen ebenfalls jeden Tag den Plan erfüllt abrechnen.

Die Jugendbrigade „1. Mai" aus dem B 1, Brigadier ist Dieter Kelch, äußerte sich zum Aufruf der Brigade Kaiser unter anderem so: „Jeden Tag mit guter Bilanz", das heißt für uns in erster Linie: Exaktes Verwirklichen unseres Anteils an der Erfüllung der Beschlüsse des IX. Parteitages; termingerechte Übergabe unserer Objekte, und zwar mit einer Qualitätsnote von 1,25 (die wir auch bereits erreichten!); vorfristige Übergabe der Fundamente um zwei Tage; alle Reserven erkennen und nutzen; mit dem Plan Wissenschaft und Technik arbeiten.

*

Wir sprachen mit Brigadier Peter Kaiser und baten ihn um ein Wort zu seinem Aufruf speziell für Tiefbau Berlin.

Er sagte: „Das Ziel ist klar. Im Aufruf steht alles drin, hohe Produktivität, Qualität, Pünktlichkeit, jeden Tag die vorgesehene Aufgabe erfüllen usw.

Ich glaube, die Gedanken des Aufrufes zu realisieren, das können wir im Bauwesen am besten über die Slobin-Methode. Ab Mai wollen wir das auch tun. Zur Zeit gelingt es uns hier nicht immer, das Motto exakt umzusetzen, weil wir Restarbeiten ausführen, die Brigade auf der Baustelle zerstreut ist, wir auf Beton warten müssen usw. Aber wir halten das fest und werten es aus. Bald wird's wieder besser laufen.

Ich freue mich, daß viele Brigaden mitmachen, wie Obersteiner, Dombrowski, Hoppe, Plöttner und andere. In unserem Kombinat und besonders hier im 9. Stadtbezirk sollten wirklich alle ihren Stolz darin sehen, „jeden Tag mit guter Bilanz" zu arbeiten."

Red.

Eine Aufnahme vom Maiaufmarsch 1976. Auch in diesem Jahr werden wir Tiefbauer wieder ein Bekenntnis zu unserem sozialistischen Staat ablegen

Foto: Schüler

Aktuell

Am Dränsammler

Verpflichtung vorbildlich erfüllt

Am Dränwassersammelkanal auf dem Objekt Klärwerk Münchehofe waren vier Brigaden tätig, die Kollektive Janek, Lipsch, Karau und die Maschinisten auf den UB 80, 801 und 805 und dem S 100. Diese Brigaden verpflichteten sich am 21. Januar 1977, die Funktionsfähigkeit des Dränsammlers früher als geplant herzustellen, und zwar statt am 30. April bereits am 31. März 1977.

Am 31. März 1977 wurde die Funktionsfähigkeit des Kanals für die Komplexe Baugrube von der TKO bestätigt. Alle Baggerarbeiten für den Dränsammler sind abgeschlossen. Zusätzlich wurden für die nachfolgenden Baumaßnahmen bereits Leistungen gebracht.

Für die **Komplexe Baugrube** wurden etwa 6000 m^3 Boden ausgebaggert und

statt; eine neue Tradition der Berliner Arbeiterbewegung war geboren. Waren es am Anfang nur einige hundert Teilnehmer, so kamen zur »Fünften« im September 1980 schon 4000. Von diesen Foren des Erfahrungsaustausches vorbildlicher Kommunisten, Gewerkschafter und Kollektive gingen manche bedeutsamen Impulse für den sozialistischen Wettbewerb aus. So forderte die 3. Bestarbeiterkonferenz: »Alle Betriebe erfüllen den Plan, keiner bleibt zurück.«[10]

10 Kurs DDR 30. 3. Konferenz der Bestarbeiter der Hauptstadt der DDR, Berlin, 21. September 1978, o. O. u. J., S. 43. (Die 3. Bestarbeiterkonferenz fand am 11. September 1978 statt.)

Bei der Realisierung der vom VIII. Parteitag der SED beschlossenen Hauptaufgabe nahmen die Kombinate eine Schlüsselstellung ein. Die Erfahrungen, die Ende der sechziger Jahre mit den ersten sozialistischen Industriekombinaten gemacht worden waren, bestätigten, daß diese leistungsstarken Wirtschaftseinheiten am besten geeignet waren, die Aufgaben der Intensivierung als der Hauptlinie des wirtschaftlichen Wachstums in der DDR zu lösen. Deshalb wurden weitere Kombinate, vor allem in der bezirksgeleiteten Industrie, gebildet.

In Berlin entstanden 1976 das Kombinat Baumechanisierung und 1979 das Kombinat Binnenschiffahrt und Wasserstraßen. Im Jahre 1981 kamen weitere hinzu: Kombinat Dienstleistung Berlin, Kombinat Rewatex, Kombinat Stadtwirtschaft, Kombinat Technische Konsumgüter, Kombinat Camping- und Kunstgewerbeerzeugnisse, Kombinat Industriebedarfserzeugnisse, Kombinat Bekleidung und Täschnerwaren und Kombinat Rationalisierungsmittel. Eine Reihe kleinerer Betriebe wurden bereits bestehenden Kombinaten angegliedert. Auf diese Weise sollten die Dienstleistungen und die Versorgung der Berliner Bevölkerung mit hochwertigen Konsumgütern verbessert werden. Im Jahre 1981 existierten somit 10 bezirksgeleitete Industriekombinate in der Hauptstadt, die 65 volkseigene Betriebe mit mehr als 20 000 Beschäftigten umfaßten. An den vertrauten Namen der einzelnen Betriebe einschließlich ihrer Firmenzeichen änderte sich nichts, denn sie blieben innerhalb der Kombinate ökonomisch und juristisch selbständig. Die Vorteile des Zusammenschlusses lagen in der strafferen Leitung und Planung, in der Rationalisierung und Einführung moderner Technologien bis hin zu Industrierobotern sowie in der Spezialisierung.

Gleichzeitig wurde eine Reihe bekannter Berliner Betriebe neugeschaffenen zentralen, von den Ministerien geleiteten Kombinaten zugeordnet. So gehören der VEB Elektrokohle Lichtenberg zum Elektrochemischen Kombinat Bitterfeld, der VEB Secura-Werke zum Kombinat Robotron, der VEB Bergmann-Borsig zum Görlitzer Maschinenbau und der VEB Berliner

Metallhütten- und Halbzeugwerke zum VEB Mansfeld Kombinat »Wilhelm Pieck«.

Im Verlauf des Fünfjahrplans 1976–1980 wurde die materiell-technische Basis der Berliner Industrie weiter gestärkt. In diesem Zeitraum wurden in der Hauptstadt Investitionen in Höhe von 18,7 Milliarden Mark durchgeführt, davon rund ein Drittel – nämlich 5,4 Milliarden Mark – in der Industrie. Fast die Hälfte der Ausrüstungen in den zentralgeleiteten Betrieben wurde erneuert. Neue Produktionsstätten entstanden unter anderem im Kombinat VEB Elektro-Apparate-Werke Berlin-Treptow, im VEB Elektrokohle Lichtenberg, im VEB Werk für Fernsehelektronik, im VEB Berliner Bremsenwerk, im VEB Bergmann-Borsig, im VEB Gummiwerke Berlin, im VEB Kabelwerk Oberspree und im VEB Werkzeugmaschinenkombinat »7. Oktober«, Stammbetrieb Weißensee. Der VEB Elektroprojekt und Anlagenbau Berlin erhielt 1979 in Marzahn einen Werkneubau.

Für langjährige hervorragende Leistungen im sozialistischen Wettbewerb wurden traditionsreiche Berliner Großbetriebe mit Ehrennamen ausgezeichnet. So erhielt das Kabelwerk Oberspree am 4. Januar 1976 anläßlich des 100. Geburtstages des ersten Präsidenten der DDR den Ehrennamen »Wilhelm Pieck« verliehen. Auf würdig gestalteten Belegschaftsvollversammlungen wurden das Berliner Glühlampenwerk am 6. November 1978 mit dem Ehrennamen »Rosa Luxemburg« und die Elektro-Apparate-Werke Berlin-Treptow am 1. September 1980 mit dem Ehrennamen »Friedrich Ebert« ausgezeichnet.

Eine Woche nach dem IX. Parteitag der SED, am 27. Mai 1976, faßten das ZK der SED, der Bundesvorstand des FDGB und der Ministerrat der DDR einen gemeinsamen Beschluß über die weitere planmäßige Verbesserung der Arbeits- und Lebensbedingungen der Werktätigen der DDR. Neben der bereits erwähnten Förderung junger und berufstätiger Mütter brachten die neuen sozialpolitischen Maßnahmen breiten Krei-

Proletarier aller Länder, vereinigt euch!

NEUES DEUTSCHLAND

ORGAN DES ZENTRALKOMITEES DER SOZIALISTISCHEN EINHEITSPARTEI DEUTSCHLANDS

31. Jahrgang / Nr. 128 — Berlin, Sonnabend/Sonntag, 29./30. Mai 1976 — B-Ausgabe / Einzelpreis 15 Pf

Gemeinsamer Beschluß

des Zentralkomitees der SED, des Bundesvorstandes des FDGB und des Ministerrates der DDR über die weitere planmäßige Verbesserung der Arbeits- und Lebensbedingungen der Werktätigen im Zeitraum 1976-1980 vom 27. Mai 1976

Der IX. Parteitag der Sozialistischen Einheitspartei Deutschlands hat mit dem Programm der SED und der Direktive zur Entwicklung der Volkswirtschaft der DDR 1976–1980 neue, große Perspektiven des gesellschaftlichen Fortschritts gewiesen und das Ziel gestellt, in der Deutschen Demokratischen Republik die entwickelte sozialistische Gesellschaft weiter zu gestalten und so grundlegende Voraussetzungen für den allmählichen Übergang zum Kommunismus zu schaffen.

Er stützte sich dabei auf die hervorragenden Ergebnisse, die dank der Initiative der Arbeiterklasse, der Genossenschaftsbauern und der Angehörigen der Intelligenz seit dem VIII. Parteitag bei der kontinuierlichen und stabilen Entwicklung der Wirtschaft der DDR und bei der Erhöhung des materiellen und kulturellen Lebensniveaus ihrer Bürger erreicht wurden.

Der durch die Einheit von Wirtschafts- und Sozialpolitik bestimmte Kurs hat sich im Leben bewährt. Er findet die breite Zustimmung der Werktätigen, die sich vor allem in den guten Ergebnissen im sozialistischen Wettbewerb dokumentiert.

Auf der Grundlage des Kampfes um höhere Arbeitsproduktivität und Effektivität auf dem Wege der Vertiefung der Intensivierung der gesellschaftlichen Produktion werden jetzt neue, bedeutende Aufgaben zur Entwicklung des Wohnungsbaues als Kernstück des sozialpolitischen Programms, zur Verbesserung der medizinischen und sozialen Betreuung der Bevölkerung, des Erholungswesens, zur weiteren Gestaltung des Bildungswesens und der Kultur sowie zur Verbesserung der Arbeits- und Lebensbedingungen der Werktätigen in den Betrieben in Angriff genommen. In steigendem Maße werden staatliche Mittel für die Aufrechterhaltung stabiler Verbraucherpreise, Mieten und Verkehrstarife eingesetzt.

Das alles bestärkt jeden Bürger der DDR im Gefühl sozialer Sicherheit und Geborgenheit.

So wie sich durch bewußte und schöpferische Arbeit aller Werktätigen die ökonomische Leistungskraft unseres Landes erweitert, so wird sich unser aller Leben schöner und inhaltsreicher gestalten. Dabei ist auch künftig die wichtige Lebenserfahrung unseres Volkes ehernes Gesetz, daß nur das verbraucht werden kann, was vorher erarbeitet wurde.

Vertrauend auf die Kraft, den Tatendrang und neue Initiativen der Arbeiterklasse, der Genossenschaftsbauern, der Angehörigen der Intelligenz und aller anderen Werktätigen zur weiteren allseitigen Stärkung unserer sozialistischen Deutschen Demokratischen Republik beschließen das Zentralkomitee der SED, der Bundesvorstand des FDGB und der Ministerrat der DDR für die Jahre 1976–1980:

I. Maßnahmen zur Erhöhung der Mindestlöhne, zur Verwirklichung der leistungsorientierten Lohnpolitik sowie weitere lohnpolitische Maßnahmen

1. Der monatliche Mindest-Bruttolohn für vollbeschäftigte Arbeiter und Angestellte wird ab 1. 10. 1976 von 350 Mark auf 400 Mark erhöht. Für Arbeiter und Angestellte mit einem monatlichen Bruttolohn zwischen 400 und 500 Mark werden differenzierte Lohnerhöhungen durchgeführt. In diesem Zusammenhang

Keramikindustrie sowie in den wichtigsten Betrieben der bezirksgeleiteten Industrie,

– ausgewählten Zweigen, Kombinaten und Betrieben der metallverarbeitenden Industrie sowie in weiteren Betrieben der chemischen Industrie.

II. Maßnahmen zur weiteren Verbesserung der Renten, der freiwilligen Zusatzrentenversicherung und der Sozialfürsorgeleistungen

1. Zur weiteren Verbesserung der Lage der Rentner werden die Leistungen für 3,4 Millionen Rentenempfänger ab 1. 12. 1976 erhöht.
1.1. Die Mindestrenten für Alters- und Invalidenrentner werden in Abhängigkeit von der Anzahl der Arbeitsjahre wie folgt erhöht:

Arbeitsjahre	Mindestrente jetzt Mark	neu Mark	Erhöhung Mark

4.1. Die Unterstützungssätze der Sozialfürsorge werden

– für alleinstehende Bürger von monatlich 175 Mark auf 200 Mark

– für Ehepaare von monatlich 250 Mark auf 300 Mark

erhöht.

Die Mietbeihilfen können 30 bis 45 Mark monatlich betragen. Die Rechtsvorschriften, nach denen in Ausnahmefällen höhere Mietbeihilfen gewährt werden können, bleiben bestehen.

Der Höchstbetrag der Sozialfürsorgeunterstützung je Familie (Sozialfürsorgesätze und Mietbeihilfen) wird von monatlich 313 Mark auf 350 Mark erhöht.

4.2. Für Heimbewohner von staatlichen und nichtstaatlichen Feierabend- und Pflegeheimen sowie für Pflegebedürftige werden weitere materielle und finanzielle Vergünstigungen wirksam.

Die Fürsorgeleistungen für schwergeschädigte Bürger, insbesondere Kinder und Jugendliche, sowie die Betreuung von Schwerstversehrten werden weiter verbessert.

III. Maßnahmen zur weiteren Förderung berufstätiger Mütter

sen der werktätigen Bevölkerung Erleichterungen. Die monatlichen Mindestlöhne für vollbeschäftigte Arbeiter und Angestellte wurden von 350 auf 400 Mark angehoben. Für Arbeiter und Angestellte mit einem monatlichen Bruttolohn zwischen 400 und 500 Mark wurden differenzierte Lohnerhöhungen vorgenommen. Neue Grundlöhne für Produktionsarbeiter der Industrie, des Bauwesens und anderer Bereiche wurden in Verbindung mit der Wissenschaftlichen Arbeitsorganisation eingeführt. Die Gehälter der im Volksbildungswesen Beschäftigten wurden in Abhängigkeit von der Berufsdauer verbessert. Des weiteren wurden die Renten, die Leistungen der freiwilligen Zusatzrentenversicherung und die Sozialfürsorgeleistungen beträchtlich erhöht. Für Schichtarbeiter wurde die 40-Stunden- oder die 42-Stunden-Arbeitswoche eingeführt.

Die besondere Fürsorge des sozialistischen Staates galt weiterhin Mutter und Kind. Von 1976 bis Mitte 1980 wurden rund

70 000 Kinder in Berlin geboren, das waren über 10 000 mehr als im Zeitraum 1971–1975. Darin zeigte sich die positive Wirkung der großzügigen sozialpolitischen Maßnahmen. Ab Mai 1976 wurde der Schwangerschafts- und Wochenurlaub von 18 auf 26 Wochen bei Zahlung des vollen Nettodurchschnittsverdienstes verlängert. Berufstätige Mütter erhielten gleichzeitig die Möglichkeit, nach der Geburt des zweiten und jedes weiteren Kindes eine bezahlte Freistellung bis zur Vollendung des ersten Lebensjahres des Kindes in Anspruch zu nehmen. Für vollbeschäftigte Mütter mit zwei zum eigenen Haushalt gehörenden Kindern wurde am 1. Mai 1977 die 40-Stunden-Arbeitswoche ohne Lohnminderung eingeführt. Diese Vergünstigung erhielten in Berlin 36 300 Frauen. Ab 1. Januar 1977 wurde 27 600 alleinstehenden Frauen ab 40. Lebensjahr mit eigenem Haushalt ohne Kinder auch ein monatlicher Hausarbeitstag gewährt. Darüber hinaus wurden jungen Eheleuten in mehr als 15 000 Fällen zwischen 1976 und 1979 rund 82 Millionen Mark zinslose Kredite gewährt, von denen Teile bei der Geburt von Kindern erlassen wurden.

Während der beiden Fünfjahrpläne 1971–1975 und 1976–1980 flossen hohe Beträge auch in das Gesundheitswesen. Das lag ganz im Sinne der Hauptaufgabe des VIII. Parteitages der SED von 1971, alles für das Wohl der arbeitenden Menschen zu tun. Die Ausgaben aus dem Haushalt der Hauptstadt für das Gesundheits- und Sozialwesen (ohne Investitionen) stiegen von 295 Millionen Mark 1970 auf 778 Millionen Mark im Jahre 1982. Die 28 Krankenhäuser wurden erweitert und modernisiert. Die Zahl der Polikliniken erhöhte sich von 39 im Jahre 1970 auf 56 im Jahre 1979. Arbeiteten 1970 3 257 Ärzte und 609 Zahnärzte in Berlin, so waren es 1979 bereits 4 539 und 1 005. 1979 kamen 40 Ärzte und 9 Zahnärzte auf je 10 000 Einwohner.

Als sich zu Beginn der siebziger Jahre die Notwendigkeit abzeichnete, ein modernes medizinisches Zentrum der Hauptstadt zu schaffen, dachten die Planer zunächst an ein Gelände in den Außenbezirken, in Kaulsdorf und Heinersdorf beispielsweise. Doch 1975 entschied die Parteiführung der SED, die Charité zu erweitern und zu rekonstruieren. An dieser traditionsreichen Stätte, wo so weltberühmte Gelehrte wie HUFELAND, KOCH, VIRCHOW, SAUERBRUCH, BRUGSCH und andere gewirkt hatten, entstand ein leistungsfähiges Zentrum der Forschung, Lehre und ärztlichen Hilfe. Im ersten Bauabschnitt wurden eine Zentralküche (1978), ein Heizwerk (1979) sowie Schwersternwohnungen am nahegelegenen Invalidenpark geschaffen. Dann konzentrierten sich die Arbeiten auf die Errichtung des Chirurgisch Orientierten Zentrums (COZ) am Robert-Koch-Platz mit 24 Operationssälen, Intensivstation, Rettungsstelle, verschiedenen medizin- und labortechnischen Einrichtungen sowie einem Bettenhaus für mehr als 1 000 Patienten. Diese Einrichtung übergab der Generalsekretär des ZK der SED und Vorsitzende des Staatsrates der DDR, ERICH HONECKER, am 14. Juni 1982 an den Bereich Medizin der Humboldt-Universität. Das 86 Meter hohe Gebäude ist ein auch in der Stadtsilhouette weithin sichtbarer Ausdruck der ständigen Sorge des sozialistischen Staates um das Wohl der Werktätigen. Die umfangreichen Rekonstruktionen an den alten Gebäuden des Universitätsklinikums gingen weiter.

Das stabile Wachstum der Volkswirtschaft seit dem VIII. Parteitag der SED sicherte das erreichte materielle und kulturelle Lebensniveau. In erster Linie zeigte sich das bei der Verbesserung der Wohnverhältnisse für Zehntausende Berliner und bei den anderen sozialpolitischen Maßnahmen. Die Leistungen für die Bevölkerung aus den gesellschaftlichen Fonds für die Verbesserung der materiellen und geistig-kulturellen Lebensbedingungen hatten sich 1980 gegenüber 1970 verdoppelt. Solche Leistungen und Zuwendungen erfolgten unter anderem für die Beibehaltung niedriger Mieten, für die Sicherung stabiler Preise für Waren des Grundbedarfs und Tarife, für die Gewährleistung der Leistungsansprüche aus der Sozialversicherung, für die Unterstützung von Mutter und Kind sowie für die Betreuung älterer Bürger. Allein in der Hauptstadt wurden dafür 1981 rund 2,5 Milliarden Mark aus dem Staatshaushalt bereitgestellt. Die aus den gesellschaftlichen Fonds kommenden jährlichen Aufwendungen für eine vierköpfige Familie betrugen 1980 8 248 Mark gegenüber 5 241 Mark im Jahre 1975.

Mit aktiver Unterstützung durch die Gewerkschaften wurden die Arbeitsbedingungen in den Berliner Betrieben und Einrichtungen weiter verbessert. Die Anzahl der Arbeitsplätze mit erschwerten Bedingungen konnte reduziert werden. Besonders bemühte man sich um die im Mehrschichtbetrieb arbeitenden Werktätigen, zumal der hier erreichte Stand noch nicht befriedigte. Der Anteil der in der Industrie Beschäftigten, die dreischichtig arbeiteten, stieg zwischen 1975 und 1980 nur von 16 auf 19 Prozent. Eine Reihe von Betriebsgaststätten wurden erweitert oder neugebaut. Auf den zahlreichen Baustellen in der Stadt wurde eine gute Arbeiterversorgung organisiert.

In den Wohngebieten half die freiwillige Mitarbeit in der Aktion »Schöner unsere Hauptstadt Berlin – Mach mit!« ein Zuhause zu schaffen, wo sich die Menschen wohl fühlen. Von 1976 bis 1980 wurden insgesamt finanzielle Werte von 1 067,6 Millionen Mark geschaffen, darunter Eigenleistungen der Bürger zur Erhaltung des Wohnraumes von 513,4 Millionen Mark. An der Septemberinitiative am 24. September 1977 anläßlich des 60. Jahrestages der Großen Sozialistischen Oktoberrevolution beteiligten sich über 250 000 Berliner in allen Stadtbezirken. Sie pflanzten Bäume, legten Grünanlagen an, schufen Kinderspielplätze und Kleinsportanlagen und renovierten Wohnungen für ältere und körperbehinderte Bürger. Die Septemberinitiative wurde ebenso wie der große Frühjahrsputz im April zu alljährlichen Höhepunkten in der »Mach mit!«-Bewegung.

Bei einem Blick in die eigenen vier Wände konnte jeder Berliner feststellen, daß auch der private Lebensstandard beträchtlich anstieg. Bezogen auf die gesamte Republik, besaßen von 100 Haushalten im Jahre 1980 99 einen Kälteschrank (1970 waren es 56), 90 einen Fernsehempfänger (1970: 69) und 80 eine Waschmaschine (1970: 54). Die Ausstattung pro Haushalt mit einem Pkw stieg von 16 im Jahre 1970 auf 36 im Jahre 1979.

Bei der Arbeit, im Leben und beim Lernen genossen die Bürger der Hauptstadt wie die im gesamten Lande unverändert soziale Sicherheit. Das war eine großartige Leistung der Wirtschafts- und Sozialpolitik von Partei und Regierung sowie ihrer tatkräftigen Friedens- und Entspannungspolitik, die auch international gewürdigt wurde.

Kernstück des sozialpolitischen Programms blieb auch weiterhin der Wohnungsbau. Das Berlin-Programm sah vor, bis 1980 rund 75 000 Wohnungen neu zu bauen oder zu modernisieren. Schwerpunkte des Neubaus lagen im Wohngebiet 3 des Komplexes Leninallee/Ho-Chi-Minh-Straße, an der Straße am Tierpark und an der Straße der Befreiung, an der Greifswalder Straße, im 2. Bauabschnitt des Allende-Viertels in Köpenick, in Hohenschönhausen und in Buch.

In der Innenstadt wurden die Wohnhochhäuser an der Leipziger Straße einschließlich der Geschäfte und der Nationalitätengaststätten »Prag« und »Sofia« bis 1979 fertiggestellt.

Energisch ging die Rekonstruktion altstädtischer Gebiete am Arnimplatz (Stadtbezirk Prenzlauer Berg), am Arkonaplatz (Stadtbezirk Mitte), in der Karl-Lade-Straße (Stadtbezirk Lichtenberg) und an anderen Orten voran. Durch sogenannte Fließlinien, dås heißt das Aufeinanderabstimmen aller beteiligten Baugewerke, konnte das Tempo der Arbeiten beschleunigt werden. Eine einfühlsame Farbgebung der restaurierten Fassaden verlieh ganzen Straßenzügen mit Häusern von der Jahrhundertwende einen neuen Reiz. Die organische Verbindung von Altem und Neuem gelang den Städtebauern besonders in der Straße der Befreiung.

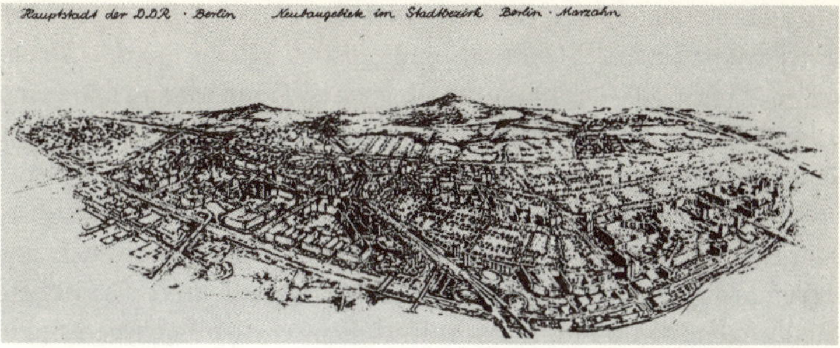

Im Stadtzentrum entstanden weitere repräsentative Bauten, so das Hotel »Metropol« in der Friedrichstraße (1977), das Palasthotel an der Karl-Liebknecht-Straße (1979) und das von japanischen Firmen errichtete Internationale Handelszentrum am Bahnhof Friedrichstraße (1978). Im Herbst 1979 wurde das Centrum-Warenhaus am Ostbahnhof eröffnet.

Im Blickpunkt des Baugeschehens nach 1976 stand das kleine Dorf Marzahn im Stadtbezirk Lichtenberg. Hier, wo sich um den alten Dorfkern und um eine Gartensiedlung noch ausgedehnte Felder und Wiesen erstreckten, sollte ein neuer Stadtbezirk für mehr als 100 000 Bürger entstehen. Das war das bislang größte Vorhaben im Wohnungsbau der DDR. Ein Kollektiv unter Leitung von Heinz Graffunder, dem Chefarchitekten des Gesamtprojekts, hatte das Modell für diesen 9. Stadtbezirk entworfen. Es wurde 1976 auf einer stark besuchten Ausstellung im Alten Museum der Öffentlichkeit vorgestellt und lebhaft diskutiert. Vorgesehen war eine großräumige Bebauung auf einer Fläche von 600 Hektar und mit einer Ausdehnung von 5,5 Kilometer in der Nord-Süd-Richtung und 2 Kilometer in Ost-West-Richtung. Der Dorfkern von Marzahn sollte rekonstruiert werden und inmitten der neuen Gebäude erhalten bleiben.

Nachdem das Gelände von Laubenkolonien geräumt war, setzten schon 1975 die stadttechnischen Erschließungsarbeiten ein. Dabei stießen die Tiefbauer immer wieder auf gefährliche Hinterlassenschaften des zweiten Weltkrieges. Vom 2. Januar 1975 bis zum Abschluß der Sucharbeiten am 28. April 1980 spürten die Experten vom Munitionsbergungsbetrieb Berlin der Deutschen Volkspolizei zahlreiches Kriegsgerät auf und machten es unschädlich: 20 großkalibrige Sprengbomben, 8 Raketen, 2050 Brandbomben, 12 Minen, 54 654 Granaten, über eineinhalb Millionen Stück Handwaffenmunition und andere hochbrisante Sprengmittel. Die Tiefbauarbeiter förderten aber auch Erfreuliches zutage: Überreste von germanischen und slawischen Siedlungen. Mitarbeiter des Märkischen Museums bargen Siedlungshinterlassenschaften aus Jahrhunderten vor und nach unserer Zeitrechnung, darunter ebenerdige Hausgrundrisse, Vorratsgruben, Keramik und zwei hölzerne Brunnenanlagen aus der Slawenzeit. Sie bezeugten die permanente Besiedlung des Berliner Stadtgebietes in ur- und frühgeschichtlicher Zeit.

Den Baggern und Raupen, die sich durch den lehmigen Boden wühlten, folgten alsbald die Tieflader und Drehkrane des Wohnungsbaukombinats. Am 8. Juli 1977 wurde die erste Platte für ein zehngeschossiges Wohnhaus in der heutigen Marchwitzastraße 43 gesetzt; am 2. September 1977 hing über diesem Haus bereits die Richtkrone. Hier zogen im Dezember 1977 die ersten Mieter ein. Zur Erinnerung an dieses denkwürdige Ereignis wurde im Oktober 1979 anläßlich des 30. Jahrestages der DDR in der Allee der Kosmonauten/Ecke Marchwitzastraße eine Stele in Form einer stilisierten Richtkrone aufgestellt, die der Berliner Formgestalter Alfred Bernau geschaffen hatte. Eine daneben stehende Bronzetafel trägt den Richtspruch von Helmut Baierl, den der Berliner Schriftsteller am 2. September 1977 vorgetragen hatte; darin heißt es:

Richtekrone, steige auf das neue Haus!
Erstes Haus von vielen eines großen Baus.
Hunderttausend Menschen ziehen bald hier ein
Und so soll ihr Leben schön und sicher sein.
Früher Sumpf und Kiete, künftig neue Stadt
Stadtteil unsrer Hauptstadt, den sie nötig hat.

Zügig ging es voran. Im Frühjahr 1978 wohnten schon 2000 Bürger im Neubaugebiet. Die erste Schule, der erste Kindergarten mit Kinderkrippe und die erste Gaststätte – das »Biesdorfer Kreuz« – nahmen ihren Betrieb auf. An den Taktstraßen wuchs Wohnblock um Wohnblock empor. Bis zu 6000 Bauarbeiter und Beschäftigte aller Gewerke, darunter Jugendbrigaden der »FDJ-Initiative Berlin« und Baubrigaden aus allen Bezirken der Republik, waren auf dem größten Bauplatz der DDR tätig.

Am 6. Juli 1978 übergab der Generalsekretär des ZK der SED und Vorsitzende des Staatsrates der DDR, Erich Honecker, in der Luise-Zietz-Straße 129 die einmillionste Wohnung, die seit 1971, als der VIII. Parteitag der SED das Wohnungsbauprogramm beschloß, in der DDR fertiggestellt wurde. In diese Wohnung zog die Familie des Werkzeugmaschinenbauers Hermann Grosskopf, Brigadier im VEB Berliner Werkzeugmaschinenfabrik Marzahn. Die 20 000. Wohnung, die seit 1977 allein in Marzahn errichtet worden war, übergab Oberbürgermeister Erhard Krack am 2. Oktober 1981 in der Paul-Dessau-Straße 1 ebenfalls einer Arbeiterfamilie; die Erinnerungstafel am Hauseingang enthüllte der Tiefbau-Jugendbrigadier Peter Kaiser.

Der Aufbau einer Wohnstadt von solchem Ausmaß verlief natürlich nicht komplikationslos. Wer in den ersten Jahren auf diesen riesigen Bauplatz umzog, brauchte anfangs Gummistiefel und mußte manche Erschwernisse in Kauf nehmen. Solange die schweren Baufahrzeuge rollten, gab es viel Schlamm und Staub. Mitunter verzögerte sich die Fertigstellung der sogenannten Nachfolgeeinrichtungen. Auch der Anschluß an das hauptstädtische Nahverkehrsnetz brauchte seine Zeit, wenngleich die S-Bahn schon 1976 bis Marzahn und die Tatra-Straßenbahnlinie 18 im Jahr 1979 ins Zentrum fuhren.

Am 27. November 1981 schrieb die »Berliner Zeitung«: »Tagtäglich ziehen mehr als 20 Familien nach Marzahn.« Sie kamen aus allen Teilen der Hauptstadt und der Republik und mußten erst heimisch werden, sich einleben und die Nachbarschaft kennenlernen. Hausgemeinschaftsleitungen bildeten sich und riefen gemeinsam mit den Wohnparteiorganisationen der SED und den Ausschüssen der Nationalen Front die Bürger zur Mitarbeit in ihrem Wohngebiet auf. In der »Mach mit!«-Bewegung wurden Vorgärten angelegt, Bäume gepflanzt und Sport- und Spielplätze eingerichtet.

Von 1976 bis zum 31. Dezember 1982 übergaben die Bauleute 30083 Wohnungen, 31 polytechnische Oberschulen, 23 Turnhallen, 30 kombinierte Kinderkrippen und -gärten, 10 Kaufhallen, 4 Dienstleistungseinrichtungen, 5 Wohngebietsgaststätten, 5 Mehrzweckgaststätten, 5 Bierstuben und Cafés, 2 Polikliniken, 2 Apotheken und weitere Einrichtungen. Vorwiegend wurden 5- oder 11geschossige Häuser des Typs WBS 70 sowie 21- oder 23geschossige Hochhäuser errichtet. Im Mai 1981 empfing das Filmtheater »Sojus« am Helene-Weigel-Platz die ersten Besucher. Viele Kilometer Rohr- und Kabelleitungen für Be- und Entwässerung, Energie und Post waren gelegt worden. Dazu rund 20 Kilometer Hauptverkehrsstraßen mit 20 Brücken, einem Fußgängertunnel und einer Fußgängerbrücke. Ende 1982 wohnten im Neubaugebiet Marzahn schon rund 70000 Einwohner.

Wo vor kurzem noch die Traktoren der LPG »Edwin Hoernle« ratterten und Schafherden weideten, hatte die Hauptstadt im Nordosten eine markante Hochhaus-Silhouette erhalten. Was in Berlin-Marzahn geschaffen wurde, entspricht in der Größe beispielsweise der Bezirksstadt Frankfurt (Oder). Vergleichbares hat es in der langen Geschichte Berlins noch nie gegeben!

Der enorme Wohnungsbau stellte auch die Stadttechnik vor große Aufgaben. Die Neubaugebiete mußten mit Wasser, Elektroenergie, Wärme und Gas versorgt werden. Die Leistungen auf diesem Gebiet, das nicht so im Blickpunkt des öffentlichen Interesses steht, waren beachtlich. Nachdem schon 1961–1964 das Heizkraftwerk Mitte nahe der Jannowitzbrücke errichtet worden war, entstand 1970–1972 ein weiteres Heizkraftwerk an der Rhinstraße im Stadtbezirk Lichtenberg, das 1977 erweitert wurde. Das aus den zwanziger Jahren stammende Kraftwerk Klingenberg wurde rekonstruiert. Ende der siebziger Jahre begann die Umstellung der Stadtgasversorgung auf Erdgas, das über eine Pipeline aus der Sowjetunion kommt. Die alten Gaswerke, so an der Dimitroff-Ecke Greifswalder Straße, hatten endgültig ausgedient. Neue Umspannwerke, die den Anschluß der Hauptstadt an das 220 KV-Verbundnetz der DDR herstellten, wurden gebaut. Wenn man bedenkt, daß in Berlin täglich über eine halbe Million Kubikmeter Trinkwasser bereitgestellt werden müssen, so kann man sich vorstellen, welch hoher Investitionen bei der kommunalen Wasserwirtschaft es bedurfte. Die Wasserwerke Stolpe, Kaulsdorf, Wuhlheide, Johannisthal und Friedrichshagen wurden ausgebaut und das Leitungsnetz um 258 Kilometer verlängert. Da die Wasservorräte nördlich des Müggelsees für die künftige Versorgung nicht ausreichten, entstanden auf der Südseite des Sees neue Brunnengalerien. Bei eisigem Wetter verlegten Arbeiter vom Berliner Tiefbaukombinat im Dezember 1980 eine 1855 Meter lange Trinkwasserleitung quer durch den Müggelsee; 15 Millionen Mark kostete das Unternehmen, das die Versorgung der Wohngebiete in Köpenick, Marzahn, Hohenschönhausen und Kaulsdorf verbesserte.

Nicht minder großer Anstrengungen bedurfte es bei der Abwässerentsorgung. Mit jedem Neubaugebiet wuchs das unterirdische Kanalnetz um weitere Kilometer. Mehr als 40 Pumpwerke beförderten die Abwässer zu den Kläranlagen, einen Teil auch noch auf die Rieselfelder, von denen aber immer mehr stillgelegt wurden. Im April 1976 nahm die Kläranlage Münchehofe bei Dahlwitz-Hoppegarten den vollen Betrieb auf; täglich können hier über 100 000 Kubikmeter Abwässer gereinigt werden. Der Ausbau einer weiteren modernen Kläranlage begann in Falkenberg.

Ende Mai 1975 nahm die erste Müllverbrennungsanlage der DDR in Lichtenberg-Nordost den Betrieb auf. Sie verarbeitete 40 Prozent des Berliner Hausmülls und diente zugleich der Fernwärmeversorgung. Übrigens hatte der VEB Stadtreinigung Berlin schon 1969 mit der Container-Müllabfuhr begonnen; die ersten Großbehälterfahrzeuge kamen aus der Sowjetunion.

Mit dem Wachstum der Stadt stiegen auch die Anforderungen an das Post- und Fernmeldewesen. In den Neubaugebieten entstanden neue Postämter und öffentliche Fernsprecheinrichtungen. Seit den sechziger Jahren hatte die Deutsche Post eine Reihe von Rationalisierungsmaßnahmen durchgeführt. Begonnen hatte es Anfang 1960 mit dem Anbringen von Briefkästen im Hausflur, die den Post- und Zeitungszustellern das tägliche Treppensteigen ersparten. Mit dem Bau des neuen Zeitungsvertriebsamtes der Deutschen Post am Ostbahnhof im Jahre 1965 und mit der Errichtung des halbautomatischen Haupt- und Auslandsfernamtes in der Frankfurter Allee (1. Bauabschnitt 1964) sowie der modernen Telefon- und Wählvermittlungsstelle in der Klosterstraße (1970) – seinerzeit die größte ihrer Art in der DDR – verbesserte die Deutsche Post ihre Leistungen. Am 26. Juli 1962 hatte der telefonische Direktwählverkehr von Berlin nach Leipzig, Cottbus und Dresden begonnen. Er wurde schrittweise auf alle Bezirke erweitert und auch auf europäische Hauptstädte ausgedehnt. Am 13. April 1967 war im Postamt 92, Dimitroffstraße 240, das erste Selbstbedienungspostamt der DDR eröffnet worden. Mitte der siebziger Jahre wurde der öffentliche Betrieb der Rohrpost, die 1967 24 Betriebsstellen in Postämtern der Hauptstadt hatte, eingestellt.

Mit der dynamischen Entwicklung der Hauptstadt hatte auch das Verkehrswesen neue Anforderungen zu bewältigen. Die Süd-Ost-Radiale, die das Zentrum mit dem Autobahnzubringer Süd verbindet und rund 40 Prozent des stadtein- und stadtauswärts führenden Straßenverkehrs aufnimmt, wurde 1977 – nach dem Ausbau der Mühlenstraße – endgültig fertiggestellt. Die Autobahn Berlin–Rostock schloß 1978/1979 das letzte Stück des Berliner Rings. Der Autobahnzubringer Nord und die Heinersdorfer Brücke stellten den Anschluß an das städtische Verkehrsnetz her. Die neue Gertraudenbrücke, die am 21. Dezember 1977 freigegeben wurde, band die Leipziger Straße an das innerstädtische Hauptstraßensystem; die alte Gertraudenbrücke wurde unter Denkmalschutz gestellt und blieb den Fußgängern vorbehalten.

Das bedeutendste und zugleich komplizierteste Verkehrsbauvorhaben in der zweiten Hälfte der siebziger Jahre war die Lichtenberger Brücke. Die alte, am ehemaligen Bahnhofsgebäude gelegene Brücke war längst zu einem Nadelöhr geworden, durch das sich in Spitzenzeiten der Auto- und Straßenbahnverkehr zwängen mußte. Es wurde eine neue Trassierung vorgenommen, die die verbreiterte Frankfurter Allee direkt an die Straße der Befreiung anschloß. Kompliziert war der Bau, weil S-Bahn- und Fernbahnverkehr nicht unterbrochen werden konnten. Nachdem die ersten Arbeiten im Oktober 1972 eingesetzt hatten, wurden am 19. Dezember 1975 der stadtauswärts führende Brückenteil und am 7. Oktober 1977 der ins Stadtzentrum führende Teil der Lichtenberger Brücke dem Verkehr übergeben.

Der Bau einer 140 Meter langen Brücke zwischen dem Allende-Viertel und dem Ortsteil Hirschgarten im Jahre 1981 brachte eine Verkehrsentlastung für die Köpenicker Altstadt. Die Leninallee wurde vom S-Bahnhof Leninallee bis nach Marzahn zu einer Magistrale ausgebaut.

Im Jahre 1977 begann das Berliner Verkehrskombinat mit der Einführung der Tatra-Straßenbahnwagen. Diese aus der ČSSR stammenden Nahverkehrsmittel boten einen größeren Komfort, höhere Beförderungsleistungen und mit Geschwindigkeiten bis zu 65 Kilometer/Stunde auch schnellere Fahrzeiten. Der erste Tatra-Zug war schon am 11. September 1976 auf der damaligen Linie 75 zwischen Weißensee und Hackeschem Markt erprobt worden. Bevor die neuen Züge eingesetzt werden konnten, mußte das Gleisnetz noch erneuert werden. Die erste ständige Tatra-Linie wurde am 23. Januar 1978 auf der damaligen Linie 73 (heutige Linie 24) vom Weißenseer Pasedagplatz zum Stadion der

Weltjugend eröffnet. Es bewährten sich auch Versuche, innerhalb des Stadtgebietes Güter und Rohstoffe, die bisher mit Lkw gefahren wurden, des Nachts mit der Straßenbahn zu transportieren.

Anfang der siebziger Jahre wurde der Betrieb der Doppelstockbusse und der Obusse eingestellt. Zum letztenmal fuhren der Obus 40 zwischen Ostbahnhof und Robert-Koch-Platz im Dezember 1972 und der Obus 37 zwischen S-Bahnhof Lichtenberg und Marzahn im Februar 1973. Es wurden neue Großraumbusse (sogenannte Schlenkis) aus ungarischer Produktion eingesetzt.

Die U-Bahn wurde 1973 um einen 1,8 Kilometer langen Abschnitt von Friedrichsfelde bis Tierpark verlängert. Der U-Bahnhof Tierpark empfing am 25. Juni 1973 die ersten Fahrgäste.

Nahezu die Hälfte der 1,7 Millionen Fahrgäste, die täglich die öffentlichen Verkehrsmittel der Hauptstadt benutzten, fuhren mit den rotgelben Wagen der S-Bahn. Das Streckennetz wurde erweitert. Am 30. Dezember 1976 fuhr der erste Zug auf elektrifizierter Strecke von Friedrichsfelde-Ost über Springpfuhl nach Marzahn. Der neue S-Bahnhof Karl-Maron-Straße wurde am 28. September 1979 übergeben. Im Jahre 1980 folgten die S-Bahnhöfe Bruno-Leuschner-Straße und Otto-Winzer-Straße. Am 1. Februar 1976 wurden für die S-Bahn und für die Verkehrsmittel der BVB in der Preisstufe I, die unverändert 20 Pfennig kostet, einheitliche Fahrkarten eingeführt.

Die Deutsche Reichsbahn richtete im Herbst 1976 Städte-Expreßzüge ein, die die Hauptstadt mit einer Reihe von Bezirksstädten direkt verbanden. Sie trugen Namen wie »Elbflorenz«, »Petermännchen«, »Rennsteig«, »Stoltera« und »Elstertal«. Auf dem Flughafen Berlin-Schönefeld wurde 1976 ein neues Gebäude zur Passagierabfertigung in Betrieb genommen.

Als am 4. Oktober 1972 in einem abgestellten U-Bahn-Zug nahe dem Bahnhof Alexanderplatz ein Feuer ausbrach, konnte es schnell unter Kontrolle gebracht werden. Menschenleben waren nicht gefährdet. Doch die Decke des U-Bahn-Schachtes auf dem Alexanderplatz war in einer Länge von rund 100 Metern eingestürzt. Nach 77 Tagen Bauzeit konnte der durchgehende U-Bahn-Verkehr wiederaufgenommen werden. Tragisch hingegen endete ein Flugzeugunglück. Am 14. August 1972 stürzte eine IL 62 der INTERFLUG bei Königs Wusterhausen unmittelbar nach dem Start ab. Die achtköpfige Besatzung und alle 148 Passagiere fanden dabei den Tod.

An der Ausgestaltung der Hauptstadt beteiligten sich alle Bezirke der Republik. 1980 arbeiteten schon mehr als 13 000 Bauarbeiter in Berlin. Sie hatten von 1976 bis 1980 Leistungen im Werte von 4,6 Milliarden Mark vollbracht, das waren unter anderem 3 756 Neubauwohnungen und 31 Kaufhallen. Für sie wurde in der Lichtenberger Siegfriedstraße ein Bauarbeiterhotel errichtet, das zusammen mit anderen Bettenhäusern von der Kapazität her nach dem Hotel »Stadt Berlin« am Alexanderplatz das zweitgrößte Hotel der Hauptstadt wurde. Natürlich gehörten Restaurant, Bibliothek und Klubräume dazu.

Die Worte Erich Honeckers, daß der Aufbau der Hauptstadt eine Herzenssache der gesamten Republik sein müsse, lösten vor allem unter der Jugend große Zustimmung aus. Das X. Parlament der Freien Deutschen Jugend, das vom 1. bis 5. Juni 1976 im Palast der Republik tagte, griff begeistert den Beschluß des IX. Parteitages der SED über den weiteren Aufbau der Hauptstadt auf. Es schlug eine »FDJ-Initiative Berlin« vor, um wichtige Vorhaben zu übernehmen. Hartmut Klein aus dem Wohnungsbaukombinat Rostock erklärte auf dem Parlament: »Unsere Hauptstadt Berlin ist schöner zu gestalten, das ist für uns junge Bauleute vor allem eine Sache klassenmäßiger Haltung, aufopferungsvoller Arbeit, leidenschaftlicher Hingabe, klaren Denkens und guten Wirtschaftens. Wir als Jugendbrigade des WBK Rostock haben uns entschlossen, an dieser so bedeutsamen Aufgabe für längere Zeit mitzuwirken.«[11]

11 Zit. nach: Geschichte der Freien Deutschen Jugend, Berlin (1982), S. 560/561.

Der Aufruf fand eine starke Resonanz. Brigaden junger Bauarbeiter aus allen Bezirken der Republik erklärten sich bereit, geschlossen in die Hauptstadt zu kommen, um an wichtigen Bauvorhaben mitzuarbeiten. Am 22. September 1976 fanden sich 1200 FDJler zum Auftakt der »FDJ-Initiative Berlin« in der Leipziger Straße ein. Der 1. Sekretär des Zentralrates der FDJ, Egon Krenz, erinnerte daran, daß die blaue Fahne mit der aufgehenden Sonne schon über vielen zentralen Baustellen der Republik geweht habe. Danach übergab der Minister für Bauwesen, Wolfgang Junker, die Großbaustelle Leipziger Straße/Spittelmarkt als »Zentrales Jugendobjekt FDJ-Initiative Berlin«. Jugendbrigaden aus den Bezirken Erfurt, Gera, Karl-Marx-Stadt, Potsdam und Schwerin begannen, die traditionsreiche Leipziger Straße im neuen Gewande aufzubauen. Im Oktober 1976 zählte man 2300 Jugendliche, Ende 1977 schon 7500 Jugendliche, die im Rahmen der »FDJ-Initiative Berlin« in die Hauptstadt gekommen waren. Im Jahre 1979 war ihre Zahl bereits auf 11000 gestiegen. Auch auf anderen Bauplätzen, in Marzahn und Kaulsdorf-Nord, über dem Betonwerk Falkenberger Straße, über Kauf- und Schwimmhallen sowie am Heizkraftwerk Klingenberg sah man das Emblem der »FDJ-Initiative Berlin«.

Dank der konsequenten Friedenspolitik der DDR hat auch der Name ihrer Hauptstadt einen guten Klang bei den Völkern. Nach dem erfolgreichen Abschluß der Konferenz über Sicherheit und Zusammenarbeit in Europa setzte sich die Regierung der DDR aktiv dafür ein, die am 1. August 1975 in Helsinki von den höchsten Repräsentanten von 33 Ländern Europas sowie der USA und Kanadas unterzeichnete Schlußakte in die Tat umzusetzen, ihre Prinzipien der friedlichen Koexistenz und Zusammenarbeit zu materialisieren. Nachdem die DDR ihre weltweite Anerkennung gefunden hatte, gehörten Besuche von Staatspräsidenten, Regierungschefs und Ministern zum politischen Alltag. Im Zusammenhang mit der Intensivierung der bilateralen Beziehungen zu den Staaten Europas und anderer Kontinente mehrten sich auch die Besuche von Handels- und Wirtschaftsdelegationen, von Wissenschaftlern und anderen Experten. In der Kongreßhalle am Alexanderplatz, in den Einrichtungen des Palastes der Republik, im Kongreßzentrum am Palasthotel und im Internationalen Handelszentrum an der Friedrichstraße fanden sie gute Arbeitsbedingungen vor.

Im Juni 1976 kamen im Hotel »Stadt Berlin« die Vertreter von 29 kommunistischen und Arbeiterparteien Europas zu einer bedeutungsvollen Konferenz zusammen, zu der die SED eingeladen hatte. Dieses bisher repräsentativste Forum in der Geschichte der kommunistischen Bewegung Europas begrüßte die positiven Wandlungen, die Mitte der siebziger Jahre im Ergebnis des konsequenten Kampfes der Staaten des Warschauer Vertra-

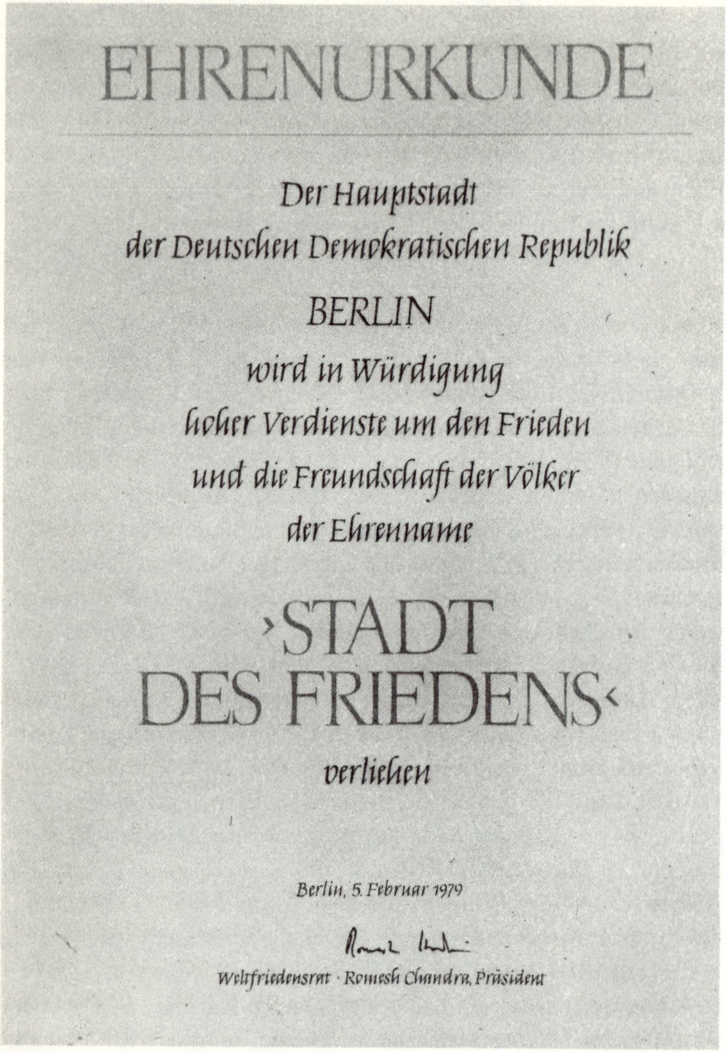

EHRENURKUNDE

Der Hauptstadt
der Deutschen Demokratischen Republik
BERLIN
wird in Würdigung
hoher Verdienste um den Frieden
und die Freundschaft der Völker
der Ehrenname
›STADT
DES FRIEDENS‹
verliehen

Berlin, 5. Februar 1979

Weltfriedensrat · Romesh Chandra, Präsident

ges um Frieden, Entspannung und Zusammenarbeit in Europa eingetreten waren. Die Teilnehmer der Konferenz riefen die Arbeiterklasse und die anderen fortschrittlichen Kräfte des Kontinents zu neuen Anstrengungen auf, um die Schlußakte von Helsinki mit Leben zu erfüllen und vor allem die politische durch die militärische Entspannung zu ergänzen. Von weitreichender internationaler Bedeutung war auch die wissenschaftliche Konferenz über den gemeinsamen Kampf gegen Imperialismus und für sozialen Fortschritt, zu der 116 Delegationen von kommunistischen und Arbeiterparteien, anderen revolutionären Parteien und nationalen Befreiungsbewegungen aller Erdteile sowie Mitglieder des Redaktionskollegiums und Vorsitzende von Kommissionen der Zeitschrift »Probleme des Friedens und des Sozialismus« vom 20. bis 24. Oktober 1980 in Berlin weilten.

Ein herausragendes Ereignis war die Auszeichnung Berlins als »Stadt des Friedens« am 5. Februar 1979 in der Komischen Oper durch den Weltfriedensrat. Nach Wrocław – der Stadt, von der im Herbst 1948 der Ruf zur ersten Friedenskonferenz der Geistesschaffenden aller Länder erging – war Berlin die zweite Stadt, die diesen Ehrennamen erhielt. Damit würdigte der Weltfriedensrat die beständige und in aller Welt geachtete Friedenspolitik der DDR. Die Ehrung erfolgte zu einer Zeit, da entspannungsfeindliche Kräfte in den USA und in der NATO zu einem antisozialistischen Kurs der Konfrontation und Hochrüstung übergingen. »Stadt des Friedens« – das schloß nun auch die Verpflichtung ein, den Friedenskampf mit noch größerer Energie zu führen.

Die Freundschaftsbande zwischen Berlin und Moskau wurden auch in der zweiten Hälfte der siebziger Jahre enger geknüpft. Immer häufiger fuhren Freundschaftszüge mit Bestarbeitern nach Moskau und weilten Moskauer Delegationen zu Studienaufenthalten an der Spree. Eng blieben weiterhin die Verbindungen zwischen den Wohnungsbaukombinaten beider Metropolen. Im kulturellen Bereich gab es zahlreiche Gastspiele und Ausstellungen. Vom 31. Januar bis 5. Februar 1978 fanden erstmals »Moskauer Tage in Berlin« statt, zu denen eine offizielle

Delegation des Moskauer Stadtsowjets kam. Das Veranstaltungsprogramm war reichhaltig: die Ausstellung »Moskau in 60 Jahren Sowjetmacht«, das Kulturprogramm »Moskau grüßt Berlin« im Metropol-Theater, eine Woche des sowjetischen Films, »Tage der russischen Küche«, Sportvergleiche und viele Begegnungen zwischen Berliner und Moskauer Werktätigen in Klubhäusern und Betrieben. Im Juni 1979 erlebte dann Moskau »Berliner Tage« mit einem umfangreichen kulturellen Programm.

Eine sehr beeindruckende Manifestation deutsch-sowjetischer Freundschaft war der Empfang, den Hunderttausende am 21. September 1978 den Kosmonauten Sigmund Jähn und Waleri Bykowski bereiteten. Beide hatten vom 26. August bis 3. September 1978 an Bord der sowjetischen Raumstation »Salut 6« die Erde umkreist. Vom Flughafen Schönefeld bis ins Zentrum der Hauptstadt stand ein dichtes Spalier jubelnder Berliner. Im Roten Rathaus erhielten die Kosmonauten die Ehrenbürgerschaft der Hauptstadt, und vor der Archenhold-Sternwarte im Treptower Park wurden die Büsten der beiden Raumfahrer enthüllt. Regen Besuch verzeichnete die Fotoschau »Gemeinsam auf der Erde und im All – Weltraumflug UdSSR-DDR« im September 1978 im Ausstellungszentrum am Fernsehturm.

Freundschaftliche Beziehungen verbanden Berlin seit vielen Jahren auch mit den Metropolen anderer sozialistischer Staaten. Anläßlich des 30. Jahrestages der Befreiung der Tschechoslowakei durch die Sowjetarmee fanden Ende 1974 »Prager Tage in Berlin« statt. Zum 100. Geburtstag Georgi Dimitroffs stellte sich im Juni 1982 die bulgarische Hauptstadt während »Sofioter Tage in Berlin« vor. Ähnliche Festtage hatten Berlin und Warschau bereits Anfang der siebziger Jahre vereinbart. Kultur- und Informationszentren sozialistischer Staaten in Berlin erfreuten sich regen Besuchs: seit Dezember 1955 das Haus der Tschechoslowakischen Kultur (bis 1977 an der Weidendammer Brücke, ab 1978 Kultur- und Informationszentrum der ČSSR in der Leipziger Straße) und seit April 1956 das Haus der Polnischen Kultur (bis 1972 an der Weidendammer Brücke, ab 1972 Polnisches Informations- und Kulturzentrum in der Karl-Liebknecht-Straße), seit Januar 1962 das Bulgarische Kulturzentrum Unter den Linden und seit Januar 1973 das Haus der Ungarischen Kultur in der Karl-Liebknecht-Straße. Im Mai 1982 wurde der Grundstein für ein Haus der sowjetischen Wissenschaft und Kultur in der Friedrichstraße gelegt, das am 5. Juli 1984 eröffnet wurde.

Von den brüderlichen Beziehungen der DDR zu ihren beiden sozialistischen Nachbarländern zeugen in Berlin auch zwei Denkmäler. Am 14. Mai 1972 wurde im Volkspark Friedrichshain das Denkmal für den gemeinsamen Kampf der polnischen Soldaten und der deutschen Antifaschisten enthüllt. Die eindrucksvolle Gedenkstätte, von den polnischen Bildhauern Zofia Wolska und Tadeusz Łodziana sowie von dem Schwedter Bildhauer Arnd Wittig und dem Berliner Architekten Günter Merkel entworfen, hatten Arbeiter aus der Volksrepublik Polen und aus der DDR gemeinsam errichtet. Am 8. Mai 1974 wurde im Pankower Bürgerpark ein Julius-Fučik-Denkmal feierlich eingeweiht. Eine der fünf künstlerisch gestalteten Stelen trägt ein Bronzerelief des Kommunisten und Journalisten Julius Fučik, das der Prager Bildhauer Zdenek Nemeček schuf. An der Einweihung nahm Gusta Fučikova, die Lebensgefährtin des 1943 von den Faschisten in Berlin-Plötzensee ermordeten Nationalhelden des tschechoslowakischen Volkes, teil.

Als 1980/1981 konterrevolutionäre Kräfte mit Unterstützung des USA-Imperialismus die Volksrepublik Polen in eine schwere Krise stürzten, sicherten die Berliner Werktätigen den marxistisch-leninistischen Kräften in Volkspolen ihre Unterstützung zu. Am 18. Dezember 1981 riefen das Deutsche Rote Kreuz der DDR und die Volkssolidarität zu einer Solidaritätsaktion »Hilfe für die Kinder Volkspolens« auf. Auch in Berliner Schulen und Familien wurden Weihnachtspäckchen für polnische Kinder zusammengestellt. Schon am 20. Dezember 1981 traf der erste Containerzug mit 130 000 Geschenksendungen in Warschau ein. Bei widrigen winterlichen Straßenverhältnissen halfen viele Berliner Fernfahrer, die Solidaritätsspenden aus der DDR in die polnischen Industriereviere zu bringen. Im Sommer 1983 und in den folgenden Jahren verlebten auf Einladung der FDJ Hunderttausende Kinder und Jugendliche aus Volkspolen frohe Ferientage in der DDR, darunter auch in Ferienlagern der Berliner Betriebe.

Der Magistrat knüpfte Beziehungen zu vielen Hauptstädten kapitalistischer und junger Nationalstaaten, so zu Athen, Bagdad, Damaskus, Delhi, Helsinki, Kopenhagen, Madrid, Paris, Rom, Stockholm. Während gegenseitiger Besuche machten sich Oberbürgermeister und kommunale Delegationen mit dem gesellschaftlichen Leben in den Partnerstädten vertraut, wurden die freundschaftlichen Bande gefestigt und Erfahrungen ausgetauscht.

In dem Jahrzehnt zwischen dem VIII. und dem X. Parteitag der SED wurden in Berlin 115 Schulen gebaut. Nach Maßstäben der alten Gesellschaft war das ein Jahrhundertwerk. Die Umstellung auf die zehnklassige polytechnische Oberschule konnte bereits im Schuljahr 1973/1974 im wesentlichen abgeschlossen werden. Die Klassenstärke in den allgemeinbildenden Schulen sank von 28,4 im Jahre 1975 auf 23,5 im Jahre 1980. Allen Schulabgängern wurde damals wie auch in den folgenden Jahren eine Berufsausbildung garantiert. Für die Kinder- und Schülerspeisung sowie für die Versorgung mit Trinkmilch und Milchmischgetränken stellte der Magistrat von 1976 bis 1979 198 Millionen Mark zur Verfügung. Schrittweise ging man dazu über, die Klubgaststätten in den Neubaugebieten für die Schülerspeisung zu nutzen. Im Jahre 1980 erholten sich 95 000 Berliner Kinder in 500 Betriebsferienlagern. An den örtlichen Ferienspielen nahmen 62 700 Kinder teil. Große Leistungen wurden in der Vorschulerziehung vollbracht. Im Jahre 1980 wurden 699 Kinder von je 1 000 für die Betreuung in Frage kommenden Kindern in Kinderkrippen versorgt; bei den Kindergärten waren es schon 916. Mehr als zwei Drittel der schulpflichtigen Kinder der Klassen 1 bis 4 besuchten 1980 einen Schulhort. An der Storkower Straße entstand 1977–1979 die Körperbehindertenschule »Dr. Georg Benjamin«.

Die Humboldt-Universität legte auch in den siebziger Jahren eine gute Bilanz vor, die sie als eine der bedeutendsten Wissenschaftseinrichtungen in der DDR auswies. Am 6. Februar 1975 unterzeichneten der Rektor und der Oberbürgermeister eine Arbeitsvereinbarung, wonach die Universität in noch stärkerem Maße als bisher an der Entwicklung im Territorium teilnehmen sollte. Die vom VIII. Parteitag der SED eingeleitete Sozialpolitik wirkte sich auch günstig auf die Universität aus. Der Anteil der Arbeiterkinder stieg von 37 Prozent im Jahre 1971 auf 51 Prozent im Jahre 1975. Neue Studentenheime, wie die am Ostbahnhof und in der Coppistraße, wurden übergeben. Am 21. Mai 1975 öffnete die Mensa-Nord in der Reinhardtstraße ihre Pforten. Ein modernes Seminargebäude an der Clara-Zetkin-Straße wurde 1980 fertiggestellt. Die Humboldt-Universität erweiterte in den siebziger Jahren ihre internationalen Wissenschaftsbeziehungen und vertiefte vor allem die Zusammenarbeit mit wissenschaftlichen Einrichtungen der UdSSR. Am 13. März 1977 hielt der neue Rektor, Prof. Dr. Helmut Klein, erstmals eine »Sonntagsvorlesung« und eröffnete damit eine Veranstaltungsreihe, die namhafte Wissenschaftler der Universität mit interessierten Berlinern zusammenführte.

Die Akademie der Wissenschaften der DDR stand seit Beginn der siebziger Jahre, seit der Inangriffnahme der Gestaltung der entwickelten sozialistischen Gesellschaft in der DDR, vor der wichtigen Aufgabe, langfristige wissenschaftliche Pläne und Entscheidungsgrundlagen für die Partei- und Staatsführung der DDR zu erarbeiten. Sie betrafen die angewandte Forschung wie die Grundlagenforschung in ihrer ganzen Breite, die Natur- und Gesellschaftswissenschaften in ihrer Einheit. Es ging darum, den gesellschaftlich und volkswirtschaftlich erforderlichen wissenschaftlichen Vorlauf zu schaffen, wesentliche Beiträge für den wissenschaftlich-technischen Fortschritt in der DDR zu erbringen und einen der internationalen Stellung der DDR entsprechenden Beitrag zur Weltwissenschaft und -kultur zu leisten. Eine Beratung des Ersten Sekretärs des ZK der SED, Erich Honecker, mit dem Präsidium der Akademie am 25. Mai 1972 legte die Hauptrichtungen der weiteren Arbeit fest.

In der Folge entstanden auf dem Akademiegelände in Berlin-Adlershof und in Berlin-Buch neue Forschungsstätten. Das im August 1971 gegründete Zentralinstitut für organische und für anorganische Chemie widmete sich Forschungen auf dem entscheidenden Gebiet der Stoffwandlung. Zur Intensivierung der medizinischen und biologischen Grundlagenforschung entstanden im Februar 1972 das Zentralinstitut für Krebsforschung, das Zentralinstitut für Herz- und Kreislaufregulationsforschung sowie das Zentralinstitut für Molekularbiologie, das 1980 auch ein neues großes Laborgebäude erhielt. Die Zentralinstitute für Rechentechnik, für Kybernetik und Informationsprozesse wurden vorrangig entwickelt. Das im Januar 1980 gegründete Forschungsinstitut für chemische Technologie arbeitete an der Nutzung und Aufbereitung einheimischer mineralischer Rohstoffe. Für das multilaterale Programm sozialistischer Länder zur Erforschung und friedlichen Nutzung des Weltraums – Interkosmos – leisteten Wissenschaftler der Akademie wichtige Beiträge.

Ein Grundanliegen war es, Forschungsergebnisse schnell in die Produktion zu überführen und somit praxisnah an Schwerpunkten der Volkswirtschaft mitzuwirken. Dabei wurden neue Wege beschritten, wie die Bildung von Akademie-Industrie-Komplexen und Applikationsgruppen. Mitte der siebziger Jahre befanden sich etwa 50 Prozent des Forschungspotentials der Akademie in der Hauptstadt. Es war daher verständlich, daß besonders enge Verbindungen zur hiesigen Industrie geschaffen wurden. Seit 1976 vollzog sich eine enge Zusammenarbeit mit 22 Industriebetrieben und Kombinaten in Berlin auf der Grundlage vertraglicher Vereinbarungen.

Einen Schwerpunkt dieser Partnerbeziehungen bildete die Elektrotechnik/Elektronik. Der IX. Parteitag der SED vom Mai 1976 hatte auf die beschleunigte Entwicklung dieses Zweiges orientiert, weil besonders über seine Erzeugnisse die Ergebnisse des wissenschaftlich-technischen Fortschritts in alle Zweige der Volkswirtschaft Eingang finden. Mit einem Potential von 66 000 Beschäftigten und einem Anteil von 25 Prozent an der industriellen Warenproduktion Berlins besaß die Elektroindustrie in der Hauptstadt ein großes politisch-ökonomisches Gewicht.

Anläßlich des 275. Jahrestages der Gründung der Akademie der Wissenschaften stellte sich die höchste Forschungsstätte der DDR im Juli 1975 mit einer wissenschaftlichen Leistungsschau im Ausstellungszentrum am Fernsehturm vor. Auf dem traditionellen Leibniz-Tag wurde am 6. Juli 1979 Prof. Dr. Werner Scheler in sein Amt als neuer Präsident der Akademie der Wissenschaften der DDR eingeführt.

In den siebziger Jahren nahmen Körperkultur und Sport einen großen Aufschwung. In den Neubaugebieten entstanden neue Sportstätten. Nachdem im Januar 1973 in der Friedenstraße die erste Volksschwimmhalle ihre Pforten öffnete, stieg die Zahl der Hallenschwimmbäder bis 1981 auf 20. Am Anton-Saefkow-Platz (Stadtbezirk Lichtenberg) wurde im Jahr 1983 eine moderne Sporthalle fertiggestellt. Vor allem durch den forcierten Schulneubau entstanden viele Turnhallen, die abends von Sportgemeinschaften mitgenutzt wurden. Dadurch erhöhte sich die Zahl von Sporthallen, Turnhallen und Gymnastikräumen von 210 im Jahre 1970 auf 387 im Jahre 1980. Auch die Leistungszentren der Berliner Sportklubs wurden erweitert.

Ein großer Tag für alle sporttreibenden Berliner war der 20. März 1981. An diesem Tag übergab Erich Honecker das Sport- und Erholungszentrum an der Leninallee seiner Bestimmung. In einer Bauzeit von knapp zweieinhalb Jahren war unter Mitwirkung schwedischer Firmen eine sehr schöne, durch die vielen Glasflächen sonnenlichtdurchflutete Stätte für aktive Freizeitgestaltung entstanden. Es gehören dazu Wellenbad, Schwimmbecken, Sauna, Turn- und Spielhallen, Eislaufanlage, Bowlingzentrum, ein Freizeitpark und gastronomische Einrichtungen.

Die Breite der Sportbewegung zeigte sich darin, daß die Zahl der Berliner, die im Deutschen Turn- und Sportbund der DDR organisiert waren, von 84 405 im Jahre 1970 auf 138 821 im Jahre 1980 gestiegen war. Im Rahmen der Kinder- und Jugendspartakiadebewegung wurden manche Talente entdeckt und zielstrebig für den Leistungssport gefördert. Mehr als 40 Prozent der Berliner Mitglieder des DTSB waren 1980 Kinder und Jugendliche unter 18 Jahre. Zuspruch fanden weiterhin solch volkssportliche Wettbewerbe wie das »Tischtennisturnier der Tausende«, der Berlin-Lauf der »BZ am Abend«, das Volleyballturnier »ran ans Netz« sowie die Meilenläufe. Mit dem Berliner Neujahrslauf, der erstmals am 1. Januar 1972 im Volkspark Friedrichshain ausgetragen wurde, und mit dem Berliner Friedenslauf, der erstmals am 29. August 1982 mit mehr als 20 000 Teilnehmern aus allen Bezirken der DDR am Leninplatz gestartet wurde, entstand eine neue massensportliche Tradition. Überhaupt gewannen in diesen Jahren der Laufsport und die Pop-Gymnastik viele neue Freunde. Auch das Wandern wurde wieder beliebt. Alljährlich erschien ein »Berliner Wanderplan«, und seit Ende der siebziger Jahre lud zweimal im Jahr die Zeitung »Neues Deutschland«, Organ des ZK der SED, zu unterhaltsamen Wanderungen in die nähere Umgebung Berlins ein.

Im Leistungssport trug Berlin zum internationalen Ansehen des DDR-Sports bei. Unter den Medaillengewinnern der Olympischen Spiele seit München 1972, als die DDR-Mannschaft erstmals mit allen souveränen Rechten starten konnte, befanden sich viele Berliner Sportlerinnen und Sportler.

Bei »König Fußball« hatte sich der DTSB-Beschluß von 1965 bewährt, die Sektionen Fußball aus den Sportklubs herauszulösen und spezielle Fußballclubs zu gründen. So entstanden im Ja-

Mit Programm-Tip
Trabrennen
in Karlshorst
Sonntag, den 16. Juni 1974 – Beginn 14.00 Uhr
19. Rennveranstaltung, 2. Tag (36. Renntag)
INTERNATIONALE RENNEN
Bersarin-Erinnerungs-Rennen
15000 M
Zuchtrennen
2600 Meter
Karlshorster Pokal
10000 M
Zuchtrennen – Autostart
1700 Meter
PREIS 30 Pfg.

nuar 1966 der Berliner Fußballclub (BFC) Dynamo, der 1. FC Union Berlin, der im gleichen Jahr erstmals in die DDR-Oberliga aufstieg, und der FC Vorwärts Berlin, der 1971 nach

Frankfurt (Oder) verlegt wurde. Diese Klubs hatten am Leistungsanstieg des DDR-Fußballs großen Anteil. Der BFC Dynamo war 1979–1986 hintereinander DDR-Fußballmeister.

Zu Beginn der achtziger Jahre hatte sich für die meisten Berliner Werktätigen die Urlaubszeit weiter vergrößert. Durch die gesetzliche Neuregelung vom 1. Januar 1979 bekamen sie mindestens drei Tage mehr, weil die bisherige Regelung, die seit 1967 arbeitsfreien Sonnabende noch als Urlaubstage zu zählen, entfiel. Werktätige im durchgehenden Mehrschichtbetrieb erhielten durch Verordnungen von 1976 und 1980 weitere zusätzliche Urlaubstage.

Mehr Urlaub – das schuf größere Möglichkeiten, sich zu erholen und zu verreisen. Allein für Berlin stellten der Feriendienst des FDGB, das Reisebüro der DDR und das Jugendreisebüro »Jugendtourist« von 1976 bis 1979 insgesamt 1 449 000 Reisen zur Verfügung, darunter 572 000 Auslandsreisen. Sehr viele Berliner Werktätige verbrachten ihren Urlaub in Erholungseinrichtungen ihrer Betriebe und Institutionen. Die Statistik weist zwar für Berlin keine gesonderten Zahlen aus, doch kann man annehmen, daß sie nicht unter dem Republikdurchschnitt lagen. Danach hatten von den 8,7 Millionen Bürgern der DDR, die im Jahre 1980 verreisten, 1,8 Millionen einen Urlaubsplatz vom FDGB-Feriendienst und 2,8 Millionen einen Platz in Betriebserholungseinrichtungen in Anspruch genommen. Außerdem ist nicht die Zahl der Berliner erfaßt, die auf private Initiative verreisten – zum Camping, in Hotels, in Privatquartiere im Inland oder im sozialistischen Ausland sowie zu Verwandten; insgesamt fuhr um 1980 jeder zweite Berliner zwischen 6 und 70 Jahren im Durchschnitt jährlich einmal organisiert über FDGB, Betrieb, Reisebüro, Kinderferiengestaltung oder Sozialversicherung in Urlaub oder zur Kur.

Viel wurde getan, um die Naherholungsgebiete im Stadtbezirk Köpenick und im »grünen Kranz« rings um die Hauptstadt noch attraktiver zu machen. Die 1967 eingerichteten Campingplätze an der Großen Krampe und am Müggelsee sowie der Intercampingplatz am Krossinsee wurden ständig erweitert. Eine neue Uferpromenade erschloß 1974 die West- und Südseite des Müggelsees für Spaziergänger und Wanderer. Der Forstwirtschaftsbetrieb Berlin legte 1972 einen Naturlehrpfad rings um den Teufelssee an und richtete ein Lehrkabinett ein, das über Fauna, Flora und Geologie des Müggelseegebiets informiert. Das beliebte Ausflugslokal »Rübezahl« am Müggelsee wurde 1977 zu einer Großgaststätte mit 2000 Plätzen umgebaut. In den Jahren 1980/1981 wurden der Neubau der »Müggelseeperle« und die Rekonstruktion von »Marienlust« und »Müggelhort« fertig. Wachsender Beliebtheit erfreute sich die alljährliche Camping- und Freizeitausstellung auf dem Regatta-Gelände in Grünau, die erstmals 1966 durchgeführt wurde. Nach zweijähriger Bauzeit wurde am 24. Juni 1978 das Strandbad Müggelsee in Rahnsdorf wieder eröffnet. In diesem schon 1912 angelegten Freibad können sich täglich bis zu 20000 Badegäste erholen. Auch das Freibad am Weißen See (Stadtbezirk Weißensee) wurde im Juni 1980 nach Rekonstruktion wieder in Dienst genommen.

Freude und Unterhaltung fanden die Berliner bei den traditionellen Volksfesten. Unverändert attraktiv waren das Pressefest des »Neuen Deutschlands«, alljährlich im Juni im Volkspark Friedrichshain, und besonders der Berliner Weihnachtsmarkt, der seit 1974 sein Domizil in der Alexanderstraße hat. Seit den sechziger Jahren führten die Stadtbezirke jedes Jahr eigene Volksfeste durch – so die »Köpenicker Festwoche« (seit 1961) mit dem vom legendären Hauptmann von Köpenick angeführten Festumzug (erstmals 1962), das »Weißenseer Blumenfest« (seit 1963), das »Fest an der Panke« (seit 1970), das Lichtenberger »Drushbafest« (seit 1973), das seinen Vorläufer 1963 im »Volksfest des Berliner Ostens« hatte, den »Marzahner Frühling« (seit 1979) und das Friedrichshainer Fest »Rund um die Weberwiese« (seit 1983). Sie erfreuen sich ebenso großer Beliebtheit wie die zahlreichen Wohngebiets- und Straßenfeste, die in der Regie der

Ausschüsse der Nationalen Front von vielen Bürgern mit Liebe und Einfallsreichtum vorbereitet werden. Die sozialistischen Jugendweihen im Frühjahr jeden Jahres hatten längst als gesellschaftliches Ereignis wie auch als familiärer Höhepunkt einen festen Platz im hauptstädtischen Festkalender bekommen.

Mit der stetig wachsenden Zahl privater Autos erweiterte sich auch der Kreis von Berlinern, die in ihrer Freizeit aus der Stadt hinausfuhren und bis weit ins märkische Land hinein ihre »Zelte« aufschlugen. Bereits am Freitagabend wälzt sich eine »Blechlawine« hinaus, um am Sonntagabend im dichten Kolonnenverkehr zurückzufluten. Dann herrscht auch Hochbetrieb in der Leitstelle der Berliner Verkehrspolizei am Alexanderplatz. Der Berliner Rundfunk stellte sich seit 1971 mit seiner Sonntagssendung »Straßenbekanntschaften« darauf ein.

Wer nicht so weit hinaus ins Grüne will, findet in den zahlreichen Kleingartenanlagen seine Erholung. Die größten liegen am Rande des Häusermeeres, und ihre Namen deuten an, daß es für die »Laubenpieper« weit und breit kein schöneres Fleckchen Erde gibt: »Daheim«, »Märchenland«, »Zur frohen Stunde«, »Land in Sonne«, »Frohsinn« usw. Der Magistrat förderte die Kleingärtnerei. Von 1977 bis 1983 wurden 5456 neue Parzellen angelegt. Heute gibt es über 1700 Hektar Kleingartenfläche in Berlin. Hier zählte 1983 der Verband der Kleingärtner, Siedler und Kleintierzüchter über 80000 Mitglieder. Seit 1980 findet alljährlich im September die viel besuchte Berliner Kleingartenschau im Karlshorster Ausstellungszentrum des Verbandes statt.

Mehr als sechzig Kleingartenanlagen tragen den Titel »Staatlich anerkanntes Naherholungsgebiet«, den sie sich durch liebevoll gepflegte Gärten und in Gemeinschaftsarbeit geschaffene Klubhäuser, Sport- und Spielplätze erworben haben. Die Kleingärtner erbrachten beachtliche volkswirtschaftliche Leistungen: Von 1976 bis 1979 trugen sie mit 12300 Tonnen Obst, 2500 Tonnen Gemüse, 124 Tonnen Geflügelfleisch, 171 Tonnen Kaninchenfleisch, 247 Tonnen Honig und 21 Millionen Stück Eiern zur Versorgung in Berlin bei.

Der VIII. Parteitag der SED im Jahre 1971 mit seinen wegweisenden Beschlüssen zur Schaffung der entwickelten sozialistischen Gesellschaft öffnete der Kultur und Kunst weite Räume für eine lebensnahe, parteiliche und volksverbundene Kunst des sozialistischen Realismus in der ganzen Vielfalt der künstlerischen Formen und Farben. In diesem günstigen Klima reiften in allen Künsten mannigfaltige neue Werke. Schriftsteller und Künstler traten verstärkt mit Leistungen hervor, die dazu beitrugen, die sozialistische Persönlichkeit in ihrem Weltbild und in ihren Verhaltensweisen zu formen. In der Berliner Malerei, Graphik und Plastik zeigten sich neben traditionell Gepflegtem neue Sujets: wissenschaftlich-technische Revolution, Umweltprobleme, Naturerlebnis, Themen des sozialistischen Alltags und die Vielfalt menschlicher Beziehungen. Mit dem Anbruch der siebziger Jahre machte sich eine starke junge Künstlergeneration bemerkbar, die in den sechziger Jahren ihre Ausbildung erfahren hatte und die viele neue Elemente in die Kunst der DDR einbrachte. Der Schaffensprozeß der Künstler und Literaten vollzog sich auch in dieser Zeit im fruchtbaren Meinungsstreit und in der Auseinandersetzung mit der imperialistischen Ideologie.

Zwei vielbesuchte Ausstellungen – »Weggefährten – Zeitgenossen. Bildende Kunst aus drei Jahrzehnten«, veranstaltet vom Ministerium für Kultur und vom Verband Bildender Künstler der DDR in Zusammenarbeit mit dem Bundesvorstand des FDGB vom 3. Oktober bis 31. Dezember 1979 im Alten Museum, und »Berliner Kunst – Retrospektive«, veranstaltet vom Magistrat und vom Berliner Bezirksvorstand des Verbandes Bildender Künstler vom 27. November 1980 bis 9. Janur 1981 im Ausstellungszentrum am Fernsehturm – vermittelten tiefe Einblicke in das Berliner Kunstschaffen. Sie waren Rückschau, Standortbestimmung, Leistungsbilanz und Ausblick in einem.

Die Parteiorganisationen der SED in den Künstlerverbänden und in den kulturellen Einrichtungen Berlins bemühten sich, mit allen in der Hauptstadt lebenden und arbeitenden Schriftstellern, Künstlern und Kulturschaffenden – das waren zum Bei-

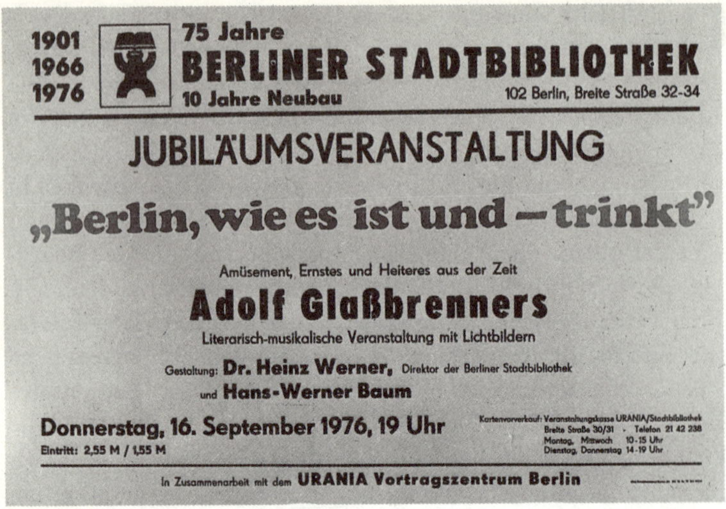

spiel mehr als 300 Schriftsteller, 1300 bildende Künstler, viele Theater-, Film- und Fernsehschaffende – ins politische Gespräch zu kommen und sie in das sozialistisch-realistische Kunstschaffen einzubeziehen. Die Mehrheit von ihnen machte sich die Forderung der SED zu eigen, »unserer Zeit den Puls zu fühlen, in die Thematik der Gegenwart einzudringen und mit den großen Leistungen des Volkes Schritt zu halten«[12].

Zugleich waren in breiten Kreisen der Berliner Bevölkerung die Bedürfnisse nach Literatur und künstlerischen Erlebnissen sowie nach Begegnungen mit dem Kulturerbe weiter gewachsen. Für diese Fortschritte sprachen auch einige Zahlen: Die Berliner Kultureinrichtungen zählten 1982 über 22 Millionen Besucher, wobei auch die Gäste der Stadt inbegriffen waren.

Im Jahre 1980 fanden 181 Betriebsfestspiele statt, an denen sich 245 000 Werktätige beteiligten (die Vergleichszahl für 1970: 18 Festspiele mit 20 000 Teilnehmern). Wie sehr sich der Wunsch nach eigener künstlerischer Betätigung verstärkt hatte,

12 Protokoll der Verhandlungen des IX. Parteitages der SED, Bd. 1, S. 121.

zeigte auch die Entwicklung des Volkskunstschaffens. Die Zahl der Volkskunstkollektive war von 612 mit 9000 Mitgliedern im Jahre 1970 auf 1213 mit 25000 Mitgliedern im Jahre 1980 gestiegen. Mit beträchtlichem finanziellem Aufwand – die Ausgaben für Kunst und Kultur stiegen im Berliner Haushalt von 1975 bis 1982 auf fast das Doppelte – sorgte man sich um eine sinnvolle und abwechslungsreiche Freizeitgestaltung der Jugend. Die Gesamtzahl der Jugendklubs, die in den Wohnbezirken, in Betrieben, Hochschulen und Oberschulen bestanden, erhöhte sich von 48 Klubs im Jahre 1970 auf 188 im Jahre 1980 (bis 1985 sogar auf 496). Vielfach trugen auch die in den Neubaugebieten errichteten Klubgaststätten – von 1971 bis 1985 waren es 21, von 1981 bis 1985 weitere 12 – durch Kulturveranstaltungen oder Jugendtanz, den sogenannten Diskotheken, zur Bereicherung des Kulturlebens in den Wohngebieten bei.

Anläßlich des sechsten Todestages von Otto Nagel fand am 12. Juli 1973 die Einweihung des Otto-Nagel-Hauses am Märkischen Ufer statt, das Einblick in Leben und Werk dieses mit dem Kampf des Berliner Proletariats eng verbundenen Malers gibt. Unter der langjährigen Leitung von Walentina Nagel, der Witwe und Mitstreiterin des Künstlers, entwickelte sich das Otto-Nagel-Haus zu einem kulturpolitischen Zentrum der Hauptstadt.

Das frühere Wohnhaus des Dichters und ersten Ministers für Kultur der DDR Johannes R. Becher am Majakowskiring in Berlin-Niederschönhausen hatte die Akademie der Künste bereits 1964 zu einer literarischen Gedenkstätte mit dem Johannes-R.-Becher-Archiv eingerichtet. Anläßlich des 90. Geburtstages des Dichters wurde das Haus 1981 rekonstruiert und mit einer Ausstellung wiedereröffnet. Auch das Pankower Wohnhaus des beliebten Volkssängers und Schauspielers Ernst Busch, der am 8. Juni 1980 verstarb, wurde im Jahr darauf als Gedenkstätte der Öffentlichkeit zugänglich gemacht.

Am 9. Februar 1978 – am Vorabend des 80. Geburtstages des Dichters und Dramatikers Bertolt Brecht – wurde das »Brecht-Haus Berlin« in der Chausseestraße eröffnet. In diesem Hause wohnten und arbeiteten Bertolt Brecht von 1953 bis 1956 und Helene Weigel von 1953 bis 1971. Von nun an konnten die Arbeits- und Wohnräume von jedermann besichtigt werden. Im Vorderhaus brachte die Akademie der Künste die literarisch-künstlerischen Nachlässe der beiden Künstler sowie die Nachlässe ihrer Mitarbeiterinnen Elisabeth Hauptmann und Ruth Berlau unter. Hier haben auch das Brecht-Zentrum der DDR, Lese- und Ausstellungsräume sowie die Brecht-Buchhandlung ihren Platz gefunden. Zur Einweihung des Brecht-Hauses erklärte Erich Honecker: »Hier wurde im Zentrum Europas ein Ort eingeweiht, der im wahrsten Sinne des Wortes jenen Geist symbolisiert, auf dessen Grundlage auch unsere Deutsche Demokratische Republik beruht – einen zutiefst humanistischen und revolutionären Geist. Und alle, die die Werke von Bertolt Brecht kennen, und vor allem die, die sein Wirken und Schaffen unmittelbar miterleben konnten, werden das bestätigen. Was die Welt heute so großartig bewegt, war auch die Sache von Bertolt Brecht und Helene Weigel, die Sache des Sozialismus, für dessen Triumph wir gemeinsam kämpfen.«[13]

Als die Akademie der Künste der DDR am 17. Februar 1977 ihren neuen Sitz, das rekonstruierte ehemalige Gebäude der Volkskammer der DDR in der Hermann-Matern-Straße, bezog, ging sie unter Leitung ihres Präsidenten Konrad Wolf gleich daran, es zu einer kulturellen Begegnungsstätte für alle Berliner zu machen. Hier wurden Ausstellungen gezeigt und historische Filme vorgeführt; in der »Stunde der Akademie« lasen Schriftsteller aus noch unveröffentlichten Manuskripten, stellten Musiker und Maler ihre neuesten Werke vor.

In den Stadtbezirken öffneten kleine Galerien, die wechselnde Ausstellungen zeigten und in denen sich junge Künstler und

13 Neues Deutschland (B), 10. Februar 1978.

98 Neubaugebiet Berlin-Marzahn: Mitglieder der Brigade Zeise
bei der Montage des ersten Wohnblocks
in der Marchwitzastraße, Juli 1977

99 Blick auf Marzahn vor Beginn der Bauarbeiten, um 1975

100 Die Jugendbrigade Kaiser vom VEB Kombinat Tiefbau Berlin löste die Initiative »Jeder jeden Tag mit guter Bilanz« aus. 2. v. r. Jugendbrigadier Peter Kaiser

101 Blick auf das Neubaugebiet, 1985

102 Gefährliche Funde bei Tiefbauarbeiten:
Bomben aus dem zweiten Weltkrieg.
Hauptmann der Volkspolizei Heinrich Luthe
entschärft eine vier Tonnen schwere Luftmine, 20. April 1978

103 Am 6. November 1978 – anläßlich des 60. Jahrestages der deutschen Novemberrevolution – erhält das Kombinat NARVA auf einem Meeting vor seinem Stammbetrieb, dem Berliner Glühlampenwerk an der Warschauer Straße, den Ehrennamen »Rosa Luxemburg« verliehen

104 Jugendforum im Sommerlager der Berliner FDJ
am Hölzernen See, August 1980

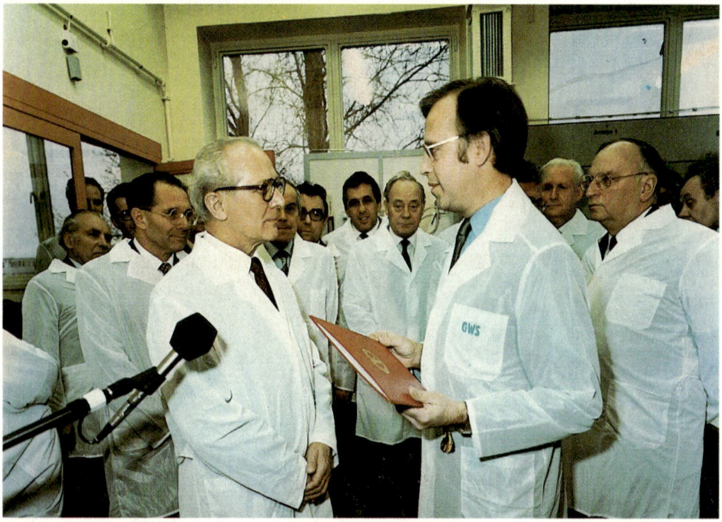

105 Mitglieder der Partei- und Staatsführung
besuchen am 12. November 1981 die Akademie der Wissenschaften
der DDR. V. l. n. r. Prof. Dr. Werner Scheler, Erich Honecker,
Dr. Horst Klemm, Dr. Herbert Weiz, Egon Krenz, Harry Tisch,
Dipl.-Ing. Christoph Schulze überreicht eine Mappe
mit Verpflichtungen des Instituts für Elektronenphysik,
Günter Mittag, Kurt Hager

106 Berliner Friedenslauf am 29. August 1982

107 Friedenskundgebung auf dem Bebelplatz am 27. Mai 1982 anläßlich des Pfingsttreffens der Jugend

108 Im August 1982 wird dem Turm des Französischen Doms die neue Kuppel aufgesetzt

109 Im Jahre 1983 beginnt die Rekonstruktion des Deutschen Doms (links). Dahinter das Schauspielhaus

110 Walter Womacka: Berlin, 1981. Öl, 100 × 150

111 Die Marx-Engels-Brücke ist künstlerisch wieder im Gleichgewicht, nachdem die restlichen vier Figurenpaare auf ihre angestammten Plätze gebracht wurden, April 1984

Laienschaffende aus diesen Bezirken präsentierten. Genannt seien nur die »Galerie am Prater«, die »Galerie Arkade« am Strausberger Platz, die »Galerie im Turm« am Frankfurter Tor und die »Galerie Sophienstraße« in Lichtenberg.

Die in der Geschichte Berlins einmalige Bautätigkeit im letzten Jahrzehnt regte viele bildende Künstler – nicht nur Berliner – an, zur Gestaltung des Zentrums, der neuen Wohngebiete und der Arbeitsbereiche beizutragen. Die im Hauptfoyer des Palastes der Republik hängenden großflächigen Wandbilder von 16 namhaften Künstlern der DDR, darunter den Berlinern Günther Brendel, Arno Mohr, Ronald Paris, Kurt Robbel, Hans Vent und Walter Womacka, bieten einen repräsentativen Querschnitt durch die Malerei der mittsiebziger Jahre.

Für die Wohngebiete in Marzahn, an der Leninallee, an der Greifswalder Straße und anderswo schufen bekannte Künstler Plastiken, Stelen, Brunnen und Wasserspiele. Erwähnt seien die beiden frei stehenden Reliefwände zu Themen der Weltliteratur (1976) von Hanfried Schulz und Werner Petrich im Wohngebiet Frankfurter Allee Süd, der »Mühlbrunnen« (1979) von Peter Kern im Wohngebiet Greifswalder Straße, der »Spielbrunnen« (1981) von Jürgen Karnopp in der Straße der Befreiung und die Freiplastik »Sinnende« (1973) von Sabine Grzimek im Neubaugebiet an der Ho-Chi-Minh-Straße.

Das überdimensionale Wandbild, das in der architekturbezogenen Kunst der frühen fünfziger Jahre schon einmal einen Platz gefunden hatte und später gesellschaftliche Bauten im neuen Stadtzentrum schmückte, wurde seit Ende der siebziger Jahre immer stärker bei der Gestaltung der öffentlichen Räume der neuen Wohngebiete angewendet. Zu den ersten Giebelgestaltungen gehörten im Neubauviertel Leninallee/Ho-Chi-Minh-Straße das Wandbild »Frieden« (1976) von Dieter Gantz und Rolf Schubert und die Sonnenuhr (1976) von Edmund Bechtle an der 39. Oberschule »Otto Winzer« in der Franz-Jacob-Straße.

Auch in Altbaugebieten entstanden viele interessante Giebel- und Flächengestaltungen, die manche häßliche Brandmauern verschwinden ließen und leuchtende Farben ins Straßenbild brachten. Bekannt geworden sind zum Beispiel das »Oranienburger Tor« an der Kreuzung Friedrich-/Wilhelm-Pieck-Straße oder der Berliner Stadtplan nahe der Mühlendammbrücke. Auf einer Giebelwand des Hauses Skandinavische Straße 26 nahe der Lichtenberger Brücke schilderte der nikaraguanische Maler Manuel Garcia im Jahre 1985 Szenen aus dem Befreiungskampf seines Volkes.

Zahlreiche Spielplastiken – von bekannten Künstlern gestaltet – wurden in Berliner Wohngebieten aufgestellt. Nach Baldur Schönfelders »Mondstation« (1965) aus Beton für einen Spielplatz im Stadtbezirk Mitte fand vor allem der Holztierzoo von Günter Schumann (1977) an der Paul-Junius-Straße im Neubaugebiet Leninallee/Ho-Chi-Minh-Straße viel Beifall. In Marzahn stellten die Formgestalter Wolf-Dieter Schulze und Peter Rossa 1984 vor Kindereinrichtungen riesige Fabelwesen und Phantasieblumen aus Stahlrohr und Kunststoff auf.

Das alles verlieh zusammen mit den Grünanlagen den Neubaugebieten wie den altstädtischen Bereichen mehr Wohnlichkeit und Unverwechselbarkeit.

Eine zu Beginn der siebziger Jahre noch spürbare Zurückhaltung gegenüber der Gegenwartsdramatik konnte weitgehend überwunden werden. Im Jahre 1982 gehörten zu dem insgesamt 234 Stücke umfassenden Repertoire der Berliner Bühnen 69 Stücke der DDR-Dramatik, 54 des klassischen deutschen Erbes und 29 der Sowjetdramatik.

Nach wie vor bemühte sich das Maxim Gorki Theater unter seinem Intendanten Albert Hetterle (seit 1970) um das sozialistische Gegenwartsstück. Besondere Resonanz fanden sowjetische Stücke wie Schatrows »Campanella und der Kommandeur« (1973) oder Gelmans »Protokoll einer Sitzung« (1976), wo in einer Parteileitungssitzung die Frage nach der sozialistischen Moral in der Arbeit aufgeworfen wird, die die Zuschauer zum Nachdenken über ihre eigenen Haltungen anregte. Neben Tschechows »Drei Schwestern« (1979) bestachen vor allem die Inszenierungen von Gorkis »Wassa Shelesnowa« (1967 und 1970), »Barbaren« (1972), »Die Letzten« (1975) und »Nachtasyl« (1977).

Das Deutsche Theater spielte viele Klassiker: Shakespeare, Goethe, Kleist und Schiller. Die »Wallenstein«-Trilogie (1979) und »Kabale und Liebe« (1972 in den Kammerspielen) fanden große Beachtung. Bemerkenswert war auch die Aufführung von Schillers »Räubern« (1971) an der Volksbühne. Der Theaterkritiker Ernst Schumacher urteilte: »Keine der repräsentativen Inszenierungen klassischer Werke geriet zu einem bloßen ›historischen Schinken‹, jede von ihnen lebte dem Prinzip nach von Brechts Auffassung, es gelte, den großen Ideengehalt der klassischen Werke wieder- und neuzuentdecken. Der berüchtigte ›Klassikertod‹ hat im sozialistischen Theater der Hauptstadt Berlin nicht stattgefunden.«[14]

Als Bereicherung erwies sich das von Vera Oelschlegel geleitete Theater im Palast (TiP), das am 24. April 1976 mit »Salut an alle – Marx«, einer Collage nach Briefen von Karl und Jenny Marx und Friedrich Engels, den Spielbetrieb aufnahm. Im TiP gibt es keine Bühne, hier werden die Zuschauer unmittelbar in das Geschehen einbezogen. Dieser unkonventionelle Rahmen als Foyertheater erlaubt ein vielseitiges Programm: kleine Stücke, Lieder- und Konzertabende, Dichterlesungen und Werkstattgespräche, Humoresken und Märchenspiele für Kinder.

An den hauptstädtischen Musikbühnen wurde gleichfalls in Oper, Ballett und Konzert das Gegenwartsschaffen gefördert. Die Deutsche Staatsoper, die eng mit dem Opernschaffen Paul Dessaus verbunden war, brachte auch das letzte Bühnenwerk des

---

14 Ernst Schumacher: Berliner Kritiken. Ein Theater-Dezennium 1964–1974, Bd. II, Berlin 1975, S. 760.

Komponisten, »Leonce und Lena« (1979) nach BÜCHNERS Lustspiel, heraus. Ihre Uraufführungen fanden auch die Erstlinge »Karin Lenz« (1971) von GÜNTER KOCHAN (Libretto: ERIK NEUTSCH), »Reiter der Nacht« (1973) von ERNST HERMANN MEYER und »Meister Röckle« (1976) von JOACHIM WERZLAU.

Die Komische Oper setzte nach dem Tode ihres langjährigen Intendanten WALTER FELSENSTEIN, der am 8. Oktober 1975 verstarb, die von ihm begründete Tradition des realistischen Musiktheaters fort. Zu einem großen Erfolg gestalteten sich die von HARRY KUPFER geführten Inszenierungen von Mozart-Opern (1982–1986). Beim Tanztheater gefielen die von TOM SCHILLING inszenierten und choreographierten Aufführungen.

Die großen Bühnen der Hauptstadt unterhielten durch Freundschaftsverträge und andere Vereinbarungen enge, beständige Beziehungen zu sozialistischen Kollektiven, Kombinaten und Betrieben sowie zu Einheiten der NVA. Im Oktober 1971 konstituierte sich unter Leitung des Intendanten Professor HANS PISCHNER an der Deutschen Staatsoper der erste Gesellschaftliche Rat an einem Theater der DDR. Er unterstützte die Öffentlichkeitsarbeit der Staatsoper. Im Wettbewerb mit Film und Fernsehen gewannen die Theater viele Freunde zurück und neue hinzu. Im Jahre 1982 verzeichneten sie 1,9 Millionen Besucher. Der Anteil der Produktionsarbeiter stieg, zumal viele Brigaden den gemeinsamen Theaterbesuch zu einem festen Bestandteil ihres Wettbewerbsprogramms um den Staatstitel »Kollektiv der sozialistischen Arbeit« machten. Besonders erfreulich war die Zunahme jugendlicher Besucher auch im Rahmen der Jugendweihe-Stunden, die bis zu 40 Prozent ausmachte.

Das dreißigste Jahr der DDR stand im Zeichen stabilen Wachstums im Innern und verstärkter Friedensanstrengungen nach außen. Die Absicht der NATO, neue USA-Mittelstreckenraketen in Westeuropa zu stationieren, verschärfte die Kriegsgefahr dramatisch und blockierte den 1975 in Helsinki eingeleiteten europäischen Entspannungsprozeß. Der Bewegung, durch »30 gute Taten für unsere Republik« den Sozialismus zu stärken und den Frieden zu sichern, schlossen sich auch die Werktätigen der Hauptstadt an. Im Januar 1979 gaben 245 Berliner Betriebe ihre hohen Wettbewerbsziele bekannt. So beschlossen die 4200 Energiemaschinenbauer des VEB Bergmann-Borsig, 1 Prozent Zusatzproduktion zu erwirtschaften. Der Wettbewerb zum 30. Jahrestag der DDR verlangte von allen den Einsatz der ganzen Kraft.

An der Jahreswende 1978/1979 stöhnte Mitteleuropa unter einer extremen und lang anhaltenden Kältewelle mit starken Schneefällen, die sowohl den Straßenverkehr als auch die gesamte Wirtschaft der DDR beeinträchtigte. Es entstanden volkswirtschaftliche Ausfälle und Verluste in Höhe von rund 10 Milliarden Mark. Vor allem die Bauarbeiter nahmen sich vor, die unwetterbedingten Rückstände aufzuholen. Sie wurden dabei von Bauarbeitern aus den Bezirken und von FDJlern unterstützt. Der 10000. Delegierte der »FDJ-Initiative Berlin« traf am 7. April 1979 in der Hauptstadt ein.

Ein erster Höhepunkt zur Vorbereitung des 30. Jahrestages war das Nationale Jugendfestival der DDR, das vom 1. bis 3. Juni 1979 in Berlin stattfand. Mit einem Appell der FDJ eröffneten mehr als 200000 Delegierte aus allen Teilen der Republik auf dem Marx-Engels-Platz ihr Treffen. An diesen Pfingsttagen gab es eine bunte Palette von Veranstaltungen: politische Diskussionen, Ausstellungen, Sport und Wehrsport, Pop- und Jazzkonzerte, Tanz und Darbietungen von Singegruppen. In der Ruine der Klosterkirche drängten sich im Aktionszentrum gegen die Neutronenbombe Jugendliche, die gegen die imperialistische Hochrüstungspolitik protestierten. In der Kongreßhalle am Alexanderplatz tauschten die Erbauer zentraler Jugendobjekte von gestern und heute Erinnerungen und Erfahrungen aus, und im Schloßpark Biesdorf feierten 25000 junge Bauleute unter dem Motto »Von der Weberwiese bis Marzahn« das Fest des zentralen Jugendobjekts »FDJ-Initiative Berlin«. Eine Kampfdemonstration der FDJ in der Karl-Marx-Allee beschloß das Pfingsttreffen.

Am 3. Oktober 1979 wurde der neu erbaute Pionierpalast »Ernst Thälmann« in der Wuhlheide eröffnet. Junge Bauleute von der »FDJ-Initiative Berlin« hatten das Gebäude in dreijähriger Bauzeit errichtet. Es beherbergt einen Großen Saal, eine Schwimmhalle, ein Kosmonautenzentrum, eine Bibliothek, Zirkelräume und Labors für viele Arbeitsgemeinschaften sowie gastronomische Einrichtungen.

An den Feierlichkeiten zum 7. Oktober 1979 nahmen Partei- und Regierungsdelegationen der sozialistischen Bruderländer und Delegationen aus vielen befreundeten Ländern der Welt teil. Die sowjetische Partei- und Regierungsdelegation wurde vom Generalsekretär des ZK der KPdSU und Vorsitzenden des Präsidiums des Obersten Sowjets der UdSSR, L. I. Breshnew, geleitet. Am Abend des 6. Oktober 1979 erneuerten 250 000 Pioniere und FDJler mit einem eindrucksvollen Fackelzug Unter den Linden das Gelöbnis der Jugend von 1949, alle Kraft für den Frieden und das Gedeihen des deutschen Arbeiter-und-Bauern-Staates einzusetzen. Ihre Entschlossenheit zur Verteidigung der Heimat demonstrierte am 7. Oktober die Nationale Volksarmee mit der traditionellen Ehrenparade in der Karl-Marx-Allee. Der Feiertag klang mit Volksfesten in allen Stadtbezirken aus.

Auf der Festveranstaltung am 6. Oktober 1979 im Palast der Republik unterbreitete Leonid Breshnew neue Vorschläge der Sowjetregierung zur militärischen Entspannung in Europa. Er kündigte den Abzug von 20 000 Militärangehörigen der Gruppe der Sowjetischen Streitkräfte in Deutschland, von 1 000 Panzern und anderer Militärtechnik aus dem Gebiet der DDR an. Damit wollte die UdSSR ein Zeichen des guten Willens geben, um die festgefahrenen Verhandlungen über die Reduzierung der Streitkräfte und Rüstungen in Europa über den toten Punkt hinwegzubringen. Die Rückführung der ersten sowjetischen Panzereinheiten begann am 5. Dezember 1979 in der Lutherstadt Wittenberg und war am 1. August 1980 abgeschlossen.

Gleichzeitig hatte L. I. Breshnew in seiner Berliner Rede die Bereitschaft der Sowjetregierung angekündigt, ihre in den westlichen Gebieten der UdSSR stationierten Kernwaffenträger mittlerer Reichweite zu reduzieren, wenn in Westeuropa keine zusätzlichen Kernwaffenträger mittlerer Reichweite stationiert werden.

Diese als »Berliner Initiative« bekannt gewordenen sowjetischen Vorschläge fanden ein starkes Echo. Der Nationalrat der Nationalen Front beschloß am 26. Oktober 1979 eine Willenserklärung, in der es hieß:

»Wenn es um die Sicherung des Friedens geht, darf es kein Zögern geben. Wir haben unser Land nicht aus Ruinen aufgebaut, damit noch einmal alles in Trümmer sinkt. Was unser Fleiß schuf, darf nicht wieder zerstört werden. Wir unterstützen die Friedensinitiative Leonid Breshnews. Wir brauchen überall Vernunft und guten Willen statt Rüstungswahn und Kriegspolitik. Wir fordern:

Keine neuen Atomraketen in Westeuropa – dafür Schritte zur Abrüstung!

Kein Wettrüsten – dafür Fortsetzung der Entspannung!«[15]

Der Nationalrat rief alle Bürger der DDR auf, mit ihrer Unterschrift unter diese Erklärung ihrem tiefen Friedenswillen Ausdruck zu verleihen. Agitatoren und Helfer der Nationalen Front, Mitglieder der SED und der anderen Blockparteien, Gewerkschaftsfunktionäre und aktive FDJler führten in diesen Wochen in Betrieben und Wohnhäusern das Gespräch mit den Bürgern über Grundfragen des Friedenskampfes. Dabei wurden besonders die Jugendlichen über 14 Jahre angesprochen, denn auch sie waren zur Unterschrift aufgefordert. Am 23. November 1979 übergaben Abordnungen aus der Hauptstadt und aus allen Be-

---

15 Neues Deutschland (B), 27./28. Oktober 1979.

Bürger der DDR:
Zeichnet diesen Appell mit Eurem Namen!

Nationalrat der Nationalen Front der DDR

Willenserklärung
der Deutschen Demokratischen Republik

Für unser Land, für alle Völker und Staaten, geht es um Entscheidungen von enormer Tragweite.

Von Berlin aus ergriff Leonid Breshnew eine große Initiative. Im Einvernehmen mit der DDR und den anderen Staaten des Warschauer Vertrages verringert die Sowjetunion einseitig ihre Streitkräfte in Mitteleuropa. Sie ist bereit, die Anzahl ihrer Mittelstreckenraketen in den westlichen Gebieten der UdSSR zu reduzieren – vorausgesetzt, daß durch die NATO in Westeuropa keine zusätzlichen amerikanischen Mittelstreckenraketen stationiert werden.

Wenn es um die Sicherung des Friedens geht, darf es kein Zögern geben. Wir haben unser Land nicht aus Ruinen aufgebaut, damit noch einmal alles in Trümmer sinkt. Was unser Fleiß schuf, darf nicht wieder zerstört werden. Wir unterstützen die Friedensinitiative Leonid Breshnews. Wir brauchen überall Vernunft und guten Willen statt Rüstungswahn und Kriegspolitik. Wir fordern:

Keine neuen Atomraketen in Westeuropa – dafür Schritte zur Abrüstung!

Kein Wettrüsten – dafür Fortsetzung der Entspannung!

Berlin, im Oktober 1979

zirken dem Präsidenten des Nationalrats der Nationalen Front, Prof. Dr. Erich Correns, die Listen. Mehr als 13,1 Millionen Bürger, das waren 96 Prozent aller Einwohner der DDR über 14 Jahre, hatten die bedeutsame Willenserklärung unterzeichnet. Wenige Tage später wurde sie in New York dem Generalsekretär der UNO übergeben, der sie als offizielles Dokument der Weltorganisation publizieren ließ.

Doch ungeachtet des Willens von Millionen friedliebender Menschen in ganz Europa faßte im Dezember 1979 eine Sondertagung der NATO – an der allerdings Frankreich, das bereits 1966 die NATO-Militärorganisation verlassen hatte, nicht teilnahm – einen folgenschweren Beschluß: Ab 1983 sollten 572 neue amerikanische Trägersysteme für Kernwaffen auf den Territorien der BRD, Großbritanniens, Italiens, Belgiens und der Niederlande stationiert werden, und zwar 108 Pershing II mit einer Reichweite von 1800 Kilometern und 464 Cruise Missiles mit einer Reichweite von 2500 Kilometern. Diese Mittelstreckenraketen, die im Besitz und unter Einsatzbefehl der USA bleiben sollen, stellten eine neue, direkte Bedrohung aller Staaten des Warschauer Vertrages dar. Unverhüllt wurden sie von Militärs und Politikern der USA als Erstschlagwaffen im Konzept einer Strategie der »Enthauptung« der UdSSR bezeichnet. Der NATO-Beschluß zielte darauf ab, die strategische Stabilität zu stören und ein militärisches Übergewicht der NATO über den Warschauer Vertrag zu erlangen. So nahm an der Schwelle zu den achtziger Jahren die vom USA-Imperialismus heraufbeschworene Kriegsgefahr auf bedrohliche Weise zu.

Kapitel XVI

Sozialistische Metropole. Die Jahre 1981–1985

»Kühne Vorstellungen von der Zukunft Berlins hatte so mancher von uns, als wir an das Aufbauwerk gingen. Wer von uns Zimmerleuten, die wir 1949 Kriegsschäden am Dach des Hauses Ecke Luxemburgstraße/Münzstraße beseitigten, hätte wohl die Phantasie gehabt, sich ein Bild auszumalen, wie sich die Hauptstadt heute zeigt – schön und aufblühend. In ihr hat sich das Leben der Menschen so grundlegend zum Guten verändert wie niemals zuvor in der fast 750jährigen Stadtgeschichte.«[1]

Dies schrieb der Held der Arbeit MAX OESER, *Jahrgang 1920, der als Zimmerer und später mit »Betonbalken« in Berlin Häuser baute.*

---

1 Neues Deutschland (B), 6./7. Oktober 1984

Vom 11. bis 16. April 1981 fand im Palast der Republik der X. Parteitag der SED statt. Seit 1976 hatte die DDR weitere beachtliche Erfolge beim Aufbau der entwickelten sozialistischen Gesellschaft errungen. Die vom IX. Parteitag der SED gestellten Ziele waren dank den großen Arbeitstaten aller Werktätigen erreicht worden. Am deutlichsten zeigte sich das jedem Bürger in der kontinuierlichen Verwirklichung des sozialpolitischen Programms, vor allem im Wohnungsbau. Die Politik der stabilen Einzelhandelspreise für Waren des täglichen Grundbedarfs sowie der stabilen Preise für Mieten, Tarife und Dienstleistungen stärkte bei den Bürgern das Gefühl sozialer Sicherheit. Die DDR behauptete international ihren Platz unter den zehn bedeutendsten Industriestaaten.

Über ein Jahrzehnt hinweg hatte sich die vom VIII. Parteitag beschlossene Politik der Hauptaufgabe in ihrer Einheit von Wirtschafts- und Sozialpolitik als richtig und tragfähig erwiesen. Darum erklärte Erich Honecker von der Tribüne des X. Parteitages herab: »Wir halten fest an unserem bewährten Kurs, das materielle und kulturelle Lebensniveau des Volkes auf der Grundlage eines hohen Entwicklungstempos der sozialistischen Produktion, der Erhöhung der Effektivität, des wissenschaftlich-technischen Fortschritts und des Wachstums der Arbeitsproduktivität zu erhöhen.«[2]

Seit dem IX. Parteitag der SED im Jahre 1976 hatte auch die Hauptstadt eine dynamische Entwicklung genommen. Es gab wohl kein Gebiet, auf dem die Fortschritte deutlicher waren, als den Wohnungsbau. Während des Fünfjahrplans 1971–1975 waren 48 290 Wohnungen neu gebaut oder modernisiert worden. Diese Leistung wurde in den Jahren 1976–1980 mit 81 428 Wohnungen weit überboten. Alle Bezirke der Republik hatten dazu ihren Beitrag geleistet. Wichtige Aufgaben des langfristigen Berlin-Programms von 1976 konnten erfüllt werden.

---

2 Protokoll der Verhandlungen des X. Parteitages der Sozialistischen Einheitspartei Deutschlands im Palast der Republik in Berlin, 11. bis 16. April 1981, Bd. 1: 1. bis 3. Beratungstag, Berlin 1981, S. 64.

Auf dem X. Parteitag der SED wurde daher bekräftigt: »Die Hauptstadt der Deutschen Demokratischen Republik ist als politisches, wirtschaftliches und geistig-kulturelles Zentrum der sozialistischen Deutschen Demokratischen Republik planmäßig weiter auszugestalten.«[3]

Für das industrielle Ballungsgebiet Berlin ergaben sich daraus weitreichende Aufgaben. Bis 1985 – so sah es der Fünfjahrplan 1981–1985 vor – sollte der durchschnittliche Leistungszuwachs der Berliner Industrie pro Jahr sieben bis acht Prozent betragen. In strukturbestimmenden Industriezweigen der Stadt wie Elektrotechnik/Elektronik/Gerätebau, Maschinen- und Fahrzeugbau wurden noch höhere Wachstumsraten erwartet. Natürlich ging es dabei nicht allein um mengenmäßiges Wachstum, sondern um wichtige qualitative Veränderungen im Erzeugnisprofil, um die Stärkung der materiell-technischen Basis der Volkswirtschaft, um die stabile Versorgung der Bevölkerung mit hochwertigen technischen Konsumgütern und nicht zuletzt um die Bewältigung der hohen Exportanforderungen an die Berliner Industrie in den kommenden Jahren. Im Jahre 1981 brachte die Hauptstadt einen Anteil am Export der Volkswirtschaft von etwa 5 Prozent.

Der Anteil der Konsumgüterproduktion an der gesamten industriellen Warenproduktion in Berlin betrug rund 25 Prozent und der Anteil an der gesamten Konsumgüterproduktion der Republik 7 Prozent. Für eine Reihe industrieller Konsumgüter waren Berliner Betriebe die Alleinhersteller. Die Bezirksplankommission erarbeitete gemeinsam mit den Kombinaten und den Industrieministerien ein »Programm zur Entwicklung der Konsumgüterproduktion in der Hauptstadt für den Zeitraum von 1981 bis 1985«.

Der X. Parteitag der SED entwickelte die Wirtschaftsstrategie

---

3 Ebenda, S. 75.

für die achtziger Jahre. Ihr Kernpunkt ist die höchstmögliche ökonomische Verwertung der Ergebnisse von Wissenschaft und Technik zum Nutzen der DDR. Den Kombinaten – 1983 gab es 133 zentral- und 93 bezirksgeleitete Kombinate in der DDR – kam dabei eine Schlüsselrolle zu. Bis Anfang der achtziger Jahre waren die meisten Kombinate gebildet worden. 1981 hatten 25 Industriekombinate ihre Leitungen und Stammbetriebe in Berlin. Nun ging es vor allem darum, sie zu konsolidieren und ihre Möglichkeiten für das Zusammenwirken von Wissenschaft und Produktion zu nutzen.

Die Kooperationsbeziehungen zwischen wissenschaftlichen Einrichtungen und Kombinaten sowie Industriebetrieben der Hauptstadt wurden vertieft. Schwerpunkte der Zusammenarbeit lagen in den Bereichen der Mikro- und Optoelektronik, der Roboter- und Nachrichtentechnik, der Veredlung einheimischer Rohstoffe, des innerstädtischen Wohnungsbaus und des Umweltschutzes. So ermöglichte das Zusammenwirken der Akademie der Wissenschaften mit dem Kombinat VEB Kabelwerk Oberspree »Wilhelm Pieck« die Entwicklung von Hochspannungskabeln, die das Weltniveau bestimmen. Im Berliner Glühlampenwerk, dem Stammbetrieb des Kombinates VEB NARVA »Rosa Luxemburg«, wurden gemeinsam mit Berliner Wissenschaftlern entwickelte energiesparende Allgebrauchslampen in die Produktion eingeführt. Die Bauakademie der DDR und der VEB Wohnungsbaukombinat Berlin lösten gemeinsam wichtige wissenschaftlich-technische Aufgaben, so bei der Beispielplanung eines Plattenwerkes und bei der Bausteinprojektierung.

Im Jahre 1985 zählte man 700 derartige vertragsgebundene Leistungen der Berliner Wissenschaftseinrichtungen für mehr als 79 Kombinate, Betriebe und Institutionen der Hauptstadt. An ihnen waren neben der Akademie der Wissenschaften der DDR, der Bauakademie der DDR und der Humboldt-Universität auch die Hochschule für Ökonomie »Bruno Leuschner«, die Ingenieurhochschule Berlin-Wartenberg und die Ingenieurschule für Maschinenbau und Elektronik beteiligt.

Die Direktive des Fünfjahrplans 1981–1985 sah für die Berliner Kombinate und Industriebetriebe vor, die Steigerung der Arbeitsproduktivität zu 90 Prozent aus Leistungen von Wissenschaft und Technik zu erreichen und 80 Prozent aller Einsparungen an Energie, Rohstoffen und Material auf dieser Grundlage zu realisieren. Zu einem Hauptweg wurde dabei immer mehr die komplexe sozialistische Rationalisierung, beginnend bei der Modernisierung vorhandener Technik bis zur Erneuerung des Produktionsprozesses auf hohem wissenschaftlichem Niveau unter Einsatz von Industrierobotern und automatisierten Fertigungen. Entsprechende Vorhaben wurden in den Stammbetrieben der Kombinate Elektro-Apparate-Werke »Friedrich Ebert«, Automatisierungsanlagenbau, »7. Oktober« und Oberbekleidung sowie im VEB Wälzlagerwerk »Josef Orlopp« in Angriff genommen. Es bewährte sich, daß sich in den Kombinaten Betriebe und in den VEB Abteilungen auf den Eigenbau von Rationalisierungsmitteln spezialisierten.

Auf Grund von Vereinbarungen zwischen dem Magistrat und einer Reihe von Berliner Kombinaten – die ersten vier Vereinbarungen wurden im Februar 1979 abgeschlossen – konnten auch andere, vor allem kleinere Berliner Betriebe ihre Rationalisierungsmaßnahmen beschleunigen. So stellte das Kombinat Oberbekleidung Rationalisierungsmittel auch für die bezirksgeleitete Konfektionsindustrie her, und der Stammbetrieb des Werkzeugmaschinenkombinats »7. Oktober« übernahm die Ersatzteilherstellung für die territorialen Betriebe der Nahrungsgüterwirtschaft und Lebensmittelindustrie. Das Wachstumstempo der Eigenproduktion von Rationalisierungsmitteln war in der gesamten Berliner Industrie zwischen 1981 und 1985 fast fünfmal so hoch wie das der gesamten industriellen Warenproduktion.

Mit der Weiterführung der sozialistischen Rationalisierung stieg in den zentralgeleiteten Industriebetrieben bis 1985 der Grad der Mechanisierung der Arbeit auf 54,4 Prozent und der Grad der Automatisierung der Arbeit auf 13,8 Prozent. 31 100 Werktätige aus Industrie, Bauwesen und Verkehr wurden für andere wichtige Aufgaben frei, die zumeist im selben Betrieb lagen. Der Grad der Erneuerung der Produktion erhöhte sich von rund 10 Prozent im Jahre 1981 auf 29 Prozent im Jahre 1985. In einer Reihe wichtiger Betriebe lag er 1985 weit darüber, so in der Berliner Werkzeugmaschinenfabrik Marzahn bei 54,5 Prozent, in der Schuhfabrik »Goldpunkt« bei 82 Prozent, im VEB Stern-Radio bei 76 Prozent und im Werk für Fernsehelektronik bei 82 Prozent. Mehr als ein Drittel der Ausrüstungen in den zentralgeleiteten Betrieben der Industrieministerien war nicht älter als fünf Jahre, und insgesamt waren 60 Prozent nicht älter als zehn Jahre.

In der vom X. Parteitag der SED beschlossenen ökonomischen Strategie der achtziger Jahre nahmen die Schlüsseltechnologien einen wichtigen Platz ein. Dazu gehörte vor allem die Mikroelektronik und die sich auf ihrer Grundlage entwickelnde moderne Rechentechnik.

Gemeinsam mit dem Zentralkomitee der SED berieten die staatlichen Organe im Jahre 1982 Schritte und Maßnahmen, um die großen Potenzen der Hauptstadt in der Elektrotechnik/Elektronik sowie im naturwissenschaftlichen Bereich zu nutzen und hier ein Zentrum der Mikroelektronik für die gesamte Volkswirtschaft der DDR zu errichten. Dabei sollte das Schwergewicht auf der Optoelektronik, die sich insbesondere mit der Herstellung von elektronischen Flüssigkristallanzeigen beschäftigt, liegen.

Als Träger der Berliner Mikro-/Optoelektronik entwickelten sich die Stammbetriebe der Kombinate Elektro-Apparate-Werke »Friedrich Ebert« und Kabelwerk Oberspree »Wilhelm Pieck«, ferner der zum Kombinat Mikroelektronik gehörende VEB Werk für Fernsehelektronik, der heute zum Kombinat Elektro-Apparate-Werke gehörende VEB Steremat »Hermann Schlimme« Berlin und der VEB Elektroprojekt und Anlagenbau Berlin, der zum Stammbetrieb des neuen Kombinates Automatisierungsanlagenbau wurde. Auch andere Berliner Betriebe wie das Berliner

Glühlampenwerk, der VEB Fotochemische Werke Berlin und der VEB Elektrokohle Berlin-Lichtenberg sind am Mikroelektronik-Programm beteiligt.

Die zur Sektion Elektronik der Humboldt-Universität und zum Zentralinstitut für Optik und Spektroskopie sowie anderen Forschungsstätten der Akademie der Wissenschaften bestehenden Kooperationen wurden von den Kombinaten und Betrieben vertieft und erweitert. Bei dem Besuch des Generalsekretärs des ZK der SED und Vorsitzenden des Staatsrates der DDR, Erich Honecker, in der Akademie der Wissenschaften der DDR am 12. November 1981 wurde auch über den Anteil der größten Forschungsstätte der Republik an diesem Programm beraten.

Der Aufbau der Berliner Mikro-/Optoelektronik vollzog sich in bisher nicht gekanntem Tempo. »Es ist gerade 10 Jahre her, daß in Berlin die Produktion von mikroelektronischen Erzeugnissen in drei Betrieben anlief. Gegenwärtig sind es schon 18 Kombinate und Betriebe, die Bauelemente, Baugruppen und Leistungen der Mikroelektronik im Werte von mehr als 3 Milliarden Mark im Jahr herstellen.«[4]

Im Verlauf des Fünfjahrplans 1981–1985 stieg die Herstellung von Halbleiterbauelementen und elektronischen Bausteinen auf das 2,7fache und die von Industrierobotertechnik auf das 4,7fache. In den Bereich Elektrotechnik/Elektronik gingen 33 Prozent aller Investitionen in der Industrie. Das neue Farbbildröhrenwerk im VEB Werk für Fernsehelektronik nahm 1984 die Produktion auf; es ist in der DDR Alleinhersteller von Farbbildröhren für Fernsehgeräte. 1985 kamen 99,3 Prozent aller optoelektronischen Halbleiterbauelemente aus diesem Berliner Betrieb. Mikroelektronische Erzeugnisse aus der Hauptstadt fanden Verwendung in der Robotertechnik und in der elektronischen Steuerungs- und Regelungstechnik für Kraftwerks-, Walzwerks- und Chemieanlagen sowie von hochleistungsfähigen Werkzeugmaschinen. Auch für die Nachrichtenelektronik und

---

4 16. Bezirksdelegiertenkonferenz Berlin der Sozialistischen Einheitspartei Deutschlands, 8. und 9. Februar 1986, Berlin o.J. (1986), S. 21 u. 23.

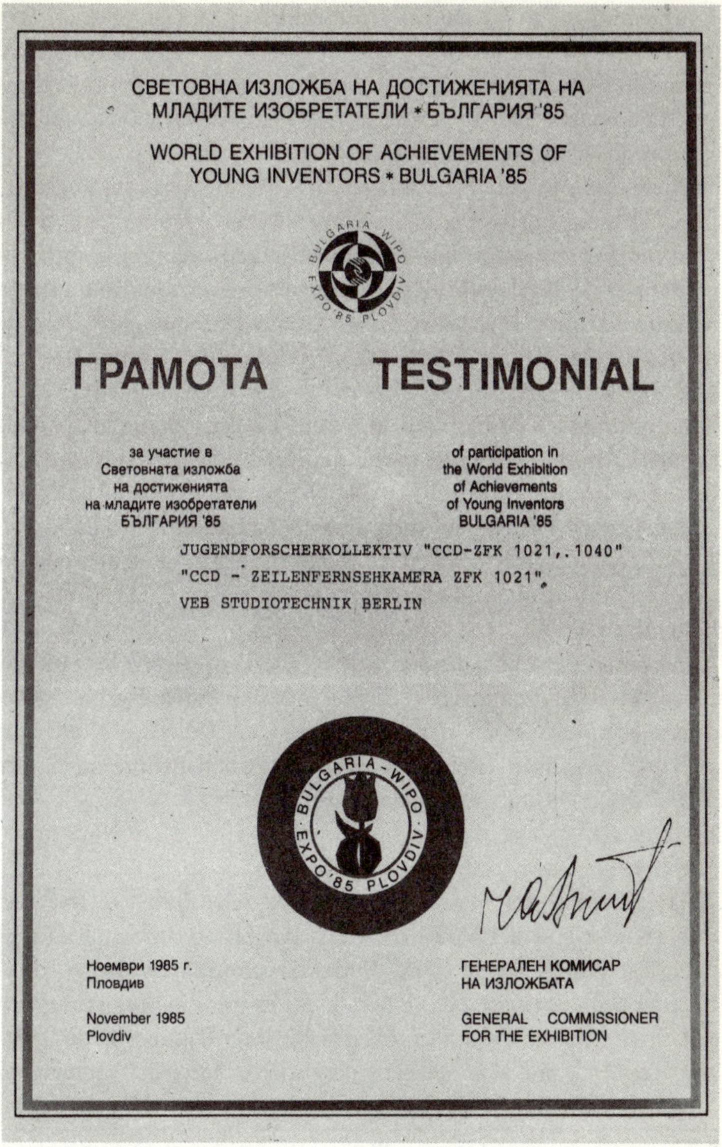

СВЕТОВНА ИЗЛОЖБА НА ДОСТИЖЕНИЯТА НА МЛАДИТЕ ИЗОБРЕТАТЕЛИ * БЪЛГАРИЯ '85

WORLD EXHIBITION OF ACHIEVEMENTS OF YOUNG INVENTORS * BULGARIA '85

BULGARIA WIPO EXPO'85 PLOVDIV

ГРАМОТА TESTIMONIAL

за участие в Световната изложба на достиженията на младите изобретатели БЪЛГАРИЯ '85

of participation in the World Exhibition of Achievements of Young Inventors BULGARIA '85

JUGENDFORSCHERKOLLEKTIV "CCD-ZFK 1021,.1040"

"CCD - ZEILENFERNSEHKAMERA ZFK 1021".

VEB STUDIOTECHNIK BERLIN

BULGARIA - WIPO EXPO'85 PLOVDIV

Ноември 1985 г.
Пловдив

November 1985
Plovdiv

ГЕНЕРАЛЕН КОМИСАР НА ИЗЛОЖБАТА

GENERAL COMMISSIONER FOR THE EXHIBITION

Diplom der Weltausstellung junger Erfinder

Funktechnik wurden neue Geräte und Anlagen entwickelt. Der VEB Automatisierungsbetrieb in Berlin-Niederschönhausen, Stammbetrieb des im Juli 1984 gegründeten Kombinates Zentraler Ingenieurbetrieb der Metallurgie, spezialisierte sich auf die Produktion von Gelenkrobotern.

Nicht nur bei der Produktion von Mikroelektronik, auch bei ihrer Anwendung gingen die Berliner Betriebe voran. Innerhalb von vier Jahren stellte der Stammbetrieb des Kombinates Elektro-Apparate-Werke »Friedrich Ebert« seine Produktion auf die Mikroelektronik um. Auch die moderne Technologie der rechnergestützten Konstruktion (CAD–Computer Aided Design) und der rechnergestützten Steuerung der Produktion (CAM – Computer Aided Manufacturing) fand Eingang in die hauptstädtischen Kombinate und Industriebetriebe. Arbeitsplatzgebundene Computer mit ihren Datenspeichern, Bildschirm- und Zeichengeräten, Druckern und anderen Geräten erhöhten die Produktivität beträchtlich. Um 1985/1986 gab es vor allem in den Stammbetrieben der Kombinate die ersten CAD/CAM-Arbeitsplätze.

Während des Fünfjahrplans 1981–1985 wurde der Bestand an eingesetzten Industrierobotern von 1 220 auf 3 963 erhöht. Dadurch konnten neben der Steigerung der Arbeitsproduktivität viele Arbeitsplätze eingespart und die Arbeitsbedingungen für über 3 500 Werktätige verbessert werden.

Es entsprach der Hauptstadtrolle wie dem Platz der Berliner Industrie in der Volkswirtschaft der DDR, daß auch in den achtziger Jahren bedeutsame Produktionsinitiativen der Werktätigen von hier ausgingen. »Überall, wo es um die Steigerung der Arbeitsproduktivität geht, muß das Berliner Tempo in der ganzen Republik ein Markenzeichen sein«, forderte der Generalsekretär des ZK der SED, Erich Honecker.[5]

5 XV. Bezirksdelegiertenkonferenz Berlin der Sozialistischen Einheitspartei Deutschlands, 11. und 12. Februar 1984, Berlin o.J. (1984), S. 141.

30
DDR
4. BERLINER KONFERENZ
DER BESTARBEITER
20. September 1979

Den Dreh- und Angelpunkt bei den zahlreichen Wettbewerbsinitiativen bildete die immer weitere Vertiefung der Intensivierung in der Industrie. Auf jeden Berliner Werktätigen im Bereich der Kombinate und zentralgeleiteten Betriebe der Industrieministerien kamen 1984 durchschnittlich Grundfonds im Wert von 118 200 Mark. Eine einfache Rechnung besagte: Würde man diese Grundfonds um 10 Minuten pro Tag länger ausnutzen, brächte dies bereits einen Zuwachs an industrieller Warenproduktion im Wert von 185 Millionen Mark im Jahr. Deshalb kreisten die Überlegungen vieler Bestarbeiter und Schrittmacherkollektive darum, das Vorhandene noch besser zu nutzen. Fragen der Erhöhung der Schichtarbeit, der besseren Nutzung des Arbeitszeitfonds, der Einsparung von Material und Energie sowie der schnellen Überführung neuer Erzeugnisse in die Produktion standen im Mittelpunkt übernommener Verpflichtungen. Die alljährlichen Berliner Bestarbeiterkonferenzen und die betrieblichen Intensivierungskonferenzen gaben oft den entscheidenden Anstoß.

Solche bewährten Berliner Wettbewerbsinitiativen wie Erika Steinführers Aufruf »Jeder liefert jedem Qualität« und Peter Kaisers Verpflichtung »Jeder jeden Tag mit guter Bilanz« aus dem Jahre 1977 hatten an Aktualität nichts eingebüßt. Sie wurden von immer mehr Arbeitskollektiven übernommen. Im Juni 1983 arbeiteten 17 230 Kollektive nach der Devise »Jeder jeden Tag mit guter Bilanz«. Die Betriebsparteiorganisationen der SED übernahmen gemeinsam mit den Betriebsgewerkschaftsleitungen die politische Führung der Bestarbeiterbewegung und der massenhaften Anwendung ihrer Erfahrungen.

Ausgehend von der 8. Berliner Bestarbeiterkonferenz im September 1983, die auf die Sicherung einer hohen Kontinuität der Produktion orientierte, entstand im Januar 1984 in der Brigade »Wilhelm Pieck« aus der Aluminium-Hütte im VEB Berliner Metallhütten- und Halbzeugwerke die Initiative »Arbeitszeit ist Leistungszeit – deshalb gut leiten, erfolgreich forschen, kontinuierlich produzieren«. Die Brigade analysierte täglich den ge-

Mitwirkung der Frauen

Anteil der Frauen an den gewählten Gewerkschaftsfunktionären der Grundorganisationen (die nachfolgend ausgewiesenen Zahlen sind aus der Wahlstatistik der letzten Wahlen):

Mitglieder der BGL/SGL	Mitglieder der AGL	Vertrauensleute
54,9 %	45,3 %	48,9 %

In 525 Frauenkommissionen bei den Betriebsgewerkschaftsleitungen (1980), früher Frauenausschüsse genannt, sind 4 593 Frauen aktiv tätig.

Anteil der berufstätigen Frauen (ohne Lehrlinge) an den Gesamtbeschäftigten:

1975 = 49,3 % September 1980 = 49,4 %

Der Beschäftigungsgrad der arbeitsfähigen weiblichen Bevölkerung beträgt 89 %.

Heute verfügen 76 % aller in der Volkswirtschaft tätigen Frauen über eine abgeschlossene Berufsausbildung, während es 1971 = 55,9 % und 1975 = 65,4 % waren.

Heute sind in den Berliner Kombinaten, Betrieben, Einrichtungen und Institutionen 30 476 weibliche Hochschulkader und 52 843 weibliche Fachschulkader tätig.

Damit kommen auf je 1 000 weibliche ständige Berufstätige 98 Frauen mit Hochschulabschluß gegenüber 1971 = 54 und 1975 = 74 Frauen; mit Fachschulabschluß 169 Frauen gegenüber 1971 = 73 Frauen und 1975 = 98 Frauen.

Der Anteil weiblichen Leitungspersonals am Gesamtleitungspersonal der Industrie erhöhte sich von 17,4 % im Jahre 1976 auf 20,7 % im Jahre 1980.

Aus den Materialien der 18. Bezirksdelegiertenkonferenz Berlin des FDGB, 1982

samten Arbeitsablauf, ermittelte Fehler, deckte Reserven auf und rang um die volle Ausnutzung der Arbeitszeit.

Aus dem Kombinat VEB Kabelwerk Oberspree »Wilhelm Pieck« kam 1983 die Initiative »Null-Fehler-Arbeit – Gewinn für uns alle«. Die Werktätigen dieses Betriebes verpflichteten sich, mehr Erzeugnisse mit dem Gütezeichen »Q« herzustellen und die Kosten für Ausschuß, Nacharbeit und Garantieleistungen zu senken.

Die Jugendbrigade Jörg Harder aus dem VEB Baureparaturen Berlin-Prenzlauer Berg rief im August 1984 alle Arbeitskollektive dazu auf, Bestleistungen zum Weltfriedenstag am 1. September 1984 zu vollbringen und die dort erreichten Bestwerte zu Dauerleistungen zu machen. Großen Widerhall fand auch der Vorschlag des Bestarbeiters Siegfried Winkler, Brigadier im VEB Elektrokohle Berlin, vom 31. August 1984. Unter der Losung »Der Berliner Kalender endet am 21. Dezember« wurden bis zu diesem Tage alle Planaufgaben, einschließlich der zusätzlich übernommenen Verpflichtungen, von den Brigaden erfüllt. Lothar Könitzer, Leiter eines Entwicklungskollektivs im Stammbetrieb des Kombinates Elektro-Apparate-Werke »Friedrich Ebert«, löste unter der Devise »Höchste Effekte durch neue Erzeugnisse und Technologien« im Februar 1985 eine Initiative aus, um neue wissenschaftlich-technische Leistungen schneller in die Produktion zu überführen. Die Jugendbrigade »Sojus 31« aus dem gleichen Betrieb war im August 1983 zur rollenden Woche im durchgängigen Dreischichtsystem übergegangen, um ihre hochproduktiven Fräsmaschinen optimal auszulasten.

Alle diese Wettbewerbsinitiativen, denen die Besten in den Berliner Kombinaten und Betrieben nacheiferten, bestätigten die Maxime der Wirtschaftspolitik der SED: Wer gut leben will, muß kontinuierlich und besser arbeiten.

Nach 1981 verschärften die USA unter Präsident Reagan ihren aggressiven Kurs gegen den Sozialismus und die antiimperialistischen nationalen und sozialen Befreiungsbewegungen. Sie schürten Konfliktherde im Nahen Osten, im Süden Afrikas und in Mittelamerika. Unter dem irreführenden Namen »Strategische Verteidigungsinitiative« (SDI) gingen die USA daran, die Stationierung von nuklearen und Strahlenwaffen im Weltraum vorzubereiten. Vor allem drängten sie ihre westeuropäischen NATO-Partner, den Raketenrüstungsbeschluß vom Dezember 1979 baldigst zu realisieren.

Die Mehrheit der Bevölkerung in Westeuropa war aber nicht

willens, unter solch einem Damoklesschwert der NATO zu leben. Es entstand eine weltweite Friedensbewegung bisher nicht dagewesenen Ausmaßes. Die DDR unterstützte die Bemühungen um Friedenssicherung und Abrüstung vorbehaltlos. Ihr Grundsatz lautete: Nie wieder darf von deutschem Boden ein Krieg ausgehen!

An ihren Arbeitsstätten und in ihren Wohngebieten äußerte sich die überwiegende Mehrheit der Berliner Bevölkerung gegen den NATO-Raketenbeschluß. Die Berliner brachten ihren Willen auf Versammlungen, Kundgebungen und in Resolutionen zum Ausdruck. Etwa 100 Schriftsteller, Künstler und Wissenschaftler aus der DDR, der BRD, aus Westberlin und aus mehreren europäischen Ländern kamen am 13. und 14. Dezember 1981 im Hotel »Stadt Berlin« zu einer »Berliner Begegnung zur Friedensförderung« zusammen. Während der Aktion «Schriftsteller lesen für den Frieden« fanden im Februar und März 1982 Lesungen in Betrieben und Einrichtungen statt, auf denen Berliner Autoren und Übersetzer gegen die imperialistische Kriegspolitik auftraten. Schauspieler der Berliner Bühnen taten ein Gleiches auf der Matinee »Schauspieler für den Frieden« am 25. April 1982 im Berliner Ensemble, und die Musikschaffenden begannen unter dem Motto »Musizieren für den Frieden« am 25. Mai 1982 in der Kongreßhalle am Alexanderplatz eine zweitägige Veranstaltung gegen den NATO-Beschluß. Unter Vorsitz des Berliner Arztes Prof. Dr. Samuel Mitja Rapoport konstituierte sich am 31. August 1982 in der Hauptstadt das Komitee »Ärzte der DDR zur Verhütung eines Nuklearkrieges«. Der Friedenskampf erfaßte alle Klassen und Schichten, besonders stark die junge Generation. Als Auftakt zu den Pfingsttreffen der Jugend 1982 in allen Bezirken und Kreisen der DDR kam es in Berlin zu einer machtvollen Manifestation der Jugend am 27. Mai 1982. Auf dem Bebelplatz standen über 150 000 dicht gedrängt. Ihre Forderungen lauteten »Gegen NATO-Waffen Frieden schaffen!« »Europa darf kein Euroshima werden!« und »Mit unserer Tat – für unseren Friedensstaat!«.

Gerade in Berlin, an diesem Brennpunkt großer Klassenschlachten im 20. Jahrhundert, hatte die Arbeiterklasse die Lehren der Geschichte verstanden, daß Frieden und Sozialismus mit Waffen geschützt und verteidigt werden müssen. Davon legten die Kampfappelle der bewaffneten Kampfgruppen der Arbeiterklasse zum 20. Jahrestag der Grenzsicherungsmaßnahmen am 13. August 1981 und zum 30. Jahrestag des Bestehens der Kampfgruppen am 24. September 1983 ein beredtes Zeugnis ab. Am 15. September 1983 wurde im Volkspark Prenzlauer Berg an der Oderbruchstraße feierlich ein Denkmal für die Kampfgruppen der Arbeiterklasse enthüllt. Die vom Berliner Bildhauer Gerhard Rommel geschaffene Figurengruppe zeigt einen Kämpfer an der Seite seiner Arbeitskollegen.

Als sich 1983 der Tag des Machtantritts des Hitlerfaschismus zum fünfzigsten Mal jährte, drängten sich die bitteren Lehren der Vergangenheit erneut unausweichbar auf. Am 30. Januar 1983 gedachte Berlin mit einer feierlichen Manifestation am Mahnmal Unter den Linden der Opfer des deutschen Faschismus und Militarismus. Weitere Meetings gab es in Berlin zum Gedenken an den 2. Mai 1933, an dem SA-Rollkommandos die Gewerkschaftshäuser gestürmt hatten, und an den 10. Mai 1933, an dem die Nazis neben der Deutschen Staatsoper die Bücher all jener Schriftsteller und Gelehrten verbrannt hatten, deren humanistische Gesinnung ihrer Irrlehre im Wege war.

Ein bedeutsames Ereignis im Friedenskampf war die Internationale Wissenschaftliche Konferenz »Karl Marx und unsere Zeit – der Kampf um Frieden und sozialen Fortschritt«. Aus Anlaß des 100. Todestages und des 165. Geburtstages des Begründers des wissenschaftlichen Kommunismus hatte das Zentralkomitee der SED dazu eingeladen. Vom 11. bis 16. April 1983 kamen die Vertreter von 145 Parteien und Bewegungen aus 111 Ländern im Palast der Republik zusammen. »Die Konferenz gestaltete sich zum bisher größten antiimperialistischen Weltforum kommunistischer und anderer revolutionärer Vorhutparteien, national-revolutionärer und nationaldemokratischer, sozialistischer und sozialdemokratischer Parteien und Organisationen.«[6] Es wurde ein freier Meinungs- und Gedankenaustausch darüber geführt, wie das Lebenswerk des genialen Denkers und Revolutionärs KARL MARX heute fortwirkt und den Kampf der Völker um eine von Ausbeutung und Krieg befreite Welt befruchtet. Dabei zeigte sich, daß trotz unterschiedlicher politischer Standpunkte und weltanschaulicher Überzeugungen die Bereitschaft aller Teilnehmer zu einem ständigen Dialog vorhanden war, um die Gefahr eines nuklearen Infernos für die Welt abzuwenden.

Friedenskampf und antiimperialistische Solidarität waren und sind in der Berliner Arbeiterklasse tief verwurzelt. Das bewiesen viele Aktionen. Auf Solidaritätsbasaren, bei Straßensammlungen, aus dem Erlös von Altstoffsammlungen der Schuljugend und vor allem durch regelmäßige Solidaritätsbeiträge brachten die Berliner Gewerkschafter, FDJler und Thälmannpioniere viele Millionen Mark für den Solidaritätsfonds auf. Verwundete Freiheitskämpfer Angolas, Moçambiques, Nikaraguas und der Palästinensischen Befreiungsorganisation wurden in Berliner Krankenhäusern gesund gepflegt. Im Juli 1981 berichtete die »Berliner Zeitung«, daß die Alphabetisierungskampagne der Sandinistischen Volksbefreiungsfront in Nikaragua ins Stocken gerate, weil nicht genug Lesebrillen zur Verfügung ständen. Binnen weniger Tage brachten viele Berliner ihre nicht mehr benötigten Brillen, insgesamt über 62 000. Berliner Optiker erklärten sich bereit, die gesammelten Sehhilfen zu bestimmen und zu sortieren, um sie unverzüglich in den mittelamerikanischen Staat schicken zu können. Die ersten 8 500 Brillen wurden im Oktober 1981 von einem Vertreter der »Berliner Zeitung« in Nikaragua zur Verteilung übergeben. Im Jahre 1983 versendeten Berliner Jung- und

---

6 6. Tagung des ZK der SED, 15./16. Juni 1983. Aus dem Bericht des Politbüros an die 6. Tagung des ZK der SED, Berichterstatter: Genosse Horst Dohlus, Berlin 1983, S. 18.

Absender: 38. OS – Templiner Str. 3 – 1054 Berlin – Klasse 1c:
23 Schüler, 1 Lehrer, 1 Erzieher, Dezember 1985

Thälmannpioniere Päckchen mit Spielzeug an die Kinder Nikaraguas.

Im Sommer und Herbst 1983 verstärkten sich die Kampfaktionen gegen die Verwirklichung des NATO-Raketenbeschlusses. Die FDJ hatte die Jugend des Landes zu einem »Friedensaufgebot« aufgerufen, dessen Höhepunkt das »Friedenstreffen der Jugend sozialistischer Länder« an den Pfingsttagen in Potsdam und in Berlin war. Im August 1983 veranstaltete die FDJ in Berlin einen »Liedersommer für den Frieden«, an dem viele Singegruppen und Solisten aus neun Ländern und insgesamt über 70 000 Besucher teilnahmen. Von der Hauptstadt der DDR aus richteten am 27. September 1983 die kommunistischen Parteien auf deutschem Boden – die Sozialistische Einheitspartei Deutschlands, die Deutsche Kommunistische Partei und die Sozialistische Einheitspartei Westberlins – einen Appell an die Parteien der Arbeiterbewegung, die Gewerkschaften und die Jugendverbände, an alle Menschen in Europa, die in Frieden leben wollen. Sie riefen dazu auf, alle Möglichkeiten des politischen Handelns, parlamentarischer Initiativen und des Massenprotestes zu nutzen, um die Stationierung neuer USA-Atomraketen in Westeuropa zu verhindern und atomwaffenfreie Zonen auf dem Kontinent zu schaffen.

Eine bedeutsame Initiative ergriff der Oberbürgermeister von Berlin, Erhard Krack. Am 7. Oktober 1983 richtete er Briefe an die Oberbürgermeister von 53 Hauptstädten in Europa, Asien, Afrika, Nord- und Mittelamerika. Erhard Krack mahnte: »Bilden wir eine gemeinsame Allianz des Friedens im Interesse des Lebens und des friedlichen Miteinanders aller Völker unseres Planeten.«[7] Aus vielen Hauptstädten kam eine zustimmende Antwort. Allein 1984 weilten über 30 Delegationen aus Aden, Addis Abeba, Amsterdam, Athen, Harare, London, Madrid, Paris, Rom, Stockholm, Wien und anderen Hauptstädten in Berlin. Diese Besuche dienten dem gegenseitigen Kennenlernen und

---

7 Neues Deutschland (B), 8./9. Oktober 1983.

dem Erfahrungsaustausch ebenso wie sie den gemeinsamen Willen zur Friedenssicherung stärkten. Im Jahre 1985 unterhielt Berlin kommunale Beziehungen zu 39 Hauptstädten in der Welt. Die engen freundschaftlichen Beziehungen zu Moskau, Warschau, Prag, Budapest und Sofia wurden vertieft. Anläßlich des Besuches einer Delegation der Bezirksleitung Berlin der SED in Kuba kam es im September 1984 zu einer Vereinbarung zwischen den Hauptstädten Berlin und Havanna, wonach Berliner Spezialisten bei der Rekonstruktion der Altstadt von Havanna beratend helfen sollten.

Gegen den Willen der Mehrheit der Bürger der BRD sprach sich am 22. November 1983 eine Mehrheit im Bundestag der BRD für die Stationierung amerikanischer Raketenkernwaffen auf dem Territorium der BRD aus. Eine Woche später traf bereits die erste der 108 Raketen vom Typ Pershing II ein. Die Stationierung der Mittelstreckenraketen in der BRD und in vier weiteren westeuropäischen NATO-Staaten erhöhte die Gefahr eines nuklearen Infernos. Die Staaten des Warschauer Vertrages waren zu Gegenmaßnahmen gezwungen, um das militärstrategische Gleichgewicht in Europa zu wahren.

Nach wie vor verfolgten die Berliner das Baugeschehen in ihrer Stadt mit lebhaftem Interesse. Am Vorabend des X. Parteitages der SED fand eine Ausstellung »Erlebte Wirklichkeit« im Palast der Republik großen Zuspruch. An Hand zahlreicher Modelle von neuen Wohngebieten und herausragenden Baulichkeiten verschafften sich die Besucher im angeregten Gespräch mit Städteplanern und Architekten ein Bild von den künftigen Vorhaben.

An der Spitze stand unverändert der Wohnungsbau als Einheit von Neubau, Modernisierung und Werterhaltung. Nachdem von 1971 bis 1980 rund 130 000 Wohnungen gebaut oder modernisiert und damit die Wohnverhältnisse für fast 360 000 Menschen verbessert worden waren, sah der Fünfjahrplan 1981–1985

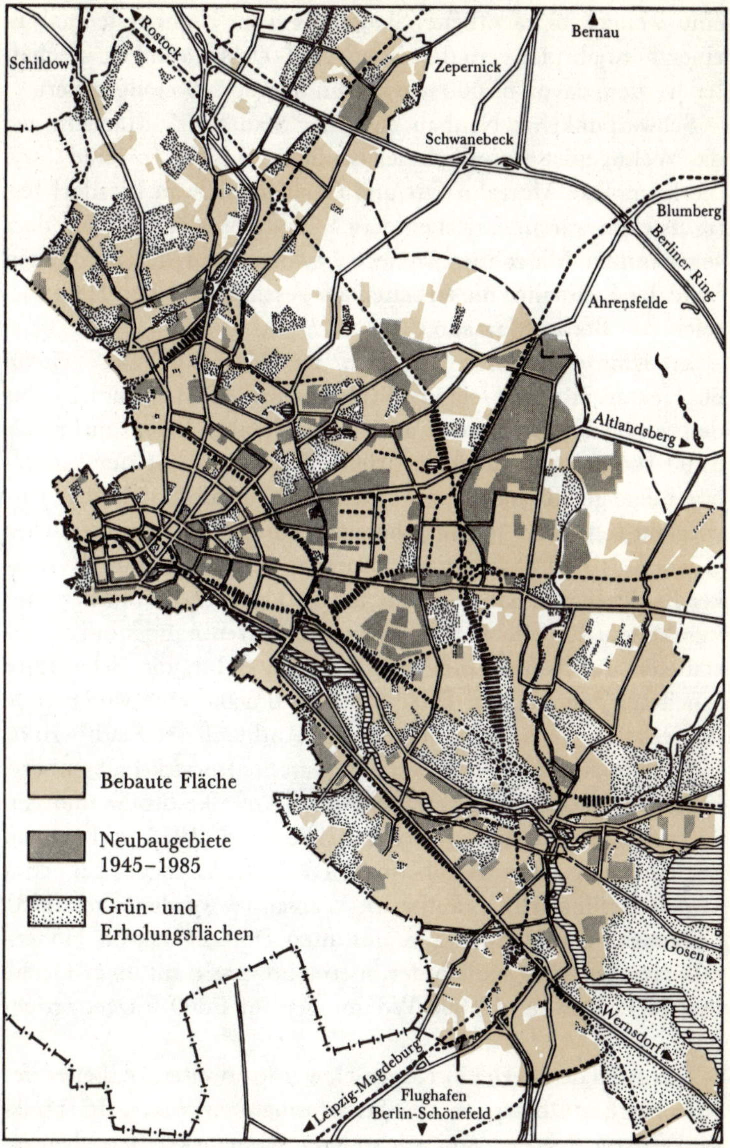

Wohnungsbestand 1985 nach Art der Bebauung

eine weitere beträchtliche Steigerung vor. Zum erstenmal in einer Fünfjahrplanperiode sollten 100 000 Wohnungen geschaffen werden, davon 65 000 neu gebaut und 35 000 modernisiert.

Schwerpunkt im Neubau blieb der Stadtbezirk Marzahn, wo das Wohngebiet 3 nördlich der Leninallee bis Ahrensfelde sowie die Komplexe Marzahn-Ost und Cecilienstraße in Biesdorf fertigzustellen waren. Zwischen dem S-Bahnhof Marzahn und dem sogenannten Marzahner Dreieck begannen auf der nördlichen Seite der Leninallee die Arbeiten am gesellschaftlichen Hauptbereich von Berlin-Marzahn.

In Kaulsdorf-Nord begannen im Mai 1980 auf einem 60 Hektar großen Gelände Brigaden der »FDJ-Initiative« aus den drei Nordbezirken mit der Montage von mehr als 6 000 Wohnungen für über 15 000 Menschen sowie der dazugehörenden gesellschaftlichen Einrichtungen. Sie errichteten vorwiegend fünf- und sechsgeschossige Häuser in unterschiedlicher Gliederung und Fassadengestaltung. So verwendeten die Rostokker Bauleute rote Klinkersteine für die Fassaden und farbige Keramiktafeln für Giebel und Balkons. Die Neubrandenburger gestalteten die Außenwände mit farbigem Splitt, die Schweriner arbeiteten mit buntem Plastputz. Das brachte eine wohltuende Abwechslung in das architektonische Antlitz dieses Stadtbezirks.

Südlich der Straße der Befreiung, im Stadtbezirk Lichtenberg, begrenzt von Einbecker Straße, Alfred-Kowalke-Straße und Am Tierpark, entstanden zwischen 1980 und 1983 auf einem 38 Hektar großen Areal rund 4 000 Wohnungen für etwa 12 000 Berliner. Im Stadtbezirk Weißensee wurden nach 1981 beiderseits der Hauptstraße, des alten Dorfangers von Hohenschönhausen, und südlich der Suermondtstraße auf einer Fläche von 28 Hektar rund 2 000 Wohnungen für 6 000 Bürger errichtet.

Das Allende-Viertel in Köpenick wurde erweitert. Arbeiter des Kabelwerkes Oberspree, des Transformatorenwerkes, des Funkwerkes, von Rewatex und aus anderen Köpenicker Betrieben erhielten hier neuen Wohnraum. Auch in Buch, wo in drei Neubaugebieten bereits für über 11 000 Bürger Wohnungen errichtet worden waren, ging auf einem 27 Hektar großen Gebiet zwischen S-Bahn und Karower Chaussee der Wohnungsbau weiter.

Bei der Erschließung solch großer Neubaustandorte hatten die Tiefbauer alle Hände voll zu tun, um vor allem die Sammelkanäle für Wasser, Heizung, Abwässer und Strom rechtzeitig fertigzustellen. Während bislang die Ausschachtmassen auf Deponien am Stadtrand transportiert worden waren, ging man zunehmend dazu über, sie bei der landschaftlichen Gestaltung der Wohngebiete zu verwenden. Nach der Inbetriebnahme der Plattenwerke an der Gehrenseestraße in Hohenschönhausen (1977) und in Vogelsdorf bei Berlin (1981) verfügte der VEB Betonwerke im Wohnungsbaukombinat Berlin über insgesamt fünf hochleistungsfähige Produktionsstätten. Im Herbst 1983 begann die Montage der ersten Wohnhäuser eines verbesserten Typs WBS 70. Durch die verringerte Zahl von Montageelementen und durch andere Rationalisierungen wurden je Wohnung 2,5 Tonnen Zement und 200 Kilogramm Walzstahl eingespart.

Das Bauen auf der »grünen Wiese«, auf den bisher landwirtschaftlich genutzten Flächen im Nordostraum der Hauptstadt, stand noch Ende der siebziger Jahre völlig im Mittelpunkt des Baugeschehens. Wie Marzahn zeigte, ermöglichte es einen schnellen Neubau in großzügigen Dimensionen, wobei allerdings erhebliche Aufwendungen für die stadttechnische Erschließung und den verkehrs- und versorgungsmäßigen Anschluß an die Innenstadt entstanden.

Um die anspruchsvollen Ziele des Fünfjahrplans 1981–1985 zu erfüllen, mußten die Modernisierung der Altbausubstanz und der Wohnungsneubau im Innern der Stadt, wo es viele vom Krieg gerissene Lücken zu schließen galt, beträchtlich erweitert werden. Hier konnte die vorhandene Infrastruktur – Straßen, Nahverkehrsverbindungen, Einkaufsstätten, Versorgungsstränge für Wasser, Elektrizität, Gas und Entwässerung – sofort genutzt werden. »Auch zeigt manchmal das Wohnen in den Neubaugebieten, daß trotz vieler Vorzüge einige Qualitätsmerkmale des Wohnens im innerstädtischen Altbaugebiet nicht immer erreicht werden. Die Befürchtung reift also stärker, etwas Unwiederbringliches zu verlieren, wenn die Altbausubstanz weiter reduziert wird«[8], hieß es in einer Beratung der Bezirksleitung Berlin der SED mit Architekten, Projektanten und bildenden Künstlern im Mai 1979.

Die Auffassung, daß die sozialistische Stadt nicht neben der alten Stadt, sondern aus ihr heraus wächst, setzte sich zu Beginn der achtziger Jahre voll durch. Die Proportionen begannen sich zu ändern, der innerstädtische Wohnungsbau blieb nicht länger eine zweitrangige Größe. Bauen in der Innenstadt hieß aber nicht nur Lückenschließen, sondern in immer stärkerem Maße Instandsetzung, Werterhaltung und Modernisierung der Altbauten. Das Ziel lautete: Trockenes, warmes und sicheres Wohnen bei Verbesserung der sanitären Bedingungen (Einbau einer Innentoilette, eines Bades oder einer Dusche), bei Erneuerung von Gas-, Wasser- und Elektroleitungen sowie bei Instandsetzung undichter Dächer. Trotz der erheblichen Baumaßnahmen, die die Rekonstruktion und Modernisierung im Altbau erforderten, lagen die Aufwendungen unter denen für Neubauten. Gleichzeitig wurden die Altbaugebiete mit zusätzlichen Kaufhallen, Schulen, Turn- und Schwimmhallen sowie mit Vorschuleinrichtungen ausgestattet, um auf diesem Gebiet eine Angleichung an den Standard der Neubaugebiete zu erreichen.

Im sogenannten Palisadendreieck – einem Friedrichshainer Wohnviertel zwischen Palisaden-, Koppen- und Friedenstraße – praktizierten Thüringer und Berliner Bauleute zwischen 1981 und 1985 auf kleinstem Raum alle Formen des Wohnungsbaus: Neubau, Modernisierung des Altbaus und Rekonstruktion, das

---

8 Ergebnisse und Aufgaben in Städtebau und Architektur bei der weiteren Ausgestaltung der Hauptstadt der DDR. Aus dem Referat von Roland Korn, Chefarchitekt der Hauptstadt Berlin. In: Architektur der DDR (Berlin), 1979, Heft 9, S. 530.

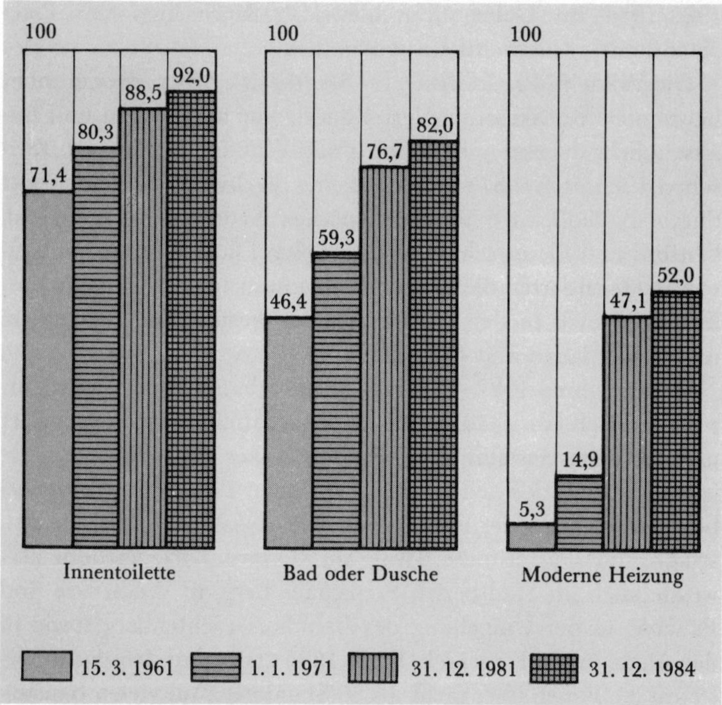

Entwicklung des Wohnungsbestandes nach Ausstattungsmerkmalen (in Prozent)

heißt das Wiederbewohnbarmachen von Wohnungen und Häusern, die über Jahre zweckentfremdet oder infolge beträchtlicher Schäden nicht bewohnbar gewesen waren.

Architekten des Berliner Wohnungsbaukombinats entwickelten aus den Grundelementen des bewährten Bautyps WBS 70 industrielle Fertigungen für den innerstädtischen Häuserbau. Sie legten dabei besonderen Wert auf neuartige Fassadengliederungen, auf die für Berlin typischen Loggien, Balkons, Mansarddächer und stumpfen Hausecken sowie auf die Ausgestaltung der Erdgeschosse mit Geschäften, Gaststätten usw. Die ersten Erfahrungen mit diesen sechsgeschossigen Wohnhäusern wurden

1983/1984 im Gebiet Marchlewskistraße/Helsingforser Platz (Stadtbezirk Friedrichshain) gesammelt.

Die Wilhelm-Pieck-Straße im Stadtbezirk Mitte, die ein dicht bewohntes Mietskasernenviertel quert, war früher grau und unansehnlich; der Krieg hatte ihr große Wunden geschlagen. Zwischen 1983 und 1987 machte sie eine regelrechte Schönheitskur durch. Baukollektive aus den Bezirken Neubrandenburg, Gera, Cottbus und Erfurt schlossen die großen Lücken durch Neubauten, modernisierten die alten Häuser und trugen ihnen helle Farben auf. Auch in den Nachbarstraßen bestimmten Baugerüste und Krane lange Zeit das Bild.

In den Jahren 1982–1984 wurde die Westseite des Alexanderplatzes durch Hochhäuser mit Handelseinrichtungen abgerundet und 1985 die Gestaltung des Spittelmarktes abgeschlossen.

Im Stadtbezirk Friedrichshain begannen 1984/1985 die Bauarbeiten beiderseits der Frankfurter Allee zwischen Niederbarnimstraße und Gürtelstraße sowie am Bersarinplatz. Modernisiert wurde auch im Stadtbezirk Prenzlauer Berg, in Weißensee und Pankow, in der Umgebung des Bahnhofs Lichtenberg sowie in der Altstadt von Köpenick. Ende 1985 erstreckte sich das innerstädtische Bauen über mehr als 50 Standorte. Auf vielen Baustellen wehte die blaue Fahne der »FDJ-Initiative Berlin«.

Ein wichtiger Anstoß im örtlichen Bauwesen ging von Prenzlauer Berg aus. Unter der Losung »Wir steigen den Dächern aufs Dach« erklärten FDJ-Baubrigaden, die Reparatur beschädigter oder erneuerungsbedürftiger Dächer und Schornsteinköpfe beschleunigen zu wollen. Ihr Beispiel fand in der gesamten örtlichgeleiteten Bauwirtschaft Berlins Nachahmung. Die Organisierung der Bauabläufe nach sogenannten technologischen Linien und der Übergang zum Zweischichtbetrieb erhöhten die Arbeitsproduktivität. Hubschrauber der INTERFLUG begannen 1985 damit, Gebiete des Stadtbezirks Prenzlauer Berg aus der Vogelperspektive zu filmen. Die Auswertung dieser Luftbilder half, Schäden an Dächern, Schornsteinen und Regenrinnen noch schneller zu erkennen. So konnte bis Ende 1985 fast die Hälfte der bis 1988 instandzusetzenden 4,4 Millionen Quadratmeter Dachfläche fertiggestellt werden.

Im Rahmen der volkswirtschaftlichen Bürgerinitiative »Schöner unsere Hauptstadt Berlin – Mach mit!« vollbrachten alljährlich viele Berliner zur Erhaltung des Wohnraums Eigenleistungen in Gestalt von kleineren Reparaturen, Renovier- und Malerarbeiten. Der finanzielle Wert dieser Arbeiten belief sich in den Jahren 1981–1985 auf rund 0,9 Milliarden Mark.

Hand in Hand mit dem großzügigen Wohnungsbauprogramm wurden die städtischen Grünflächen und Parkanlagen erweitert. Die Begrünung von Freiflächen und Wohnhöfen in den Neubaugebieten zählte immer schon zu den Selbstverständlichkeiten sozialistischen Bauens.

Im Stadtbezirk Marzahn begann man 1984 mit der Anlage eines Wohngebietsparks im zentralen Bereich nahe der Bruno-Leuschner-Straße. Die Aufforstung des Hellersdorfer Berges, einer ehemaligen Kippe, machte Fortschritte. Das hier geplante Naherholungsgebiet erstreckt sich auf einer 377 Hektar großen Fläche nördlich der Straße Alt-Biesdorf 9 Kilometer entlang des Wuhletales bis Ahrensfelde und Eiche. Unterhalb des Hellersdorfer Berges wird in den kommenden Jahren die Wuhle zu einem großen See gestaut, an seinem Ufer wird es Badeplätze und Bootsverleihe geben. In der Nachbarschaft entsteht die »Berliner Gartenschau«.

Mitte der achtziger Jahre begann man, im Berliner Norden auf dem Gelände der ausgedienten Rieselfelder einen Erholungswald mit einer Gesamtgröße von 1 371 Hektar anzulegen. Der erste 360 Hektar große Abschnitt zwischen Schildow und Hobrechtsfelde wurde im Frühjahr 1986 planiert, gepflügt und mit jungen Bäumen bepflanzt. Zuerst kamen schnellwüchsige Laubbäume in die Erde, später werden Nadelbäume folgen. Die für die Aufforstung benötigten Millionen Bäume kommen aus allen Baumschulen der DDR. Kleine Seen, Tümpel und Feuchtgebiete mit ihrer artenreichen Fauna und Flora bleiben erhalten. So wird sich in nicht allzu ferner Zukunft der »grüne Gürtel« um die Hauptstadt schließen, wird es einen zusammenhängenden Wald- und Erholungspark zwischen dem Waldgebiet um Mühlenbeck-Summt im Norden und dem 6000 Hektar großen Köpenicker Forst im Südosten geben. Schon heute sind in dieser Zone Rehwild, Wildschweine, Hasen, Rebhühner und Fasane heimisch. Für Wildhege und Forstpflege waren 1986 15 Revierförstereien zuständig – und dies in der größten Stadt der DDR.

In der Innenstadt wurden der Ernst-Thälmann-Park und der Park am Anton-Saefkow-Platz angelegt und die Uferpromenade entlang der Spree zwischen Jannowitzbrücke und Friedrichstraße vollendet. In ihren kommunalpolitischen Programmen legten die Volksvertretungen der Stadtbezirke großen Wert darauf, die Grün- und Erholungsflächen zu erweitern. Viele bislang baumlose Straßen in den Stadtbezirken Mitte, Prenzlauer Berg, Friedrichshain und Pankow konnten sich erstmals mit dem Grün der Bäume schmücken. In der »Mach mit!«-Bewegung halfen viele Bürger, die jungen Bäume zu pflanzen und zu pflegen.

Zum Nationalen Jugendfestival Pfingsten 1984 brachten mehrere Delegationen aus Bezirken der DDR als Gastgeschenk Bäume mit nach Berlin. Den Anstoß dazu hatten die FDJler des Bezirks Magdeburg gegeben; sie pflanzten in Marzahn, wo sie während der Pfingsttage ihr Festivalquartier bezogen hatten, mehr als 1500 Laub- und Nadelbäume. So wurden im Jahre 1984 erstmals 100000 Bäume in Wohngebieten, auf Straßen und Plätzen neu gepflanzt.

Im Frühjahr 1984 gingen die Kreisausschüsse der Nationalen Front gemeinsam mit den Wohnparteiorganisationen der SED, den Hausgemeinschaftsleitungen und der Kommunalen Wohnungsverwaltung daran, unter der populären Losung »Wir machen den Höfen den Hof« den Wohn- und Hinterhöfen in den dichtbesiedelten Stadtgebieten durch Farbe, Sauberkeit und viel Grün ein schöneres Aussehen zu geben. Rund 2750 solcher Innenhöfe, von denen es in Berlin insgesamt 10300 gibt, wurden

Natur und Umwelt 1980/81

April
- Wissenschaftliche Jahrestagung der FG Avifaunistik
- 200 Teilnehmer
- Erarbeitung wissenschaftlichen Materials zur Bewertung und Beurteilung landeskultureller Maßnahmen in freizeitwissenschaftlicher Tätigkeit
- Arbeitseinsatz zum Erhalt wichtiger Kleingewässer
- Maßnahmen zum Erhalt heimischer Lurche und Kriechtiere durch die FG Feldherpetologie

September
- Solidaritätsbasar durch FG Paläontologie unterstützt. 2300 Mark auf Solidaritätskonto überwiesen
- Solidaritätsbasar der FG Geologie und Paläontologie im Naturschutzmuseum 4000 Mark auf Solidaritätskonto überwiesen

November
- „Insektenbörse" der FG Entomologie ca. 150 Teilnehmer
- Austausch von wissenschaftlichen Materialien zur Erarbeitung einer Übersicht in Berlin vorkommender Insektenarten

Eine Berliner Arbeitsgemeinschaft im Kulturbund der DDR berichtet über ihre Arbeit

bereits im Jahre 1984 mit Bäumen, Sträuchern, Klettergehölzen und Blumen geschmückt und mit Sitzbänken und Kinderspieleinrichtungen ausgestattet. Dabei legten die Mieter in freiwilligen Einsätzen selbst mit Hand an.

Während der »Bilderbuch«-Sommer 1982 – als am 8. August mit einem schweren Unwetter über der Stadt eine fünfwöchige Hitzeperiode ohne Regen zu Ende ging – und 1983 – als es an 52 Tagen Temperaturen über 25 Grad Celsius gab, was den Jahrhundertrekord von 1947 deutlich übertraf – suchten Zehntausende Großstädter in der Wald- und Seenlandschaft vor den Toren Berlins Entspannung und Erholung. Wie stets herrschte Hochbetrieb an den Anlegestellen der Weißen Flotte. Über 30 Schiffe der verschiedensten Klassen standen zu einer »Dampferfahrt« auf Spree und Dahme bereit. Seit seiner Jungfernfahrt am 14. Mai 1976 ist das Motorschiff »Wilhelm Pieck« das Flaggschiff der Berliner Weißen Flotte.

Eines der meistbesuchten Ausflugsziele blieb weiterhin der Tierpark Berlin. Auf dem 160 Hektar großen Gelände waren neue Anlagen entstanden, so die Gibboninseln (1969), der Affentempel mit den Japanmakaken (1979), die Pinguinanlage (1980), die Anlage für Süßwasserrobben aus dem Baikalsee (1983), der Möwenflugkäfig und das Gehege der Kattas (Halbaffen) nahe dem Foerster-Garten (1984). Die Rekonstruktion der großen Tropenhalle des Alfred-Brehm-Hauses wurde im Jahre 1985 abgeschlossen. Auf einer Festveranstaltung im Roten Rathaus anläßlich des 30jährigen Bestehens des Berliner Tierparks am 1. Juli 1985 würdigte Oberbürgermeister Erhard Krack die Verdienste dieser Einrichtung als Stätte der Forschung und der Erholung.

Großen Gefallen fanden die Berliner nach wie vor am Zirkus. Der Staatszirkus der DDR – 1980 nahm der VEB Zentral-Zirkus diesen Namen an – hatte nach 1963 vor den Toren Berlins in Dahlwitz-Hoppegarten ein modernes Winterquartier erhalten. Mit der ganzen Familie kam man im Frühjahr eines jeden Jahres zum »Tag der offenen Tür«. Großer Beliebtheit erfreute sich seit 1963 die »Nacht der Prominenten«, eine von Zirkus- und Bühnenkünstlern gestaltete Solidaritätsrevue, die das Fernsehen um die Weihnachtszeit ausstrahlte. Im Plänterwald schlugen die Zirkusse Aeros, Berolina oder Busch sowie die Staatszirkusse befreundeter sozialistischer Länder bei Gastspielen ihre Zelte auf.

Das hat Berlin noch nicht gesehen!

ZIRKUS BEROLINA

mit 2 Riesenzeltbauten

nach erfolgreichen Gastspielen im In- und Ausland

vom 24.7. – 29.8.1982

in Berlin

Zirkusplatz Plänterwald

mit der

BEROLINA-SCHAU

einem großen mit internationalen Spitzendarbietungen besetzten Programm

Vorstellungen täglich 15 und 19 Uhr
Sonntags 10 und 15 Uhr

Außerdem können Sie täglich von 9 bis 19 Uhr in der großen Probiermanege Artisten, Raubtiere und rassige Pferde bei ihrer Probenarbeit erleben. Hier erwartet Sie auch eine Ausstellung

„30 Jahre volkseigener Zirkus"

sowie Grafiken von Erika Zuchold

**Vorverkauf für alle Veranstaltungen
ab 15. Juli am Kassenwagen Alexanderplatz von 9 bis 18 Uhr
und ab 22. Juli an den Zirkuskassen von 9 bis 20 Uhr**

Seien Sie doch einmal neugierig, wir erwarten Ihren Besuch!

Verbesserungen im städtischen Nahverkehr

Ende 1985 waren in der Hauptstadt mehr als 370000 Kraftfahrzeuge registriert, damit hatte sich der Bestand an Kraftfahrzeugen innerhalb eines Jahrzehnts fast verdoppelt (1975: 195000). Angesichts der steigenden Verkehrsdichte auf den 2100 Kilometern öffentlicher Straßen in der Stadt enthielt der Fünfjahrplan 1981–1985 viele große und kleinere Verkehrsbauvorhaben. Die Erneuerung der Schnellstraße Adlergestell–Schönefeld (1985), die Erweiterung der Greifswalder Straße im Bereich des S-Bahnhofs Ernst-Thälmann-Park (1984–1986), die neue Dammbrücke in Köpenick (1984–1986) und der Bau neuer Lichtsignalanlagen – Ende 1985 gab es etwa 210 Ampeln – verbesserten die Verkehrsverhältnisse. Um die neuen Wohngebiete im Nordosten an das städtische Straßennetz anzuschließen, begann der Ausbau der Fernverkehrsstraße 1/5 in Verlängerung der Straße der Befreiung bis zur Stadtgrenze. Im Stadtbezirk Weißensee wurde eine neue Verbindungsstraße zwischen der Falkenberger und der Indira-Gandhi-Straße geschaffen.

Im Juni 1983 faßten das Politbüro des ZK der SED und der Ministerrat der DDR einen gemeinsamen Beschluß zur Verbesserung des städtischen Nahverkehrs. Laut statistischer Unterlagen von 1985 benutzten täglich 1,2 Millionen Fahrgäste die Verkehrsmittel des Kombinats Berliner Verkehrsbetriebe, davon rund 550000 die Straßenbahn, 400000 den Bus und 250000 die U-Bahn.

Auch künftig gebührt der Straßenbahn der Vorrang. Ihre Vorteile liegen auf der Hand: schnell und sicher, energiesparend, umweltfreundlich und hohe Beförderungsleistung. Die 1977 eingeleitete Umstellung des Straßenbahnbetriebes auf die moderne Tatra-Schnellbahn wurde beschleunigt weitergeführt. Die Zahl der täglich eingesetzten Straßenbahnzüge erhöhte sich von 1980 bis 1985 von 250 auf 300, so daß die Fahrabstände besonders im Berufsverkehr kürzer wurden. Im April 1985 wurde ein sechster Straßenbahnbetriebshof in Marzahn eingeweiht. Neue Linien – vor allem nach Marzahn und Hohenschönhausen – wurden eingerichtet, andere verlängert. Von 1981 bis 1985 wurden 12,3 Kilometer Strecke komplett neugebaut und 125 Kilometer Gleisanlagen rekonstruiert.

Bei der U-Bahn ging die 1984 begonnene Renovierung der Bahnhöfe weiter. Die Station Klosterstraße erhielt viele historische Details wieder. Berliner Künstlerkollektive beteiligten sich an dieser Schönheitskur. So entwarfen die Maler Wolfgang Frankenstein und Hartmut Hornung für den U-Bahnhof Magdalenenstraße großflächige Wandbilder aus bunten Fliesen, die Höhepunkte aus der über hundertjährigen Geschichte der Berliner revolutionären Arbeiterbewegung zeigen. Von Juni bis Oktober 1985 wurde der denkmalgeschützte Hochbahnviadukt (»Magistratsschirm«) in der Schönhauser Allee rekonstruiert. Mit der Verlängerung der U-Bahn-Linie Alexanderplatz–Tierpark um zehn Kilometer bis nach Kaulsdorf/Hellersdorf wurde Ende 1985 begonnen. Diese Strecke mit ihren insgesamt neun Bahnhöfen wird vorwiegend oberirdisch verlaufen. Im Jahre 1984 tauchten die ersten BVB-Busse mit neuer Farbgebung – beige/orange – im Straßenbild auf.

Neuer Anstrich auch bei der S-Bahn: Die seit 1980 aus dem VEB Kombinat Lokomotivbau-Elektrotechnische Werke »Hans Beimler« in Hennigsdorf kommenden Züge, die eine höhere Reisegeschwindigkeit, verminderten Energieverbrauch und verbesserten Komfort aufweisen, zeigen sich in den Farben Elfenbeinbeige und Weinrot. Im 60. Jahr ihres Bestehens – die Eröffnung der elektrifizierten Strecke Berlin–Bernau am 8. August 1924 gilt als Geburtsstunde des elektrischen Stadtbahnbetriebes – schickte sich die S-Bahn an, sich einer gründlichen Erneuerung zu unterziehen.

Bis 1985 wurde die Hälfte der 51 S-Bahnhöfe modernisiert. Besonders sorgfältig erfolgte die Rekonstruktion des unter Denkmalschutz stehenden S-Bahnhofs Prenzlauer Allee. Fast 370 Kilometer Gleisanlagen wurden erneuert und mit modernen Signal- und Sicherungsanlagen ausgestattet.

Im Oktober 1983 begann die Umgestaltung des damaligen S-Bahnhofs Greifswalder Straße. Mit der Errichtung einer neunteiligen Brücke für die S-Bahn sowie für Güter- und Fernzüge konnte die Straßenunterführung von 22 auf 49 Meter verbreitert werden. Das neue Bahnhofsgebäude wurde im April 1986 in Betrieb genommen.

Auf der Strecke nach Oranienburg erhielten zwischen dem Karower Kreuz und Schönfließ Fernbahn und S-Bahn getrennte Gleise, wodurch die Störanfälligkeit der Nordstrecke beseitigt wurde. Hier fand im September 1984 auch die Einweihung des neuen S-Bahnhofs Mühlenbeck-Mönchmühle statt, der den Berlinern das vielbesuchte Wander- und Ausflugsgebiet rings um das Briesetal näher bringt.

Nachdem am 30. Dezember 1982 mit der Übergabe des neuen S-Bahnhofs Ahrensfelde die S-Bahnstrecke in den Stadtbezirk Marzahn in ihrer gesamten Länge mit sechs Bahnhöfen fertiggestellt worden war, begann 1983 der Bau eines Abzweigs vom Bahnhof Springpfuhl in das neue Wohngebiet Hohenschönhausen. Die 5,3 Kilometer lange Strecke mit den S-Bahnhöfen Gehrenseestraße und Hohenschönhausen wurde am 20. Dezember 1984 zunächst eingleisig in Betrieb genommen; bis 20. Dezember 1985 wurde sie zum S-Bahnhof Wartenberg weitergeführt und zweigleisig ausgebaut. Damit wuchs das gesamte Berliner S-Bahn-Netz auf gut 180 Kilometer Länge. Zur Verbesserung des Verkehrs nach Ahrensfelde und Wartenberg begann Anfang 1986 der Bau eines dritten Bahnsteigs auf dem S-Bahnhof Warschauer Straße. Die Berliner S-Bahn, die der Reichsbahndirektion Berlin untersteht, beförderte im Jahre 1985 täglich rund 800 000 Fahrgäste.

In langjähriger Bauzeit, während der der Verkehr nicht ruhte, erfolgte von 1977 bis 1982 der Umbau des S- und Fernbahnhofs Berlin-Lichtenberg. Das moderne Empfangsgebäude mit seiner großen Glasfassade wurde am 28. Februar 1982 seiner Bestimmung übergeben. Von 1981 bis 1984 wurde der Bahnhof Flughafen Berlin-Schönefeld, einer der durch Reise- und Güterzüge am stärksten frequentierten Bahnhöfe Berlins, von Grund auf umgestaltet. Am 29. Juni 1984 wurden das neue Empfangsgebäude und der zu den Bahnsteigen führende Fußgängertunnel eingeweiht. Im April 1985 begannen die Bauarbeiten zur Umgestaltung des Ostbahnhofs zum künftigen Berliner Hauptbahnhof.

Das seit den siebziger Jahren forcierte Elektrifizierungsprogramm der Deutschen Reichsbahn erreichte auch den Berliner Raum. Nachdem Ende 1982 der südliche Außenring im wesentlichen ans Netz angeschlossen worden war, setzten Reichsbahnarbeiter und Jugendbrigaden des Zentralen FDJ-Jugendobjektes »Elektrifizierung von Eisenbahnstrecken« die ersten Betonfundamente mit den dazugehörenden Masten im Stadtgebiet. Spezialhubschrauber der INTERFLUG halfen als »fliegende Krane« bei der Montage der Masten und beim Verlegen der Fahrleitungen. In der Nacht zum 29. Mai 1983 wurde der Bahnhof Flughafen Berlin-Schönefeld an das elektrifizierte Streckennetz angeschlossen. Es folgten der Bahnhof von Berlin-Schöneweide am 2. Juni 1984 und der Fernbahnhof Berlin-Lichtenberg am 30. September 1984. Auf dem 34 Kilometer langen Streckenabschnitt von Lichtenberg nach Birkenwerder stand Ende 1984 das Signal auf Grün, so daß am 15. Dezember 1984 erstmals Züge vom Süden in den Norden der Republik auf der Strecke nach Rostock bis Waren/Müritz durchgehend elektrisch befördert wurden. Am 1. Juni 1985 war die Elektrifizierung des gesamten Berliner Außenrings abgeschlossen. Innerhalb des Berliner Stadtgebietes wurden bis Ende 1985 die Rangier- und Güterbahnhöfe Rummelsburg, Pankow und Köpenick elektrifiziert; der Anschluß des Hauptbahnhofs und des Innenrings von Pankow bis Frankfurter Allee wurde sodann in Angriff genommen.

Am 29. Februar 1980 wirbelte das Ballett des Friedrichstadt-Palastes in der Revue »Seekiste« zum letztenmal über die Bretter des traditionsreichen Varietétheaters an der Spree; dann senkte sich in diesem Hause für immer der Vorhang. Ab 1. März 1980 war es baupolizeilich gesperrt. In der knappen Pressemitteilung hieß es: »Die ständige Überwachung des Palastes durch die Staatliche Bauaufsicht sowie spezielle Untersuchungen haben ergeben, daß die Gründungskonstruktion des Gebäudes sich ständig verschlechtert.«[9] Mehr als 800 Pfähle hatte man dereinst in den sumpfigen Boden am Schiffbauerdamm rammen müssen, um hier 1865–1867 Berlins erste Markthalle zu errichten. Lager, Zirkus, Theater und zuletzt Varieté – das waren die weiteren Stationen des renommierten Hauses Am Zirkus 1 gewesen. Jetzt hatte der Zahn der Zeit das hölzerne Fundament so angenagt, daß die Schließung des Gebäudes unumgänglich war. Der Abriß erfolgte im Jahre 1985.

Inzwischen war längst der Beschluß gefaßt worden, einen

9 Neues Deutschland (B), 1./2. März 1980.

neuen Friedrichstadt-Palast zu errichten. Auf der weiten Freifläche zwischen Ziegel- und Johannisstraße, wo sich zuletzt Parkplätze befunden hatten, wurde am 26. Juni 1981 der Grundstein für das neue Haus gelegt. Während das Ensemble des Palastes im Metropol-Theater und im Großen Saal des Palastes der Republik gastierte oder auf Tournee im Ausland weilte, wuchs aus der Baugrube der Neubau als FDJ-Jugendobjekt empor. Vom Architekten Manfred Prasser entworfen, wurde der imposante Bau unter Leitung von Professor Ehrhardt Gisske, Generaldirektor der Baudirektion Berlin, in nur 39 Monaten errichtet.

Am 27. April 1984 fand die feierliche Einweihung mit dem Eröffnungsprogramm »Premiere: Friedrichstraße 107« statt. Erich Honecker und weitere Mitglieder der Partei- und Staatsführung der DDR waren gekommen. Nach Grußworten des Intendanten Wolfgang E. Struck hob sich der Vorhang zu einer farbensprühenden Revue mit vielen Attraktionen auf der Bühne, in der Luft, in einer Eisarena und im Wasserbassin mit hohen Fontänen. Das neue Haus zeigte seinen 1 900 Gästen alle seine Möglichkeiten eines modernen Varietés.

In Vorbereitung der 100-Jahr-Feier des Deutschen Theaters im Jahre 1983 zogen Bauarbeiter in das Gebäude ein. Das Haus in der Schumannstraße 13a hat nicht nur Berliner, sondern auch deutsche Theatergeschichte erlebt und mitbestimmt. Es ist eng mit den besten Traditionen deutscher dramatischer Literatur und Schauspielkunst verbunden. Nach dem schweren Neubeginn von 1945 entwickelte sich das Deutsche Theater als führende Schauspielbühne des sozialistischen Nationaltheaters in der DDR.

Von 1979 bis 1983 wurden das Deutsche Theater wie auch das Gebäude der angegliederten Kammerspiele grundlegend rekonstruiert. Beide Häuser erhielten eine moderne Technik, neue Arbeits- und Sozialräume für Schauspieler und Mitarbeiter sowie ein neues Funktionsgebäude an der Hofseite. Zuschauerräume,

Foyers und Fassaden erstrahlten in alter Schönheit und in neuem Glanz. Die feierliche Wiedereröffnung fand am 29. September 1983 im Deutschen Theater und am 18. November 1983 in den Kammerspielen statt.

In Würdigung seiner hervorragenden Verdienste um die sozialistische Schauspielkunst verlieh die Stadtverordnetenversammlung am 30. September 1983 Wolfgang Heinz – mehr als drei Jahrzehnte lang als Schauspieler, Regisseur und Intendant aufs engste mit dem Deutschen Theater verbunden – die Ehrenbürgerschaft der Hauptstadt.

Umfangreiche Rekonstruktions- und Modernisierungsarbeiten wurden von 1984 bis 1986 auch an der Deutschen Staatsoper ausgeführt.

Am Vorabend des 35. Jahrestages der DDR wurde das weltberühmte Schauspielhaus am Platz der Akademie, von 1818 bis 1821 von Karl Friedrich Schinkel im klassizistischen Stil errichtet, als repräsentatives Konzerthaus der Öffentlichkeit übergeben. Am festlichen Eröffnungskonzert vom 1. Oktober 1984 nahmen der Generalsekretär des ZK der SED und Vorsitzende des Staatsrates der DDR, Erich Honecker, sowie weitere Mitglieder der Partei- und Staatsführung teil.

In den Boden des Platzes der Akademie eingelassene Platte

Nach ersten Beräumungs- und Sicherungsarbeiten in der Nachkriegszeit hatte 1979 der konzentrierte Neuaufbau, der in der äußeren Gestaltung dem historischen Vorbild folgte, eingesetzt. Die Arbeiten kamen nur langsam voran, weil infolge des hohen Zerstörungsgrades die erhalten gebliebenen Außenmauern und die tragenden Wände nicht mehr verwendbar waren. Es mußte eine Stahlkonstruktion eingezogen werden. Von den fortschreitenden Arbeiten kündete schon Ende 1979 der wiederaufgestellte Giebelschmuck: das geflügelte Dichterroß Pegasus auf dem Westgiebel und die Figurengruppe »Apoll auf dem von Greifen gezogenen Sonnenwagen« auf dem Ostgiebel. Der Bildhauer Gerhard Rommel hatte die Gruppe nach einer Schinkel-Zeichnung zunächst im Gipsmodell geformt – das Original war im Krieg stark beschädigt worden –, und der Kunstschmied Achim Kühn hatte sie dann in Kupfer getrieben.

Als die Berliner von ihrem neuen Konzerthaus Besitz ergriffen, waren sie begeistert von der vollendeten Schönheit seines Inneren, vor allem des Großen Konzertsaales mit der vom VEB Jehmlich Orgelbau Dresden geschaffenen Konzertorgel. Hier war ein Kleinod denkmalpflegerischer Arbeit und handwerklicher Kunst geschaffen worden.

Mit dem Schauspielhaus erhielt der Platz der Akademie seine historischen Konturen zurück. Im Jahr 1977 kam der Wiederaufbau des Französischen Doms in Gang. Im August 1982 wurde die Stahlkonstruktion der neuen Kuppel mit der vergoldeten allegorischen Figur aufgesetzt. Während hier im Turm der Ausbau weiterging, wurde die dahinter liegende Französische Friedrichstadtkirche am 17. April 1983 mit einem Gottesdienst der französisch-reformierten Gemeinde zu Berlin, die seit der hugenottischen Einwanderung Ende des 17. Jahrhunderts besteht, eingeweiht. Im Untergeschoß der Kirche fand im Oktober 1983 das kleine Hugenottenmuseum eine vorübergehende Bleibe, bis der Turm fertiggestellt sein wird.

Das Pendant zum Französischen Dom, der Deutsche Dom auf der Südseite des Platzes, wurde im Frühjahr 1984 eingerüstet. Bereits im Jahr darauf wurde dem Turm eine stählerne Kuppel aufgesetzt, danach gingen die Rekonstruktionsarbeiten zügig voran.

Mit der gleichen künstlerischen Sorgfalt und der Treue zum historischen Detail, die den drei monumentalen Gebäuden galten, wandten sich die Städteplaner und Architekten der Wiederherstellung des gesamten Platzes der Akademie zu. Von der Pflasterung des großen Gevierts, den achtarmigen Kandelabern und den gärtnerischen Anlagen bis zur architektonischen Gestaltung der angrenzenden Platzbebauung zielt alles darauf ab, die Geschlossenheit dieses einmaligen städtebaulichen Ensembles zu betonen. Die neuen Gebäude an der Ost- und Westseite des Platzes, sämtlich im industriellen Plattenbau errichtet, fügen sich in ihrer Traufhöhe und Fassadengestaltung, die an Architekturformen des Klassizismus und der Jahrhundertwende anknüpft, in die vorhandene, restaurierte Bebauung ein. Als erster Neubau war das Eckhaus Charlottenstraße/Französische Straße mit dem »Café Arkade« im Herbst 1983 bezugsfertig. Das Schillerdenkmal von Reinhold Begas, das 1871 auf dem Platz enthüllt, 1935 von den Nazis entfernt worden war und im April 1986 aus einem Westberliner Depot in die Hauptstadt zurückgekehrt ist, wird demnächst an seinem ursprünglichen Standort wieder aufgestellt.

Nicht nur am Platz der Akademie, überall in der Stadt wurden beim Wiederaufbau nationalgeschichtliches Erbe und Bedeutendes der Stadtgeschichte bewahrt. Sie geben in ihrer harmonischen Verbindung mit dem Neuen der Hauptstadt ihre Schönheit und ein unverwechselbares Gepräge.

An der Stelle in der Leipziger Straße, wo einst der Dönhoffplatz lag, wurde im Dezember 1979 die südliche halbkreisförmige Säulenhalle der Spittelkolonnaden nach erhalten gebliebenen Originalteilen von 1776 wieder hergerichtet. Zusammen mit der Nachbildung der Meilensäule von 1730 bildet die Anlage einen reizvollen Kontrast zu den modernen Wohnhäusern.

Am nahen Spittelmarkt kam 1980 der Spindlerbrunnen, den der Wäschereiunternehmer Spindler 1891 in Neorenaissanceform hatte anfertigen lassen, auf seinen alten Standort. Die Außenarbeiten an der Friedrichwerderschen Kirche am Werderschen Markt, einem von Schinkel entworfenen und im zweiten Weltkrieg schwer zerstörten Backsteinbau im gotischen Stil, der künftig als Schinkelmuseum dienen soll, wurden von 1981 bis 1985 durchgeführt.

Unter den Linden wurde Anfang 1981 das von Christian Daniel Rauch 1851 geschaffene monumentale Reiterstandbild Friedrichs II. auf seinem ursprünglichen Platz aufgestellt. In einer gemauerten Schutzhülle hatte es den Bombenkrieg unversehrt überstanden und war im Juli 1950 in den Park von Sanssouci gebracht und 1962 im Hippodrom aufgestellt worden. Gegenüber dem Museum für Deutsche Geschichte erhielt das Denkmal des Reichsfreiherrn vom und zum Stein, des Initiators zahlreicher fortschrittlicher bürgerlicher Reformen in Preußen von 1807 bis 1813, im Jahre 1981 einen neuen Platz; es stand bis 1969, als die Neubebauung der Leipziger Straße begann, auf dem Dönhoffplatz.

Die Marx-Engels-Brücke, die den Marx-Engels-Platz mit der Straße Unter den Linden verbindet, trägt seit 1983/1984 wieder die von Schinkel entworfenen und 1842–1857 aus Carraramarmor gemeißelten acht Skulpturgruppen, die Helden und Siegesgöttinnen aus der griechischen Mythologie darstellen. Die rund 3 Meter hohen Figuren waren 1943 demontiert und ausgelagert worden. Im Rahmen eines Kulturgüteraustausches zwischen der DDR und Westberlin kehrten sie im April 1981 zurück. Nach gründlicher Restaurierung wurden die ersten vier Gruppen bereits im Herbst 1983 auf ihre angestammten Postamente gesetzt, im Frühjahr 1984 folgten ihnen die restlichen vier.

Am ehemaligen Lustgarten, dem nördlichen Teil des heutigen Marx-Engels-Platzes, machte der Wiederaufbau des Berliner Doms Fortschritte. Im Jahre 1974 war zwischen der Regierung der DDR und dem Bund der Evangelischen Kirchen in der

DDR der Wiederaufbau vertraglich vereinbart worden. Die Außenarbeiten begannen bereits 1975. Im August 1981 wurde die Laterne auf die Hauptkuppel gesetzt, und 1983 war die äußere Gestalt dieses größten deutschen Kirchenbaus des ausgehenden 19. Jahrhunderts, die in markanter Weise die Stadtsilhouette mitbestimmte, in vereinfachter Form wiederhergestellt. Im Inneren war bereits 1980 die Tauf- und Traukirche wiederhergestellt; ab 1984 begann der Ausbau der Predigtkirche unter dem großen Kuppelgewölbe und der Domgruft mit den Prunksarkophagen der Hohenzollern aus drei Jahrhunderten.

Vor dem Alten Museum erhielt 1981 die kolossale Granitschale, die der Steinmetz CANTIAN in den zwanziger Jahren des vorigen Jahrhunderts aus einem Findlingsblock der Rauenschen Berge herausmodelliert hatte, ihren ursprünglichen Standort. Sie war 1934 in die Anlage vor der Nordseite des Domes versetzt worden. Nach historischem Vorbild wurde von 1981 bis 1983 die Friedrichsbrücke über die Spree zwischen Museumsinsel und Spandauer Straße errichtet. Auch HEGELS Wohnhaus am Kupfergraben wurde restauriert.

Zum 150jährigen Jubiläum der Staatlichen Museen zu Berlin im Jahre 1980 wurde die große Kuppel des Bodemuseums erneuert. Das Pergamonmuseum erhielt 1982 eine neue Eingangshalle.

Unter denkmalpflegerischen Gesichtspunkten begannen 1982 die Instandsetzungsarbeiten in der Sophienstaße nahe dem Hackeschen Markt, einem mit der Geschichte der Berliner revolutionären Arbeiterbewegung eng verbundenen Viertel. Dabei konnten Erfahrungen genutzt werden, die schon 1970–1973 bei der Restaurierung von Bürgerhäusern aus dem 19. Jahrhundert in der Marienstraße im Stadtbezirk Mitte gewonnen worden waren.

Eine weitere historische Sehenswürdigkeit bekam die Hauptstadt mit dem Schloß Friedrichsfelde im Tierpark zurück. Seit 1968 liefen in dem baufällig gewordenen Barockschloß die mühevollen Restaurierungsarbeiten. Es wurde am 11. Juni 1981 als kulturelles Zentrum für musikalisch-literarische Veranstaltungen übergeben. Auch das Schloß Köpenick, in dem sich seit 1963 das Kunstgewerbemuseum befindet, wurde in alter Pracht wiederhergestellt und erhielt mit der Wiederaufstellung des berühmten »Berliner Silberbuffets« aus dem alten Stadtschloß im Frühjahr 1982 einen neuen Glanzpunkt.

1985 gab es in der Hauptstadt 826 Denkmale, die hervorragenden Persönlichkeiten und wichtigen Ereignissen in der Geschichte Berlins gewidmet sind, 411 Erinnerungsstätten und -tafeln sowie Traditionskabinette, die den Kampf der Berliner Arbeiterklasse und aller fortschrittlichen Kräfte gegen Faschismus und Krieg unvergeßlich machen. Auch darin manifestiert sich die Breite des sozialistischen Erbeverständnisses.

Die Staatlichen Museen zu Berlin führten in Zusammenarbeit mit anderen Institutionen eine Reihe bemerkenswerter Ausstellungen durch, die auch international stark beachtet wurden. Dazu gehörten »Ernst Barlach – Werke und Werkentwürfe aus fünf Jahrzehnten« (1981) im Alten Museum, »Martin Luther und seine Zeit« im Museum für Deutsche Geschichte sowie »Kunst der Reformationszeit« im Alten Museum, beide im Jahre 1983 anläßlich des 500. Geburtstages des Reformators. Regen Zuspruch fand die Ausstellung »Karl Friedrich Schinkel 1781–1841«, die von Oktober 1980 bis März 1981 im Alten Museum gezeigt wurde; zeitweise bildeten sich sogar lange Schlangen auf Einlaß wartender Besucher.

Zum 35. Jahrestag der DDR lud die Ausstellung »Alltag und Epoche« zum Besuch ins Alte Museum ein. Gezeigt wurden rund 350 Werke von über 200 namhaften Künstlern der DDR, die auf dem Gebiet der Malerei, der Graphik und Plastik, des Plakats und der Fotografie die großen gesellschaftlichen Veränderungen ebenso wie die Wandlungen der Menschen in dreieinhalb Jahrzehnten festhielten. Stark besucht wurde auch die Sonderausstellung »Weltschätze der Kunst – der Menschheit bewahrt« im Alten Museum, die im Frühjahr 1985 anläßlich des 40. Jahrestages des Sieges über den Faschismus und der Befreiung des deutschen Volkes gezeigt wurde. Die rund 500 ausgestellten Kunstwerke kamen aus den Sammlungen in Berlin, Dresden, Potsdam, Leipzig, Gotha und Dessau. Sie waren 1945 von sowjetischen Soldaten, Offizieren und Spezialisten vor der drohenden Vernichtung gerettet worden. Dieser Tat war es zu danken, daß die Museen der DDR – vor allem die in Berlin und Dresden – nach der Rückgabe der geretteten und restaurierten Kulturgüter wieder ihre Weltgeltung zurückerlangten.

Von Mai bis Oktober 1983 zog es viele Berliner und Besucher der Stadt in die Ruine der Klosterkirche. Unter dem Motto »Auferstanden aus Ruinen – Berlin 1945 und heute« hatte die Berliner Fotografin RITA MAAHS rund 600 großformatige Schwarzweiß- und Farbfotos ausgewählt, die an diesem Ort der Mahnung an die Schrecken des von den deutschen Faschisten ausgelösten zweiten Weltkrieges ein eindrucksvolles Bild von der Zerstörung und dem Wiederaufstieg der Stadt vermittelten. Über 100 000 Besucher sahen diese Freiluft-Ausstellung. Sie wurde in den folgenden Jahren in thematisch erweiterter Form mit gleichem Erfolg wiederholt. Die vierte von RITA MAAHS gestaltete Ausstellung, die von Mai bis Oktober 1986 in der Klosterkirchenruine gezeigt wurde, stand unter dem Motto »Berlin, Stadt des Friedens – Porträt einer weltoffenen Metropole«.

Der 9. Februar 1984 war ein denkwürdiger Tag für die Hauptstadt. Am Vormittag übergab der Generalsekretär des ZK der SED und Vorsitzende des Staatsrates der DDR, ERICH HONECKER, am Arkonaplatz im Stadtbezirk Mitte die zweimillionste Wohnung, die seit dem vom VIII. Parteitag der SED 1971 beschlossenen Wohnungsbauprogramm in der DDR fertiggestellt worden war. Den symbolischen Schlüssel für diese Wohnung in der Swinemünder Straße 120 erhielt die Familie des Arbeiters HANS FICHTNER, Busfahrer im Kombinat Berliner Verkehrsbetriebe.

Auf einem Meeting am Arkonaplatz sprach ERICH HONECKER zu über 3000 Einwohnern und Bauarbeitern. Er betonte, daß die Lösung der Wohnungsfrage in der Einheit von Neubau, Modernisierung und Werterhaltung unverändert das Kernstück im sozialpolitischen Programm von Partei und Regierung darstelle. »Zwei Millionen Wohnungen – das sind bessere Lebensverhältnisse für etwa sechs Millionen Bürger unseres Landes. Für den Neubau, die Modernisierung, die Erhaltung und Bewirtschaftung der Wohnungen wurden von 1971 bis 1983 210 Milliarden Mark ausgegeben. Das ist eine hervorragende wirtschaftliche und soziale Leistung unserer Arbeiter-und-Bauern-Macht, der Deutschen Demokratischen Republik. Um so mehr ist zu begrüßen, daß die Mieten stabil und erschwinglich geblieben sind. Und das soll auch in Zukunft so sein.«[10] So beträgt in Berlin seit 1950 die Wohnungsmiete je Quadratmeter im Altbau 0,90 Mark bis 1,05 Mark und im Neubau 1,05 Mark bis 1,87 Mark. ERICH HONECKER würdigte die Arbeit der Berliner Bauschaffenden und an ihrer Seite der Bauleute aus allen Bezirken der Republik, voran die Jugend mit der »FDJ-Initiative Berlin«, und schloß seine Ansprache mit den Worten: »Das Wichtigste, was wir zur Friedenssicherung beitragen können, ist und bleibt, unsere Deutsche Demokratische Republik allseitig zu stärken. Dafür lohnt sich für jeden, sein Bestes zu geben.«[11]

Danach unternahm ERICH HONECKER einen Rundgang durch das dichtbewohnte Arbeiterviertel am Arkonaplatz. Seit 1971 wurden hier rund 3000 Wohnungen modernisiert und große Wohnhöfe mit Bäumen, Bänken und Spielplätzen angelegt. Sorgfältig waren Altberliner Stuckfassaden des 19. Jahrhunderts restauriert worden. Das Gebiet um den Arkonaplatz zeigte beispielhaft für andere Gebiete, die eine solche Erneuerung noch vor sich hatten, wie die Innenstadt als attraktiver Wohnort zurückgewonnen werden kann.

---

10 Ebenda, 10. Februar 1984.
11 Ebenda.

Grundsteinlegung für Hohenschönhausen

Vom Arkonaplatz begab sich Erich Honecker nach Hohenschönhausen. Auf einer Baustelle nahe der Falkenberger Chaussee, wo bereits rund 4000 Bauleute und Einwohner des Stadtbezirks Weißensee sich trotz des naßkalten Winterwetters eingefunden hatten, fand die Grundsteinlegung für ein neues Wohngebiet im Nordosten der Hauptstadt statt. Unter dem Beifall der Versammelten senkte Erich Honecker die Kassette mit der Gründungsurkunde in das Fundament und vollzog die drei traditionellen Hammerschläge. Der verdienstvolle Bauarbeiter und Held der Arbeit Benno Radtke vom Berliner Wohnungsbaukombinat, Betrieb 2, verlas den Richtspruch, den Helmut Baierl verfaßt hatte:

Neuer Stadtteil Hohenschönhausen
Wachse in Berlin.
Zwischen Baum und Strauch und Wiese
Zieh dich künftig hin.
Breite deine Häuserarme
Schützend um die Leut,
Wenn die Sommerhitze brütet,
Wenn der Winter dräut.
Sei den Menschen schöne Heimstatt,
Sozialismus blüh'
Zwischen Rosen, Ginster, Lattich
Zwischen Freud und Müh'.
Zwischen Glück und gutem Leben,
Das den Frieden hegt. –
Dieser Wunsch hat uns Erbauer
Stets beim Bau'n bewegt.

Das Modell des neuen Wohngebiets Hohenschönhausen hatten die Stadtplaner im Frühjahr 1982 vorgestellt. Auf einem 140 Hektar großen Gelände zwischen dem Malchower See und dem Berliner Außenring der Reichsbahn sollen bis 1990 rund 35 000 Wohnungen für mehr als 100 000 Bürger entstehen. Zu dem gesellschaftlichen Zentrum an der Falkenberger Chaussee

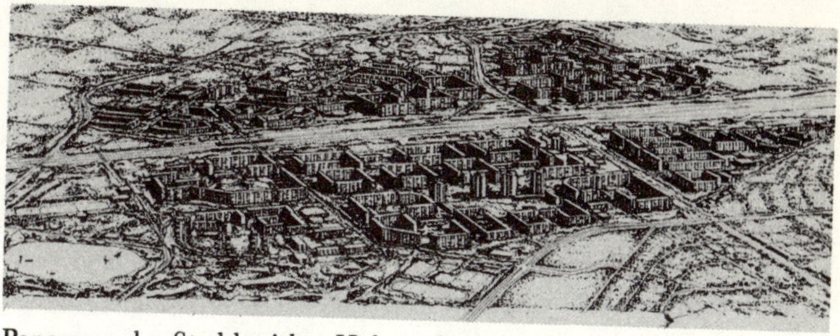

Panorama des Stadtbezirkes Hohenschönhausen, gezeichnet von Dieter Urbach

gehören neben einem Kino, einem Kaufhaus, einer Poliklinik, Schwimmhalle und Bibliothek auch der Neubau des Instituts für Lehrerbildung. Die neue S-Bahn-Trasse, verlängerte Straßenbahnlinien und Busse schließen dieses Stadtgebiet an das bestehende Verkehrsnetz der Hauptstadt an. Rings um den Malchower See entsteht ein Volkspark mit Sport- und Freizeitanlagen.

Als sich Anfang 1984 die Bagger in das Erdreich fraßen und die ersten Wohnblöcke emporwuchsen, war jedermann klar, daß hier ein neuer Stadtbezirk im Entstehen war: Berlin-Hohenschönhausen. Im Frühjahr 1986 hatten bereits 30000 Mieter ein neues Heim bezogen.

Der komplexe Wohnungsbau in allen Berliner Stadtbezirken führte dazu, daß sich im Fünfjahrplan 1981–1985 die Wohnverhältnisse vor allem der Arbeiterhaushalte weiter verbesserten. In 64 Prozent aller Neubauwohnungen zogen Arbeiterfamilien ein, in 21 Prozent der Neubauwohnungen junge Eheleute und in 7 Prozent kinderreiche Familien. Zur gleichen Zeit entstanden sowohl in der Innenstadt als auch in den neuen Wohnvierteln am Stadtrand weitere Gemeinschaftseinrichtungen für die Bürger, für die Erziehung und Bildung der Kinder, für Erholung und Freizeit.

Von den im Jahre 1985 vorhandenen mehr als 29000 Plätzen

in Kinderkrippen und 69 300 Plätzen in Kindergärten war jeder zweite Platz nach 1970 geschaffen worden. Damit stand für jedes Kind im Kindergartenalter und jeden Schüler der Klassen 1 bis 4 ein Kindergarten- oder ein Schulhortplatz zur Verfügung. Weitere sozialpolitische Maßnahmen der Regierung förderten die Familiengründung und die Geburtenentwicklung. So wurde 1984 berufstätigen Müttern mit drei und mehr Kindern das sogenannte Babyjahr bis zum Ablauf des 18. Lebensmonats des zuletzt geborenen Kindes verlängert.

In den Jahren von 1970 bis 1985 waren 38 Prozent aller allgemeinbildenden polytechnischen Oberschulen in Berlin neu gebaut worden, wobei sich die Zahl der Unterrichtsräume fast verdoppelte. Im Jahr 1985 gab es insgesamt 356 Berliner Schulen mit 321 Schulsporthallen und 257 Schulgärten. Seit 1981 begann in der gesamten Republik die Einführung neuer Lehrpläne, und seit 1985 wurde von der 7. Klasse an der Schultaschenrechner SR 1, eine Entwicklung des VEB Mikroelektronik »Wilhelm Pieck« Mühlhausen, im Unterricht benutzt. Unabhängig vom Einkommen der Eltern wurde seit September 1981 allen Schülern der erweiterten Oberschulen eine Ausbildungshilfe von monatlich 110 Mark in der 11. und 150 Mark in der 12. Klasse gezahlt.

Selbstverständlich bekommt jeder Schulabgänger eine Lehrstelle. Dafür stehen in Berlin fast 200 Facharbeiterberufe zur Auswahl. Und nach der Ausbildung ist ein Arbeitsplatz garantiert. Das Lehrlingsentgelt wurde im September 1981 erhöht. Auf diese Weise sozial gesichert, begannen im Zeitraum 1981–1985 insgesamt 74 600 Schulabgänger in Berlin eine Berufsausbildung.

Auch für die 39 600 Studierenden an den Berliner Hoch- und Fachschulen (Stand: 1985) verbesserten sich die Studien- und Lebensbedingungen. Das neue Gebäude der Sektion für Physik und Elektronik der Humboldt-Universität an der Ecke Chaussee-/Invalidenstraße wurde 1985 übergeben. Eine Verordnung der Regierung vom 11. Juni 1981 gewährte allen Studenten ein staatliches Stipendium – in Berlin beträgt es 215 Mark monatlich – und stimulierte hohe Studienleistungen durch monatliche Leistungsstipendien von 60, 100 und 150 Mark. Außerdem erhielten Studenten, die vor dem Studium mehrjährig im Beruf tätig waren oder ihren aktiven Wehrdienst in den bewaffneten Organen geleistet hatten, einen monatlichen Zuschuß zum Grundstipendium zwischen 50 und 100 Mark. Weitere Unterstützungen wurden jungen Studentenehen und Studenten mit Kind gewährt.

Dem Berliner Gesundheits- und Sozialwesen standen von 1981 bis 1985 Haushaltsmittel von über eine Milliarde Mark zur Verfügung. Davon wurden vor allem die Charité, das Klinikum Buch und das Krankenhaus »Dr. Salvador Allende« in Köpenick erweitert oder rekonstruiert, wurden neue Polikliniken, Ambulatorien und Feierabendheime geschaffen. Besondere Förderung erfuhr das Betriebsgesundheitswesen, das 1985 rund 98 Prozent aller Werktätigen medizinisch betreute.

So trug auch in Berlin die Arbeiterklasse unter Führung der SED dazu bei, im Alltag der Menschen den Sinn des Sozialismus zu verwirklichen: alles zum Wohle des Volkes und für den Frieden.

Mit der Stationierung von Pershing II und Cruise Missiles in Westeuropa ab Ende 1983 und mit der Forcierung der Militarisierung des Weltraums setzten die aggressivsten Kreise des Imperialismus, insbesondere der USA, den Frieden der ernstesten Bedrohung seit dem Ende des zweiten Weltkrieges aus. Eine neue Runde des Wettrüstens wurde eröffnet und die Gefahr eines atomaren Weltenbrandes vergrößert. Die neue Lage forderte von den Staaten des Warschauer Vertrages politische und militärische Konsequenzen, um den kriegstreiberischen Kräften noch entschiedener entgegenzutreten.

Aus der Hauptstadt der DDR kam der Ruf nach einer weltweiten Koalition der Vernunft und des Realismus. Die Partei- und

Staatsführung der DDR nahm jede Möglichkeit wahr, im Dialog mit verantwortlichen Politikern aus der BRD und anderen NATO-Staaten darzulegen, daß beide deutsche Staaten besondere Verantwortung dafür tragen, alles zu tun, um eine nukleare Katastrophe für den Kontinent zu verhindern. Die Begegnungen Erich Honeckers mit Staatspräsidenten und Regierungschefs zahlreicher kapitalistischer Länder zeugten von dem unbeirrbaren Willen der DDR, alles für eine Milderung des internationalen Klimas und für die Festigung des Friedens zu tun.

In den Jahren 1984/1985 besuchten unter anderen die Hauptstadt der DDR der kanadische Ministerpräsident Pierre Trudeau (Januar/Februar 1984), die Präsidentin Maltas Agatha Barbara (Februar 1984), der griechische Ministerpräsident Andreas Papandreou und der italienische Ministerpräsident Bettino Craxi (beide im Juli 1984), der österreichische Bundeskanzler Fred Sinowatz (November 1984), der französische Premierminister Laurent Fabius (Juni 1985) und der finnische Ministerpräsident Kalevi Sorsa (September 1985). Zahlreiche Gespräche wurden auch mit Politikern der BRD geführt. Erstmals kam es zu einem Treffen mit einem Regierenden Bürgermeister von Westberlin: Im September 1983 empfing Erich Honecker den Regierenden Bürgermeister Richard von Weizsäcker im Schloß Niederschönhausen.

Diese konsequente Friedenspolitik von Partei und Regierung fand die ungeteilte Zustimmung des gesamten Volkes der DDR. Mehr als 14000 Berlinerinnen bekannten sich am 11. März 1984 auf Meetings an den sowjetischen Ehrenmalen in Treptow und Pankow-Schönholz sowie in der Gedenkstätte der Sozialisten in Friedrichsfelde zum Kurs des offensiven Friedensengagements und der Fortsetzung des politischen Dialogs mit den NATO-Staaten.

Ein Höhepunkt im Friedenskampf war das Nationale Jugendfestival, das die FDJ zu Pfingsten 1984 in der Hauptstadt veranstaltete. Hunderttausende Jugendliche aus allen Bezirken der Republik sowie Jugenddelegationen aus befreundeten sozialistischen Ländern kamen vom 8. bis 10. Juni 1984 zusammen. Sie trafen sich bei Kultur- und Sportveranstaltungen, im FDJ-Singezentrum in der Volksbühne und im Zentrum »Für antiimperialistische Solidarität, Frieden und Freundschaft« am Alexanderplatz. Am 10. Juni zogen mehr als 750 000 FDJ-Mitglieder aus dem ganzen Land durch die Karl-Marx-Allee und bekundeten ihren Willen zum Frieden und zum sozialistischen Aufbau.

Auch die Vorbereitung des 35. Jahrestages der Gründung der DDR stand ganz im Zeichen des verstärkten Friedenskampfes.

Den Weltfriedenstag am 1. September 1984 begingen die Berliner mit Zehntausenden von Friedensschichten in den Betrieben. Der 3. Berliner Friedenslauf am 2. September 1984 meldete eine Rekordbeteiligung von über 35 000 Startern. Am 3. September 1984 überreichte eine Delegation des Friedensrates der DDR, der Arbeiter und Bauern, Wissenschaftler und Künstler, Vertreter von Parteien und Massenorganisationen sowie Repräsentanten der Kirchen und Religionsgemeinschaften in der DDR angehörten, dem Vorsitzenden des Staatsrates der DDR, Erich Honecker, das von der Tagung des Friedensrates der DDR aus Anlaß des Weltfriedenstages 1984 einmütig verabschiedete Friedensbekenntnis.

Im Frühjahr 1985, als sich zum vierzigsten Mal der Tag jährte, an dem die Rote Armee die faschistische Tyrannei zerschlug und das Banner des Sieges über dem Berliner Reichstag hißte, erneuerte das Volk der DDR sein leidenschaftliches Friedensbekenntnis. Auch in Berlin fanden in Betrieben und Einrichtungen, in Schulen und Wohngebieten Versammlungen statt, auf denen an den opferreichen Kampf der Sowjetsoldaten und aller antifaschistischen Kräfte erinnert und die Versicherung abgegeben wurde, alles zu tun, damit nie wieder von deutschem Boden ein Krieg ausgehe. Aus der Sowjetunion kamen Kriegsveteranen, die die Kampfstätten von damals und die Gräber ihrer gefallenen Mitstreiter aufsuchten. Auch aus den USA und Großbritannien waren Kriegsveteranen angereist. Eine Gruppe von 44 Angehörigen der USA-Organisation »Veteranen für den Frieden«, die an den

Feiern zum 40. Jahrestag der historischen Torgauer Begegnung zwischen Angehörigen der sowjetischen und der amerikanischen Streitkräfte teilgenommen hatte, beendete ihren Aufenthalt in der DDR mit einer Kranzniederlegung am Mahnmal Unter den Linden.

Im Zeichen der engen brüderlichen Verbundenheit im Kampf um Frieden und Sozialismus standen auch die »Tage der Kultur der UdSSR in der DDR«, die vom 13. bis 23. Mai 1985 in Berlin und in den Bezirken der Republik stattfanden. Auf dem Platz der Akademie gab es am 19. Mai 1985 eine Wiederbegegnung mit dem Ensemble der Sowjetarmee »A. W. Alexandrow«. An historischer Stätte, wo an jenem denkwürdigen 18. August 1948 vor einer Ruinenkulisse des einstigen Gendarmenmarktes die singenden und tanzenden Sowjetsoldaten als Sendboten des Friedens und der Freundschaft schon einmal die Herzen der Berliner erobert hatten, jubelten ihnen auch diesmal über 50 000 begeisterte Zuschauer zu.

Am 6. August 1985 jährte sich aber auch zum vierzigsten Mal der Tag, an dem die Atombombe auf Hiroshima gefallen war. Auf der internationalen Bürgermeisterkonferenz, die aus diesem Anlaß in der leidgeprüften japanischen Stadt stattfand, versicherte Berlins Oberbürgermeister Erhard Krack, daß die Berliner ihrem Schwur »Nie wieder Krieg« treu bleiben, den sie vor 40 Jahren tausendfach an die Ruinen geschrieben hatten. Zur gleichen Stunde versammelten sich vor der Ruine der Klosterkirche im Zentrum der Hauptstadt mehrere tausend Berliner zu einem Friedensmeeting.

Unübersehbar wuchs überall der Widerstand gegen die »Sternenkriegs«-Pläne der USA. Erwartungsvoll blickte die Weltöffentlichkeit nach Genf, wo sich vom 19. bis 21. November 1985 der Generalsekretär des ZK der KPdSU, Michail Gorbatschow, und der Präsident der USA, Ronald Reagan, trafen. Dort wurden von beiden Seiten und gemeinsam Erklärungen abgegeben, die zur Hoffnung berechtigten, daß keiner eine nukleare Überlegenheit anstreben wolle. Doch in der Grundfrage der Abwendung eines nuklearen Infernos – im Stopp des Wettrüstens auf der Erde und in seiner Nichtausdehnung auf den Weltraum – verweigerten sich die USA. Die Ergebnisse des Genfer Gipfels veranlaßten die Sowjetunion, einen weiteren konstruktiven Schritt zu unternehmen. Am 15. Januar 1986 unterbreitete Michail Gorbatschow umfassende Vorschläge zur Befreiung der Welt von Atomwaffen. In drei Etappen bis zum Jahr 1999 sollten die nuklearen Rüstungen zunächst der UdSSR und der USA und dann der übrigen Nuklearmächte so reduziert werden, daß am Ende alle Kernwaffen beseitigt sein würden. Dieses Friedensprogramm wurde von den Völkern lebhaft begrüßt. Auch die Berliner stimmten ihm zu und zeigten dies durch ihre fleißige und schöpferische Arbeit. Denn ein starker Sozialismus wiegt – wie die Geschichte lehrt – schwer in der Waagschale des internationalen Kräfteverhältnisses, wenn es um Friedenssicherung und Abrüstung geht.

Kapitel XVII

Der 750-Jahr-Feier Berlins entgegen

Der Vorsitzende des Komitees der Deutschen Demokratischen Republik zum 750jährigen Bestehen von Berlin und Ehrenbürger der Hauptstadt, ERICH HONECKER, *wandte sich an alle, die sich Berlin verbunden fühlen, mit den Worten:*
»Möge die denkwürdige Wiederkehr seiner ersten urkundlichen Erwähnung, die wir 1987 im Kreise von Freunden aus aller Welt feiern, dem Frieden und der Völkerverständigung dienen. Mögen die Bürger unserer Hauptstadt und an ihrer Seite die Bauleute aus der ganzen Republik mit vorbildlichen Leistungen dazu beitragen, daß Berlin weiter so erblüht, wie wir es jetzt schon tagtäglich erleben. Möge das Jubiläum der Stadt dazu beitragen, den Sozialismus weiter zu stärken und damit den Frieden.«[1]

1 Erich Honecker, Generalsekretär des ZK der SED und Vorsitzender des Staatsrates der DDR: Würdiges Jubiläum Berlins, das heute den Ehrennamen »Stadt des Friedens« trägt. In: 750 Jahre Berlin. Konstituierung des Komitees der Deutschen Demokratischen Republik zum 750jährigen Bestehen von Berlin am 7. Februar 1985, Berlin 1985, S. 9.

Am 7. Februar 1985 konstituierte sich im Amtssitz des Staatsrates der DDR am Marx-Engels-Platz das Komitee der Deutschen Demokratischen Republik zum 750jährigen Bestehen von Berlin. Den Vorsitz übernahm der Generalsekretär des Zentralkomitees der SED und Vorsitzende des Staatsrates der DDR, Erich Honecker. Dem Komitee gehören insgesamt 169 Persönlichkeiten aus allen Bereichen des gesellschaftlichen Lebens der Hauptstadt an.

In seiner Rede würdigte Erich Honecker die großen Wandlungen, die Berlin unter der Arbeiter-und-Bauern-Macht erfuhr. Oberbürgermeister Erhard Krack berichtete sodann über den Stand der Vorbereitungen zum Jubiläum im Jahre 1987. An das große Aufbauwerk nach dem Kriege erinnerte der bekannte Bauarbeiter aus dem VEB Wohnungsbaukombinat Berlin, Herbert Kohlmann, und der Brigadier Siegfried Winkler aus dem VEB Elektrokohle Berlin-Lichtenberg zeigte an der Entwicklung seines Betriebes die Leistungen der Arbeiterklasse Berlins beim Aufbau des Sozialismus. Der Präsident der Akademie der Wissenschaften der DDR, Prof. Dr. Werner Scheler, umriß die Bedeutung Berlins als einer Stadt der Wissenschaft in Vergangenheit und Gegenwart. Vom Reichtum an Kultur und Kunst, den die Hauptstadt hervorbrachte, und von der Herausforderung für neue künstlerische Leistungen sprach der Präsident der Akademie der Künste der DDR, Prof. Dr. Manfred Wekwerth. Gedanken zum Beitrag der Kirche für die Erhaltung des Friedens äußerte Helmut Orphal, Pfarrer der Evangelischen Kirchgemeinde St. Marien-Nikolai. Abschließend versicherte der Präsident des Nationalrates der Nationalen Front der DDR, Prof. Dr. Lothar Kolditz, daß die in der Nationalen Front vereinten Parteien und Massenorganisationen es als eine Sache der Ehre betrachten, das weitere Gedeihen und Erblühen des sozialistischen Berlins tatkräftig zu unterstützen.

So vermittelte die Konstituierung des Komitees der DDR zum 750jährigen Bestehen von Berlin ein anschauliches Bild, wie sich die Bürger der Hauptstadt und des ganzen Landes auf dieses Er-

1237 1987
750
JAHRE
BERLIN

eignis von hohem nationalem und internationalem Rang vorbereiteten.

Im Auftrag des Festkomitees wurden bis Dezember 1985 die Thesen »750 Jahre Berlin« von einer Gruppe von Berliner Historikern erarbeitet.[2] Sie umspannen den geschichtlichen Zeitraum dieser 750 Jahre und schildern den langen Werdegang von einer mittelalterlichen Handelsniederlassung bis zur Hauptstadt des ersten sozialistischen Staates auf deutschem Boden.

Die Thesen »750 Jahre Berlin«, die eine große Verbreitung fanden, regten viele Berliner und Freunde dieser Stadt an, sich mit Vergangenheit und Gegenwart der Hauptstadt zu beschäftigen; eine rührige Arbeit leistete die Interessengemeinschaft Denkmalpflege, Kultur und Geschichte Berlins beim Kulturbund der DDR. Wichtige Beiträge zur Erforschung und Popularisierung der Berliner Geschichte liefern die Kommissionen zur

2 750 Jahre Berlin. Thesen, Berlin 1986.

Erforschung der Geschichte der örtlichen Arbeiterbewegung bei der Bezirksleitung und bei den Kreisleitungen der SED, die Komitees der antifaschistischen Widerstandskämpfer, die Betriebsgeschichtskommissionen und Traditionskabinette in Kombinaten, VEB und anderen Einrichtungen, das Stadtarchiv, das Märkische Museum, die Ortschronisten der Stadtbezirke und natürlich die Historiker in den wissenschaftlichen Institutionen der Hauptstadt.

Der Fünfjahrplan 1981–1985 wurde auch in der Hauptstadt gut abgeschlossen. In diesem Zeitraum war die Nettoproduktion in der Industrie auf 166,1 Prozent und im Bauwesen auf 148,5 Prozent gestiegen. Vom dynamischen Wachstum der Berliner Volkswirtschaft gibt der folgende Vergleich ein eindrucksvolles Bild: Was um die Zeit des VIII. Parteitages der SED eine Tagesleistung an Warenproduktion war, wurde Ende 1985 in 3,7 Stunden geschaffen, und die Leistungen des Jahres 1970 wurden 1985 in weniger als sechs Monaten erreicht.

Das Tempo im Berliner Wohnungsbau hatte sich wesentlich beschleunigt. Das vorgegebene Ziel von 100 000 Wohnungen war überboten worden: 119 030 Wohnungen konnten während des Fünfjahrplans durch Neubau und Modernisierung geschaffen werden. Daran hatten die 25 000 Werktätigen aller Bezirke der DDR, insbesondere die mehr als 20 000 Jugendlichen des zentralen Jugendobjektes »FDJ-Initiative Berlin«, einen großen Anteil.

Das Versprechen der Berliner Bestarbeiter auf ihrer 10. Konferenz am 5. September 1985, vier bis fünf zusätzliche Tagesleistungen in der Nettoproduktion bis Jahresende zu erreichen, wurde eingelöst. Anfang 1986 richteten die Werktätigen zahlreicher Berliner Betriebe, darunter des Kombinats VEB Kabelwerk Oberspree »Wilhelm Pieck«, des Werkzeugmaschinenkombinats »7. Oktober« und des Kombinats Elektro-Apparate-Werke »Friedrich Ebert«, Briefe an das Zentralkomitee der SED. Darin teilten sie weitere Verpflichtungen im sozialistischen Wettbewerb mit, die sie in Vorbereitung des XI. Parteitages der SED übernommen hatten.

Am 8. und 9. Februar 1986 fand im Palast der Republik die 16. Bezirksdelegiertenkonferenz Berlin der SED statt. Günter Schabowski – er war am 25. November 1985 auf einer Tagung der Bezirksleitung Berlin zum 1. Sekretär der Bezirksleitung gewählt worden – berichtete, daß die Berliner Kommunisten gemeinsam mit allen Werktätigen der Hauptstadt ihr Bestes gegeben hatten, um die anspruchsvollen Aufgaben des Fünfjahrplans zu erfüllen und zu überbieten. So wurde das Jahr 1985 das bisher erfolgreichste in der ökonomischen und sozialen Entwicklung Berlins.

Die 16. Bezirksdelegiertenkonferenz beantwortete auch die Frage nach der Perspektive Berlins bis 1990. Tempo, Umfang und Qualität der wirtschaftlichen Entwicklung sollen wesentlich erhöht werden; ein jährlicher Anstieg der Nettoproduktion von 9 Prozent ist eingeplant. Das liegt über dem Durchschnitt des Industriewachstums der Republik und ergibt sich aus der Bedeutung der hier ansässigen Industriezweige für den wissenschaftlich-technischen Fortschritt der DDR. So wird sich Berlin noch stärker zu einem Zentrum der Mikroelektronik, der Biotechnologie und anderer Schlüsseltechnologien profilieren.

Mit der Kraft der ganzen Republik wird bis 1990 das hohe Tempo im komplexen Wohnungsbau fortgesetzt. Der Neubau von 117 000 Wohnungen und die Modernisierung von 47 000 Wohnungen stehen auf dem Programm, so daß sich die Wohnverhältnisse für weitere 440 000 Berliner verbessern werden. Besondere Aufmerksamkeit wird dabei dem innerstädtischen Wohnungsbau geschenkt werden. Der komplexe Wohnungsneubau erfolgt in den Stadtbezirken Marzahn, Hohenschönhausen und Hellersdorf sowie im Ortsteil Altglienicke des Stadtbezirks Treptow.

Mit besonderer Freude vernahmen die Berliner, daß bis 1990 auch der innerstädtische Bereich zu beiden Seiten der Friedrichstraße im wesentlichen abgeschlossen sein soll. Die traditionsreiche Friedrichstraße, die in den Bombennächten des zweiten Weltkrieges in Schutt und Asche sank, wird zwischen Oranienburger Tor und Leipziger Straße in ihrer historischen Struktur als repräsentative Geschäftsstraße wiedererstehen. Bereits am 5. Juli 1984 wurde das Haus der sowjetischen Wissenschaft und Kultur in der Friedrichstraße eröffnet. Im Frühjahr 1985 begannen die Arbeiten an Teilabschnitten, darunter am neuen »Grand Hotel« an der Ecke Behrenstraße. In den Wiederaufbau der Friedrichstraße sind auch die angrenzenden Bereiche sowie die Wohnbauten an der Otto-Grotewohl-Straße einbezogen.

Mit dem Herannahen der 750-Jahr-Feier entstand die Idee, das Nikolaiviertel wiederaufzubauen. Diese Keimzelle Berlins war im zweiten Weltkrieg schwer zerstört worden. Die Ruine der Nikolaikirche, des ältesten Berliner Bauwerkes aus der Zeit um 1230, wurde in den fünfziger Jahren zunächst vor einem weiteren Verfall gesichert. Von der ursprünglichen Bebauung des Viertels waren nur wenige Häuser übriggeblieben, Grünanlagen erstreckten sich zwischen Spandauer Straße und Spree. Im Jahre 1979 schrieb der Magistrat einen städtebaulich-architektonischen Wettbewerb für den Wiederaufbau des Nikolaiviertels aus. Der preisgekrönte Entwurf des Berliner Architekten Günter Stahn sah vor, unter denkmalpflegerischen Gesichtspunkten das ehemalige Raumgefüge wiederherzustellen, und zwar als »Versuch einer zeitgenössischen Architekturschöpfung in Verbindung mit und unter Bezugnahme auf historisch erhaltene Substanz und den damit vorgegebenen Strukturen, um den Berliner Stadtkern zu einem städtischen Zentrumsbereich mit Wohnbauten zu gestalten«[3].

Auf der Ausstellung »Erlebte Wirklichkeit«, die am Vorabend

3 Günter Stahn: Das Nikolaiviertel am Marx-Engels-Forum. Ursprung, Gründungsort und Stadtkern Berlins. Ein Beitrag zur Stadtentwicklung, Berlin 1985, S. 9.

des X. Parteitages der SED im Frühjahr 1981 im Palast der Republik gezeigt wurde, standen die Berliner dichtgedrängt um das Modell und zollten ihm Anerkennung.

Zunächst wurde die Nikolaikirche rekonstruiert. Vorausgegangene Ausgrabungen der Bodendenkmalpfleger vom Märkischen Museum förderten 1980/1981 Reste eines Kirchenbaus aus der Zeit um 1220 sowie einen noch älteren Friedhof mit zahlreichen Gräbern aus der vorstädtischen Zeit zutage.

Als ein Meisterwerk der Technik und Präzision erwies sich die Montage der beiden Kirchturmspitzen. Auf die am Boden montierten 28 Meter hohen Stahlkonstruktionen wurden 12 Meter hohe Holzspitzen aufgesetzt. Am 20. August 1982 hob ein 96 Meter hoher Mobilkran die jeweils 53 Tonnen schweren Türme auf die Turmsockel. Viele Schaulustige verfolgten die jeweils 35minütige Luftreise bei windstillem Wetter, die in ihrer Art bisher einmalig in Europa war. Nun begannen die Ausbauarbeiten an der Nikolaikirche.

Daneben wurden 1983 die ersten Baugruben für die neuen Gebäude niedergebracht. Zwischen Rotem Rathaus und Spree entstanden moderne Wohnbauten mit Arkaden, die das Marx-Engels-Forum in gelungener Verbindung zu den anderen Gebäuden dieses zentralen Stadtraumes begrenzen. Dahinter – rings um die Nikolaikirche – wurden schmale Bürgerhäuser aus dem 17. bis 18. Jahrhundert wiederaufgebaut, deren historische Gestalt gesichert überliefert ist. Das Ephraim-Palais von 1761–1765, einst die »schönste Ecke von Berlin« genannt und 1935 bei einer Umgestaltung des Molkenmarktes abgerissen, wurde nur wenige Meter von seinem ursprünglichen Standort entfernt wiederhergestellt. Wertvolle Fassadenteile, die 1935 eingelagert worden waren, hatte der Senat von Westberlin im Sommer 1983 zurückgegeben. In dieses historische Viertel wurden auch zwei Gebäude eingefügt, deren ursprüngliche Standorte sich hier nicht befanden. Das Haus »Zum Nußbaum«, ein nicht allein durch Heinrich Zille stadtbekanntes Wirtshaus von 1571, befand sich früher in der Fischerstraße. Die Gerichtslaube des mittelalterlichen Berliner Rathauses aus der zweiten Hälfte des 13. Jahrhunderts mußte 1861 dem Neubau des Roten Rathauses weichen und wurde 1871/1872 im Schloßpark Potsdam-Babelsberg aufgestellt.

Im Sommer 1985 bezogen die ersten Mieter ihre Wohnungen, und bis 1987 hatte das Altberliner Viertel mit seinen zahlreichen Boutiquen, Restaurants und Cafés sowie dem neuen Handwerksmuseum, einer Nebenstelle des Märkischen Museums, Gestalt angenommen. Vergangenheit und Gegenwart sind hier eng miteinander verbunden, das zeigt auch ein über 30 Meter langer Relieffries über den Arkaden des Eckhauses Marx-Engels-Forum/Poststraße. Auf Relieftafeln aus Betonwerkstein hat der Bildhauer Gerhard Thieme Szenen aus der 750jährigen Geschichte der Stadt dargestellt.

Am 4. April 1986 wurde mit einer Kundgebung, auf der Erich Honecker das Wort ergriff, das Marx-Engels-Forum eingeweiht. Auf dem Rondell in der Mitte des weiten Raumes erhebt sich ein Denkmal-Ensemble für die Begründer der wissenschaftlichen Weltanschauung der Arbeiterklasse, deren Leben und Werk auch eng mit Berlin und seiner revolutionären Arbeiterbewegung verbunden war. Die von Ludwig Engelhardt geschaffene Bronzeplastik stellt Karl Marx und Friedrich Engels in doppelter Lebensgröße dar. Eine fünfteilige Marmorwand von Werner Stötzer und Bronzereliefs von Margret Middell versinnbildlichen das Ringen des Menschen um Befreiung von Unterdrükkung und Ausbeutung und ein glückerfülltes Leben. Auf Stelen aus Edelstahl sind 144 Fotos eingebrannt, die Ereignisse und Persönlichkeiten der deutschen und der internationalen Arbeiterbewegung dokumentieren. Das älteste Foto aus dem Jahr 1852 zeigt englische Manufakturarbeiter.

Die Parkanlage des Marx-Engels-Forums war bereits zu den X. Weltfestspielen der Jugend und Studenten im Sommer 1973 angelegt und 1984/1985 neu gestaltet worden.

Thälmanns Denkmal im Arbeiterbezirk

Am 15. April 1986, am Vorabend des 100. Geburtstages Ernst Thälmanns, weihte Erich Honecker ein Monument des unvergessenen deutschen Arbeiterführers nahe der Greifswalder Straße im Stadtbezirk Prenzlauer Berg ein. Unter dem Beifall von mehr als 100 000 Berlinern, die sich an diesem Tage zu einer Großkundgebung zusammengefunden hatten, fiel die weiße Hülle von dem 13 Meter hohen Denkmal. Der sowjetische Bildhauer Lew Kerbel hatte eine auf einem Granitsockel ruhende, wuchtige Bronzeplastik geschaffen, die vor dem Hintergrund einer roten Fahne den Führer der KPD so zeigt, wie er seinen Genossen in Erinnerung geblieben ist: ein einfacher Arbeiter, mit offenem Hemdkragen und mit der zum Gruß des Roten Frontkämpferbundes geballten Faust.

Das Denkmal steht inmitten des neuen Ernst-Thälmann-Parks, der im Frühjahr 1986 seiner Vollendung entgegenging. Hier, an der Dimitroff-/Greifswalder Straße, befand sich früher eine der ältesten städtischen Gasanstalten aus den Jahren 1872–1874. Im Juni 1981 wurden die technisch überalterten Anlagen stillgelegt. Berlins Haushalte erhielten von nun an sowjetisches Erdgas, das über eine Pipeline herangeführt wird. Die Anwohner atmeten auf, denn das Gaswerk mit seiner Kokerei hatte weithin die Umgebung mit Ruß und Gasgeruch belastet.

Zu diesem Zeitpunkt war die Zukunft des 26 Hektar großen Areals bereits entschieden: Der X. Parteitag der SED im April 1981 hatte beschlossen, auf diesem Gelände inmitten des dichtbesiedelten Arbeiterbezirks Prenzlauer Berg den Ernst-Thälmann-Park mit einem Wohngebiet für rund 4 000 Einwohner anzulegen.

Viel war zu tun, um die alten Werkanlagen zu sprengen und abzutragen. Bis zu einer Tiefe von zwei bis sieben Metern mußte der verunreinigte Boden durch Kies und Muttererde ausgetauscht werden. Dann wurden Bäume gepflanzt. Im Februar 1984 begann die Montage des ersten achtgeschossigen Wohnhauses, schon im Sommer 1984 zogen die ersten Mieter ein. Bis Ende 1985 waren alle Wohnhäuser fertiggestellt. Zum Wohnensemble, das als Jugendobjekt der »FDJ-Initiative Berlin« unter Leitung von Prof. Dr.-Ing. EHRHARDT GISSKE stand, gehören Kindereinrichtungen, eine Schule, eine Sport- und eine Schwimmhalle, Geschäfte und Gaststätten. Im einstigen Verwaltungsgebäude des Gaswerkes richtete sich das neue Kulturhaus ein. Nahe dem S-Bahnhof Prenzlauer Allee öffnet 1987 das Zeiss-Planetarium seine Pforten. So entstand inmitten des Häusermeeres von Prenzlauer Berg eine »grüne Lunge«, in der Erholung und Wohnen miteinander verbunden sind.

Vom 17. bis 21. April 1986 hielt der XI. Parteitag der SED im Palast der Republik seine Beratungen ab. An ihm nahmen 143 Delegationen kommunistischer und Arbeiterparteien, revolutionär-demokratischer Parteien und Organisationen, nationaler Befreiungsbewegungen sowie sozialistischer und sozialdemokratischer Parteien aller fünf Kontinente teil. Das war Ausdruck der hohen Wertschätzung der internationalistischen Haltung der SED und der Friedenspolitik der DDR. Vor den Delegierten der über 2,3 Millionen Mitglieder und Kandidaten der SED erstattete ERICH HONECKER den Bericht des Zentralkomitees. Der Rechenschaftsbericht schätzte ein: »Die Tatsache, daß die DDR nun schon über anderthalb Jahrzehnte eine kontinuierliche ökonomische und soziale Entwicklung gewährleistet, darf man zu Recht als ein historisches Zeugnis dafür bezeichnen, was der reale Sozialismus vermag. Bei unseren Erfolgen übersehen wir jedoch keineswegs, daß das Erreichte noch nicht das Erreichbare ist.«[4]

Mit Blick auf das Jahr 2000 beriet der Parteitag die Grundlinien der weiteren Entwicklung der DDR. Die ökonomische Strategie, die bereits der X. Parteitag der SED in wichtigen Grundzügen ausgearbeitet hatte, wurde noch stärker darauf gerichtet, die

---

4 XI. Parteitag der SED, Berlin, 17. bis 21. April 1986. Bericht des Zentralkomitees der Sozialistischen Einheitspartei Deutschlands an den XI. Parteitag der SED. Berichterstatter: Genosse Erich Honecker, Berlin 1986, S. 25/26.

Vorzüge des Sozialismus mit den Errungenschaften der wissenschaftlich-technischen Revolution zu verbinden. Die Direktive zum Fünfjahrplan für die Entwicklung der Volkswirtschaft in der DDR in den Jahren 1986–1990, die Willi Stoph begründete, hat daher ein dynamisches Wirtschaftswachstum zum Ziel. Das Nationaleinkommen soll auf 124 bis 126 Prozent steigen. Beherrschung von Schlüsseltechnologien, Veredelung einheimischer Rohstoffe, Senkung des Energie- und Materialverbrauchs, Null-Fehler-Produktion – das waren Begriffe, die die Diskussion und die Beschlüsse des Parteitages bestimmten. Als Träger dieses Leistungswachstums wurden in erster Linie die Kombinate genannt. Bis 1990 sollen durch Neubau und Modernisierung über eine Million Wohnungen geschaffen werden, damit die Wohnungsfrage als soziales Problem in der DDR gelöst ist. Weitere Maßnahmen zur Förderung von Familien mit Kindern – ein bezahltes Babyjahr für Mütter bereits nach der Geburt des ersten Kindes, die erneute Erhöhung des Kindergeldes und des staatlichen Kredits für junge Eheleute – wurden auf dem Parteitag mitgeteilt.

Zu den Höhepunkten des Parteitages gehörte die Ansprache des Generalsekretärs des Zentralkomitees der KPdSU, Michail Gorbatschow, am 18. April 1986: »... Kommunisten«, erklärte er, »erachten es als ihre oberste Pflicht, alles zu tun, um dem Abgleiten der Welt in eine nukleare Katastrophe Einhalt zu gebieten.«[5] Das strebten auch die Vorschläge der Regierung der UdSSR vom 15. Januar 1986 an, die der XXVII. Parteitag der KPdSU im Februar 1986 bekräftigt hatte, ebenso wie die neue Friedensinitiative im Bereich der konventionellen Rüstung, die Michail Gorbatschow auf dem XI. Parteitag der SED unterbreitete: Um ein bedeutendes sollten alle Komponenten der Landstreitkräfte und der taktischen Fliegerkräfte der europäischen Staaten sowie der in Europa stationierten entsprechenden Kräfte

5 XI. Parteitag der SED, Berlin, 17. bis 21. April 1986. Michail Gorbatschow, Generalsekretär des Zentralkomitees der Kommunistischen Partei der Sowjetunion: Grußansprache an den XI. Parteitag der SED, Berlin 1986, S. 21.

der USA und Kanadas reduziert werden. Dieser Vorschlag fand ein großes internationales Echo.

Der XI. Parteitag der SED bekräftigte die Aufgabe, Berlin als sozialistische Metropole planmäßig auszugestalten und bis zum 750. Jahrestag der Stadt weitere sichtbare Leistungen vorzuweisen. »Gerade in der Hauptstadt«, so stellte Erich Honecker fest, »werden die großen politischen, sozialen und ökonomischen Errungenschaften zum Ausdruck bringen, daß der Sozialismus nicht, wie einige Konservative des Westens behaupten, ein ›Irrtum der Geschichte‹ ist, sondern die Zukunft der Menschheit repräsentiert.«[6] Die Beschlüsse des Parteitages zeichneten die Perspektive Berlins bis zum Jahre 2000 vor.

In seiner Diskussionsrede berichtete Günter Schabowski, Mitglied des Politbüros des Zentralkomitees und 1. Sekretär der Bezirksleitung Berlin der SED, daß in den letzten Jahren und besonders in den Wochen vor dem Parteitag die Reife und die Kampfkraft der über 176 000 Mitglieder und Kandidaten zählenden Berliner Parteiorganisation weiter gewachsen waren. Die von der 16. Bezirksdelegiertenkonferenz am 9. Februar 1986 beschlossenen Verpflichtungen zum Parteitag wurden in jedem Punkt erfüllt. So konnte eine zusätzliche Produktionsleistung in Industrie und Bauwesen von anderthalb Tagen erreicht werden. Günter Schabowski teilte mit, daß sich die Werktätigen der Hauptstadt bis Ende 1986 weitere anspruchsvolle volkswirtschaftliche Ziele gesetzt haben: mindestens drei zusätzliche Tagesleistungen in der Nettoproduktion, Fortschritte bei der Profilierung der Mikroelektronik und anderer Schlüsseltechnologien, Nutzung der langjährigen Beziehungen zur Moskauer Stadtparteiorganisation für die Entwicklung von Spitzenleistungen in der Forschungs- und Produktionskooperation, Fertigstellung von weiteren 20 komplexen Wohnbereichen im Stadtbezirk Hohenschönhausen und Steigerung der Konsumgüterproduktion. Da-

6 XI. Parteitag der SED, Berlin, 17. bis 21. April 1986. Bericht des Zentralkomitees …, S. 37.

bei würdigte GÜNTER SCHABOWSKI den Anteil der »FDJ-Initiative Berlin« und aller Bezirke der Republik, deren gewaltiger Schub nun schon zehn Jahre wirkte. »Unsere Maxime ist, Berlin wird der Republik geben, wie die Republik Berlin gibt.«[7]

Auch in den Reden anderer Berliner Parteitagsdelegierter, darunter Kombinatsdirektoren, Bauarbeiter, Wissenschaftler und Kulturschaffende, kam die Entschlossenheit zum Ausdruck, auf dem vom Parteitag gewiesenen Weg bis 1990 beträchtlich voranzukommen.

Am 23. April 1986 beriet die Vertrauensleutevollversammlung im Stammbetrieb des Werkzeugmaschinenkombinats »7. Oktober« im Beisein des Vorsitzenden des Bundesvorstandes des FDGB, HARRY TISCH, Mitglied des Politbüros des ZK der SED, die neuen Aufgaben, die sich aus den Parteitagsbeschlüssen ergaben. Zwei Tage zuvor hatte MICHAIL GORBATSCHOW den Betrieb besichtigt und vor der Belegschaft die jüngsten sowjetischen Abrüstungsvorschläge erläutert. Die Gewerkschafter des Weißenseer Kombinatsstammbetriebes stellten daher ihre Verpflichtungen im sozialistischen Wettbewerb unter die Losung »Hohe Leistungen zum Wohle des Volkes und für den Frieden – Alles für die Verwirklichung der Beschlüsse des XI. Parteitages der SED«.[8] Sie nahmen sich vor, durch die Anwendung von Schlüsseltechnologien noch effektiver zu arbeiten und den im I. Quartal erreichten Planvorsprung in der Nettoproduktion auf vier Tagesleistungen auszubauen.

Diesem Beispiel folgten viele Kollektive und Betriebsbelegschaften in der Berliner Volkswirtschaft. Bereits am 9. April 1986 hatten die »Berliner Zeitung«, der Bezirksausschuß der Nationalen Front und der Magistrat alle Hausgemeinschaften dazu aufgerufen, sich an einem Wettbewerb um die »Goldene Hausnummer« zu beteiligen. Mit einer »Goldenen Hausnummer« werden im Herbst 1987 1 000 Berliner Hausgemeinschaften ausgezeich-

---

7 Neues Deutschland (B), 18. April 1986.

8 Ebenda, 24. April 1986.

net, die sich bei der Verschönerung ihrer Wohnhäuser und des Straßenbildes besonders verdient gemacht haben.

So entstanden in allen Bevölkerungskreisen viele Ideen und Initiativen, um die Beschlüsse des XI. Parteitages der SED zügig in die Tat umzusetzen und den 750. Jahrestag Berlins im Jahre 1987 würdig vorzubereiten.

Heute besteht die Hauptstadt Berlin aus 11 Stadtbezirken, die eine Gesamtfläche von 403 Quadratkilometern einnehmen. Jeder dieser Stadtbezirke wird durchschnittlich von 100 000 Menschen bewohnt, jeder ist also der Größenordnung nach eine Großstadt.

Die einheitliche Stadtgemeinde Groß-Berlin war im Oktober 1920 aus Berlin, 7 weiteren Städten, 59 Landgemeinden und 27 Gutsbezirken geschaffen und in 20 Verwaltungsbezirke gegliedert worden. Der Imperialismus hatte mit seiner reaktionären

Spaltungspolitik dieses Groß-Berlin 1948/1949 zerschlagen. Die Entwicklung der damals 8 Stadtbezirke des sowjetischen Sektors zur Hauptstadt der DDR vollzog sich unter den Auswirkungen der Spaltung und der bis zum 13. August 1961 offenen Grenze gegenüber der Frontstadt Westberlin. So mußte das gesamte Verkehrssystem neu geordnet werden, und auch auf anderen Gebieten waren Umstrukturierungen nötig. Vor allem in der Industrie stand die Aufgabe, den Industrialisierungsgrad insgesamt und den Anteil solch profilbestimmender Industriezweige wie Eletrotechnik, Maschinenbau und Bekleidungsindustrie an der Bruttoproduktion – gemessen am Vergleichsjahr 1936 – zu erhöhen. Dabei wandelte sich das Gesicht einer Reihe von Stadtbezirken. Traditionelle Industriegebiete wurden erweitert, und die Außenbezirke verloren zunehmend ihren zum Teil dörflichen Charakter.

Der Stadtbezirk Mitte mit einer Fläche von 10,7 Quadratkilometern ist im wesentlichen mit dem historischen Berlin identisch. Hier haben die Volkskammer, der Staatsrat, die Ministerien sowie die Vorstände der Parteien und Massenorganisationen ihren Sitz. Beiderseits der »Linden« befinden sich Botschaften vieler Staaten. Das Rote Rathaus ist Sitz des Magistrats der Hauptstadt. Im Stadtbezirk Mitte sind auch die bedeutendsten Theater und Museen, die wichtigsten wissenschaftlichen und kulturellen Einrichtungen zu finden sowie viele Sehenswürdigkeiten und Zeugen der Geschichte, vor allem der revolutionären Berliner Arbeiterbewegung. Der Marx-Engels-Platz, der Bebelplatz und die Karl-Marx-Allee sind die traditionellen Orte, an denen die Berliner Werktätigen an Nationalfeiertagen oder zu anderen wichtigen politischen Anlässen ihr Vertrauen zur Politik der SED und der Regierung der DDR bekunden.

Der im zweiten Weltkrieg zu 80 Prozent zerstörte Stadtbezirk Mitte wurde nach sozialistischen Städtebauprinzipien wiederaufgebaut. Nicht Bank-, Versicherungs-, Börsen- und Konzerngebäude – wie es für die kapitalistische City im Berlin vor 1945 typisch war – entstanden, sondern Wohnungen, Kulturbauten,

112 Unter der Losung »Kampf um den Frieden, nun erst recht!« findet am 10. März 1985 am sowjetischen Ehrenmal in Treptow ein Friedensmeeting des DFD statt

113 Klaus-Dieter Neugebauer sorgt mit seiner Jugendkomplexbrigade für dichte Dächer im Stadtbezirk Köpenick

114 Bewohner des Hauses Brauhausstraße 12 (Stadtbezirk Weißensee) in »ihrem Hof«, September 1984

115 Mit selbstgemalten Ostereiern schmücken Kinder den alljährlichen Osterbaum in der Johannes-R.-Becher-Straße (Stadtbezirk Pankow)

116 Bei den Kommunalwahlen vom 6. Mai 1984 spielen die »Berliner Stadtmusikanten« vor dem Wahllokal in der Pappelallee 75 (Stadtbezirk Prenzlauer Berg)

117 Hubschrauber der INTERFLUG als »fliegende Krane« bei der Elektrifizierung der Eisenbahn. Hier auf der Strecke Frankfurter Allee – Ostkreuz

118 Der Generalsekretär des ZK der SED und Vorsitzende des Staatsrates der DDR, Erich Honecker, auf der Bauausstellung zur 8. Baukonferenz. Rechts Willi Stoph, Vorsitzender des Ministerrates, Harry Tisch, Vorsitzender des FDGB-Bundesvorstandes, Juni 1985

119 Am 3. Juni 1985 beginnt die Rekonstruktion des Hochbahnviadukts (»Magistratsschirm«) in der Schönhauser Allee

120 Mit neuen Zielstellungen der Kollektive zu Ehren des XI. Parteitages der SED macht sich Oberbürgermeister Erhard Krack (Mitte) bei Werktätigen des VEB Kombinat Tiefbau Berlin vertraut

121 Schriftstellerlesung am 20. März 1986 in der Kongreßhalle

122 Günter Schabowski,
1. Sekretär der Bezirksleitung Berlin der SED,
auf einem Meeting in Berlin-Hohenschönhausen

123 Motive aus dem Leben des nikaraguanischen Volkes malte Manuel Garcia mit Unterstützung der Berliner Maler Trakia Wendisch und Martin Hoffmann

124 Lothar Scholz gestaltete den Giebel am Gebäude der BVB in der Siegfriedstraße (Stadtbezirk Lichtenberg)

125 »Ein Tag für Ernst Thälmann«. Veranstaltung im Bernhard-Bästlein-Klub in Lichtenberg am 12. März 1986

126 15. April 1986: Der Ernst-Thälmann-Park mit einem Thälmann-Denkmal wird in Anwesenheit von Erich Honecker, Generalsekretär des ZK der SED und Vorsitzender des Staatsrates der DDR, übergeben

Einkaufszentren und viele Grünanlagen. Dabei verlagerte sich der Schwerpunkt des innerstädtischen Bereichs zum Alexanderplatz. Zu Füßen des Fernsehturms erstreckt sich nunmehr ein großer, städtebaulich-architektonisch attraktiver Freiraum, der in der Verbindung mit erhaltenen historischen Bauten das Gefühl vermittelt: Hier schlägt das Herz der Hauptstadt!

Gegenwärtig wohnen in Mitte rund 80 400 Bürger. Dank Neubau und Modernisierung des Altbaus zogen viele Menschen, die es früher aus dem schwer zerstörten Zentrum in andere Stadtbezirke hinausgetrieben hatte, wieder zurück. Im alten Berlin galten die Fischerinsel, das »Scheunenviertel« am Alexanderplatz und die Wohngegend nördlich des Hackeschen Marktes und zu beiden Seiten der Wilhelm-Pieck-Straße als ausgesprochene Proleten- und Elendsquartiere. Große Anstrengungen wurden unternommen, um dieses Erbe des Kapitalismus zu beseitigen.

Im Gefolge der Neugestaltung des Zentrums wurden eine Reihe kleinerer Industriebetriebe verlagert, unter anderem in das Gewerbestättenzentrum Storkower Straße. Dennoch verblieben im Stadtbezirk wichtige Betriebe wie VEB Robotron Secura-Werke, VEB Berlin-Kosmetik, VEB Studiotechnik, VEB Dampferzeugerbau und Betriebe der stadttechnischen Versorgung. Rund 13,6 Prozent der Berliner Industrieproduktion kamen 1985 aus dem Stadtbezirk Mitte. Der Rat des Stadtbezirkes bezog im Jahre 1952 das wiederaufgebaute Berolina-Haus am Alexanderplatz.

Der Stadtbezirk Friedrichshain gehört zusammen mit dem Nachbarbezirk Prenzlauer Berg zur sogenannten Wilhelminischen Ringstadt, die in der zweiten Hälfte des 19. Jahrhunderts sich um das historische Berlin legte. Dicht gestaffelte Mietskasernen mit oft mehreren Hinterhöfen, auf denen sich zahlreiche Mittel- und Kleinbetriebe befanden, bestimmten das Bild. Hier wohnten vorwiegend Arbeiter, Handwerker und minderbemittelte kleinbürgerliche Schichten. Der Bombenkrieg hatte dem Stadtbezirk großflächige Wunden geschlagen. Mit 6 Millionen Kubikmeter Trümmerschutt war er nach Mitte der am stärksten

zerstörte Stadtbezirk. Daher war es folgerichtig und symbolisch zugleich, daß in diesem Arbeiterbezirk nach 1949 entlang der Karl-Marx-Allee der planmäßige Wiederaufbau der Stadt begann. Heute ist schon ein Viertel des Wohnungsbestandes neu, aber zwei Drittel der Wohnungen stammen noch aus der Zeit vor dem ersten Weltkrieg. In dem mit 9,8 Quadratkilometern kleinsten Stadtbezirk wohnten 1986 118 500 Bürger. Die Verbesserung ihrer Wohn- und Lebensbedingungen rings um den Volkspark Friedrichshain, nach dem der Stadtbezirk seinen Namen bekam, bleibt eine wichtige Aufgabe für die nächsten Jahre.

Die 15 Industriebetriebe sind mit 11,1 Prozent (1985) an der Berliner Industrieproduktion beteiligt. Größte Produktionsstätten sind das Berliner Glühlampenwerk an der Warschauer Straße, ferner das Berliner Bremsenwerk, das Glaswerk Stralau, die Druckerei des »Neuen Deutschlands«, der VEB Meßelektronik, der VEB Fahrzeugausrüstung, der VEB Berliner Vergaser- und Filterbau und der VEB Berliner Damenmoden, einer der größten Hersteller von Damenoberbekleidung in der DDR. Mit dem Hauptbahnhof, dem Containerbahnhof Frankfurter Allee und dem Berliner Osthafen erweist sich der Stadtbezirk auch als ein Verkehrszentrum.

Die Geschichte des »roten Ostens«, von der auch der Revolutionsfriedhof von 1848 und 1918 zeugt, ist eng mit dem Berliner Wirken von Karl Marx, Friedrich Engels, W. I. Lenin und Rosa Luxemburg verbunden. Von der regierenden Bourgeoisie vor 1945 immer benachteiligt, mangelte es dem Stadtbezirk auch an den Mitteln für einen repräsentativen Rathausbau. Nach dem Kriege noch lange in Bürobaracken und Wohnhäusern untergebracht, bezog der Rat des Stadtbezirkes Friedrichshain in den siebziger Jahren ein modernes Verwaltungsgebäude in der Bersarinstraße.

Wie Friedrichshain ist auch der nach Norden anschließende Stadtbezirk Prenzlauer Berg ein Arbeiterbezirk mit großen revolutionären Traditionen, die von der »einsamen Pappel«, dem Versammlungsort in den Märztagen 1848, bis in die jüngste Vergangenheit der DDR reichen. Lange Straßenzüge mit Mietskasernen und mehreren Hinterhöfen mit Seiten- und Quergebäuden, wie sie um die Jahrhundertwende für das Proletariat errichtet wurden, bestimmen das Bild. Der Rat des Stadtbezirkes bemüht sich von der Fröbelstraße aus – das ehemalige Hospital dient seit 1934 als Verwaltungsgebäude – darum, gemeinsam mit den Bürgern die üble Hinterlassenschaft des Kapitalismus an den Häusern und in den Höfen zu beseitigen, erstmals wurden in vielen Straßen Bäume gepflanzt. Auf einer Fläche von 10,8 Quadratkilometern wohnten im Jahre 1986 166 700 Menschen. Mit etwa 15 400 Einwohnern je Quadratkilometer ist Prenzlauer Berg der am dichtesten besiedelte Stadtbezirk.[9]

Im zweiten Weltkrieg blieb Prenzlauer Berg von solchen Flächenzerstörungen, wie Mitte und Friedrichshain zu beklagen hatten, verschont, doch riß der amerikanisch-britische Bombenkrieg viele empfindliche Lücken im Straßenbild. Der Wohnungsneu-

---

9 Zum Zeitpunkt der Drucklegung waren die Beratungen über das Wappen des Stadtbezirkes Prenzlauer Berg noch im Gange.

Hanshermann Schlicker: S-Bahnhof Prenzlauer Allee, 1987

bau seit den fünfziger Jahren konzentrierte sich auf die wenigen freien Flächen entlang der Ostsee- und der Greifswalder Straße und jüngst am Ernst-Thälmann-Park. Seit Beginn der siebziger

Jahre setzte eine planmäßige Modernisierung der Altbaugebiete ein, zunächst rund um den Arnimplatz.

Im Stadtbezirk gibt es viele Industriebetriebe, ein Großteil ist in dem zwischen 1962 und 1966 errichteten Gewerbestättenkomplex an der Storkower Straße angesiedelt. An erster Stelle sind das Fleisch- und das Backwarenkombinat zu nennen, sodann Betriebe der Konsumgüterindustrie, wie der VEB Goldpunkt, VEB Berliner Strickmoden und VEB Treffmodelle. Die Herstellung von Konsumgütern einschließlich Lebensmitteln macht rund die Hälfte der Gesamtproduktion des Stadtbezirkes aus. Daneben gibt es viele genossenschaftliche und private Handwerksbetriebe – zumeist auf Hinterhöfen –, die Dienstleistungen erbringen. An der Berliner Industrieproduktion war der Stadtbezirk Prenzlauer Berg im Jahre 1985 mit 7,5 Prozent beteiligt.

Der Stadtbezirk Pankow nimmt der Größe nach den zweiten Platz in der territorialen Struktur der Hauptstadt ein. Er behauptete diese Stellung auch nach jüngsten Veränderungen. Bis 1985 erstreckte sich der Bezirk über eine Fläche von 78,5 Quadratkilometern und umfaßte zehn Ortsteile: Pankow, Niederschönhausen, Rosenthal, Wilhelmsruh, Blankenfelde, Buchholz, Blankenburg, Karow, Buch und Heinersdorf. Hier lebten 135 000 Bürger. Mit der Bildung des Stadtbezirkes Hohenschönhausen im September 1985 trat Pankow die Ortsteile Blankenburg, Heinersdorf und Karow an Weißensee ab. Heute umfaßt der Stadtbezirk Pankow 61,9 Quadratkilometer; im Frühjahr 1986 zählte man 118 600 Einwohner. Nach Köpenick ist Pankow der Stadtbezirk mit der geringsten Bevölkerungsdichte, nämlich etwa 1 920 je Qudratkilometer. Damit gehört Pankow in den Kranz der Außenbezirke der Hauptstadt.

Während um den historischen Dorfkern und das stattliche Rathaus aus den Jahren 1901–1903 in der Johannes-R.-Becher-Straße eine dichte Wohnbebauung vorherrscht, lockert sie zum Stadtrand hin auf.

In einigen Ortsteilen von noch dörflichem Charakter gibt es neben landwirtschaftlichen und gärtnerischen Produktionsge-

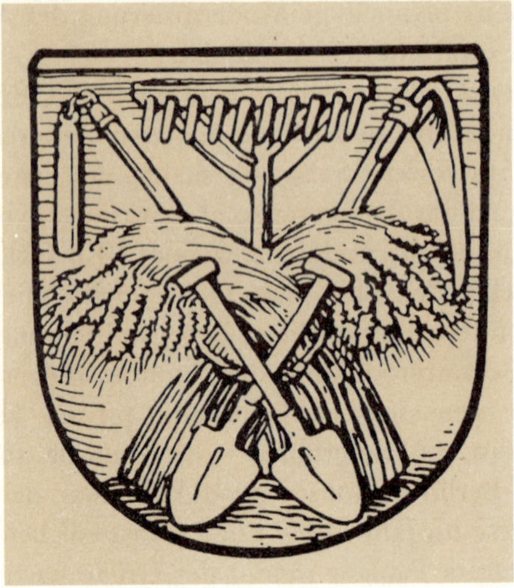

nossenschaften die meisten Kleingartenanlagen in der Hauptstadt.

Größter Neubaukomplex im Stadtbezirk ist Buch, das sich mit der Erweiterung des Städtischen Klinikums und den Forschungseinrichtungen der Akademie der Wissenschaften der DDR zu einem modernen Ortsteil entwickelt.

Pankows Betriebe erzeugten 1985 4,5 Prozent der industriellen Bruttoproduktion der Hauptstadt. Den größten Anteil daran hat der VEB Bergmann-Borsig in Wilhelmsruh; dieser traditionelle Energiemaschinenbaubetrieb war 1948/1949 in freiwilligen Arbeitseinsätzen der Berliner Werktätigen errichtet worden. Wichtige Betriebe sind ferner das Kombinat Zentraler Industrieanlagenbau der Metallurgie, VEB Niles, VEB Industriebürsten, VEB Berliner Zigarettenfabrik.

Als eine bevorzugte Wohngegend hatte Pankow schon früher Schriftsteller, Künstler und Wissenschaftler angezogen, sich dort niederzulassen. Das blieb so nach 1945, zumal es zu den Stadtbezirken zählte, die noch am wenigsten von Bombenschäden betroffen waren.

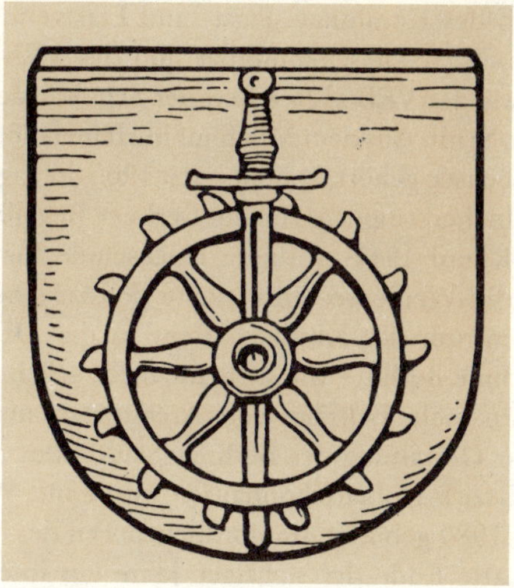

Ähnlich wie Pankow hat auch der Stadtbezirk Weißensee im Zusammenhang mit der Bildung des Stadtbezirkes Hohenschönhausen in jüngster Zeit seine langjährige Struktur verändert. Bis 1985 umfaßte er eine Fläche von 39,8 Quadratkilometern mit 102300 Einwohnern. Heute ist Weißensee 30,1 Quadratkilometer groß, hier leben über 60000 Bürger.

Beiderseits der Klement-Gottwald-Allee, der Hauptverkehrs- und Geschäftsstraße, liegt ein großstädtischer Kern. Der Weiße See, der dem Stadtbezirk den Namen gab, und der ihn umgebende alte Park sind nicht nur für die Weißenseer ein beliebtes Naherholungsgebiet. In der Parkstraße sitzt der Rat des Stadtbezirks in einem früheren Schulgebäude, das 1929 im Stil der Neuen Sachlichkeit als Klinkerbau errichtet worden war.

Auch Weißensee ist ein Industriebezirk mit einem Anteil von 6,8 Prozent an der Berliner Gesamtproduktion von 1985. Hier hat der Stammbetrieb des VEB Werkzeugmaschinenkombinats »7. Oktober« seinen Sitz. Volkswirtschaftlich bedeutsam sind des weiteren der VEB Stern-Radio Berlin, der VEB Isokond, der VEB Berlin-Tapeten und der VEB Gummiwerke Berlin, der

Stammbetrieb des Kombinats Plast- und Elastverarbeitung. Betriebsteile des VEB Fleischkombinat und des VEB Backwarenkombinat sowie der VEB »Elfe« Berliner Schokoladenwerk beliefern die ganze Stadt. Aus dem Milchhof in Heinersdorf, das neuerdings zu Weißensee gehört, kommen seit 1965 die tägliche Frischmilch und Milcherzeugnisse für die Berliner Bevölkerung.

Die am 14. Juni 1947 eröffnete Hochschule für angewandte Kunst in Berlin-Weißensee entwickelte sich zu einem maßstabsetzenden Zentrum des Kunstschaffens in der DDR. Aus der Kunsthochschule Berlin – wie sie heute heißt – kamen und kommen weiterhin viele Beiträge von Architekten und bildenden Künstlern zur Gestaltung des Berliner Stadtbildes.

Der Stadtbezirk Hohenschönhausen wurde mit Wirkung vom 1. September 1985 gebildet. Im nördlichen Teil des Stadtbezirkes Weißensee hatte Ende der siebziger Jahre ein intensiver Wohnungsneubau im Ortsteil Hohenschönhausen und an der Falkenberger Straße eingesetzt. Bei der Grundsteinlegung für ein neues Wohngebiet nahe der Falkenberger Chaussee am 9. Februar 1984 war bereits entschieden, daß sich hier ein neuer Stadtbezirk im Entstehen befand.

Hohenschönhausen hat eine Fläche von 26 Quadratkilometern. Im Frühjahr 1986 wohnten hier schon 67 000 Bürger, um 1990 werden es etwa 120 000 sein. Der Stadtbezirk besteht aus den Ortsteilen Hohenschönhausen, Wartenberg, Falkenberg und Malchow. Der städtisch besiedelte und der landwirtschaftlich genutzte Teil des Territoriums halten sich derzeit in etwa noch die Waage. Doch die Wohnbebauung schreitet in Richtung Falkenberg fort. Durch die neue S-Bahn-Linie und die Verlängerung von Bus- und Straßenbahnlinien erfolgte nach 1985 der Anschluß an das bestehende städtische Nahverkehrssystem.

Der Prerower Platz nahe dem S-Bahnhof Hohenschönhausen ist das Zentrum des neuen Stadtbezirkes. Hier stehen das Rathaus, ein Kaufhaus, kulturelle und andere gesellschaftliche Einrichtungen. Das Institut für Lehrerbildung, das bislang in Köpenick untergebracht war, erhielt im April 1986 am Prerower Platz

neue Lehrgebäude und in der Folge auch eine Bibliothek mit Lesesaal. Mit der Bauakademie der DDR und der Ingenieurhochschule Wartenberg verfügt der Stadtbezirk über weitere bedeutsame wissenschaftliche Einrichtungen.

Der größte Industriebetrieb des Stadtbezirkes ist das Getränkekombinat mit dem Stammbetrieb Kindl in der Indira-Gandhi-Straße; Erweiterungsbauten entstehen an der Falkenberger Chaussee. Daneben gibt es eine Reihe kleinerer Industrie- und Handwerksbetriebe. Die Landwirtschaft wird in erster Linie von der LPG »1. Mai« in Wartenberg betrieben; sie hat sich auf den großstädtischen Bedarf an Frisch- und Treibhausgemüse spezialisiert. Gärtnerische Produktionsgenossenschaften wie die »Weiße Taube« beliefern Blumenläden der Hauptstadt. Außerdem hat hier das für das gesamte Stadtgebiet zuständige Agrochemische Zentrum seinen Sitz.

Bei den Volkswahlen vom 8. Juni 1986 wählten die Hohenschönhausener Bürger erstmals ihre Stadtbezirksversammlung.

Der Stadtbezirk Lichtenberg, im Osten der Hauptstadt gelegen, war lange Zeit mit mehr als 228 000 Einwohnern auf 79 Quadratkilometer Fläche einer der größten Stadtbezirke, bevor er einen Teil seines Territoriums 1979 an den neuen Stadtbezirk Marzahn abgab.

Das eigentliche Lichtenberg befindet sich noch innerhalb der früheren Wilhelminischen Ringstadt mit ihrer dichten Wohnbebauung. Es bildete zwischen 1908 und 1920 eine eigene Stadtgemeinde; 1897/1898 wurde das Rathaus in der heutigen Jacques-Duclos-Straße erbaut. Seit Ende der fünfziger Jahre setzte in den Ortsteilen Karlshorst und Friedrichsfelde eine rege Bautätigkeit ein. Die Neubauviertel Am Tierpark, Hans-Loch-Viertel, Rosenfelder Ring, Straße der Befreiung, Frankfurter Allee/Süd und Leninallee/Ho-Chi-Minh-Straße prägen heute das Antlitz des Stadtbezirkes. Nachdem in den letzten Jahren die Periode großflächiger Neubauten zu Ende ging, konzentriert sich die künftige Arbeit auf die Modernisierung der Altbaugebiete. Heute leben in dem nunmehr noch 26,2 Quadratkilometer großen Stadtbezirk 183 200 Einwohner.

Lichtenberg ist einer der großen Industriebezirke der Hauptstadt, aus dem 1985 mehr als 8,1 Prozent der Berliner Industrieproduktion kamen. Vor allem das Industriegebiet Lichtenberg-Nordost wurde in letzter Zeit ausgebaut. Zu den über die Stadtgrenzen hinaus bekannten Großbetrieben gehören der VEB Elektrokohle, Alleinhersteller in der DDR für technische Kohleerzeugnisse und wichtiger Zulieferer für Metallurgie und Elektronik/Elektrotechnik, ferner der VEB Wälzlagerwerk »Josef Orlopp«, das Möbelkombinat, der VEB Herrenbekleidung »Fortschritt« und das Kombinat Auto Trans Berlin, einer der größten Kraftverkehrsbetriebe der Republik. Auch das Berliner Wohnungsbaukombinat hat hier seinen Stammsitz. Das Kraftwerk Rummelsburg, 1925/1926 nach den Plänen von Georg Klingenberg errichtet, versorgt Berlin mit Energie und Fernwärme.

Die 1950 gegründete Hochschule für Ökonomie »Bruno Leuschner« in Karlshorst ist die größte wirtschaftswissenschaftliche Lehr- und Forschungsstätte der DDR. Anziehungspunkte für Berliner und Gäste der Stadt sind der Tierpark in Friedrichsfelde, die Trabrennbahn in Karlshorst und die seit 1981 alljährlich stattfindende »Berliner Kleingartenschau« in Karlshorst.

Die Gedenkstätte der Sozialisten in Berlin-Friedrichsfelde ist eine der bedeutendsten nationalen Gedenkstätten der Arbeiterbewegung in der DDR. Von den Nazis zerstört, wurde die Gedenkstätte nach der Befreiung vom Faschismus zunächst provisorisch und 1949–1951 in würdiger Form wiederhergestellt. Seit 1946 demonstrieren alljährlich am zweiten Sonntag im Januar die Werktätigen der Hauptstadt zu Ehren von Karl Liebknecht und Rosa Luxemburg nach Friedrichsfelde.

Am 5. Januar 1979 beschloß die Stadtverordnetenversammlung der Hauptstadt die Bildung des Stadtbezirkes Marzahn. Bei den Kommunalwahlen am 20. Mai 1979 wurde erstmals die Stadtbezirksversammlung gewählt. Damals war Marzahn mit einer Fläche von 59,4 Quadratkilometern der drittgrößte Stadtbezirk. Zu ihm gehörten die Ortsteile Biesdorf, Kaulsdorf, Mahlsdorf, Hellersdorf, Friedrichsfelde Ost und der alte Dorf-

kern Marzahn mit dem umliegenden Neubaugebiet. Von 1977 bis Mitte der achtziger Jahre war Marzahn der größte Wohnungsbauplatz der Republik. Hier wurden allein 1984 fast die Hälfte aller Neubauwohnungen Berlins errichtet. Wohnten 1983 schon 141 000 Einwohner im Stadtbezirk, so waren es im Frühjahr 1986 schon über 190 000. Diese dynamische Entwicklung machte es erforderlich, den Stadtbezirk zu teilen. Nach der Bildung des Stadtbezirkes Hellersdorf im Juni 1986 reduzierten sich das Territorium von Marzahn auf 31,6 Quadratkilometer und die Einwohnerzahl auf 130 000.

Der Stadtbezirk Marzahn, der heute eine langgestreckte, mittlere Lage zwischen dem zur Innenstadt gehörenden Lichtenberg und dem Außenbezirk Hellersdorf einnimmt, hat zwei Gesichter: In der Südhälfte, in Biesdorf, bestimmen die Ein- und Zweifamilienhäuser mit Gärten das Bild, nördlich der Allee der Kosmonauten dominieren die Neubauviertel mit ihren Hochhäusern. Mittendrin liegt der rekonstruierte Dorfkern von Alt-Marzahn.

Auf Grund der Nord-Süd-Ausdehnung bildeten sich zwei Zentren heraus: einmal der Helene-Weigel-Platz mit dem neuen Rathaus, mit Kino, Bibliothek und anderen Einrichtungen, zum zweiten der sogenannte gesellschaftliche Hauptbereich entlang der Marzahner Promenade unter anderem mit Kaufhaus, Poliklinik, Pionierhaus. Für die Naherholung steht das Wuhletal von der Stadtgrenze bei Ahrensfelde im Norden bis Köpenick im Süden zur Verfügung.

Der Stadtbezirk Marzahn ist aber nicht nur eine Wohnstadt, sondern beherbergt auch Groß- und Mittelbetriebe und ist Sitz von Industriekombinaten. Der VEB Elektroprojekt und Anlagenbau, Stammbetrieb des Kombinats Automatisierungsanlagen, erhielt 1979 an der Rhinstraße neue Produktionsgebäude für 6000 Beschäftigte. Die Berliner Werkzeugmaschinenfabrik Marzahn, die als Lieferant von Schleifmaschinen zum Werkzeugmaschinenkombinat »7. Oktober« gehört, ist hingegen ein »alter« Betrieb, den es lange vor der Stadtbezirksbildung gab. Er wurde durch einen Betriebsteil für die Produktion von Industrierobotern erweitert. Auch der VEB Stern-Radio errichtete neue Werkhallen, so daß Marzahn am Mikroelektronikprogramm der Hauptstadt beteiligt ist.

Die Landwirtschaft, die früher den Nordostraum der Hauptstadt bestimmte, hat heute nur noch eine kleine Fläche zur Verfügung. Die Genossenschaftsbauern der LPG »Edwin Hoernle« – 1953 die erste landwirtschaftliche Produktionsgenossenschaft in Berlin – versorgen von ihrer 100 Hektar großen Nutzfläche die Berliner mit Gemüse und Blumen. Sie legten weitere Treibhäuser an und richteten eine Mosterei ein, die von vielen Kleingärtnern aus dem Umkreis genutzt wird.

Der jüngste Stadtbezirk ist Hellersdorf. Er wurde auf Beschluß des Ministerrates der DDR vom 3. Februar 1986 mit Wirkung vom 1. Juni 1986 gebildet. Zu ihm gehört der gesamte Ostraum der Hauptstadt zwischen Wuhletal und Stadtgrenze mit den Ortsteilen Kaulsdorf, Mahlsdorf, Alt-Hellersdorf und dem sich anschließenden Neubaugebiet. Auf dieser 27,8 Quadratkilometer

großen Fläche wohnten 1986 schon 62 000 Einwohner, ihre Zahl wird bis 1990 auf rund 150 000 ansteigen.

Der städtebauliche Reiz des Neubaugebietes Hellersdorf besteht darin, daß hier jeder Bezirk der DDR in seiner typischen Architektur Wohngebiete errichtet. Im allgemeinen werden fünf- und sechsgeschossige Gebäude, von einigen Punkthäusern überragt, errichtet, so daß die Stadtsilhouette von den Marzahner Hochhausgruppen her in die offene Landschaft abfällt. In gewohnter Weise wird komplex gebaut, das heißt, gleichzeitig mit den Wohnhäusern entstehen alle notwendigen Einrichtungen, Straßen und Anlagen. Hellersdorf ist nicht nur zeitlich gesehen der jüngste Stadtbezirk; im Sommer 1986 betrug das Durchschnittsalter der Einwohner im Neubaugebiet 22,7 Jahre. Darum ist bis 1990 der Bau von 58 Kinderkrippen mit 5 200 Plätzen, von 78 Kindergärten mit 14 000 Plätzen sowie von 38 Oberschulen und 33 Turnhallen vorgesehen. Hinzu kommen ein Kaufhaus, über 20 Kaufhallen und über 50 Geschäfte sonstiger Art, ferner 4 Polikliniken, 2 Ambulanzen, 17 Wohngebietsgaststätten, 24 kleine Restaurants und Cafés, 16 Jugendklubs und 15 Dienstleistungseinrichtungen. Der Verkehrsanschluß an die Innenstadt erfolgt in erster Linie über die neue U-Bahn-Strecke, die von der Station Tierpark aus 10,5 Kilometer durch den Stadtbezirk führt. Obwohl am Stadtrand gelegen, wird der Stadtbezirk nach Abschluß aller Arbeiten um 1990 einen durchaus urbanen Charakter tragen. Das Wuhletal, die Kaulsdorfer Seen, eine Reihe feuchter Niederungsgebiete um Pfuhle und Auen im Neubaugebiet sowie die abwechslungsreiche Wald- und Seenlandschaft um Strausberg (Bezirk Frankfurt) dienen der Naherholung.

An Industriebetrieben beherbergt der neue Stadtbezirk den VEB Elektromechanik Kaulsdorf, Stammbetrieb des Kombinats Technische Konsumgüter; er ist vor allem als Produzent von Kaffee- und Teeautomaten bekannt. Die Ansiedlung weiterer umweltfreundlicher Betriebe ist geplant. In den Bereichen Volksbildung, Gesundheitswesen, Handel und Dienstleistungen stehen über 25 000 Arbeitsplätze zur Verfügung. Trotz verringerter landwirtschaftlicher Nutzfläche wird die LPG Hellersdorf-Mahlsdorf weiterhin Pflanzenproduktion betreiben.

Das künftige Zentrum des Stadtbezirkes entsteht mit allen erforderlichen Einrichtungen, darunter auch dem Rathaus, am Cottbuser Platz. Am 8. Juni 1986 wählten die Einwohner des Stadtbezirkes Hellersdorf erstmals ihre Volksvertreter in die Stadtbezirksversammlung.

Während sich zwischen 1979 und 1986 die territoriale Struktur im Nordost- und Ostraum der Hauptstadt veränderte, blieb es bei den beiden großen Stadtbezirken im Südostraum – Treptow und Köpenick.

Im Stadtbezirk Treptow, der sich von der Innenstadt bis zum Stadtrand entlang der Spree erstreckt (40,6 Quadratkilometer Fläche und eine Wohnbevölkerung von 111 100 im Frühjahr 1986), ist Gegensätzliches vereint: Neben dem Treptower Park, dem Plänterwald und der Königsheide, die schon den Übergang

zur großen Wald- und Erholungslandschaft im Südosten der Hauptstadt ankündigen, bestimmen Fabrikgebäude, hohe Schornsteine, Lagerplätze und – wie in Schöneweide – Industriebahngleise auf den Straßen das Bild. Seit der Jahrhundertwende entwickelte sich der Stadtbezirk als ein Industriegebiet. Die günstigen Bodenpreise und die guten Verkehrsverhältnisse durch direkte Gleisanschlüsse und besonders durch Spree und Teltowkanal, auf denen Roh- und Hilfsstoffe billig herangeholt werden konnten, veranlaßten viele Konzerne und Unternehmen, ihre Betriebe hierher zu verlagern. Auch nach 1945 baute Treptow seine Stellung als Industriestandort weiter aus. Auf dem Gelände des früheren Flugplatzes Johannisthal wurden neue Betriebe angesiedelt. Heute werden hier 15,9 Prozent der hauptstädtischen Industrieproduktion erwirtschaftet. Der VEB Elektro-Apparate-Werke »Friedrich Ebert« gehört mit mehr als 9 000 Beschäftigten zu den größten Industriebetrieben Berlins; er deckt zu 75 Prozent den Bedarf an Automatisierungstechnik in der DDR. Weitere Schwerpunktbetriebe sind: VEB Berlin-Chemie, VEB Berliner Metallhütten- und Halbzeugwerke, VEB

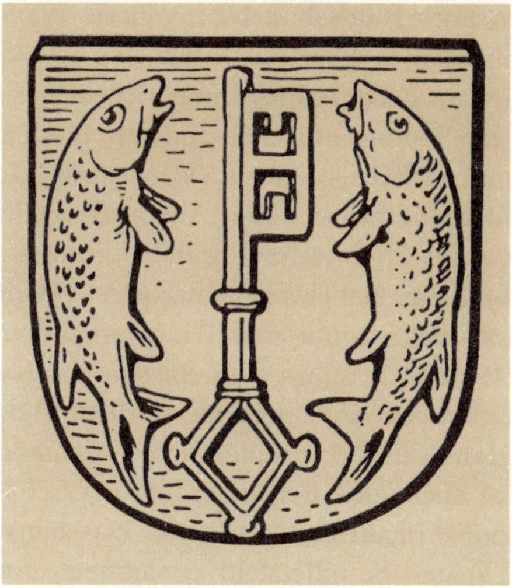

Kühlautomat, VEB Werk für Signal- und Sicherungstechnik, VEB Spezialfahrzeugwerk, VEB Medizinische Geräte, VEB Kali-Chemie und das Reichsbahnausbesserungswerk »Roman Chwalek«. Zwölf naturwissenschaftliche Institute der Akademie der Wissenschaften haben in Adlershof ihren Sitz. Auch das Fernsehen der DDR sendet von Adlershof.

Der Ende der fünfziger Jahre einsetzende Bau neuer Wohngebiete zwischen Plänterwald und Baumschulenweg, in Johannisthal und an der Köllnischen Heide sowie neuerdings in Altglienicke reduzierte die früher gärtnerisch und landwirtschaftlich genutzte Fläche. Zahlreiche Verkehrsbauten unterstreichen die Rolle des Stadtbezirkes als »südliches Tor« von Berlin. Hier ballen sich Schienen-, Straßen-, Wasser- und Luftwege zu einem dichten Verkehrsknoten, der für die gesamte Republik und auch für die internationalen Verbindungen bedeutsam ist.

Köpenick – mit 127,3 Quadratkilometern nimmt es 31,6 Prozent der Fläche der Hauptstadt ein – ist Berlins »grüner Bezirk«. In der wald- und seenreichen Müggellandschaft finden alljährlich etwa 6 Millionen Menschen Erholung. Hier gibt es 6 Strand-

und Freibäder, über 160 Kilometer markierte Wanderwege und 10 Campingplätze.

Köpenick ist ein bedeutsames Industriegebiet, aus dem 1985 24,1 Prozent der hauptstädtischen Industrieproduktion kamen. Vorwiegend sind es Betriebe der Elektrotechnik/Elektronik und der Plast- und Metallbearbeitung. Allein die Hälfte der Industrieproduktion des Stadtbezirkes verläßt die drei Oberschöneweider Großbetriebe Kabelwerk Oberspree »Wilhelm Pieck«, Werk für Fernsehelektronik und Transformatorenwerk »Karl Liebknecht«. Weitere bekannte Betriebe sind das Kabelwerk Köpenick, das Funkwerk Köpenick, die Berliner Akkumulatoren- und Elementefabrik und das Reifenwerk in Schmöckwitz.

Köpenick ist aber auch Berlins größte »Waschküche«. Nach 1873 hatte der Fabrikant Spindler seine Waschanstalt und Färberei in den später Spindlersfeld genannten Ortsteil verlegt. Heute vollbringt der VEB Rewatex, der 1974 moderne Betriebsanlagen an der Grünauer Straße erhielt, nahezu 80 Prozent aller Wasch- und Reinigungsleistungen der Hauptstadt.

Der Wohnungsneubau konzentrierte sich seit den sechziger Jahren im Kietzer Feld und besonders im Allende-Viertel. Mitte der achtziger Jahre begann die umfassende Rekonstruktion der Altstadt, die zusammen mit dem Schloß und dem repräsentativen Rathaus, errichtet 1901–1904, auf einer von Spree und Dahme umflossenen Halbinsel liegt. Aber auch in den anderen Ortsteilen – in den Gemeinden Friedrichshagen, Rahnsdorf, Schmöckwitz, Müggelheim, Grünau und Bohnsdorf sowie in den Villenkolonien Wendenschloß, Karolinenhof und Hessenwinkel – wurde viel gebaut. Vier neue Brücken über Spree, Dahme und Gosener Kanal verbesserten die Verkehrsverhältnisse. Im Frühjahr 1986 registrierte man 120 000 Einwohner im Stadtbezirk.

Die erfolgreiche Gesamtbilanz, die die Hauptstadt am Vorabend der 750-Jahr-Feier aufzuweisen hat, widerspiegelt sich somit in vielfältigster Weise in der Entwicklung eines jeden ihrer Stadtbezirke.

Im Frühjahr 1986 lebten über 1,216 Millionen Menschen in Berlin. Das waren 7,3 Prozent der Gesamtbevölkerung der DDR. Im Zeitraum von 1970 bis 1985 nahm die Zahl der Wohnbevölkerung Berlins um 11,9 Prozent zu. Das war in erster Linie das Resultat steigender Geburtenzahlen, das Ergebnis der vorbildlichen staatlichen Förderung für Mutter und Kind. Zum anderen aber zogen viele Bürger aus allen Teilen der Republik in die Hauptstadt. Es erhöhte sich die Zahl der Berliner im arbeitsfähigen Alter von 57,9 Prozent im Jahre 1970 auf 67,5 Prozent im Jahre 1985. Im gleichen Zeitraum ging der Anteil der Wohnbevölkerung im Rentenalter von 20,5 auf 14,3 Prozent zurück. Die durch Krieg und Nachkriegszeit bedingte starke Überalterung nahm somit ab. Auffallend blieb der starke Frauenüberschuß bei den älteren Jahrgängen. Das waren jene Generationen, die in einer schweren Zeit, als die meisten Männer gefallen waren oder sich noch in Kriegsgefangenschaft befunden hatten, als Trümmerfrauen begannen und später auf wichtigen Posten des Neuaufbaus standen. Dankbar fühlt die Stadt sich ihnen verpflichtet. Gegenwärtig sind etwa die Hälfte der Berufstätigen Frauen. In Bereichen wie Handel, Gesundheitswesen, Volksbildung und Dienstleistungen sind es sogar zwei Drittel. 1985 bot die sozialökonomische Gliederung der werktätigen Berliner folgendes Bild:

Von 1 000 Berufstätigen (einschließlich Lehrlinge) waren:

Arbeiter und Angestellte	956
Mitglieder von Produktionsgenossenschaften	23
davon LPG und GPG	4
PGH	19
Freiberuflich Tätige	7
Kommissionshändler	3
Private Händler, Handwerker und übrige private Betriebe	11

Die Zahl der ständig Berufstätigen stieg im Zeitraum von 1970 bis 1985 von 542 300 auf mehr als 669 800. Fast ein Drittel von ihnen ist in der Industrie einschließlich dem produzierenden Handwerk tätig. Sie schufen 1985 5,4 Prozent der industriellen Bruttoproduktion der DDR. Das Qualifikationsniveau der Werktätigen erhöhte sich stetig. Verfügten im Jahre 1970 60,9 Prozent aller Berufstätigen über eine abgeschlossene Berufsausbildung, so waren es im Jahre 1985 schon 86,3 Prozent. Im Jahre 1985 hatten von 1 000 Berufstätigen 519 einen Abschluß als Facharbeiter, 28 als Meister, 168 hatten eine Fachschule und 147 eine Hochschule absolviert. Das sind eindrucksvolle Zahlen, die den Platz des Industriestandortes Berlin in der Volkswirtschaft der DDR näher bestimmen. Von der größten Industriestadt der DDR gehen starke Impulse für Wirtschaft, Wissenschaft, Forschung und Technik aus. In den Kombinaten und Großbetrieben, an der Akademie der Wissenschaften der DDR, an der Humboldt-Universität und an den anderen Hoch- und Fachschulen werden Leistungen vollbracht, die Wissenschaft und Ökonomie der DDR im internationalen Vergleich weiter nach vorn bringen.

Berlin ist ein bedeutendes nationales und internationales Zentrum des geistig-kulturellen Lebens mit seinen Theatern und Museen, Festivals und Ausstellungen, Kongressen und Tagungen. Alljährlich kommen Millionen Besucher aus aller Welt an die Spree.

So präsentiert sich die Hauptstadt der Deutschen Demokratischen Republik am Vorabend des 750jährigen Stadtjubiläums als ein Werk aller Bürger der Republik, als eine aufblühende, eine dynamische, eine zukunftsfreudige Stadt, die ihre Gäste in Freundschaft empfängt und ihnen viel von der friedlichen Arbeit, vom Fleiß und vom Leben ihrer Bewohner zu sagen weiß. In Berlin widerspiegeln sich die Errungenschaften und die Ideale der sozialistischen Nation der DDR.

Bibliographische Notizen

Dem Leser, der sich eingehender mit der Geschichte der Hauptstadt Berlin nach 1945 beschäftigen möchte, wird hiermit eine Handreichung gegeben, die ihm den Zugang zur einschlägigen Literatur erleichtern soll. Es entspricht sicherlich seinem Bedürfnis, wenn die hier mögliche Auswahlbibliographie von selbständigen Publikationen in einer kurzen kommentierenden Form geboten wird. Die räumliche Beschränkung zwingt zu einer sachlichen Gliederung, die nicht mit der Kapiteleinteilung des Buches übereinstimmt. Im allgemeinen ist bei den Titeln das Erscheinungsjahr in Klammern angegeben, bei überarbeiteten und erweiterten Auflagen wissenschaftlicher Publikationen ist eine hochgestellte Ziffer vermerkt. Sofern nicht anders angegeben, ist der Erscheinungsort immer Berlin.

Über Berlin nach 1945 ist viel geschrieben worden, und immer kommen neue Titel hinzu. Die von der Berliner Stadtbibliothek seit 1956 herausgegebene Bibliographie »Berlin, Hauptstadt der DDR, in Buch und Zeitschrift« verzeichnet alles, was als selbständige Publikation, als Flugschrift, in Periodika und in der Tagespresse zu den verschiedensten aktuellen und historischen, politischen, wirtschaftlichen und kulturellen Themen erscheint.

Indes stellt man fest, daß historische Gesamtdarstellungen für die Zeit nach 1945 noch rar sind. Die erste zusammenfassende Darstellung aus der Sicht der marxistisch-leninistischen Historiographie der DDR legten Gerhard Keiderling und Percy Stulz mit »Berlin 1945–1968« (1970) vor. Darauf aufbauend, schrieben Roland Bauer und Alfred Doil die entsprechenden Kapitel für das Gemeinschaftswerk »Berlin – 800 Jahre Geschichte in Wort und Bild« (1980). Die Thesen »750 Jahre Berlin« (1986) geben der Entwicklung von 1945 bis zur Gegenwart breiten Raum.

Für grundlegende Prozesse und für die Einordnung der Berliner Geschichte in die Nationalgeschichte greife man zu solchen Standardwerken wie »Geschichte der Sozialistischen Einheitspartei Deutschlands. Abriß« (1978), Hochschullehrbuch »Geschichte der Deutschen Demokratischen Republik« (1981), »Geschichte des Freien Deutschen Gewerkschaftsbundes« (1982), »Geschichte der Freien Deutschen Jugend« (1982), »Die Nationale Front der DDR. Geschichtlicher Überblick« (1984) und »Armee für Frieden und Sozialismus. Geschichte der Nationalen Volksarmee der DDR« (1985).

Beiträge und Dokumentationen zur Stadtgeschichte und zur Geschichte der Berliner Arbeiterbewegung finden sich in folgenden Periodika: in der vom Kulturbund von 1955 bis 1961 herausgegebenen »Berliner Heimat«, in der Schriftenreihe des Stadtarchivs »Beiträge, Dokumente, Informationen des Archivs der Hauptstadt der DDR« (1964–1977) und ihrer Fortsetzung »Berliner Geschichte« (seit 1980), in der von der Interessengemeinschaft für Denkmalpflege, Kultur und Geschichte Berlins beim Kulturbund der DDR 1978 begründeten Reihe »Miniaturen zur Geschichte, Kultur und Denkmalpflege Berlins« sowie in den in unregelmäßiger Folge von der Bezirkskommission zur Erforschung der Geschichte der örtlichen Arbeiterbewegung bei der SED-Bezirksleitung herausgegebenen »Beiträgen zur Geschichte der Berliner Arbeiterbewegung« (seit 1970). Letztere erscheinen faktisch in drei Reihen: den thematischen Heften mit Artikeln und Dokumentationen, den Vorabdrucken aus »Geschichte der revolutionären Berliner Arbeiterbewegung« und in Beiträgen zu Mahn-, Gedenk- und Erinnerungsstätten der Arbeiterbewegung in den Stadtbezirken.

Von den Stadt- und Reiseführern, die es inzwischen in verschiedenen Ausführungen gibt, sei der Brockhaus-Stadtführer »Berlin, Hauptstadt der DDR« (1966) von Annemarie Lange genannt. Er war der erste Stadtführer, der allseitig und mit betonter Schwerpunktsetzung auf Geschichte über Entwicklung, Bedeutung und Sehenswürdigkeiten Berlins informierte.

Die meisten Bildbände zeigen das Berlin von heute. Bemerkenswert für das chronikalische Geschehen sind »Berlin. 10 Jahre nach der Befreiung« (1955), Herta Nordens »Berlin 1945–1958« (1958) und Heinz Bergschickers Bilddokumentation »Berlin – Brennpunkt deutscher Geschichte« (1965).

»Berlin in Zahlen« hießen die vom Magistrat von 1945 bis 1949 herausgegebenen Taschenbücher. Die »Berliner Statistik« erschien von 1947 bis 1952. Später gab es »Statistische Taschenbücher der Hauptstadt der DDR« (1958, 1961). Mit der Broschüre »Vier gute Jahre« (1967) begann die SED-Bezirksleitung, statistische Bilanzen zur Entwicklung Berlins anläßlich ihrer Bezirksdelegiertenkonferenzen herauszugeben.

Die Befreiung Berlins durch die Sowjetarmee im Frühjahr 1945 ist Gegenstand vieler Publikationen. Unentbehrlich, weil außerordentlich materialreich ist die Dokumentation von

Klaus Scheel »Die Befreiung Berlins 1945« (1975, 1985^2). Über das Geschehen in den Stadtbezirken berichten Broschüren wie »1945. Wie Weißensee aus Ruinen auferstand« (1965), »Als das Leben begann« (1965) über Lichtenberg und »Das Jahr 1945 im Stadtbezirk Mitte« (1970).

Eine Quelle besonderer Art für den militärischen Verlauf der Berliner Operation und für die Anfänge der sowjetischen Besatzungspolitik stellen die Kriegsmemoiren sowjetischer Heerführer dar: G. K. Shukow »Erinnerungen und Gedanken« (2 Bde., 1976), W. I. Tschuikow »Gardisten auf dem Weg nach Berlin« (1976), Iwan Stepanowitsch Konew »Das Jahr fünfundvierzig« (1969), N. A. Antipenko »In der Hauptrichtung« (1973), S. M. Schtemenko »Im Generalstab« (2 Bde., 1975). Besonders hervorzuheben ist von F. J. Bokow »Frühjahr des Sieges und der Befreiung« (1979), weil der Autor – Mitglied des Kriegsrates der 5. Stoßarmee Bersarins – eine detaillierte Schilderung der Befreiung jener Stadtgebiete gibt, die heute die Hauptstadt der DDR bilden. Ferner seien genannt von Wassili J. Subbotin »Wir stürmten den Reichstag« (1969) und von Jelena Rshewskaja »Hitlers Ende ohne Mythos« (1967), der Bericht einer sowjetischen Aufklärerin über die Auffindung und Identifizierung der Leiche Hitlers.

Aus sowjetischer Feder stammen des weiteren Bücher, die den Untergang des Hitlerfaschismus aus dem Blickwinkel der Berliner Ereignisse schildern: German Rosanow »Das Ende des Dritten Reiches« (1965) und Lew Besymenski »Auf den Spuren von Martin Bormann« (1965). An dieser Stelle sind auch die illustrierten historischen hefte von Olaf Groehler »Das Ende der Reichskanzlei« (1976) und von Klaus Scheel »Hauptstoßrichtung Berlin« (1983) sowie die Dokumentation von Gerhard Förster und Richard Lakowski »1945 – Das Jahr der endgültigen Niederlage der faschistischen Wehrmacht« (1975, 1985^2) zu nennen. Richard Lakowski und Klaus Dorst behandelten in »Berlin. Frühjahr 1945« (1985) den Abschluß der Befreiungsmission der Sowjetarmee durch die Berliner Operation.

Eine Sammlung zeitgenössischer Dokumente von der Befreiung bis zur Gründung der SED enthält der Band »Dokumente und Materialien zur Geschichte der deutschen Arbeiterbewegung, Reihe III, Bd. 1: Mai 1945–April 1946« (1959). Eingehend untersucht SIEGFRIED THOMAS in der Monographie »Entscheidung in Berlin« (1964, 1967[2]) die Entstehungsgeschichte der SED in Berlin. In seiner Arbeit »Die KPD im Jahre der Befreiung« (1985) geht GÜNTER BENSER auch ausführlich auf die Berliner Ereignisse ein. Über das Ringen um die Einheit der Arbeiterbewegung in den einzelnen Stadtbezirken haben die SED-Kreisleitungen Materialien herausgegeben, so für Lichtenberg »Die große Kraft« (1966), für Treptow »Geeinte Hände« (1966) und für Pankow »Wenn wir brüderlich uns einen« (1966). Die Sitzungsprotokolle des Berliner Gewerkschaftsausschusses und andere Dokumente von Juni 1945 bis Februar 1946 sind im Quellenband »Gewerkschaftlicher Neubeginn« (1975) enthalten.

Eine wichtige Quelle für den Wiederaufbau der Stadt sind die Rechenschaftsberichte des ersten demokratischen Magistrats »Ein halbes Jahr Berliner Magistrat« (1946), »Das erste Jahr – Berlin im Neuaufbau« (1946) und der Bericht von JOSEF ORLOPP »Zusammenbruch und Aufbau Berlins 1945/1946« (1947).

Das Schrifttum zu diesem thematischen Komplex ist reichhaltig. Es liegt in Dissertationen sowie in Artikeln und Dokumentationen vor, die zum großen Teil in den eingangs genannten Periodika erschienen sind. In der Monographie »Die Berliner Krise 1948/49« (1982) untersucht GERHARD KEIDERLING die Ursprünge, Triebkräfte, Hintergründe und Stationen der imperialistischen Spaltungspolitik. Sein illustriertes historisches heft »Die Spaltung Berlins« (1985) setzt sich ebenfalls mit westlichen Legenden um »Blockade« und »Luftbrücke« auseinander. In »Berlin in jenen Tagen« (1959) schildert HANS ADLER (EBERHARD HEINRICH – *d. Verf.*) aus der Sicht des Zeitzeugen anschaulich die Nachkriegsnöte und die zur Spaltung führenden Vorgänge.

Wer sich in zeitgenössischen Berichten direkt informieren will, dem sei empfohlen HERMANN MATERN »Berlin und Deutschland« (1947), KARL LITKE »In Deiner Sache Berliner« (1947) und KARL MARON »Spalter am Werk« (1948). Im Funktionärorgan des SED-Landesverbandes Groß-Berlin »Wille und Weg« (1946–1950) widerspiegelten sich die Bemühungen der Partei der Arbeiterklasse um eine antifaschistisch-demokratische Entwicklung in ganz Berlin. Der FDGB Groß-Berlin legte einen »1. Geschäftsbericht 1946« (1947) und einen »Tätigkeitsbericht 1948–1949« (1950) vor. Tatsachenberichte entlarven »Die Schuldigen an der Spaltung der Gewerkschaften von Groß-Berlin« (1948) und den »Putsch bei der Berliner Eisenbahn« (1949). Die Dokumentationen »Allen Kindern das gleiche Recht auf Bildung« (1981) und »Zur Sozialpolitik in der antifaschistisch-demokratischen Umwälzung 1945 bis 1949« (1984) enthalten auch Materialien zu Berlin.

Die kulturpolitische Landschaft jener Jahre und besonders die Auseinandersetzung mit reaktionären Kräften beschreibt KARL-HEINZ SCHULMEISTER in »Auf dem Wege zu einer neuen Kultur. Der Kulturbund in den Jahren 1945–1949« (1977). Die Broschüre »Beiträge zur Geschichte der Gründung der Freien Deutschen Jugend in Berlin« (1967) behandelt den Kampf für die Zulassung der FDJ in ganz Berlin. HANS JOACHIM KOPPE gibt in »Berliner CDU am Scheideweg« (1967) einen Einblick in den innerparteilichen Differenzierungsprozeß auf dem Höhepunkt der Spaltung Berlins. Fragen der demokratischen Schulreform enthält die Publikation »Zur Schulgeschichte Berlins« (1965).

Die Tatsache, daß die Literatur zur politischen Entwicklung in der Hauptstadt – von Fragen der örtlichen Staatsmacht bis zu Parteien und Massenorganisationen – in Zeitschriften oder Sammelbänden verstreut vorliegt, ist ein untrügliches Zeichen für noch bestehende Forschungsrückstände. Einige Quellen und größere Arbeiten seien hier genannt.

Wie sich die Gründung der DDR in Berlin vollzog, schildert Helmut Neef eindrucksvoll in »Entscheidende Tage im Oktober 1949« (1979). Den erfolgreichen sozialistischen Aufbau dokumentieren die Tätigkeitsberichte, die der Magistrat vor allem in den fünfziger Jahren herausgab: »Berlin. Ein Jahr demokratischer Magistrat« (1949), »Zwei Jahre demokratischer Magistrat von Groß-Berlin« (1950), »4 Jahre demokratischer Magistrat von Groß-Berlin« (1952), »Unser Berlin im ersten Fünfjahrplan« (1956), »Unser Berlin« (1957), »Bericht des Magistrats von Groß-Berlin an die Stadtverordnetenversammlung von Groß-Berlin zum 10. Jahrestag des demokratischen Berlin« (1958) und »Vier gute Jahre« (1967). Kommunalpolitische Beiträge enthalten auch die beiden Bände mit ausgewählten Reden und Aufsätzen des langjährigen Oberbürgermeisters Friedrich Ebert »Einheit der Arbeiterklasse – Unterpfand des Sieges« (1959) und »Der Sozialismus – die Zukunft Deutschlands« (1964).

Die Artikelreihe von Gerhard Keiderling in »Berliner Geschichte« über die Tätigkeit des Magistrats, von der die Teile 1948–1955 bereits vorliegen, versteht sich als Vorarbeit zu einer grundlegenden Geschichte des Magistrats der Hauptstadt. Die von einem Autorenkollektiv unter Leitung von Hilde Benjamin verfaßte zweibändige Darstellung »Zur Geschichte der Rechtspflege der DDR« (1976, 1980) geht auch auf die Berliner Entwicklung in den Perioden 1945–1949 (Bd. 1) und 1949–1961 (Bd. 2) ein.

Über das Nationale Aufbauwerk informieren »Unser Nationales Aufbauprogramm Berlin 1952« (1952), »Wir bauen Deutschlands Hauptstadt« (1952) und »Berlin, unsere Hauptstadt« (1954). Zur Geschichte der Stadtbezirke gibt es zwar eine Reihe Broschüren, aber eine materialreiche Chronik hat bisher nur Rudolf Dörrier mit »Pankow« (1971) vorgelegt.

Aus der in Arbeit befindlichen »Geschichte der revolutionären Berliner Arbeiterbewegung« erschienen 1986 als Vorabdruck in der Schriftenreihe »Berliner Arbeiterbewegung« die Kapitel 1949–1952 von Karlheinz Kuba und 1958–1961 von Peter

HÜBNER. Eine wichtige Quelle für das Ringen um die Realisierung des Berlin-Programms des Politbüros der SED sind die Materialien der XI. bis XVI. Bezirksdelegiertenkonferenz Berlin der SED (1974–1986), die von der SED-Bezirksleitung herausgegeben wurden. Über die Entwicklung der hauptstädtischen Bezirksorganisationen des FDGB und der FDJ kann man in deren vorn genannten Gesamtdarstellungen Wichtiges erfahren.

Solange eine Wirtschaftsgeschichte Berlins nach 1945 noch aussteht, bieten Betriebsgeschichten gute Voraussetzungen, um in die Grundzüge der Wirtschaftsentwicklung dieses zentralen Industriestandortes einzudringen. Als Schnittpunkte heben sich dabei ab: die Wiederaufnahme der Produktion im Jahre 1945 und ihre Umstellung auf die Bedürfnisse einer Friedenswirtschaft, der Kampf um die Enteignung der Konzerne und Monopole, die Schaffung des volkseigenen Sektors, die Herausbildung sozialistischer Produktionsverhältnisse, die Profilierung der Wirtschaftsstruktur der Hauptstadt und die Kombinatsbildungen der siebziger und achtziger Jahre. Von folgenden Großbetrieben liegen gedruckte Betriebsgeschichten vor: VEB Bergmann-Borsig mit »Ohne Kapitalisten geht es besser« (1959), »Es wächst die Kraft. Aus der Geschichte des Kabelwerkes Köpenick« (1964) von BRUNO SCHOLZ und LUDWIG TUREK, »15 Jahre VEB Funkwerk Köpenick« (1964), »Wir gehen den Weg gemeinsam« (1969) und »Wir sind mit unserer Republik gewachsen« (1979) für den VEB Transformatorenwerk »Karl Liebknecht«, »Arbeiter machen Geschichte« (1980) für das Berliner Glühlampenwerk im NARVA-Kombinat, »Das Werk der befreiten Arbeiterklasse« (1979) für das Kombinat EAW Treptow und »Signal auf Grün« (1981) für den VEB Werk für Signal- und Sicherungstechnik.

Von den städtischen Betrieben liegt in zwei Bänden die Betriebsgeschichte der Bewag, der Berliner Elektrizitätswerke, vor: »Unsere Kraft, Teil 1 1884–1949, Teil 2 1949–1961« (1973,

1975). »BVGer in der ersten Reihe 1945 bis 1952« (1973) gibt einen Einblick in die Geschichte der städtischen Verkehrsbetriebe, zu denen damals U-Bahn, Straßenbahn, Obusse und Omnibusse gehörten.

Erwin Kramer, langjähriger Minister für Verkehrswesen, hat in seinem Buch »Die Entwicklung des Verkehrswesens in der DDR« (1978) auch Berliner Verkehrsbauten mitbehandelt. Anläßlich des Jahrestages der Elektrifizierung der Berliner Stadtbahn erschienen »50 Jahre Berliner S-Bahn 1924–1974« (1974) und »Die Berliner S-Bahn« (1973). In »MS Spree – Fahrgastschiffahrt zwischen Elbe und Oder« (1985) berichtet Manfred Breuer aus der Geschichte der Weißen Flotte im Berliner Raum.

Von 1949 bis 1968 gab der Magistrat einen alljährlichen und umfangreichen »Bericht über die Entwicklung des Gesundheitswesens in der Hauptstadt der DDR« heraus, dem sich bis 1975 Jahresberichte anschlossen. Ab 1978 erscheint das »Statistische Jahrbuch Gesundheits- und Sozialwesen«. Die Verwirklichung des sozialpolitischen Programms der SED in den Jahren 1971–1978 legt die Dokumentation »Zum Wohle des Volkes« (1980) dar, ihre Fortsetzung für die Jahre 1978–1985 erschien 1986 unter dem Titel »Weiter voran zum Wohle des Volkes«.

Die Überwindung der Kriegsschäden und der Neuaufbau der Hauptstadt, der mit großen denkmalpflegerischen Leistungen verbunden ist, sind Gegenstand spezieller Veröffentlichungen. Die Dokumentation von Götz Eckardt »Schicksale deutscher Baudenkmale im zweiten Weltkrieg. Eine Dokumentation der Schäden und Totalverluste auf dem Gebiet der Deutschen Demokratischen Republik« (1978) gibt in Bd. 1 einen Überblick über das Ausmaß der Kriegszerstörungen bei den Berliner Bau- und Kunstdenkmalen. Der Architekturführer »Berlin, Hauptstadt der Deutschen Demokratischen Republik« (1974), das vom Institut für Denkmalpflege der DDR bearbeitete Dehio-Handbuch der deutschen Kunstdenkmäler für die Bezirke Berlin/

DDR und Potsdam (1983) und der vom gleichen Institut herausgegebene Band »Die Bau- und Kunstdenkmale in der DDR, Hauptstadt der DDR« (1983, Bd. 1) widmen der Bautätigkeit nach 1945 breiten Raum.

In »Historische Straßen und Plätze heute. Berlin, Hauptstadt der DDR« (1972, 1980[7]) dokumentiert Waltraud Volk in Wort und Bild den Wiederaufbau der historischen Straße Unter den Linden, Alt-Köllns mit dem Fischerkietz und des innerstädtischen Areals zwischen Marx-Engels-Platz und Alexanderplatz. Den liebevoll restaurierten Meisterwerken deutscher Baukunst wie auch den repräsentativen Gesellschaftsbauten des sozialistischen Berlin sind Spezialdarstellungen gewidmet wie die von Dieter Bolduan und Siegfried Dziadek »Die Hauptstadt und ihre Bauleute. Eine Chronik des Berliner Bauwesens« (1970), Heinz Graffunder »Der Palast der Republik« (Leipzig 1977), Adalbert Behr, Alfred Hoffmann und Ehrhardt Gisske »Das Schauspielhaus in Berlin« (1984) sowie Günter Stahn »Das Nikolaiviertel am Marx-Engels-Forum« (1985).

Von Christoph Funke und Dieter Kranz erschien 1978 »Theaterstadt Berlin«, »Musikstadt Berlin« (Leipzig 1974) verfaßten Horst Seeger und Ulrich Bökel; beide Publikationen berichten über Geschichte und Gegenwart des hauptstädtischen Sprech- und Musiktheaters. Auch Festschriften geben Informationen über die künstlerische Arbeit: »Deutsches Theater. Bericht über 10 Jahre« (1957), »100 Jahre Deutsches Theater 1883–1983« (1983, 1986[2]), Otto Schneidereit »60 Jahre Metropol 1898–1958« (1958), Manfred Wekwerth »Notate. Zur Arbeit des Berliner Ensembles 1956–1966« (1967), »20 Jahre Komische Oper« (1967) sowie »Deutsche Staatsoper 1945–1965« (1965) und »Deutsche Staatsoper Berlin« (1980), herausgegeben von der Intendanz zum 25. Jahrestag der Wiedereröffnung des Hauses. Werner Ottos »Die Lindenoper« (1977) läßt die Geschichte dieses berühmten Hauses wach werden.

Eine Chronik besonderer Art bieten ERNST SCHUMACHERS »Berliner Kritiken« für die Jahre 1964–1984 (1975, 1982, 1986) und GÜNTHER CWOJDRAKS »Bei Licht besehen. Berliner Theaterkritiken 1961 bis 1980« (1982).

»Das hat Berlin schon mal gesehn« (1978, 1982[3]) nannte WOLFGANG CARLÉ seine Geschichte des Friedrichstadt-Palastes. Das Berliner Varieté und Kabarett, dabei besonders »Die Distel«, behandeln ERNST GÜNTHER in »Geschichte des Varietés« (1981) sowie RAINER OTTO und WALTER RÖSLER in »Kabarettgeschichte« (1981).

HEINRICH BRAULICHS Gesamtdarstellung über »Die Volksbühne« (1976) geht auch auf die Auseinandersetzungen um die Berliner Volksbühnenbewegung nach 1945 ein, die zur Spaltung dieser traditionsreichen kulturellen Massenbewegung der deutschen Arbeiterklasse führten. HENNING MÜLLER behandelt in »Theater der Restauration. Westberliner Bühnen, Kultur und Politik im Kalten Krieg« (1981) die von den Westmächten betriebene Verhinderung einer antifaschistisch-demokratischen Umwälzung im Ideologiebereich im Berlin der Nachkriegszeit in ihrer ganzen theatergeschichtlichen Breite.

Der Wiederaufbau der Berliner Museen und die Pflege ihrer einmaligen Kunstschätze ist in den zahlreichen Museumsführern und Ausstellungskatalogen dokumentiert. Der Katalog »Weltschätze der Kunst – der Menschheit bewahrt« (1985) anläßlich der gleichnamigen Ausstellung zum 40. Jahrestag der Befreiung vom Faschismus enthält eine beeindruckende Geschichte der Berliner Museumsinsel vom Mai 1945 bis Oktober 1959. Empfehlenswert ist auch »150 Jahre Staatliche Museen zu Berlin« (1980).

Kataloge zu wichtigen Kunstausstellungen sind geeignete Wege, um in die Berliner Plastik, Malerei und Graphik einzudringen. Besonders zu empfehlen sind die Kataloge »Weggefährten – Zeitgenossen. Bildende Kunst aus drei Jahrzehnten« (1979) und »Berliner Kunst – Retrospektive« (1981). Wichtige Aussagen zur Berliner Kunst finden sich in ULLRICH KUHIRTS

»Kunst der DDR 1945–1959« (Leipzig 1982) und »Kunst der DDR 1960–1980« (Leipzig 1983) sowie in Lothar Langs »Malerei und Graphik in der DDR« (Leipzig 1978). In dem Band »Künstler in Berlin« (1979) untersucht Lothar Lang das hauptstädtische Kunstzentrum von 1945 bis in die siebziger Jahre.

Die »Geschichte der deutschen Literatur, Bd. 11: Literatur der Deutschen Demokratischen Republik« (1976) widmet der Entwicklung Berlins als eines Literaturzentrums und dem Schaffen der Berliner Schriftsteller und Dichter breiten Raum. Ausführlich geht Ernst Schumacher in der Biographie »Leben Brechts« (Leipzig 1984) auf die Berliner Jahre des bedeutenden Dramatikers und Theatermannes ein.

Berlin als Stadt der Wissenschaften widerspiegelt sich in Festschriften und Spezialdarstellungen über die führenden Akademien, Hoch- und Fachschulen. Anläßlich der 150-Jahr-Feier der Humboldt-Universität und 250-Jahr-Feier der Berliner Charité erschienen 1960 eine dreibändige Festschrift »Forschen und Wirken« und eine populäre Ausgabe »Die Humboldt-Universität, gestern – heute – morgen«. Zum 175. Jubiläum der Alma mater berolinensis gab der Rektor 1985 zwei Bände heraus: »Humboldt-Universität zu Berlin. Überblick 1810–1985« und »Humboldt-Universität zu Berlin. Dokumente 1810–1985«. In der Schriftenreihe »Beiträge zur Geschichte der Humboldt-Universität zu Berlin« (1980 ff.) wurde auch zur Geschichte der Universität nach 1945, zur Arbeiter-und-Bauern-Fakultät (1946 bis 1962) und zum Wirken hervorragender Wissenschaftler und Hochschullehrer publiziert.

Werner Hartkopf stellt in »Die Akademie der Wissenschaften der DDR. Ein Beitrag zu ihrer Geschichte« (1975) die führende Forschungsstätte der Republik vor. Zu ihrer 300-Jahr-Feier erschien 1961 die Festschrift »Deutsche Staatsbibliothek 1661 bis 1961«. In der Dokumentation »Plünderer am Werk« (1969) hat Carlheinz von Brück die widerrechtliche Zurückhaltung des Eigentums der Deutschen Staatsbibliothek in der BRD und in Westberlin angeprangert.

Die Funktionen Westberlins im System des kalten Krieges gegen den Sozialismus wurden schon in den fünfziger Jahren in zahlreichen Dokumentationen entlarvt. Stellvertretend für viele sei »Tatsachen über Westberlin. Subversion, Wirtschaftskrieg, Revanchismus gegen die sozialistischen Staaten« (1962) genannt. Für jede Beschäftigung mit dieser Frage ist Albert Nordens Buch »So werden Kriege gemacht! Über Hintergründe und Technik der Aggression« (1950, 1968[4]) unerläßlich. Hans Teller hat in seinem Buch »Der kalte Krieg gegen die DDR. Von seinen Anfängen bis 1961« (1979) den hauptsächlich in Westberlin installierten Apparat des kalten Krieges und die von hier aus betriebene Spionage- und Sabotagetätigkeit untersucht. Materialreich schildern Eberhard Heinrich und Klaus Ullrich in »Befehdet seit dem ersten Tag. Über drei Jahrzehnte Attentate gegen die DDR« (1981) die Praktiken eines »verdeckten Krieges« des Imperialismus. Eine Abrechnung mit den führenden Geheimdiensten der USA und der BRD nehmen Julius Mader in »Gangster in Aktion. Aufbau und Verbrechen des amerikanischen Geheimdienstes« (1961[2]) und in »Die graue Hand. Eine Abrechnung mit dem Bonner Geheimdienst« (1960), Albrecht Charisius und Julius Mader in »Nicht länger geheim. Entwicklung, System und Arbeitsweise des imperialistischen deutschen Geheimdienstes« (1969, 1980[4]) sowie Eberhard Heinrich und Klaus Ullrich in »Der Krieg einer unsichtbaren Armee. Porträt der CIA« (1983) vor.

Die Sicherung der Staatsgrenze der DDR gegenüber Westberlin am 13. August 1961, bei der Westberlin die meisten seiner friedensgefährdenden Fronststadtfunktionen verlor, wird von Hartmut und Ellen Mehls in dem illustrierten historischen heft »13. August« (1979, 1981[2]) sowie von Stefan Doernberg und Franz Köhler in »Sturmglocken der Weltgeschichte« (Leipzig–Jena–Berlin 1984) behandelt.

Infolge der imperialistischen Politik der Westmächte gehörte Westberlin nach 1948 zu den akutesten Herden der internationalen Spannung und behinderte ernsthaft den Entspannungsprozeß in Europa. Aus der Fülle der historisch-politischen Arbeiten zu diesem Thema ist das Buch des sowjetischen Historikers V. N. Belezki »Die Politik der Sowjetunion in den deutschen Angelegenheiten in der Nachkriegszeit 1945–1976« (1977) hervorzuheben. In »Westberlin – gestern und heute« (1981) gibt Pjotr Abrassimow, früherer Botschafter der UdSSR in der DDR, einen instruktiven Einblick in die Vorgeschichte und in das Zustandekommen des Vierseitigen Abkommens über Westberlin von 1971, an dem er als sowjetischer Verhandlungsführer hervorragenden Anteil hatte. Schließlich sei noch die von den Ministerien für Auswärtige Angelegenheiten der DDR und der UdSSR herausgegebene Dokumentation »Das Vierseitige Abkommen über Westberlin und seine Realisierung. Dokumente 1971–1977« (1977) genannt.

Die geschichtsprallen Jahre nach 1945 haben in der breit gefächerten autobiographischen Literatur – Erinnerungsberichte, Lebensbeschreibungen und Memoiren – ihren Niederschlag gefunden. Nach wie vor liegt der Schwerpunkt in der Zeit zwischen 1945 und 1949, doch sind in jüngsten Publikationen die Geschehnisse der nachfolgenden Periode schon stärker berücksichtigt.

»Aus meinem Leben« (1980, 1982) nannte Erich Honecker seine Erinnerungen an die Gründungs- und Wachstumsjahre der DDR, in denen er auch vieles zur Geschichte der Hauptstadt zu berichten weiß. »Erich Honecker in Berlin« (1982) heißt ein Erinnerungsband, in dem Partei- und Staatsfunktionäre, Wissenschaftler und Künstler den hervorragenden Beitrag Erich Honeckers zur sozialistischen Entwicklung Berlins würdigen.

An dieser Stelle sind auch die biographischen Abrisse verdienstvoller Partei- und Staatsfunktionäre, die in Berlin wirkten und aufs engste mit der hiesigen revolutionären Arbeiterbewegung verbunden waren, zu nennen: »Wilhelm Pieck« (1975) von Heinz Vosske und Gerhard Nitzsche, »Otto Grotewohl« (1979)

und »Walter Ulbricht« (1983) von Heinz Vosske sowie »Hermann Matern« (1981) von Lya Rothe und Erich Woitinas.

In die Tage der Befreiung Berlins durch die Sowjetarmee und des Neubeginns führen zahlreiche Erinnerungen zurück. Heinz Müller beschreibt in »Kampftage in Berlin« (1973) seine Tätigkeit als Beauftragter des Nationalkomitees »Freies Deutschland«, der im Februar 1945 hinter den faschistischen Linien abgesetzt wurde, sich nach Berlin durchschlug und hier in der Widerstandsgruppe »Kampfgruppe Osthafen« in Stralau half, den Krieg zu verkürzen. Stefan Doernberg, 1945 Politoffizier der Sowjetarmee, läßt in seinem Augenzeugenbericht »Befreiung 1945« (1975, 1985²) die letzten Kriegstage und die ersten Wochen des neuen Lebens in Berlin lebendig werden. Vom Wiederaufbau im Stadtbezirk Pankow berichtet Karl Grünberg in »Episoden« (1960), Jakob und Friedel Weber behandeln die gleiche Zeit im Stadtbezirk Köpenick in »Drei Dörfer in Berlin« (Halle/S. 1973).

Aus eigenem Erleben schildern Aktivisten der ersten Stunde, Partei- und Staatsfunktionäre den Beginn der revolutionären Umgestaltungen nach 1945 und das Ringen um die Vereinigung der beiden Arbeiterparteien 1946 in Sammelbänden wie »Wir sind die Kraft« (1959), »Vereint sind wir alles« (1966, 1971²), »Die erste Stunde. Porträts« (1969, 1971²) und »Die ersten Jahre« (1979).

In ihrem Kampf fanden die deutschen Kommunisten und Antifaschisten eine umfassende, internationalistische Hilfe bei der sowjetischen Besatzungsmacht. Über die Sicherung der materiellen Grundlagen der Berliner Bevölkerung unterrichten sowjetische Heerführer in ihren bereits genannten Memoiren. An die Hilfe sowjetischer Kulturoffiziere bei der Bewältigung des faschistischen Erbes und bei der Einleitung einer antifaschistisch-demokratischen Umwälzung im Bereich von Kultur und Ideologie erinnern Alexander Dymschiz »Ein unvergeßlicher Frühling. Literarische Porträts und Erinnerungen« (1970), Grigorij Weiss »Am Morgen nach dem Kriege« (1981) und der Sammelband

»... einer neuen Zeit Beginn. Erinnerungen an die Anfänge unserer Kulturrevolution 1945–1949« (Berlin und Weimar 1980). Sergej Tjulpanow, der Leiter der Informationsverwaltung der SMAD, hat in seinem Buch »Deutschland nach dem Kriege (1945–1949). Erinnerungen eines Offiziers der Sowjetarmee« (1986) eine auf eigenem Erleben fußende Geschichte der SMAD geschrieben. Sie findet eine interessante Ergänzung in dem Bericht eines deutschen Mitarbeiters der SMAD und Dolmetschers des Sowjetischen Nachrichtenbüros in Berlin: Leon Nebenzahl, »Mein Leben begann von neuem« (1985). Von der Entwicklung der deutsch-sowjetischen Freundschaft erzählen Erinnerungen in dem Sammelband »Im Zeichen des roten Sterns« (1974).

Wilhelm Thiele schildert in seinen Lebenserinnerungen »Geschichten zur Geschichte« (1981) Episoden aus dem kommunalpolitischen Bereich, als er nach 1945 zunächst Bezirksrat im Wedding, von 1948 bis 1956 Bezirksbürgermeister von Berlin-Mitte und danach bis 1960 Stellvertreter des Oberbürgermeisters war. Kommunalpolitisch begann auch die »Laufbahn« des Kommunisten Erich Hanke, über die er in seinen Erinnerungen »Im Strom der Zeit« (1976) berichtet: 1945 Stadtbezirksbaurat in Berlin-Prenzlauer Berg, dann verantwortlich für die Eingliederung der Umsiedler, 1949 Leiter der ABF an der Humboldt-Universität und nach 1951 Hochschullehrer. Seine Erlebnisse und Erfahrungen als Berliner Bezirksrat für Volksbildung, als Lektor an der Parteihochschule der SED, als Hochschullehrer für Politische Ökonomie und als Minister für Volksbildung der DDR hat Alfred Lemmnitz in seinem Lebensbericht »Beginn und Bilanz« (1985) festgehalten. Kulturpolitische Entscheidungen und Höhepunkte seit 1946, als er aus der Emigration nach Berlin zurückkehrte, sowie Erinnerungen an seine Tätigkeit im Ministerium für Kultur und an viele bekannte Berliner Künstler und Kulturpolitiker hat Alexander Abusch in seinen Memoiren »Mit offenem Visier« (1986) niedergeschrieben.

Erinnerungen an die Tätigkeit der Gewerkschaften von 1945 bis 1949 enthält der Sammelband »Aufbruch in unsere Zeit«

(1976). Hier ordnet sich auch die Autobiographie des Berliner Gewerkschafters Fritz Rettmann, »Aus dem Leben eines Sozialisten« (1963), ein. Über die Anfänge des Berliner Pressewesens, vor allem der »Berliner Zeitung«, weiß Gerhard Kegel in »In den Stürmen unseres Jahrhunderts« (1983) zu berichten. Den Aufbau des Berliner Justizwesens nach dem 30. November 1948 beschreibt Rolf Helm in seinen Erinnerungen »Anwalt des Volkes« (1978). »Die Welt vor meinen Augen« (1969) nannte Wilhelmine Schirmer-Pröscher ihren Lebensbericht, in dem sie ausführlich auf die Berliner Nachkriegsjahre und auf ihre Tätigkeit als Stadtrat für Gesundheitswesen von 1948 bis 1963 eingeht. In die Zeit des Aufbaus des neuen Gesundheitswesens zwischen 1945 und 1949 führen zahlreiche Erinnerungsberichte in dem Band »Im Dienst am Menschen« (1985). Von ihrem oft schweren Dienst an der Staatsgrenze der DDR gegenüber Westberlin in der Zeit bis 1961 erzählen Volkspolizisten in dem Band »Geschichte erlebt und mitgestaltet. Erinnerungen und Erzählungen zur Geschichte der Deutschen Volkspolizei« (1985).

Das Berliner Kultur- und Theaterleben widerspiegelt sich in den Erinnerungen von Hans Rodenberg »Protokoll eines Lebens« (1980), Martin Hellberg »Im Wirbel der Wahrheit« (1978) und »Mit scharfer Optik« (1982), Max Burghardt »Ich war nicht nur Schauspieler« (Berlin und Weimar 1983), Erwin Geschonneck »Meine unruhigen Jahre« (1984) und Alfred Dreifuss »Ensemblespiel des Lebens« (1985). Beiträge zur Berliner Theatergeschichte enthalten auch die ausgewählten Schriften und Reden von Hans Pischner »Musik – Theater – Wirklichkeit« (1979). In ihrem Buch »Das darfst Du nicht« (Halle – Leipzig 1981) gibt Walli Nagel einen Einblick in ihr Leben an der Seite Otto Nagels, Maler des proletarischen Berlins. »Drei Reisen nach Berlin« nannte der bekannte Architekt Hermann Henselmann seine Lebensbeschreibung. Sie endet allerdings mit dem Antritt der dritten Reise im Jahre 1949; bald danach übernahm Henselmann die verantwortungsvolle Aufgabe des Chefarchitekten beim Neuaufbau der Hauptstadt. Über diese Zeit gibt er in

»Gedanken – Ideen – Bauten – Projekte« (1978) nähere Auskünfte.

In die Welt der Wissenschaft führen die Erinnerungen »Impulse und Wirkungen« von Max Steenbeck (1978²) und das Lebensbild »Walter Friedrich« (Leipzig 1983), das Eike Schierhorn von dem Berliner Naturwissenschaftler, Friedenskämpfer und langjährigen Akademiepräsidenten verfaßte.

Abschließend sei auf Erinnerungen besonderer Art hingewiesen. Wolfgang Herzberg hat sechs ehemalige Arbeiter und Angestellte des Berliner Glühlampenwerkes, geboren zwischen 1902 und 1915, interviewt und ihre Aussagen mit dem Tonband festgehalten. »So war es. Lebensgeschichten zwischen 1900 und 1980« (Halle – Leipzig 1985) vermittelt so auf direkte Weise ein eindrucksvolles Bild von den großen Wandlungen, die sich im Alltag der Berliner Arbeiterklasse in diesem Jahrhundert vollzogen haben.

Das historische Geschehen der Jahre nach 1945, das in diesem Buch nachgezeichnet wurde, hat seine Behandlung auch im künstlerischen Werk vieler Schriftsteller gefunden. Dem Leser kann hier nur eine Auswahl geboten werden. Der Historiker möchte diese Hinweise ohnehin nur verstanden wissen als Anregung, die revolutionäre Umgestaltung der Gesellschaft in ihrer literarischen Reflexion nachzuvollziehen.

Heinz Rein verflocht in seinem Roman »Finale Berlin« (1947) Dokumente aus den letzten Kriegstagen mit frei gestalteten Geschehnissen um die antifaschistische »Kampfgruppe Osthafen«, die – wie schon erwähnt – Heinz Müller in seinen Erinnerungen vorstellte. Das Nachkriegsberlin der Ruinen, der Trümmerfrauen, des Schwarzen Marktes und der Spaltung der Stadt war der Schauplatz für die Romane von Willi Meinck »Das zweite Leben« (1961), Ludwig Turek »Familie Nagelschwert« (1961) und Karl Heinz Berger »Die Wohnung oder Auswege ins Labyrinth« (1976).

Die geteilte Stadt mit der offenen Grenze zur Frontstadt Westberlin bildete den Hintergrund für zahlreiche Romane und Erzählungen, bei denen es den Autoren um eine chronikalische Wiedergabe beispielhafter gesellschaftlicher Vorgänge ging. Genannt seien Wolfgang Johos »Die Wendemarke« (1957), Werner Reinowskis »Die Versuchung« (Halle/S. 1956), Rudolf Bartschs »Geliebt bis ans bittere Ende« (1958) und Helmut Meyers »Lena in Berlin« (1967). Probleme der jungen Generation, die im zweigeteilten Berlin der fünfziger Jahre aufwuchs, behandelten Günter Görlich in »Der schwarze Peter« (1958), Inge von Wangenheim in »Einer Mutter Sohn« (1958) und Benno Pludra in dem Kinderbuch »Sheriff Teddy« (1956).

Die unmittelbare Einwirkung der Frontstadt Westberlin mit ihren unzähligen imperialistischen Geheimdienstzentralen, mit Warenschmuggel und Wechselstuben machten eine Reihe Romane transparent, so Wolfgang Schreyers »Großgarage Südwest« (1952) und »Die Banknote« (1955), Hans von Oettingens »Nachts kamen die Ratten« (1962). »Am Morgen ist der Tag ein Kind« (1957) nannte Inge von Wangenheim ihren Roman, der im Umfeld des konterrevolutionären Putschversuches vom 17. Juni 1953 spielt. In »Sonntag, der Dreizehnte« (1960) rechnete Elfriede Brüning mit dem Spekulanten- und Schieberunwesen am Vorabend der Geldumtauschaktion vom 13. Oktober 1957 ab. Die Ereignisse um den 13. August 1961 wurden literarisch von Fritz Selbmann in »Die Söhne der Wölfe« (Halle/S. 1966) und J. C. Schwarz »Das gespaltene Herz« (1962) behandelt.

In »Menschen an unserer Seite« (1952) setzte Eduard Claudius dem Berliner Helden der Arbeit Hans Garbe ein literarisches Denkmal. Herbert Bruna schrieb 1955 den Roman »Die Anne tanzt« über den Aufbau der Berliner Stalinallee, und J. C. Schwarz gestaltete in »Sie blieb nicht allein« (Halle/S. 1955) Probleme der Aufbauarbeit in einem Berliner volkseigenen Betrieb. Das Ringen um Planerfüllung in einem Berliner Elektrodenwerk nach dem 13. August 1961 behandelt der Roman »Alchimisten« (1967) von Eduard Klein. Im Berlin unserer Tage spielen »Berlin, hier bin ich« (1979) von Rudi Benzien, »Insel der Schwäne« (1980) von Benno Pludra und »Berliner Liebe« (1984) von Gisela Karau. Irina Liebmann hat in »Berliner Mietshaus« (Halle–Leipzig 1982) Alltag und Schicksale im Arbeiterbezirk Prenzlauer Berg festgehalten. Einen authentischen Bericht nennt Gerhard Holtz-Baumert sein Buch »Die pucklige Verwandtschaft« (1985), das von seiner Kindheit und Jugend in Hinterhöfen von Berlin O 17 zwischen 1933 und 1949 erzählt. Von großen Dingen, die den kleinen Leuten begegneten, weiß Werner Lenz in seinen Erzählungen »Strohhut-Emil« (Halle – Leipzig 1981) und »Die Millionenbrücke« (Halle – Leipzig 1986) liebevoll zu berichten.

Der Leser möge dem Autor nachsehen, wenn er dieses und jenes Buch – Romane, Erzählungen, Feuilletons, humoristische Beiträge und Gedichte –, das ein Stück der großen Wandlung Berlins vom Trümmerhaufen des Jahres 1945 zur aufblühenden Hauptstadt der DDR widerspiegelt, nicht erwähnt findet.

Danksagung des Autors

An dieser Stelle möchte ich all jenen danken, die ihr Interesse am Zustandekommen des vorliegenden Buches bekundeten und mir mit Informationen und Rat halfen. Sehr wertvoll war die Förderung, die das Buch durch die Bezirksleitung Berlin der SED erfuhr. Besonderer Dank gilt den Genossen Reginald Grimmer, Siegfried Schmidt und Dr. Rosemarie Lewin für ihre sachkundigen Hinweise und Ratschläge. Großen Dank schulde ich Prof. Dr. habil. Rolf Badstübner und Oberarchivrat Dr. Werner Gahrig für eine kritische Durchsicht des Manuskriptes und für wertvolle Anregungen.

Für die Bereitstellung der Bilddokumente danke ich dem Stadtarchiv der Hauptstadt der DDR, insbesondere Dr. Sigurd-Herbert Schmidt und Frau Eveline Schmidt, ferner dem Märkischen Museum, dem Museum für Deutsche Geschichte, dem Archiv des FDGB-Bezirksvorstandes Berlin, dem Bildarchiv des Dietz Verlages und ADN/Zentralbild. Sehr rührig bei der Bildbeschaffung waren Erich Sonnert, Leiter des Bezirksparteiarchivs bei der Bezirksleitung Berlin der SED, und Dr. Günter Peters, Vorsitzender der Geschichtskommission der Kreisleitung Bauwesen Berlin der SED.

Astrid Assmann war mir bei der Sammlung und Auswertung des Quellenmaterials, bei der Beschaffung von Illustrationen und bei den unumgänglichen technischen Arbeiten sehr behilflich; sie erarbeitete auch das Register.

Ein besonderes Wort des Dankes schulde ich meiner Lektorin Elisabeth Lange vom Dietz Verlag. Sie hat mit großer Sorgfalt das Manuskript druckreif gemacht und maßgeblich an der Gestaltung des Buches mitgewirkt.

Berlin, November 1986 Gerhard Keiderling

Register

Das Register gliedert sich in das
Betriebsregister, das Betriebe, Firmen und Produktionsstätten aufzählt, von denen im Buch die Rede ist. Da viele von ihnen im Laufe der Zeit ihren Namen änderten, erscheinen sie unter ihrem heutigen Namen; die alte Firmenbezeichnung ist in Klammern beigefügt;
Personenregister.
Das Register erfaßt auch die Illustrationen des Buches.

Die Graphiken und Kartenskizzen im Text wurden, wenn nicht anders angegeben, an Hand von zeitgenössischen Vorlagen angefertigt und im Sinne einer Vereinheitlichung des Schriftbildes neu gestaltet. Bei der Begutachtung hat der Autor mitgewirkt. Für die Nachnutzung der Karte »Berlin, Hauptstadt der DDR, 1986« auf der Innenseite des Schutzumschlages sei dem VEB Tourist Verlag Berlin gedankt.

ADN-ZB/Senft: 838 (Nr. 122)
ADN-ZB/Sturm: 367 (Nr. 54) 450 (Nr. 59) 644 (Nr. 91)
ADN-ZB/Weiß: 452 (Nr. 62) 454 (Nr. 65)
ADN-ZB/Zimmermann: 747 (Nr. 101)
Armeemuseum der DDR, Dresden: 567
VEB Bergmann-Borsig: 262 (Nr. 39)
Bundesvorstand des FDGB, Archiv: 274
BZ-Archiv: 854
Karl Damaschke, Berlin: 174 234
Dietz Verlag Berlin, Bildarchiv: 11 31 38 41 67 73 75 77 80 93 97 (Nr. 2) 98 (Nr. 3) 99 (Nr. 5) 103 (Nr. 13) 111 128 134 142 144 147 153 (Nr. 17) 162 165 177 194 206 213 214 230 260 (Nr. 35) 266 287 289 301 313 324 337 341 352 374 390 392 402 410 412 413 432 433 439 443 446 451 (Nr. 60) 457 460 461 463 464 466 468 474 478 480 481 496 498 514 520 522 525 534 539 541 544 548 550 559 580 589 599 601 606 611 617 620 630 655 669 673 693 712 783 787 820;
VEB Elektro-Apparate-Werke Berlin-Treptow Friedrich Ebert: 182 279
VEB Elektroprojekt Berlin, Aufnahme: Beutner: 454 (Nr. 66)
Gerd Engelsmann, Berlin: 833 (Nr. 112) 834 (Nr. 113) 834 (Nr. 114) 835 (Nr. 115) 835 (Nr. 116) 837 (Nr. 119) 840 (Nr. 125)
FDGB-Bezirksgewerkschaftsarchiv Berlin: 150 151 154 (Nr. 19) 158 (Nr. 26) 184 227 229 259 (Nr. 34) 268 273 286 316 330 354 355 366 (Nr. 52) 368 (Nr. 56) 675 696 707 709 775
Institut für Marxismus-Leninismus beim ZK der SED, Zentrales Parteiarchiv: 18 19 21 84 85 100 (Nr. 7) 100 (Nr. 8) 154 (Nr. 18) 260 (Nr. 36) 263 (Nr. 42)
Junge-Welt-Bild/Horn: 746 (Nr. 100)
Gerhard Keiderling, Berlin: 123 389 682 683 726 793 796
Kiesling, Berlin: 644 (Nr. 92)
Kreisleitung Bauwesen Berlin der SED, Fotoarchiv: 199 476 571 (Nr. 74) 717 809
Magistrat von Berlin, Hauptstadt der DDR, Presseabteilung: 831 842
Karl Heinz Mai, Leipzig: 363 (Nr. 47)
Märkisches Museum, Berlin: 53 113 188 190 211 225 236 242 244 251 311 328 350 387 469 629
Militärbilddienst: 654
Militärverlag der DDR, Berlin: 98 (Nr. 4)
Museum für Deutsche Geschichte, Berlin: 172 179 322 375
Neues Deutschland, Bildarchiv: 261 (Nr. 37)
ND/Lemke: 760
Thomas Neumann, Berlin: 643 (Nr. 90) 751 (Nr. 108) 752 (Nr. 111)
Pisarek, Berlin: 257 (Nr. 31)
Eberhard Pohle, Berlin: 221
Sächsische Landesbibliothek, Abt. Deutsche Fotothek Dresden: 156 (Nr. 23)
Hanshermann Schlicker, Berlin: 844
SED-Bezirksparteiarchiv Berlin: 28 63 141 196 197 198 200 203 219 262 (Nr. 40) 271 361 (Nr. 44) 364 (Nr. 49) 368 (Nr. 55) 400 450 (Nr. 58) 490 491 510 512 538 566 570 (Nr. 71) 571 (Nr. 73) 582

619 646 (Nr. 95) 749 (Nr. 104) 751 (Nr. 109) 773 791
Staatliche Museen zu Berlin: 281
Stadtarchiv Berlin: 26 35 51 58 61 87 103 (Nr. 14) 130 131 181 218 232 248 306 308 309 318 332 348 358 372 380 381 403 404 421 422 425 487 536 572 (Nr. 75) 636 637 651 653 728 737 742 800 846 847 848 850 852 856 857
Gisela Stappenbeck, Berlin: 572 (Nr. 76)
Uwe Steinberg, Berlin: 574 (Nr. 79) 574 (Nr. 80) 575 (Nr. 81) 575 (Nr. 82)
VEB Studiotechnik Berlin: 771
Theater der Freundschaft Berlin: 417
Wachregiment »Friedrich Engels« Berlin: 594
Bärbel Wießner, Berlin: 367 (Nr. 53)
Zentralarchiv der FDJ: 395 780
Zentrales Haus der Deutsch-Sowjetischen Freundschaft, Berlin: 97 (Nr. 1) 155 (Nr. 20) 157 (Nr. 25) 364 (Nr. 48)
Zentrales Museum der Streitkräfte der UdSSR, Moskau: 102 (Nr. 12)

Schutzumschlag: Dietz Verlag Berlin/Renate und Horst Ewald

Reproduktionsaufnahmen:
Dietz Verlag Berlin/Renate und Horst Ewald (161), Junge Welt (1)

Farbaufnahmen:
ADN-ZB: 645 (Nr. 93)
ADN-ZB/Dachwitz: 750 (Nr. 107)
ADN-ZB/Franke: 749 (Nr. 105)
ADN-ZB/Heinrich: 839 (Nr. 123) 839 (Nr. 124)
ADN-ZB/Link: 837 (Nr. 120)
ADN-ZB/Reiche: 836 (Nr. 118)
ADN-ZB/Schindler: 840 (Nr. 126)
ADN-ZB/Schneider: 647 (Nr. 96)
ADN-ZB/Zimmermann: 748 (Nr. 103)
Akademie der Künste der DDR – Aufnahme: Ute Krause: 752 (Nr. 110)
Gerhard Keiderling, Berlin – Aufnahme Dietz Verlag Berlin/Renate und Horst Ewald: 101 (Nr. 9)
Märkisches Museum, Berlin – Aufnahme: Dietz Verlag Berlin/Renate und Horst Ewald: 453 (Nr. 64)
Museum für Deutsche Geschichte, Berlin – Aufnahme: Georg Krause: 101 (Nr. 10)
Sächsische Landesbibliothek, Abt. Deutsche Fotothek Dresden/Kramer: 573 (Nr. 77)
SED-Bezirksparteiarchiv Berlin: 745 (Nr. 98)
Staatliche Museen zu Berlin, Kupferstichkabinett – Aufnahme: Dietz Verlag Berlin/Renate und Horst Ewald: 573 (Nr. 78)
Stadtarchiv Berlin – Aufnahmen: Dietz Verlag Berlin/Renate und Horst Ewald: 449 (Nr. 57) 456 (Nr. 69) 569 (Nr. 70) 641 (Nr. 85) 641 (Nr. 86) 648 (Nr. 97)
Zentralarchiv der FDJ – Aufnahme: Dietz Verlag Berlin/Renate und Horst Ewald: 264 (Nr. 43)

Keiderling, Gerhard: Berlin 1945 – 1986 :
Geschichte d. Hauptstadt d. DDR / Gerhard Keiderling. –
Berlin : Dietz Verl., 1987. – 903 S. : 354 Abb.

ISBN 3-320-00774-2

Mit 354 Abbildungen
Graphiken und Karten: Annelies Dallmer

Lizenznummer 1 · LSV 0279
Lektor: Elisabeth Lange
Korrektoren: Petra Hahn, Sigrid Puhan
Typographie: Maxi Groche, Horst Kinkel
Einband und Schutzumschlag: Harry Temme
Printed in the German Democratic Republic
Gesamtherstellung:
INTERDRUCK Graphischer Großbetrieb Leipzig,
Betrieb der ausgezeichneten Qualitätsarbeit, III/18/97
Best.-Nr. 738 206 9

02450